中国少数民族设计全集

The Design Collection of Chinese Ethnic Minorities

蒙古族

中国少数民族设计全集编纂委员会 编

山西人民出版社　人民美术出版社

图书在版编目（CIP）数据

中国少数民族设计全集 . 蒙古族 / 中国少数民族设计全集编纂委员会编；张秋平等著 . —太原：山西人民出版社，2019.10
ISBN 978-7-203-11111-5

Ⅰ . ①中… Ⅱ . ①中… ②张… Ⅲ . ①蒙古族 – 民族文化 – 研究 – 中国 Ⅳ . ① K28

中国版本图书馆 CIP 数据核字（2019）第 221392 号

中国少数民族设计全集 . 蒙古族

编　　者：	中国少数民族设计全集编纂委员会
著　　者：	张秋平　王　柯　陈　晨　邰新河（蒙古族）
责任编辑：	高　雷
复　　审：	武　静
终　　审：	秦继华
装帧设计：	谢　成

出 版 者：	山西人民出版社　人民美术出版社
地　　址：	太原市建设南路 21 号
邮　　编：	030012
发行营销：	0351 - 4922220　4955996　4956039　4922127（传真）
天猫官网：	https://sxrmcbs.tmall.com　电话：0351 - 4922159
E — mail：	sxskcb@163.com　发行部
	sxskcb@126.com　总编室
网　　址：	www.sxskcb.com

经 销 者：	山西出版传媒集团·山西人民出版社
承 印 者：	山西出版传媒集团·山西新华印业有限公司

开　　本：	889mm×1194mm　　1/16
印　　张：	52
字　　数：	700 千字
印　　数：	1—1 000 册
版　　次：	2019 年 10 月　第 1 版
印　　次：	2019 年 10 月　第 1 次印刷
书　　号：	ISBN 978-7-203-11111-5
定　　价：	690.00 元

如有印装质量问题请与本社联系调换

中国少数民族设计全集编纂委员会

总 主 编（按年龄排序）
　　　　　　张夫也　王立端　戴晋明　廖军　王琥　李豫闽　过伟敏　顾平
　　　　　　王强　李岗
执行主编　王琥
编务统筹　张明山

中国少数民族设计全集编辑工作委员会

主 任　刘伟冬
编 委　（排名不分先后）
王琥	王峰	王强	王立端	王浩滢	白波	过伟敏	许星
许边疆	李岗	李丽	李豫闽	成光虎	肖飞	余强	汪传跃
罗力	杨明朗	陈述	陈见东	邱珂	胡万明	顾平	郑静
郭立忠	姬莹	张夫也	张泽国	张明山	张秋平	张耀引	梁盛平
樊进	谢玮	熊伟	熊微	熊建新	蔡克中	葛芳	鞠斐
魏洁	廖军	戴晋明					

中国少数民族设计全集出版工作委员会

主 任　胡彦威　周伟
执行主任　姚军　欧京海
编务统筹　阎卫斌　周小龙
编 辑　（排名不分先后）
王新斐	史美珍	冯昭	冯灵芝	吉昊	吕绘元	刘小玲	任秀芳
孙琳	孙宇欣	李广洁	李建业	李靖	员荣亮	张小芳	张志杰
张书剑	何赵云	陈俞江	吴春华	武静	周小龙	柳承旭	郝文霞
赵玉	赵晓丽	席青	秦继华	高雷	郭向南	阎卫斌	崔人杰
傅晓红	蔡咏卉	翟丽娟	樊中	薛正存	魏红	魏美荣	

整体设计　谢成

中国少数民族设计全集·蒙古族

本册著者　张秋平　王　柯　陈　晨　邰新河（蒙古族）
参与撰写　周安涛　萨兴联　李　淼　张杰夫

求同存异　和合共荣

刘伟冬

中华民族，是一个由56个民族组成的大家庭。在漫长的文明发展史中，汉族和各少数民族都为中华文明的繁荣发展贡献了自己的聪明才智。纵观中华文明史，其实就是一部各族群之间"求同存异，和合共荣"的文化演进史。

从根子上讲，4000年前的"中国"，仅指北方中原地区，居住在这里的相传是上古时期黄帝部落和炎帝部落的后裔，故而自称"炎黄子孙"。其时的"中国"，不过是黄河中下游（西起陇山，东至泰山）区域。在千年发展与民族融合之后，尤其是晋末"衣冠南渡"，南迁的中原汉族与南方百越民族彻底融合，来自北方的鲜卑等民族融入汉族，使汉族前所未有地壮大发展，逐渐形成后来疆域辽阔、人口众多、物产繁盛、文化昌明的中华民族的主体族群。特别值得强调的是，自从作为一个民族整体之后，中华民族就从未中断过自己的民族发展史——这在世界历史上是硕果仅存、独一无二的。

中华民族具备兼容并蓄、虚心好学的民族天性。仅以设计学范畴的事例讲：在数千年文明发展历史中，中华民族在不断向外输出优秀的文明成果（如烧造之陶瓷砖瓦、营造之榫卯斗拱、织造之丝绸刺绣、锻造之"失蜡"分模等），影响全人类的日

常生活与生产方式的同时，也不断地吸纳域外各民族的优秀文明成果，如汉魏之印度佛教和西域音乐、隋唐之西亚服饰和家具、宋元之东洋印染和漆艺、明清之西洋机器与建筑……在中华民族内部，这样的文化交流更是从未停止过，而且是风生水起、枝繁叶茂，愈发流畅、深入，中华民族各族群之间"求同存异，和合共荣"的文化大演进，共同创造了中华民族极为灿烂辉煌的造物文明历史。仍以设计学范畴为例：原本是匈奴人发明的单足绳圈，被晋代的汉族人设计成铁质双镫；最早是鲜卑人原创的毡毯卷边，被晋代的汉族人改造成"高桥马鞍"，这宗中国式马具设计案例，被誉为"13世纪中国传入欧洲的最重要文化成果"（李约瑟语）。再如，西域（今新疆地区）是全世界最早的皮靴生产地，哈尼族为主的红河地区出现了全世界最早的梯田。再如，全世界最早的"干栏式建筑"和全世界最早的稻米人工育种、栽培，均起源于长江中下游的百越地区；全世界最早的竹藤编结器物起源于闽越地区……由中华民族共同创造、发明，后来又影响了全人类文明进程的优秀造物设计案例很多，不胜枚举。几千年中华民族的文明史，就是各种文化多元融合、共同发展的最好例证。不了解中华民族内部各族群的文明交流史，就无法真正理解中国文化史，也不能理解为什么中华民族总是能在逆境中成长强大。甚至可以说，能否完整地理解中华民族的文化史，是检验每一个当代中国知识分子（特别是文史哲专业的学者）文化立场的"试金石"。

随着改革开放的逐渐深入，各民族地区的经济与社会状态已发生了天翻地覆的变化。令人遗憾和担心的是，由于各地区政策执行力度不平衡，保护措施不得力，少数民族的文化特性正在逐步衰退，有些地区的少数民族文化特征甚至已经消失殆尽，仅仅存在于徒具形式，充满口号、标语的民族文化村旅游景点中。有学者预言，再不加快整理抢救工作，中国的少数民族可能在物质形态和文化内涵的特征上，若干年后将不复存在。

从少数民族地区反映古代中国社会某些面貌的文化遗存看，这些少数民族之所以一直与汉族地区差距巨大，存在多方面的原因，其中历代汉族统治者对少数民族的歧视政策是主要原因。此外这些地区本身就处于偏僻荒地，不是沙漠就是山区，自然条件远不及汉族聚集地区，社会发展水平滞后。20世纪50年代，有相当比例的少数民族在当时仍处于原始农耕社会或奴隶制社会，不要说通电、通水、通汽车，不少人一辈子连铁器长什么样都没见过。部分少数民族聚集地的各种自然条件也较差，缺肥少水，基本生活来源，一靠老天爷恩赐的"望天收"农作物；二靠家庭手工作坊制作些竹藤编结物和土织、土陶等土特产来换取粮食；三靠养猪、兔、羊和鸡、鸭、鹅等家禽来换取日用品，如灯油、农具、衣物和油盐酱醋等；四靠为土司、头人和大户们出卖劳力（社会底层奴隶身份），年老即被抛弃。中华人民共和国成立后，党和政府在这些地区实行社会主义改造，打倒以土司、巫师和头人为首的剥削阶级，将土地和生产资料一律收归集体所有，解放了全体少数民族民众，使他们历史上第一次有了自由劳作和生活的权利。

中华人民共和国成立之初，党和政府就高度关注民族事务问题，为如何保护、关心各少数民族制定了一系列方针、政策，也为当代中国社会处理民族问题、保护民族文化树立了光辉典范。中央人民政府政务院于20世纪50年代初发布了《关于民族事务的几项决定》，为新中国民族政策奠定了最初的思想基础，其主要内容是：一、各大行政区军政委员会（人民政府）须指导各有关

省、市、行署人民政府认真推行民族区域自治及民族民主联合政府的政策和制度，并随时向政务院报告推行经验，请示者须事前向政务院请示。二、各大行政区军政委员会（人民政府）须指导各有关省、市、行署人民政府认真并有计划地实行政务院在1950年颁发的《培养少数民族干部试行方案》，并将该项工作进行情况定期加以检查，每半年向政务院报告一次。中央民族学院及西北、西南、中南各军政委员会和新疆省人民政府的民族学院，必须依计划实行，并向政务院报告。三、政务院于1951年下半年适当时间将同时召开有关少数民族的卫生、教育及贸易三个专业会议，责成政务院文教委员会、中财委指导中央卫生部、教育部、贸易部开始筹备，并责成中央民族事务委员会协助进行。有关部门如农业部、文化部也须派人参加。四、责成中央人民政府各委、部、会、院、署、行注意建立有关民族事务的业务。五、在政务院文教委员会内设民族语言文字研究指导委员会，指导和组织少数民族语言文字的研究工作，帮助尚无文字的民族创立文字，帮助文字不完备的民族逐渐充实其文字。六、扩大中央民族事务委员会委员名额，责成中央民族事务委员会提出补充名单的建议，并于1951年下半年召开中央民族事务委员会扩大会议，检查与总结关于推行民族区域自治及民族民主联合政府的经验。

20世纪50年代，中央人民政府和政务院，曾多次组织"中央慰问团""土改工作队"和"普查工作队"等，花费大量人力和物力，深入各少数民族地区，进行了大量较为翔实的社会历史调查。50年代这轮由政府统筹、由中央民委组织行政领导和人类学、社会学专家学者以及民族同志组成工作队与考察队的少数民族大考察活动，1953年正式启动，1956年结束（个别地区延期至1958年才结束）。直接成果之一，就是为1956年国务院公布的55

个少数民族的正式定名和划分,提供了可靠的依据。

从当时考察的资料看,各少数民族的社会发展水平参差不齐,不少民族呈现类似汉族曾经历过的各种历史发展状况,为我们今天考察、了解并研究过去的历史以及各学术分支问题,提供了绝好的活体范本。比如以"设计发生学"研究为例,以山寨(村落)为主的初级社会组织形态,原始手工业在农耕环境中的地位,原始造物的手工技艺与设备、工具等,都是我们极感兴趣的研究对象。

在西北、西南和东北各少数民族聚集地区,有些古时流传下来的本民族手工造物技术,迄今仍保存良好。其吸收了汉族和其他兄弟民族的技术长处之后演变出来的各时段手工造物技术,则印证了各民族互相融合、取长补短的史实。更有些原始手工艺,特别具有艺术和历史研究价值。以维吾尔族人为例,本世纪初,笔者在新疆喀什城艾格孜艾日克老街看到几样手工艺绝活:其一是整条街的维吾尔族乐器店,除了热瓦普、曼陀林和冬不拉等少数维吾尔族知名乐器外,全是些笔者叫不上名来却似曾相识的弹拨乐器和拉弦乐器,于是从心里认可了"西域古乐成就了中国传统民乐"这句话所言不谬。其二是亲眼所见一个拖着鼻涕的不到10岁的维吾尔族小男孩,拿着电砂轮在铜壶上信手飞快地刻着精美细腻的图案,一不要底稿,二没有图纸,真是佩服得五体投地,也相信了"汉族人长于热铸,西域人长于冷锻"这个说法。其三是在喀什近郊著名的大巴扎"金器一条街"上看见近百家金店生意红火,家家门前毡毯上都围坐着一群金店伙计和顾客,正在热烈讨论、共同设计着花样繁多的未来金饰嫁妆,感受到了"中国传统样式的金银首饰工艺,最富有创意的设计和最先进的工艺制作,原来在维吾尔族人手里"这句大实话。还有,笔者

求同存异 和合共荣

在云南景洪县城集市上，曾亲眼见过景颇族老乡用古老的"焖烧法"烧出的红彤彤的土陶——跟笔者一知半解的仰韶彩陶的烧制工艺几乎一模一样。还有，笔者在大西北甘陕宁各省亲眼所见的回族、保安族、裕固族和东乡族老乡巧手做出的那些花样繁多、样式复杂的面塑造型，真是个个精妙绝伦。这方面的事例实在太多了。

50年代的少数民族地区社会大普查，以及半个多世纪以来社会各界对其丰富而珍贵的考察、研究，意义深远，价值极为重大。这些地区客观上保存的较为完整的、与数千年前中国原始社会最初形态近似的许多社会特征，为我们研究社会的最初形态形成和当时的经济、文化、政治的基本状况以及"设计发生学"的相关课题，提供了珍贵的类型学"活化石"范本，价值非凡。改革开放以来，这些少数民族地区也获得了前所未有的巨大发展，人民生活日新月异；但与此同时，少数民族地区的民族性在不可避免地愈发衰减、退化，甚至消失。如果我们再不采取保护措施，若干年后，各少数民族的许多宝贵民族文化遗产将无法挽救地彻底消亡，这部分同属于全人类精神财富和中华民族集体智慧的宝藏，我们将再也看不到了。

在"设计发生学"问题上，我们一向秉持文化多元论的观点，认为人类文明是全世界人民共同创造的，各国家、地区、民族均做出过大小不一、形态各异的贡献；同理，中华民族的灿烂文明是中国的各族人民共同创造的，每个民族都对中华传统文化做出过贡献，也都应当得到尊敬和肯定。中国的各少数民族在中华文明漫长的演化过程中，都曾经以自己独特而充满智慧的文明成果，补充、完善甚至改良着中华文明。比如，古代西域的龟兹古国各民族创造或引自西亚的弹拨乐器和拉弦乐器以及音律、曲式，彻底改造了中国古代音乐，新创作出代表中国古乐精髓的江南丝竹；南疆的维吾尔族和北疆的哈萨克、塔塔尔、塔吉克等族首创了制革术，并引进古波斯革皮书籍装帧术和制靴术、制毡术、毛衣编结术；海南岛的黎族率先种植棉花并纺织棉布，传入内地后棉织业逐渐形成中国古代手工行业的"天下第一营生"……保护少数民族的民族文化特性，就是保护我们的历史遗产，就是传承我们的文明。我们应进一步发扬文化兼容的优良传统，把振兴中华的百年民族复兴梦，逐步落实为将大中华建设成为中国各民族共同拥有的美好家园。

由上千名来自全国各高等艺术院校的教授、研究生组成的55支团队参与编撰的《中国少数民族设计全集》（55卷），正是有识之士基于对各少数民族的民族文化特性正在快速衰减、消亡的严重现实问题的深切忧虑而进行的抢救、发掘、整理中国少数民族文化遗产的重要文化工程。经过两年精心筹划，六年努力写作，在国家出版基金管理部门的支持下，在山西人民出版社和人民美术出版社的策划和组织下，目前《中国少数民族设计全集》的书稿编撰工作已基本完成，即将付梓。在长达八年的漫长过程中，全国兄弟院校各团队涌现出的各种可歌可泣的事迹经常感动着笔者，并不时鞭策着全体作者克服千难万险，一路向前。有的分卷作者身患绝症仍不眠不休地忘我工作，有的分卷作者遭遇各种意外仍坚持工作。特别是，很多民族同志公而忘私、不计较个人得失，有人不惜将自己赚钱的企业关张歇业，全身心地投入各自所负责分卷的繁重编撰工作中；有人义无反顾地将自己珍藏多年的本民族实物、资料和研究成果无偿提供给相关分卷作者。大家万众一心，克服各种复杂得难以想象的困难，以确保这部凝聚了众人八年心血的巨著，能按计划如期完成。借此机会，笔者谨

代表本丛书编委会全体成员,向领导、编辑和作者们表示衷心的感谢!

作为一项文化创举,笔者深信《中国少数民族设计全集》必将在未来岁月的长期检验中,愈发显现其非凡的、独特的文化价值。

2017年夏季于南京

前言

一、蒙古族的流变与形成

"蒙古"一词，始出《旧唐书·北狄传》的"蒙兀室韦"，"其部落傍忘建河居"，表明在突厥、回纥汗国统治时期，蒙兀室韦是驻扎于忘建河（今额尔古纳河）流域，蒙古即为蒙兀的同名异译。

公元前3世纪，匈奴将百余戎狄尽归旗下，一统大漠南北，建立奴隶制政权。匈奴之东，兴安岭与草原结合部的各个部落史称"东胡"。东汉时期，匈奴分南北二部，南匈奴降汉、北匈奴西去，东胡中的一支乌桓并入幽州，另一支鲜卑乘势占据匈奴故地。公元4世纪中叶，匈奴、柔然、乌桓等尽归拓跋鲜卑旗下，其南为契丹、北为室韦。公元5世纪，柔然汗国与北魏王朝并肩称霸草原。公元6世纪，兴于阿尔泰山的突厥部吞灭柔然，北并契骨、东临室韦，成为北起贝加尔湖南北五六千里，西至咸海（今中东地区），东西万余里的漠北大族。公元583年以后，突厥分裂，自金山西逾锡尔河、阿姆河，南抵于阗南山为西突厥，阿尔泰山以东为东突厥。7世纪中叶东西突厥走向衰败，匈奴后裔回纥兴起，9世纪在唐朝支持下，拥有东西突厥所有土地与牧场，成为雄踞北方草原约百年的游牧民族。公元840年，回鹘政权被推翻，归属其管治的鲜卑宇文部一支的契丹，在唐王朝及周边部族逐渐衰弱之时，赢得发展时机，成长为北方游牧强族，并于公元916年在西拉木伦河流域建契丹国。借由汉族工匠的输入及与中原相连的地缘优势，契丹于947年建立了北到外兴安岭、贝加尔湖，东临库页岛，西跨阿尔泰山，南抵今河北、山西

一带的辽国。10世纪，曾经活跃于额尔古纳河流域的室韦一支——蒙兀室韦，在突厥灭亡、回纥西迁、契丹南下的时期，据守蒙古高原发展壮大，并于11世纪与塔塔尔、克烈、汪古等部落结成联盟体。11世纪，商周肃慎后裔女真之一支完颜部崛起，继而于1125年摆脱辽的奴役，建立金政权。金灭辽后，形成与西辽、西夏以及蒙古高原中部的突厥、鞑靼部族并置北方的疆域格局。1206年，蒙古高原各部由铁木真统一，原突厥、契丹、女真、回纥等不同语系、习俗的众部族归并蒙古部，建构起东至大兴安岭、南接金之西南路界壕、西及阿尔泰山乃蛮部、北包叶尼塞河与贝加尔湖的蒙古汗国。从此，部落奴隶制转变为"领户分封制"（唐卫青：《蒙古族起源、发展及其游牧文化的变迁研究》，《赤峰学院学报(汉文哲学社会科学版)》2009年第9期），融合草原各部族的民族共同体——蒙古族亦正式成型。

总体而言，公元8世纪后半叶蒙兀室韦在成吉思汗始祖孛儿贴赤那带领下，来到蒙古高原上的鄂嫩河、克鲁伦河、土剌河源头地带，至10到12世纪，已整合为18个部族。13世纪初，成吉思汗即在此基础上建立蒙古汗国。

二、蒙古族群的分布

在国内，延续至今的蒙古族部落主要包括分布于呼伦贝尔的巴尔虎、贝加尔湖东西的布里亚特、叶尼塞河流域的卫拉特，分布于新疆北部与青海省的准格尔及其属部，游牧于西拉木伦河与老哈河南岸的奈曼，分布于大兴安岭南北的察哈尔及其属部，在嫩江流域隶属清代哲里木盟的郭尔罗斯，分住河套地区与黄河两岸的鄂尔多斯及其属部，定牧于大青山西北、归化城土默特北部与喜峰口外奈曼部、科尔沁部之间的喀尔喀，南迁嫩江流域的科尔沁，游牧于大凌河与老哈河之间的敖汉、翁牛特，喀尔喀以南的苏尼特，居于呼和浩特与喜峰口的土默特，驻牧于辽东边区至西拉木伦河北岸的巴林，分布于内蒙古、吉林省与黑龙江省的扎赉特等等。

清代以前，由于各部以狩猎、游牧生产形态为主，兼以农业、渔业，彼此联系并不稳定，因而蒙古地区各部族经济、文化发展不太平衡。蒙古高原幅员辽阔，古代社会交通不便，因此易于根据自然、地理环境与部族习俗，形成文化发展的地区性特征，这为蒙古族造物文化一体多元特性的形成，提供了物质与文化背景。

三、蒙古族的造物文化

就蒙古族造物文化而言，前述的蒙古族族源的迁移、流动特性可以部分揭示造物特征成因与影响因子。在北方部族分衍、兴起、更迭与融合的基础上形成的民族共同体蒙古族，代表了以游牧为典型特征的草原文化，成为草原生产方式、生活方式、制度文化与民族精神的标识。

从历史演变的角度来看，蒙古族可考的史前文化囊括了旧石器时代的东大窑村文化遗址、新石器时代辽河支系的兴隆洼文化遗址以及现今内蒙古赤峰市与辽宁西部地区的红山文化遗址等历史文化遗迹。

任何一个民族的特征都是在文化交往的过程中形成，进而在文化承传的脉络中发展，蒙古族也不例外。其由弱小部落逐渐发展壮大的过程中，吸收融合了草原各部族的精华，浓缩了草原文化的主要特征，并在此基础上形成具有本民族传统与时代特色的文化形态。作为人类特有的创造性活动——造物，是动态的生态环境与人的主观能动性相互影响的结果，因此，有关蒙古族造物文化的沿袭，需从自然环境、生产生活方式、精神信仰等方面进行研究。

从基于自然环境的生产形态与生活方式来看，今日蒙古族主要聚集地区在阿尔泰山以东、兴安岭以西、阴山以北区域，为平均海

拔1000米的高原型地貌。虽然，其间不乏高原、山地、丘陵、平原、滩地等，但可供牧业生产的草原面积仍旧不少。此外，由于东西相距2000多公里，气压梯度、日照程度等相差较大，除造成区内气候悬殊以外，也使得自东北向西南形成了半湿润草甸草原、半干旱典型草原、干旱的半荒漠向荒漠草原过渡的环境特征。因此，伴随草场自东向西退化的趋势，沙地、沙漠、戈壁等较脆弱的生态类型愈发明显。为适应草原生态环境的生产特征以及草原地带冬寒夏热蚊虫多，荒漠戈壁地区年降雨少、风沙大的气候差异，北方戎狄自商周时代便开始了骑马放牧的游牧生活形态与驾驭骆驼的商贸运输活动，进而形成与这一生产生活方式相适配的马具、服饰、建筑与生活用具。游牧民族特有的文化载体——蒙古包，亦经由采集狩猎时代的少布亥、奥布亥，游牧迁徙初期的车额吉格日，向完全适应北方草原气候与游牧生活需求的蒙古包演变。

从影响造物观念的核心要素——精神信仰来看，基于蒙古高原以草原、牧场为主的环境特征，干燥风疾温差大的气候条件，相对匮乏的自然资源以及狩猎、游牧为主的生产形态，蒙古族先民由衷地敬畏天地，进而衍生出崇拜天文现象与地上万物的"万物有灵观念"，以求物产丰饶、人丁兴旺，人畜与草场免遭灾害。之后，历经图腾崇拜与祖先崇拜等前宗教形态，北方草原民族相对完善的宗教体系——萨满教成型。《呼伦贝尔志略》记载："考北亚洲民族中如西伯利亚布里亚特、通古斯等东三省之满洲，达擀儿、索伦、鄂伦春等均有萨满。""可见萨满教确为亚洲民族最初时代之自然宗教。"《萨满教文化研究（第一辑）》亦认为萨满教为一种原始多神教，产生于旧石器中晚期的母系氏族社会。因此日、月、星辰、火、树等自然物，狼、鹿、熊、牛、天鹅、鹰、马等禽兽皆为崇拜对象。先民将其作为造型对象与装饰符号，再现于兴隆洼文化

的陶器、红山文化玉器，以及匈奴、鲜卑、突厥等北方草原民族的腰带、马具、刀具等造物类型中。尔后，萨满教信仰观念继以造物形态、装饰、选材等可视化的符号，定格、绵延于蒙古汗国以后的蒙古族日用器、建筑、服饰、祭祀仪器、马具中。例如，蒙古族民居以圆形平面为传统样式，源自北方游牧民族自然崇拜与萨满信仰中对天空、日月的敬拜，继而将圆形饱满的精神体验落实在建筑平面形态中。此外，传统圆形平面中心为火塘，其西、北方位为贵座的室内布局习俗，亦缘于母系氏族社会萨满教的火崇拜。由于萨满教长生天信仰深入人心，因此，与天神相关的天空色彩——青色，也主宰了蒙古族先民的建筑、服饰色彩选择及其审美观建构。

元代窝阔台汗第二子阔端王信奉的藏传佛教萨迦派，在元末蒙古族贵族退居蒙古高原时即已衰弱。16世纪中后期土默特部为增强蒙藏关系而引入的藏传佛教格鲁派，在清代前中期大力扶持藏传佛教的政策下，成为上自王公贵族下至平民百姓的共同信仰。这期间，在延续部分萨满教义的基础上，蒙古族信仰习俗中又融入更多佛教仪规，进而以建寺造庙、制造礼佛器具以及广制佛像、圣物的方式，记录蒙古族造物文化中信仰观念的传承与嬗变。而藏传佛教本身，即由东传的印度佛教与西藏苯教结合，成型于亚历山大东征的希腊化时代，因此，直接促使藏传佛教传入蒙古族地区以后，以佛像为代表的造物形态仍存留希腊造型特征。除此以外，"南征、北讨、东进、西略"的蒙古汗国时代，阿拉伯世界的信仰也在通过军事征伐加强中西方经济、文化交流的过程中物化于本族造物，突出表现在建筑、织锦等在造型、图案组织等方面的风格借鉴。另外，蒙汉文化交流空前活跃的元代，奠定中原农耕文明基础的儒家文化，亦通过趋吉向善、多子多福等图案样式，渗透进蒙古族造物文化的传承、演绎过程中。

四、蒙古族造物文化的流变

元朝建立以后的蒙古族，随着武力征伐与疆域的扩大，非但打破了北方部族、民族各自为政的封闭格局，实现了区域文化交往，更以世界性的视角，消化、承袭中亚、西亚、东欧乃至地中海区域的民族文化。终使13世纪以后的"蒙古"成为草原生活方式、自然环境、地理空间与造物特征的代名词。

依据蒙古族形成后生产生活方式、社会制度、信仰观念等的发展与更替，可以将其传统造物类型的演变过程划分为以下四大阶段：

其一，成吉思汗统一蒙古各部建立蒙古汗国至蒙古军大举西征之前。蒙古汗国建立以前，即因征战与领土扩张过程中，中原传统农业与蒙古族地区单纯的游牧经济矛盾尖锐，促使成吉思汗推进农业生产，并通过征引汉民工匠，向蒙古族传播农业生产技艺。此外，随着蒙古汗国建立后私有制经济的出现，猎场的私有化以及猎物分配方式的异变，也使得狩猎业经济地位显著下降。另外，因注重畜牧业养殖、牧场管理与相关生产工具的制造，蒙古汗国以后畜牧业成为蒙古族人主要的生产与生活方式。在蒙古军三次西征之前，传承于北方草原民族崇拜日月、祖先与天神的萨满信仰，依然为此期精神支柱。（吕育昌：《元代以前蒙古族经济史研究》，中央民族大学硕士学位论文，2013年）基于上述生产生活方式与信仰观念的时代特征，蒙古汗国前后，蒙古族继承已有成熟体系的北方草原民族的造物传统，整合匈奴、鲜卑、突厥、柔然、契丹等各部族的造物观念、形制、选材、装饰，成为该阶段蒙古族生产生活造物与宗教礼俗造物的主要特征。

其二，成吉思汗时期蒙古军西征至元朝统治势力退居蒙古高原，开始封建割据之前。在成吉思汗子孙三次西征建立四个汗国的

基础上，忽必烈建立的元朝通过驿站、递铺的设立，开辟四通八达的对外交通网。借由蒙藏汉与西亚、欧洲工艺匠人、僧侣、学者、使节、商队的迁徙、造访、游历，推动东西方文化交流与贸易往来。因此，元朝引入的欧亚各国名贵材料、工艺技术与工匠，为其形成跨地区、跨民族、大规模整合的造物特征，提供了物质、制度与观念前提。此外，忽必烈统一中原、推行汉法，逐步采用中原地区封建政权，导致贫富分化愈发明显，这不仅表现在牧畜主要集中于皇室与少数贵族手中，使得大多数蒙古族人不得不依靠狩猎、渔业、农业作为补充，同时，蒙古族造物等级分化也随之出现。诸如草原王公贵族与普通牧民所居建筑材料、构造、规模、装饰等差异显著，贵族用以彰显华贵以及皇帝赏赐之荣耀的加金织物、金银器盛行，以及为皇家贵族服务的官营手工业在元代兴隆等，皆可佐证。另外，中原农民与手工匠人的迁徙，无疑也推动了元代以后蒙古族农业经济与手工业的发展。加之皇室广建城市、宫殿、寺庙与行宫苑囿，自上而下地践行定居化的生活方式，均对蒙古族造物形制、组织关系、装饰的汉化，产生不可小觑的影响。

其三，元朝统治势力退居蒙古高原，达延汗暂时统一蒙古各部建立北元政权，至蒙古各部承认皇太极为"可汗"，改国号为"清"。16世纪中叶，北元政权与明王朝修好以后，迎来了"通贡互市"、蒙汉工艺交流与农业种植区扩大的新局面，改变了明初在明王朝辖制下，蒙古族官营手工业、匠籍制度萎缩，以致手工业发展缓慢的现状。多年内乱与政治压迫激发蒙古族人对安宁生活的向往，其在吸收汉族先进造物文化、技术的同时，亦不忘彰显其民族个性。16世纪中叶以后，固定的类帐幕建筑在普通牧民中逐步兴建，表明北元后期的蒙古族已步入真正意义上的半定居生活。此外，17世纪中期以前，藏传佛教格鲁派与北元贵族阶层的政

治联姻，为北元文学、艺术、科技、手工业与哲学观念等注入新鲜血液。对于蒙古族造物而言，生活用具中狮子、大象、宝珠、金刚杵、八宝等形象的出现，寺庙、佛塔兴建并以汉藏合璧形态呈现，喇嘛教烧香、祈祷与庆祝仪式在上层社会的兴起，制作以五佛冠神盔为代表的融入佛教元素的萨满服等等，皆表明此阶段精神信仰的演变之于蒙古族造物的影响。（那仁夫、杨劲主编：《蒙古族文化图鉴·蒙古族服饰图鉴》，内蒙古人民出版社，2007年）

其四，皇太极改国号为"清"至1912年民国建立。由于清初蒙禁政策的施行，蒙古族延续畜牧业主导的经济形态。随着清中期"借地养民"以及晚清"移民戍边""拨兵屯田"等新政策的推进，蒙古族地区畜牧业逐渐向定牧、农耕转型，表现在造物文化方面，便是适宜定居生活的生产生活用具大量出现。而汉族"雁行"手工业者、内地破产手工业者的迁入，也为蒙古族地区家庭手工业以及以商品生产、销售为目的的手工业作坊、专业工厂、制作场的出现，提供了劳动力与技术条件。例如，在借鉴西藏、印度建筑技术的基础上，可移动的帐幕类建筑被纷纷改造为土木类建筑，与汉族聚居地接壤的地带也普遍出现汉式平房与砖瓦房院落。另据《蒙古族社会历史调查资料》显示，清代以后，汉族春来冬归的"雁行"工匠深入牧区，为农牧民擀毡、织毛口袋以及从事铁、银、木等手工业，一方面提高了蒙古族地区家庭小手工业水平，另一方面亦使得汉族手工技术与门类融入蒙古族造物文化。与此同时，由于在清代蒙古高原牧区、半农半牧区，仍部分延续着游牧生产方式，服务于这一生产生活方式的造物亦通过沿袭前世、广征博引不断趋于完善与成熟。如传承帐幕类建筑成就的清代蒙古包，在结构、形制、工艺等方面实现了理论性总结与规范化建造。除此以外，在精神信仰方面，清政府为安抚蒙藏，极力保护、推崇蒙古族地区笃信

的喇嘛教，也促使藏传佛教格鲁派在清代以后成为蒙古族全民信仰。其在萨满祭祀形式与仪轨基础上，融入佛教内容，并加以重新解释，亦势必对清代以后蒙古族造物文化产生深远影响。（阿木尔巴图：《蒙古族工艺美术史》，内蒙古科学技术出版社，2008年。布仁：《蒙古族的演进与繁荣》，《北方经济》2005年第8期）

《中国少数民族设计全集·蒙古族》的书稿由先行田野考察、收集资料，及至文稿初成后的三校三改，至今日书稿初成，首先，当感谢张朋川教授在书稿的筹备和写作过程中为我们提供了多方面的专业理论指导和参考资料。其次，《中国少数民族设计全集》的总编、出版方以及编者所在学校的领导都给予了本书不可或缺的宝贵意见与实际帮助。另外，本卷编撰过程中参考了众多前辈专家的既有成果，如《蒙古族社会历史调查资料》《蒙古族服饰图鉴》《蒙古族起源、发展及其游牧文化的变迁研究》《萨满教文化研究（第一辑）》《藏传佛教与蒙古族文化》《元代以前蒙古族经济史研究》《蒙古族建筑的谱系学与类型学研究》《蒙古族工艺美术史》等等，这些专著和研究是本卷案例分析的理论基础，成书之际向以上书籍、研究的编著者致谢！

目录

第一章　蒙古族传统建筑

蒙古族柳条窝棚　002
蒙古族少布亥　006
蒙古族奥布亥　009
蒙古族车额吉格日　012
蒙古包　016
砖砌蒙古包　022
金属结构蒙古包　027
蒙古族车帐　032
蒙古族帐篷　036
蒙古族草茸包　039
蒙古族圆形土墙房　043
蒙古族草房　048
蒙古族土窑房　053
蒙古族碱土房　057
蒙古族汉式平房　061
蒙古族砖瓦房院落　065
蒙古族水房　069
蒙古族牛羊圈　072
蒙古族畜棚　075

第二章　蒙古族传统服饰

蒙古族敖吉　080
蒙古族扳指　085
蒙古族辫线袍　089
蒙古族勃勒　094
蒙古族布腰带　098
草原蒙古袍　102

蒙古族短襟坎肩　107
蒙古族耳饰　117
蒙古族发卡类头饰　115
蒙古族发簪类头饰　121
蒙古族头戴类头饰　127
蒙古族练椎类头饰　132
蒙古族风雪帽　137
蒙古族革带　140
蒙古族顾姑冠　145
蒙古族戒指　150
蒙古族扣袢　154
蒙古族立檐帽　157
蒙古族马海靴　161
蒙古女袍　165
蒙古皮靴　170
蒙古毡靴　175
蒙古族暖耳　178
蒙古族手镯　182
蒙古族摔跤服　185
蒙古族头巾　191
蒙古族托海　194
蒙古族瓦楞帽　199
蒙古族羊皮袄　202
蒙古族尤登帽　207

第三章　蒙古族传统餐饮

蒙古族炒米　212
蒙古族黄油　215

蒙古族烤全羊　219
蒙古族猫耳朵汤　223
蒙古包子　226
蒙古果子　229
蒙古族面茶　232
蒙古族奶茶　235
蒙古族奶豆腐　239
蒙古族奶皮子　243
蒙古族马奶酒　246
蒙古族荞面饸饹　250
蒙古族全羊汤　254
蒙古族稍美　256
蒙古族手把肉　259
蒙古族酸奶　262
蒙古族羊背子　265
蒙古族羊血肠　268
蒙古族羊油馓子　270
蒙古族砖茶　274
蒙古族东布壶　278
蒙古族火撑子　282
蒙古族结盟杯　286
蒙古族酒壶　290
蒙古族六耳铁锅　294
蒙古族奶提　297
蒙古族奶桶　301
蒙古族盘　305
蒙古族碗　309
蒙古族皮囊壶　313

第四章　蒙古族传统生活用具

蒙古族板箱　318

蒙古族橱柜　322

蒙古族佛龛柜　326

蒙古族经柜　330

蒙古族炕桌　334

蒙古族潮尔　337

蒙古族胡笳　341

蒙古族马头琴　344

蒙古筝　350

蒙古族四胡　353

蒙古族鞍花与压钉　357

蒙古族鞍屉与鞍韂　360

蒙古族镫磨　363

蒙古族肚带与扯肚　366

蒙古族刮马汗板　369

蒙古族马鞍　372

蒙古族马绊　378

蒙古族马鞭和马棒　382

蒙古族马褡子　387

蒙古族马镫　390

蒙古族马笼头和马嚼子　394

蒙古族马挠子与马刷子　400

蒙古族马印　404

蒙古族马掌　407

蒙古族攀胸和后鞦　410

蒙古族梢绳　414

蒙古族栓马桩　417

蒙古族套马杆和套马索　420
蒙古刀　424
蒙古族棒槌　428
蒙古族褡裢　430
蒙古族灯具　433
蒙古族火镰　436
蒙古族吉日格　440
蒙古象棋　443
蒙古族帕尔吉　447
蒙古族勒勒车　451
蒙古族晒食棚　455
蒙古族饰粉　458
蒙古族手炉　462
蒙古族碗袋　465
蒙古族烟袋　469
蒙古族羊拐　472
蒙古族摇篮　475
蒙古族蝇甩　479
蒙古族熨斗　481

第五章　蒙古族传统生产工具

蒙古族锛子　486
蒙古族捕兽夹　489
蒙古族布鲁　493
蒙古族裁皮刀　496
蒙古族草叉　499
蒙古族捣臼　502
蒙古族捣奶杵　506

蒙古族纺专　509

蒙古族弓箭　512

蒙古族饸饹床子　517

蒙古族火药囊　520

蒙古族解结器　524

蒙古族猎枪　527

蒙古族奶豆腐模子　532

蒙古族牛角哺乳器　535

蒙古族牛角灌药器　537

蒙古族牛角墨斗　539

蒙古族刨子　543

蒙古族鞣皮刀　547

蒙古族石碾　550

蒙古族手锯　553

蒙古族手钻　556

蒙古族铜权　560

蒙古族旋椎　563

蒙古族羊毛剪子　567

蒙古族羊毛挠子　571

蒙古族凿子　574

蒙古族铡刀　577

蒙古族制毡工艺　580

第六章　蒙古族传统手工艺

蒙古族拔丝器　586

蒙古族鼻烟壶　589

蒙古族顶针　593

蒙古族荷包　596

蒙古族吉祥结　601
蒙古族净水瓶　605
蒙古族曼扎　609
蒙古族帽筒　613
蒙古族木雕动物　616
蒙古族念珠　620
蒙古族皮画　624
蒙古族莎力格　627
蒙古族铜兽　630
蒙古族香炉　634
蒙古族香囊　637
蒙古族烟荷包　642
蒙古族银铸牲畜　646
蒙古族玉佩　650
蒙古族玉石赏件　654
蒙古族栽绒毯　658
蒙古族錾子　663
蒙古族几何类装饰图案　666
蒙古族自然类装饰图案　671
蒙古族宗教类装饰图案　676
蒙古族组合类装饰图案　681

第七章　蒙古族传统民俗和宗教

蒙古族敖包祭祀　686
蒙古族查干苏鲁克大祭　694
蒙古族查玛舞仪　702
蒙古族婚礼　710
蒙古族祭火　717

蒙古族祭天　723
蒙古族剪发礼　727
那达慕　733
蒙古族寿礼　739
蒙古族葬礼　744
蒙古族大威德怖畏金刚造像　749
蒙古族地母神　756
蒙古族吉祥天母造像　759
蒙古族萨满服饰　765
蒙古族湿婆造像　774
蒙古族释迦牟尼佛造像　778
蒙古族四大天王造像　783
蒙古族太阳神形象　787
蒙古族翁衮偶像　791
蒙古族扬奶器　795

第一章 蒙古族传统民居建筑

蒙古族柳条窝棚

图一　蒙古族柳条窝棚主图

柳条窝棚也叫"柳条庵子",在蒙古语中称为"崩克尔",意思是圆咕隆咚的东西。用柳条编结居所,起源甚早,距今12000到8000年前,即蒙古高原畜牧业刚刚兴起之时,游牧民族的祖先便在阿拉善盟曼德拉山的岩壁上描绘出一个窝棚的形象。20世纪70年代,内蒙古的鄂尔多斯地区及其东部的一些柳条丰富地带,依然可以找到此类结构的柳条窝棚。此类民居空间低矮、狭小,现存的窝棚已经无人居住,多设为牧场仓库,存放草料或生活杂物。

柳条窝棚采用整体式壳体结构,但用料和具体结构都要简陋许多。顾名思义,柳条窝棚通体使用柳条编织而成,分为顶与壁两个部分,其中屋壁横向由多扇柳条篱笆围合构成,每扇柳篱长约2米。由于柳条编结的墙体柔软有余而坚挺不足,所以不宜架设过高,其垂直编织高度通常为1至2米,且需在窝棚内部设支柱防止屋壁侧倒。窝棚顶大多与墙体连为一体,从墙体引出柳条作为编织屋顶的材料,编织好的屋与壁浑然一体。也有窝棚的屋顶单独用柳条编织再覆盖于墙体之上,此种做法的柳条窝棚中间也要设支柱,以承担编织顶的重量。窝棚的门多为简单的木框门,直接用柳条将其捆扎固定到屋壁事先留好的缺口上即可。柳条窝棚是相对简陋的临时建筑,牧民一般舍不得使用毛毡或兽皮覆盖屋壁,而是在外部抹泥和牛粪的混合物作为防水保暖层,如此处理简单易行,一个牧民在很短的时间内即可独立完成,但其缺点是防水性较差且增加了墙体重量,经历风吹日晒后,柳条框架很容易变形。

柳条窝棚同少布亥、奥布亥一样,都是

先民们使用的一种结构简单、临时性的民居建筑样式，它们的建筑材料、搭建工艺和外形要素等，都或多或少引导蒙古包的形成与完善。时至今日，柳条窝棚作为居所的现实意义已然消失，但它成为研究蒙古族文化传承与嬗变的活化石，则毋庸置疑。

图片来源

图一至图七　张颖泉　制图

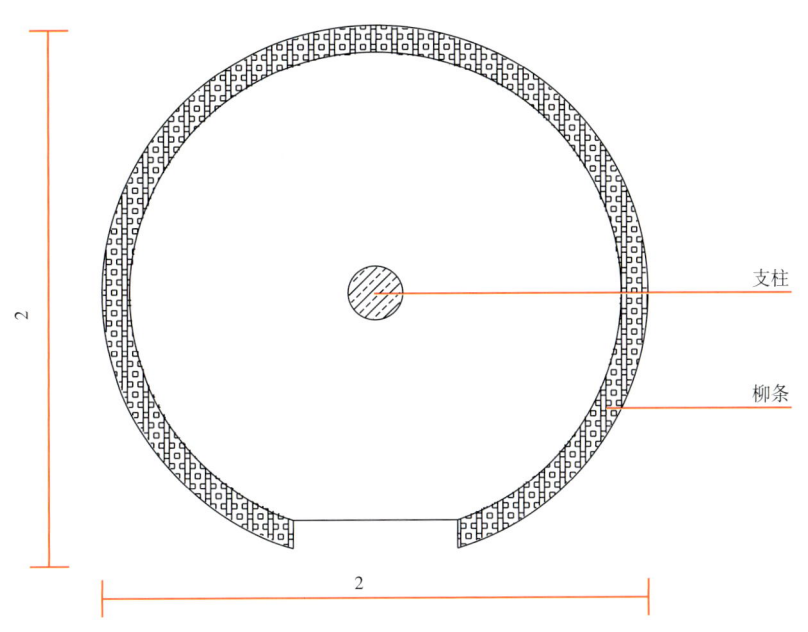

图二　蒙古族柳条窝棚平面图（单位：m）

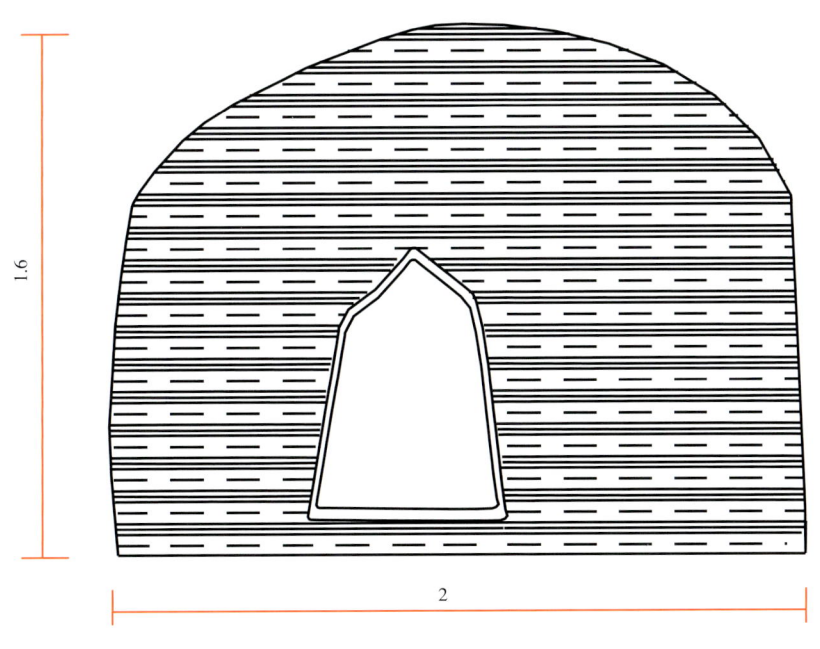

图三　蒙古族柳条窝棚立面图（单位：m）

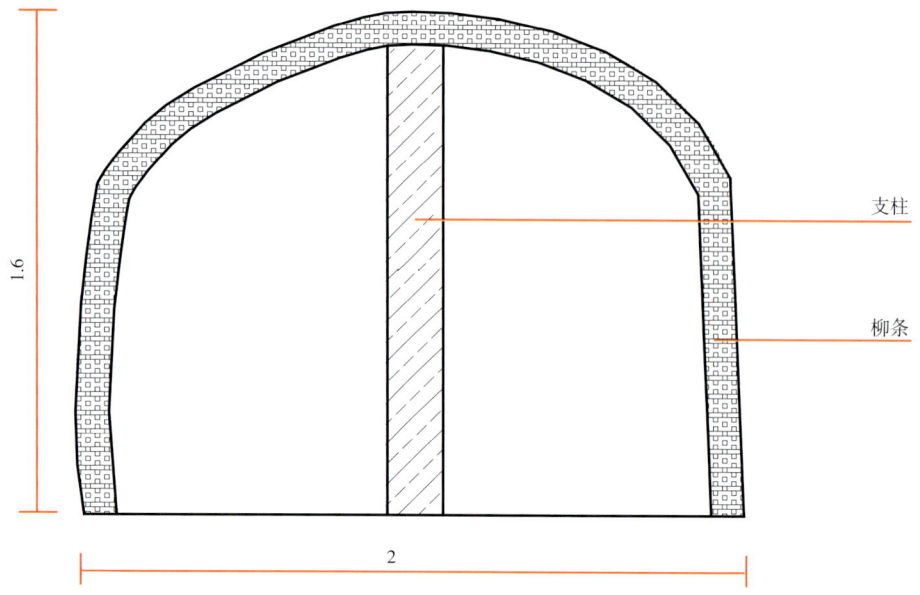

图四　蒙古族柳条窝棚剖面图（单位：m）

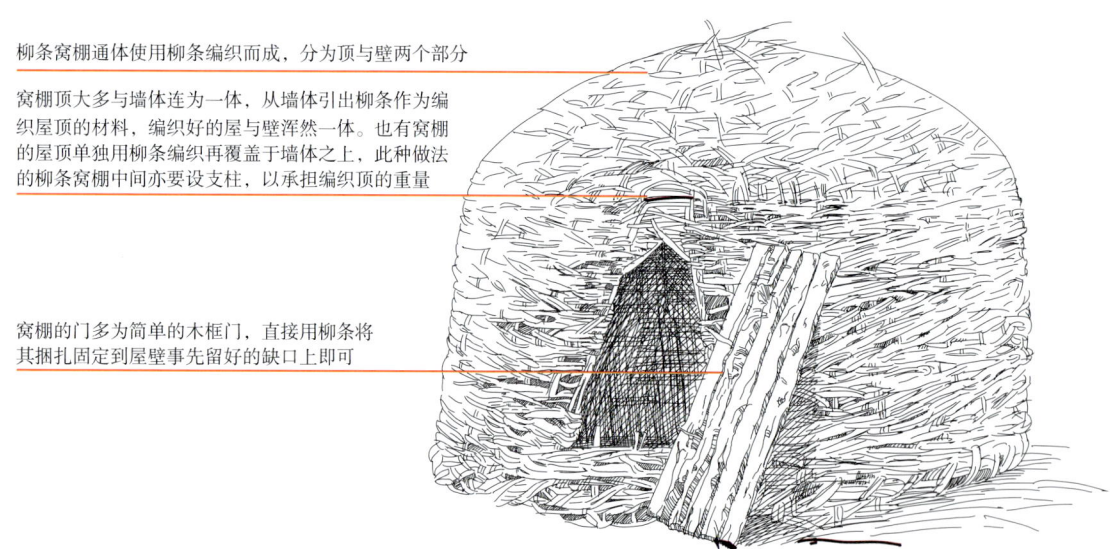

柳条窝棚通体使用柳条编织而成，分为顶与壁两个部分

窝棚顶大多与墙体连为一体，从墙体引出柳条作为编织屋顶的材料，编织好的屋与壁浑然一体。也有窝棚的屋顶单独用柳条编织再覆盖于墙体之上，此种做法的柳条窝棚中间亦要设支柱，以承担编织顶的重量

窝棚的门多为简单的木框门，直接用柳条将其捆扎固定到屋壁事先留好的缺口上即可

图五　蒙古族柳条窝棚功能分析图

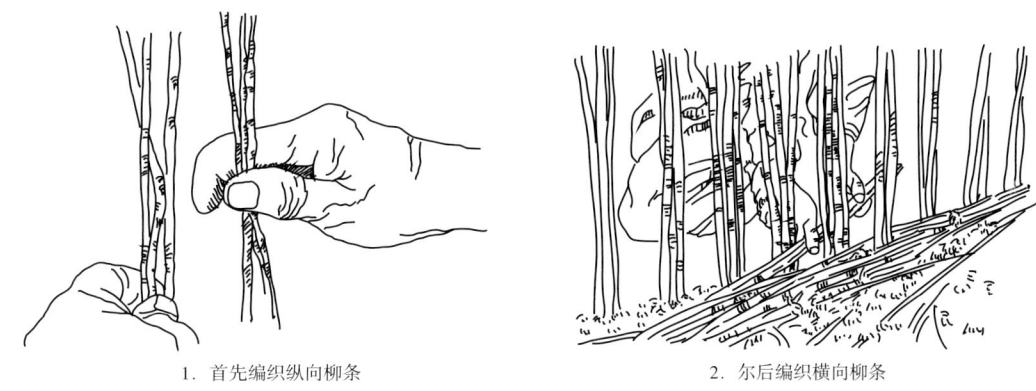

1. 首先编织纵向柳条　　　　　　　　　　2. 尔后编织横向柳条

图六　蒙古族柳条窝棚搭建步骤

图七　蒙古族柳条窝棚情境图

蒙古族少布亥

图一　蒙古族少布亥主图

"少布亥"是蒙古语中对简易木构架民居的称呼,意指尖顶类型的简易帐篷。此类简易木构架民居属于蒙古包的前身,古代以狩猎为生的蒙古族人由于受生活条件与生存环境的限制,其使用的木架构民居原始而简陋,一般用几根木椽为主要结构配合柳条加固就可搭建出来。这种简易民居通常高度在两米左右,入口狭小,室内可使用面积非常有限,采光和通风也不甚理想。

少布亥属蒙古族先民简易建筑的一种类型,经过历史长河的涤荡,虽然建造方式依然流传,但在现今,其作为民居的实用性几乎不再。蒙古族学者达·迈达尔等著的《蒙古包》一书较为详尽地记述了它们的搭建方式和使用材料:少布亥没有墙体和屋顶的区分,由于其使用材料和建造结构的限制,其体量规模往往不大。少布亥的搭建方式可分为两种：1. 在合适的距离内，插上两根带杈的木椽（一般是柳木），再把一条木椽横置其上，形成基本框架，之后在框架两侧等距离地斜搭许多细木棍，形成三角体的骨架，其上用柳条、树叶等覆盖；2. 另一种即所谓的"斜人柱"，也叫"撮罗子"，其基础为3根长短粗细相等的木椽，其中一根最好带树杈，这样将另外两根搭在上面，构成一个较为稳定的椎体结构，之后，用其他木椽（少布亥的大小高低不一，木椽从15根到50根不等）围绕椎体结构以接近60度角斜搭一圈，并在外面搭盖其他覆盖物。

少布亥的结构简单、空间狭小、居住功能较为粗陋，但是，简易木构架民居用材少、分量轻，搭建、拆卸十分方便，这样的特性使之成为早期游牧民族临时居所的首选。此外，少布亥的结构与修造方法亦在后来蒙古族民居典范——蒙古包的建构中得以借鉴和发展，因此，在蒙古族建筑文化传承中，少布亥的肇始地位举足轻重。

图片来源
图一至图四　李淼　制图
图五　微图网

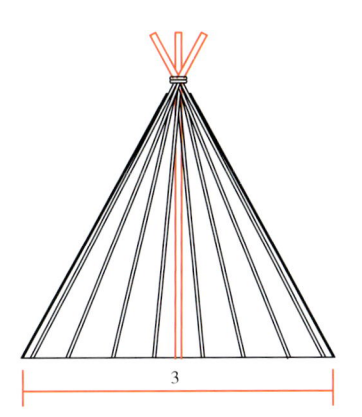 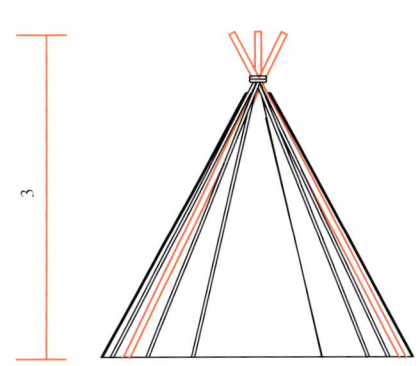 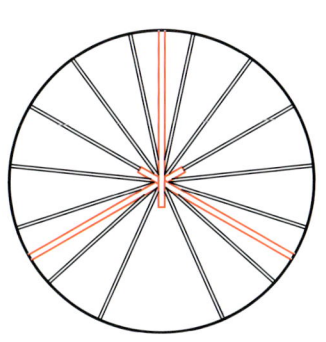

图二　蒙古族少布亥立面和平面图（单位：m）

图三　蒙古族少布亥结构图

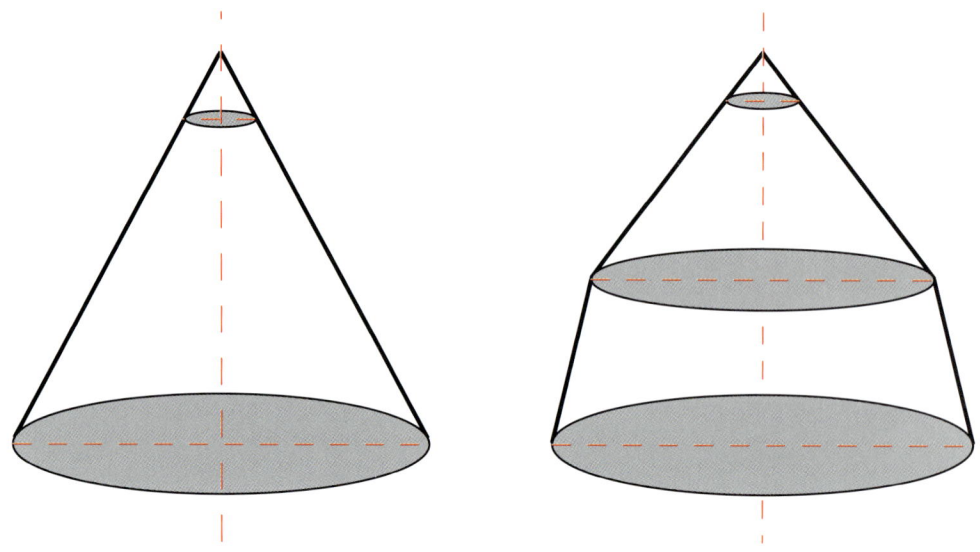

图四 蒙古族少布亥几何构成图

图五 蒙古族少布亥情境图

蒙古族奥布亥

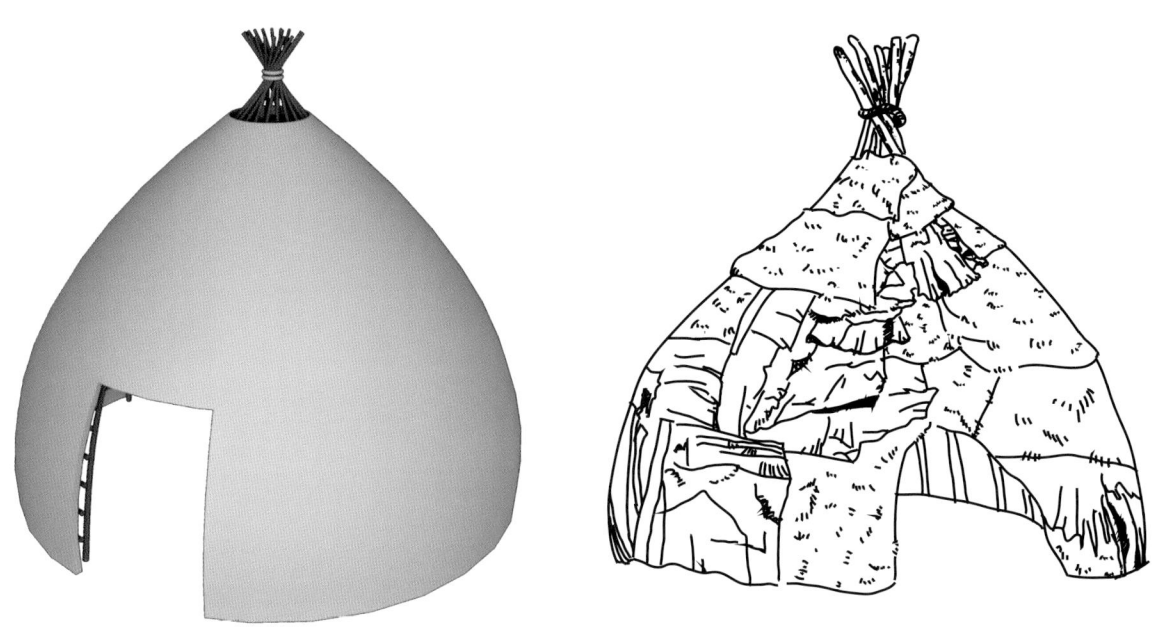

图一　蒙古族奥布亥主图

蒙古语"奥布亥"是对一种简易木构架民居的称呼，同少布亥相对，奥布亥属于其中的圆顶类型。少布亥和奥布亥皆属于蒙古包的前身，由于受自然环境和技术水平的局限，蒙古先民所搭建和居住的木架构民居甚为简陋。奥布亥一般高度不超过两米，其入口窄小，内部面积亦十分有限。

经过漫长的历史演进，虽然奥布亥的搭建方式至今依然流传，但在当代，其基本不再充当民居建筑，而是多被用以仓储置物。在修造奥布亥时需将多根长柳条插在地上围成一圈，在不到两米高的地方将这些柳条相向弯转回来，使其梢头搭在一起，捆扎编成一个拱形结构。在奥布亥下面的圆筒部分，还需添加其他柳条用以加固侧面，交叉编织几圈形成菱形网格，这亦是奥布亥的骨架，可以视为后来哈那蒙古包的前身。搭建完骨架后，还要在其外部用树皮或兽皮覆盖围合，形成完整的奥布亥。

奥布亥系北方游牧民族早期简易木构架民居，其结构简单、空间狭小，居住条件较为粗陋。但此类简易木构架民居也有其一定的优点：用材少、分量轻，建造和拆卸十分方便，许多时候，有经验的牧民可以在半天之内独自搭建完成。这些特性使它们成为早期游牧民族临时居所的首选，并在相关历史考证及设计研究领域都具有重要的参考价值。

图片来源
图一　李淼、张颖泉　制图
图二至图四　李淼　制图
图五　张颖泉　制图
图六　许宏　制图

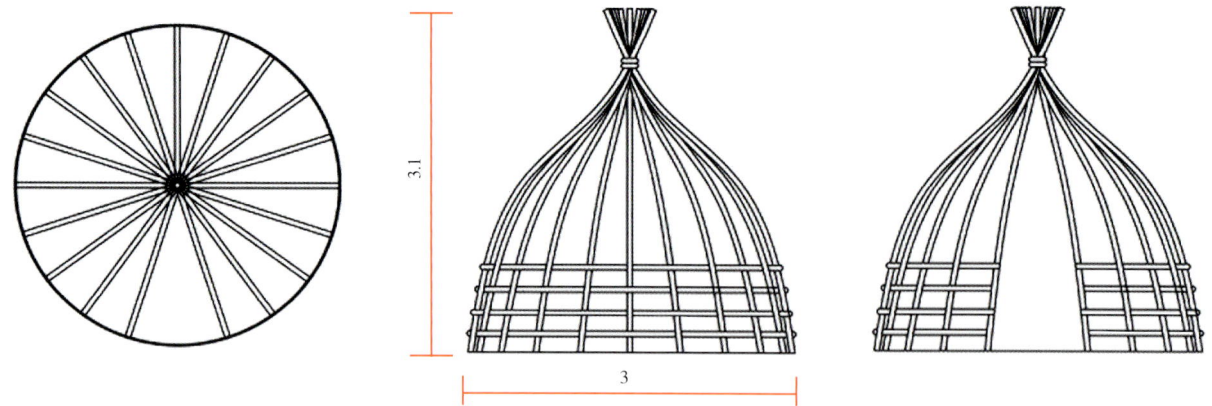

图二 蒙古族奥布亥平面图和立面图（单位：m）

图三 蒙古族奥布亥解构图

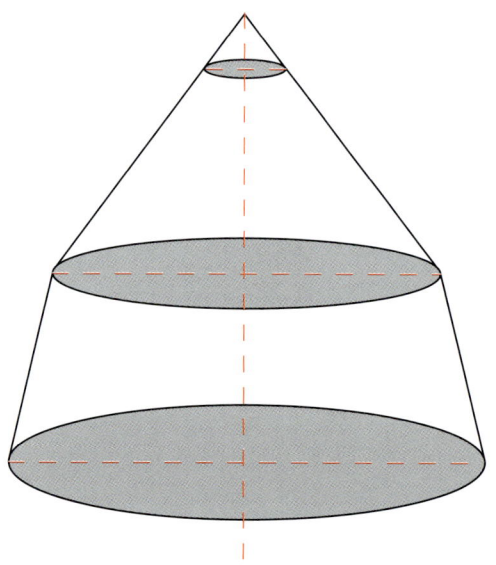

图四 蒙古族奥布亥几何构成图

图五　蒙古族奥布亥情境图

图六　蒙古族奥布亥情境图

第一章　蒙古族传统建筑

蒙古族车额吉格日

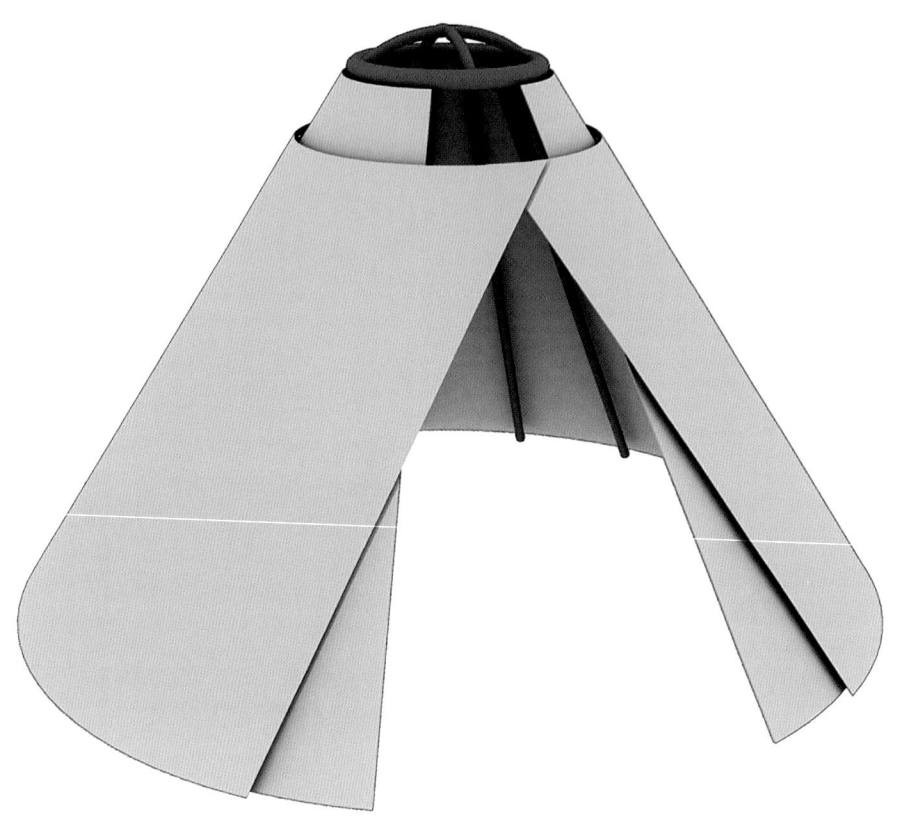

图一　蒙古族车额吉格日主图

车额吉格日同少布亥、奥布亥一样，都属于简易木构架民居，其特点是结构简单，用材少而轻便，搭建和拆卸十分容易,一个人在数小时内就可以独立完成。车额吉格日基本呈锥形，高度一般在两米以下，内部面积通常不超过6平方米。与少布亥、奥布亥的不同之处在于，车额吉格日略微高级，在结构上多了顶部的套瑙（套瑙是蒙古包的重要结构之一，其处于蒙古包内部框架的中心顶端，用以连接、固定周围的乌尼），也就是有了天窗。车额吉格日是早期游牧民族在游牧迁徙生活中的简易住所。古时的穷苦牧民一般因为没有财力，只好常年住在这种简陋狭小的民居里。

车额吉格日作为一种简易牧场居所，同蒙古包结构相比较，没有哈那（蒙古包围壁），仅有套瑙和乌尼（蒙古包屋顶的顶杆）。支撑屋壁的乌尼比蒙古包少很多，但长度更长，既是墙壁又是屋顶。同少布亥和奥布亥相比，车额吉格日室内空间略微宽松，但它们周围墙壁都一样倾斜，人要在室内中心区域才可直立。车额吉格日的套瑙直径一般在50厘米左右，其支撑屋壁的乌尼长度可达3米，搭建起来后，其整体高度大多为1.8米到2米。

车额吉格日的套瑙很简单，把两段柳木削成半圆弧，互相重叠起来捆扎牢靠，在其外缘钻20多个窟窿，用来插置乌尼。南向留门，少插两根乌尼。车额吉格日的顶棚盖毡共有三片，分别盖在东、西和北三个方向。每片盖毡用三根皮条捆在内部乌尼之上。毡门设在南边，上缘有两根皮条，直接挂在套瑙上，往往比普通蒙古包的门还高，这样的高度使得人们进出方便。简言之，车额吉格日的框架结构相当于将少布亥的尖顶改为套瑙，其他部分类同。

在内蒙古阿拉善地区，今天依然可以见到许多牧人将车额吉格日作为临时看守牧场的居所。

车额吉格日在建筑结构的复杂性上处于更加简陋的少布亥、奥布亥同正式规格的蒙古包之间，其对于研究蒙古族民居随社会生产结构转变而演化的轨迹，有着重要的实证价值。

图片来源
图一至图六　李淼　制图

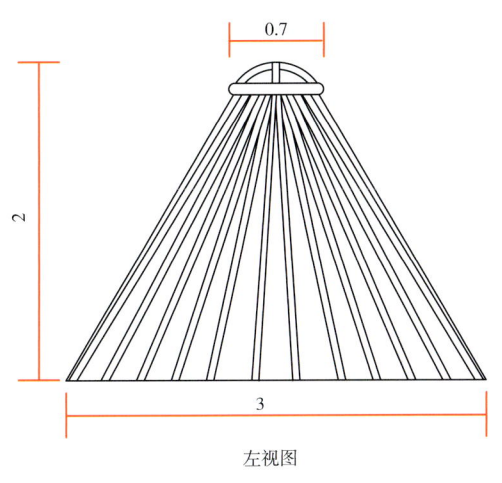

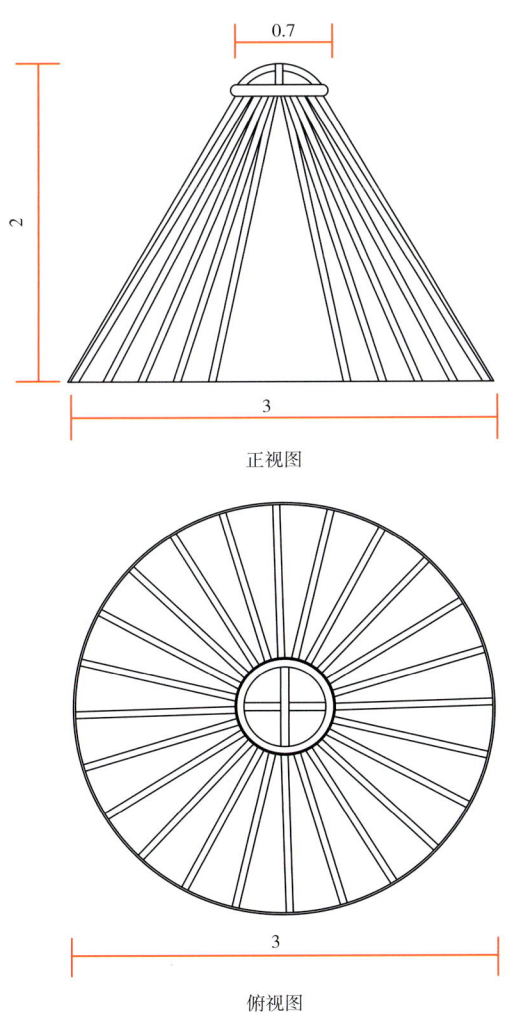

图二　蒙古族车额吉格日三视图（单位：m）

图三　蒙古族车额吉格日支撑结构图

图四　蒙古族车额吉格日盖毡围合示意图

图五　蒙古族车额吉格日几何构成图

图六　蒙古族车额吉格日情境图

蒙古包

图一　蒙古包主图

　　蒙古包原为满族对蒙古族牧民一种易拆卸、便迁移居所的称呼（满语"蒙古博"，俗将"博"称为"包"），在汉文史籍中又称为"毡庐""穹闾""毡帐""旃毡"等。"包"在满语中是家、屋之意，汉语中"蒙古包"一词的使用最早见于清代。蒙古包在平面上呈圆形，立体形态系为一圆柱体同一圆锥体的结合。蒙古包的大小往往由其主人的身份决定，其总高度（套瑙顶端至地面的垂直距离）从两米到数米不等，直径在3米至数十米。蒙古包的缘起时间至今无法考证，但可以确定，蒙古包是蒙古族形成之初就已经存在的古老建筑形式，见证了蒙古族在游牧迁徙中不断繁荣壮大的过程。

　　蒙古包的功能设计完全适用于北方草原的恶劣天气，其内部空气流通，采光便利，冬季可抵御严寒，夏季则内部阴凉，亦不怕风雨侵袭。此外，蒙古包的一个重要特点即易于拆卸和运输，蒙古族牧民可以在数小时内拆卸或组装好一个中等体量的蒙古包，由于蒙古包的各个部分拆卸后皆可捆扎打包，一般几峰骆驼或是若干辆勒勒车即可运输，非常适合蒙古族游牧迁徙的生活特点。

　　蒙古包的建构材料几乎都是就地取材，包括草原上常见的柳木、榆木和松木以及牧民蓄养牲畜的毛、皮和筋等。蒙古族牧民将这些材料加工成建造蒙古包的各种部件，主要包括基本框架部分的套瑙（天窗）、乌尼（顶杆，也称"椽子"）、哈那（围壁）和支柱（大型蒙古包使用）。其中，套瑙处于蒙古包的顶端，一般用柳木或榆木制成，结构分为联结式和插榫式（亦称"插椽式"），形成与乌尼的不同结合方式。"联结式套瑙的外围有连接顶杆的皮或筋制作的活络结构，其数量与顶杆数量相等。联结式天窗在搬运时，顶杆可以像雨伞一样收成捆。插榫式天窗顶杆直接插入天窗中，不需用皮筋进行连接。这种天窗外围没有凸缘，只有与配套顶杆数量相等的盲孔，用于顶杆端头的插入。搬运时，插榫式天窗顶杆与天窗分离，单独打捆运输。"（孙乐：《内蒙古地区蒙古族传统民居研究》，沈阳建筑大学硕士学位论文，2012年）。乌尼是蒙古包的肩（整体形态中的椎体部分），上联套瑙，下接哈那，一般用韧性较好的红柳木或松木制作。哈那是蒙古包的腰（整体形态中的圆柱体部分），蒙古包的大小即是由哈那的多少决定，以红柳木交叉网眼形态构建，间或使用皮钉（多为驼皮）固定，具有极好的支撑力。当蒙古包的围壁超过8个，则需要在内部添加2到4根支柱用以支撑顶部套瑙。除了框架，蒙古包还有顶毡、顶棚、外罩、围毡、毡门以及围绳、压绳、坠绳和地脚围（又称"哈雅布琪"，哈那底端与地面结合部分）等附属与加固部件。蒙古包的门一般与哈那等高，原初蒙古包的门只有门框，悬挂饰有贴画和刺绣的毡门，后发展为松木或榆木制作的木门，单扇或是双扇都有，其木棱分格、彩绘涂饰和木刻浮雕都是蒙古包木门的常用装饰手法。

牧民在架设蒙古包时，需铲除草皮，平整地面，依照欲搭建的蒙古包大小圈画固定哈那的槽线，之后便将哈那、乌尼和套瑙组装加固形成蒙古包的框架，再在外面覆盖羊皮或毛毡，并用绳索、皮条束紧。蒙古包内的地面需铺设干沙或羊粪一寸，再置放一层皮垫和毛毡即可。

整体而言，蒙古包横截面皆为圆形，没有棱角，上紧下松，呈流线形态，能够有效地抵御北方草原上的风沙和大雪，可拆卸的顶毡和围毡设计亦能够灵活调控蒙古包内的光线和温度。

蒙古包是蒙古族民居建筑的典范，在蒙古族波澜壮阔的历史长卷中留下了醒目的印记。首先，蒙古包是蒙古族民族文化形象化的综合体，木工、编结、制毡、刺绣、印染等工艺在蒙古包的建构中集聚一堂、交相辉映，成为传承蒙古族设计文化的重要载体。其次，蒙古包的设计亦具有鲜明的象征性。蒙古族崇拜天，即以蒙古包的形态建构象天。中心的套瑙呈放射状，以示宇宙的中心，而顶杆乌尼和围壁哈那成为中心的延展，以象天空穹顶，凸显出蒙古族在建筑结构及空间设计中的敬天思想。另外，蒙古包制作就地取材，几近完美地适应草原特有气候环境，成为现代环境设计中生态建筑研究与建造的参照。

图片来源

图一、图五至图七、图十一、图十二　周安涛　摄影
图二、图三、图十三　李淼　制图
图四　李淼、许宏　制图
图八　刘兆和主编：《蒙古民族文物图典·蒙古民族毡庐文化》，文物出版社，2008年，第42页、119页
图九　刘兆和主编：《蒙古民族文物图典·蒙古民族毡庐文化》，文物出版社，2008年，第79页
图十　刘兆和主编：《蒙古民族文物图典·蒙古民族毡庐文化》，文物出版社，2008年，第128页

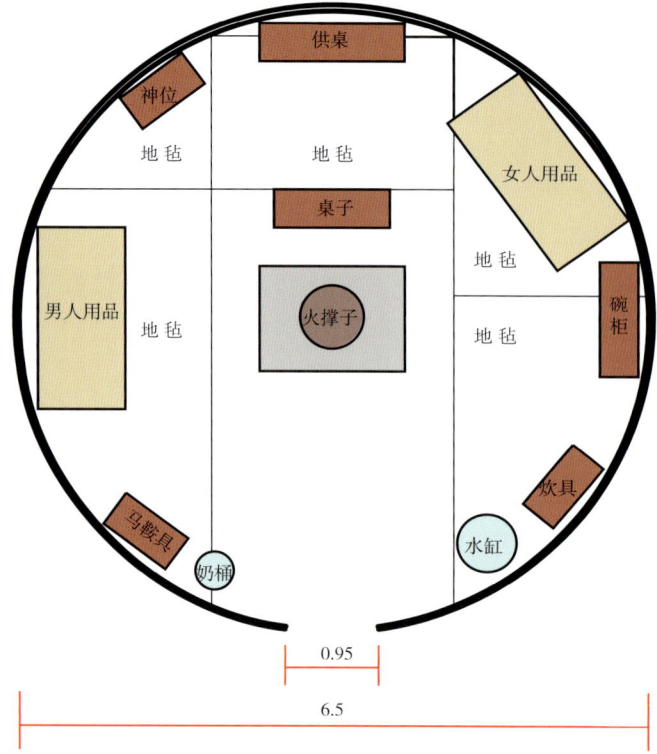

图二　蒙古包平面图（单位：m）

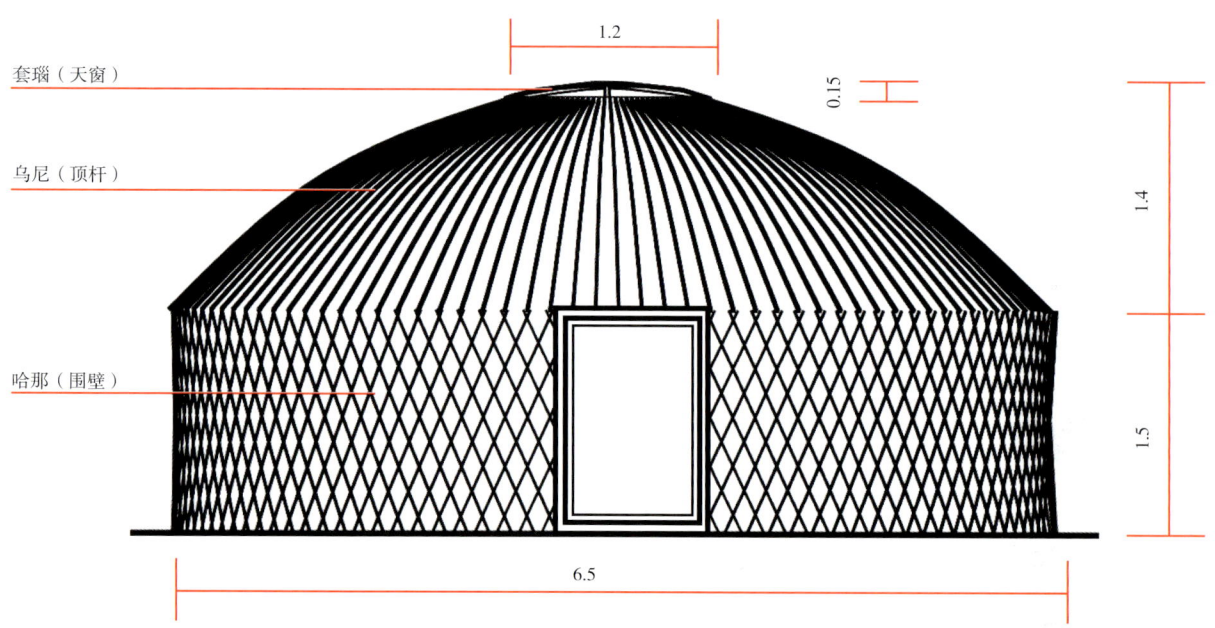

图三　蒙古包立面图（单位：m）

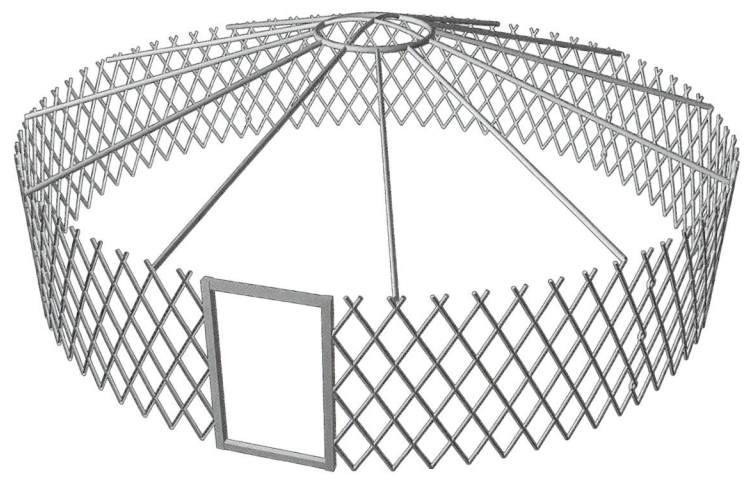

图四　蒙古包支撑结构透视图

图五　蒙古包套瑙

图六　蒙古包乌尼

图七　蒙古包哈那

第一章　蒙古族传统建筑

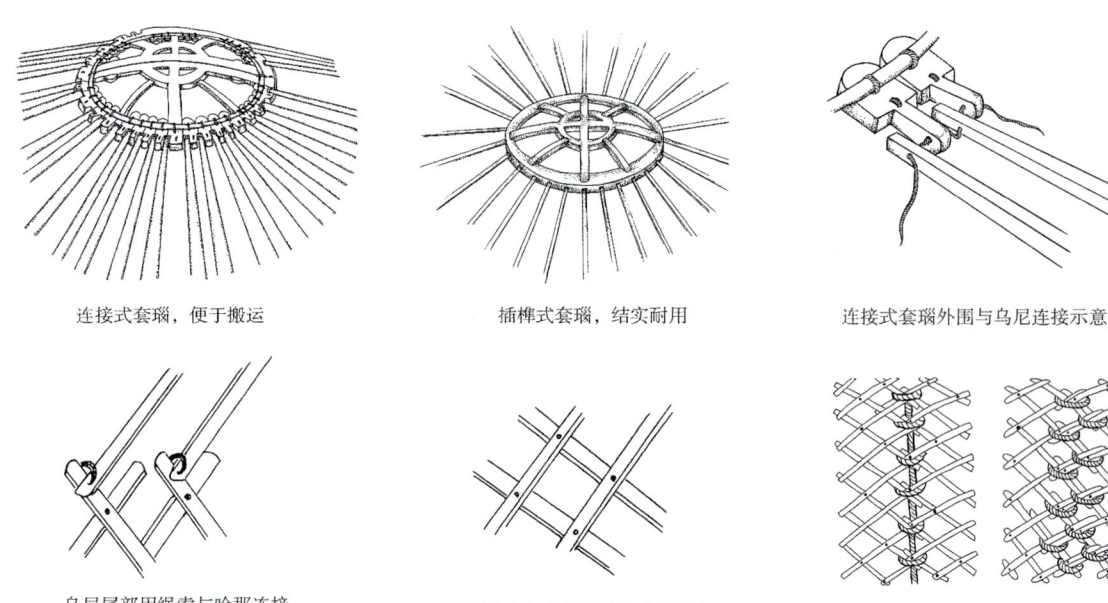

| 连接式套瑙，便于搬运 | 插榫式套瑙，结实耐用 | 连接式套瑙外围与乌尼连接示意图 |

| 乌尼尾部用绳索与哈那连接 | 哈那围壁木杆之间以皮钉进行固定 | 哈那相互连接处结绳示意图 |

图八　蒙古包套瑙、乌尼、哈那连接示意图

哈那围壁数超过8片后，需根据蒙古包的直径大小在内部添加2到4根支柱以支撑顶部套瑙

图九　蒙古包支柱

图十　蒙古包搭建情境图

图十一　蒙古包围合材料（围毡、顶毡等）

图十二　蒙古包木门

图十三　蒙古包毡门

砖砌蒙古包

图一　砖砌蒙古包主图

砖砌蒙古包属固定式圆形民居建筑，是传统蒙古包发展到近现代，同汉式砖瓦建筑相结合的产物。这种砖砌建造的固定式圆形民居一般在定牧区域较为常见，其基本外形酷似蒙古包，平面为圆形，砌圆锥顶，相较于传统毡庐，砖砌蒙古包通常较高，保证了室内空间。现存较多的砖砌蒙古包多位于锡林郭勒盟西北部苏尼特左旗的沙地区域。

对于定居定牧的蒙古人而言，传统的木框架蒙古包已经逐渐不适应其定居的生活方式，于是他们发挥聪明才智，适度改造传统蒙古包。砖砌蒙古包便是其中一例，这种建筑的平面为正圆形，内部空间较大，半径通常可达2米以上，一般在室内东南侧设炉灶，烟道位于墙体内部，所通烟囱一般设于屋顶侧檐。床铺置于圆形室内的北侧，东侧置放水缸等生活用具，房屋西侧摆放箱柜与其他灶具。

砖砌蒙古包的圆形墙体有两种砌筑方式：一种是一顺一丁，相互错缝砌筑；另一种是底部墙体用一顺一丁砌筑6层，其上将砖竖立，砖面向外砌筑一层，之后在上面砌一溜排丁砖，如此反复直到屋顶，以两层顺砖收尾。其墙体厚度一般在20至30厘米。屋顶通常使用抹泥顶，半径较大的需要在中部设立柱支撑屋顶，将木制的伞状顶架撑起，其上铺设柳条编结片，并覆盖一层干草，最后再在上面抹泥做顶。也有模仿汉式建筑在顶上铺瓦片的砖砌蒙古包，不过数量甚少。砖砌蒙古包的木门与传统毡庐的木门相近，皆为木架门，门楣架在左右两侧的门桄上，同圆形墙壁相连。也有在木门外包一层铁皮的，可以强固门扇。这种建筑开窗面积较小，多为三层砖、六层砖或九层砖的高度。

蒙古族在对传统蒙古包的改造过程中，创造了多种以蒙古包为原型，适应其生产生活方式及地域特点的演变形式。砖砌蒙古包即是近现代的一种演进和改易，其建筑材料与修筑方式同传统蒙古包有了质的差异，不过依然保留了传统毡庐的圆形空间和蒙古包的基本外形，一定程度传承了民族建筑的经典样式，同时其砖砌的墙体和顶架结构的改造，亦体现出因地制宜的造物智慧。

图片来源
图一至图八　李淼　制图
图九、图十　微图网

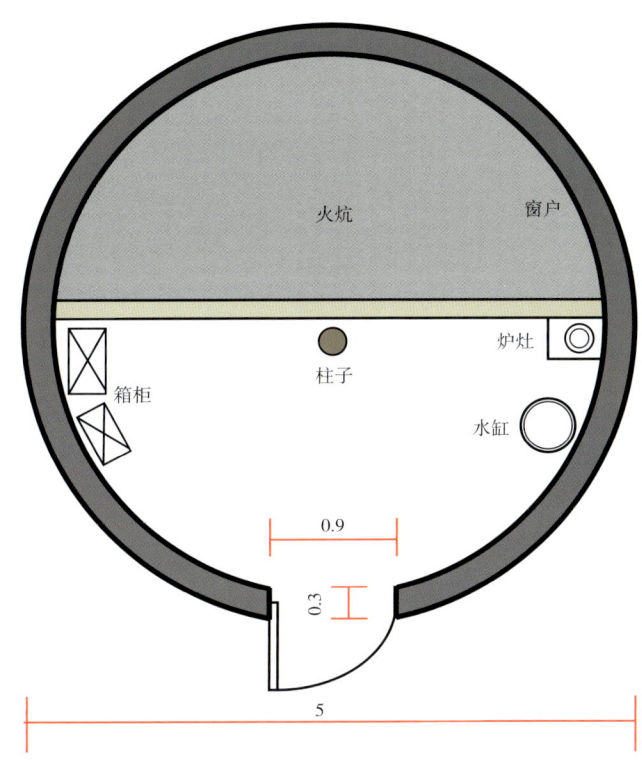

图二　砖砌蒙古包平面图（单位：m）

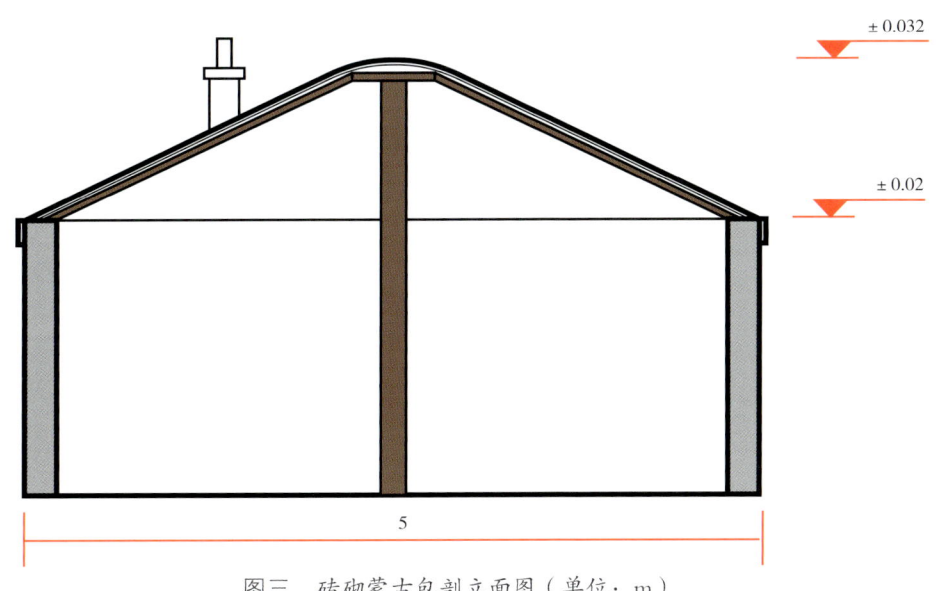

图三　砖砌蒙古包剖立面图（单位：m）

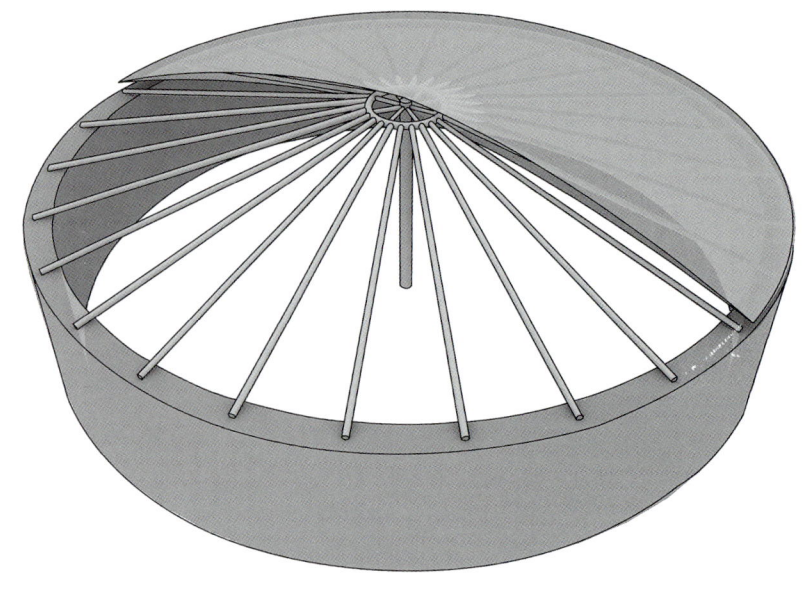

图四　砖砌蒙古包构架结构示意图

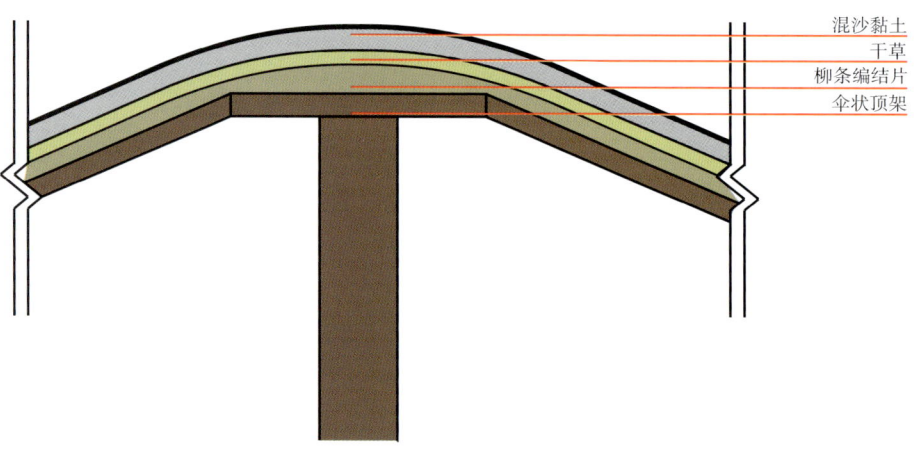

图五　砖砌蒙古包平顶构造剖面图

图六 砖砌蒙古包门

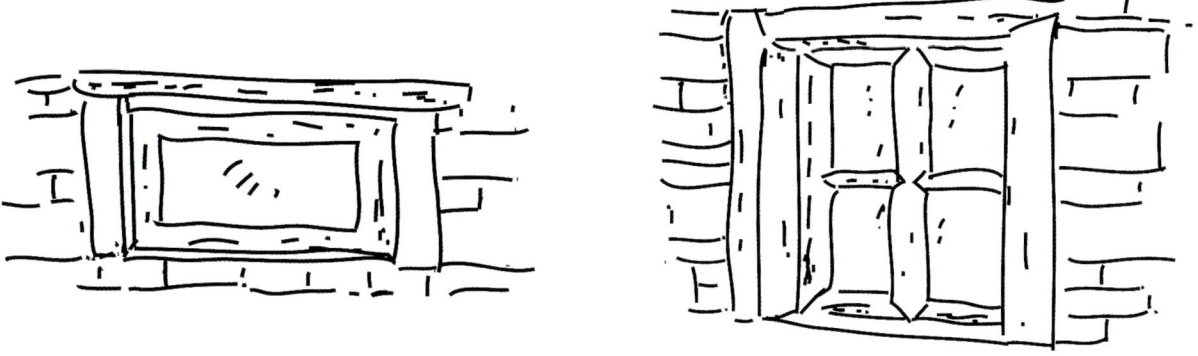

图七 砖砌蒙古包窗

底部墙体用一顺一丁砌筑6层，其上将砖竖立，砖面向外砌筑一层，之后在上面砌一溜排丁砖，如此反复直到屋顶

一顺一丁，相互错缝砌筑

图八 砖砌蒙古包墙体砌筑方式示意图

第一章 蒙古族传统建筑

图九　砖砌蒙古包情境图

图十　砖砌蒙古包情境图

金属结构蒙古包

图一　金属结构蒙古包主图

金属结构蒙古包也称"金属骨架蒙古包"，是传统木结构蒙古包在当代的一种演化，其基本外形与结构类似于传统木框架围毡蒙古包，主要差别则体现在内部支撑结构的材料多以金属替代，而外部围合材料亦较传统毛毡有所变化。现代金属结构蒙古包在20世纪末开始出现，其基本功能多种多样，主要是供牧区牧民居住以及在一些旅游景点充当餐厅、演出厅或会议厅等。

金属结构蒙古包是传统木架构蒙古包发展到当代的一种衍生形式，其金属材质的内结构为蒙古包提供了更加强韧的支撑力度和更大的内部跨度。由于生产和生活方式的转变，现代蒙古族地区传统木架构蒙古包因建造材料稀缺、置办成本相对较高等问题已经日趋减少。而金属结构蒙古包因其部件为预制成品，造价相对低廉、拆装更加便捷等优点正逐步取代传统毡包。例如由现代某蒙古包厂所产的小型金属结构蒙古包，其顶部承重超过200公斤，可抗风8级，除了部分活动部件需更换外，整体结构可使用20年以上。金属结构蒙古包从使用功能与建造形式上可以分为两种，一是作为民居的牧区蒙古包，体量一般较小，内部金属骨架以插头套扣相结合，拆卸和搭建相对简便，底部直径通常在3至6米；另一种多是建造在旅游景区等公共场所的大型蒙古包，为了达到更大的内部跨度，其金属骨架一般不再按照传统形式构建，结合处多为焊接固定，因而不可随意拆卸。在景区，这种大型蒙古包的底圈直径可达20米以上。现代金属结构蒙古包的建造材料多种多样，内部支撑骨架为金属构造，常见的有铁、钢和铝合金，其中铝合金结构最为优秀，强度大、重量轻，但相对成本亦较高。外部围合材料一般不再使用毛毡，多用防水帆布配合保温层、遮光布、内装饰布、外装饰布等，边缘以尼龙绳束缚、扣紧。这些围合材料可以依据气候变化和功能需要进行搭配和调换，更加灵活，且防水、防腐、保暖和密封效果非常理想。

金属结构蒙古包部分沿袭了传统蒙古包的内外部形态，但在建造材料和结构方式上都有了巨大的演进，一定程度上拓展了传统木架构蒙古包的功能性和适用性。在民族造物文化层面，金属结构蒙古包虽然不甚完美，但依然可以视为蒙古族在现代技术条件下造物智慧的结晶。

图片来源
图一、图五至图八、图十、图十二　周安涛　摄影
图二、图三、图九、图十一　李淼　制图
图四　李淼、许宏　制图

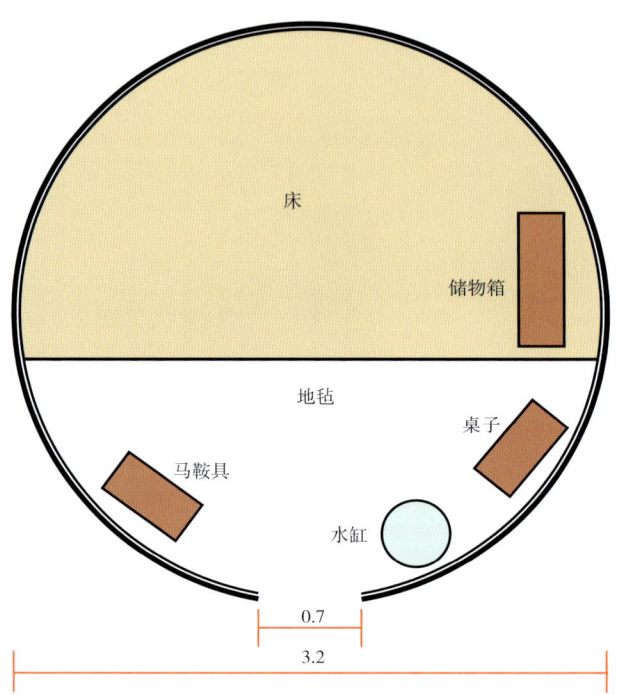

图二　金属结构蒙古包平面图（单位：m）

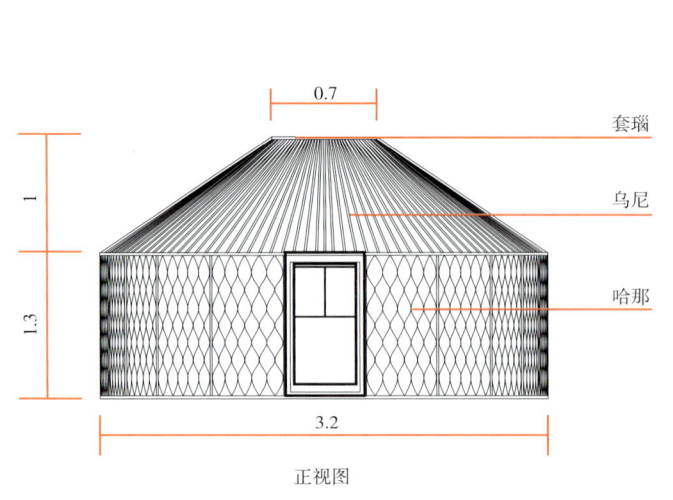

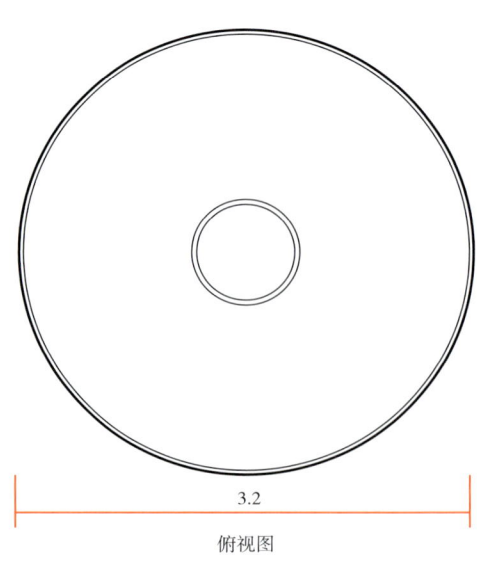

图三　金属结构蒙古包尺寸图（单位：m）

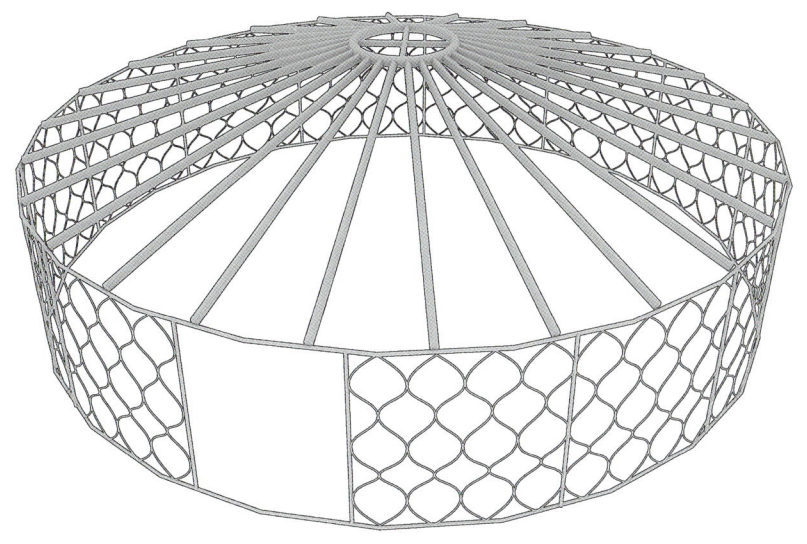

图四　金属结构蒙古包支撑结构透视图

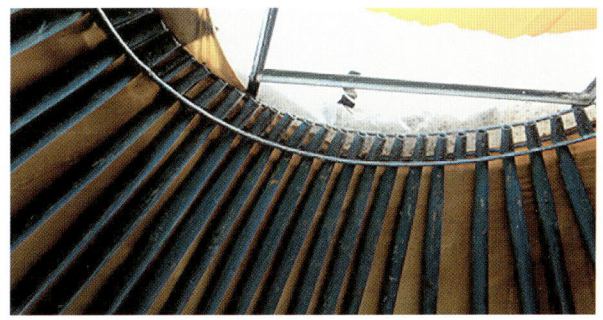

图五　金属结构蒙古包套瑙

图六　金属结构蒙古包乌尼

图七 金属结构蒙古包哈那

图八 大型金属结构蒙古包套瑙、乌尼、哈那组合框架

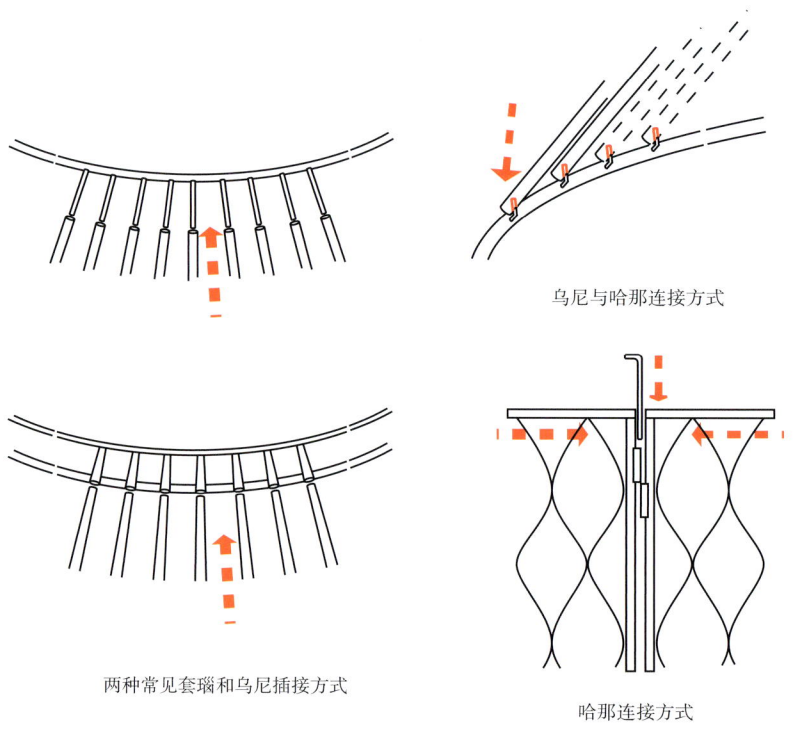

乌尼与哈那连接方式

两种常见套瑙和乌尼插接方式

哈那连接方式

图九 套瑙、乌尼和哈那连接示意图

图十　金属结构蒙古包门

图十一　金属结构蒙古包搭建情境图

图十二　金属结构蒙古包情境图

蒙古族车帐

图一 蒙古族车帐主图

车帐亦称"毡车"或"帐车",是一种古代北方民族撑覆帐幔的兵车,可作为临时的营地居处。胡三省在《资治通鉴》注释中描述道:"……主乘奚车,卓毡帐覆之,寝处其中,谓之车帐。"蒙古族的车帐自元朝时期即已广为使用,形制与大小多有差异,从一只牲畜拖拉的小型车帐到蒙古汗国时期的由 23 头牛拖牵的巨型车帐,可谓相差甚远。

蒙古族车帐的基本功用即是充当移动的居所,多在战争时期作为兵车使用。其中,巨型车帐通常也称"主车帐",一般是大汗或是军事首领的移动军帐,供其召开军事会议、处理政事以及休息之用。普通车帐一般是在勒勒车上直接架设毡包,也有的以毡布覆盖的拱顶或木制车厢替代。这种小型车帐通常一头犍牛即可拖拉移动,若其上的毡包体量超过一定尺度,就需要特制的四轮大车承载,而拖牵的牲畜亦需要增加至更多。现藏内蒙古博物院的一辆大汗主车帐,含车辕长逾8米,宽6米,高度超过3米,四辕四轮,车四缘设栏杆,中间搭建高两米有余的毡包,以虎皮包覆,毡包设毡帘为门户,朝向车辕方向,其前竖立三叉状的苏勒定旗

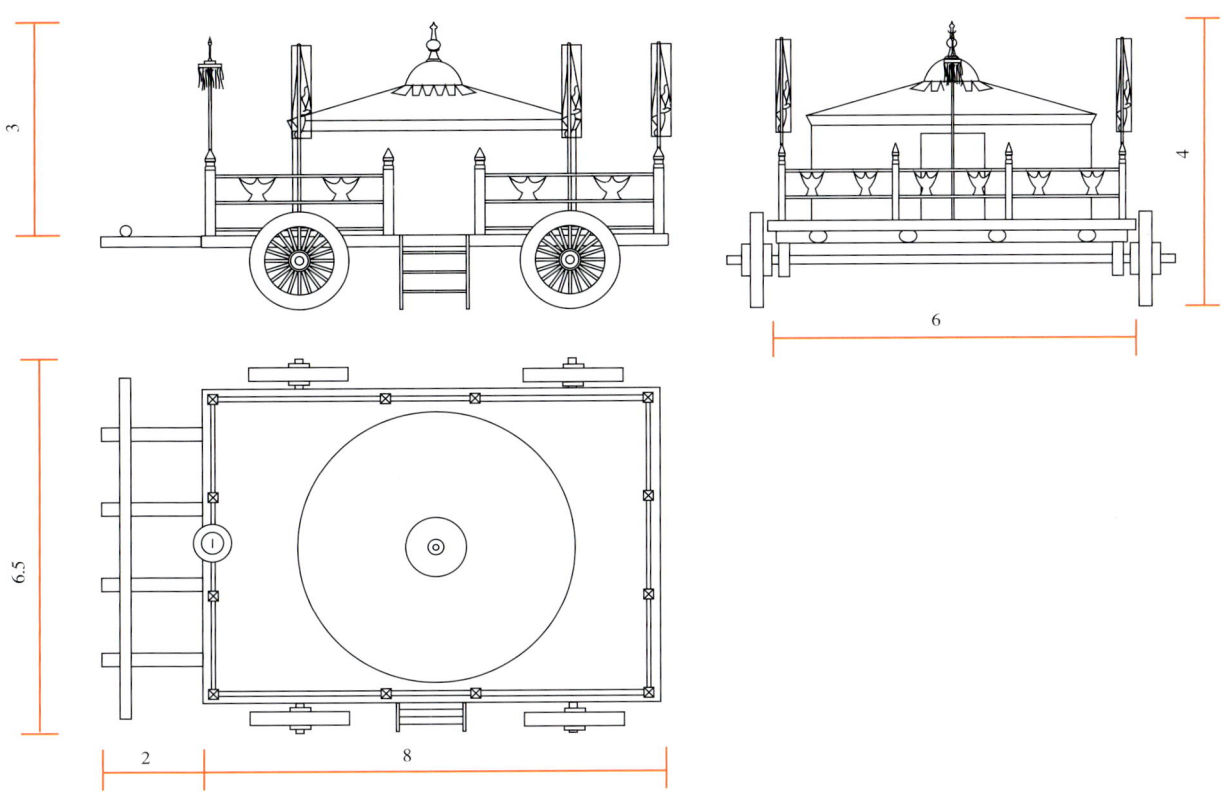

图二 蒙古族车帐尺寸图（单位：m）

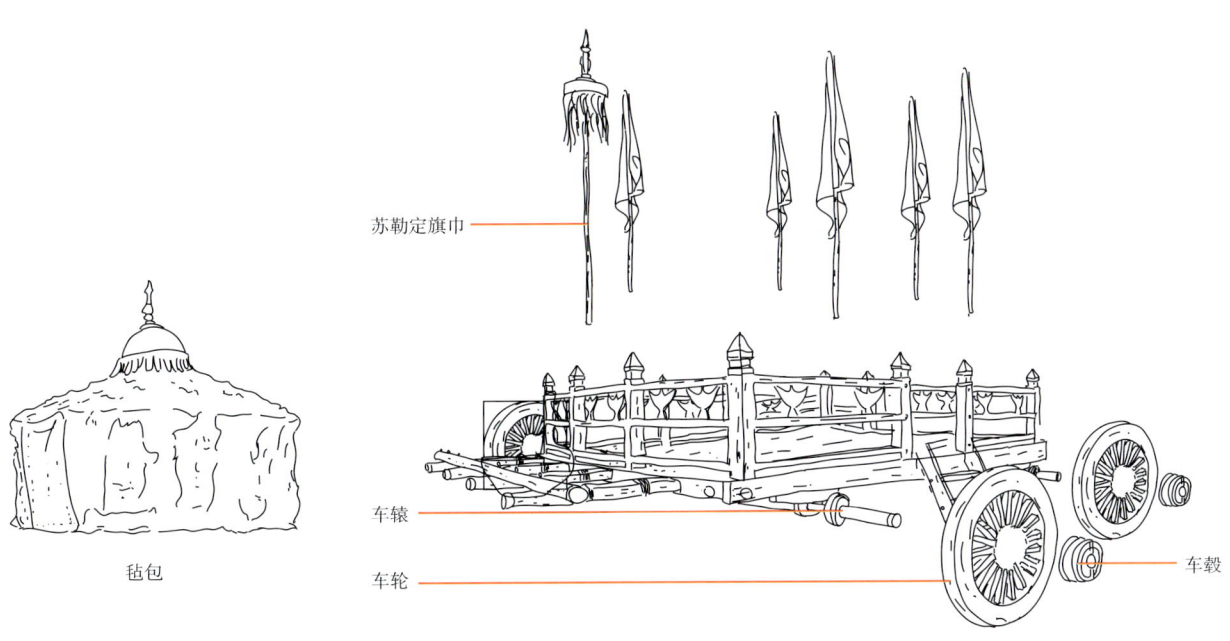

图三 蒙古族车帐解构图

巾。这种大型车帐通常需要10头以上的犍牛拖牵。

车帐是一种毡包与勒勒车的有机组合，可谓北方先民赠予蒙古族的宝贵遗产，后经蒙古族进一步发展与改进，拓展出更多的结构方式与形制，成为北方游牧民族的机动住宅，适应了其游牧迁徙的生活与生产特性，增强了其军队作战的机动性。车帐充分体现了蒙古族造物文化的多样性与造物者的设计巧思。

图片来源

图一　周安涛　摄影

图二至图四　许宏　制图

图五　刘兆和主编：《蒙古民族文物图典·蒙古民族毡庐文化》，北京：文物出版社，2008年，第21页

图六　微图网

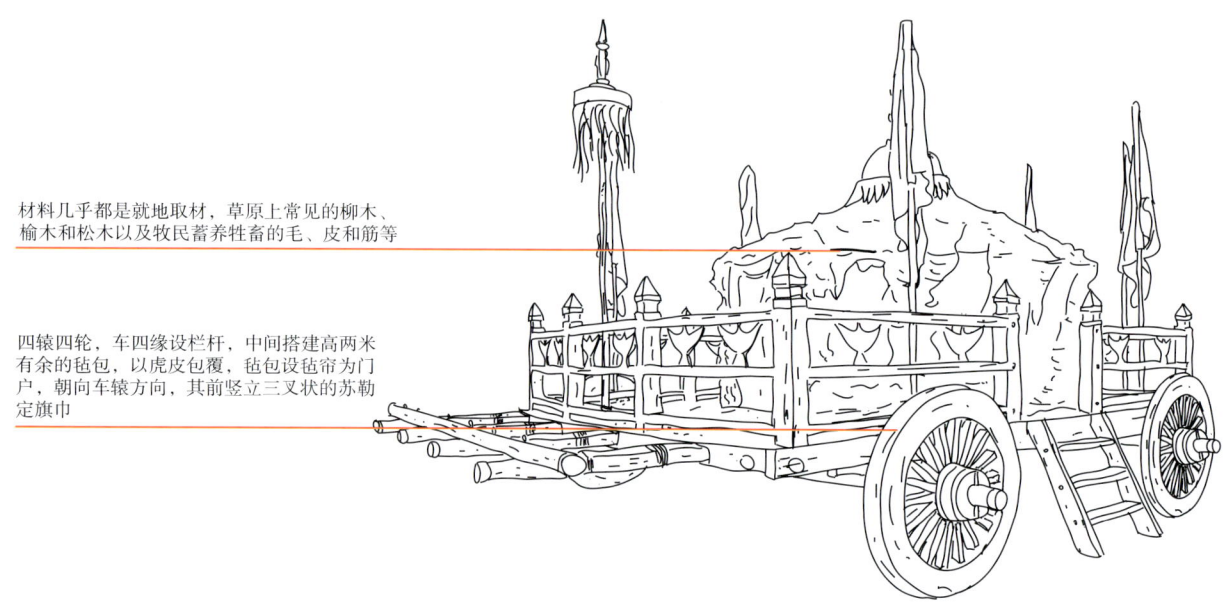

材料几乎都是就地取材，草原上常见的柳木、榆木和松木以及牧民蓄养牲畜的毛、皮和筋等

四辕四轮，车四缘设栏杆，中间搭建高两米有余的毡包，以虎皮包覆，毡包设毡帘为门户，朝向车辕方向，其前竖立三叉状的苏勒定旗巾

图四　蒙古族车帐工艺分析图

图五　蒙古族车帐使用情境图

图六　蒙古族车帐使用情境图

蒙古族帐篷

图一　蒙古族帐篷主图

帐篷又称"帐幔""帐幕",蒙古语称为"麦汗",是一种用撑杆支在地上,用以遮风避雨、抵御日晒,并可临时居住的棚子,其体量因功用差异而大小不等,属北方游牧民族的早期简易居所。一般认为蒙古族的帐篷是在少布亥的基础上演化而来,后经千百年的沿袭与发展,成为蒙古族地区民居中的简易多功能设施。

自古以来蒙古族的帐篷形式多样、大小不一。由于帐篷材料和结构的限制,一般不可持久使用,究其根本,它们都是一种临时性的处所,可为人或物资遮风避雨,但不能防寒保暖。常见的蒙古族帐篷有两种:一种是以四根木杆的顶端交叉,直立支撑在两侧,中间横置一合适长度的顶木(通常为2至3米),周围用布匹、毡围或拼接好的牛皮作为围护,立柱顶端和覆盖材料的边缘扎牛皮绳,同深插地面的木桩相连固定。这样的帐篷常在角隅以大绒或黑布剪贴出各式吉祥图案作为装饰,多在蒙古族的婚丧嫁娶、庙会或是迁徙途中临时居住或贮放物资。另一种蒙古族帐篷类似凉亭,被称为"塔嘎特",其用4根立柱撑起布顶,四缘用毛绳向外绷紧,并以木桩钉入地面固定。帐篷的四隅也常以绒布或呢子材料剪饰祥云、蝙蝠、寿字等传统吉祥纹样。这种"塔嘎特"多做蒙古族贵族参与集会时休息之用。除此之外,牧人常会在迁徙途中取出拆卸蒙古包中的两片哈那围壁,斜倚在一起,搭上毡布,即可充当晚上的临时居所。

蒙古族的帐篷是其民居建筑的初级形式,后随历史的演进与建造技术的发展,成为一种临时贮放物资或供人休息的简易设施。蒙古族帐篷搭建简易便捷,形式因功能差异灵活多变,建造材料取用方便,甚至可以同蒙古包相组合或互换,充分彰显了蒙古族造物设计的适应性与灵活性。

图片来源

图一至图五　许宏　制图

图六　刘兆和主编：《蒙古民族文物图典·蒙古民族毡庐文化》，文物出版社，2008 年，第 229 页《北征督运图》

图七　刘兆和主编：《蒙古民族文物图典·蒙古民族毡庐文化》，文物出版社，2008 年，第 238 页

图二　蒙古族帐篷

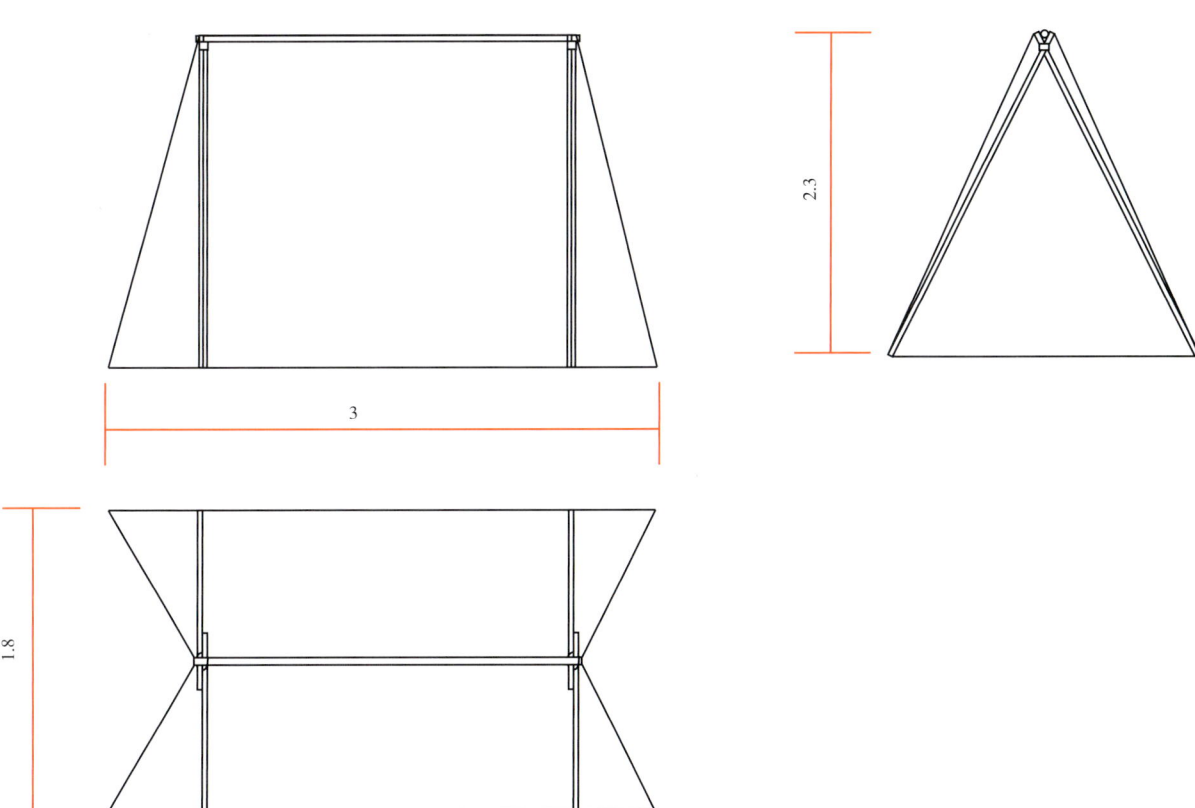

图三　蒙古族帐篷平面和立面图（单位：m）

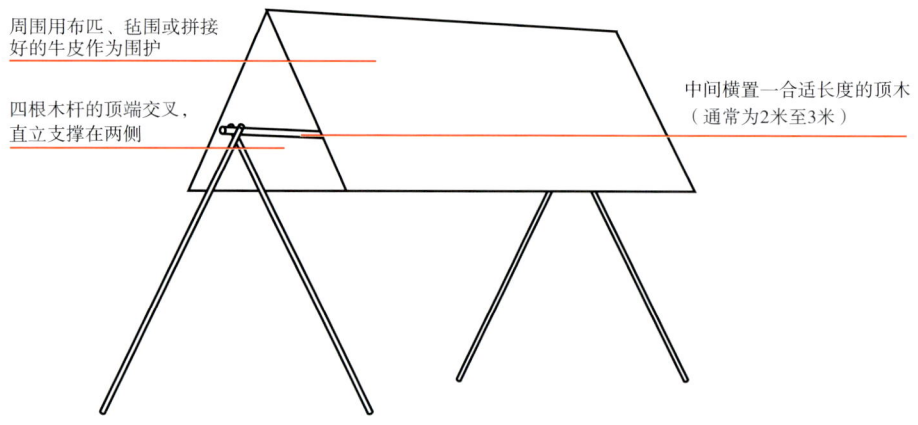

图四　蒙古族帐篷结构图

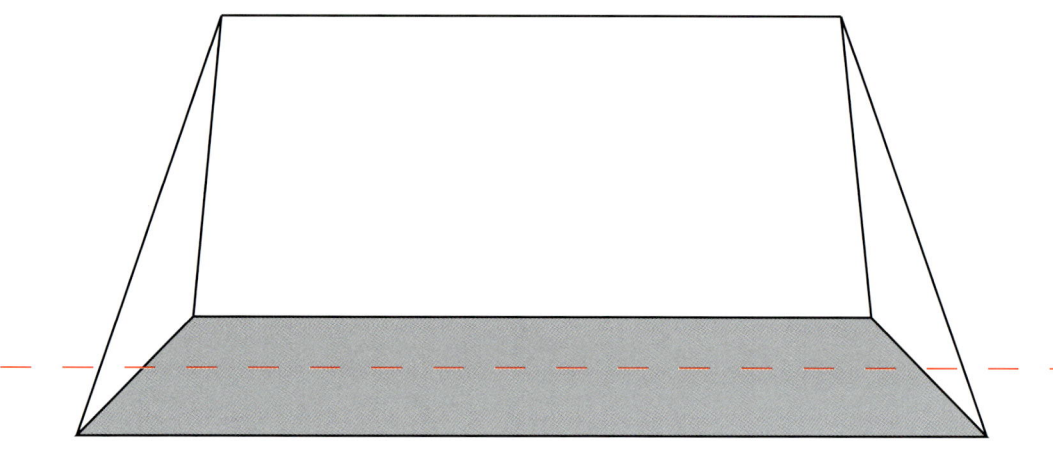

图五　蒙古族帐篷几何构成图

图六　蒙古族帐篷情境图

图七　蒙古族帐篷情境图

蒙古族草茸包

图一　蒙古族草茸包主图

　　草茸包是蒙古包式圆形民居的一种，其建筑体量近于普通蒙古包。草茸包是近代蒙古族生活方式由游牧转向农耕时产生的一种建筑形式，延续了蒙古包的基本形制，但其外表覆盖材料全为草制。草茸包的基本功用亦是供牧民临时居住，但也有被用来作为仓储。

　　草茸包属于部分蒙古族牧转农过渡时期的特殊产物，构造材料简单、粗糙，故留存至今的较少。草茸包顶部为草顶，使用藤条绑扎形成锥形骨架，与下面的墙体相连接，藤条骨架外固定一层稻草秆之后，需再在其上铺设一层茅草，最后使用藤条分四段分别绑扎，用以固定屋顶的茅草。一般草茸包的草顶要大于下面的墙体，于是产生了屋檐。下雨时，伸出的屋檐可以将雨水导引到外围，而不至于直接渗入墙体。草茸包的屋壁构造也比较简单，一般用柳木编制成围壁，这种方法也常用于夏季的蒙古包。搭建时，将几扇屋壁围合起来，彼此对接的地方重叠几厘米，不用加设毛绳来捆，因为柳木围壁质地坚韧，配合地面用以固定的木桩，便能直立起来，在中间用一条贯穿的围绳加固即可。秋冬时节，草茸包的柳木围壁外部需要铺设厚厚的茅草，并在内部添设毛毡等覆盖物用以保暖，而到春夏温度适宜之时，可以将围壁裸露出来，便于采光和通风。草茸包通常使用毡帘为门，也有使用简易木门的。

蒙古族的草茸包多分布在早期的农牧交错地带，如近代的东蒙古地区、土默特、巴林右旗与阿鲁科尔沁旗以及一些现阶段经济相对落后、交通不便的地区，如乌审召镇的乌审旗巴音陶勒盖嘎查、苏尼特左旗德力格尔汗苏木巴彦昌图大队等地区。虽然结构相对简单，但草茸包同样也体现了当时当地特有的传统文化、建造技术与蕴含于其中的民族智慧。

图片来源
  图一至图七 张颖泉 制图
  图八 刘兆和主编：《内蒙古地区蒙古族传统民居研究》，文物出版社，2008年，第47页

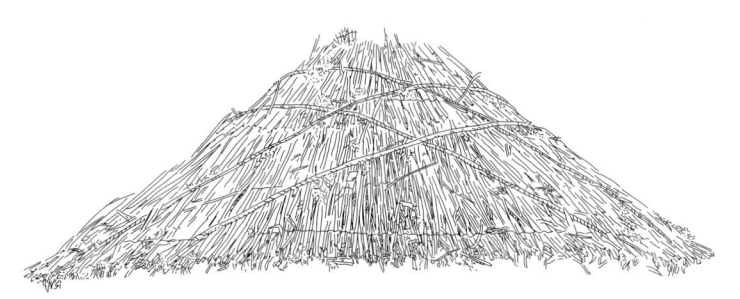 

图二 蒙古族草茸包顶、门

 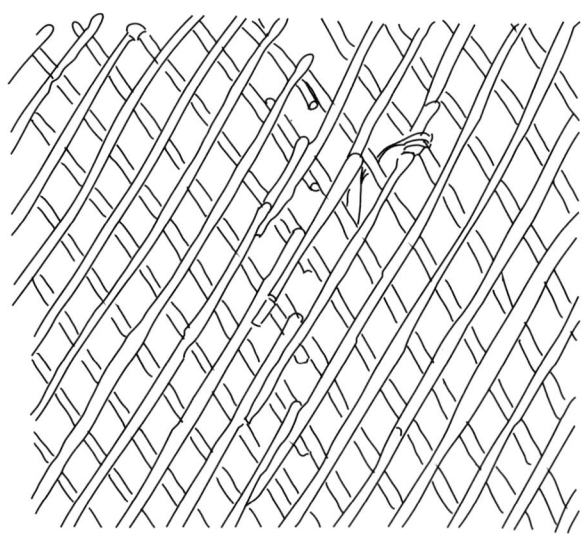

墙体外侧   墙体内侧

图三 蒙古族草茸包墙体

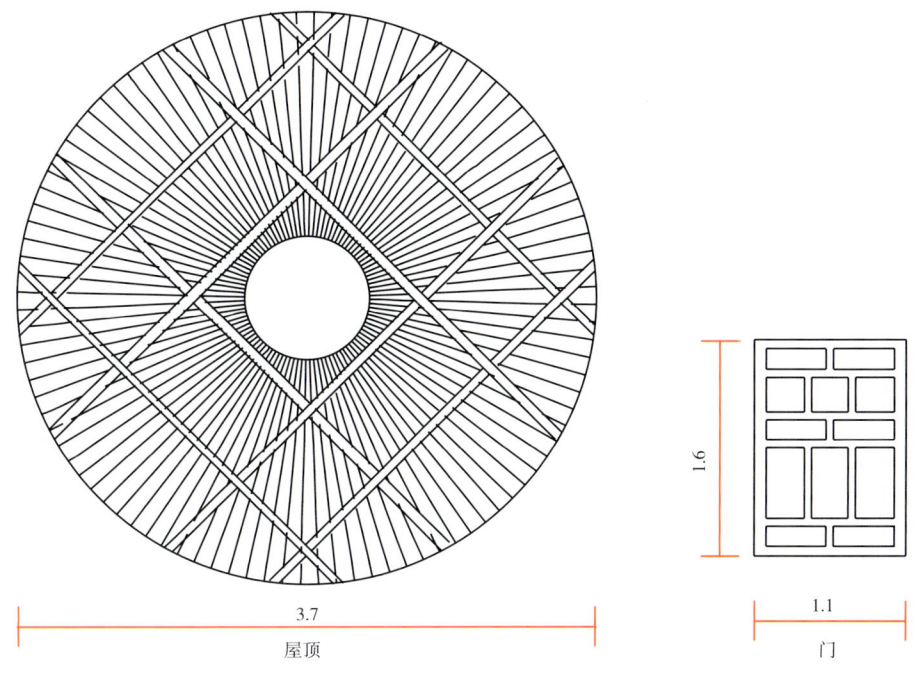

图四 蒙古族草茸包顶、门尺寸图（单位：m）

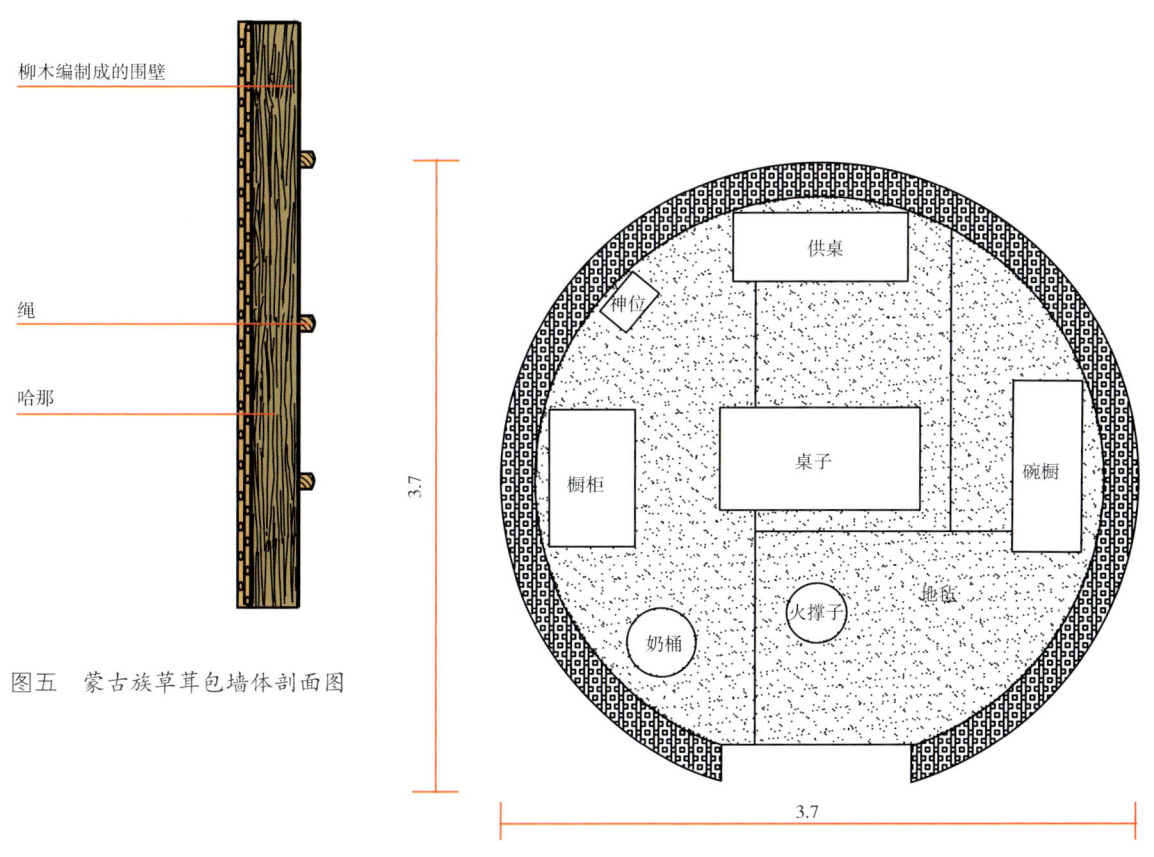

图五 蒙古族草茸包墙体剖面图

图六 蒙古族草茸包平面图（单位：m）

041

第一章 蒙古族传统建筑

图七　蒙古族草茸包情境图

图八　蒙古族草茸包情境图

蒙古族圆形土墙屋

图一 蒙古族圆形土墙屋主图

圆形土墙屋，即土木结构的蒙古包，蒙古语中称为"崩布根格日"，俗称"崩崩房"。主要为生活在半农耕半游牧区域的人们所搭建和居住。当今，在内蒙古锡林郭勒草原南端的浑善达克沙地区域，依然留存了大量此类建筑。蒙古族的圆形土墙屋是自清末放垦，直至解放初这一由游牧向农耕变迁时期产生的独特民居形式，其基本构造介于蒙古包与汉式平房之间，外形酷似蒙古包，但内部结构与建筑材料皆因地而异。早先，这种建筑作为蒙古族的简易住房或是牧场仓库。如今，圆形土墙屋基本成为砖瓦房或蒙古包的附属，或被单独建在牧场边缘，当作牧民的临时居所。

近代，许多蒙古族人开始定居经营畜牧业，同时兼营农业，随之而来牧场也日益狭小，原先那种临时性质的蒙古包已适应不了这部分蒙古族人定居的生活方式。于是他们开始对传统蒙古包进行改造使之固定、耐用，或是按照传统蒙古包的样式建造土木结构的固定房屋，以适应定居生活。在这种转变过程中，蒙古族人创造了多种演变形式。这些演变形式各异，但都有一个共同的特点，即基本形状始终保持蒙古包式的圆形形态，所以这些演变形态都被称为"蒙古包式圆形房屋"，圆形土墙屋即是其中颇具代表性的一种。

圆形土墙屋为牧民放牧时的季节性居所，也有用来作为仓库，存放草料、粮食和其他一些生活资料。这种建筑的尺寸往往不大，小的类型如苏尼特左旗牧民筑于固定放牧地点，用以守夜的圆形土墙房，其半径仅1米左右，室内空间狭小，勉强容一人居住；大的类型亦等同于普通蒙古包，室内半径可达2到3米。建造土墙屋时需在平地上根据所需面积圈画圆圈，每隔10厘米左右插草为记，留下朝南门口的位置。之后，在标记好的平面位置插入木杆，作为立柱，其中南向洞口处架设门框，亦为主结构的一部分。尔后，用洗净去掉枝杈的柳条编成一米余高的斜格子形，从门的东侧开始围绕立柱合成一圈，最后固定于门框西侧，再用黄土泥混合牛粪把里外抹上一至两遍，形成墙体。圆形土墙屋的顶部一般用抹泥顶，即用柳条或柳木制作发散性的顶架，其上抹泥，并在泥上施一层牛粪作为防水层，最后，铺一层茅草或者苇草即可告成。一般的土墙屋内都设有火炕取暖，其将室内一分为二，北部设火炕，为火炕加热的炉灶一般都靠炕边布置。也有保留传统火塘布局，将炉盘设置于房屋正中，用以充当燃料的干牛粪置于旁边。有炕的圆形土墙房，其烟囱都设于墙内，使烟道为炕加热的同时亦能加热墙体，以应对冬季北方草原恶劣的气候。

圆形土墙屋是近代部分蒙古族由千百年的游牧迁徙生活向半农半牧生活转变的特殊产物，其固定的建筑结构满足了农牧结合地区人民的居住和贮藏需求。圆形土墙屋的外形近于传统蒙古包，而建筑材料则为土木混合，充分显示了过渡阶段的建筑特性。圆形土墙屋亦为我们今天研究清末放垦至解放初这一特殊历史阶段，蒙古族农牧经济结构嬗变对所处区域蒙古族生活方式的影响提供了宝贵资料。

图片来源
图一　刘兆和主编：《蒙古民族文物图典·蒙古民族毡庐文化》，文物出版社，2008年，第243页
图二至图七　张颖泉　制图
图八　李淼、孙丹丹　制图
图九　刘兆和主编：《蒙古民族文物图典·蒙古民族毡庐文化》，文物出版社，2008年，第242页

圆形土墙屋是蒙古包式圆形房屋中颇具代表性的一种，亦即蒙古语中的"崩布根格日"

顶部一般在柳条或柳木制作发散性的顶架上抹泥，并在泥上施一层牛粪作为防水层，最后铺一层茅草或者苇草

墙体的形成需要先将木杆插入地下作为立柱结构，尔后用柳条编织一圈，再以黄土泥混合牛粪把里外抹上一至两遍

图二　蒙古族圆形土墙屋功能分析图

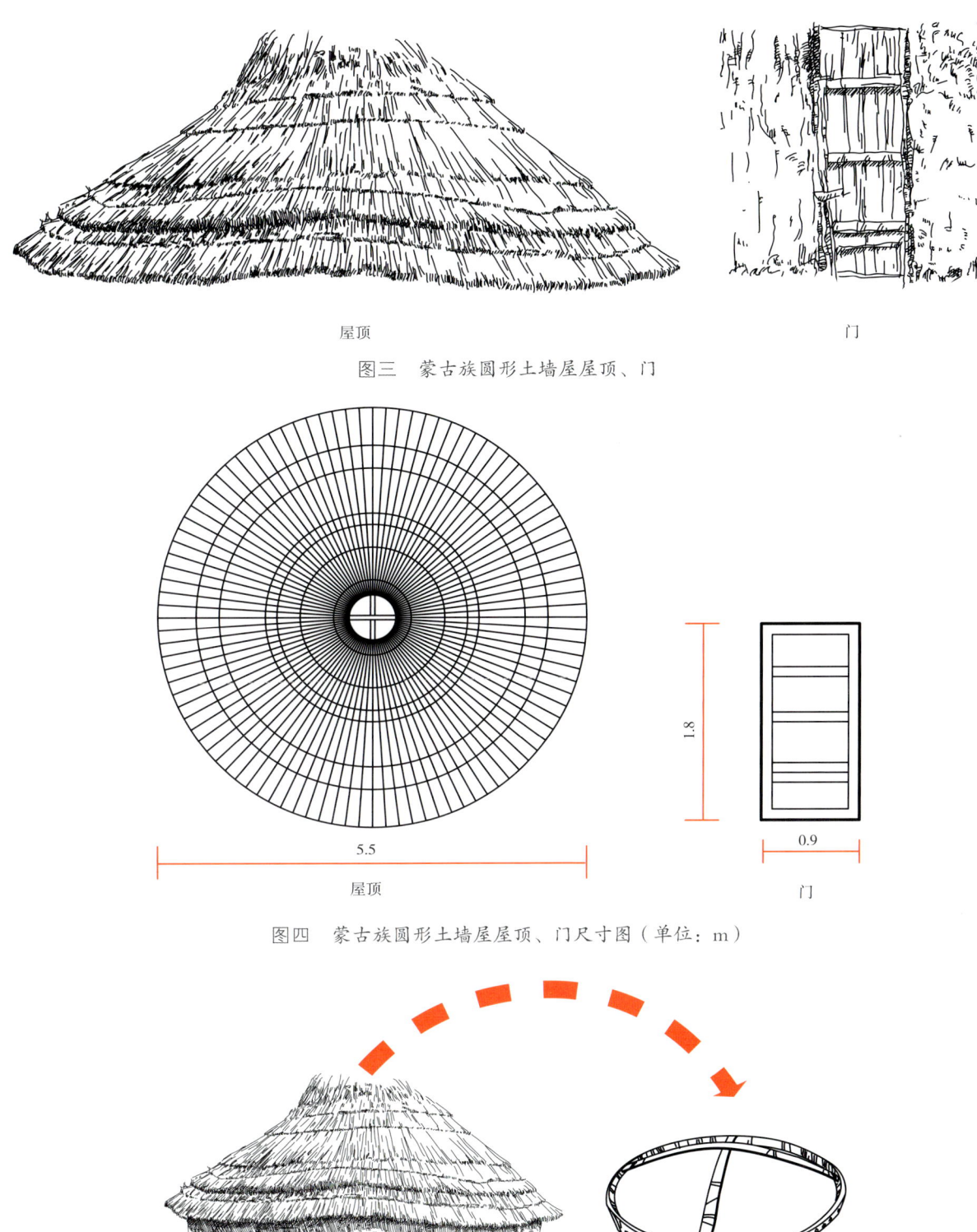

屋顶　　　　　　　　　　　　　门

图三　蒙古族圆形土墙屋屋顶、门

5.5
屋顶　　　　　　　　　　　　　门

图四　蒙古族圆形土墙屋屋顶、门尺寸图（单位：m）

圆形土墙屋　　　　　　　　　　套瑙

图五　蒙古族圆形土墙屋套瑙

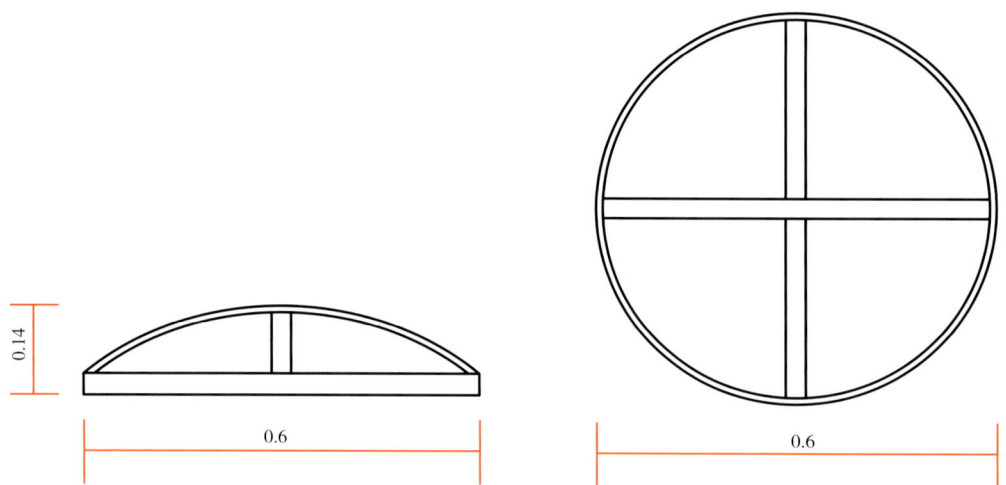

图六　蒙古族圆形土墙屋套瑙尺寸图（单位：m）

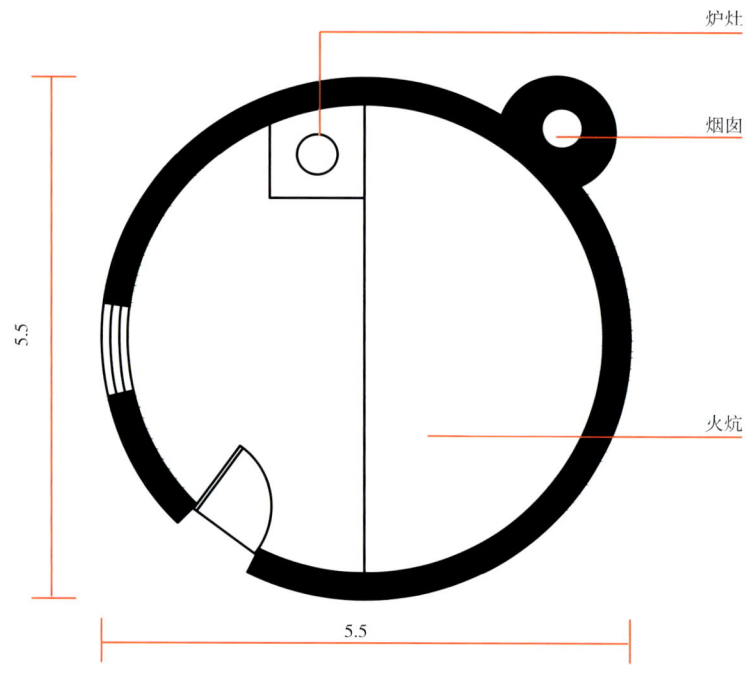

图七　蒙古族圆形土墙屋平面图（单位：m）

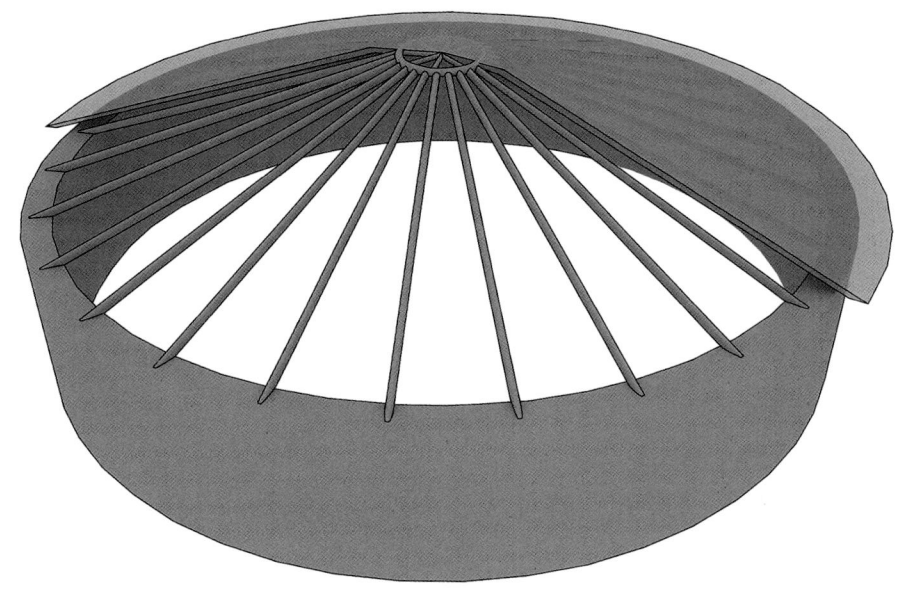

图八　蒙古族圆形土墙屋支撑结构透视图

图九　蒙古族圆形土墙屋情境图

蒙古族草房

图一　蒙古族草房主图

草房又称"草屋""茅草屋""茅屋"或"草舍"等，是一种以稻草、茅草或其他干草搭盖的房子。旧时，在东北地区和内蒙古的大部分放垦地区，随处可见到这类草房的身影，它虽然较砖瓦房简陋，但相对而言，其建造便利，成本低廉，适应了一定生产力条件下的居住需求。

蒙古族使用的草房属于定牧之后的一种固定式民居建筑，因以干草覆顶，故而得名。草房的建造材料通常包括土、木和干草等，有时也会用到砖石。其房屋基本框架由木制的柱、梁、椽子和檩子等构建，结构同普通砖瓦房相同，属梁柱结构，即屋顶重量由梁柱承担，房屋墙壁并不支撑重量。当然在部分偏远地区，也存在更为简陋的无立柱草屋，即直接在土坯墙体上搭建草顶，这样的草房通常较为低矮、狭小，经多年雨水冲刷容易倒塌。蒙古族草房的屋脊一般居于草房横向中轴线上，呈常见的双坡顶，断面为人字形。在双坡顶横向铺设的檩子基础上，间隔合适距离，纵向固定数根椽子，构成基本屋顶结构。屋顶所用的干草多为稻草、茅草或野生的苦房草等，在铺设前需要晾晒至干燥，并修剪成统一合适的长度，按片分层铺设，用以防雨遮阳。蒙古族的草房同满族草屋相似，多设有烟囱，通过墙壁内部的烟道与火炕和锅灶连接，串联了房内的取暖和生火系统。蒙古族草房一般使用土坯块或砖石垒筑墙壁，较大的草房由若干间组成，每间以四根立柱撑起，上承梁枋，之间设有土坯或木板隔断。

蒙古族的草房是一定社会历史背景、生

产力及生产方式条件下的特有固定式民居住宅，随着时代的发展，已经不适应现代蒙古族地区居民对于居住条件的要求，因而在20世纪八九十年代，这种相对简陋的民居建筑基本为更为先进的砖瓦房所取代。例如，在许多地方都由当地政府统一推行《农村泥草房及危房改造工作实施方案》，并且取得了理想的改造成效。另外，值得一提的是传统草房中的烟道、火炕、锅灶和烟囱的构造科学而合理，充分展现了蒙古族建筑的设计巧思，颇值得当代相关设计领域的研究与借鉴。

图片来源

图一至图七　李森　制图

图八　孙丹丹　制图

图九　王柯　制图

图十　微图网

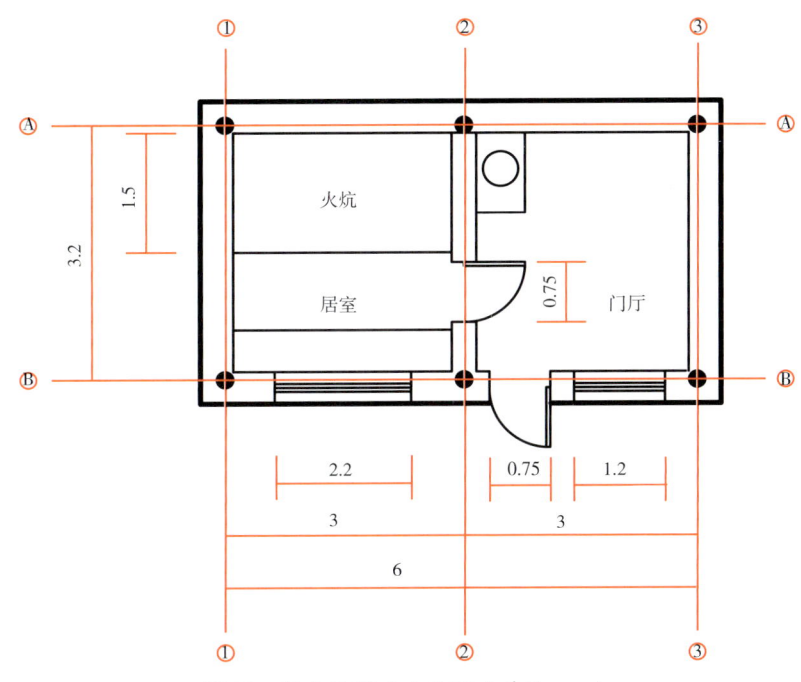

图二　蒙古族草房平面图（单位：m）

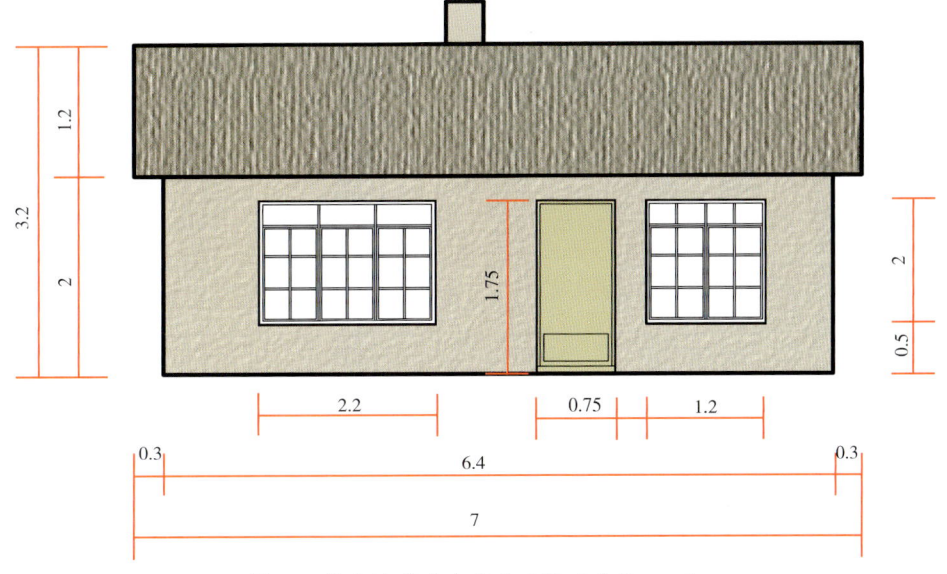

图三　蒙古族草房南外立面图（单位：m）

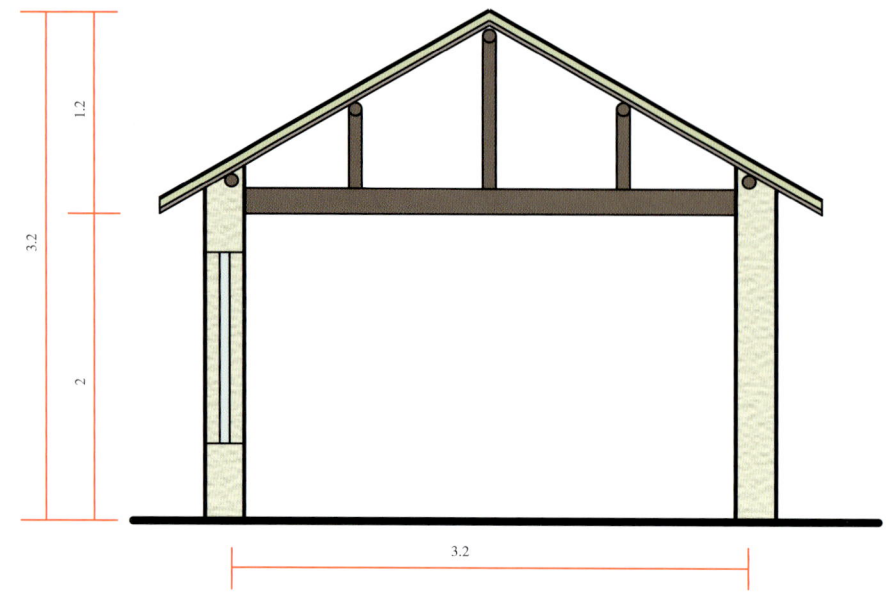

图四　蒙古族草房木构架剖面图（单位：m）

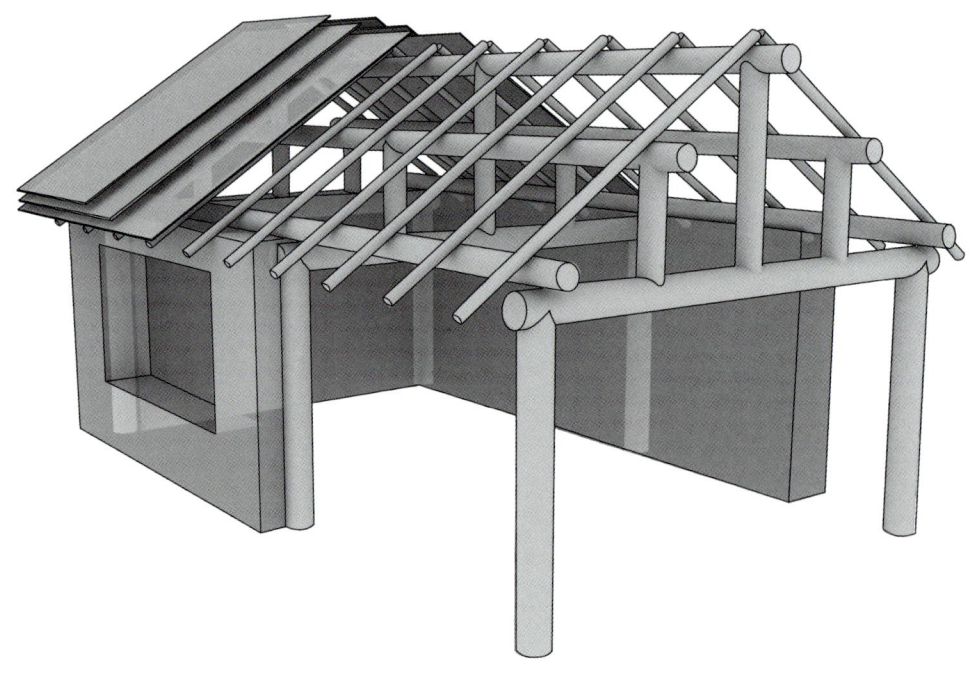

图五　蒙古族草房木构架结构示意图

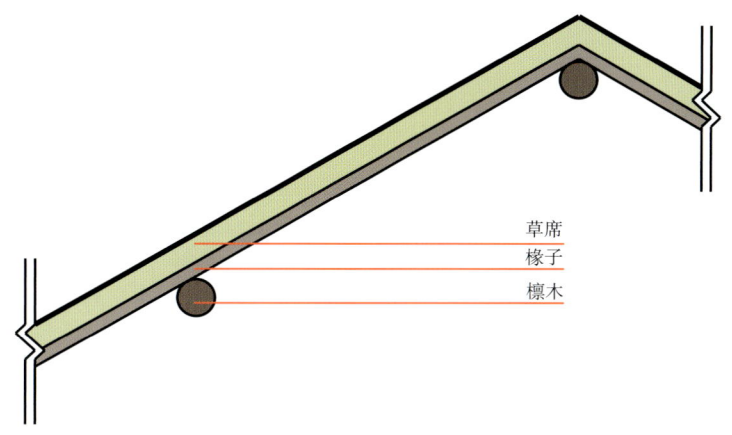

图六 蒙古族草房双坡顶局部剖面图

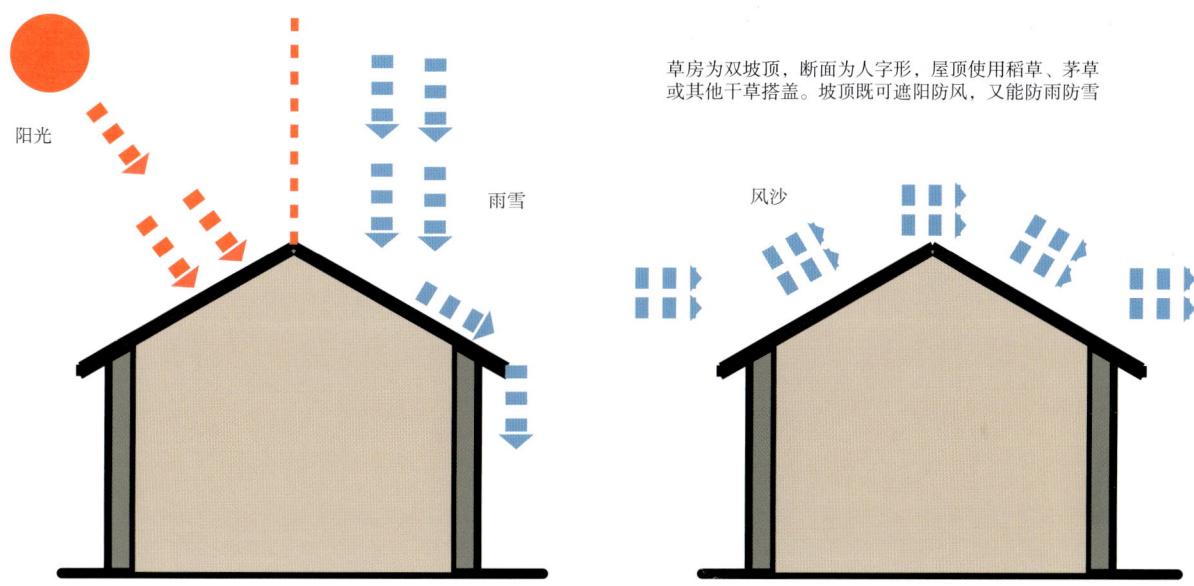

草房为双坡顶,断面为人字形,屋顶使用稻草、茅草或其他干草搭盖。坡顶既可遮阳防风,又能防雨防雪

图七 蒙古族草房功能分析图

图八 蒙古族草房门、窗

图九　蒙古族草房情境图

图十　蒙古族草房情境图

蒙古族土窑房

图一　蒙古族土窑房主图

土窑房亦称"土窑式民居"，是一种以纯土坯建造的传统民居形式。蒙古族土窑房多集中在土贵乌拉镇附近，受到山西窑洞的影响，但其具体建造结构、布局和形态亦多有差别。当地蒙古族取土质细腻、构造坚实的黄土作为建筑材料，建造成连续的多开间拱券结构，保暖与隔热性较为理想，但因建筑材料的局限性，耐水性较差，若遇长时间雨水浸蚀，不加维护便容易坍塌。

蒙古族土窑房是察哈尔右翼前旗特有建筑形式，具有山西汉式土结构房屋的基本特征，其建筑形式亦接近于汉式。土窑房基本都是坐北朝南，南向通常带有院落，入口设在院落南侧居中位置，在院落西侧一般留有菜地，院东则设有牲口棚等。

土窑房以当地富产的优质黄土为原料，用特制的方形模具制成土坯，层层堆筑，构成若干跨度相等（3到4米居多）的并列墙体，然后在两墙之间以弧形土坯砌成的拱券连接，每一拱即为一间，拱券之间的夹角沟槽可以排水，如此便形成了多开间的连续拱券结构，这即是土窑房的基本建筑结构。除了窗框和门框必须使用木材，建筑的其余部分全部以土坯建造，因而房屋建造成本甚低。土窑房的平面大多间隔成3至6间，每个开间面积在15到20平方米，居室入口通常开设在东侧第二间，此间即是门厅，其东侧隔间一般作为卧室，内设锅灶与火坑，最西侧的耳房多用于贮藏生活资料与生产工具。

土窑房只在南侧开设门窗，其窗户上方多与建筑拱券保持一致，呈半圆拱形，窗下缘有凸出的窗台，距地一般为1米左右。房屋的门与窗相连，门的上缘与顶券一样，为弧形结构，上部多有格子窗棂，里侧裱糊纸张。土窑房的火坑都位于室内南侧与南墙相接，较大的火坑，其面积可占居室的一半，为火坑添加燃料的炉灶置于北侧或西侧。火坑内部通达烟道，烟道则连接山墙内的烟囱。因蒙古族土窑房的墙体为承重墙，不易贯通，所以炉灶与火坑一把都设在同一隔间之内。

蒙古族土窑房利用当地黄土制坯垒筑墙体，起拱券，其建筑的承重结构与围合结构合为一体，保暖效果良好。但此地的土窑房亦有先天缺点，主要是防水性较弱，需要定期修缮维护。蒙古族土窑房的建筑结构和形体完全颠覆了蒙古族圆形的毡庐住宅形制，这种演变充分体现出蒙古族民居因地制宜的适应性。

图片来源
图一至图五、图七、图八　李淼
图六　微图网

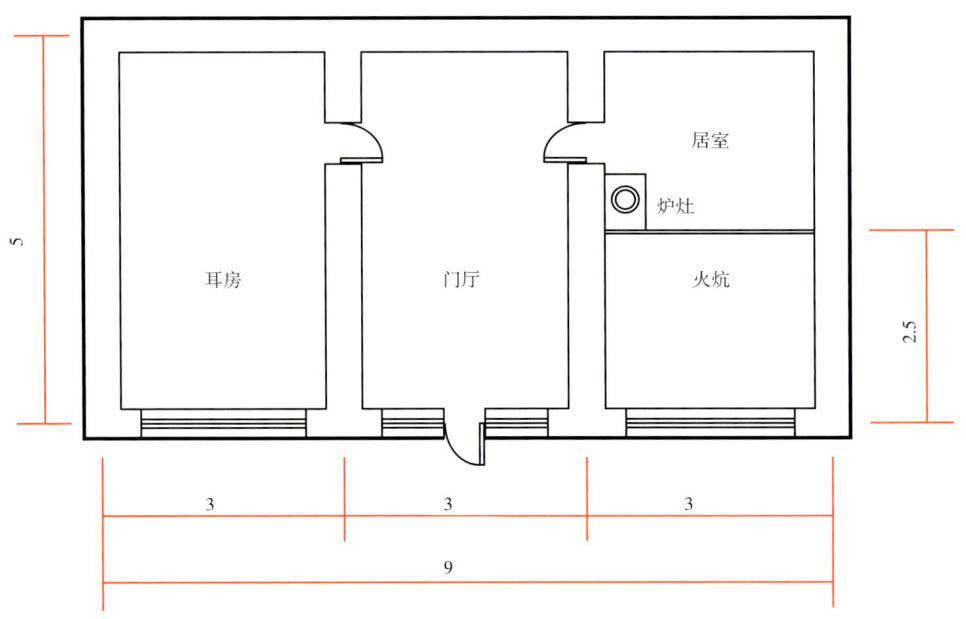

图二　蒙古族土窑房平面图（单位：m）

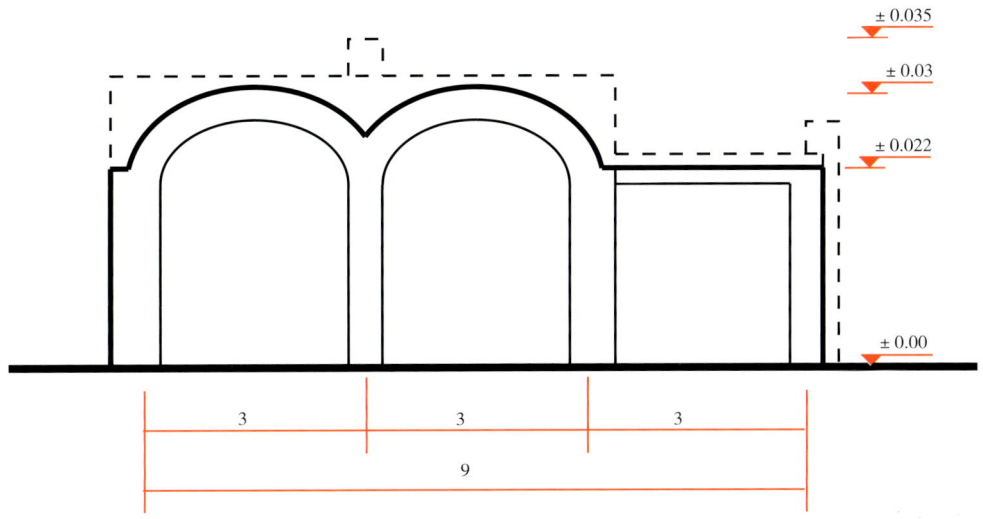

图三　蒙古族土窑房支撑结构立面图（单位：m）

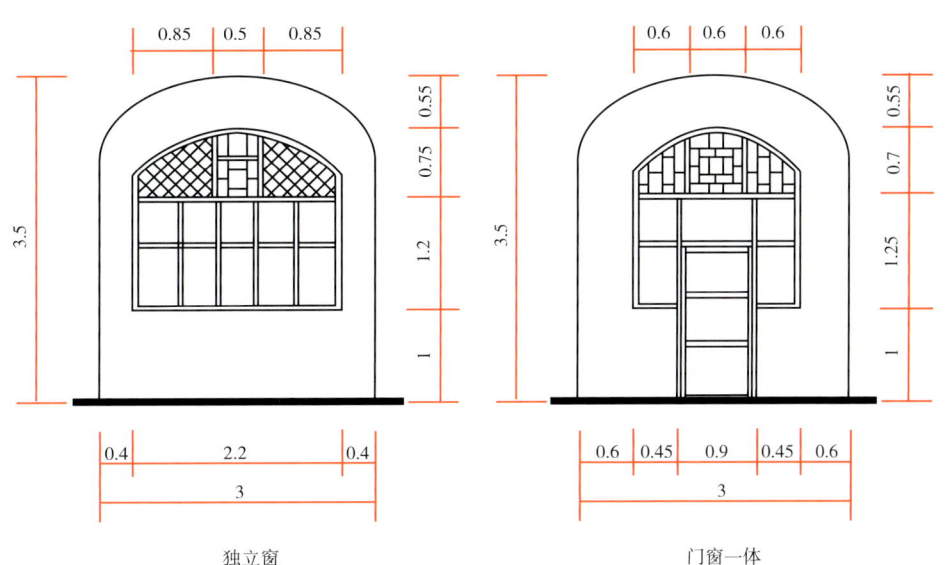

独立窗　　　　　　　　　　　门窗一体

图四　蒙古族土窑房门、窗尺寸图（单位：m）

图五　蒙古族土窑房门、窗

图六 蒙古族土窑房窗

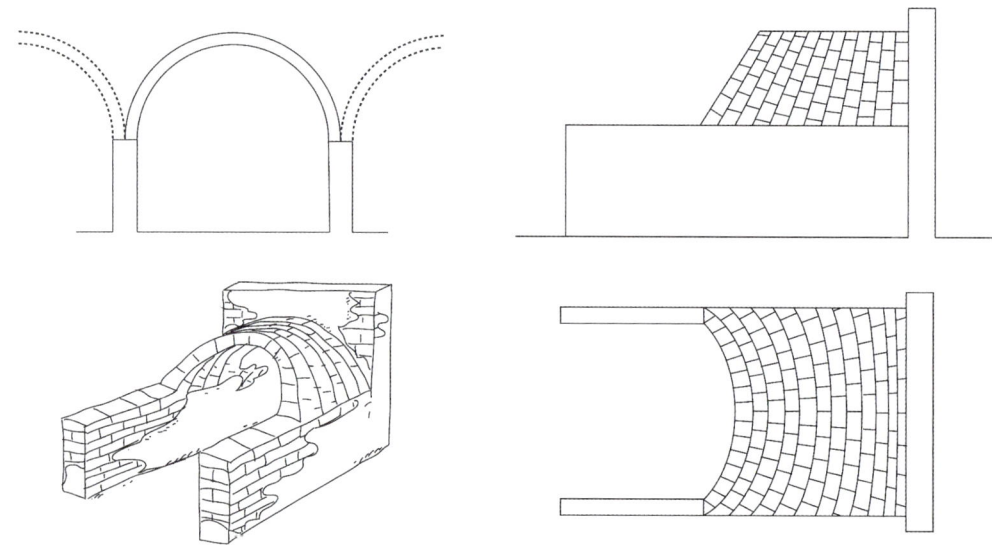

图七 蒙古族土窑房土坯拱顶示意图

图八 蒙古族土窑房内部火炕情境图

蒙古族碱土房

图一　蒙古族碱土房主图

碱土房是一种由碱性土为原料建造的房屋。在我国东北吉林省西部的广大区域，有大片相对贫瘠的碱土地，当地人称之为"碱巴拉"，并就地取材，使用这种碱土建造住宅——碱土房。吉林省通榆县有两个蒙古族聚居地，分别是向海蒙古族乡和包拉温都蒙古族乡，两地居民基本保留了蒙古族传统习俗和特有的生活方式，但由于地区风沙大，木材稀缺，牧业规模小，范围相对固定，不需迁徙游牧，当地蒙古族人因地制宜选择了碱土房，这是一种适合当地气候的民居建筑形式。

建造碱土房的碱土相较于普通泥土颗粒细腻、不吸收水分、沥水性强，且结合强度大，一定程度雨水侵蚀后，碱土会变得更加平整、坚固。因而用碱土建造房屋顶和墙壁能够有效地防雨，抵御风沙侵蚀。通榆县蒙古族乡中所使用的碱土房属于矩形木构架建筑，房屋通常有立柱6根，藏于土壁内，上架3根横梁，纵向布置若干檩木用以支撑其上的屋顶。蒙古族乡中的碱土房内部布局受汉族影响较大，常有三开间，屋内南部设灶，北部起炕。碱土房使用木门，与窗户上缘齐高，在其木门上常常可以看到蒙古族特有的装饰纹样，如犄纹、肠纹、方胜纹和汗宝古纹等。碱土房的屋顶皆由碱土涂抹构建，以缓坡顶居多，但墙体建造颇有差别，根据碱土使用的位置，有以下几种类型：其一，内外墙体皆使用碱土建造；其二，内外墙体使用黄土；其三，墙体内侧用碱土，外侧用黄土；其四，墙体内侧用黄土，外侧用碱土。

吉林通榆蒙古族乡的碱土房是经济相对不发达地区的一种适应性建筑，其具有就地取材、造价低廉，以及保温隔热性能好，冬暖夏凉的优点，但目前的碱土房也有不可忽视、亟待改进的地方，比如其使用寿命短、定期维护困难、土质结构易受损、外观粗陋等。鉴于此，在特定的区域，必须加以改良和再设计才能真正适应当今的居住需要。在当代建筑设计领域，诸如碱土民居的生土建筑（指用未焙烤而仅作简单加工的原状土为材料，建造其主体结构的建筑类型），因其原生态性和区域适应性被认为是未来民居建筑可行的发展方向之一。

图片来源

图一　王柯　制图
图二至图六　李淼　制图
图七、图八　孙丹丹　制图

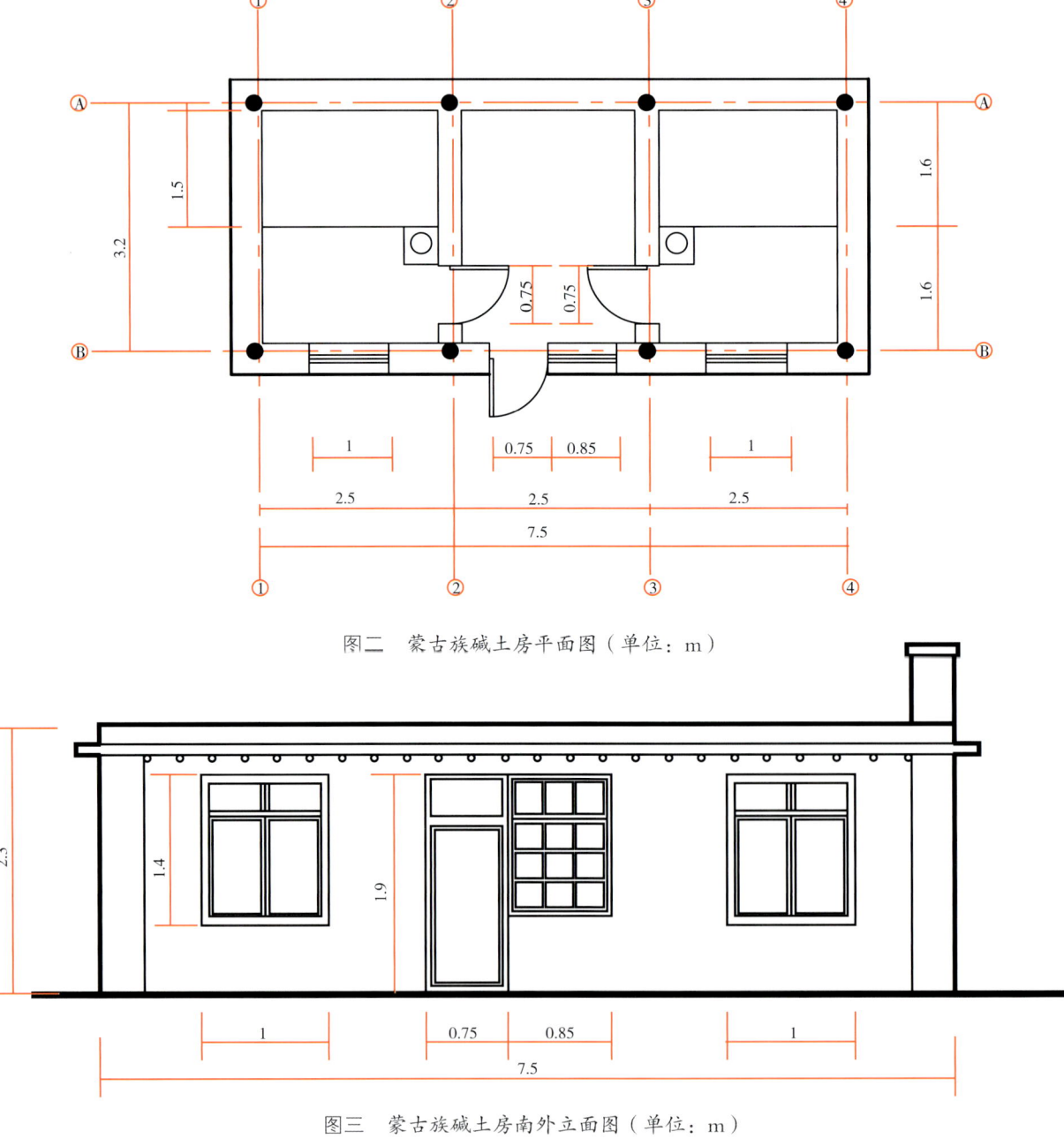

图二　蒙古族碱土房平面图（单位：m）

图三　蒙古族碱土房南外立面图（单位：m）

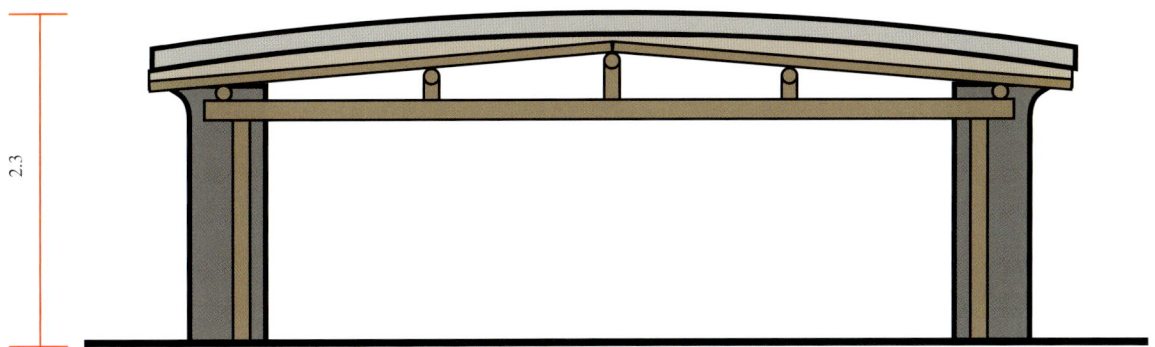

木构架剖面图

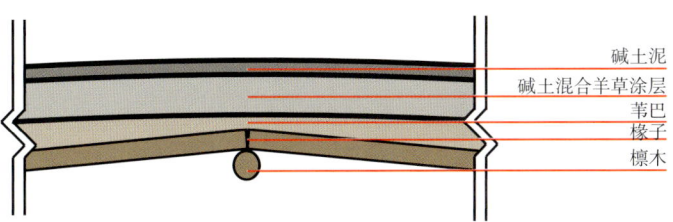

屋顶材质剖面示意图

图四　蒙古族碱土房木构架剖面图及屋顶材质剖面示意图（单位：m）

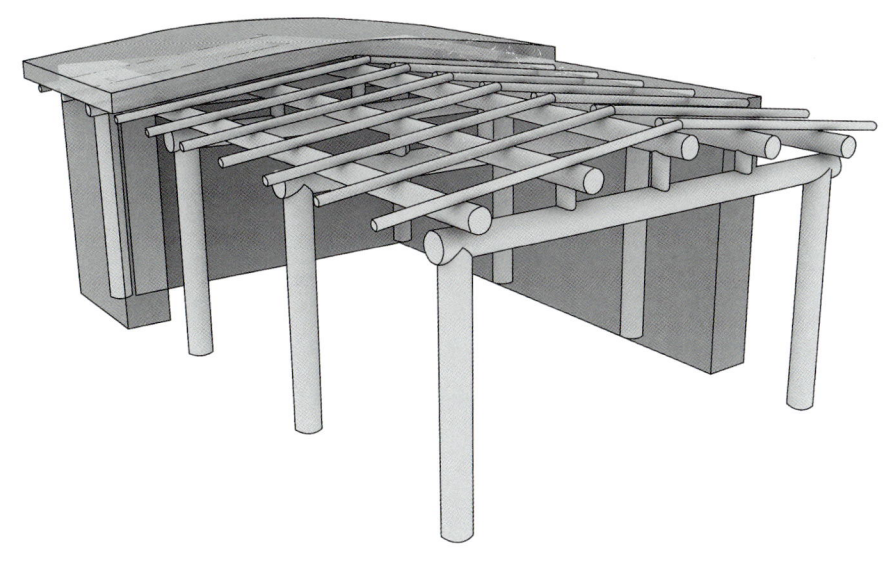

图五　蒙古族碱土房木构架结构示意图

第一章　蒙古族传统建筑

059

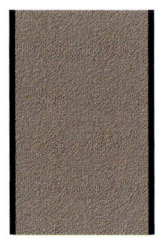  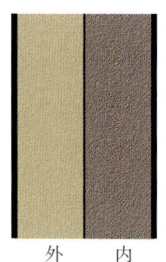 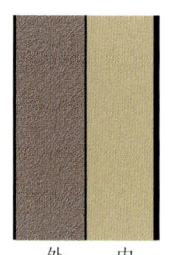

1. 内外墙体皆使用碱土
2. 内外墙体皆使用黄土
3. 墙体内侧用碱土，外侧用黄土
4. 墙体内侧用黄土，外侧用碱土

图六　蒙古族碱土房墙体材质分析图

图七　蒙古族碱土房门、窗

图八　蒙古族碱土房情境图

蒙古族汉式平房

图一　蒙古族汉式平房主图

严格意义上讲，蒙古族的汉式平房并不是某一既定建筑样式，而是借鉴了汉族普通民居样式的一系列单层矩形建筑。蒙古族汉式平房的大量出现缘起于清末政府全面推行"放垦蒙地"的政策（光绪二十七年十一月〈1902年1月〉，内忧外患的清政府决定全面开放内蒙古地区，变牧为农。此举对蒙汉各族人民而言都是一场灾难，其加剧了内蒙古地区的民族矛盾，导致了严重的农牧冲突，并为之付出了巨大的生态成本。受放垦政策影响最大的内蒙古东部及中部部分地区，蒙古族的生存方式及文化传统受到了前所未有的冲击，产生了巨大的异变）。放垦区的蒙古人，由于定居的需要，逐渐弃置以往游牧生活中居住的蒙古包，开始建造、居住汉式平房，包括土木结构和砖木结构等多种类型。在那个时代，农业区的贫苦人居住土平房，条件较为优越的则可以住上砖瓦房。

蒙古族地区的汉式平房是适应农耕生产方式的定居建筑样式，从事农耕或是半牧半农的蒙古人逐渐将圆形的居住平面改为矩形，从而更适合定居建筑材料的搭建。此外，开间的出现也打破了传统蒙古族民居的单一圆形空间形式，并依循功能需求分割房屋内部空间，使居住功能更加合理。因此，其建筑平面形式趋向于汉式，只在少量细节上还保留了一定蒙古族传统习俗。平房一般为三开间，布局一明两暗，民居通常在中间的堂屋开设门户。早期的蒙古族汉式平房较简陋，在同一开间设连通的炉灶与火炕，后来发展出在开门的堂屋设锅灶，墙壁中的烟道与两侧里屋内的火炕相通，进一步保证了冬季取暖的需要。平房的门窗样式与汉族基本相同，南侧开大窗，北侧为御寒，开窗相对较小。

蒙古族汉式平房的屋顶构造较汉式建筑简单许多。平房通常有6根柱子，两根一组架设3根屋梁。梁上架5根檩木，贯通两个开间，檩木上铺设椽子，再在椽子上铺藤条和稻草，并在其上涂抹一层混沙黏土加固。蒙古族汉式平房的墙整体厚度为30至40厘米，墙体多用土坯垒筑，条件较好的，以错缝砖砌，然后在内外层抹混草泥土，也有砖石和土坯混筑的类型，即土坯在内，外部砌砖。

蒙古族汉式平房一般都有院落和围墙，条件稍好的还有厢房。其主体房屋向阳，朝正南或东南方向开设门户，围墙较为低矮，通常与院门的高度相等，院内可置放较大农耕用具、车辆，并搭建马棚等。

放垦时期出现的蒙古族汉式平房在一定程度上削弱了传统毡庐民居适应草原环境的宝贵特质。汉式平房在农业化程度较高的内蒙古中部和东部居多，尤以科尔沁地区为甚，但随着时代的推演、社会制度的更迭，这种过渡性质的民居形式逐步为更为现代化的住宅建筑所取代。然而，特殊历史时期形成的民居类型，是用以研究农耕地区蒙古族民居建筑演变的重要例证。

图片来源

图一　李淼　摄影
图二至图七　李淼　制图

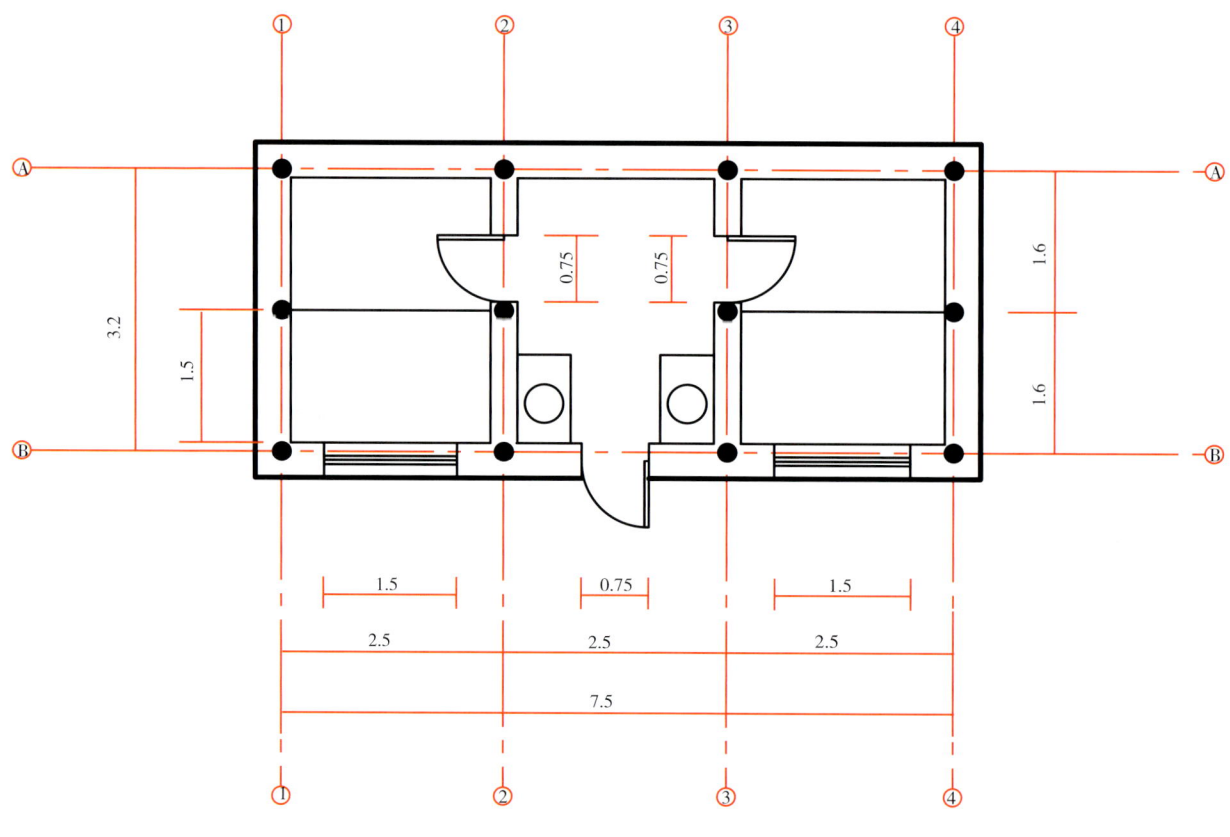

图二　蒙古族汉式平房平面图（单位：m）

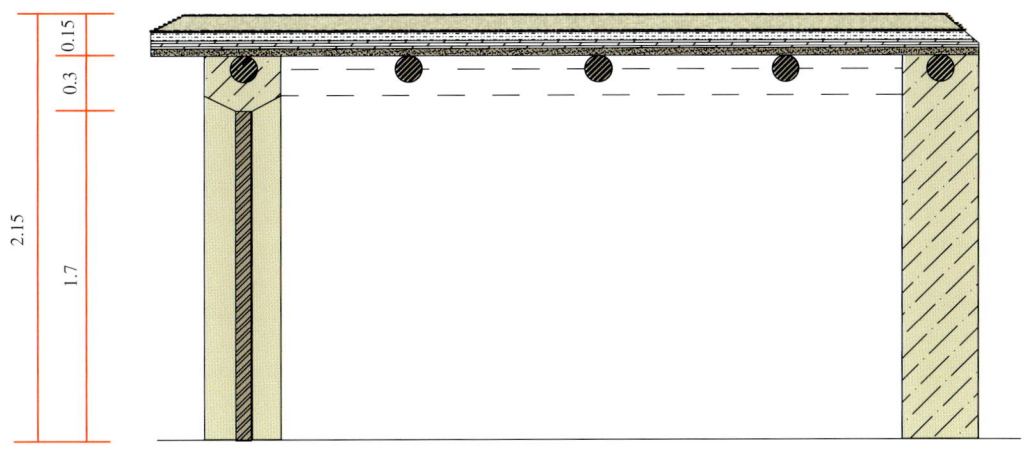

图三 蒙古族汉式平房木构架剖面图 （单位：m）

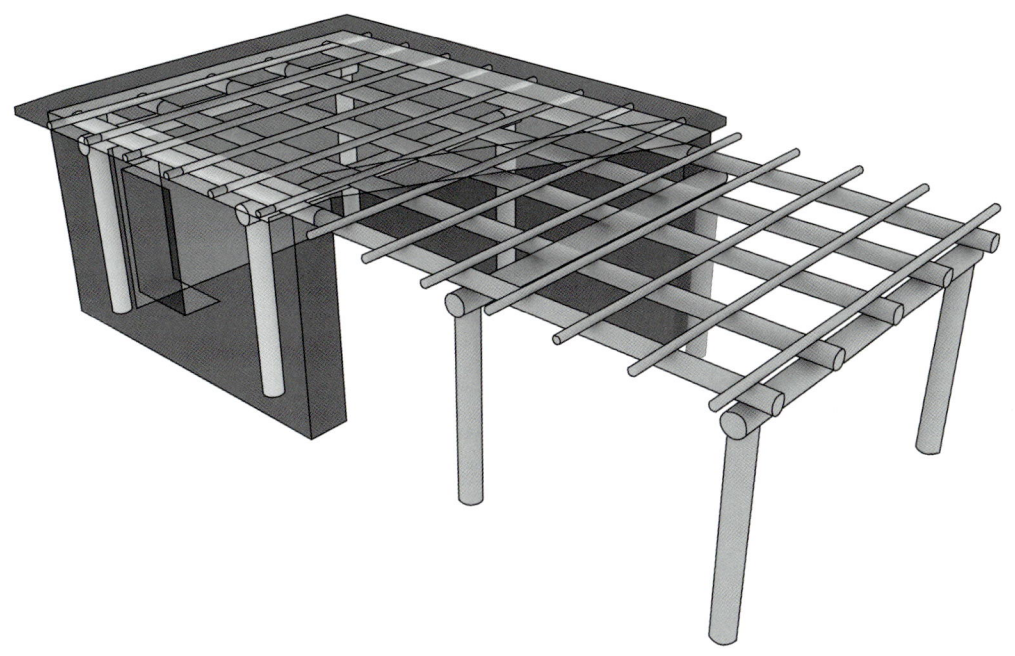

图四 蒙古族汉式平房木构架结构示意图

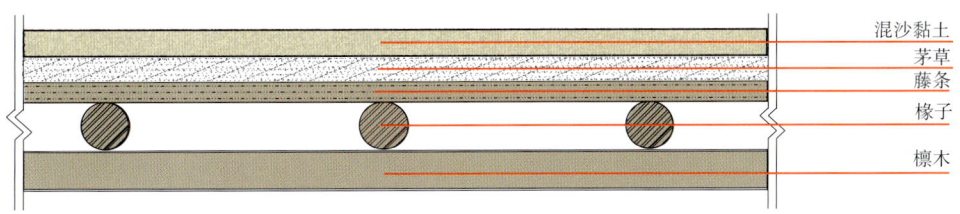

图五 蒙古族汉式平房平顶构造剖面图

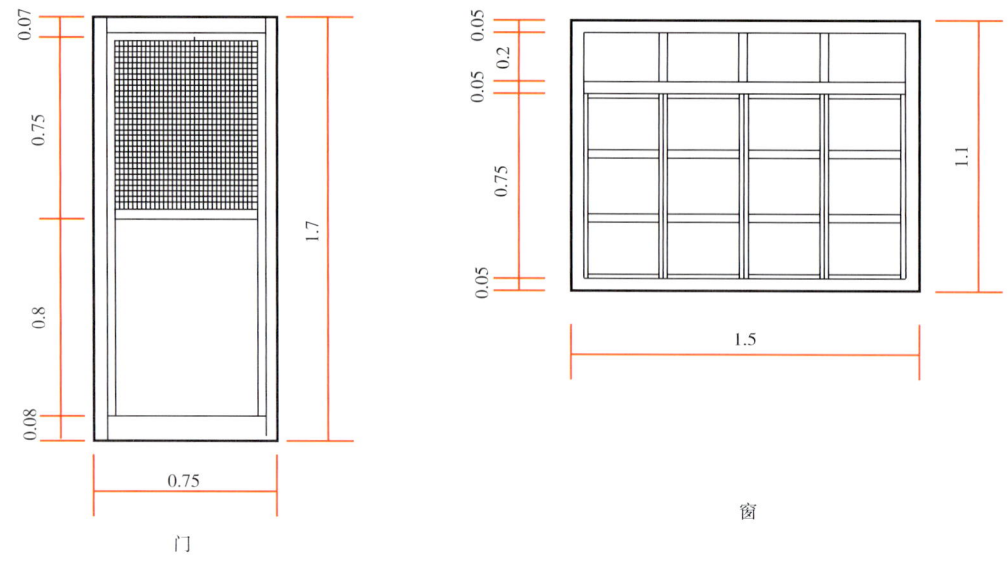

图六　蒙古族汉式平房门、窗尺寸图（单位：m）

图七　蒙古族汉式平房门、窗

蒙古族砖瓦房院落

图一　蒙古族砖瓦房院落主图

砖瓦房院落属固定式矩形民居布局，是指以砖瓦房为主体而构建的传统矩形院落。明清以降，在蒙古族地区的东部和南部出现大量定牧区域，其中的民居多受汉式建筑影响，固定式矩形院落布局即是其中一种较为常见的建筑布局形式。最初蒙古族的矩形建筑属木架构结构，墙体多以土坯垒筑，屋顶多为草顶，直至20世纪下半叶，砖墙瓦顶的矩形建筑才在蒙古族地区民居中普及开来，由此所构成的院落因而得名。

早先的蒙古族砖瓦房院落只设有简易栅栏作为围墙，后来逐步发展出土坯或砖石砌筑的围墙。常见的布局形式是牛羊圈同院落相依，多布置于院落的南侧或东侧，利用建筑或墙体为其提供一定的庇护。畜棚设于院落内，位于院落北侧或西侧，其旁盖有砖瓦房作为居室或库房，而柴火堆和粪堆等附属设施多设在院外，位于西侧或北侧的位置。也有的定居牧户以砖瓦房围合成二合或三合院落，形制类似于汉式院落，但相对简单，因不设门房，所以没有四合院落出现。

院落中砖瓦房的平面布局完全趋向于汉式，只在少数内部细节上存有一定蒙古族建筑特征。其独栋砖瓦房的平面多为三开间，采用一明两暗式布局，多数民居正中的堂屋设门户，门两侧有灶台，其内部烟道与东西两间的南侧火炕相连，再通达屋顶的烟囱，构成基本的室内取暖系统。也有将门设置于东翼隔间的南侧，形成口袋式平面布局。传统结构一般由4副梁架与6根柱子支撑而成，也有的经济条件较差的住户不设立柱,直接以砖墙承重,其东西山墙上缘设扣洞搭檩子,而其南北墙上则设扣洞搭椽子。建筑墙体多以常见的一丁一顺结构构筑,也有用石块与砖混合筑墙的,砖石之间填补砂浆找平。一般砖瓦房屋顶构建方式是在椽子上铺横向和纵向的柳条各一层,再在其上铺设一层抹有草泥的草垫子,最后逐层铺瓦。民居南墙多开有窗户,早先窗户多窗棂,以纸在屋内裱糊,后来逐步开始使用玻璃。房屋的北墙一般不设窗,或开设较小,仅用以采光。

在近代,因生活与生产方式逐步异变,部分蒙古族地区逐渐将传统的圆形居所改易为矩形建筑,并进一步接纳汉式院落形式,形成了砖瓦房院落。隔间和院落的概念突破了蒙古族民居单一圆形空间的传统概念,同时,将民居各功能空间加以分割,因而更符合特定区域蒙古族生产与生活的特点,亦彰显了蒙古族造物文化中的适应性与灵活性。

图片来源
图一　李淼　摄影
图二、图八　张颖泉　摄影
图三至图七　张颖泉　制图

图二　蒙古族砖瓦房院落

窗　　　　　　　　门
图三　蒙古族砖瓦房院落窗、门

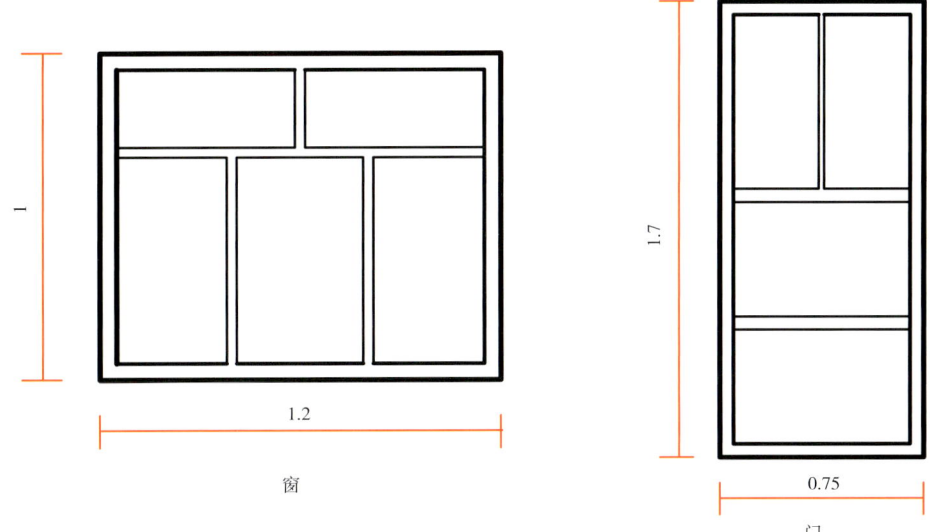

图四　蒙古族砖瓦房院落窗、门尺寸图（单位：m）

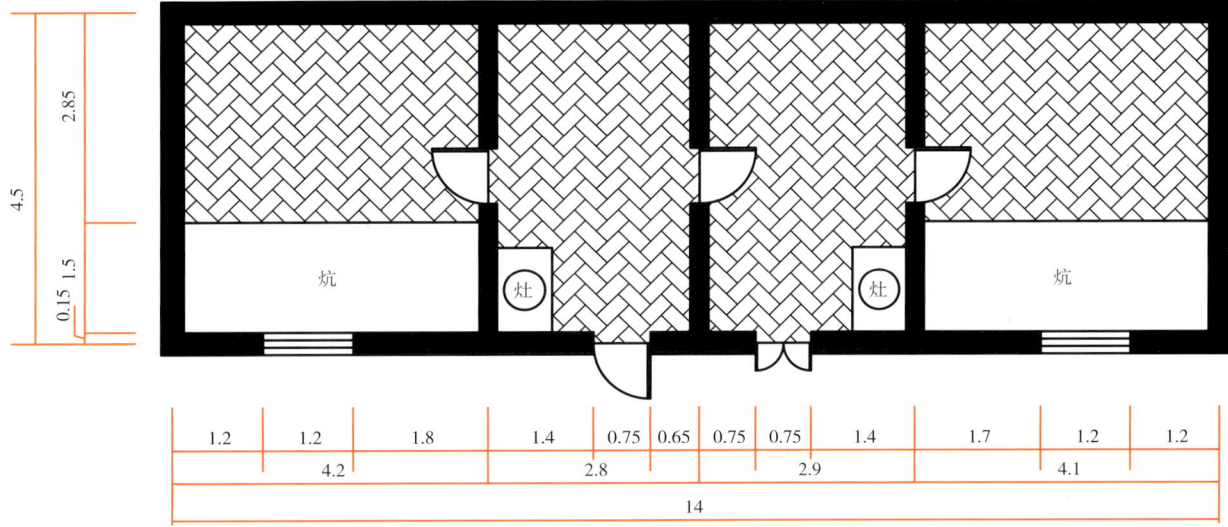

图五　蒙古族砖瓦房平面图（单位：m）

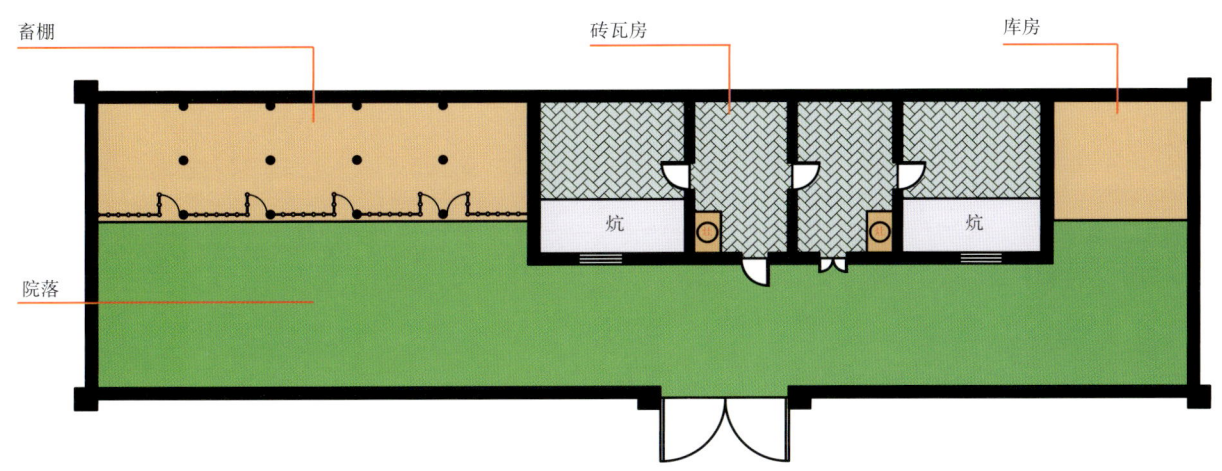

图六　蒙古族砖瓦房院落布局图

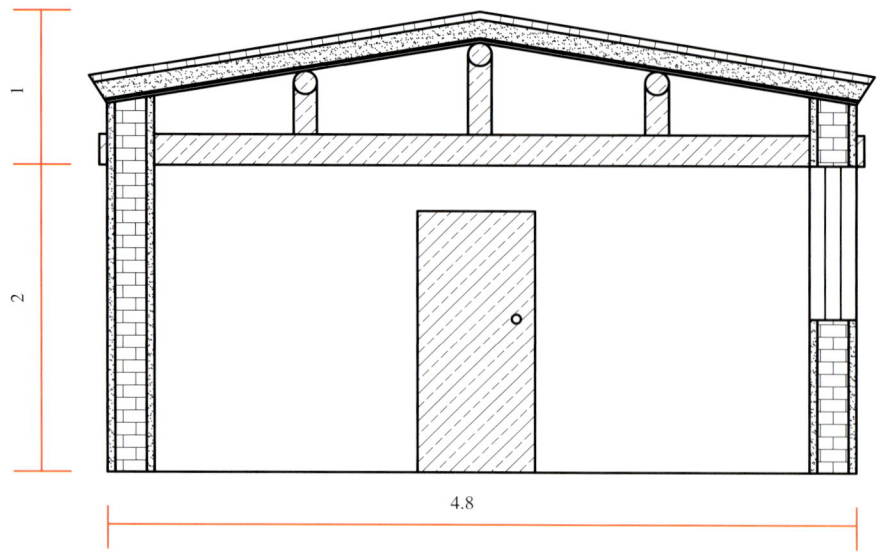

图七 蒙古族砖瓦房剖面图(单位:m)

图八 蒙古族砖瓦房院落情境图

蒙古族水房

图一 蒙古族水房主图

水房也称"水井房",是蒙古族设立在水井之上的特有建筑,其高度从一人高到普通房屋的高度不等,房屋面积小者三五平方米,大的亦有十几平方米,因水井体量及实际需求而建造,没有既定成规。水房的出现通常被认为是在明朝末年,伴随着蒙古族的定牧而产生。

蒙古族水房的基本功能就是保护水源。水是蒙古族牧养牲畜的首要资源,在游牧时代,蒙古族一直都是逐水草而居,而及至明晚期,出现了大量的定牧牧区,蒙古族牧民开始选择合适的地方打井居住。水井成为牧人生活与畜牧的根本,所以人们在水井之上建造房舍以保护其清洁,防止风沙侵袭,亦可阻止牲畜跌入水井,造成损失,污染水源。因而,蒙古族对水房格外重视,一般将其布置于居所的西南侧或东南侧的稍远处且远离粪堆的位置。最初的水房多是以简单木板或柳条编造围壁,再固定简易顶棚,并在侧面开有简陋门户。今日的水房一般为单坡顶或双坡顶的砖瓦房,设有低矮的木制门户,能够更好地保护水源。在蒙古族地区干旱的沙地牧区,因畜群饮水频繁,当地定牧区通常不建水房,水井一般置于牛羊圈内,施以简单封盖，旨在方便牧人汲水喂养牲口。定牧的牧人在夏秋两季外出放牧时会携带水车，解决饮水的问题。

水井是蒙古族定牧的根本，因而，一种蒙古族重要的附属建筑——保护井水清洁的水房，其地位和作用就显得十分重要。蒙古族水房的建造方式、布局等亦充分体现了该民族特有的生活生产方式及造物智慧。

图片来源

图一至图三、图五　张颖泉　制图
图四　李森、张颖泉　制图
图六　FOTOE 图片网

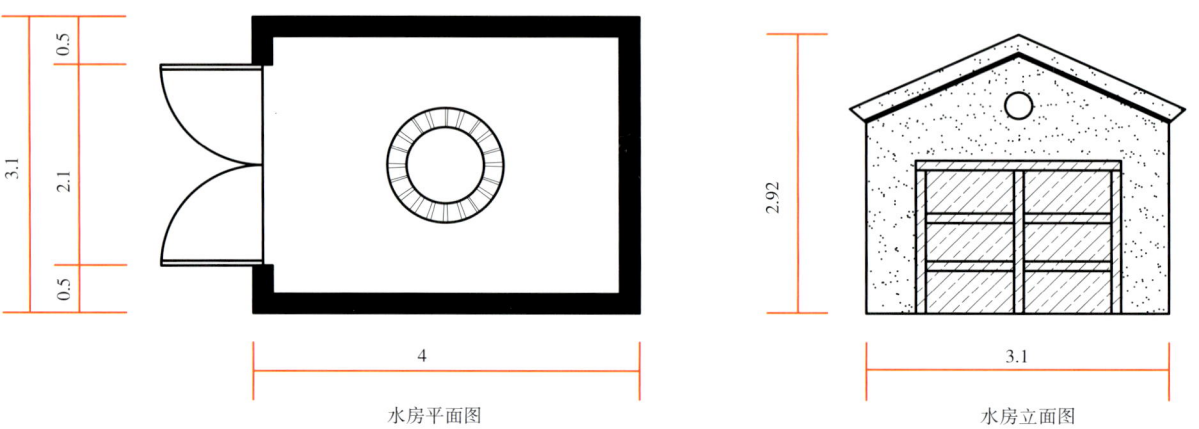

图二　蒙古族水房平面立面图（单位：m）

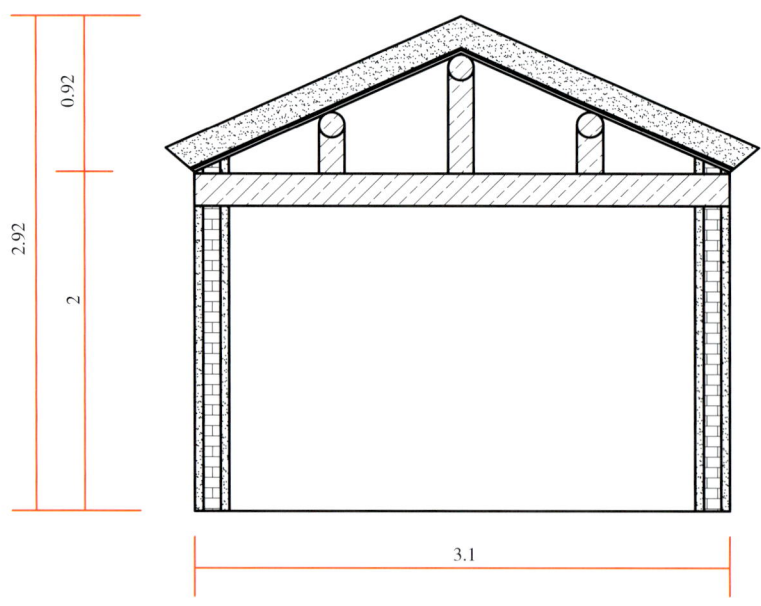

图三　蒙古族水房剖面图（单位：m）

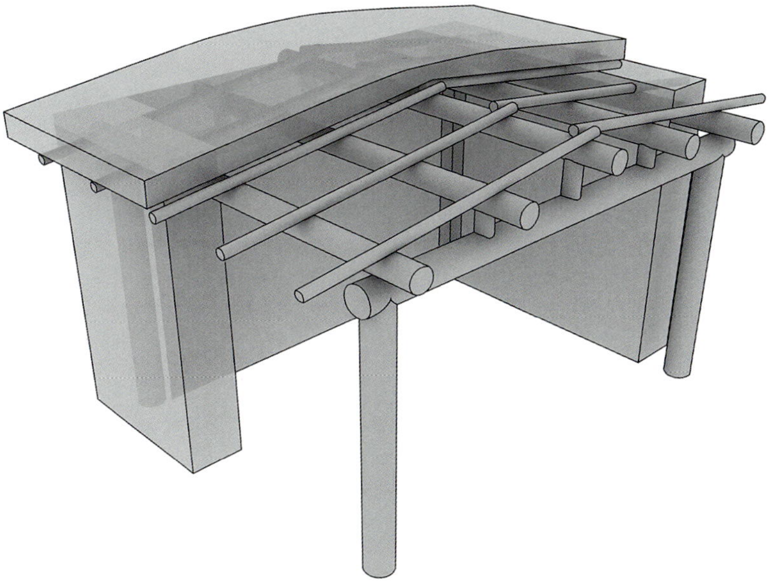

图四　蒙古族水房支撑结构透视图

图五　蒙古族水房情境图

图六　蒙古族水房情境图

蒙古族牛羊圈

图一　蒙古族牛羊圈主图

牛羊圈也称"牛羊栏""营子"或"栅栏",蒙古语称"西伯",是用以临时圈置牛羊等牲畜的附属建筑物形式,通常为一圈圆形篱笆,开有一栅门,无顶棚。早在狩猎文化时代,蒙古族的先民就将捕获的牲畜幼崽圈养在简易的篱笆圈中,这可以说是今日牛羊圈的雏形,真正形成固定形制的棚圈则在明朝末期。蒙古族所建造的牛羊圈,一般高度为150至200厘米,圈的直径因牲畜数量多少而变化,从几米至几十米不等。

在游牧时期,蒙古族牧民在选定临时住址时,首先会考虑草场环境是否适合牧养牲畜,其后选择最合适的牛羊圈位置,最后才依据前两者选择牧民毡包驻扎的地方。无论蒙古族牧民驻扎地的布局如何,其牛羊圈多会设于牧民居所之间或南侧,目的都是为了便于牧民巡查维护和管理牲畜。对于定牧区域的牛羊圈而言,其在牧区的布置较紧密,并且多有既定的位置,牧民一年四季会定期来此建圈,并以圈为中心画定草场作为牧养牲畜的范围。

蒙古族牛羊圈的构造较为简单,早先一般采用柳条编结的篱笆栏,其优点是重量轻,便于在迁徙时装车携带。如前文所言,蒙古族的牛羊圈无顶,其围壁通常使用三到四片柳条编结片围合,垂直方向向下插入竖桩固定围壁,结合处以绳索绑扎牢靠,并设一木制门扇即可告成。现代的牛羊圈多采用铁质的成品围栏,这种围栏可折叠收放,基本取代了柳条篱笆栏。

自古以来，以牧畜为生的蒙古族，牲畜群的兴旺与经济及生活紧密相连。牛羊圈担当着圈养牲畜的功能，相对于原始的逐水草而居、人随畜走的野牧方式，牛羊圈能够有效提高畜群的抗灾能力。其重要性从它在居所布局中的位置即可窥得。牛羊圈作为一种蒙古族重要的附属性建筑，向来受到牧民的重视，其建造方式、布局等亦充分体现了蒙古族作为游牧民族的基本特性，凸显了其在民族造物文化体系中的特有价值。

图片来源
图一至图三　许宏　制图
图四、图六　周安涛　摄影
图五　FOTOE 图片库

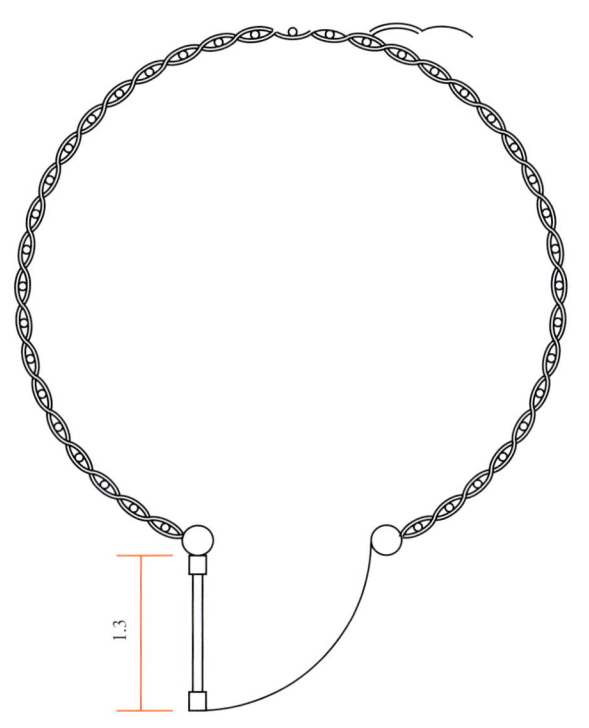

图二　蒙古族牛羊圈平面图（单位：m）

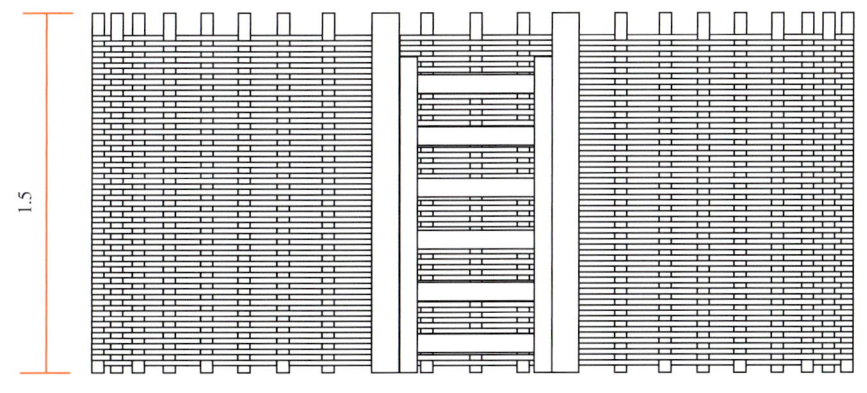

图三　蒙古族牛羊圈立面图（单位：m）

图四　蒙古族牛羊圈围壁

图五　蒙古族牛羊圈情境图

图六　蒙古族牛羊圈情境图

蒙古族畜棚

图一　蒙古族畜棚主图

畜棚又称"牲畜棚"或"牲口棚",一般矮于牧人居所,多盖置在住房的西侧或西南侧。通常蒙古族的畜棚建造手法比较粗劣,多为棚顶或门扇不完整的围墙式建筑。早期的畜棚是牧民在冬季为牲畜御寒搭建的临时性简易棚子,后及至明朝末期,大量蒙古族开始定牧,畜棚的功用逐步凸显,几乎每户牧民的牛羊圈附近都会搭设畜棚。

如前所述,蒙古族搭建畜棚的主要功用即是为畜群提供一个相对封闭的饲养环境,遇到冬季严寒、夏季酷暑或暴风骤雨等恶劣天气之时,便将牲畜赶入畜棚,为其提供一定的保护。蒙古族对于畜棚在居住地的位置和布局非常讲究,通常会置于蒙古包的西侧或西南侧,牛羊圈的内部或者北侧。凡是与畜棚相连的圈都布置在其南侧。这种建筑布局是蒙古族在长期适应自然的过程中逐步总结的宝贵经验,畜棚位于蒙古包西侧或西南侧,可以躲避凛冽的西北风,即便在暴雪天也能够保证充足的日照和一定的棚圈温度,从而降低牲畜的死亡率。蒙古族牧民置放粮食、生产工具的库房一般也位于居所的西侧,与畜棚同侧,这样的安排亦有利于提高生产效率和提供生活便利。

蒙古族畜棚的搭建方法简单,早期多采用木骨泥墙,南侧完全开敞形成棚子,这种简易的畜棚被称为"冷棚"。现今多采用砖石围墙,依建筑跨度而在内部设立柱支撑顶棚,其顶采用单坡顶或双坡顶的形式,一般南向墙壁开窗或者南侧顶棚开窗,北侧则不设窗,便于应对内蒙古地区冬季的严寒气候。为了使畜棚保持干燥和卫生,传统的做法是利用动物粪便和植物根茎燃烧后的灰烬铺满畜棚地面,这样亦可在一定程度上起到保暖的作用。

固定的畜棚和牛羊圈是定牧或圈养的

基本特征，亦是蒙古族千百年来游牧畜牧经验的凝结与体现，充分展现了其民族造物文化的适应性。特别是畜棚在居所中格局位置的合理性与科学性，彰显了蒙古族的造物智慧，对今日畜牧业相关的建筑设计具有不可多得的启发意义和借鉴价值。

图片来源

图一至图七　张颖泉　制图

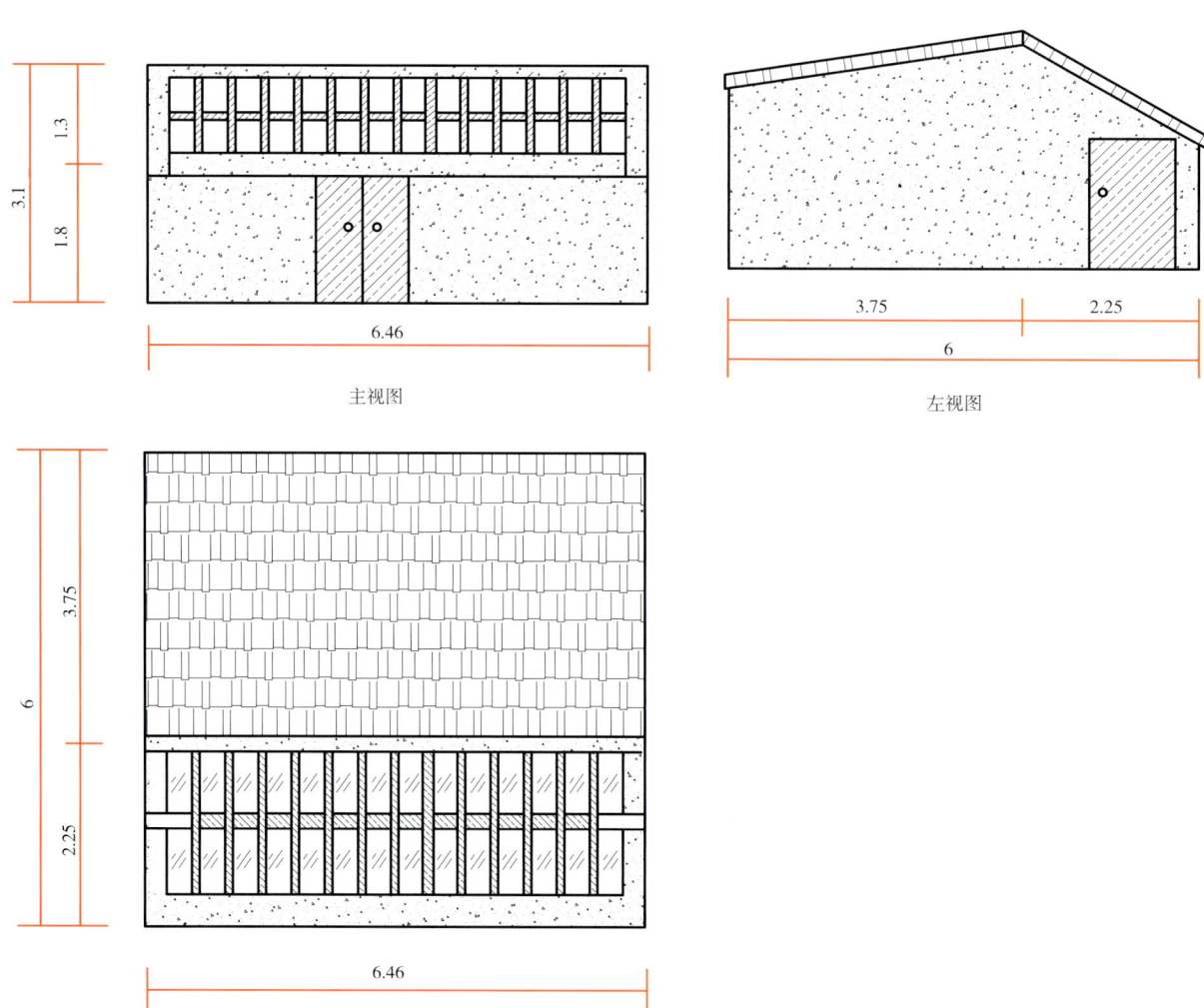

图二　蒙古族畜棚工艺分析图

图三　蒙古族畜棚三视图（单位：m）

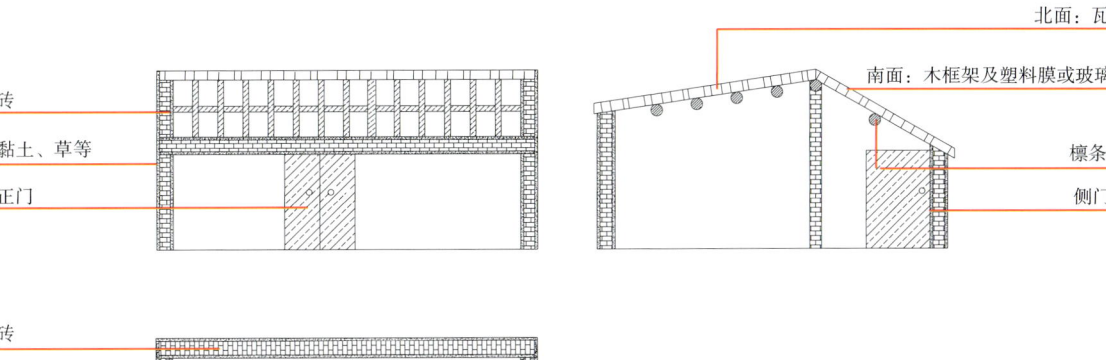

图四　蒙古族畜棚剖面图

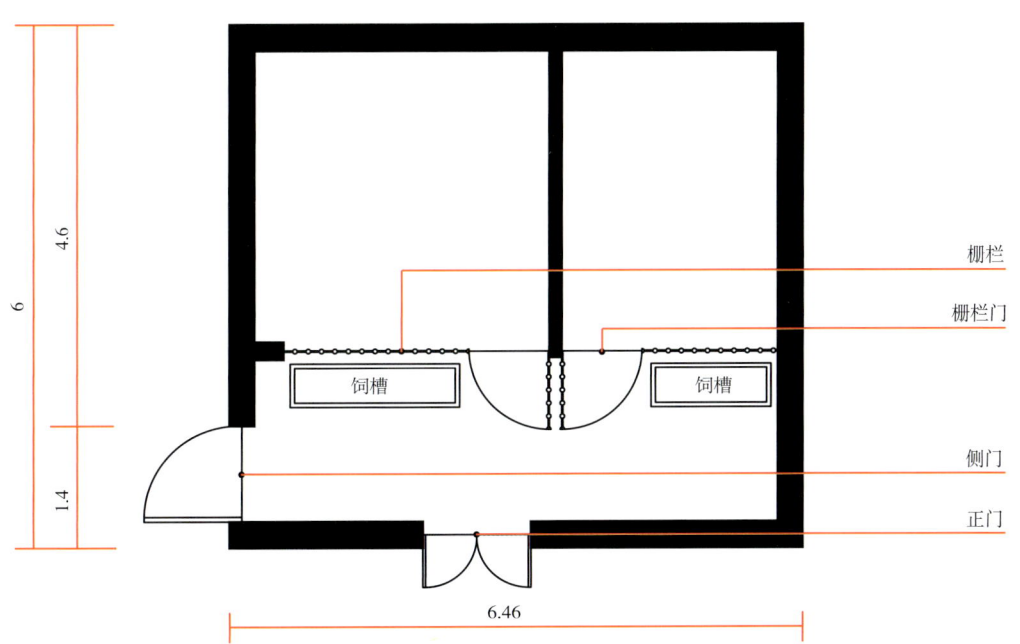

图五　蒙古族畜棚平面图（单位：m）

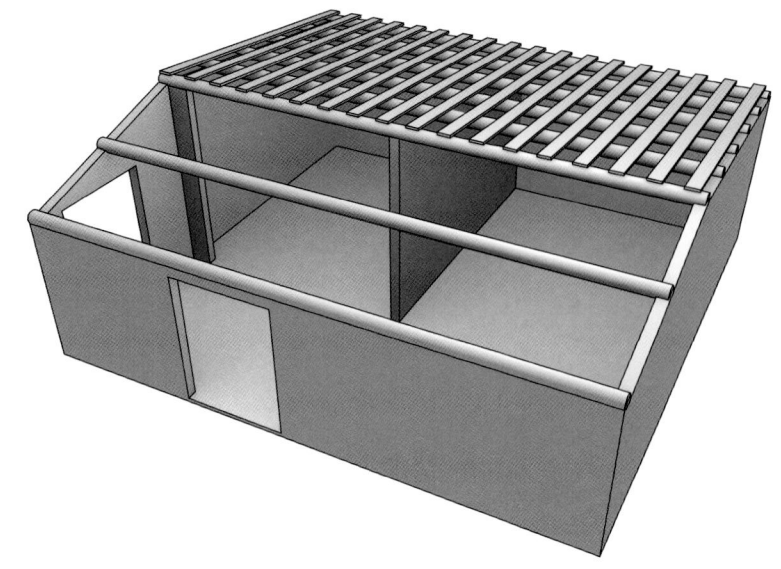

图六　蒙古族畜棚结构透视图

图七　蒙古族畜棚情境图

第二章 蒙古族传统服饰

蒙古族敖吉

图一　蒙古族敖吉主图·紫织锦缎镶彩边敖吉

敖吉即齐肩长衫、长坎肩，在蒙地某些地方也称"策格德格"，是一种长襟坎肩。蒙古族的敖吉长度及胫，具体尺寸因穿戴者身高而异。蒙古族的敖吉作为一种服饰形制，源起于更早的北方游牧民族服饰——短袖袍，演变至13世纪蒙古族崛起才逐步定型，成为已婚妇女的专有服饰。

蒙古族的敖吉多在秋冬季节穿着，一般套在长袍外面，可以护住前后心和腰肢，具有保暖功效。此外，敖吉两腋下或侧腰间缀有扣袢结索，可以悬挂一些妇女用品，如莎力格、香囊、荷包或丝巾等。除了实用，敖吉还是蒙古族女子出嫁时的婚服和已婚妇女的重要礼服，是出席节庆祭祀或是婚丧仪式时的正装之一。严格意义上区分，蒙古族敖吉应当是指一种四开衩的对襟长衫，如巴尔虎、察哈尔、杜尔伯特、厄鲁特以及鄂尔多斯等地的传统对襟长衫都属典型敖吉形制。但在科尔沁及扎鲁特等地的齐肩长衫多为右衽，系受满汉服饰影响所致，这种长衫在当地也被称为敖吉。

在内蒙古的不同区域，敖吉的形制与用料都有一定的差异，但基本结构特点较为类似。敖吉有通腰，也有断腰，通常无袖无领（亦有少数地区有领，如鄂尔多斯和厄鲁特等地），分为衣面、衣襟、下摆、扣袢、镶边和开衩等结构，其中衣面和衣襟是敖吉的主体部分，多为对襟，也有斜开襟、直角襟和琵琶襟等右衽开襟样式，以扣袢扣合穿着，下摆处有4个开衩，衣襟、下摆及开衩边缘皆有精美镶边，粗细不等。敖吉镶边层数的多少，在古代是体现穿着者身份与家境的重要标志。缝制敖吉的布料多样，常见的有绸缎、棉布和毛皮等，元朝时的贵族则穿着织金质料的敖吉，更显华贵。敖吉的设色大多艳丽，如科尔沁地区的敖吉喜用黑色做底，上绣红绿色花卉作饰，配金色镶边；巴尔虎地区的敖吉则多以织花金色或黑色布料做底，其上少有绣饰，边缘有多条镶边。相较于蒙古袍，敖吉更具有装饰美化的意味，不仅有精美的镶边，其上还常常绣有各式传统图案，以花鸟虫鱼及民族吉祥纹样居多。

敖吉是一种典型的蒙古族妇女特色着装，不仅具有保暖和悬挂女性随身器物的实用功能，装饰华美的敖吉还是蒙古族妇女出席正式场合的礼服。有鉴于此，蒙古族敖吉的服饰特点彰显了其民族造物文化对实用性、审美性与民俗性的并重，凸显了民族设计巧思与造物智慧，是为蒙古族传统服饰文化研究的重要实例。

图片来源

图一　刘兆和主编：《蒙古民族文物图典·蒙古民族服饰文化》，文物出版社，2008年，第126页

图二　刘兆和主编：《蒙古民族文物图典·蒙古民族服饰文化》，文物出版社，2008年，第128页

图三　刘兆和主编：《蒙古民族文物图典·蒙古民族服饰文化》，文物出版社，2008年，第183页

图四至图七　孙丹丹　制图

图八　周安涛　摄影

图九　刘兆和主编：《蒙古民族文物图典·蒙古民族服饰文化》，文物出版社，2008年，第213页

图二　蒙古族敖吉·蓝缎镶红绦边敖吉

图三　蒙古族敖吉·黑缎镶花绦边长敖吉

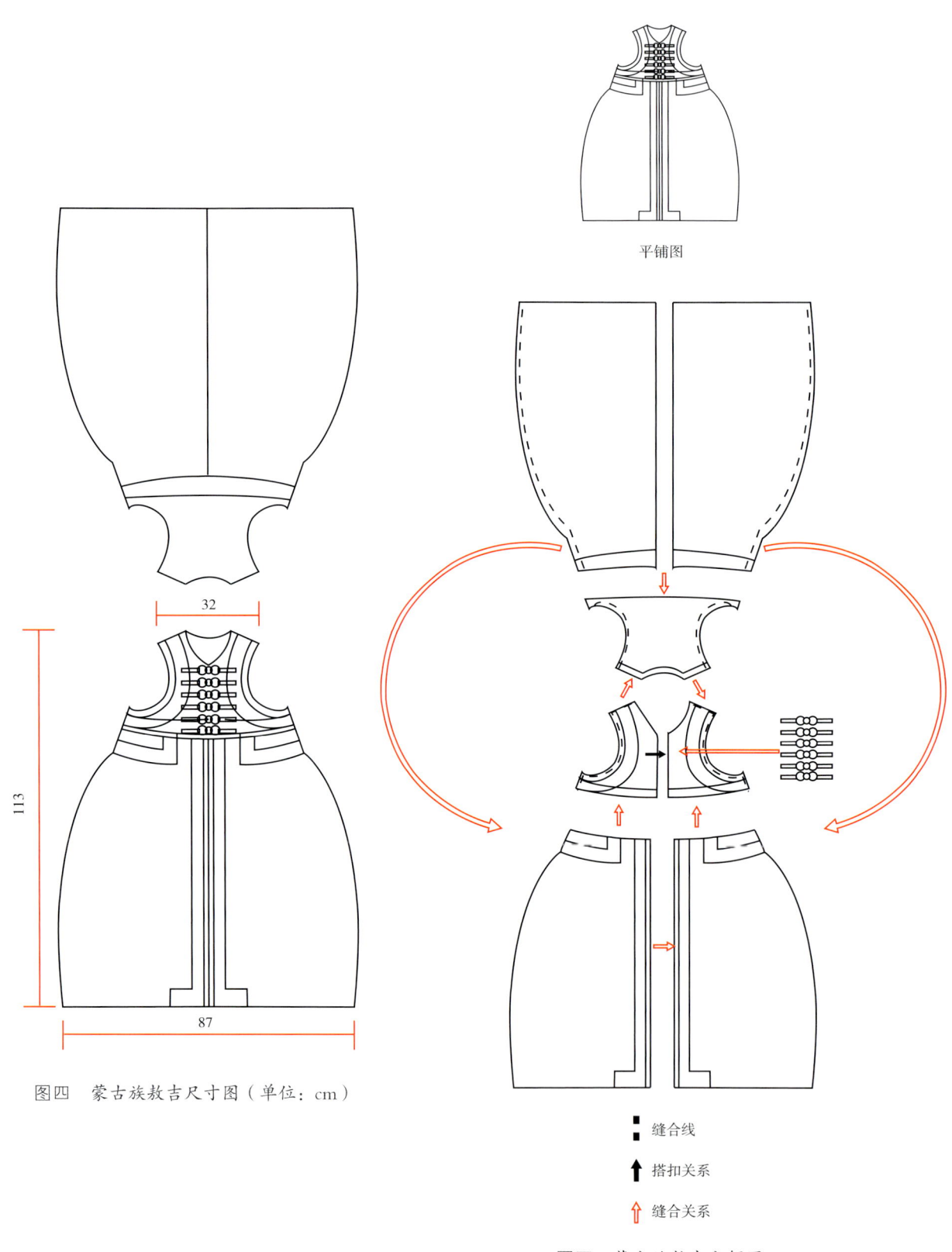

图四 蒙古族敖吉尺寸图（单位：cm）

图五 蒙古族敖吉分解图

敖吉更具有装饰美化的意味，其上还常绣有各式传统图案，以花鸟虫鱼及民族吉祥纹样居多

敖吉的设色艳丽，不同区域多有差别，例如科尔沁地区的敖吉喜用黑色做底，上绣红绿色花卉作饰，配金色镶边；巴尔虎地区的敖吉则多用织花金色或黑色布料做底，其上少有绣饰，边缘有多条镶边

缝制敖吉的布料多样，常见的有绸缎、棉布和毛皮等，元朝时期的贵族则穿着织金质料的敖吉，更显华贵

图六　蒙古族敖吉工艺分析图

1	2
3	4

1. 敖吉两腋下或侧腰间钉有扣袢结索，可以悬挂一些妇女用品
2. 衣襟多为对襟，也有少数地区敖吉为右衽衣襟，以扣袢扣合穿着
3. 下摆处多有四个开衩
4. 边缘有多条镶边

图七　蒙古族敖吉局部分析图

图八　蒙古族敖吉穿着情境图

图九　蒙古族敖吉穿着情境图

蒙古族扳指

图一　蒙古族扳指主图·玉扳指

扳指又称"搬指""班指"或"韘",最初是古代引弓射箭时戴在大拇指上的辅助工具,《说文解字》有述:"射决也,所以拘弦,以象骨,韦系,着右巨指。"扳指的起源甚早,最早见于商代,及至春秋战国,始流行于民间。后世,扳指逐步发展成北方民族的一种装饰性佩饰。蒙古族扳指的高度一般在2至3厘米,口径为3厘米左右,与大拇指第二骨节相合。蒙古族扳指的形态同汉族稍有差异,多为筒形圆柱体,不若汉族扳指侧面的斜坡状。扳指外圈有素面无花的,但雕琢纹饰的更多,体现出其实用功能的消隐、装饰功能的上升。

蒙古族扳指最初的功能即是辅助引弓射箭,属于蒙古族立射服饰配饰之一。使用方法是将扳指套扣于拉弓弦的拇指第二指节,以扳指下缘或扳指上预留的沟槽卡住弓弦拉弓,待满弓瞄准后即可伸直拇指,释放弓弦和箭羽。蒙古族弓箭坚韧有力,特别是在射靶练习时,反复拉弓会对手指皮肤和筋腱造成负担,甚至是伤害,佩戴合适的扳指即可有效地解决这一问题。明清之际,因社会生产和生活的变迁,狩猎和战争减少,蒙古族的扳指逐步演化成一种配饰品,装饰美化成为其主要功用,亦象征尚武精神。

扳指的制作材料多样,早先以实用为主时,蒙古族的扳指多为皮制、木制和骨制,也有以铜、银等金属打制,后期装饰配饰的功能上升,其材料更加丰富,各种玉石、金、银、铜、景泰蓝、陶瓷、名贵木料和皮革等,可谓琳琅满目。不同的选材,其制作扳指的加工工艺亦有不同,如皮制扳指是要先裁制合适尺度的优选皮料,再将两端缝合形成筒状扳指;骨制扳指需要考虑兽骨特性,利用既有中空雕琢,可以事半功倍;木制扳指则需要镟挖、掏空木芯,并处理好木料边缘倒角；玉石扳指在明清出产最多，需要通过多道工序琢磨方可完成；金属扳指一般先铸造基本形态，再通过二次加工錾刻纹饰；陶瓷扳指则通过烧造完成，一般还会罩釉彩绘。清代蒙古族扳指上的装饰非常丰富，如刻画、雕镂、錾刻、错金银、釉下彩和釉上彩等，装饰图案题材多为常见的传统装饰纹样，如花鸟虫鱼、五畜野兽等等。

现收藏在科尔沁博物馆中的一枚清早期玉扳指，高2.4厘米，直径3厘米，青白玉质地，中心微凹，两缘微凸，温润晶莹，古朴大方。另有一枚清中晚期的银鎏金扳指，高3厘米，直径3.5厘米，外圈中央錾刻兰花图案，两缘饰有回纹边框，并鎏金作饰，精美异常。

扳指作为一种北方游牧民族特有的射箭服饰配饰，既有辅助拉弓、保护手指的实际功能，亦是一种佩戴于拇指的装饰物，具有一定的象征意义和审美价值。蒙古族扳指在射箭中的传统使用方法与技巧，对于今天的射箭比赛依然具有宝贵的借鉴与指导意义。在蒙古族造物文化体系中，扳指从实用向装饰象征的演化，记载了其民族生产与生活方式的变迁，具有重要的研究和实证价值。

图片来源
图一至图四　李淼　摄影
图五至图八　孙丹丹　制图
图九　那仁夫、杨劲主编：《蒙古族文化图鉴·蒙古族服饰图鉴》，内蒙古人民出版社，2007年，第160页

图二　蒙古族扳指·银鎏金扳指

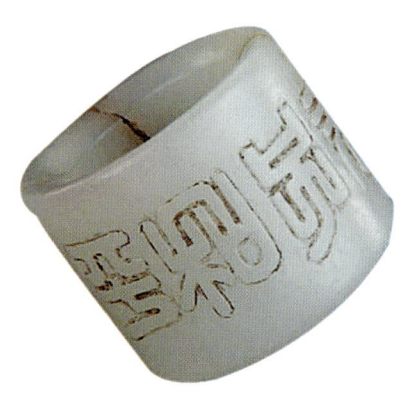

图三　蒙古族扳指

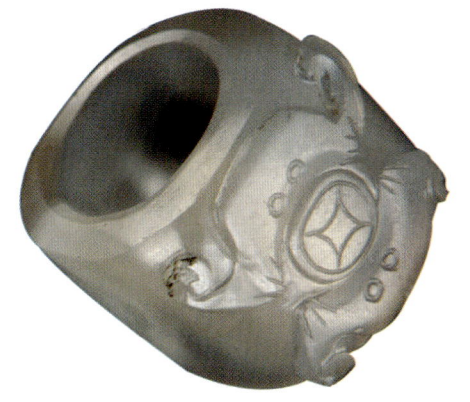 

图四 蒙古族扳指

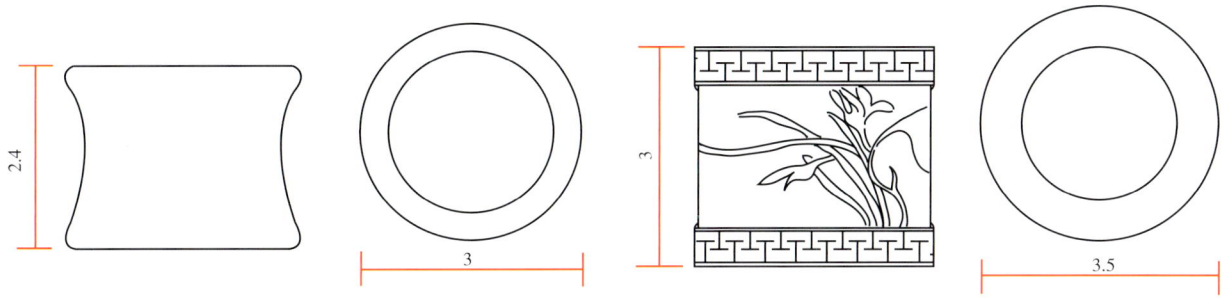

图五 蒙古族扳指尺寸图（单位：cm）

玉石扳指需要通过多道工序琢磨方可完成

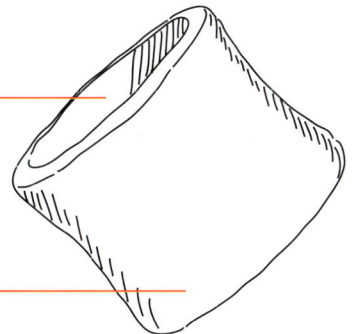

扳指的制作材料多样，早先以实用为主时，蒙古族的扳指多为皮制、木制和骨制，也有以铜、银等金属打制，后期，以装饰配饰为主时，其材料更加丰富，各种玉石、金、银、铜、景泰蓝、陶瓷、名贵木料和皮革等

金属扳指一般先铸造基本形态，再通过二次加工錾刻纹饰

清代蒙古族扳指上的装饰非常丰富，不同的材质亦采用不同的装饰工艺，如刻画、雕镂、錾刻、错金银、釉下彩和釉上彩等

图六 蒙古族扳指工艺分析图

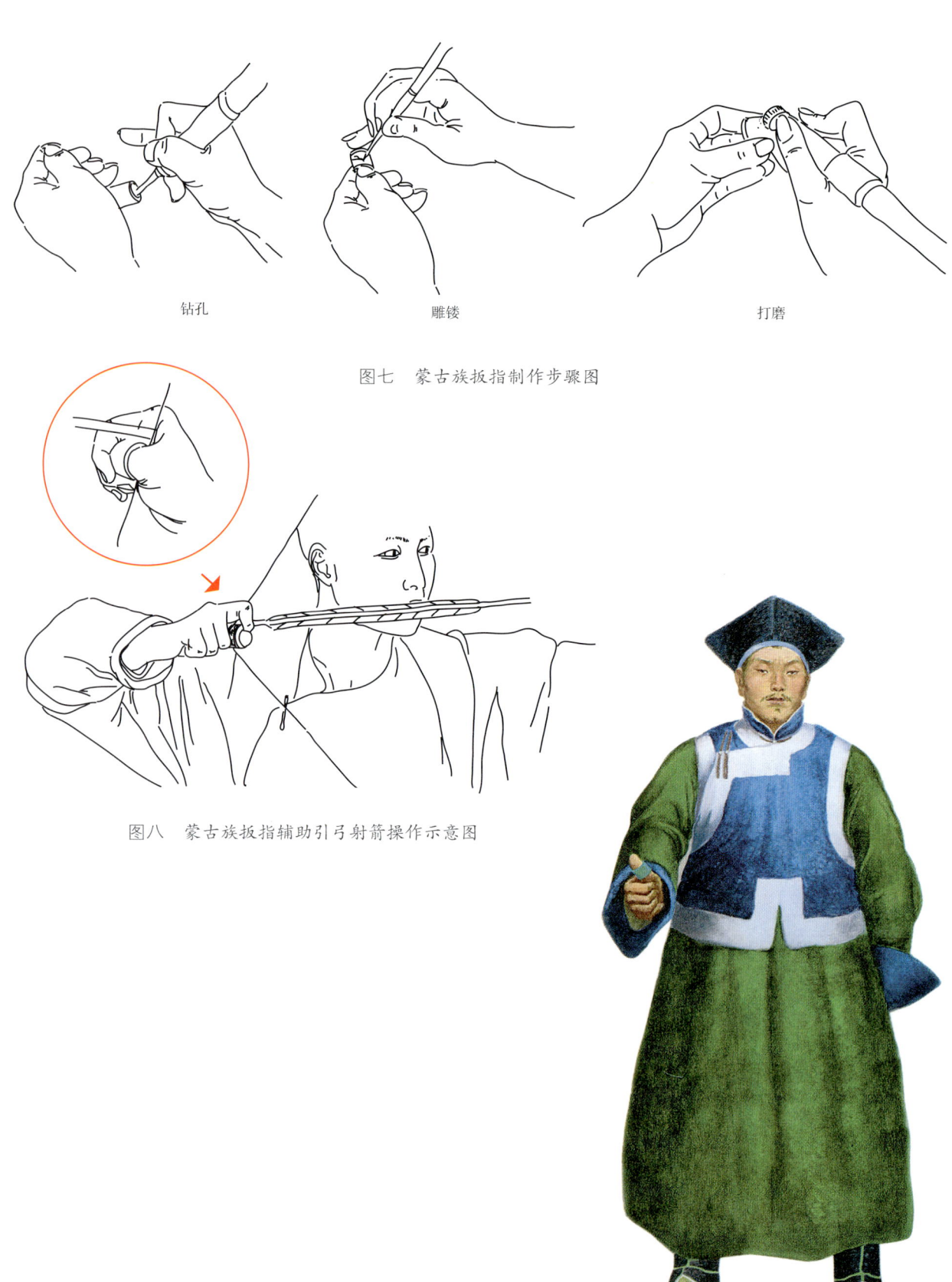

钻孔　　　　　　　　雕镂　　　　　　　　打磨

图七　蒙古族扳指制作步骤图

图八　蒙古族扳指辅助引弓射箭操作示意图

图九　蒙古族扳指使用情境图

蒙古族辫线袍

图一　蒙古族辫线袍主图·纳石失辫线袍

辫线袍又称"辫线袄",属于蒙古袍服中的断腰袍类(蒙古袍服种类繁多,从服装结构角度区分,可以大体分为断腰袍和直身袍。断腰袍是在腰节处有横向拼接,形成上下结构的袍服;直身袍除在前后身中间有纵向拼接以外,其通身上下为一整体),为其中典型款式。《元史·舆服志》对辫线袍有言简意赅的定义:"辫线袄,制如窄袖衫,腰作辫线细褶。(宋濂:《元史》卷78《舆服一》,中华书局,1973年,第1949页)"由此辨别辫线袍的形制特征有三:一为窄袖,二是有辫线,三是腰间打细褶。该袍出现于元朝,广为流行,史载当时上至宫廷,下及庶人,皆爱穿着,另有学者称其源于金,但尚无定论。

辫线袍是元朝颇具代表性的男子袍服款式,其特点是交领、右衽,上衣连下裳,衣袖较为紧窄,下裳过膝呈裙状,腰间打许多褶皱,右衽腰间有辫线若干,前后编结捆扎于腰部。这种袍服穿着起来行动灵活,尤其适于骑马驰骋。辫线袍是一种普通的蒙古族袍服款式,并不受社会礼仪或特权等级的限制，因而，制作辫线袍的材料与服饰装饰不一而足，有较大的差异。王侯将相所穿着的辫线袍往往会使用华美昂贵的材料，其中的典型便是纳石失（即织金，是元代丝织品中的上品，也叫"纳失失""纳失思"。以片金线或圆金线为纹纬的织金锦缎，是一种用金线勾显花纹的奢华织物），而普通百姓所使用材料的范围很广，例如各类丝绸和麻布等，甚至还有羊皮。辫线袍缝制工艺因所使用的材料不同也各有差异，但其基本特点是讲究结实耐用、缝合紧密，腰部和衣袖强调贴身束体，这样的工艺特点亦是为了适应蒙古族骑乘生活的需要。

随着时间的推移，辫线袍因其辫线在穿戴时烦琐不便，简化成了腰线袍（也属断腰袍，但省略了腰间辫线），后来，断腰袍又逐步为更为简约的直身袍所取代。直身袍在腰部以布制或皮制腰带紧束，成为今日我们熟悉的草原蒙古袍。辫线袍在设计学中的价值不仅在于其所折射出的蒙古族服饰设计的历史文化语境，其之于草原生活环境及蒙古族游牧生活的适应性也可谓意义重大。

图片来源
图一　那仁夫、杨劲主编：《蒙古族文化图鉴·蒙古族服饰图鉴》，内蒙古人民出版社，2007年，第113页、69页
图二　那仁夫、杨劲主编：《蒙古族文化图鉴·蒙古族服饰图鉴》，内蒙古人民出版社，2007年，第66页
图三、图四、图六至图八　李淼　制图
图五　许宏　制图

图二　蒙古族辫线袍

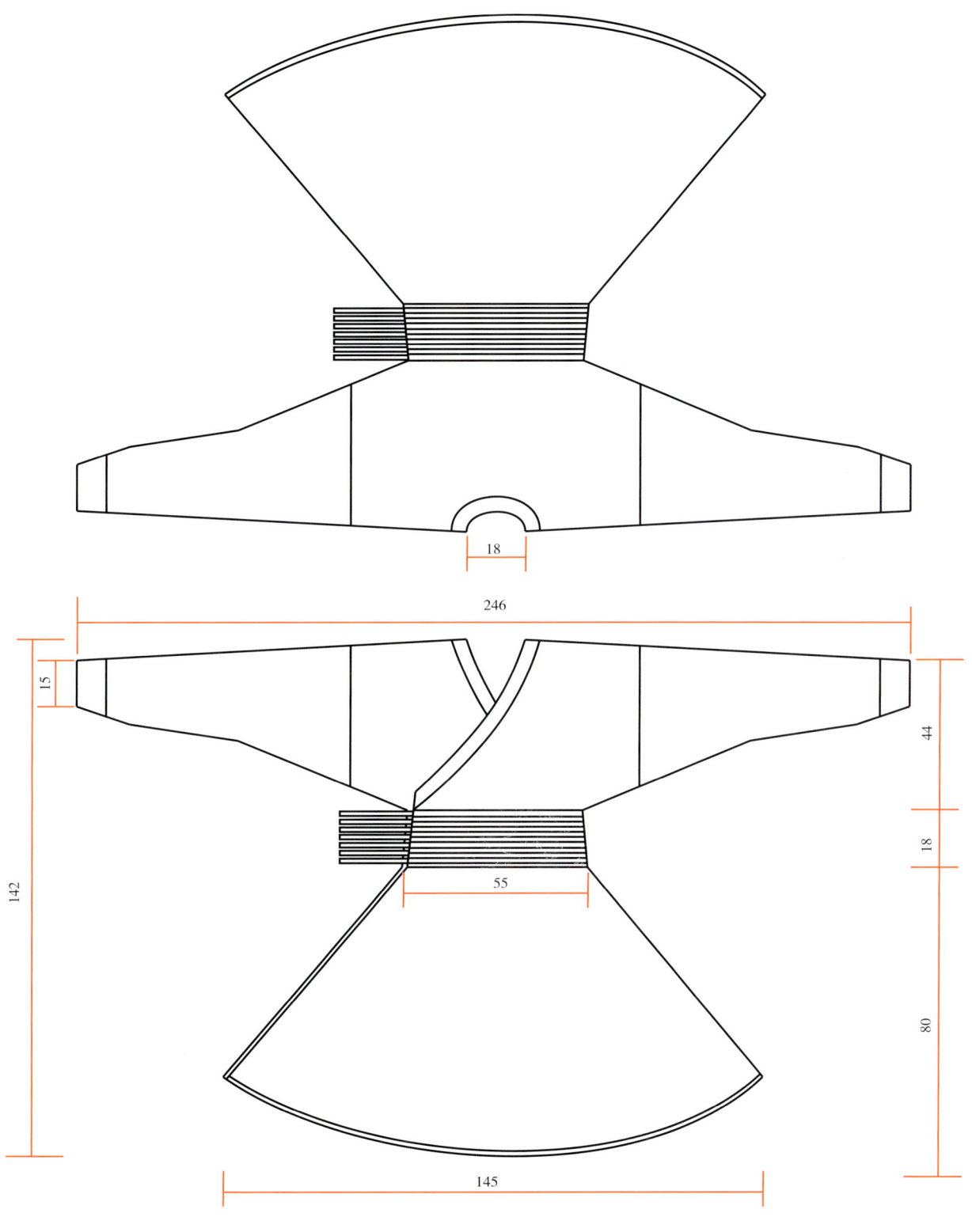

图三　蒙古族辫线袍尺寸图（单位：cm）

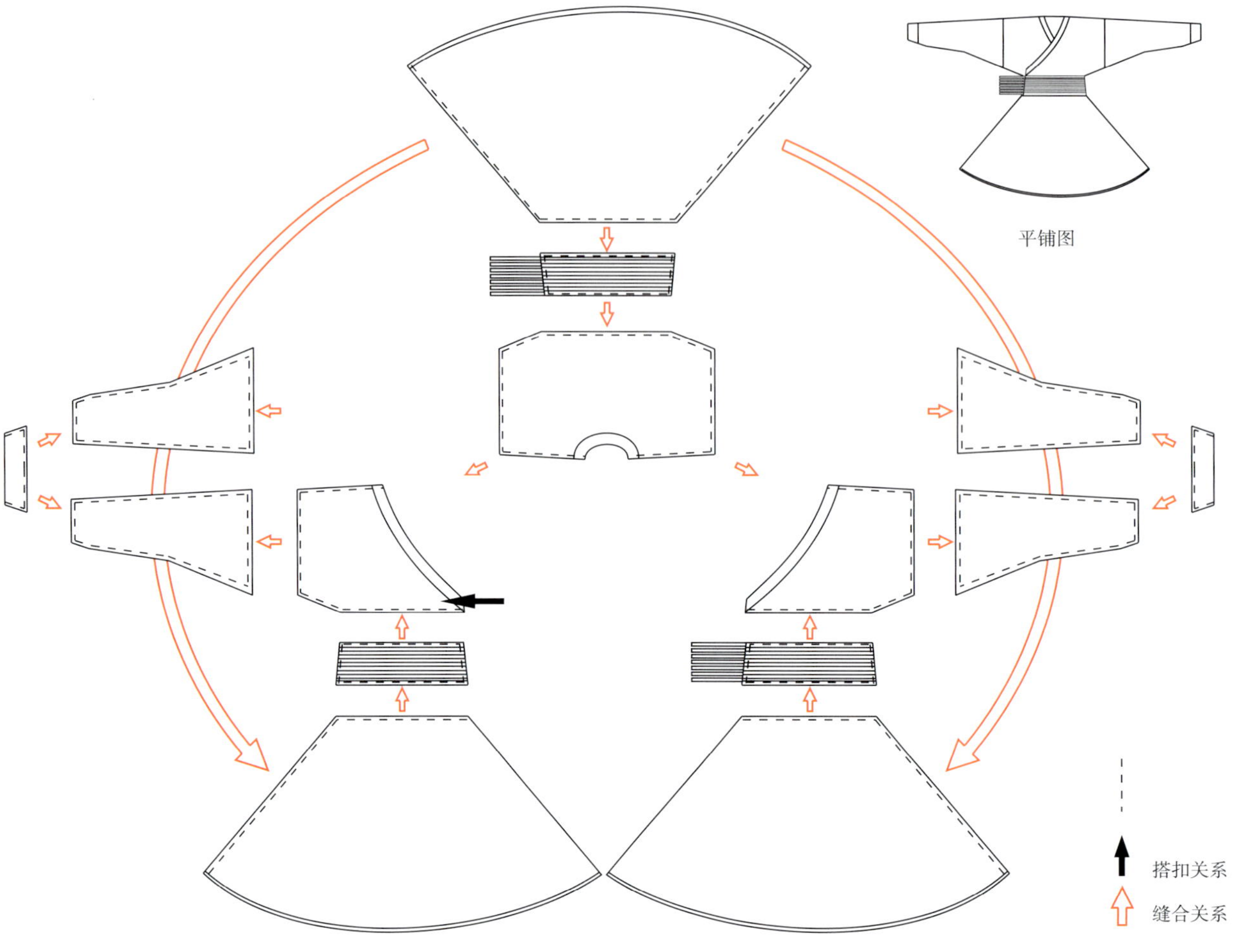

平铺图

--- 搭扣关系
⇧ 缝合关系

图四 蒙古族辫线袍分解图

1	2
3	

1. 衣袖较为紧窄，两袖口采用头戴王冠的人面狮身纹织金锦装饰

2. 袍身以菱格联珠宝相花纹织金锦为面料，袍服底襟采用头戴网管的人面狮身纹织金锦装饰

3. 腰间打许多褶皱，右衽腰间辫线前后编结捆扎于腰部，贴身束体，配合紧窄的衣袖，非常适合蒙古族骑乘生活的需要

图五 蒙古族辫线袍局部分析图

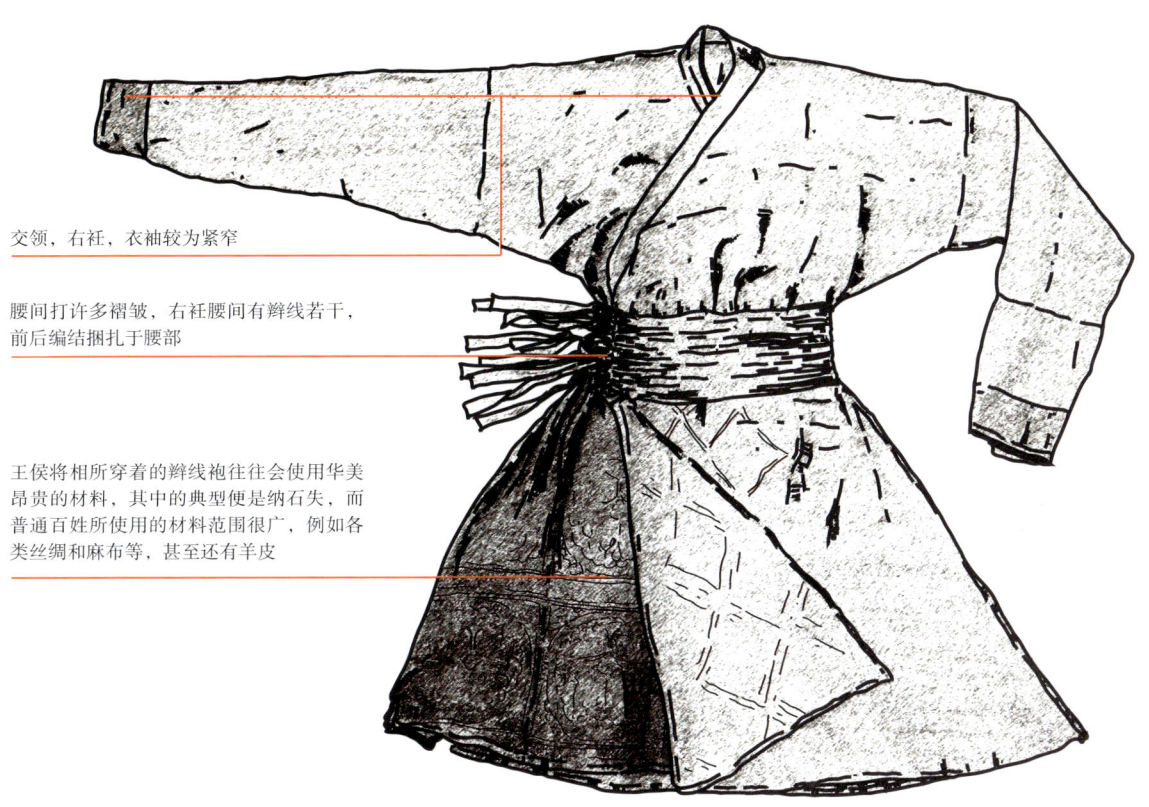

交领，右衽，衣袖较为紧窄

腰间打许多褶皱，右衽腰间有辫线若干，前后编结捆扎于腰部

王侯将相所穿着的辫线袍往往会使用华美昂贵的材料，其中的典型便是纳石失，而普通百姓所使用的材料范围很广，例如各类丝绸和麻布等，甚至还有羊皮

图六　蒙古族辫线袍工艺分析图

图七　蒙古族辫线袍穿着情境图

图八　蒙古族辫线袍穿着情境图

第二章　蒙古族传统服饰

蒙古族勃勒

图一　蒙古族勃勒主图

勃勒汉语的意思是腰侧饰物，是蒙古族传统服饰中的一种挂饰。蒙古族勃勒的形状多为扁体圆形，不包括其连接的锁链带穗等，其直径通常为10厘米左右。蒙古族妇女将其挂于身侧，用以系挂随身物件儿。勃勒作为一种女子服饰的配件，在元朝即已出现，明代以降，蒙古族地区许多部族的传统服饰中都能见到其身影。

悬挂其他小件物品是勃勒的基本功能，其以带链和扣结连接敖吉腋下特制的扣圈，下连各种传统配饰和实用物件儿，包括莎力格、荷包、香囊、丝巾和装饰性带穗等等。

蒙古族勃勒做工精美，本身亦有较强的装饰性，挂在敖吉两侧，可以用来遮挡敖吉左右两侧的开衩。蒙古新婚妇女佩戴勃勒，过门后通常要戴1至2年，平日只戴一枚，探访亲友或赶集时需戴两枚，至第三年方可自由取下。勃勒一般为银、黄铜、紫铜等铸造，也有纯金铸造的，并镶嵌有各类珠宝玉石等，更显华贵。有时，普通百姓亦会用吉祥结绳带替代金属勃勒。制作金属类的勃勒需要首先制范，铸造出其基本形态，再通过二次加工，在其表面錾刻花纹图案或镶饰珠玉。蒙古族勃勒一般呈圆形，其形态常见的有法轮、铜钱、双鱼、蝴蝶和如意等等。其周圈焊有4或6个环扣，上端一个用以系锁链或绳子，连接敖吉，下缘3或5个用以系挂各类饰品物件儿。

在小小的勃勒身上，充分展现了蒙古族造物文化体系中使用功能与装饰审美相互契合的特质，其装饰纹样、选材工艺以及佩戴礼俗等皆是研究蒙古族造物设计及民俗文化的重要例证。

图片来源

图一　周安涛　摄影
图二　刘兆和主编：《蒙古民族文物图典·蒙古民族服饰文化》，文物出版社，2008年，第67页
图三、图六　许宏　制图
图四　参考那仁夫、杨劲主编：《蒙古族文化图鉴·蒙古族服饰图鉴》（内蒙古人民出版社，2007年）第235页绘制
图五　孙丹丹　制图
图七　参考那仁夫、杨劲主编：《蒙古族文化图鉴·蒙古族服饰图鉴》（内蒙古人民出版社，2007年）第113页绘制

图二　蒙古族勃勒

图三　蒙古族勃勒尺寸图（单位：cm）

第二章　蒙古族传统服饰

悬挂其他小件物品是勃勒的基本功能，其以带链和扣结连接敖吉长衫腋下特制的扣圈

勃勒做工精美，本身亦有较强的装饰性，挂在敖吉两侧，可以用来遮挡敖吉左右两侧的开衩

图四　蒙古族勃勒穿戴示意图

金属类的勃勒通常制作模范，铸造出其基本形态，再通过二次加工，在其表面錾刻花纹图案或镶饰珠玉

其周圈焊有4或6个环扣，上端一个用以系锁链或绳子，连接敖吉上的扣结，下缘3或5个用以系挂各类饰品物件儿

勃勒一般为银、黄铜、紫铜等铸造，也有纯金铸造的，并镶嵌有各类珠宝玉石等，更显华贵

图五　蒙古族勃勒工艺分析图

1. 制作模范，铸造出其基本形态
2. 通过二次加工，在其表面錾刻花纹图案或镶饰珠玉
3. 将制作好的各个部件装配

图六 蒙古族勃勒制作步骤示意图

图七 蒙古族勃勒佩戴情境图

蒙古族布腰带

图一　蒙古族布腰带主图

　　蒙古族的布腰带一般使用染色的棉布或绸缎，其宽度不超过1米，而长度则可达5米甚至更长。追溯其源头，可及一种匈奴使用过的饰有华美金属配件的"胡带"。有别于那些贵金属和皮革材料的腰带，蒙古族普通牧民日常生活中使用的腰带多以布帛制成。由于蒙古袍窄袖宽体，因此，蒙古族腰带的主要功能便是捆束、固定长袍。

　　在一些蒙古族地区，讲究蒙古袍用多少布匹，相配的布腰带就使用多少布料。除了固定衣物的基本功用，携带、悬挂配饰等亦是布腰带的一项重要功能。古代蒙古族牧猎或远征时，箭筒、火镰、带鞘的蒙古刀，乃至鼻烟壶、烟袋、餐刀、褡裢等都需要拴系于腰带之上，其在生活中的重要性，由此可窥一斑。除此之外，蒙古族布腰带不仅可以起到保暖御寒的功用，还能够有效保护穿着者在骑乘时腰部筋骨和内脏免于颠簸受伤。

　　蒙古族布腰带的系扎十分讲究，系布腰带时，执其中，由腹前同时向后部绕系，两头留半尺有余，固定于两边胯处。从系带方式分，有留头和不留头两种。蒙古族男子系布腰带时，一般将袍子上提，便于骑乘。而女子腰带扎得相对紧些，袍子尽量向下拉展。帝国时代，蒙古人把腰带视为极高贵的礼物，是为人格和尊严的象征，因此系上腰带即表明自己是神圣的个体，不可侵犯。而未婚蒙古族女子系腰带亦显示出男女平等的一面。某些蒙古族活动地区女子在婚后不再束腰带，被称为"布斯贵浑"（意为不扎腰带的人），表示对丈夫的忠诚和顺从。蒙古族活动的区域非常宽广，布腰带的系束习俗也就因地而异。

作为蒙古族民族文化重要特征的蒙古族服饰，凸显出同其民族所处环境与生活方式的适应性。而在蒙古族传统的服饰文化中，主要服务于普通蒙古族百姓逐水草而居的游牧生活方式的布腰带，其功能、用料以及特别的系束方式无不彰显出蒙古族的民族文化魅力。纳入现代设计学的研讨范围，蒙古族布腰带在功能多样性及环境适应性两个层面，足以为现代设计师提供宝贵而丰富的设计启示。

图片来源

图一、图六　周安涛　摄影
图二至图五　孙丹丹　制图

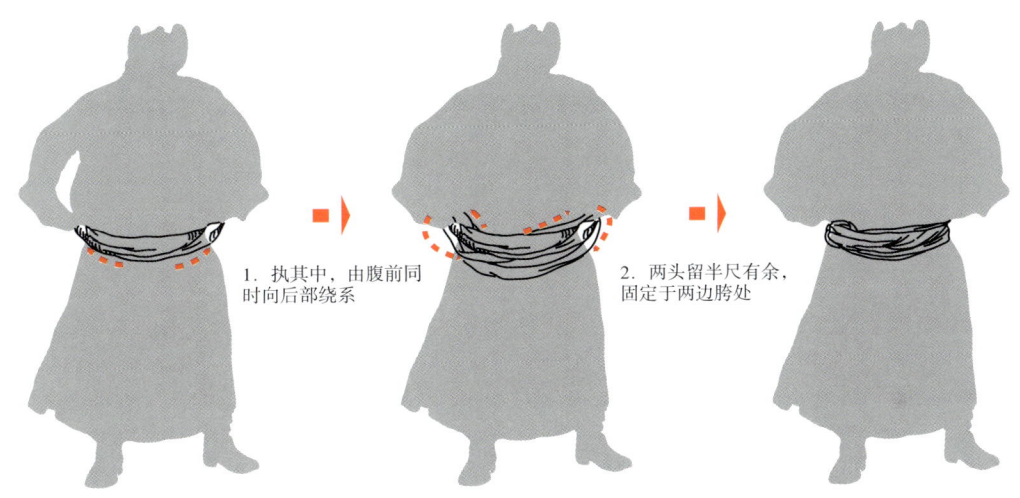

1. 执其中，由腹前同时向后部绕系
2. 两头留半尺有余，固定于两边胯处

蒙古族男子系布腰带时，一般将袍子上提，便于骑乘。而女子腰带则扎得相对紧些，袍子尽量向下拉展

图二　蒙古族布腰带系扎示意图（一）

1. 留头　　　　　　　　　　2. 不留头

图三　蒙古族布腰带系扎示意图（二）

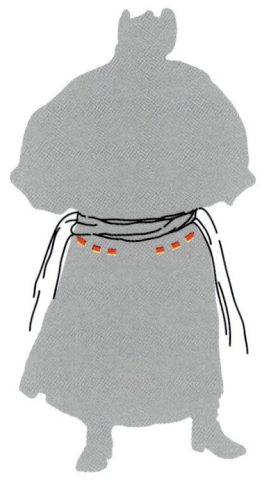
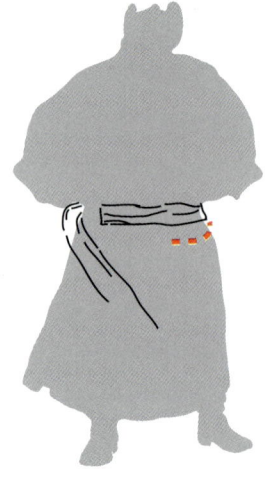

1. 执中间向两侧同时环绕型　　　　2. 从腰带的一头向一侧环绕型

图四　蒙古族布腰带系扎示意图（三）

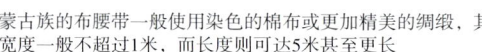

蒙古族腰带的主要功能便是捆束、固定长袍，以便配合着装

蒙古族的布腰带一般使用染色的棉布或更加精美的绸缎，其宽度一般不超过1米，而长度则可达5米甚至更长

图五　蒙古族布腰带工艺分析图

图六　蒙古族布腰带系扎情境图

草原蒙古袍

图一　草原蒙古袍主图·棕色团花缎男袍

草原蒙古袍属于蒙古袍服中的直身袍类（蒙古袍服种类繁多，从服装结构角度区分，可以大体分为断腰袍和直身袍。断腰袍是在腰节处有横向拼接，形成上下结构的袍服，其代表是辫线袍；直身袍除在前后身中间有纵向拼接以外，通身上下为一整体，代表即是草原蒙古袍），相对于近似于藏袍的青海蒙古长袍而言，草原蒙古长袍往往又被称为"纯正蒙古袍"。早在南宋《黑鞑事略》中便有对蒙古袍的记述，其具体起源已不可考，应是会同诸北方民族服饰特征，在历史长河中逐渐积淀成形的。蒙古族人无论男女老少皆为长袍，束腰加带，脚穿长靴，并根据不同的衣料裁缝成方领、圆领、交领不等，其服为右衽（王瑜：《中国古代北方民族与蒙古族服饰》，北京图书馆出版社，2007年，第53页）……蒙古袍长度盖膝、领高、袖长而窄，因而穿起来方便骑乘。冬季皮制蒙古袍能有效抵御北方草原上的严寒。

蒙古袍具有极好的地域适用性，穿蒙古袍骑乘马匹，长下摆能护膝防寒，牧区夜宿，则可脱下作被，而其瘦长的袖筒可防蚊虫叮咬，再束上宽大的腰带，既可防寒，又能保持穿着者胸腰挺拔、行动自如。蒙古袍的基本结构包括衣领、衣襟、衣袖、下摆、开衩、镶边和扣袢等，其中衣领多为立领，毛皮里子的蒙古袍一般有翻毛高立领；衣襟多为右衽开襟，形制有斜开襟、直角襟等，亦是镶边装饰集中的地方；蒙古袍的衣袖通常较为窄长，有带马蹄袖和不带马蹄袖两种，有马蹄袖的蒙古袍一般用料上乘，亦多装饰，主要用于出席节庆典礼等正式庄重的场合，而无马蹄袖的蒙古袍即是蒙古族日常生活与劳动着装；下摆较为肥大，长度及小胫，并在两侧留有开衩，便于翻身上马等活动；镶边是蒙古袍上的装饰条，男子所穿的蒙古袍镶边多集中在衣襟和袖口处；扣袢用以连接衣襟，多为银制、铜制或布制，直条排扣形制较多。蒙古袍一般根据制作面料与穿着季节可分为春秋季的夹袍、夏季的单袍和冬季的皮袍与棉袍等。毛、毡、皮、革、棉、帛和绸缎等都是制作蒙古袍的常用材料。冬季穿着的皮袍往往以羊裘、驼裘为里、以绸缎或棉布作面，夏季则穿布、绢、绸、缎等面料的袍子。蒙古袍的配色鲜艳亮丽，红、黄、紫和深蓝色是常见设色，服饰图案一般在领口、袖缘、下摆和衽边，多用两三道彩色条带缝制装饰，亦常饰以传统图案，精致异常。

蒙古袍的制作工艺丰富：1．裁剪工艺，裁剪一件蒙古长袍，需要事先备好领子、袖子、前片和后片的大样，即长袍的平面结构造型，在裁剪过程中可以依据个体的体型和式样需要，针对既定大样进行相应的调整和改变，从而达到创造新式样、量体裁衣之目的。2．缝纫工艺，蒙古袍的传统缝纫工艺特别讲究针法，例如攻针、缲针、寨针、驱针、缉针、盘针和锁边针等皆是常见的缝纫技法。蒙古族手工缝纫的持针方法颇具特色，缝纫者食指戴顶针，以右手的拇指和中指执针，这样的方式用针灵活，可完成复杂的缝纫操作。3．镶边工艺，依据蒙古袍的结构不同，镶边工艺可分为绲边儿、沿边儿、饰绦等三种；而从镶边的数量上，则可分为单沿边、一道流水的宽沿边、两道流水的宽沿边、组合宽沿边、三道沿边、四道沿边等多种。镶边的材料有皮、布、帛、绦子、绒库锦和现代的化纤布边等多种。不同的蒙古族地区其镶边工艺亦有着不同的风格。4．刺绣工艺，蒙古袍上所施的刺绣一般不用绷架，多以各种彩色的棉线或丝线直接在袍服上刺绣。日常生活中，蒙古族绣工日积月累创造了多种刺绣技法，刺绣图案的质感、色彩以及浓淡变化即是依靠不同绣法的应用与组合来实现的。此外，蒙古袍的制作还涉及贴花图案、扣襻儿等工艺。

蒙古袍的穿着非常讲究，蒙古族人穿着袍子时，一定要同时戴帽、穿靴。不同的场合必须选择合宜的蒙古袍以及相应的配饰，特别是祭祀之时，袍子、腰带、靴子和帽子必须搭配适宜。

长袍、腰带、靴子和首饰是蒙古族服饰的4个基本单元，蒙古袍即是其中极具代表性的一种民族服饰类型。地域风貌特质和历史文化积淀给予蒙古人智慧，让其创造出适用而精美的蒙古袍。作为蒙古族传统服饰的代表，蒙古袍已然成为蒙古族的象征。在现代设计学研究中，作为民族服饰代表的蒙古袍是研究蒙古族设计文化不可或缺的组成部分。此外，蒙古袍的形态和用料均服务其功能，亦即蒙古袍同其所处地域、气候以及蒙古族人骑乘游牧生活方式的契合，对现代服饰设计有着重要的启迪意义。

图片来源

图一　刘兆和主编：《蒙古民族文物图典·蒙古民族服饰文化》，文物出版社，2008年，第138页

图二　刘兆和主编：《蒙古民族文物图典·蒙古民族服饰文化》，文物出版社，2008年，第204页

图三　刘兆和主编：《蒙古民族文物图典·蒙古民族服饰文化》，文物出版社，2008年，第137页

图四至图七　许宏　制图

图八　刘兆和主编：《蒙古民族文物图典·蒙古民族服饰文化》，文物出版社，2008年，第260页

图二　草原蒙古袍·黑团花缎夹袍　　　　　　　图三　草原蒙古袍·蓝布夹袍

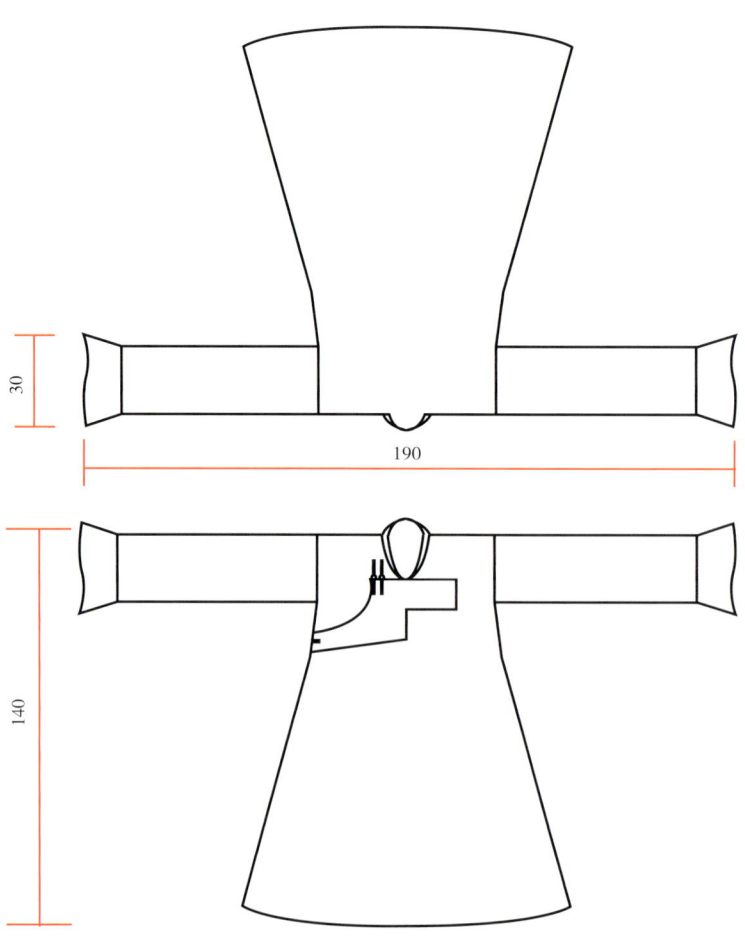

图四　草原蒙古袍尺寸图（单位：cm）

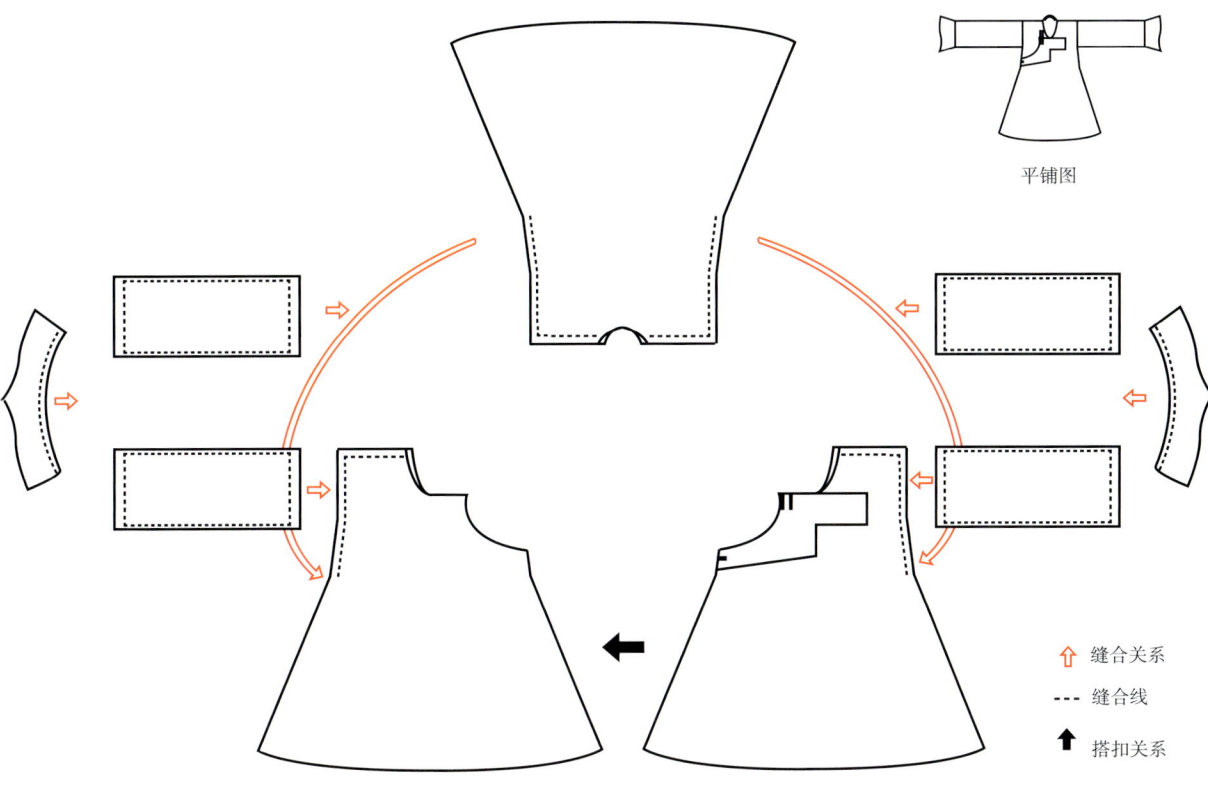

图五 草原蒙古袍分解图

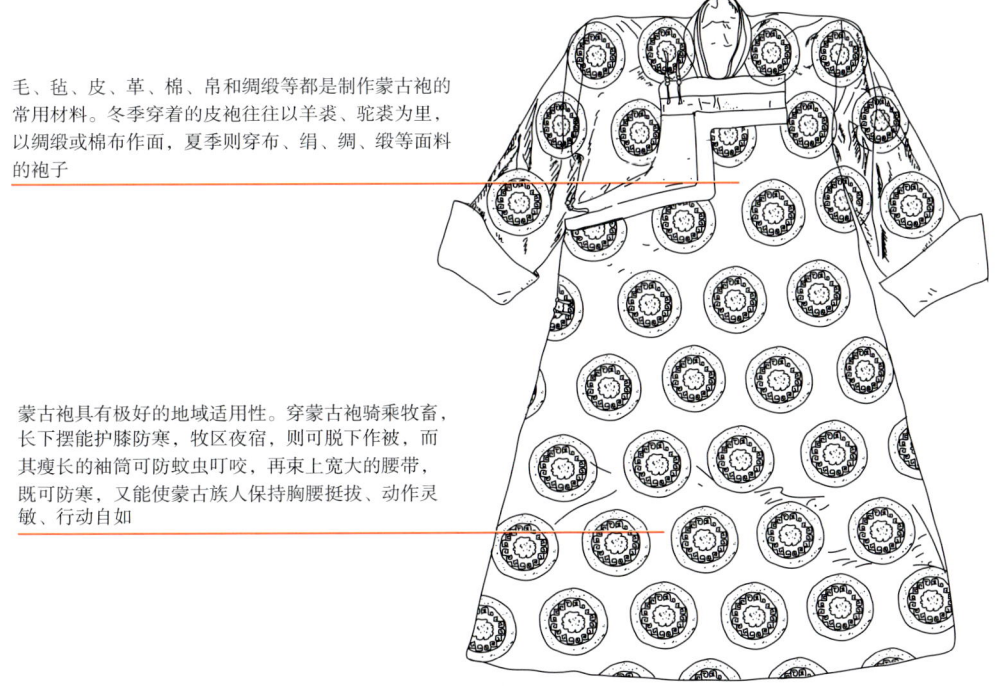

毛、毡、皮、革、棉、帛和绸缎等都是制作蒙古袍的常用材料。冬季穿着的皮袍往往以羊裘、驼裘为里，以绸缎或棉布作面，夏季则穿布、绢、绸、缎等面料的袍子

蒙古袍具有极好的地域适用性。穿蒙古袍骑乘牧畜，长下摆能护膝防寒，牧区夜宿，则可脱下作被，而其瘦长的袖筒可防蚊虫叮咬，再束上宽大的腰带，既可防寒，又能使蒙古族人保持胸腰挺拔、动作灵敏、行动自如

图六 草原蒙古袍工艺分析图

第二章 蒙古族传统服饰

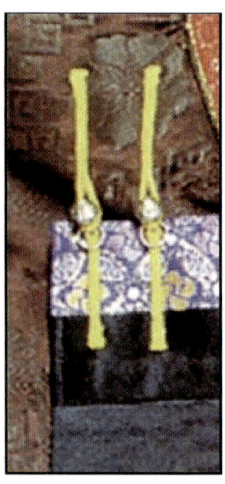

1. 衣襟多为右衽开襟，形制有斜开襟、直角襟等，亦是镶边装饰集中的地方

2. 蒙古袍的衣袖通常较窄长，有带马蹄袖和不带马蹄袖两种。有马蹄袖的蒙古袍一般用料上乘，亦多装饰，主要用于出席节庆典礼等正式庄重的场合，而无马蹄袖的蒙古袍则是蒙古族日常生活与劳动着装

3. 扣袢用以连接衣襟，多为银制、铜制或布制，直条排扣形制较多

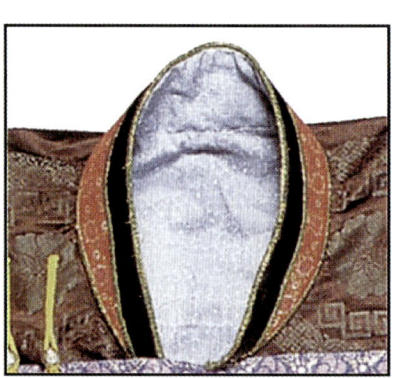

4. 下摆较为肥大，长度及小胫，并在两侧留有开衩，便于翻身上马等活动

5. 衣领多为立领，毛皮里子的蒙古袍一般有翻毛高立领

图七　草原蒙古袍局部分析图

图八　草原蒙古袍穿着情境图

蒙古族短襟坎肩

图一 蒙古族短襟坎肩主图

短襟坎肩又称"短坎肩""紧身坎肩",蒙古语称"敖吉木格",是一种套在长袍外面的无袖短衣。蒙古族短襟坎肩通常较为短小,下襟及腰,长度一般在50厘米至70厘米。蒙古族的短襟坎肩最初出现于元朝,男女皆好穿戴在袍服之外,其形制是由更早的半臂袍服演变而来。

短襟坎肩作为一种蒙古袍的外套,属典型蒙古民族服装的配套服饰。首先,短襟坎肩通常装饰精美、用料考究,绣有各式传统图案,被蒙古族作为节庆、祭典和婚丧嫁娶等民俗活动中的礼服。其次,以毛皮、毛毡或厚棉布缝制的短襟坎肩,冬日里穿在袍服外面,能够有效护住前后心,驱寒保暖。在蒙古族绝大多数区域,当地男女皆穿短襟坎肩,其中,不少地方的女子需待到婚嫁才可穿着,使得这种坎肩成为女子婚嫁与否的象征;此外,喇嘛穿着的一种无袖上衣也属短襟坎肩,被称为"额楞"。

蒙古族短襟坎肩的形制多样、配色艳丽、装饰精美,但基本结构相似,包括面、襟、领、腋、下摆、镶边和扣袢等。其中,面和襟是坎肩的主体,襟是坎肩两衽的边缘,包括对襟和右衽的斜开襟、直角襟、琵琶襟等多种类型。短襟坎肩一般无领，也有短立领和翻毛高领。腋部通常为内收弧形，便于臂膀活动。下摆是坎肩的最下缘，两侧多有开衩。镶边是短襟坎肩的一大特色，多道彩色细工镶边成为坎肩上最为醒目和独特的装饰。扣袢多为布制或铜银制，用来扣合衣襟。制作短襟坎肩的面料多种多样，常见的有绸缎、棉布、大绒、毛呢、毛皮或毛毡等，其中镶边一般采用精致的库锦制作，增添美观，彰显华丽。男子短襟坎肩的面儿一般不做绣饰，但镶边宽而多道，精致非常；女子所穿的短襟坎肩除了镶边作饰，面儿上多刺绣各类传统花卉图案，更显华美。不同区域的坎肩，配色亦有差别，如在科尔沁地区的坎肩喜用黑色做底，上绣红绿色花卉作饰，配金色或红色镶边；巴尔虎地区的坎肩则多用织花金色或黑色布料做底，衣襟有多道镶边。

蒙古族短襟坎肩的设计既便于穿戴者活动臂膀，又凸显了蒙古族的审美倾向与趣好。这些服饰特征充分展现了蒙古族传统服饰设计对于功能与审美的并重，在其造物文化体系中具有典型的实证价值与研究意义。

图片来源

图一　刘兆和主编：《蒙古民族文物图典·蒙古民族服饰文化》，文物出版社，2008年，第331页

图二　刘兆和主编：《蒙古民族文物图典·蒙古民族服饰文化》，文物出版社，2008年，第309页

图三至图五　许宏　制图

图六　刘兆和主编：《蒙古民族文物图典·蒙古民族服饰文化》，文物出版社，2008年，第331页

图七　那仁夫、杨劲主编：《蒙古文化图鉴·蒙古族服饰图鉴》，内蒙古人民出版社，2007年，第255页

图二　蒙古族短襟坎肩·粉缎琵琶襟坎肩

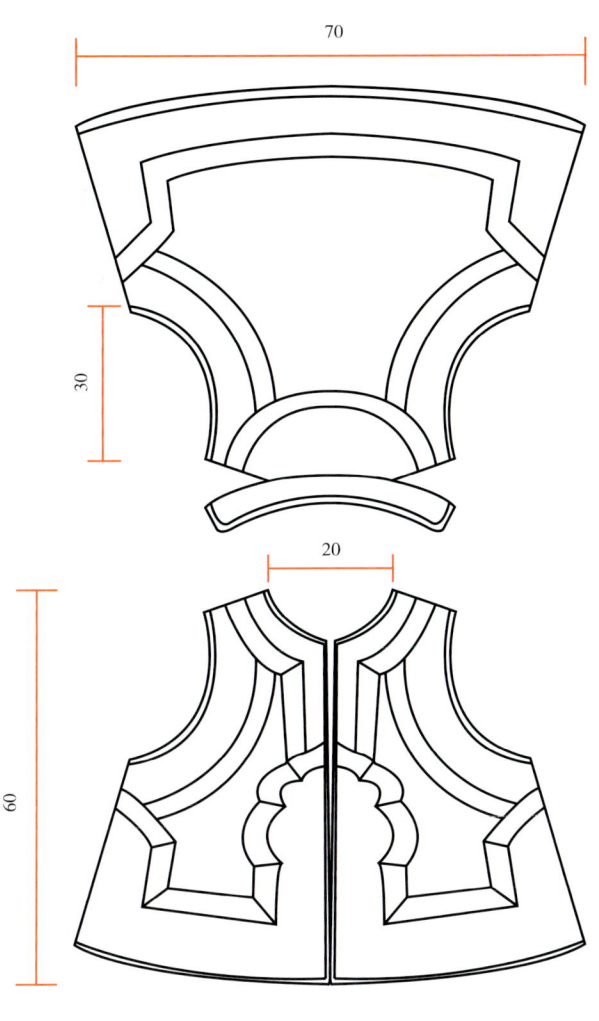

图三 蒙古族短襟坎肩尺寸图（单位：cm）

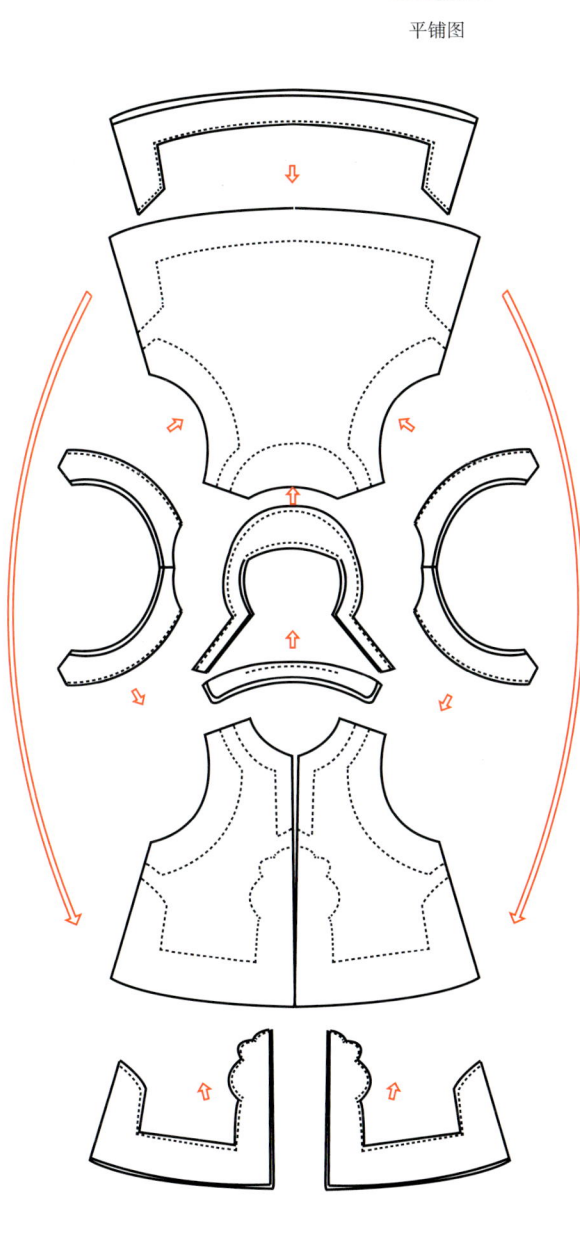

平铺图

↑ 缝合关系
--- 缝合线

图四 蒙古族短襟坎肩分解图

第二章 蒙古族传统服饰

109

用以制作短襟坎肩的面料亦是多种多样，常见的有绸缎、棉布、大绒、毛呢、毛皮或毛毡等，其中镶边一般采用精致的库锦制作，增添美观，彰显华丽

短襟坎肩的配色艳丽，装饰精美，男子短襟坎肩的面儿一般不做绣饰，但镶边宽而多道，精致非常；女子所穿的短襟坎肩除了镶边作饰，面儿上多刺绣各类传统花卉图案，更显华美

图五　蒙古族短襟坎肩工艺分析图

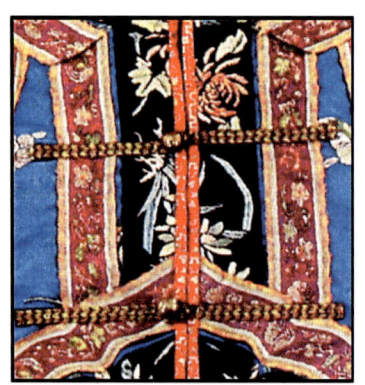

1. 扣袢多为布制或铜银制，用来扣合衣襟

2. 腋部通常为内收弧形，便于臂膀活动

3. 下摆是坎肩的最下缘，两侧多有开衩

4. 镶边是蒙古族短襟坎肩的一大特色，多道彩色细工镶边成为坎肩上最为醒目和独特的装饰

图六　蒙古族短襟坎肩局部分析图

图七　蒙古族短襟坎肩穿着情境图

蒙古族耳饰

图一　蒙古族耳饰主图·点翠金耳坠、珊瑚金耳环

耳饰也称"珥""珰",俗称"耳坠"或"耳环",是一种用来佩戴在耳部的装饰物。蒙古族耳饰形态多样,有简单的环状耳环,也有多股的掩耳式耳坠,形制精巧,做工考究,其长度从几厘米至数十厘米不等。目前,历史上最早的耳饰出土于商代遗址,蒙古族耳饰沿袭自北方先民,早先时期,男女皆好佩戴。

蒙古族耳饰的功能顾名思义,首先是一种耳部的装饰,配合头部其他饰品,增进美观;其次,蒙古族有在耳垂上的明目穴穿耳眼的习惯,在其上佩戴各种耳饰亦有明目的祝愿;另外,蒙古族耳饰在其民族传统节庆以及婚俗礼仪中还是重要的象征物与礼物。元朝时,蒙古族男子喜欢在左耳穿耳眼,并佩戴相对简单的贵金属或镶嵌有宝石的耳饰,及至明清,男子佩戴耳饰的习俗逐渐消失。蒙古族女子一直喜佩戴耳饰,通常女孩不到10岁即可穿耳眼,一至两年后便可佩戴耳饰,起初是环状耳环,至婚嫁时佩戴华丽的掩耳式耳坠。

蒙古族耳饰的制作材料主要为金和银,其上饰有各式珠宝,如玉石翡翠、绿松石、珊瑚、玛瑙和珍珠等。蒙古族耳饰的形制众多,但其基本结构皆包括耳钉和坠饰两个部分,其中,耳钉一般为金银制的细针,可以自由弯曲,将其穿过耳眼,再拧弯,即可固定耳饰;坠饰是耳饰的装饰部分,所谓耳环即是将耳钉向外延长,并在其上增添造型,镶饰珠玉,常见的有天茄、葫芦、金莲花化生、慈姑叶、蜂蝶花果、兔儿灵芝、牡丹石孔雀图和牌环饰等式样。更为复杂的则是掩耳式耳坠的坠饰,其造型同传统蒙古族头饰中的掩耳相似,故而得名,一般由一个核心部分缀饰若干条金银锁坠构成。

耳饰作为耳部装饰物，是一种极具代表性的蒙古族传统服饰杌，其具有浓郁的民俗气息与吉祥寓意。耳饰的用料与制作工艺更是记载了蒙古族贵金属加工工艺、宝石琢磨及镶嵌工艺的历史发展与演进。

图片来源

图一　刘兆和主编：《蒙古民族文物图典·蒙古民族服饰文化》，文物出版社，2008年，第44、47页

图二　刘兆和主编：《蒙古民族文物图典·蒙古民族服饰文化》，文物出版社，2008年，第45页

图三　刘兆和主编：《蒙古民族文物图典·蒙古民族服饰文化》，文物出版社，2008年，第44页

图四、图五　孙丹丹　制图

图六　刘兆和主编：《蒙古民族文物图典·蒙古民族服饰文化》，文物出版社，2008年，第186页

图二　蒙古族耳饰·银镶珊瑚耳坠

图三　蒙古族耳饰·银镶蓝玉耳环

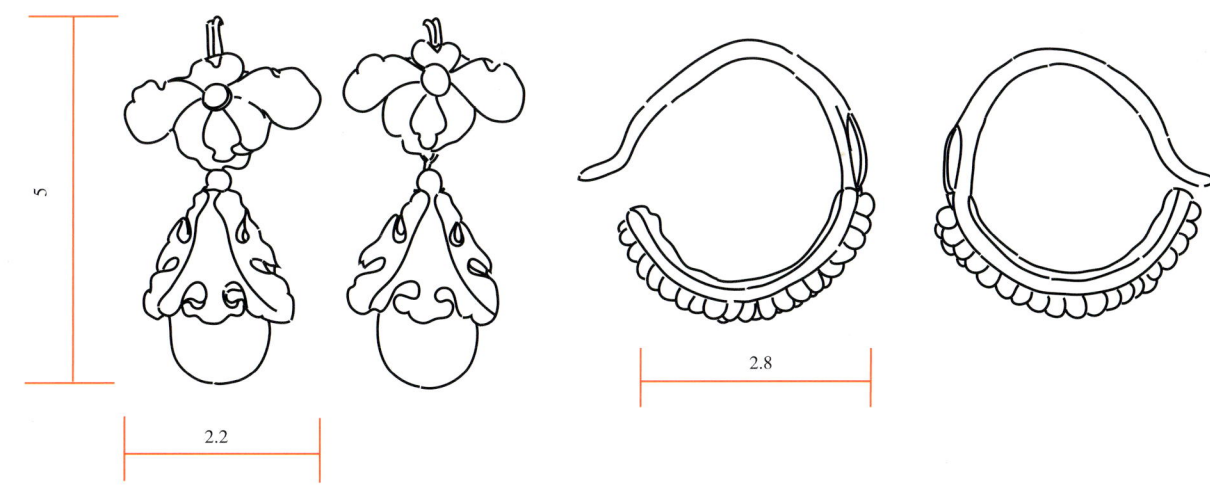

图四　蒙古族耳饰尺寸图（单位：cm）

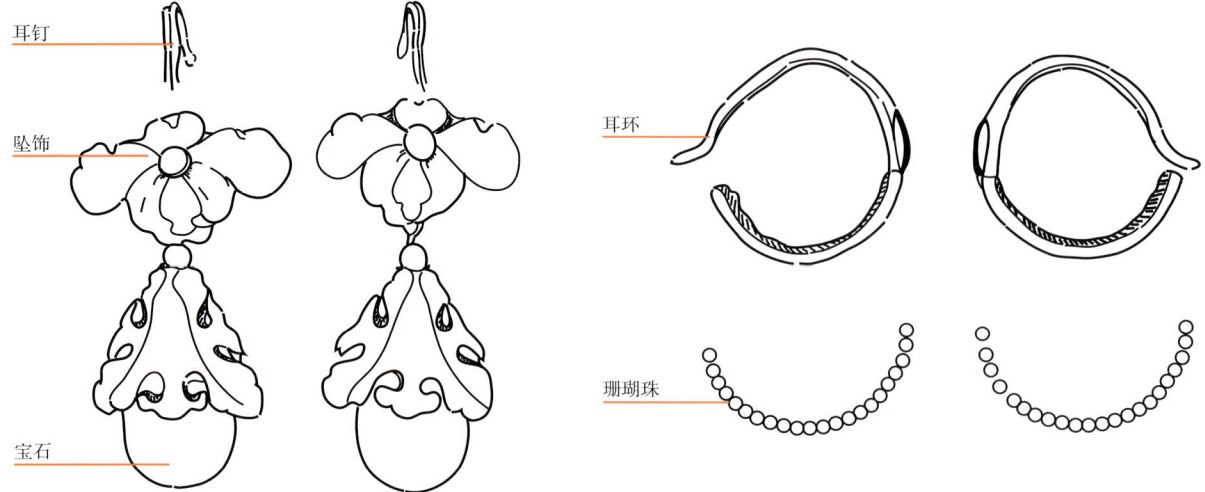

图五 蒙古族耳饰解构图

图六 蒙古族耳饰佩戴情境图

蒙古族发卡类头饰

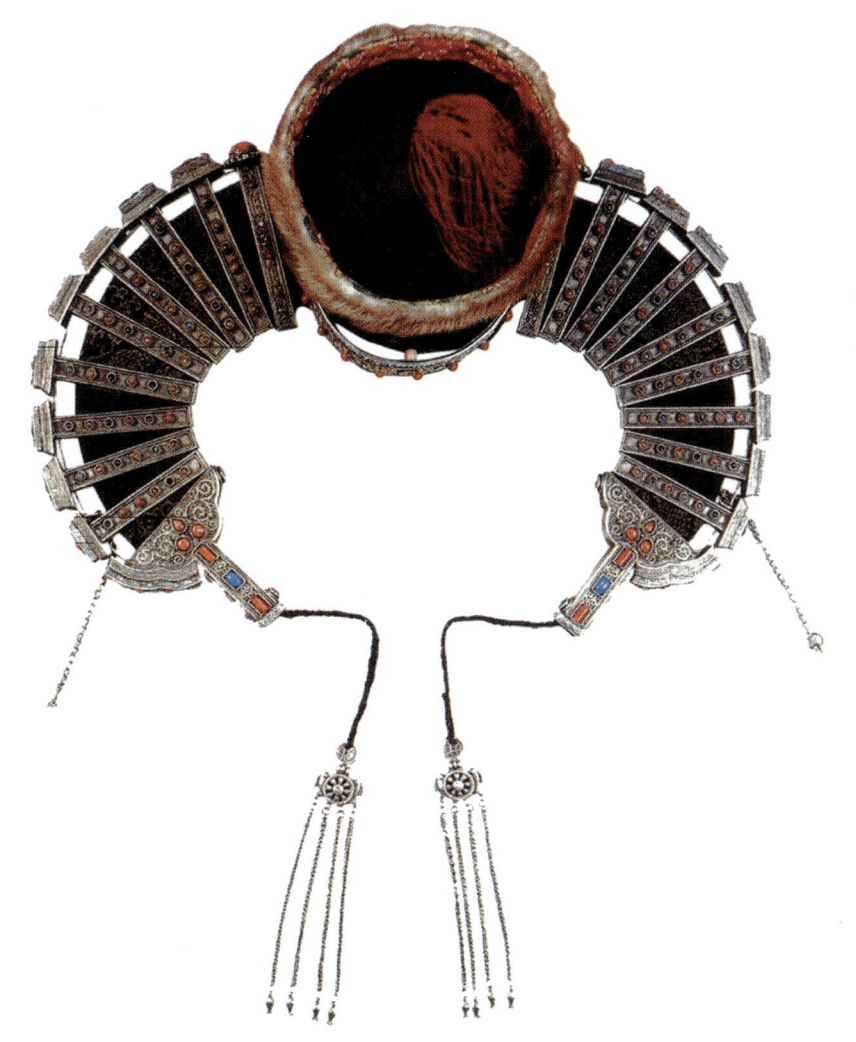

图一　蒙古族发卡类头饰主图·银镶宝石盘羊角形头饰

头饰在蒙古语中称为"斯波格""西布格"或"达拉勒嘎",是蒙古族妇女配合发式佩戴在头部的重要装饰物,是蒙古族传统首饰中的典型代表,以绚丽华美和精致复杂而著称。头饰早在旧石器时代晚期即有出现,混合着原始宗教崇拜、装饰审美和历史人文等诸多因素,北方先民将兽骨、贝壳和美丽的石头佩戴于头颈,其可视为蒙古族头饰的先声。蒙古族头饰由多个部分组合而成,常见的包括额箍、练椎、发卡、发簪、流苏、额网、垂穗、胸饰和颈饰等等。因地域不同,其结构形态、大小尺度和佩戴取舍等方面皆有差异,依据其基本结构样式,可将传统蒙古族头饰分为发卡类头饰、发簪类头饰、练椎类头饰和头戴类头饰四大类别。其中，发卡类头饰是把头发从头顶分成两股，分别用类似水胶的混合物将之塑造成向下弯曲的羊角状造型，再用若干发卡加以固定。据说，这种独特的头饰源于蒙古人对盘羊等有角动物的图腾崇拜。佩戴此种头饰的代表性部落有巴尔虎、喀尔喀、明安特和达里甘嘎等。

发卡类头饰是重要的礼服配饰，在蒙古族传统节日庆典、婚俗礼仪、祭祀神灵和祖先的正式场合，巴尔虎、喀尔喀、明安特及达里甘嘎等区域的已婚女子若是出席，便会佩戴上华美的发卡类头饰。作为迁徙而居的游牧民族，蒙古族人更愿意将财富凝固成随身的珠宝配饰，增进美观，彰显富贵，亦是一种民族自尊心的体现。元朝时期，民间手工艺臻于鼎盛，妇女头饰以多、大和重为美，其所用金银分量沉重、镶嵌宝石的种类繁多、工艺精湛、造型繁复。如今，民间流传下来的妇女头饰，大多是清代和民国的遗存，简约了许多。发卡类头饰所用的制作材料，大多华贵，主要是银、金、红珊瑚、绿松石，以及一些作为支撑和连接的配件，多为铜、铁、毛皮、绳索和布匹等材料制成。

巴尔虎的发卡类头饰最为纯粹，亦最具代表性，其主要结构包括额箍、发卡、坠饰、胸饰和颈饰等5个部分，头顶一般还需要配上立沿圆帽或尖帽。巴尔虎发卡类头饰的额箍一般为宽5至8厘米的银圈，前部錾刻传统纹饰，并通常镶嵌多颗红珊瑚珠，额箍两端有环扣，用以固定于佩戴者的额头。发卡部分是发卡类头饰的核心部件，多以银或铜打造，两边盘角发式上分别嵌卡18个条状发卡和末端2个嵌套，其上一般錾刻精美植物或几何纹样，并间隔镶嵌红珊瑚珠与绿松石珠。发卡和嵌套的外缘穿插细铁条，辅助固定，在发卡嵌套末端通常缀有银制坠饰，形状类莎力格，由一个装饰饼引出多枚链坠。胸饰和颈饰属于头饰的配件，通常为银制如意形或矩形，较为厚重，其上錾刻吉祥纹样，镶嵌珠玉宝石，底缘还缀有多条彩色带穗。胸饰和颈饰披挂在佩戴者的脖子和肩膀上，同上部发卡相互呼应。完整的巴尔虎发卡类头饰，其展开宽度达到50厘米，超过普通人的肩宽，发卡部分的高度达到40厘米，若算上坠饰，则可达60厘米以上，其整体重量大约为3000克至5000克，而古时巴尔虎贵族妇女的头饰因多用贵重金属，其总重可达十几公斤。巴尔虎地区的少女一般梳独辫，待到婚嫁，再分开辫子，梳成两股，方便佩戴这种发卡类发饰。喀尔喀、明安特及达里甘嘎等区域的发卡类头饰多是发卡同练椎或头戴的组合，也是别具特色。

蒙古族的发卡类头饰作为一种民族头饰，其不仅是单纯的装饰品，更是蒙古族历史文化、民俗传统、工艺美术及审美情趣的文化载体，它诠释了蒙古服饰文化的独特与精美，也是民族手工技艺的绝佳见证，在其民族造物文化系统中不可或缺，承载着蒙古族丰富的民族情感，亦彰显了其精湛的工艺技巧和独有的审美风尚，对于设计学、历史学等领域相关课题的研究和考察亦具有宝贵的研究价值和实证意义。

图片来源

图一 那仁夫、杨劲主编：《蒙古族文化图鉴·蒙古族服饰图鉴》，内蒙古人民出版社，2007年，第118页

图二 刘兆和主编：《蒙古民族文物图典·蒙古民族服饰文化》，文物出版社，2008年，第120页

图三 李淼 摄影

图四至图九 李淼 制图

图十 刘兆和主编：《蒙古民族文物图典·蒙古民族服饰文化》，文物出版社，2008年，第118页

图十一 那仁夫、杨劲主编：《蒙古族文化图鉴·蒙古族服饰图鉴》，内蒙古人民出版社，2007年，第252页

图二 蒙古族发卡类头饰·镶银珊瑚排方胸饰

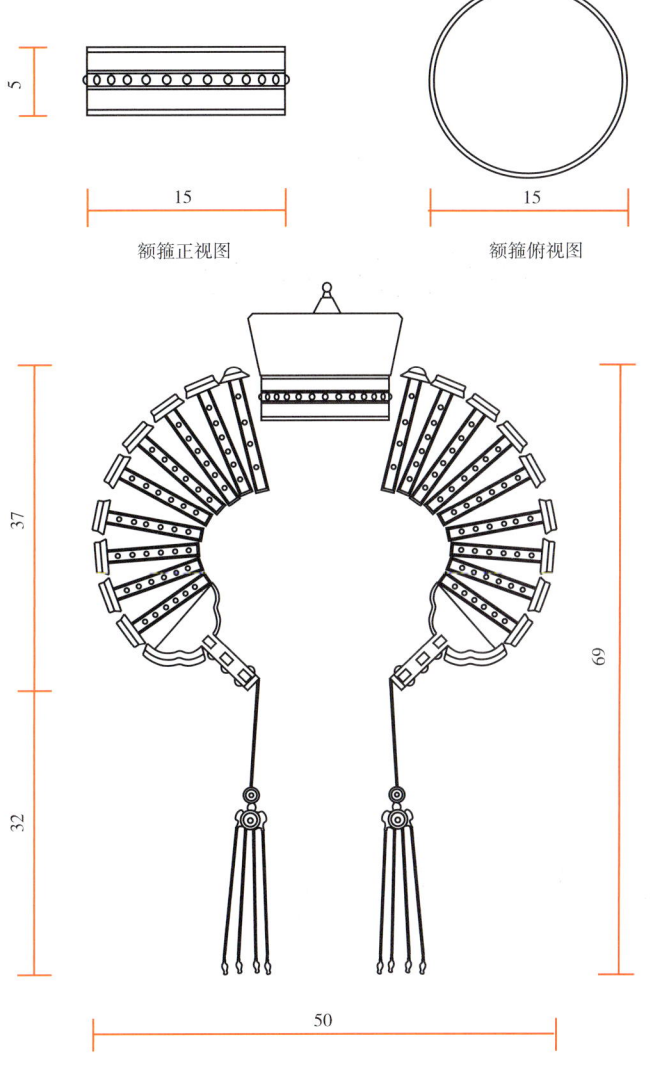

图四 蒙古族发卡类头饰·银镶宝石盘羊角形头饰尺寸图
（单位：cm）

图三 蒙古族发卡类头饰·喀尔喀妇女头饰

第二章 蒙古族传统服饰

46
25.9

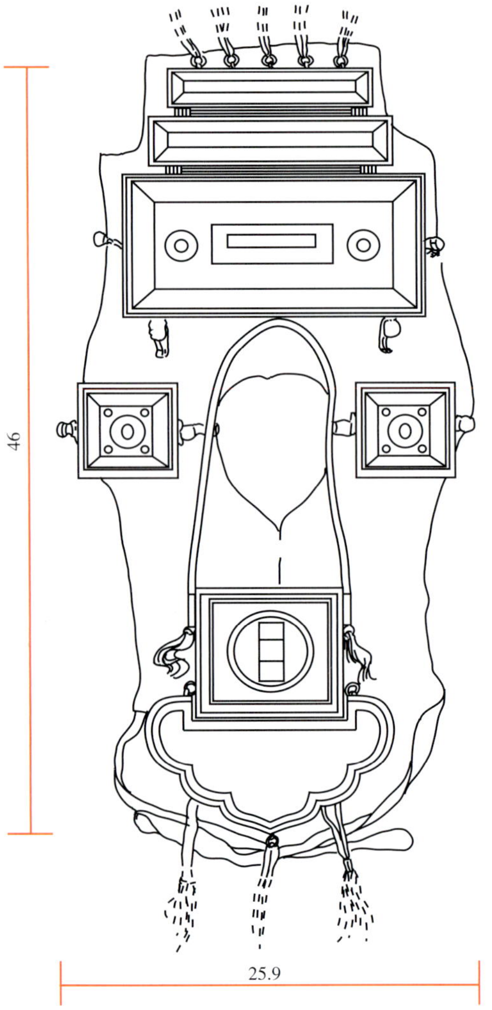

图五　蒙古族发卡类头饰·银镶珊瑚排方胸饰尺寸图（单位：cm）

额箍
发卡
绳
坠饰

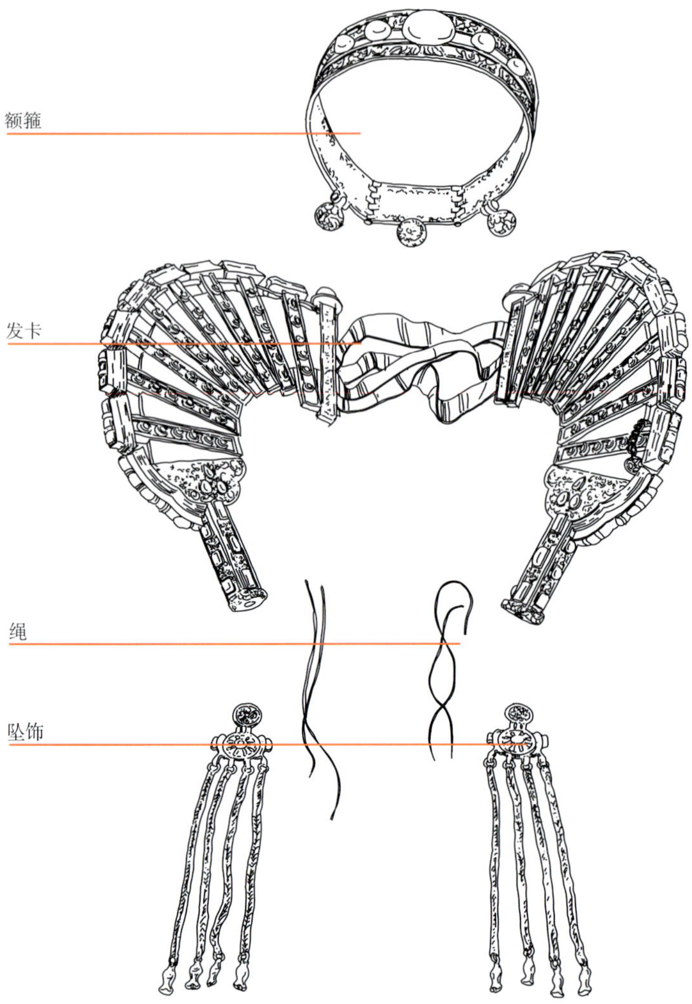

图六　蒙古族发卡类头饰解构图（单位：cm）

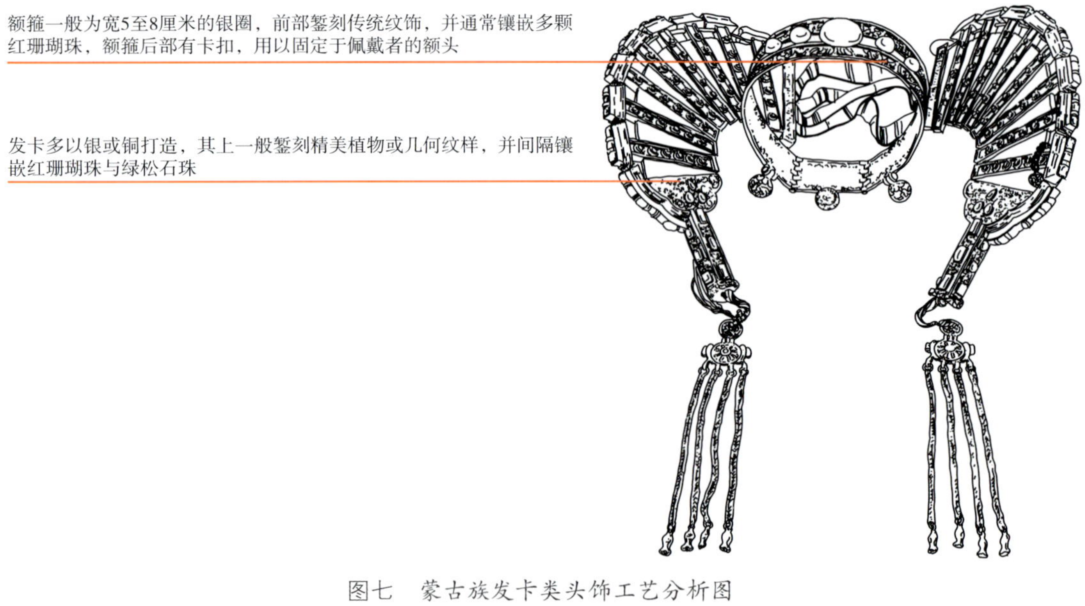

额箍一般为宽5至8厘米的银圈，前部錾刻传统纹饰，并通常镶嵌多颗红珊瑚珠，额箍后部有卡扣，用以固定于佩戴者的额头
发卡多以银或铜打造，其上一般錾刻精美植物或几何纹样，并间隔镶嵌红珊瑚珠与绿松石珠

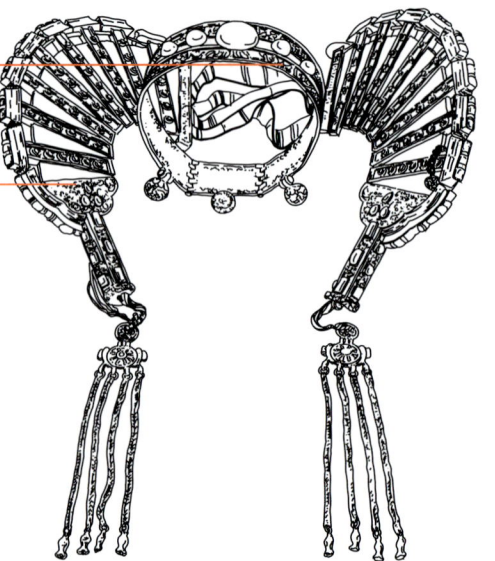

图七　蒙古族发卡类头饰工艺分析图

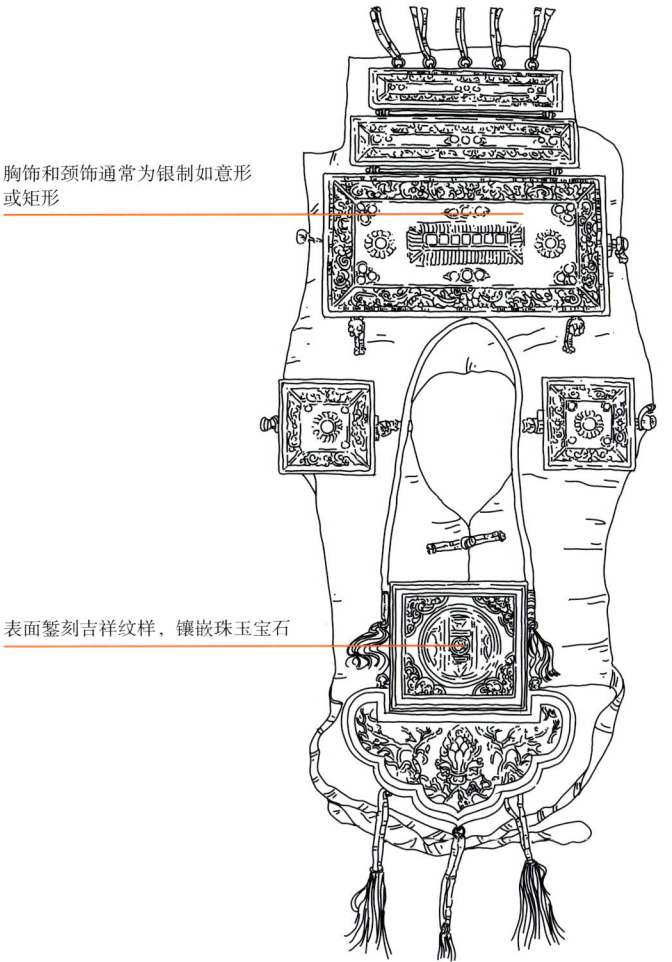

图八 蒙古族发卡类头饰工艺分析图

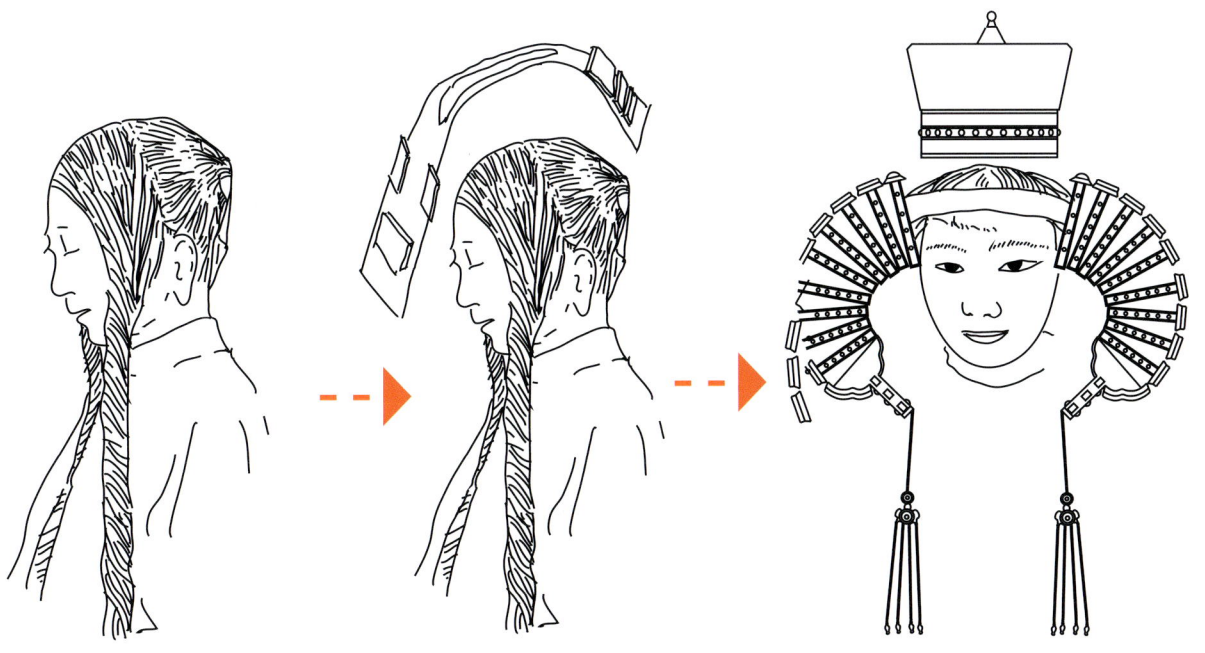

1. 首先，把头发编成两股　　2. 其次，穿戴胸饰和颈饰　　3. 最后，把两股编好的头发穿入发卡，并佩戴额箍和立檐帽

图九 蒙古族发卡类头饰穿戴示意图

图十　蒙古族发卡类头饰穿戴情境图　　　　　图十一　蒙古族发卡类头饰穿戴情境图

蒙古族发簪类头饰

图一 蒙古族发簪类头饰主图

在蒙古语中，头饰被称为"斯波格""西布格"或"达拉勒嘎"，是一种蒙古妇女佩戴在头部的华美装饰物。早在旧石器时代晚期，伴随着原始宗教崇拜、装饰审美和历史人文等因素，先民们将兽骨、贝壳和美丽的石头佩戴于头颈，成为后世头饰的先声。蒙古族的传统头饰因地域不同，结构、形态、尺度和佩戴方式等皆有差异，依据其基本结构样式，可将头饰分为发卡类头饰、发簪类头饰、练椎类头饰和头戴类头饰四类。其中，发簪类头饰是把头发编成两股后盘于脑后，再以发簪和发钗加以固定。这种头饰主要是受满族和汉族头饰特征的影响而形成，在蒙古族地区中相对温暖，农耕化程度较高的区域比较常见。代表部落有科尔沁、阿鲁科尔沁、巴林、喀喇沁、扎鲁特、扎赉特、翁牛特和敖汉等。

发簪类头饰同其他类型的头饰一样，属典型的礼服配饰，每逢出席传统节庆、婚俗和祭典等正式场合，科尔沁、阿鲁科尔沁和巴林等区域的已婚女子便会佩戴上发簪类头饰。游牧迁徙的蒙古族喜欢将财富凝固成随身的珠宝配饰，也是一种民族自尊心的体现。发簪类头饰所用的制作材料主要包括铜、银、金、玉石、红珊瑚、绿松石和珍珠等，另有一些作为支撑和连接的配件，以其他材料制成。

科尔沁的发簪类头饰颇具代表性，主要包括额箍、发筒、扁簪、竖簪、花簪、花钗和步摇等，此外还有配套的耳饰。科尔沁发簪类头饰的额箍通常为两道，宽度在3至10厘米，多以红珊瑚珠配玉牌或铜牌串联而成，一般铜牌额箍居上，玉牌额箍居下。额箍多在底部衬黑布带，并配绳索在脑后拴系固定。发筒有两个，铜制或银制，外侧多镶饰红珊瑚串珠。发筒是在最初编结两股发辫时，将发辫穿入发筒，然后再将之盘结插入竖簪。各种发簪是发簪类头饰的亮点，它们多以银或铜打造，也有更为华贵的金簪。发簪中有1至3枚扁簪，配合发辫的盘绕横向插入头发，其上錾刻精美植物和几何纹样，并常镶嵌红珊瑚珠或绿松石等；竖簪如楔形，一般有4枚，同扁簪相垂直插入编好头发的发筒，以固定发式，其装饰多集中在相对宽大的末端；花簪更为纤细精致，多插在盘发的两侧、顶部和后部，形制多样，有蝴蝶簪、蜻蜓簪、蝙蝠簪及各种团花簪等，4到6枚不等。花钗同发簪的区别主要为末端，花钗有两个尖端，形如叉子，其精致小巧，数量不定，主要用以配合发簪，增添装饰。步摇是在簪子的基础上演化而来，顶端同发簪无异，但末端有可活动的花枝，多是珠玉穿缀而成，佩戴者行走中花枝随之摇动，故而得名。在发簪类头饰中，步摇多插在发辫的两翼。

相较于发卡类头饰，发簪类头饰虽然结构复杂，但较为轻便，总重一般在2000克以内，这也是适应其所属区域气候相对温暖，农耕劳作较多的特点。阿鲁科尔沁、巴林、喀喇沁、扎鲁特、扎赉特、翁牛特和敖汉等区域的发簪类头饰，同科尔沁头饰在具体结构和佩戴方式上亦有所差异，各具特色。

作为一种民族头饰，发簪类头饰结构复杂、造型卓越、精致华美，但其较于其他头饰而言重量不大、小巧轻便，适应了半农半牧区域的生活生产方式和相对温暖的气候条件。发簪类头饰同其他类型头饰一起，记录了蒙古族富有智慧的设计创造力，凸显了其精湛的工艺技巧和独有的审美风尚，在其民族造物文化系统中颇具代表性。此外，其独特的形态造型、设色搭配、选材用料以及装饰风格等，对于现代首饰设计亦具有一定的参考价值和借鉴意义。

图片来源

图一　李淼　摄影

图二、图三　刘兆和主编：《蒙古民族文物图典·蒙古民族服饰文化》，文物出版社，2008年，第170页

图四、图五　刘兆和主编：《蒙古民族文物图典·蒙古民族服饰文化》，文物出版社，2008年，第171页

图六　刘兆和主编：《蒙古民族文物图典·蒙古民族服饰文化》，文物出版社，2008年，第172页

图七　刘兆和主编：《蒙古民族文物图典·蒙古民族服饰文化》，文物出版社，2008年，第174页

图八、图十四　刘兆和主编：《蒙古民族文物图典·蒙古民族服饰文化》，文物出版社，2008年，第176页

图九至图十三　张颖泉　制图

图十五　刘兆和主编：《蒙古民族文物图典·蒙古民族服饰文化》，文物出版社，2008年，第168页

图二　蒙古族发簪类头饰·额箍

图三 蒙古族发簪类头饰·扁簪

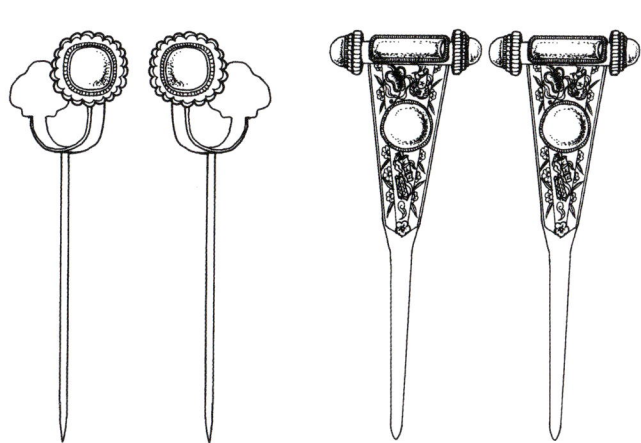

图五 蒙古族发簪类头饰·花簪

图四 蒙古族发簪类头饰·竖簪

图七 蒙古族发簪类头饰·步摇

图六 蒙古族发簪类头饰·花钗

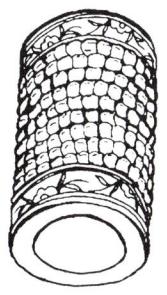

图八 蒙古族发簪类头饰·发筒

发筒是在最初编结两股发辫时，将发辫穿入发筒，然后再将之盘结插入竖簪

步摇是在簪子的基础上演化而来，顶端同发簪无异，但末端有可活动的花枝，多是珠玉穿缀而成，佩戴者行走中花枝随之摇动，故而得名。在发簪类头饰中，步摇多插在发辫的两翼

竖簪如楔形，一般有4枚，同扁簪相垂直插入编好头发的发筒，固定发式，其装饰多集中在相对宽大的末端

花簪更为纤细精致，多插在盘发的两侧、顶部和后部，形制多样，有蝴蝶簪、蜻蜓簪、蝙蝠簪及各种团花簪等，4到6枚不等

发簪中有1至3枚扁簪，配合发辫的盘绕横向插入头发，其上錾刻精美植物和几何纹样，并常镶嵌红珊瑚珠或绿松石等

额箍通常为两道，宽度在3至10厘米，多以红珊瑚珠配玉牌或铜牌串联而成，通常铜牌额箍居上，玉牌额箍居下。额箍通常在底部衬黑布带，并配绳索在脑后拴系固定。发筒有两个，铜制或银制，外侧多镶饰红珊瑚串珠

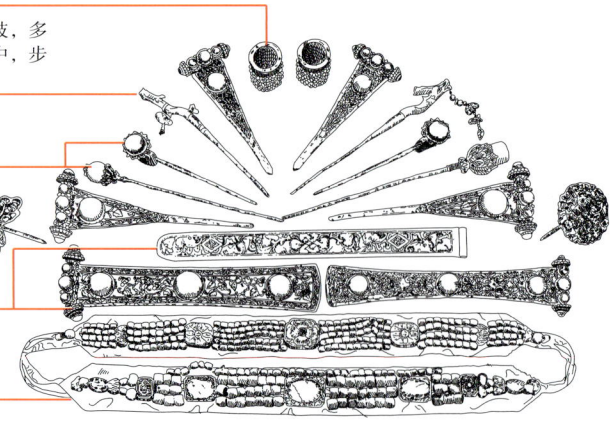

图九　蒙古族发簪类头饰工艺分析图

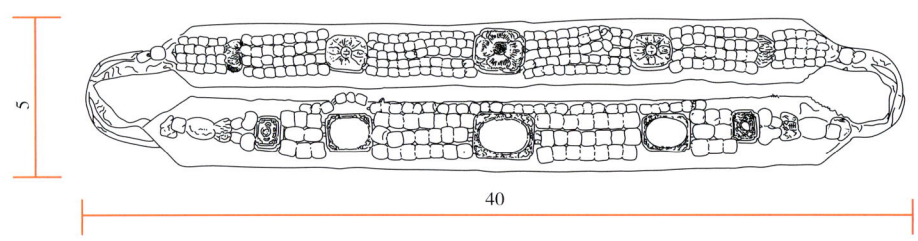

图十　蒙古族额箍尺寸图（单位：cm）

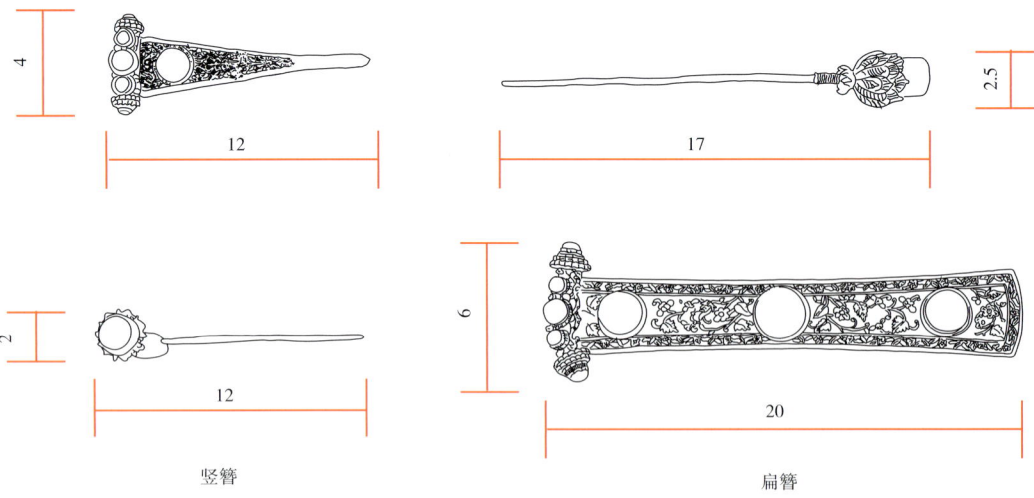

竖簪　　　　　　　　　　　　扁簪

图十一　蒙古族发簪类头饰·竖簪、扁簪尺寸图（单位：cm）

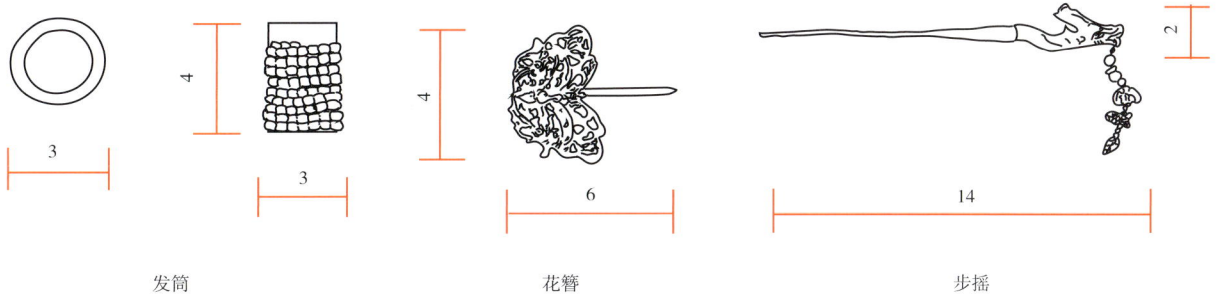

| 发筒 | 花簪 | 步摇 |

图十二　蒙古族发簪类头饰·发筒、花簪、步摇尺寸图（单位：cm）

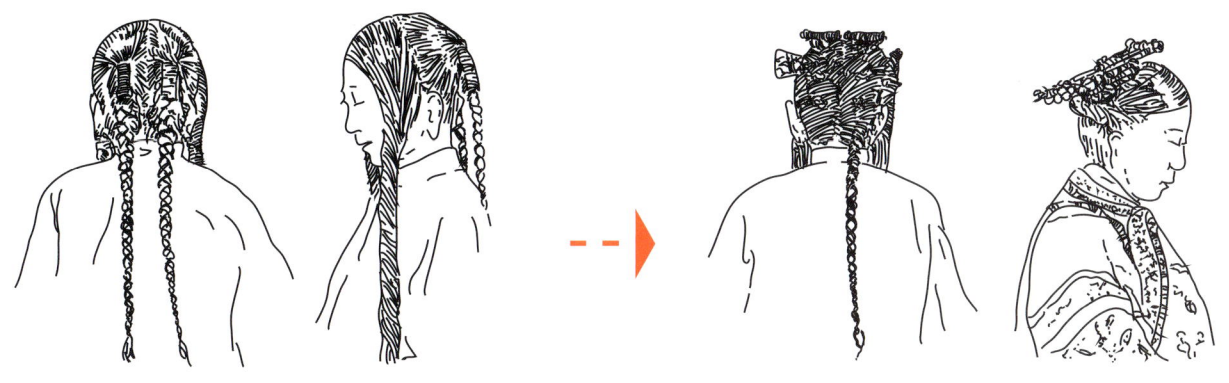

1. 首先，把头发编成两股后盘于脑后　　　　2. 其次，以发髻和发钗加以固定

图十三　蒙古族发簪类头饰佩戴示意图

图十四　蒙古族发簪类头饰佩戴情境图

图十五　蒙古族发簪类头饰佩戴情境图

蒙古族头戴类头饰

图一　蒙古族头戴类头饰主图

妇女的头饰在蒙古语中称为"斯波格"或"西布格",是一种佩戴于头颈的精美装饰品,极具民族特色。早在旧石器时代晚期,先民们将兽骨、贝壳和有色的石头串起来佩戴在头部或颈部,可视为最初的头饰。蒙古族的传统头饰包含发卡类头饰、发簪类头饰、练椎类头饰和头戴类头饰四种,其中,头戴类头饰是将一系列垂挂珠串并列起来，围绕头套和额箍串接形成的完整的头饰。佩戴头戴类头饰一般在脑后梳独辫，然后向下盘绕至后颈处以头绳或头巾固定。佩戴好的头戴类头饰从头顶披挂而下，仅留出面部。佩戴这种类型头饰的有杜尔伯特、察哈尔、鄂尔多斯、克什克腾、准格尔、乌拉特、阿巴嘎、茂明安、苏尼特和乌珠穆沁等区域的蒙古族民众。

头戴类头饰的主要功用是礼仪与装饰。同其他类型的头饰一样，头戴类头饰是相应区域蒙古族妇女出席传统节庆和祭典等正式场合所佩戴的正装配饰之一，其形制与佩戴方式因地域和部落不同而有所差异。头戴类头饰的制作材料主要是金、银、铜、红珊瑚、绿松石、玛瑙、珍珠和翡翠等，其由各种珠玉按照既定形制串缀而成，整体华贵精美，熠熠生辉。

杜尔伯特和察哈尔的头戴类头饰比较接近，颇为典型，结构上包括额箍、额网、顶饰、腮饰、掩耳和颈饰等部分。杜尔伯特的头戴类头饰往往需要先佩戴绸布头套，再披戴头饰。额箍是整体头饰中的核心部件，多以银制牌饰或珊瑚珠穿制，环成圈套，戴在额头位置。额箍正前方通常缀有额网，以红珊瑚珠或绿松石珠穿制，垂至佩戴者的眉弓。头饰上部有顶饰，一般以银牌或珠串构成，连接额箍上缘。腮饰有左右两串，以珠宝玉石串珠为主，上连额箍，下垂于两颊。掩耳也称耳坠，位于额箍的两侧，从耳郭处垂下，故而得名。颈饰在额箍的后部，为一块由银牌或珠串连缀而成的装饰物，佩戴好后位于人的后颈，盖住下面盘绕的发辫。

头戴类头饰的结构基本以额箍为中心，呈放射状，其他部分多为珠串或银牌，其上錾刻各式自然类装饰纹样，或镶嵌珠玉宝石。头戴类头饰制作复杂，用料考究，同时佩戴较为简便，只需扎好发辫，配合好发套，直接披挂端正即可。鄂尔多斯、克什克腾、准格尔和乌拉特等区域的头饰在具体结构和佩戴方式上，同杜尔伯特及察哈尔的头饰有所差异，通常融合了练椎、发卡等结构。

蒙古族的头戴类头饰，是杜尔伯特、察哈尔和鄂尔多斯等内蒙古众多区域的典型头饰类型。头戴类头饰结构完整，造型与装饰精致华美，佩戴简便，具有浓郁的游牧民族特色与草原文化气息。头戴类头饰同其他类型头饰一起，充分展现了蒙古族精湛的工艺技巧与特有的审美情趣，彰显了蒙古族务实、尚美并重的造物智慧与设计巧思。此外，头戴类头饰中各式珠玉宝石的串联与搭配，雍容华贵、璀璨夺目，在现代珠宝首饰设计中颇具参考价值。

图片来源

图一　那仁夫、杨劲主编：《蒙古族文化图鉴·蒙古族服饰图鉴》，内蒙古人民出版社，2007年，第170页

图二至图四　张颖泉　制图

图五　那仁夫、杨劲主编：《蒙古族文化图鉴·蒙古族服饰图鉴》，内蒙古人民出版社，2007年，第164页

图六、图七　那仁夫、杨劲主编：《蒙古族文化图鉴·蒙古族服饰图鉴》，内蒙古人民出版社，2007年，第103页

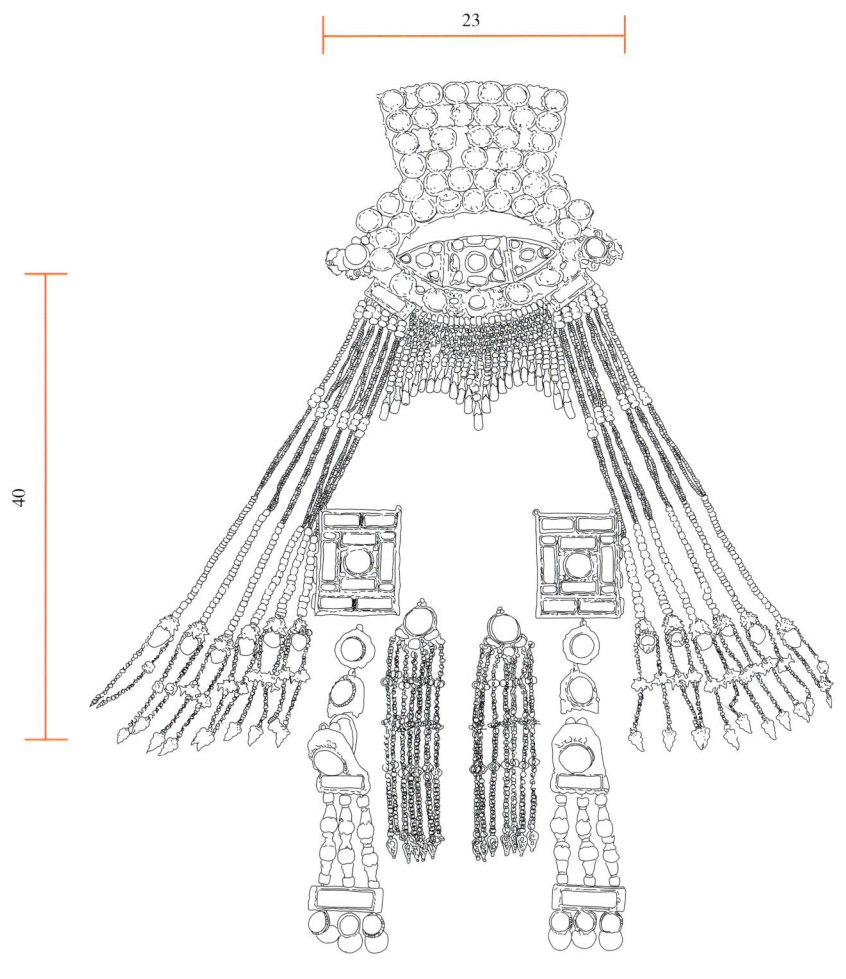

图二 蒙古族头戴类头饰尺寸图（单位：cm）

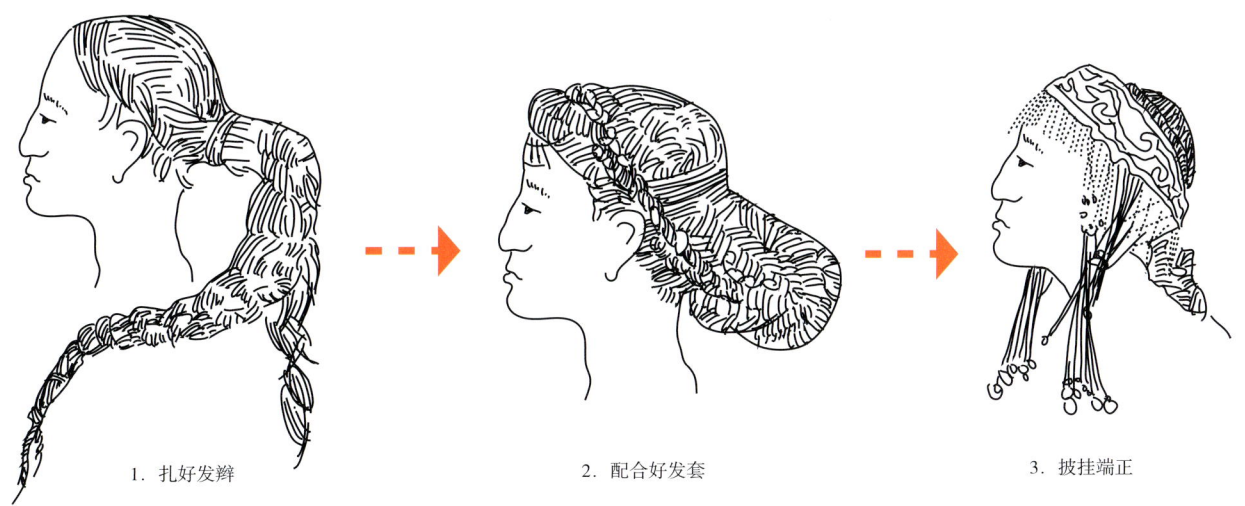

1. 扎好发辫　　2. 配合好发套　　3. 披挂端正

图三 蒙古族头戴类头饰穿戴示意图

第二章 蒙古族传统服饰

129

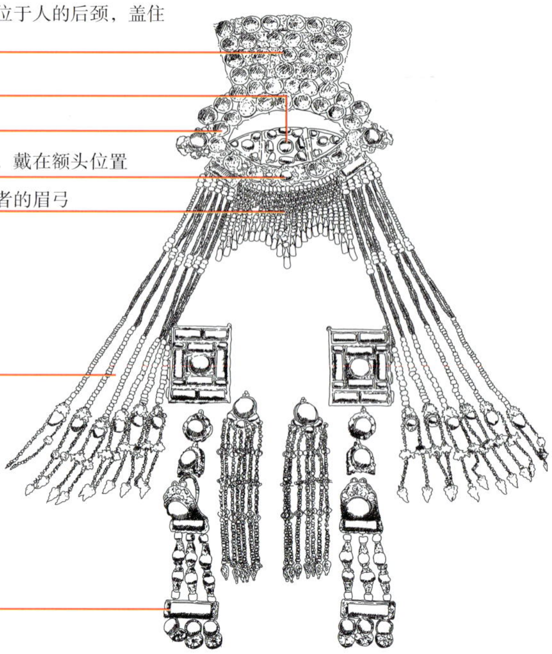

颈饰在额箍的后部，为一块由银牌或珠串连缀而成的装饰物，佩戴好后位于人的后颈，盖住下面缠绕的发辫

头饰上部有顶饰，一般以银牌或珠串构成，连接额箍上缘

腮饰有左右两串，以珠宝玉石串珠为主，上连额箍下缘，下垂于两颊

额箍是整体头饰中的核心部件，多以银制牌饰或珊瑚珠穿制，环成圈套，戴在额头位置

额箍正前方通常缀有额网，以红珊瑚珠或绿松石珠串成珠帘，垂至佩戴者的眉弓

掩耳位于额箍的两侧，从耳郭处垂下，故而得名

耳坠

图四　蒙古族头戴类头饰工艺分析图

图五　察哈尔地区蒙古族头戴类头饰穿戴情境图

图六　鄂尔多斯地区蒙古族头戴类头饰穿戴情境图

图七　准格尔地区蒙古族头戴类头饰穿戴情境图

蒙古族练椎类头饰

图一　蒙古族练椎类头饰主图

　　头饰的蒙古语称呼有多种，常见的为"斯波格"和"西布格"。所谓头饰是一种蒙古妇女佩戴于头颈的精美装饰品。头饰的起源甚早，在旧石器时代晚期即有以兽骨、贝壳等制作的雏形出现。蒙古族的传统头饰包含发卡类头饰、发簪类头饰、练椎类头饰和头戴类头饰四类，其中，练椎类头饰是将头发从头顶向下编成两股，分别装入练椎

(发套)中,并缀以各类精美饰品构成,其通长(含帽子在内)超过60厘米。使用这种头饰的蒙古族包括布里亚特、土尔息特、额鲁特、乌梁海、巴雅特、扎哈沁、阿拉善、青海蒙古族和肃北蒙古族等。

练椎类头饰的最大特点即是有两个收纳发辫的发套——练椎,这是因为佩戴这种头饰的蒙古族部族通常生活于风沙较为频繁的干旱区域,使用练椎能够有效地保护妇女头发不被风沙侵染,所以除去礼仪与装饰的功用,相对简洁的练椎类头饰还具有一定的实用价值。同其他类型的头饰一样,练椎类头饰也是蒙古族妇女出席传统节庆、婚俗和祭典等正式场合的正装配饰。练椎类头饰所用的制作材料主要有银、金、铜、红珊瑚、绿松石和其他玉石珠宝,还有一些用以连接和支撑的配件,多以绒布、丝绸、毛皮和布匹绳索等材料制成。

布里亚特的练椎类头饰颇具代表性,其主要包括尖顶立檐帽、额箍、练椎、掩耳、香盒和坠饰等部分。有时候,布里亚特的练椎类头饰会使用假发穿套练椎,而妇女的头发则盘结起来藏入帽中,使得练椎变成了纯粹的装饰物。头饰中的尖顶立檐帽、额箍与练椎通常连为一体,其中额箍多是在绒布底上点缀两至三排红珊瑚珠串儿为饰,上同立檐帽相接,左右两侧通过银制或铜制的横向构件配合假发同两条练椎相连。所谓练椎即是发套,呈长条口袋状,宽度约10厘米,长度一般在40至70厘米。练椎多以黑色、蓝色、紫色和绿色的绸缎或绒布缝制,两端和中部缀饰银饰或刺绣传统纹样,末端部分还会拴系坠饰,并以绳索连接,使得左右练椎连成一体。掩耳也被称为"耳坠",多为银制,分为两股,底端相连,以多种传统几何图案为形制串联而成。所谓掩耳并不是固定在耳垂上的耳饰,而是引自额箍两侧,从佩戴者双耳披下,故而得名。香盒实为一种项链,长度比掩耳短,其底端是圆形的银制容器。

相较于其他类头饰,练椎类头饰的结构相对简约,因许多结构都是相互串联,其佩戴起来较为简便,这也是适应其所属区域自然气候风貌的结果。土尔息特、额鲁特、乌梁海、巴雅特、扎哈沁和阿拉善等区域的练椎类头饰同布里亚特头饰在具体结构和佩戴方式上亦有所差异,多是同头戴类头饰及发卡类头饰有不同程度的融合。

蒙古族的练椎类头饰是布里亚特和阿拉善等众多区域的代表性传统头饰类型,同其他头饰一起凸显了其民族精湛的工艺技巧与特有的审美情趣,彰显了蒙古族务实与尚美并重的造物智慧与设计巧思。

图片来源
图一 那仁夫、杨劲主编:《蒙古族文化图鉴·蒙古族服饰图鉴》,内蒙古人民出版社,2007年,第112页
图二至图四 张颖泉 制图
图五 那仁夫、杨劲主编:《蒙古族文化图鉴·蒙古族服饰图鉴》,内蒙古人民出版社,2007年,第385页
图六 刘兆和主编:《蒙古民族文物图典·蒙古民族服饰文化》,文物出版社,2008年,第142页
图七 刘兆和主编:《蒙古民族文物图典·蒙古民族服饰文化》,文物出版社,2008年,第12页

额箍多为绒布底圈上点缀两至三排红珊瑚珠串儿为饰，上同尖顶立檐帽下缘相接，下缘左右两侧通过银制或铜制的横木构件配合假发同两条练椎相连

掩耳也被称为"耳坠"，多为银制，分为两股，底端相连，以多种传统几何图案为形制串联而成。所谓掩耳并不是固定在耳垂上的耳饰，而是引自额箍两侧，从双耳部分披下，故而得名

香盒实为一种项链，长度比掩耳短，其底端是圆形的银制容器

练椎即发套，呈长条口袋状，多以黑色、蓝色、紫色或绿色绸缎或绒布缝制，两端和中部缀饰银饰或刺绣传统纹样，末端部分还会拴系坠饰，并以绳索连接，使得左右练椎连成一体

图二　蒙古族练椎类头饰工艺分析图

图三　蒙古族练椎类头饰尺寸图（单位：cm）

 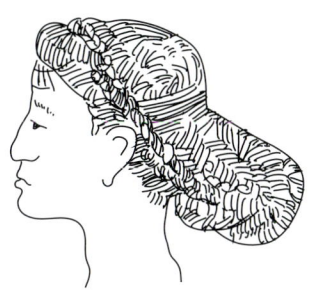 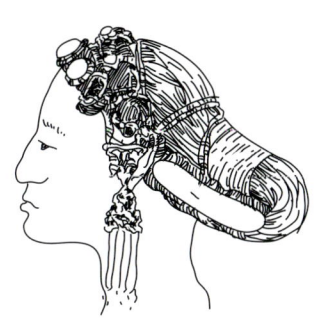 

1. 将头发从头顶向下编成两股　　2. 将两股头发分别装入练椎（发套）中　　3. 再分别缀以各类精美饰品构成　　4. 这样，就完成练椎类头饰的佩戴了

图四　蒙古族练椎类头饰穿戴示意图

图五　蒙古族练椎类头饰穿戴情境图

图六　蒙古族练椎类头饰穿戴情境图

图七　蒙古族练椎类头饰穿戴情境图

蒙古族风雪帽

图一 蒙古族风雪帽主图

风雪帽在蒙古语中被称为"胡鲁布其",源自元朝时期的栖鹰冠。据民间传说记载,海东青(一种大型隼类猛禽)是成吉思汗所在乞颜部的图腾,栖鹰冠即是以这种猛禽栖停的样子设计制作。元朝时期,栖鹰冠是蒙古族贵族男子的一种礼帽,用以标榜身份和地位。在赤峰市元宝山的元墓壁画上,正中男主人形象便佩戴着栖鹰冠。及至明清,该帽款逐渐传播开来,式样和制作材料亦稍有变化,成为蒙古族普通民众冬季取暖、抵御风寒的传统帽式,易名为"风雪帽"。

风雪帽主要功能就是挡风御寒,蒙古族人为了应对大草原上秋冬季节的恶劣气候,创造性地将原初单布制作的栖鹰冠改进成布面毛里的风雪帽。风雪帽一般使用绸缎、毛毡或普通布料作为帽子面儿,其色彩多为鲜艳的红、绿和蓝,其上会有刺绣或印染的吉祥图案作为装饰,帽子的顶部形制有圆有尖,顶端一般会留一扣结。察哈尔部及乌珠穆沁部地区的风雪帽,通常会在顶端扣结处坠以红缨。帽子里面,需要衬上翻毛的貂皮、獭皮或稍次的羊皮等,增强帽子的保暖功效。风雪帽的样式在蒙古诸部中各有不同,基本形态延续了栖鹰冠的特征,即前部有翻檐,左右帽耳从前部翻檐向两边延伸下去,如同鹰的双翅一般,末端一般配有系绳,可以将两耳系起,用以御寒保暖。风雪帽的后檐等同或稍短于双耳的长度,可以有效护住佩戴者的后颈,形态上则模仿宽大的鹰尾。

风雪帽直至20世纪中叶,还在蒙古族

牧区大量使用，但随着蒙古族游牧生活方式的变化和社会结构的变迁，现在的蒙古族人已经较少使用这种帽子了。但是，风雪帽对于研究蒙元文化传承以及服饰等级嬗变等议题，仍颇有实证价值。

图片来源

图一、图五　倪荣新参考刘兆和主编：《蒙古民族文物图典·蒙古民族服饰文化》，文物出版社，2008年，第199页

图二、图三　倪荣新　制图

图六、图七　微图网

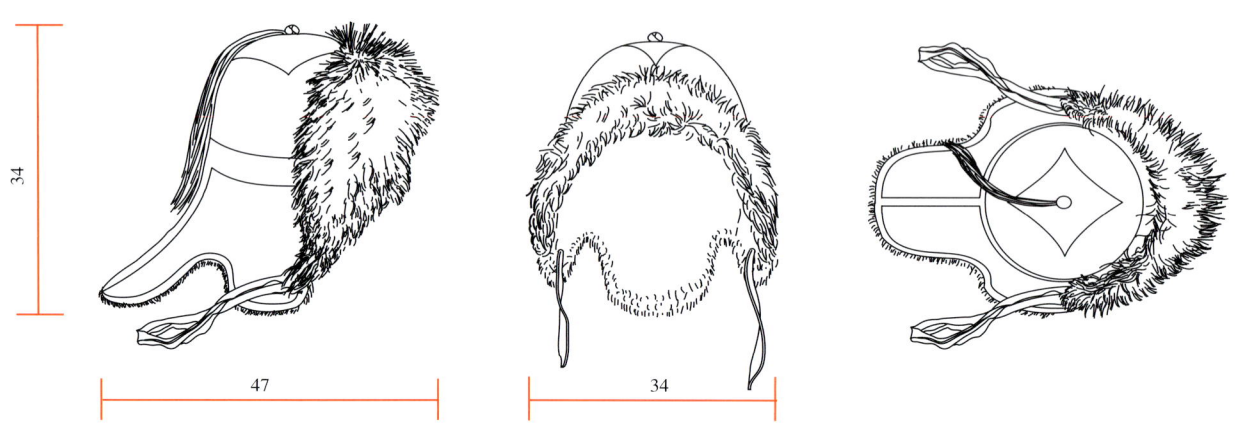

图二　蒙古族风雪帽尺寸图（单位：cm）

图三　蒙古族风雪帽解构图

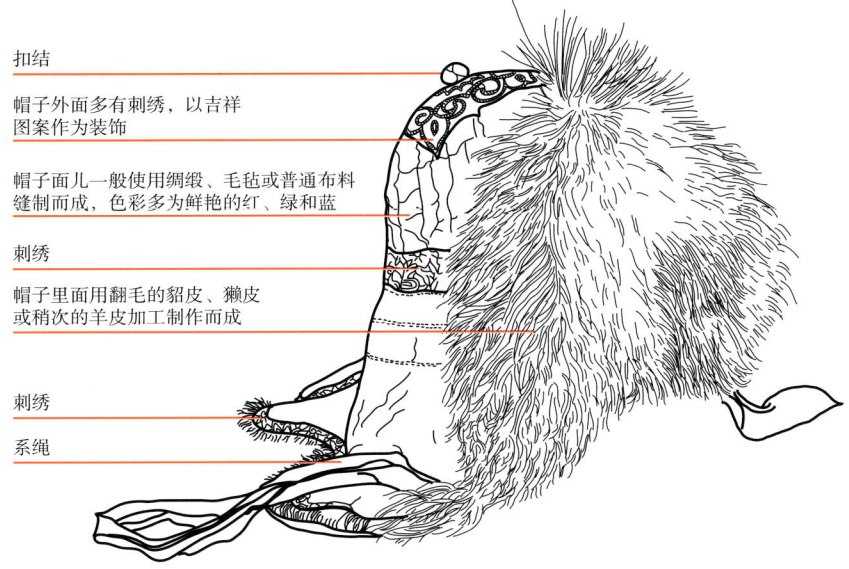

扣结

帽子外面多有刺绣，以吉祥图案作为装饰

帽子面儿一般使用绸缎、毛毡或普通布料缝制而成，色彩多为鲜艳的红、绿和蓝

刺绣

帽子里面用翻毛的貂皮、獭皮或稍次的羊皮加工制作而成

刺绣

系绳

图四　蒙古族风雪帽工艺分析图

图五　蒙古族风雪帽穿戴情境图

图六　蒙古族风雪帽穿戴情境图

蒙古族革带

图一　蒙古族革带主图·镶玉革带

革带亦称"鞶带""围腰",俗称"皮腰带",是一种以皮革为主要质地的腰带。蒙古族的革带通常较宽,一般在5至20厘米,展开长度一般不超过一米,其上多有其他材料的镶嵌或缀饰。蒙古族革带源起于匈奴、鲜卑时期的"胡带",属牌饰类革带,是早期北方游牧民族造物智慧的结晶。蒙古族在承袭先民革带的基础上,结合自身民族特性与生产生活的需要,将革带改进和拓展,衍生出牌饰类革带、带扣类革带和带钩类革带等若干类型。发展至近代,蒙古族革带逐步减少,大多被更加简便的布腰带所替代。

革带的基本功用首先同布腰带一样,都是用以束缚腰腹,可以在骑乘时保护内脏不被马匹颠簸所伤;其次,宽大的革带上往往镶饰银或铜铁牌饰,在战争中亦有一定的护甲功能;再次,革带上可以悬挂托海,连缀蒙古刀、火镰、烟荷包或褡裢等,具有重要的便携功能。此外,蒙古族革带还有不可忽视的礼仪与装饰价值:元朝时期,革带的形制和装饰是区分官员品级和地位的重要标志之一;包括革带在内的腰带是蒙古族人格和尊严的象征,蒙古人系上腰带就表示自己的尊严不受侵犯,未婚女子系腰带亦体现出男女平等的一面。蒙古族妇女婚后的一段时间内不扎腰带,这是表示对自己丈夫的忠诚和顺从。另外,制作精美的革带在蒙古族地区还是高贵的礼品,在寿礼中多为晚辈敬献长辈的贵礼。

蒙古族革带中的牌饰类革带,其形制沿袭自匈奴,一般革带前部为两块矩形牌饰,以金银或铜打造,其上多刻饰猛兽类纹样,颇具游牧民族特色。牌饰类革带前部的牌饰也是扣合结构,通常将可活动的钩扣分别装在两枚牌饰的后部,便于穿戴。牌饰类革带的主体是一条宽皮革条带,其长度因佩戴者情况而定,其上多有装饰,有在皮革上剪皮贴花作饰的,也有在其上钉扣小型金属牌饰或镶嵌珊瑚、绿松石,更显威武、华贵。

带扣类革带是蒙古族革带中较为常见的类型。带扣是腰带的钩挂构件,分两块固定于革带两端,功能即是将腰带的两端扣合,其是北方早期游牧民族特有的一种束带用具,与农耕民族喜用的带钩截然不同。蒙古族的带扣,多为方形、圆形、椭圆形或环状,材质亦金银铜铁等金属为主,其上多镶嵌玉石、珊瑚或绿松石等。素面的带扣并不多,其上大多装饰有精美华丽的自然类图案或粗犷豪放的几何类图案。

带钩类革带是吸收农耕文化的产物,蒙古族的带钩融入了大量北方草原文化因子,如带钩形状被设计成猛兽形象,革带上的装饰亦多蒙古族纹样等。带钩同带扣一样是革带的钩挂部件,分为钩和扣两个部分,多为金属铸件,分别连接革带两端。比较简易的带钩类革带只有钩,没有扣,佩戴时直接将钩扣入另一端事先穿好的孔眼中即可。革带上可钻多个孔眼,方便调节松紧,这便是今日皮带的前身。

蒙古族的革带是典型的北方游牧民族服饰配饰,其基本形制沿袭自更为古老的北方民族,并在其基础进一步演化与改进,具有保护腰身、便携杂物以及礼仪象征等多种功能,在蒙古族传统的服饰文化与民族造物体系中,颇具特色、价值非凡。蒙古族革带的扣合设计、选材用料以及装饰工艺等,对于今日服饰设计中的相关领域依然具有宝贵的启迪价值。

图片来源
图一至图三　李淼　摄影
图四至图六　李淼　制图
图七　周安涛　摄影

图二　蒙古族革带

图三 蒙古族革带·革带带扣

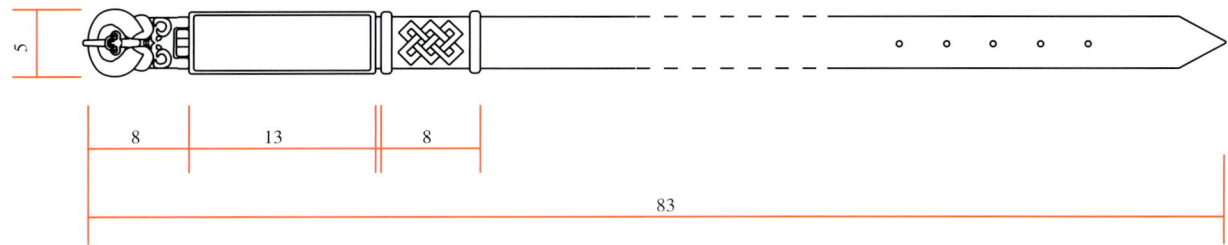

图四 蒙古族革带尺寸图（单位：cm）

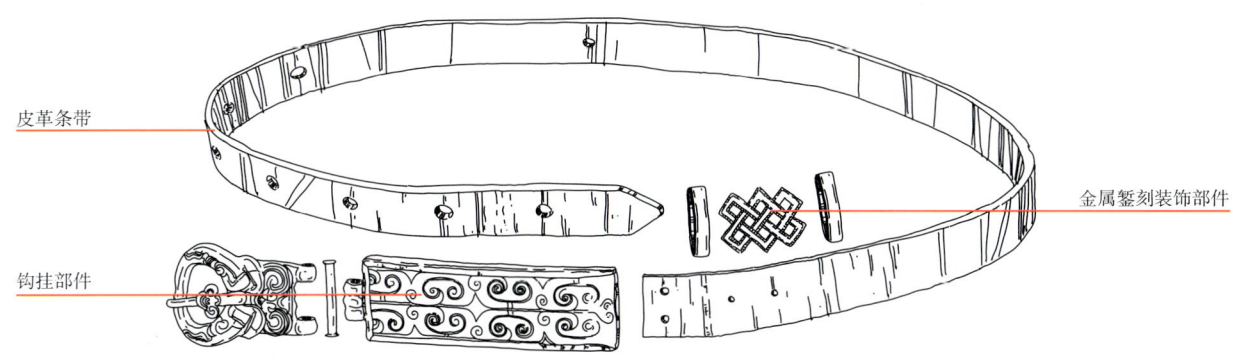

图五 蒙古族革带解构图

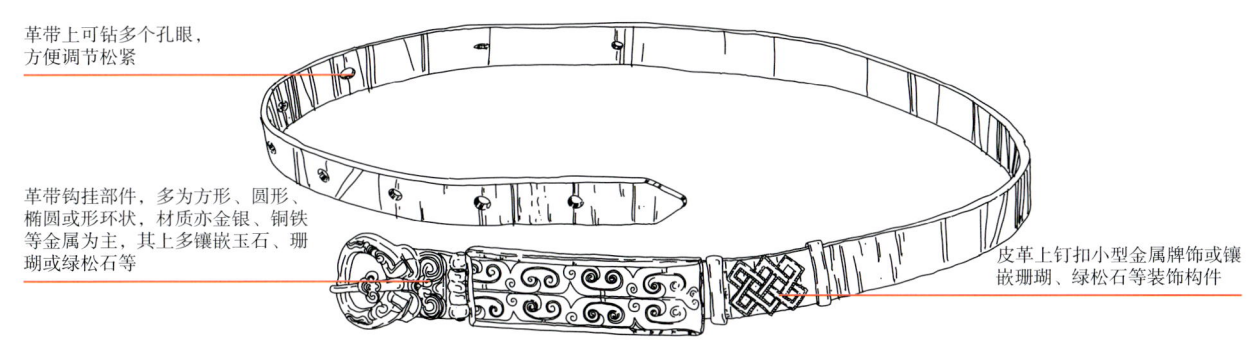

图六 蒙古族革带工艺分析图

图七　蒙古族革带穿戴情境图

蒙古族顾姑冠

图一 蒙古族顾姑冠主图·《元英宗后肖像》之顾姑冠

顾姑冠之"顾姑"亦称为"顾谷""姑姑""固姑""故故""罟罟""罟罛"和"古库勒"等，蒙古语称"包阁塔格"，此冠在《元史·舆服志》《黑鞑靼略》《天禄识余》和《蒙鞑备录》等史籍中都有记述。在今敦煌莫高窟、瓜州榆林窟等元代壁画以及南熏殿《历代帝后像》图中均有对该冠的描绘。顾姑冠不包括顶端插饰的翎羽，一般通体高度在30至40厘米。《长春真人西游记》："妇人冠以桦皮，高二尺许，往往以皂褐笼之。富者以红绡，其末如鹅鸭，故名'故故'，大忌人触，出入庐帐须低回。"可见，顾姑冠因形状如鹅颈，取其鸣叫之声而得名。顾姑冠出现于蒙古汗国后期，是由当时蒙古族已婚妇女的发髻演化而来，成为当时上层贵族妇女所佩戴的一种礼冠。

顾姑冠是元朝贵族妇女身份的象征。明叶子奇《草木子·杂制》："元朝后妃及大臣正室，皆带'姑姑'、衣大袍，其次即带皮帽。'姑姑'高圆二尺许，用红色罗盖。"因戴冠者身份等级的差异，顾姑冠在装饰纹样和材料的使用上亦有所区别。此外，冠的高度也会因身份等级不同而有所变化。制作顾姑冠的材料主要是桦树皮、绸缎、绢、帛和漂亮的羽毛，布制的伏贴头围上，多以桦树皮作筒（竹筒或实木）形成骨架，外面包裹丝绸绢帛等，整体呈中间窄细，两端略微宽大的形态。其表面施以销金图案，镶嵌珍珠、宝石等作为装饰。顾姑冠底端头围两侧一般各有遮耳垂珠，并在顶部插饰孔雀尾或野鸡毛，称为"朵朵翎"。

顾姑冠高度越高、装饰越华美，则象征佩戴者的身份地位越发不凡。经历明清时期蒙古族社会变动的洗礼，及至今日，顾姑冠已经失去了其赖以存在的等级社会基础，成为一种纯粹的蒙古族民族文化符号，在今日蒙古族的婚嫁和大型节庆活动中亦能窥得其身影。从历史长卷中一路行来的顾姑冠，成为当今蒙古族文化研究不可多得的活化石。

图片来源

图一　天津人民美术出版社编：《中国织绣服饰全集》，天津人民美术出版社，2004年

图二　廖晨晨　制图

图三　刘兆和主编：《蒙古民族文物图典·蒙古民族服饰文化》，文物出版社，2008年
　　　周安涛　摄影

图四至图六　李淼　制图

图七　邰新河　摄影

图八　周安涛　摄影

图二　蒙古族顾姑冠

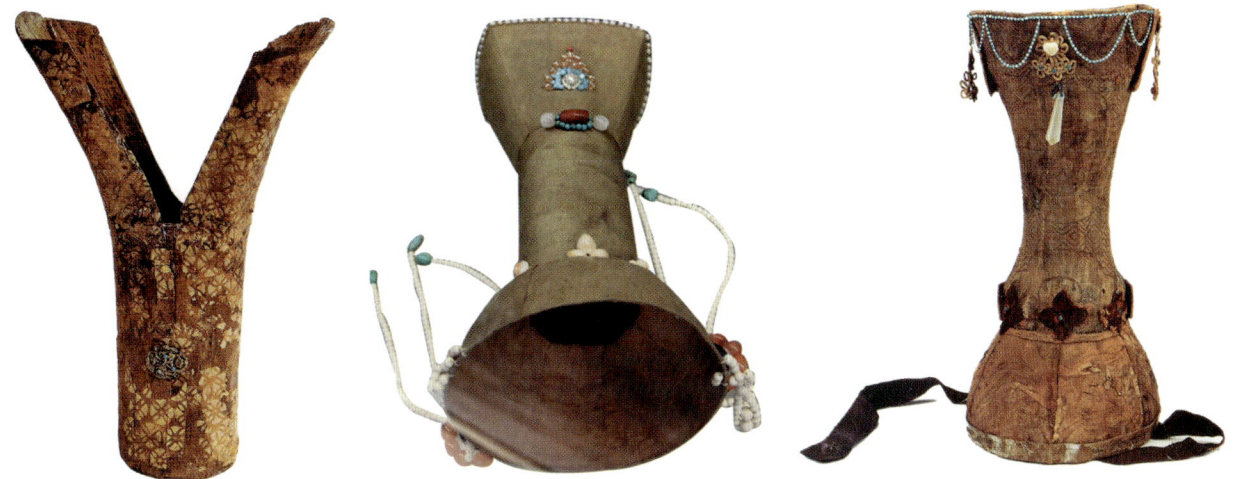

图三 蒙古族顾姑冠

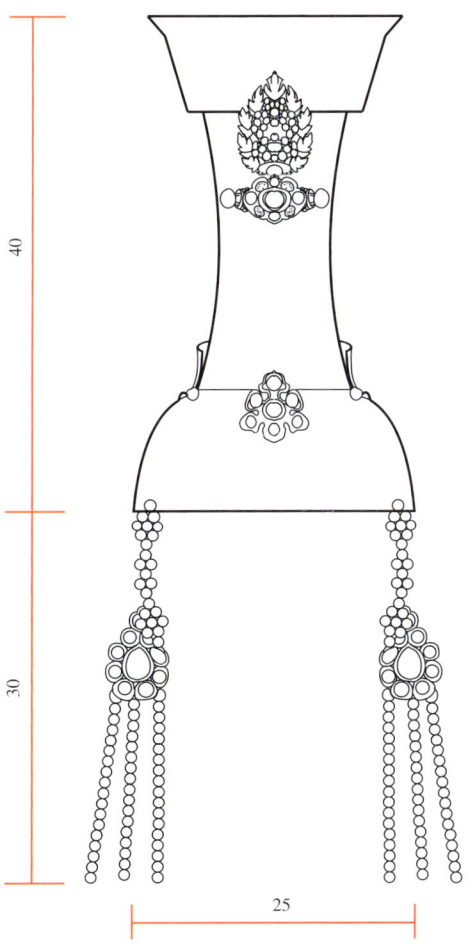

图四 蒙古族顾姑冠尺寸图（单位：cm）

第二章 蒙古族传统服饰

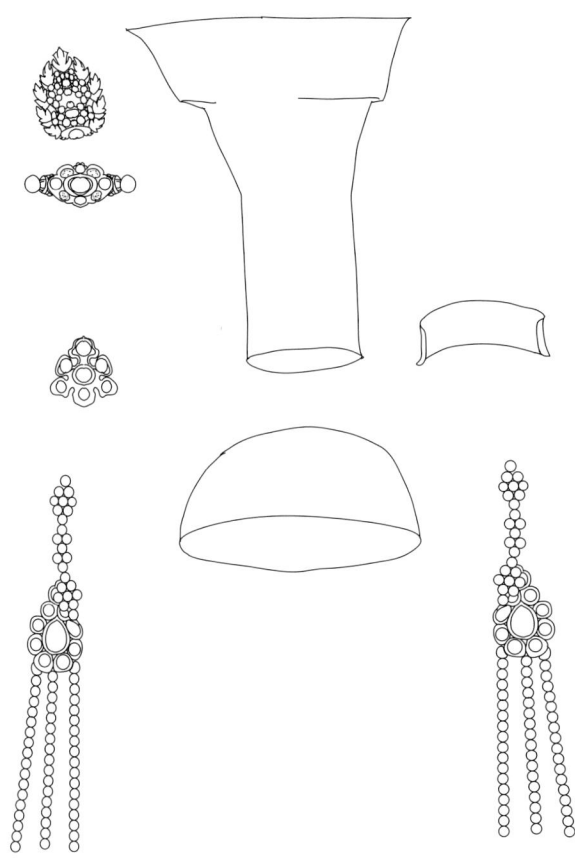

图五 蒙古族顾姑冠解构图

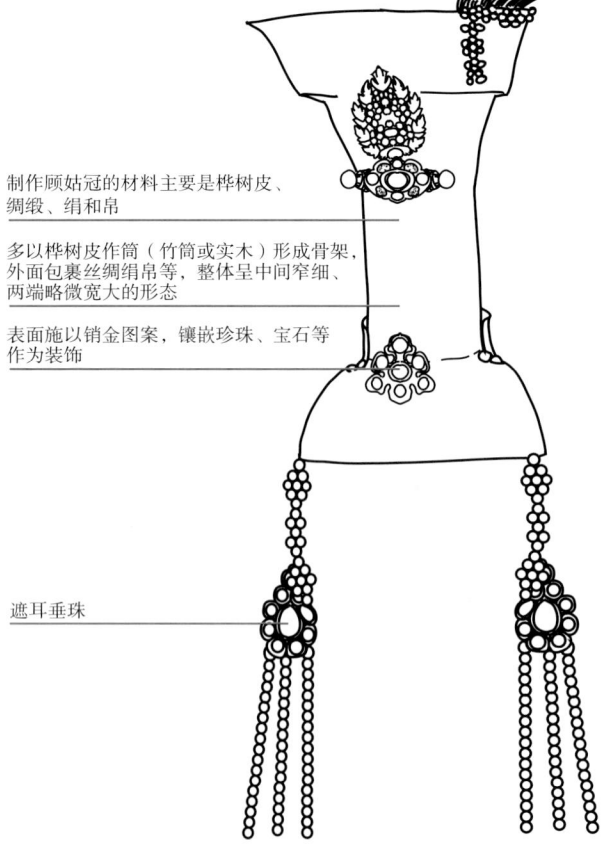

制作顾姑冠的材料主要是桦树皮、绸缎、绢和帛

多以桦树皮作筒（竹筒或实木）形成骨架，外面包裹丝绸绢帛等，整体呈中间窄细、两端略微宽大的形态

表面施以销金图案，镶嵌珍珠、宝石等作为装饰

遮耳垂珠

图六 蒙古族顾姑冠工艺分析图

图七　蒙古族顾姑冠穿戴情境图

图八　蒙古族顾姑冠穿戴情境图

第二章　蒙古族传统服饰

蒙古族戒指

图一　蒙古族戒指主图

戒指也称"指环""驱环""约指""手记"或"代指"等，佩戴在不同的手指上，是一种典型的身体装饰品，也属服饰配饰。蒙古族戒指有常见的环形，也有顶端镶嵌珠玉宝石的嵌宝戒，其内径契合手指的粗细，一般在2至3厘米，外径因形态差异而大小各异。早在距今4000年前的新石器时代，先民即有在手指上佩戴圈环作饰的行为，其可视为戒指的起源。蒙古族的戒指形制沿袭自更早的北方游牧民族，男女皆喜好佩戴。

戒指的基本功能即是装饰手部，增添美感，除此之外，蒙古族的戒指还具有辟邪的功用，蒙古人认为无名指是生命之要，将戒指戴在其上，可驱邪避灾；银戒指在古代是测试食物及酒水是否含毒的随身器物；蒙古族未婚女子一般在无名指佩戴戒指，已婚女子可在中指和其他手指佩戴，男子通常也在无名指佩戴戒指，贵族往往佩戴多个手指；在传统礼俗及庆典中，如女子婚嫁，戒指是其必不可少的嫁妆；女孩生日，戒指也是重要的礼物。

蒙古族戒指以金、银或铜质居多，亦有兽骨、玉石或铁制，有单一材质的方戒和线戒，也有镶嵌珠宝的嵌宝戒，所嵌宝石有玉石、翡翠、珊瑚、绿松石、玛瑙、水晶等等。不同的制作材料，其加工工艺亦不尽相同，金属质料的戒指首先需要打制成合适长度和粗细的金属条，在其上錾刻、镂空花纹；其后，将之弯成圈环，有的会焊接封死，有的不焊，方便调节内径；嵌宝戒则在顶端根据需要镶嵌事先打磨好的珠玉宝石。兽骨及玉石类质料则需要通过钻孔和琢磨获得所需形状。元朝时期，蒙古族戒指好用金银打制，其上花纹多为猛兽牲畜，所嵌宝石以珊瑚和绿松石居多，及至明清，戒指上的纹饰逐步汉化，兽纹减少，花鸟虫鱼增多，镶嵌的宝石多玉石翡翠。

蒙古族戒指不仅是精美的手部装饰物，同时也是检测食物以及辟邪驱害的重要器物，在民族礼俗中，戒指还是必不可少的礼物和信物。功能多样、造型独特、做工精美的蒙古族戒指充分展现了民族造物文化特色，凸显了蒙古族服饰文化中配饰的象征性与民俗性。此外，蒙古族戒指上装饰纹样以及制作材料的流变，亦揭示了多民族文化的融合与共生。

图片来源

图一　周安涛　摄影

图二　刘兆和主编：《蒙古民族文物图典·蒙古民族服饰文化》，文物出版社，2008年，第48页

图三至图六、图八　孙丹丹　制图

图七　那仁夫、杨劲主编：《蒙古族文化图鉴·蒙古族服饰图鉴》，内蒙古人民出版社，2007年，第117页

图二　蒙古族戒指

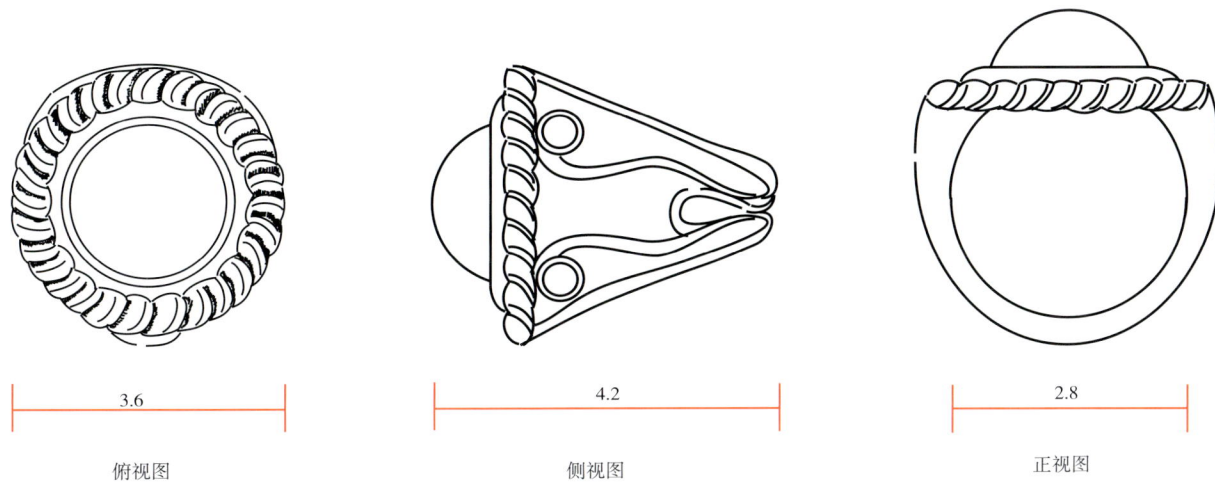

图三　蒙古族戒指尺寸图（单位：cm）

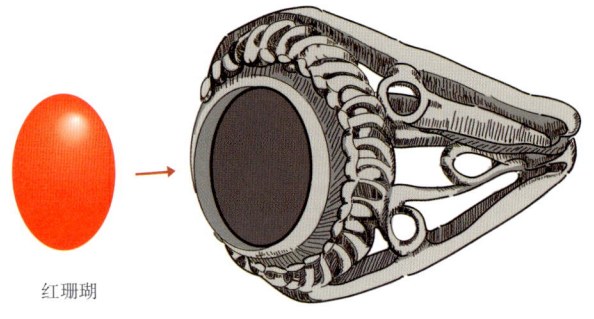
红珊瑚

图四 蒙古族戒指解构图

蒙古族戒指以金、银或铜质居多,亦有兽骨、玉石或铁制,有单一材质的方戒和线戒

也有镶嵌珠宝的嵌宝戒,所嵌宝石有玉石、翡翠、珊瑚、绿松石、玛瑙、水晶等等

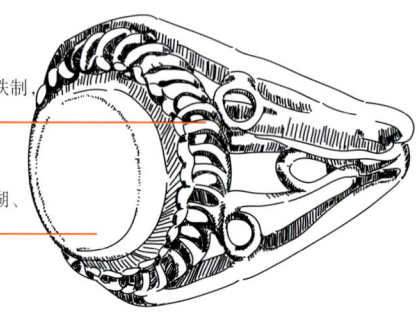

图五 蒙古族戒指工艺分析图

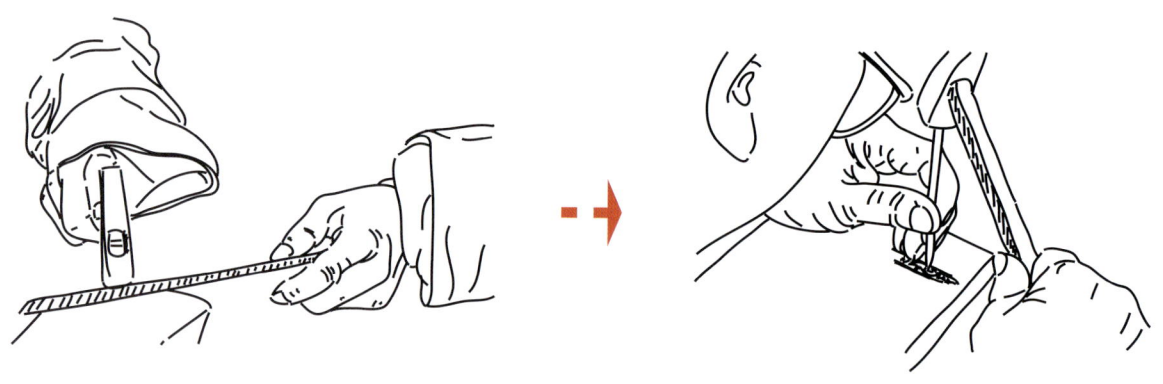

1. 金属质料的戒指首先需要打制成合适长度和粗细的金属条

2. 在其上錾刻、镂空花纹

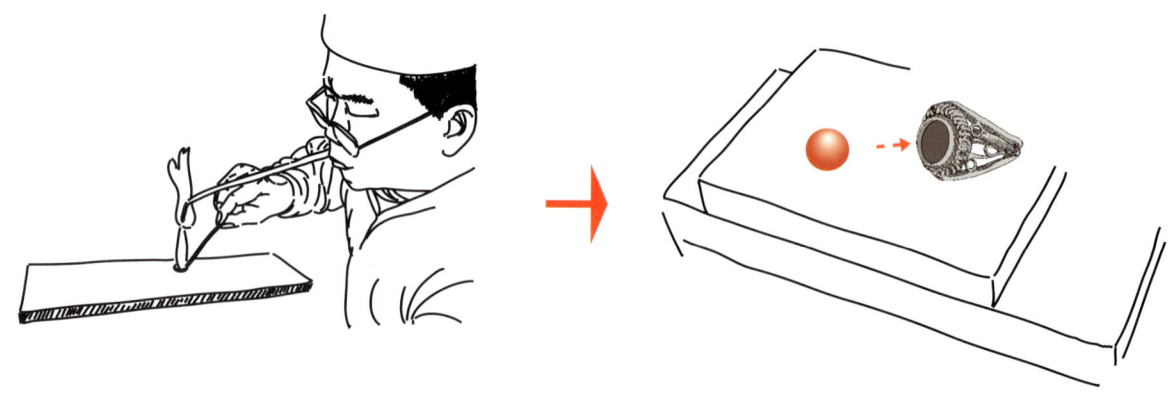

3. 其后,将之弯成圈环,有的会焊接封死,有的不焊,方便调节内径

4. 最后在顶端根据需要镶嵌事先打磨好的珠玉宝石

图六 蒙古族戒指制作步骤示意图

图七 蒙古族戒指佩戴情境图

图八 蒙古族戒指佩戴情境图

第二章 蒙古族传统服饰

蒙古族扣袢

图一　蒙古族扣袢主图

扣袢也称"纽襻儿""扣襻"或"盘扣"，是一种用以固定衣襟的纽扣，属于服饰附件，由扣坨和纽袢儿两个主要部分构成，两者分别缝钉于衣襟结合处的两缘，相对扣合。扣袢的尺寸随所附衣物的不同而各有差异，通长一般在5至15厘米。蒙古族传统服饰最初多为用系带固定的无扣袢袍服，后逐步发展出使用各式精美扣袢的形制。早在旧石器时代晚期，北方诸民族的先人即会用兽骨与木头等制作简易的结构用来紧固衣物，这可以视为扣袢的前身，真正的扣袢到了元朝时代逐步流行并臻于鼎盛。

蒙古族扣袢的实用功能即是用来扣合衣襟，紧固衣物，此外，扣袢还兼具重要的服饰装饰功能，各式各样做工精美的扣袢儿是蒙古族传统服饰上重要的点缀，与大面积的服饰面料及边饰相搭配，形成点线面的有机契合。扣袢的基本结构包括扣坨和纽袢儿，其中扣坨多为圆球形和丁字形，便于扣合。镶饰玉石、珊瑚、绿松石等珠宝的高档扣坨底部都附有托盘，常用金银打造。托盘与纽袢儿以活环卡合，不用时，可将整个扣坨卸下，便于妥善保存。蒙古族的纽袢儿多为长直条，也有模仿汉族的花饰盘结，但数量不多，其中，装有扣坨的纽袢儿叫公纽袢，顶端有套环的纽袢儿叫做母纽袢。将纽袢儿缝纫到服饰上时要求手工考究，保证纽袢儿的平直、立挺和贴合，缝纳的针脚和间距需保持均匀。纽袢儿能否缝合得当会直接影响到蒙古袍或坎肩的外观。蒙古族扣袢的种类繁多，以材料划分，扣坨包括金银类、铜铁类、珠宝类等；纽袢儿材质包括各类皮革和丝绸布料等，亦有整个扣袢包括扣坨都是由兽皮或各类布条结成的软质扣袢儿。

蒙古族的扣袢不仅具有扣合衣襟的功能，同时还是重要的服饰装饰物，一件蒙古传统服饰的精美与否，其上缝纳的扣袢往往成为重要的影响因子。各式各样材料华美、做工精细的扣袢承载着悠久的蒙古族服饰文化，记录了其民族造物文化的发展与嬗变，成为现代服饰设计领域里不可多得的研究实例与参考范本。

图片来源
图一、图二、图六、图七　周安涛　摄影
图三至图五　孙丹丹　制图

图二　蒙古族扣袢·猫眼石扣坨

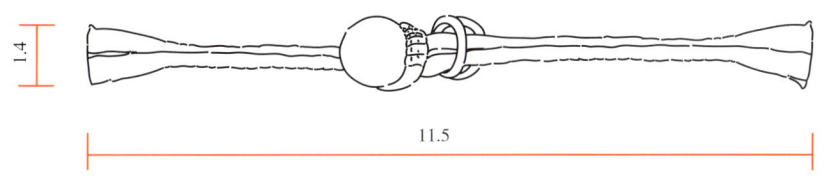

图三　蒙古族扣袢尺寸图（单位：cm）

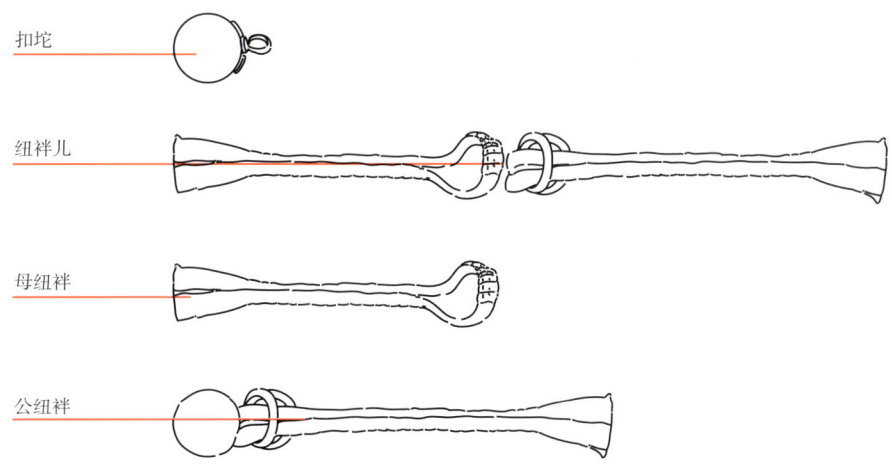

图四　蒙古族扣袢解构图

扣袢的基本结构包括扣坨和纽袢儿，其中蒙古族的纽袢儿多为长直条，扣坨多为圆球形和丁字形，便于扣合

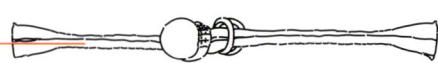

纽袢儿材质包括各类皮革和丝绸布料等。以材料划分，扣坨包括金银类、铜铁类、珠宝类等。亦有整个扣袢包括扣坨都是由兽皮或各类布料条带构成的软质扣袢儿

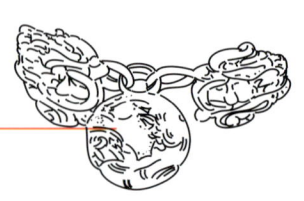

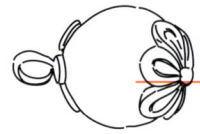

镶饰玉石、珊瑚、绿松石等珠宝的高档扣坨底部都附有托盘，多为金银打造，托盘与纽袢儿以活环卡合，不用时，可将整个扣坨卸下，便于妥善保存

图五　蒙古族扣袢工艺分析图

图六　蒙古族扣袢使用情境图

图七　蒙古族扣袢使用情境图

蒙古族立檐帽

图一　蒙古族立檐帽主图

立檐帽也称"红缨帽"或"圆帽"等，是一种蒙古族的传统帽式。《呼伦贝尔志略》中有这种帽子的记述："帽之形平扁，以毡为之，缘反折而上，亦有绸面尖形者，附以皮耳，顶缀红缨一撮，而圆形缎面饰以金边之便帽，尤喜冠之。"蒙古族立檐帽的典型特征是具有一圈从帽顶翻折，向上竖立的帽檐，其高度一般不超过30厘米，帽子直径在20厘米左右。立檐帽盛行于明清，为蒙古族地区许多区域的代表性传统帽式。

民俗礼仪层面，立檐帽亦是蒙古族服饰中重要的精神象征。蒙古族认为脑袋上戴的帽子是无比重要的，代表了为人的尊严和地位，某些时候，帽子就是其主人的象征。此外，蒙古族帽子在社交礼俗中亦不可或缺，在古代蒙古族地区的某些区域，女子如果没有戴帽就不能待客。在清代，立檐帽更是成为官方礼帽，标榜身份与地位。

蒙古族立檐帽一般分为圆顶立檐帽和尖顶立檐帽，其中，尖顶立檐帽除帽缘有一圈竖立的圆形帽檐外，中间帽顶部分是拔高的帽尖，顶端一般饰有金属结扣和红缨；圆顶立檐帽的圆形帽檐有的四缘平齐，有的则是前高后低，帽顶为半球形，顶端有结扣，并饰有红缨或一对飘带。地域不同，各部族佩戴的立檐帽亦有差异，如巴尔虎和科尔沁蒙古人喜戴圆顶立檐帽；乌珠穆沁蒙古人在春夏会戴一种前半檐可以下翻的圆顶立檐帽；杜尔伯特蒙古妇女会在秋冬季戴一种平顶无结扣的立檐帽，后面饰有飘带；布里亚特和喀尔喀的妇女则会在夏季戴尖顶立檐帽。蒙古人制作立檐帽的材料甚多，常见的包括锦缎、丝绸、大绒、棉布、貂皮、獭皮、狐狸皮和羔羊皮等等，帽顶的结扣多以彩色绳线或皮条结成，有的则会用金、银、玉石珠宝等打造，凸显华贵。

立檐帽是一种颇具代表性的蒙古族传统帽式，在夏季佩戴，具有遮阳蔽日的功能。此外，立檐帽作为传统礼帽，在民族礼俗中亦具有重要的象征意义。在民族造物文化体系中，立檐帽一定程度上揭示了蒙古族传统服饰设计的北方草原文化特征，对于相关民族性与区域性服饰文化的研究课题颇具参考价值。

图片来源

图一　那仁夫、杨劲主编：《蒙古族文化图鉴·蒙古族服饰图鉴》，内蒙古人民出版社，2007年，第316页

图二　周安涛　摄影

图三至图五　许宏　制图

图六　刘兆和主编：《蒙古民族文物图典·蒙古民族服饰文化》，文物出版社，2008年，第73页

图七　刘兆和主编：《蒙古民族文物图典·蒙古民族服饰文化》，文物出版社，2008年，第149页

图二　蒙古族立檐帽

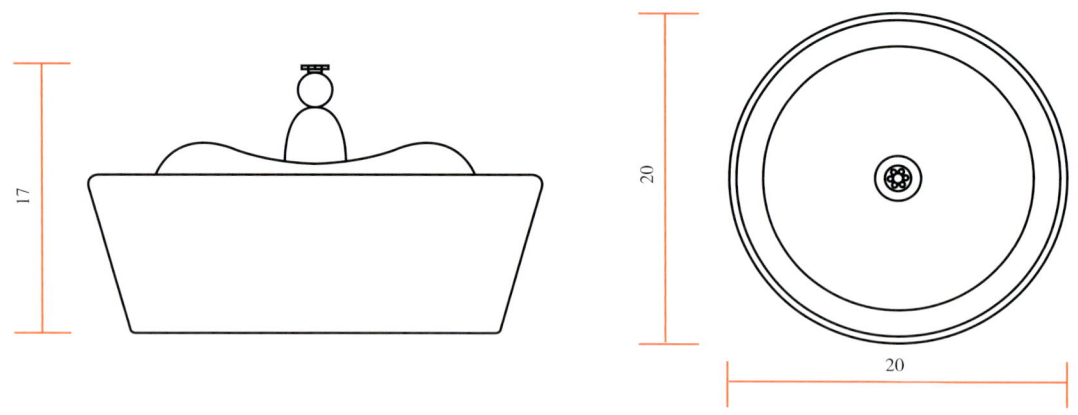

图三　蒙古族立檐帽尺寸图（单位：cm）

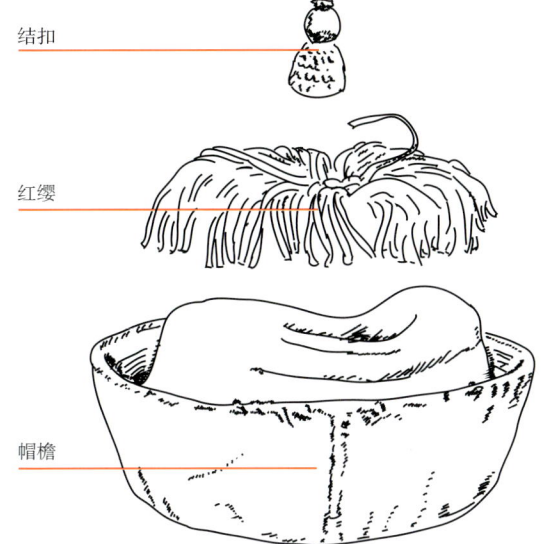

图四　蒙古族立檐帽解构图

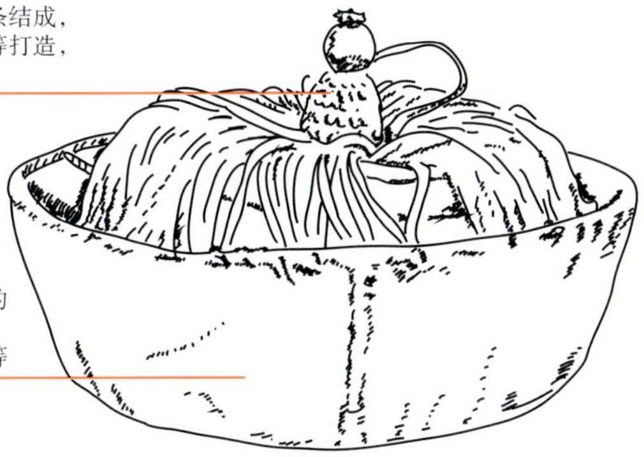

结扣

红缨

帽檐

帽顶的结扣多以彩色绳线或皮条结成，有的则会用金、银、玉石珠宝等打造，凸显华贵

制作立檐帽的材料甚多，常见的包括锦缎、丝绸、大绒、棉布、貂皮、獭皮、狐狸皮和羔羊皮等

图五　蒙古族立檐帽工艺分析图

图六　蒙古族立檐帽穿戴情境图

第二章　蒙古族传统服饰

159

图七　蒙古族立檐帽穿戴情境图

蒙古族马海靴

图一　蒙古族马海靴主图

马海靴也称"马亥靴""刺绣式蒙古靴"或"蒙古布靴",马海即是布靴蒙古语的音译,它是一种做工精美的布制便靴。马海靴的形制同蒙古皮靴基本无异,其通高大约为30至40厘米,长宽则依穿着者脚部大小而定。马海靴为布制,轻便跟脚,多为夏季穿着,靴筒和靴帮上绣有各类精美传统图案作饰。元朝时期,马海靴即已经在蒙古族地区广为穿用,初为长靴筒,清代以降,马海靴变得更加短小紧凑。

布制的马海靴相较于皮靴和毡靴更加轻便柔软舒适,在气候适宜的春夏季节,蒙古族人平日里少有外出放牧劳作时,便喜爱穿着马海靴。此外,家中做女红或家务的蒙古族妇女以及老人和小孩也常常穿着简便舒适的马海靴。蒙古族女子出嫁前需要为婆家男子制作马海靴作为礼物,其所制靴子的优劣,便是衡量出嫁女子聪颖和能力的标准,可见马海靴在蒙古族人心目中的地位。同皮靴、毡靴一样,马海靴根据靴鼻的外形可分为翘形靴、平头靴和靴鼻突形靴三种,其基本结构相同,只是在细节形态上有所差异。结构上,马海靴由乌拉(靴底)、卓拉格(靴帮)、图勒(靴筒)及哈布其亚日(镶条)四个部分组成。靴底以多层布纳成,称为"千层",有的会在底层蒙皮加固;靴帮和靴筒是用布衬里子，以绒缎或绸布做靴面，通常绣有色彩艳丽的各种传统纹饰；衔接靴帮、靴筒的镶条多用对比强烈的彩色布绲边缝制，宽窄程度不一。制作材料有各式绸布、绒布、棉布、麻绳、青麻线、棉线、各类丝线等。制靴所用的工具包括剪刀、裁刀、锥子、刷子、锤子、针线工具和一系列辅助工具等。马海靴的制作包括制靴底、制靴帮和靴筒、上靴子和排靴子四个步骤。马海靴表面精美的刺绣装饰是在上靴子环节前完成的，其中，男靴刺绣较为简朴，一般以深蓝色或黑色布做底，上面用白色或浅色丝线缝制出各式纹样，以几何类纹样居多。女靴则更加讲究装饰，多用红、粉、蓝和黄等颜色的丝线在深色底上绣出各种造型的自然类纹样，色彩亮丽，针法细密。现收藏于科尔沁博物馆的一双近代蒙古族绣花马海靴，高38厘米，鞋底长26厘米，系为女用。其以黑平绒和绿绸布做面，圆头，高筒，厚靴底。靴筒上部绿绸部分绣有蝶恋花轮廓，下部黑绒部分同靴帮满绣牡丹图案，粉红花朵，草绿花叶和湖蓝花茎，色彩搭配艳丽浓郁。

马海靴的靴体形制和制作材料充分体现了蒙古族造物设计的适应性，其表面精美细腻的刺绣装饰则彰显出蒙古族传统的审美特质。

图片来源

图一、图二、图六　周安涛　摄影
图三至图五　许宏　制图

图二　蒙古族马海靴

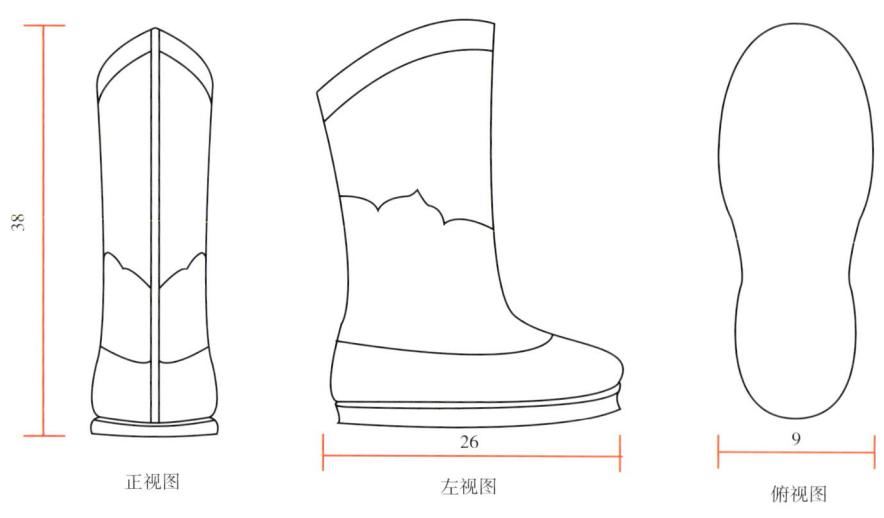

正视图　　左视图　　俯视图

图三　蒙古族马海靴尺寸图（单位：cm）

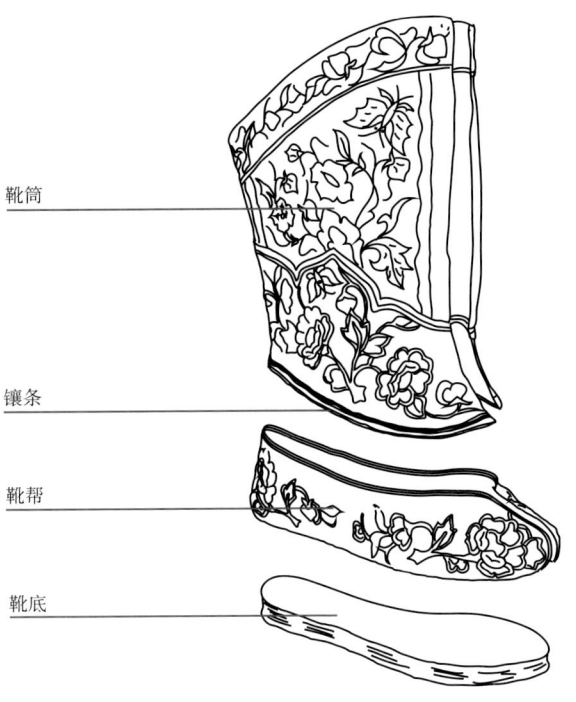

靴筒

镶条

靴帮

靴底

图四 蒙古族马海靴解构图

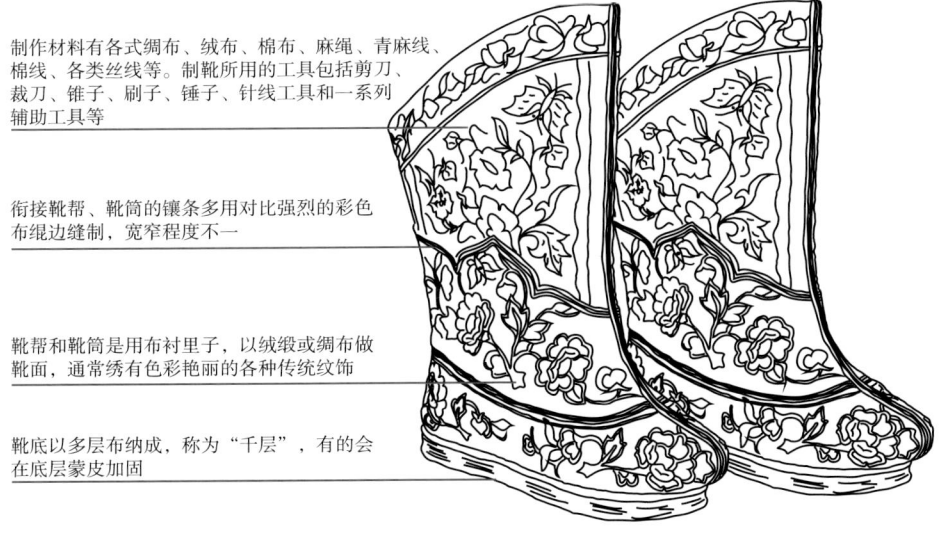

制作材料有各式绸布、绒布、棉布、麻绳、青麻线、棉线、各类丝线等。制靴所用的工具包括剪刀、裁刀、锥子、刷子、锤子、针线工具和一系列辅助工具等

衔接靴帮、靴筒的镶条多用对比强烈的彩色布绲边缝制，宽窄程度不一

靴帮和靴筒是用布衬里子，以绒缎或绸布做靴面，通常绣有色彩艳丽的各种传统纹饰

靴底以多层布纳成，称为"千层"，有的会在底层蒙皮加固

图五 蒙古族马海靴工艺分析图

图六　蒙古族马海靴穿着情境图

蒙古女袍

图一 蒙古女袍主图

蒙古女袍也称"女式蒙古袍",属于直身袍类,是一种极富民族特色的女性服饰。蒙古女袍是会同北方诸多民族服饰的特质,经过长久的历史演进而逐步形成的。蒙古女袍的服饰用料、裁剪制作等工艺皆近于男袍。而在服饰结构与装饰层面,蒙古女袍的衣袖和腰身相对较窄,下摆长而肥大,其衣领、衣襟、下摆和袖缘等处多镶边和绣花,整体上更显华美精致。

在功能层面,首先,蒙古女袍具有优异的地缘与气候适应性。长而窄的衣袖便于活动和劳作,并可有效防止蚊虫叮咬;宽大而开衩的袍服下摆便于骑乘和跋涉,亦可在寒冬护膝防寒。其次,蒙古女袍多镶边和绣饰,配上昂贵华美的头饰及其他首饰,彰显富贵华美,是蒙古族女性出席各类节庆祭典以及婚嫁礼俗等正式场合的正装。蒙古族妇女穿戴女袍一般也系布腰带,若是配穿敖吉或短襟坎肩,则不扎腰带。

蒙古女袍的基本结构包括衣领、衣襟、衣袖、下摆、开衩、镶边和扣袢等。依据其穿着的场合,蒙古女袍可以分为节日庆典中穿着的礼服和平日生活劳作中穿着的便服;若依不同季节,蒙古女袍一般根据其制作面料分为春夏季穿着的布制夹袍和秋冬季穿着的毛皮袍子。毛、毡、皮、革、棉布以及各类织锦绸缎等都是制作蒙古女袍的常用材料。冬季穿着的皮袍往往以羊裘、驼裘为里,以绸缎或棉布做面,夏季则穿布、绢、绸、缎等面料的袍子。蒙古女袍相较于男性蒙古袍的最大特点即是形制多样,装饰更加繁复艳丽,袍服上的刺绣与织花一般集中在领口、衣襟、袖缘和下摆,亦有满花。

蒙古女袍的制作工艺包括裁剪、缝纫、镶边和刺绣等。其中,裁剪即是依传统衣领、衣袖、前片和后片的大样,确定女袍款式,同时还要注重量体裁衣;缝纫是结合开片,使之成衣的步骤;镶边和刺绣都属服饰的装饰环节,几乎所有蒙古女袍的边缘和角隅都有镶边,多用库锦,其纹饰精美,一至多道不等。

因地缘文化差异,蒙古女袍在具体形态与装饰特征上亦有众多不同。例如,巴尔虎蒙古女袍有新、陈两种款式。陈巴尔虎蒙古女袍镶一道宽边,下摆开衩,而新巴尔虎蒙古女袍镶三道窄边,下摆不开衩。两种巴尔虎女袍的肩头都有凸起结构,袖子为大马蹄袖或灯笼袖。科尔沁地区的妇女穿窄下摆的斜襟蒙古女袍,镶边宽大,多满工绣花,其袍服多配半臂旗袍和敖吉一同穿戴,在冬季则穿镶边的翻毛羊皮女袍。乌珠穆沁的蒙古女袍有马蹄袖,斜开襟长袍,以多彩布料镶边,在领口、腰部和下摆等处缝有对扣。

蒙古女袍作为一种典型的蒙古族传统女性服饰,是蒙古族服饰文化中颇具游牧民族特色的代表类型。因区域文化差异,其形制与装饰各有不同,不仅具有蒙古袍的功能性与适用性,袍服上华美的镶边与刺绣装饰更是体现出蒙古族造物文化中对于审美与功能的并重。蒙古女袍的形制特色、装饰工艺与审美风尚等对于现代袍服和裙装的设计依然具有宝贵的启迪意义。

图片来源
图一、图二、图八　周安涛　摄影
图三　刘兆和主编:《蒙古民族文物图典·蒙古民族服饰文化》,文物出版社,2008年,第181页
图四至图七　孙丹丹　制图

图二　蒙古女袍

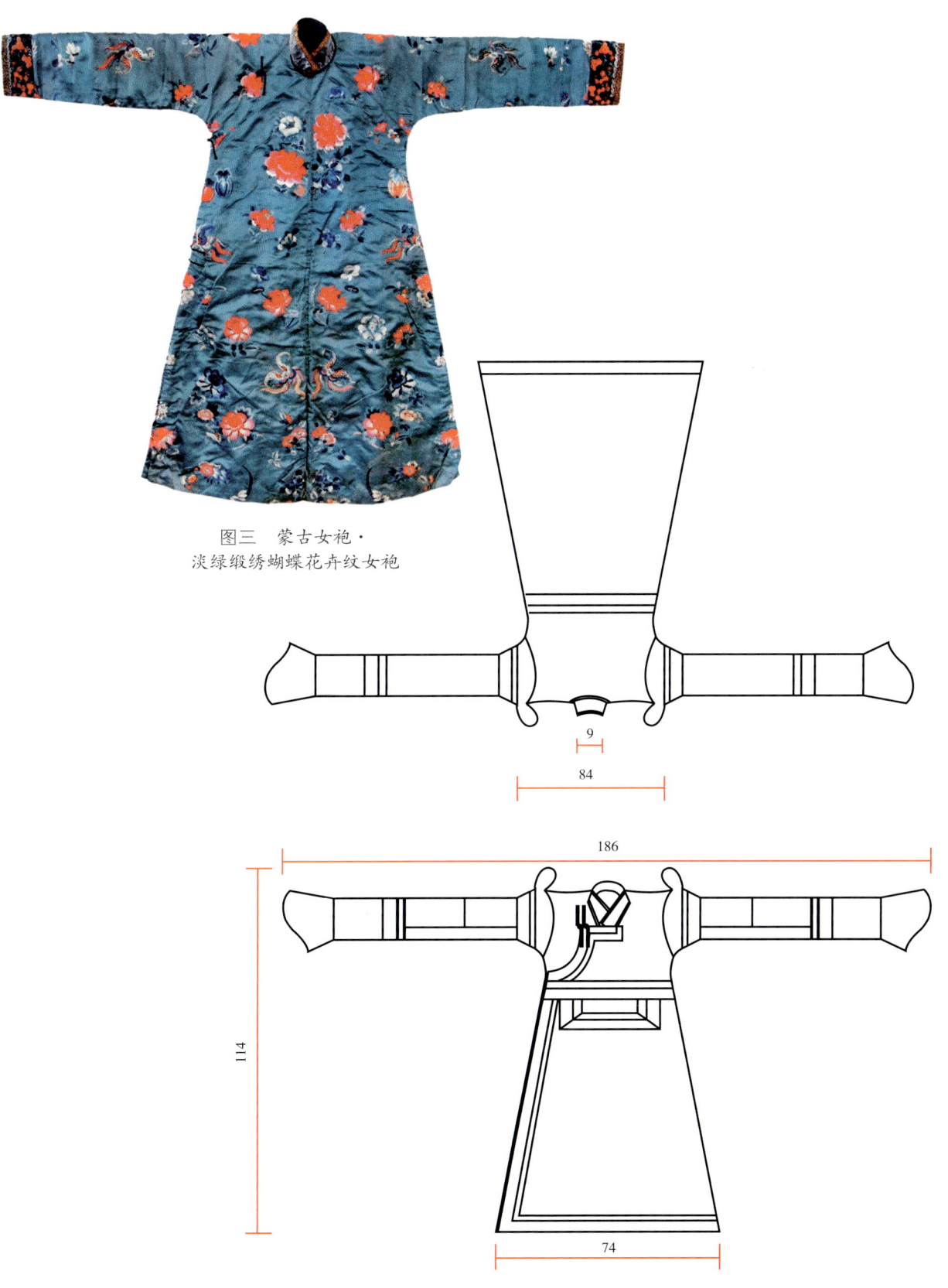

图三 蒙古女袍·
淡绿缎绣蝴蝶花卉纹女袍

图四 蒙古女袍尺寸图（单位：cm）

第二章 蒙古族传统服饰

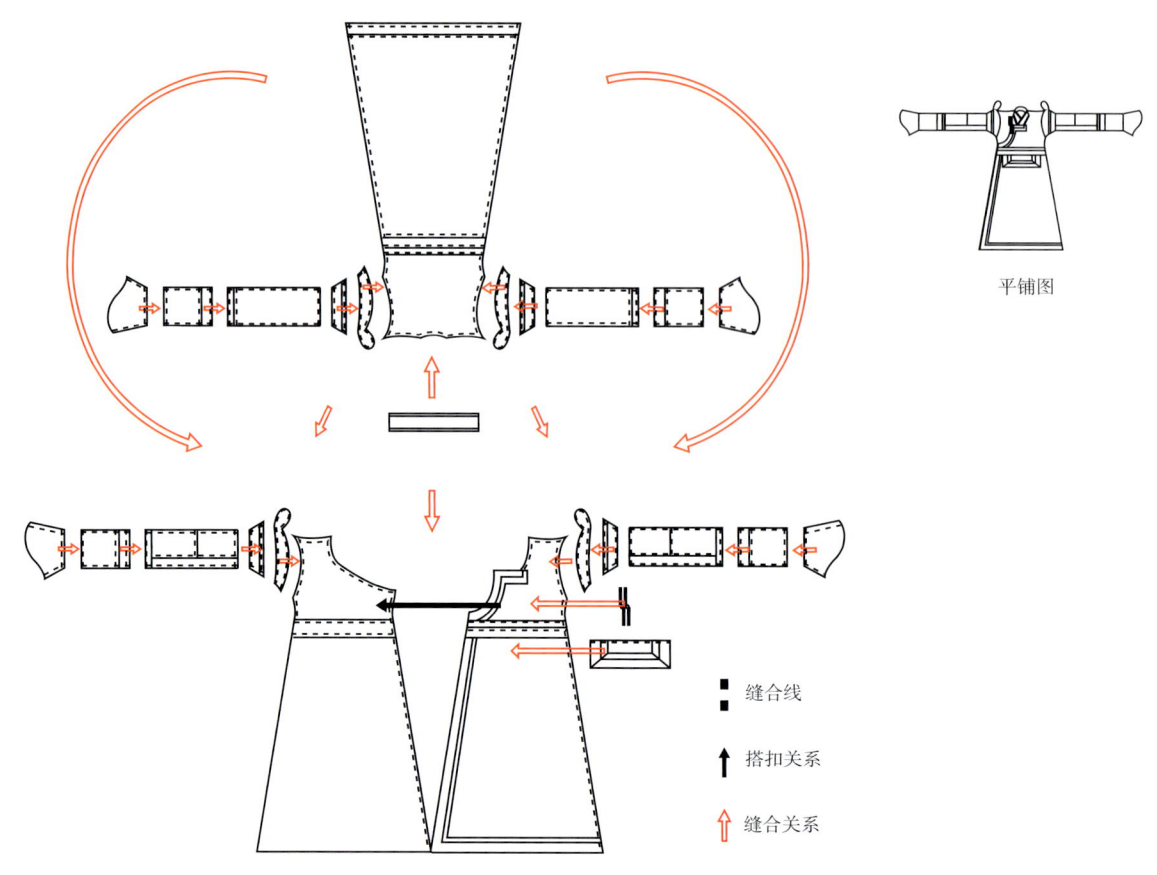

平铺图

图五　蒙古女袍分解图

■ 缝合线

↑ 搭扣关系

⇧ 缝合关系

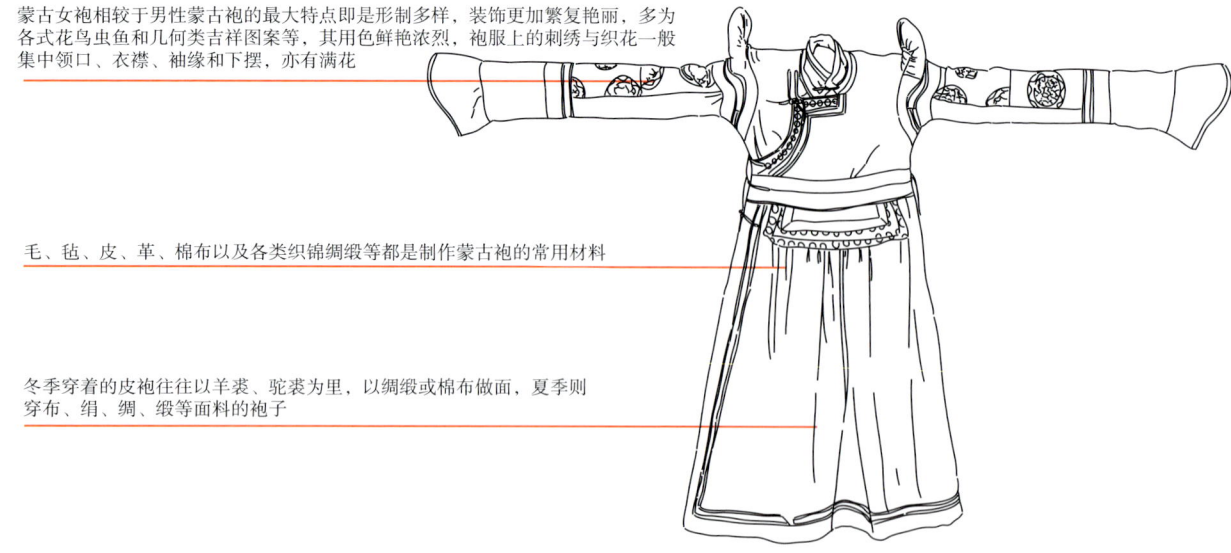

蒙古女袍相较于男性蒙古袍的最大特点即是形制多样，装饰更加繁复艳丽，多为各式花鸟虫鱼和几何类吉祥图案等，其用色鲜艳浓烈，袍服上的刺绣与织花一般集中领口、衣襟、袖缘和下摆，亦有满花

毛、毡、皮、革、棉布以及各类织锦绸缎等都是制作蒙古袍的常用材料

冬季穿着的皮袍往往以羊羔、驼羔为里，以绸缎或棉布做面，夏季则穿布、绢、绸、缎等面料的袍子

图六　蒙古女袍工艺分析图

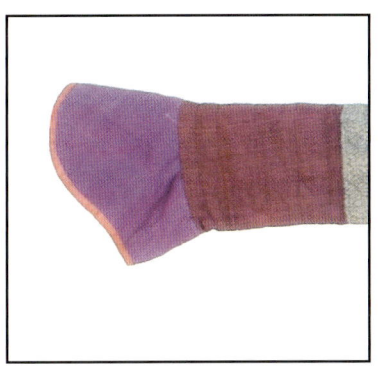
1. 袖子为大马蹄袖或灯笼袖，长而窄的衣袖便于活动和劳作

2. 袍服上的刺绣与织花一般集中领口、衣襟、袖缘和下摆，亦有满花

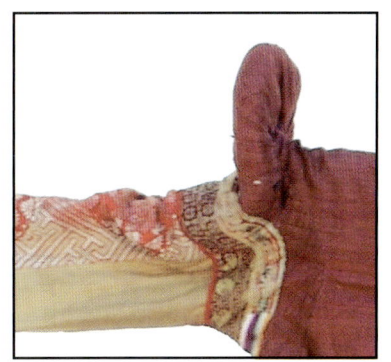
3. 女袍的肩头都有凸起结构

4. 以多彩布料镶边，在领口、腰部和下摆等处缝有对扣

5. 宽大而开衩的袍服下摆便于骑乘和跋涉，亦可在寒冬护膝防寒

图七　蒙古女袍局部分析图

图八　蒙古女袍穿着情境图

第二章　蒙古族传统服饰

169

蒙古皮靴

图一　蒙古皮靴主图

靴子，蒙古族人称之为"古图勒"，其中最具代表性的即是蒙古皮靴。皮靴也称"革靴"，是一种以牲畜或野兽皮革制成的高筒靴子。蒙古族皮靴有多种类型，基本形态特征是靴筒挺括、粗壮，靴子头通常微翘，靴子表面多饰有各类传统民族图案。蒙古皮靴的高度一般在40至60厘米，靴底大小则因穿着者而定。蒙古族穿着的皮靴沿袭自更早的北方游牧民族，《旧唐书·舆服志》中记载："北草则杂以戎夷之制，爰止北齐有长帽短靴。"说明北方民族早有着靴的习惯。

蒙古皮靴厚实耐用，稳健跟脚，其设计制作的初衷即是服务于蒙古族人的生产生活方式及特殊的生存环境。北方草原和荒漠，气候及自然条件相对恶劣，蒙古族人出户步行即要踩草石、踏沙土，骑乘马匹则需要勾踏马镫。冬日里，蒙古族地区寒风凛冽，积雪过膝，作为牧民，还得整日随着畜群跋山涉水，若没有一双实用耐磨的皮靴做履，就会举步维艰。为适应以上诸多生产和生活的需求，蒙古皮靴具有了结实、耐磨、跟脚、防水和保暖等特性。在形制上，蒙古皮靴多为翘靴头、高靴筒，下紧上松。其靴头硬而翘起，便于骑乘时脚尖勾踏马镫，在沙地蹚行不带沙土；而靴筒高勒，则便于牧民在水草间跋涉；皮靴下紧上松的设计，是为了应对坠马后靴子被马镫绊住或其他危急时刻，穿着者可快速蹬踹掉靴子脱险。除去众多实用功能，蒙古皮靴在传统节庆和婚礼中还具有重要的礼俗功用。

蒙古皮靴通常为牛皮制作，也有以鹿皮、驼皮或马皮替代的，其中以熟牛皮制成的皮靴规格最高，被称为"包力嘎古图勒"和"塞仁古图勒"，一般在节庆集会或是婚庆中作为礼服穿着。以生牛皮制作的皮靴被称为"锡仁古图勒"，牧人在放牧或日常劳作中穿着。除了制作主料以外，还有包括麻绳、青麻线、棉线、各类丝线、胶水糨糊等辅料。制靴所用的工具各式各样，主要包括剪刀、裁刀、锥子、刷子、锤子、针线工具和一系列辅助工具等。

在结构上，蒙古皮靴同马海靴及毡靴相同，都是由乌拉（靴底）、卓拉格（靴帮）、图勒（靴筒）及哈布其亚日（镶条）四个部分组成。制作皮靴的工艺流程有靴筒和靴帮制作、靴底制作、上靴子和排靴子等四大步骤：

1. 靴筒和靴帮制作主要是靴帮、靴筒的成形工艺以及其上的云子（纹样）制作，其中，云子多为剪皮贴花，配合刺绣工艺将之缝纳到靴筒和靴帮上。之后，再分别将靴筒和靴帮按既定形制缝合，中间的结合处以镶边作饰。

2. 靴底制作包括做盖板、纳千层及粘皮底等工序。蒙古皮靴的靴底一般会有一定弧度，因此，需要将靴底做蘸水成形处理，使之弯曲到所需形状。

3. 上靴子是将靴底同靴帮部分进行缝合的工序，缝合时靴底和靴帮的相应部位需要严格对齐，这样才能保证制成的靴子整齐美观。

4. 排靴子是在靴子上好后，以相应的支撑工具从内部将靴子撑起，并向靴筒里填装荞麦皮等填充材料，然后用包布锤子敲打靴面使之成形、挺括。

另外值得一提的是摔跤手穿的皮靴，这种皮靴被称为"搏克靴"，可以有效保护腿脚，辅助穿着者站稳脚跟，是有效发挥脚部技能的重要搏克着装之一。搏克靴一般选用优质香牛皮制作，外部用皮条绑紧靴底和靴帮，防止在激烈对抗中撑开或撕裂靴子。另外，为避免脚靴之间松动，蒙古族摔跤手还要穿上特制的布袜，外部靴筒亦有专门的绑腿皮条帮助紧固。

科尔沁博物馆内收藏的一双近代蒙古皮靴，通高56厘米，靴底长30厘米，棕色熟牛皮制成，靴筒较高，靴头翘起，靴筒及靴帮上有彩色剪皮和刺绣纹样作饰。

蒙古皮靴是蒙古族鞋履文化的典型和代表，反映了蒙古族传统造物设计中对气候及地理环境的适用与契合，彰显出其独特的造物智慧与设计巧思。此外，蒙古靴上以剪皮、贴花和刺绣等工艺装饰的各式传统图案花纹，亦表现出蒙古族传统造物设计中对于实用功能和装饰审美的兼顾。

图片来源
图一　李淼　摄影
图二、图八　周安涛　摄影
图三至图六　孙丹丹　制图
图七　刘兆和主编：《蒙古民族文物图典·蒙古民族服饰文化》，文物出版社，2008年，第73页

图二　蒙古皮靴

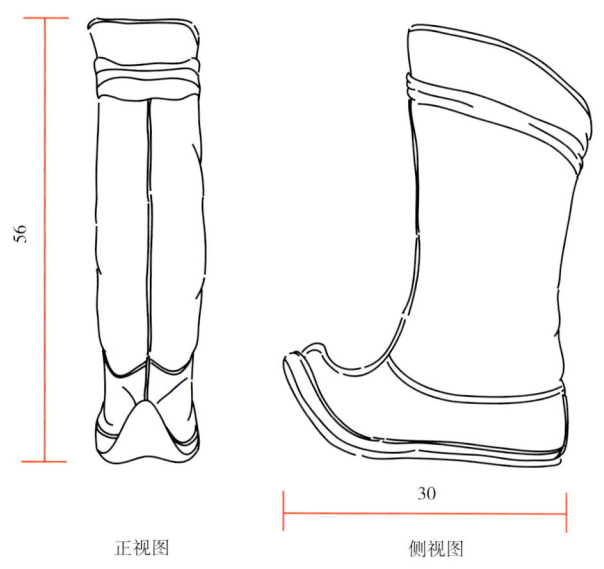

正视图　　　　　侧视图　　　　俯视图

图三　蒙古皮靴尺寸图（单位：cm）

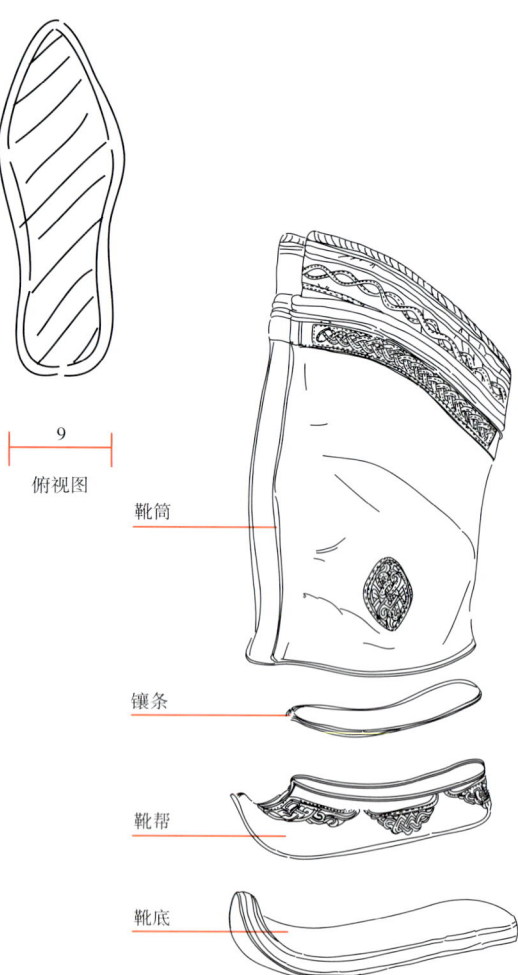

靴筒

镶条

靴帮

靴底

图四　蒙古皮靴解构图

1. 靴筒和靴帮制作主要是靴帮、靴筒的成形工艺以及其上的云子（纹样）制作，其中，云子多为剪皮贴花，配合刺绣工艺将之缝纳到靴筒和靴帮上。之后，再分别将靴筒和靴帮按既定形制缝合，中间的结合处以镶边作饰

2. 靴底制作包括做盖板、纳千层及粘皮底等工序。蒙古皮靴的靴底一般会有一定弧度，因此，需要将靴底做蘸水成形处理，使之弯曲到所需形状

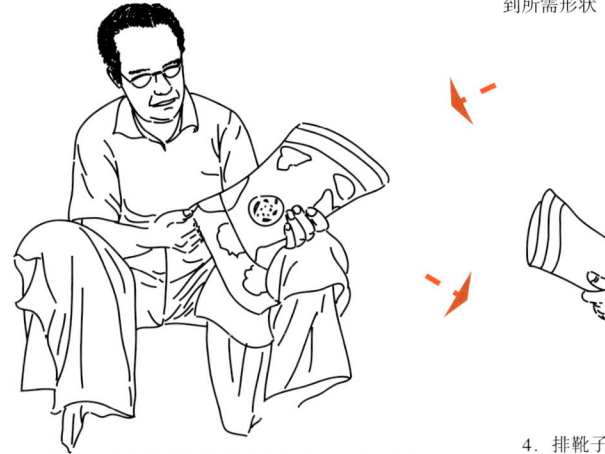

3. 上靴子是将靴底同靴帮部分进行缝合的工序，缝合时靴底和靴帮的相应部位需要严格对齐，这样才能保证制成的靴子整齐美观

4. 排靴子是在靴子上好后，以相应的支撑工具从内部将靴子撑起，并向靴筒里加入荞麦皮等填充材料，然后用包布锤子敲打靴面使之成形、挺括。排靴子是制靴的最后一步

图五　蒙古皮靴制作步骤示意图

蒙古皮靴通常为牛皮制作，也有以鹿皮、驼皮或马皮替代的，其中以熟牛皮制成的皮靴规格最高，被称为"包力嘎古图勒"和"塞仁古图勒"，一般在节庆集会或是婚庆中作为礼服穿戴；以生牛皮制作的皮靴被称为"锡仁古图勒"，牧人在放牧或日常劳作中穿着

除了制作主料以外，还有包括麻绳、青麻线、棉线、各类丝线、胶水糨糊等在内的制作辅料

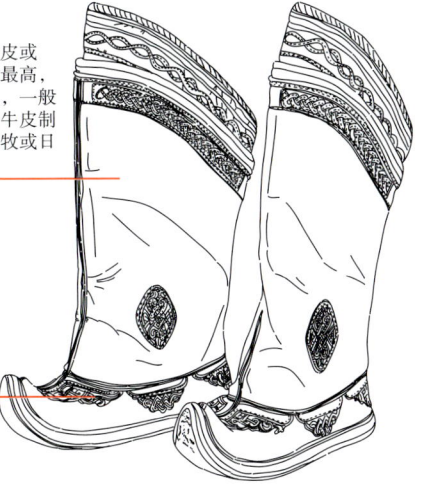

图六　蒙古皮靴工艺分析图

图七　蒙古皮靴穿着情境图

图八　蒙古皮靴穿着情境图

蒙古毡靴

图一 蒙古毡靴主图

毡靴也称"毡圪达",是北方民族用毛毡制成的一种靴子。蒙古毡靴的形制类似蒙古族传统布靴和皮靴,靴帮粗壮,靴底上翘,其整体高度一般在30至60厘米,靴底的长宽则因穿戴者而定,一般不分左右。蒙古毡靴是蒙古人为适应北方冬季寒冷的气候而创制的保暖用靴,其源头早于元朝。

蒙古毡靴的主要功用即是防寒保暖,蒙古族人在北方冬季恶劣的气候条件下劳作、行走或骑马,只有穿上毡靴,方可抵挡严寒。此外,毡靴上松下紧,靴头微翘,在骑马时能方便骑乘者脚部勾踏马镫,行路时能跟脚防滑。蒙古毡靴根据靴鼻的外形可分为翘形靴、平头靴和靴鼻突形靴三种,它们的基本结构相同,只是在细节形态上有所差异。蒙古毡靴的结构与皮靴、布靴相同,都是由乌拉(靴底)、卓拉格(靴帮)、图勒(靴筒)及连接用的哈布其亚日(镶条)组成。其中,靴帮和靴筒都以毛毡缝制;靴底以多层布纳成,称为"千层",有的还会在底层蒙皮加固;中间连接的镶条多用绒缎或布卷边缝制。除了成年人的毡靴外,儿童也穿特制的毡靴,其结构简化,靴帮同靴筒由整块毛毡制成,使之穿起来更加柔软舒适,被称为"布依特格"。蒙古毡靴素面居多，大多为黑色、白色或棕色，也有在表面以绒布、各色绸布、兽皮剪出各式图案纹样，缝纳贴花。制作蒙古毡靴，除了主料毛毡以外，还会用到棉布、麻绳、青麻线、棉线、各类丝线、胶水以及装饰用的绸布、兽皮等各种材料。制靴所用的工具包括剪刀、裁刀、锥子、刷子、锤子、针线工具和一系列辅助工具等。蒙古毡靴的制作步骤大体可分为制靴底、制靴帮和靴筒、上靴子和排靴子四个步骤。前两个，顾名思义是分别制作靴底、靴帮和靴筒的环节，上靴子即是将毡靴各个组成部分缝合连接，排靴子则是利用支撑辅助工具使得制好的毡靴挺括、成形。

蒙古毡靴是蒙古族在长期的劳动生产和日常生活中创造出来的，以适应北方相对恶劣的气候条件和自然环境。以毛毡为制作原料的毡靴厚实而轻便，既可在冬天御寒，亦不影响穿戴着骑乘与行走，充分体现了蒙古族造物文化中的生存智慧。在现代冬靴设计与制作中，传统蒙古毡靴依然是不可多得的参考与借鉴对象。

图片来源

图一　FOTOE图片网，图片编号：10224966
图二至图五　张颖泉　制图
图六　FOTOE图片网，图片编号：20015218

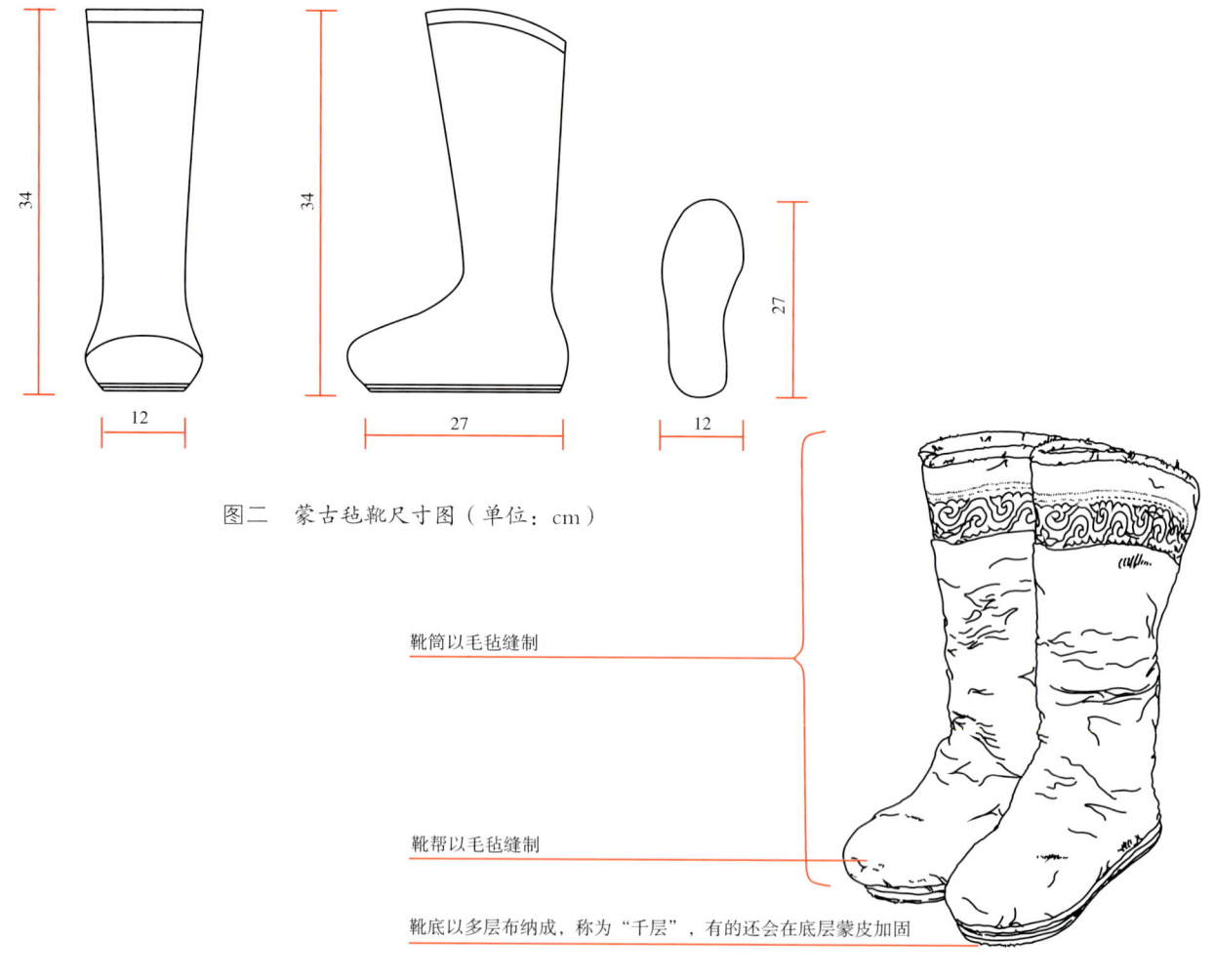

图二　蒙古毡靴尺寸图（单位：cm）

靴筒以毛毡缝制

靴帮以毛毡缝制

靴底以多层布纳成，称为"千层"，有的还会在底层蒙皮加固

图三　蒙古毡靴工艺分析图

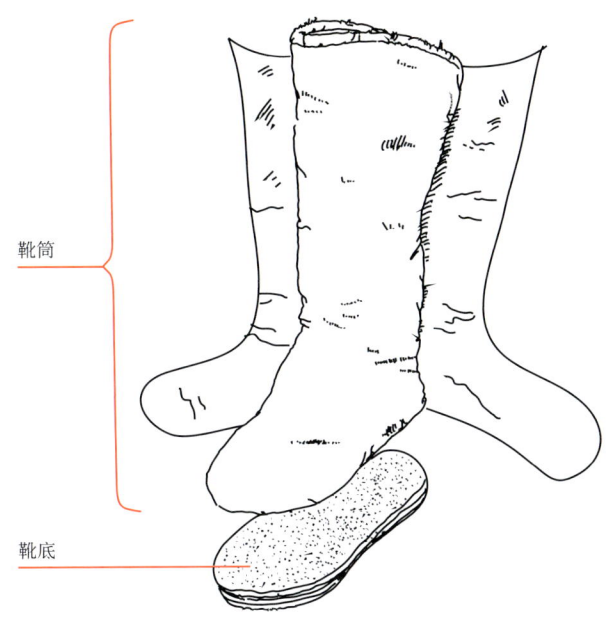

图四　蒙古毡靴解构图

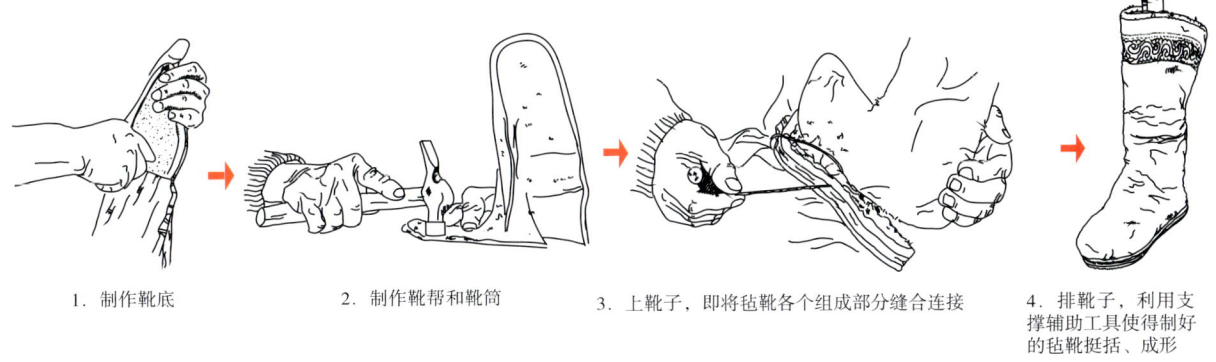

1. 制作靴底　　2. 制作靴帮和靴筒　　3. 上靴子，即将毡靴各个组成部分缝合连接　　4. 排靴子，利用支撑辅助工具使得制好的毡靴挺括、成形

图五　蒙古毡靴制作步骤示意图

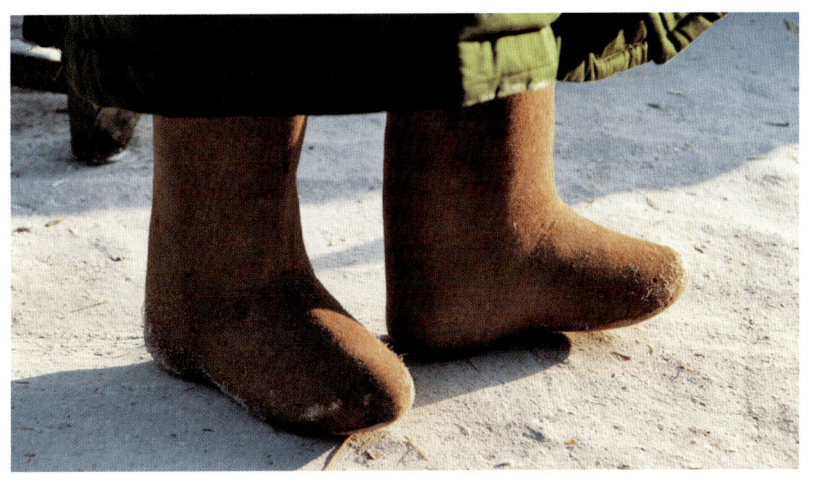

图六　蒙古毡靴穿着情境图

第二章　蒙古族传统服饰

177

蒙古族暖耳

图一　蒙古族暖耳主图·黑缎绣花卉纹皮护耳

暖耳也称"耳套""耳衣"，是一种用以防寒护耳的用具。蒙古族的暖耳主要为妇女佩戴，形制多样，大小不一，展开尺寸通常为人的头围长度，约在50至70厘米。常见蒙古族暖耳似一无顶帽子，其上多以绣花为饰，两鬓处缀有彩带。北方在寒冷季节佩戴暖耳的习惯由来已久，早在元朝时期，暖耳多为男子出行时佩戴，后至明清，暖耳逐步发展成为蒙古族女子的服饰用品。

蒙古族暖耳的基本功能即是御寒护耳，在冬季，气候恶劣的北方草原上，暖耳配合各式帽子，是蒙古族出行的必备品。另外，妇女佩戴的暖耳亦是独具特色的装饰品，其上绣有五彩图案，下缘缀有彩色饰带，配合全身穿着的民族服饰，颇具美感，故暖耳还是蒙古族庆生礼仪中的重要礼品。

常见的蒙古族暖耳为带状，围合于头部，在后部以绳带固定，形成一无顶帽子形状，两侧边缘下垂，正好护住佩戴者的耳廓。蒙古族地区也有类似于回族分成两片的暖耳，直接套在耳郭上，以系绳相互连接。蒙古族暖耳一般以锦缎绸布做面儿，以翻毛的毛皮做里子，较好的是貂毛和狐毛。朝外的布面多为黑色，其上绣有多彩的民族传统图案作为装饰，题材以花鸟居多。暖耳边缘通常绣有花纹条带，既能够增进美观，亦是将布面和毛里缝合的关键。两侧的护耳下缘一般缀有红色和绿色彩色丝带，一边2至3根，形状如同西方的领带。女子佩戴好暖耳后，这些彩色丝带搭在女子两肩和前胸位置，非常好看。

蒙古族暖耳是一种在寒冷季节佩戴御寒护耳的服饰用品，使用毛皮做里，体现了蒙古族应对寒冷季节的设计巧思。暖耳上刺绣有丰富精致的民族特色装饰图案，色彩斑斓，形制精巧，记载着蒙古族服饰文化和图案文化的演进与发展，凸显了其独特的民族审美风尚。传统暖耳的设计美观而合理，可以作为现代服饰设计中有益的借鉴和参考。

图片来源

图一　刘兆和主编：《蒙古民族文物图典·蒙古民族服饰文化》，文物出版社，2008年，第189页

图二　周安涛　摄影

图三至图五　许宏　制图

图六　刘兆和主编：《蒙古民族文物图典·蒙古民族服饰文化》，文物出版社，2008年，第189页

图七　那仁夫、杨劲主编：《蒙古族文化图鉴·蒙古族服饰图鉴》，内蒙古人民出版社，2007年，第191页

图八　那仁夫、杨劲主编：《蒙古族文化图鉴·蒙古族服饰图鉴》，内蒙古人民出版社，2007年，第125页

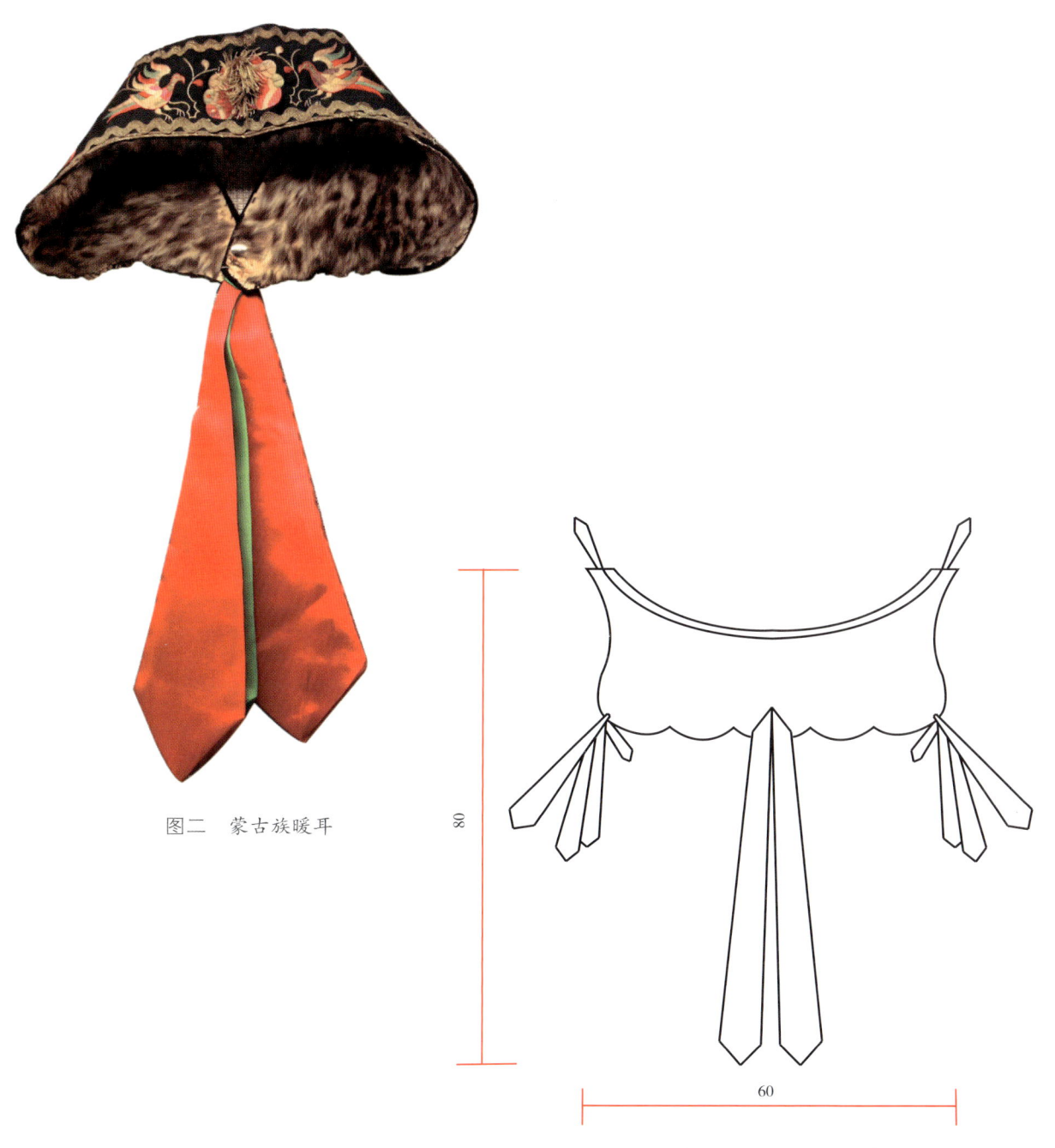

图二　蒙古族暖耳

图三　蒙古族暖耳尺寸图（单位：cm）

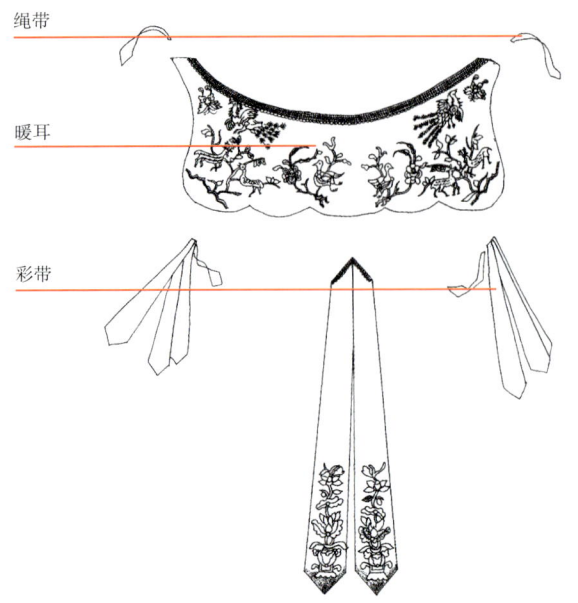

绳带

暖耳

彩带

图四　蒙古族暖耳解构图

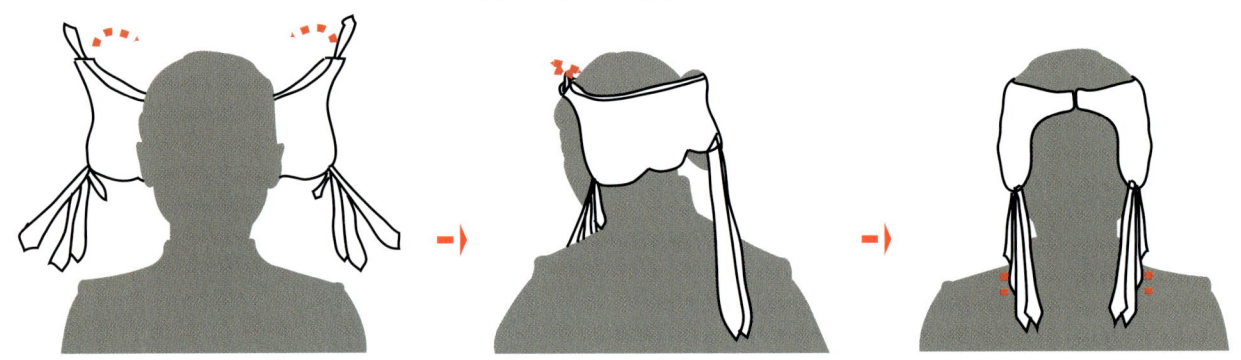

1. 耳套为一条带状，围合于头部，在后部以绳带固定，形成一无顶帽子形状

2. 两侧边缘下垂，正好护住佩戴者的耳郭

3. 女子佩戴好耳套后，这些彩色丝带搭在女子两肩和前胸位置，非常好看

图五　蒙古族暖耳穿戴示意图

耳套边缘通常绣有花纹条带作为中间图案的边框，既能够增进美观，亦是将布面和毛里缝合的关键

蒙古族耳套一般以锦缎绸布做面儿，以翻毛的毛皮做里子，较好的是貂毛和狐毛。朝外的布面多为黑色，其上绣有多彩的民族传统图案作为装饰，题材以花鸟居多

耳套护耳处的下缘一般缀有红色饰，题材以花鸟居多。如同西方的领带

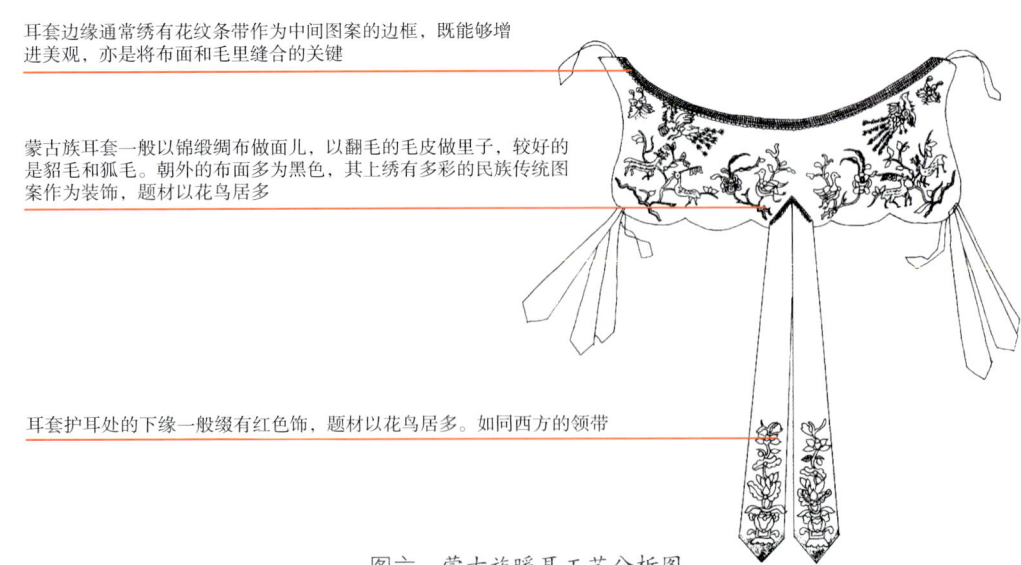

图六　蒙古族暖耳工艺分析图

图七　蒙古族暖耳穿戴情境图

图八　蒙古族暖耳穿戴情境图

蒙古族手镯

图一　蒙古族手镯主图

手镯（手镯从广义上包括镯和钏，其中镯是戴于腕，钏则戴在上臂，本文着眼于前者展开讨论）又称"手环"，古称"腕钏"或"跳脱"，是一种佩戴于手腕的身体装饰品，属常见的服饰配饰。蒙古族手镯基本呈圆环形，有封闭的，亦有留镯口的，其直径通常为7至9厘米，厚度不等。在新石器时代，北方先民就已经开始佩戴手镯，及至元朝，蒙古族男女皆好佩戴。

蒙古族手镯的主要功用即是作为服饰配饰，用以装饰身体，除此之外，手镯还是蒙古族守护身体、驱邪避祸的重要器物。在蒙古族传统礼俗中，如置办新娘服饰，手镯不可或缺；孩童庆生和老人寿辰，手镯也是亲友馈赠的重要礼物，象征圆满和平安，祈福健康，趋避祸灾。蒙古族手镯的制作材料多种多样，包括兽骨、木料、玉石、金、银、铜或铁，古时，普通百姓一般佩戴骨木制、银制、铜制和铁制手镯，金玉以及镶嵌各类珠宝的昂贵手镯多为贵族佩戴。不同材料的手镯，其加工工艺亦不尽相同，骨木手镯首先要镞挖、切削成形，再打磨抛光，有的还需要髹漆彩绘；玉石手镯一般为素面，不加雕饰，加工时需要经过粗雕细雕，琢磨抛光等环节；金属手镯通常为锤打成形，再錾刻图案，雕镂纹样作为装饰，金属手镯上通常还镶嵌有各种珠玉宝石，以红珊瑚、绿松石、白玉和玛瑙居多。另有不同材质嵌合而成的手镯，即一只手镯的圈环，由不同材料构成，如银木、银玉和金银等，彰显了高超的制作工艺。制成的手镯有完整封口的，也有留镯口的，还有分节串联的，形制多样。常见手镯上装饰纹样有二龙戏珠、团寿、金连珠和各类花卉植物等。现藏于科尔沁博物馆的一只银嵌珊瑚松石手镯，属清代造物，直径8.3厘米，厚度1.5厘米，圆铤银制，镯口錾刻二龙戏珠纹，镯身外缘镶嵌七颗红珊瑚珠和一颗绿松石珠，色泽艳丽，精致华美。

蒙古族手镯是一种典型的服饰配饰，其选材、形态与功用皆体现出浓郁的北方游牧民族审美风尚，凸显了游牧文化的造物特质，对于民族造物文化的研究与考证及多种材料的嵌合工艺研究等领域具有宝贵的参考价值。

图片来源

图一、图二　李淼　摄影
图三至图五　李淼　制图
图六　FOTOE 图片库
图七　微图网

图二　蒙古族手镯

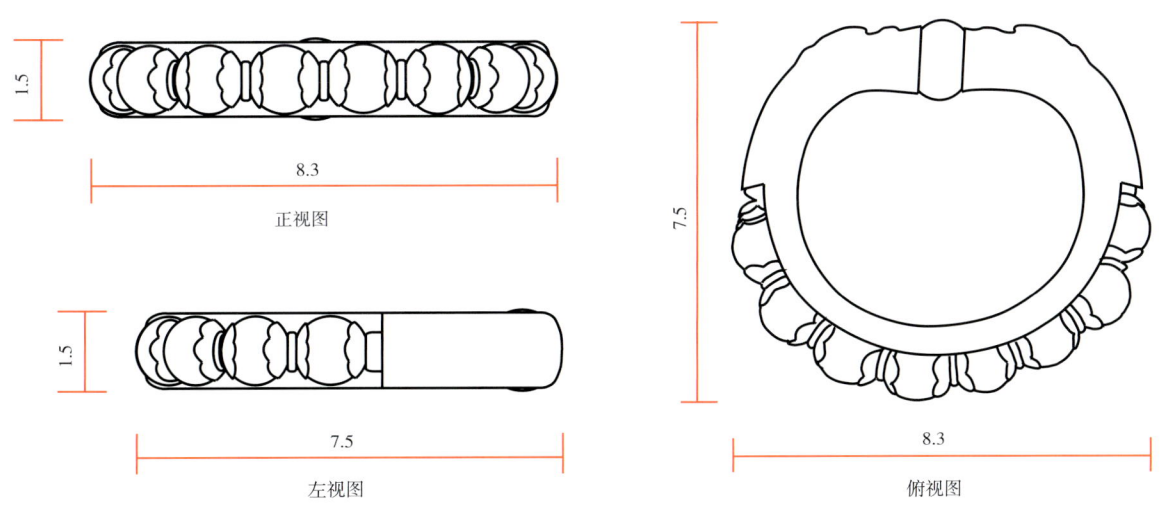

图三　蒙古族手镯尺寸图（单位：cm）

蒙古族手镯的制作材料多种多样，包括兽骨、木料、玉石、金、银、铜或铁

假镯口錾刻二龙戏珠纹

镯身外缘镶嵌红珊瑚珠、绿松石珠，或者白玉和玛瑙等其他各种珠玉宝石

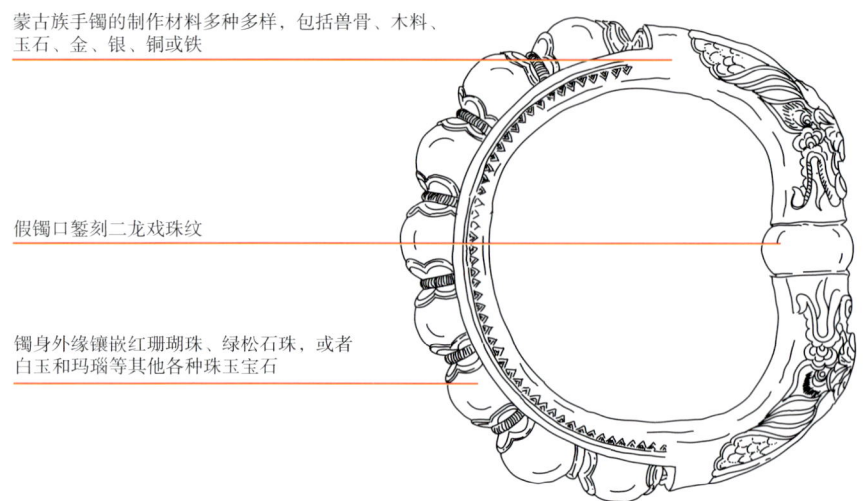

图四　蒙古族手镯工艺分析图

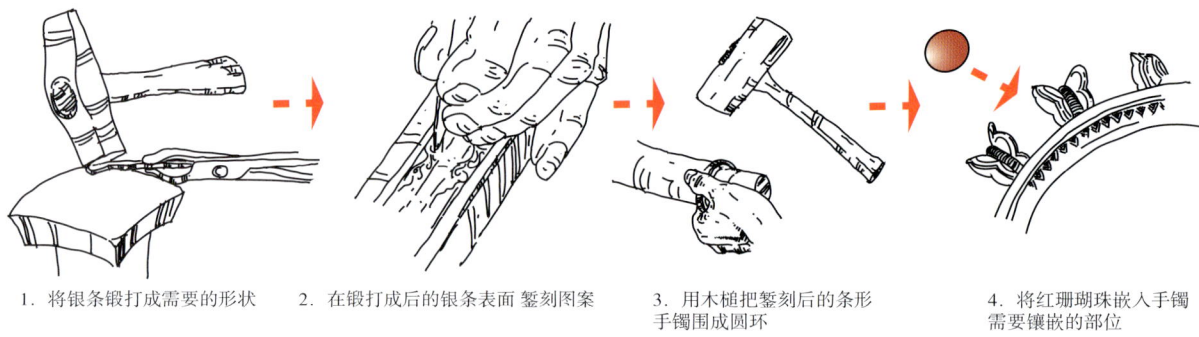

1. 将银条锻打成需要的形状　　2. 在锻打成后的银条表面錾刻图案　　3. 用木槌把錾刻后的条形手镯围成圆环　　4. 将红珊瑚珠嵌入手镯需要镶嵌的部位

图五　蒙古族手镯制作步骤示意图

图六　蒙古族手镯佩戴情境图

图七　蒙古族手镯佩戴情境图

蒙古族摔跤服

图一　蒙古族摔跤服主图

摔跤在蒙古语中被称为"博克",《蒙古秘史》中称为"孛阔"。早在元朝时期，每逢重要的节庆或祭祀活动，特别是在每年7月的那达慕盛会上，蒙古族摔跤是不可或缺的竞技、表演项目。蒙古摔跤服是摔跤手在竞技中所穿戴的一整套服饰行头。摔跤服的组成与特征因地域不同有着一定的差异：漠北摔跤服一般由将军帽、镶钉皮坎肩、三角摔跤裤、大翘尖靴等组成；漠南的摔跤服则通常由护身颈结、三色彩带、镶钉皮坎肩和灯笼裤、套裤、牛皮靴等组成。穿戴好摔跤服的摔跤手不仅威武健美，而且其易受伤的部位也得到了良好的保护。近代蒙古族摔跤服在沿袭传统形制的基础上，又有所发展，一般由景嘎(护身颈结)、卓德格(摔跤坎肩)、绍都格(三角形摔跤裤)或摔跤裤、套裤、包腿、护膝板、围裙、靴捆和靴子等组成。

景嘎即是摔跤手脖子上戴的护身颈结，又称"吉祥带"，主要是由裹有绸布的皮圈以及拴系其上的彩带组成的项圈。其上的彩带数量越多，标志着佩戴者胜利的次数越多，是其荣耀的象征。卓德格是摔跤手穿戴的坎肩，用鞣牛皮、香牛皮、毛毡或粗布料制作，其功能主要是方便竞技时双方捉拿、发力，亦在剧烈对抗中具有保护肩、背和腰部的作用。从款式上区分，卓德格有开放式和封闭式两种，以开放式居多。开放式卓德格因外形似展翅蝴蝶，又被称为"翅膀坎肩"或"蝴蝶坎肩"，其袖子很短，背部整片，但前胸袒露，腰部左右侧用两根皮条作腰带，扣扎紧束。卓德格的领口、袖子边缘需用香牛皮或粗革镶边，以皮筋、麻线等缝纳紧密，后腰两侧及领袖部位用银铜炮钉镶嵌。后背中心通常会有一圆形银镜或铜镜，其上有錾花龙凤狮虎等图案，也有家族姓氏或居住部落的名称。绍都格即为三角形摔跤裤，以香牛皮缝纳，而普通摔跤裤是指一种用白布缝制的肥裆裤，其外穿无腰无裆的套裤，以皮条与腰间相连。包腿是用于保护摔跤手小腿的装备，一般以竹篾做成箅子，再捆扎于腿部。护膝板是呼伦贝尔地区蒙古族常用来保护膝部的皮革护具，插入靴中，下部有豁口固定到脚上。护膝板正面多有彩

图二　蒙古族摔跤服·皮坎肩

绘图案，如佛教八宝、狮、虎和白象等。围裙是一种装饰物，以红、黄、蓝三色布绸做条，坠于腰间，威风凛凛。摔跤手的靴子自然不可或缺，其底部多用熟牛皮缝制，靴勒则使用香牛皮。为了使靴子在对抗中不至脱落，需要用一条结实的皮条在靴勒上捆扎几圈，被称为靴捆。

摔跤服是蒙古族特有的竞技服饰，不同的地区有一定的细节变化，但统一的部分无非包括三个层面：凸显穿着者的勇猛威武，便于摔跤竞技时的相互捉拿、发力以及对肩、背、腰、膝、小腿等部位的保护。摔跤服作为一种特殊的传统服饰，其套装组件、用料工艺，乃至其上的纹样和设色等，都成为研究蒙古族节庆、祭祀和民族文化个性等诸多层面的重要例证。

图片来源
图一、图二、图六　周安涛　摄影
图三、图五　卞竹青　制图
图四、图七、图八　李淼　制图
图九　微图网

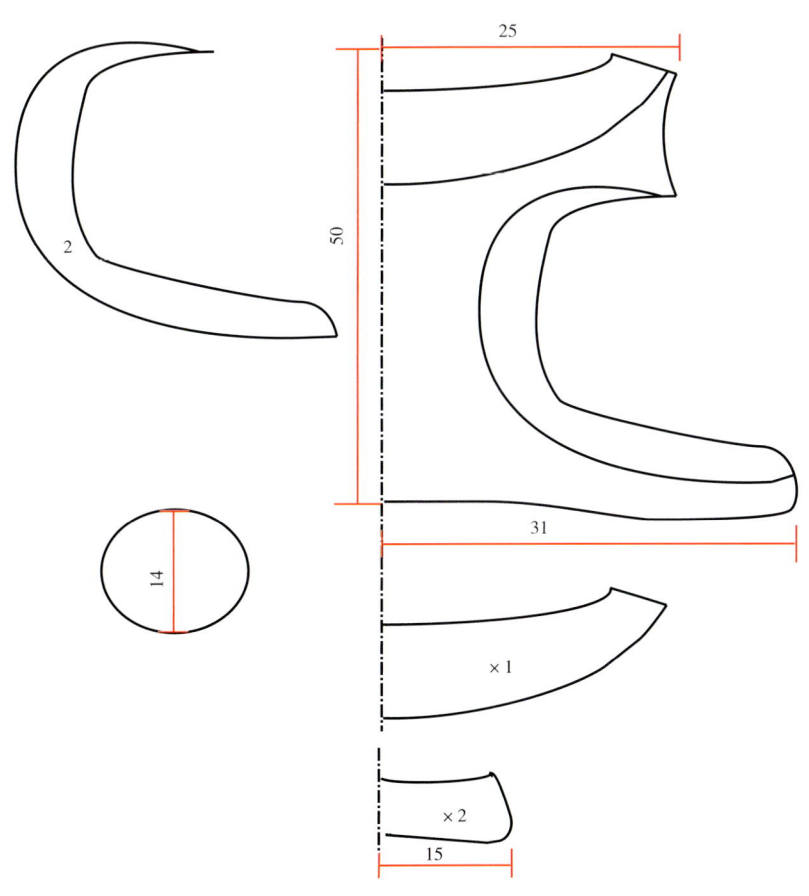

图三　蒙古族皮坎肩分解图（单位：cm）

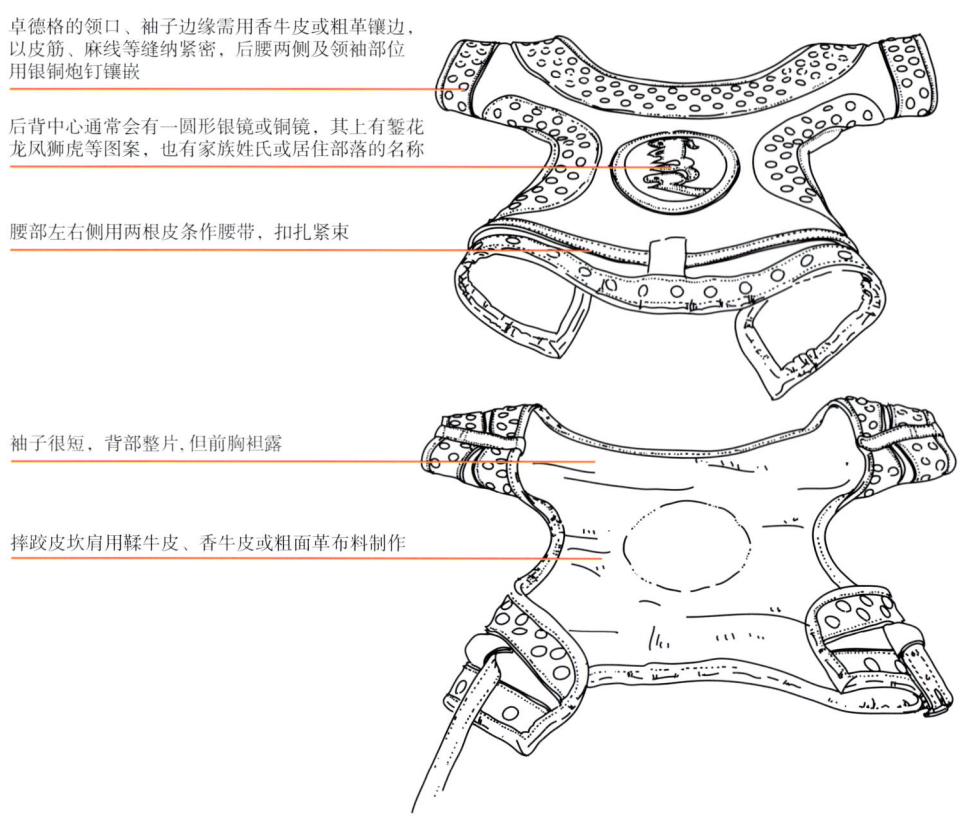

卓德格的领口、袖子边缘需用香牛皮或粗革镶边，以皮筋、麻线等缝纳紧密，后腰两侧及领袖部位用银铜炮钉镶嵌

后背中心通常会有一圆形银镜或铜镜，其上有錾花龙凤狮虎等图案，也有家族姓氏或居住部落的名称

腰部左右侧用两根皮条作腰带，扣扎紧束

袖子很短，背部整片，但前胸袒露

摔跤皮坎肩用鞣牛皮、香牛皮或粗面革布料制作

图四　蒙古族摔跤皮坎肩工艺分析图

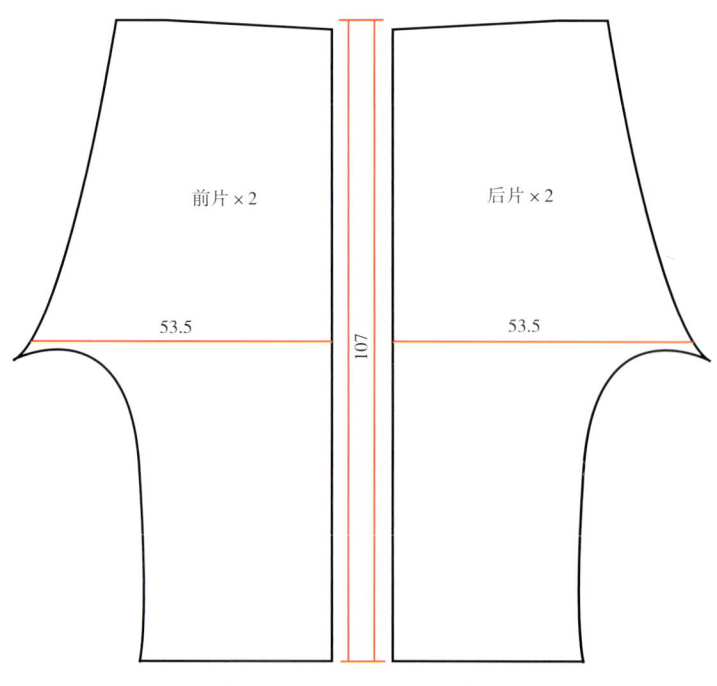

图五　蒙古族摔跤裤分解图（单位：cm）

图六 蒙古族摔跤服·护膝板

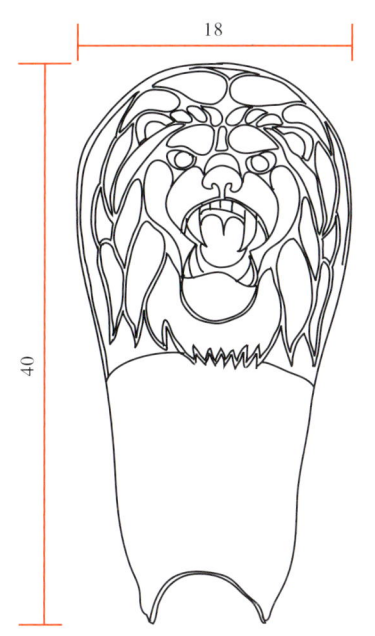

图七 蒙古族护膝板尺寸图
（单位：cm）

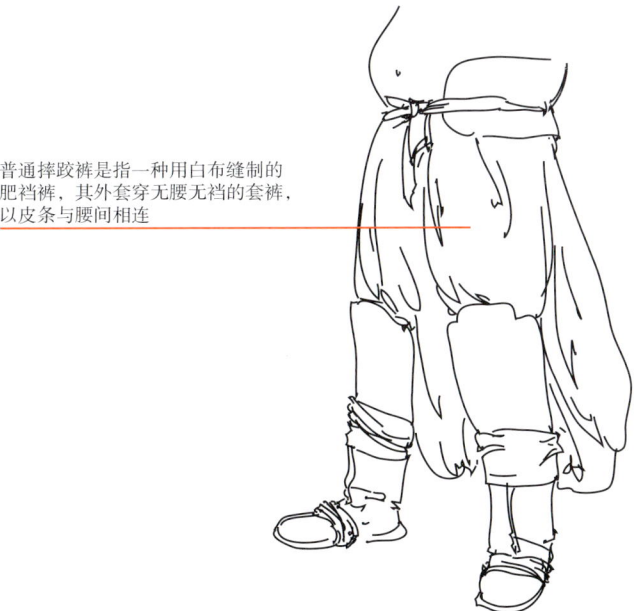

普通摔跤裤是指一种用白布缝制的肥裆裤，其外套穿无腰无裆的套裤，以皮条与腰间相连

护膝板正面多有彩绘图案，如佛教八宝、狮、虎和白象等

护膝板是呼伦贝尔地区蒙古族常用来保护膝部的皮革护具，插入靴中，下部有豁口固定到脚上

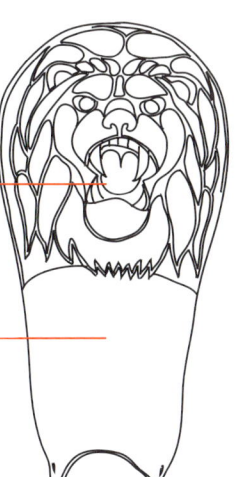

图八 蒙古族摔跤裤及护膝板工艺分析图

第二章 蒙古族传统服饰

图九　蒙古族摔跤服穿着情境图

蒙古族头巾

图一　蒙古族头巾主图

头巾也称"裹头""罩头"或"缠头",是一种用以包裹头部的织物。蒙古族头巾通常为一长方形布块儿,宽度一般在几十厘米,而长度有的可达数米。不同区域以及不同性别和年龄的蒙古族人系扎的头巾样式、大小、颜色及扎法多有不同。相传,蒙古族人系扎头巾的风俗源于成吉思汗,当初成吉思汗统一蒙古各部之后,下令每个族人皆需要罩上头巾,以此象征族旗之角,期冀蒙古族繁荣强盛。

蒙古族头巾,男女皆喜好系扎,在夏季佩戴可以防晒,在秋季还可保护头发不被风沙污染,在冬季裹上厚厚的头巾则可以保暖御寒、抵御风雪,一定程度上替代帽子的功能。此外,蒙古族的头巾还是女性用以区分婚姻与否的标志,姑娘们通常将头巾缠在头上,然后在右侧挽出一个小结,使头巾的穗头垂在一旁,有的地方会将头顶露出,表示未婚;已婚妇女们则用头巾包裹整个头顶,将末端掖入内圈,外面不留穗头。男子头巾的系戴礼节与女性头巾有较大差别:少儿缠头巾是两鬓角处系双穗子;青年头巾的系法是绕圈缠在脑后,系出穗子;年岁大一点的男子会把头巾向内缠绕,不系穗子,并往往露出耳朵。蒙古族头巾的材质多样,包括各种绸缎和棉麻布匹,早先还有以动物毛皮制成的头巾。在元代，蒙古族贵族男子冬季除了戴各种皮毛帽子，还会系狐皮、貂皮或雪兔皮制成的头巾。各种材质在使用时亦有讲究，青年和小儿多用绸巾包头，长者一般系棉布或粗帆布头巾。蒙古族头巾大多为单色，亦有使用花卉图案作为装饰的，但数量不多。其中，女子的头巾为粉色、蓝色、绿色或白色；男子的头巾以白色、黄色、蓝色和墨绿色居多，中老年人则多用深棕、深绿、深紫或深蓝色的头巾。

蒙古族的头巾是一种非常实用的民族传统服饰，缠裹在头部可以抵御草原风沙和冬日寒风，此外，五颜六色的头巾配以不同的系扎方式，亦是区分蒙古族男女身份、年龄及婚姻状况的标志，充分展现了蒙古族的民族文化特质与造物智慧，在现代民族服饰文化研究中具有宝贵的实证价值。

图片来源

图一、图四　刘兆和主编：《蒙古民族文物图典·蒙古民族服饰文化》，文物出版社，2008年，第211页

图二、图三　张颖泉　制图

图五　刘兆和主编：《蒙古民族文物图典·蒙古民族服饰文化》，文物出版社，2008年，第269页

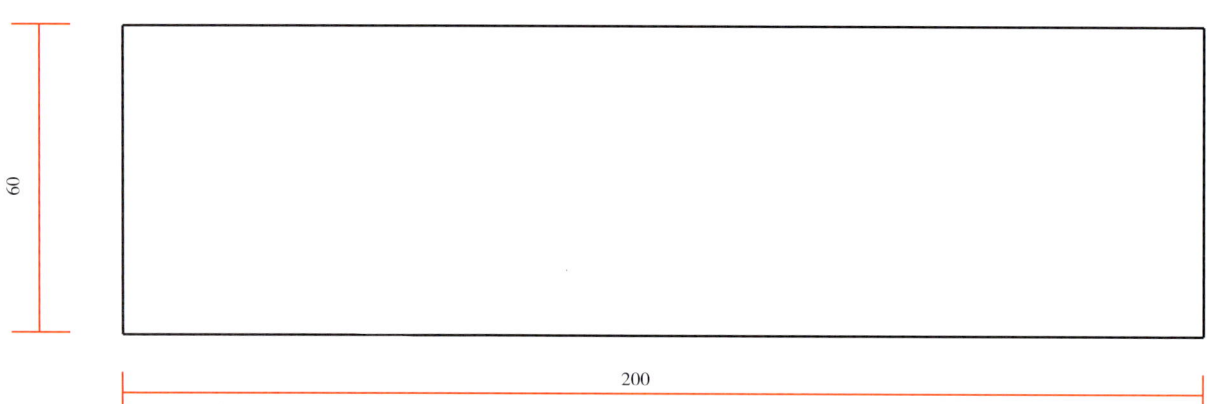

图二　蒙古族头巾尺寸图（单位：cm）

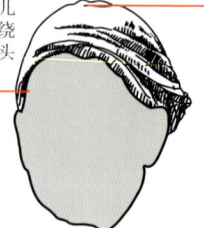

图三　蒙古族头巾工艺分析图

图四　蒙古族头巾包裹情境图

图五　蒙古族头巾包裹情境图

蒙古族托海

图一　蒙古族托海主图

托海也称"图海",是一种挂在腰带上的环扣,用以系挂物件儿,属于蒙古族传统男子服装配饰。蒙古族托海一般为两个金属饼形相扣,包括上缘皮环在内,其长度多在10厘米左右,如果算上下缘拴系的绳索和物件,总长接近半米。托海的使用源于北方游牧民族千百年来束腰系物的传统,其具体功用同唐代官服中的蹀躞七事亦有一定的沿承关系。

蒙古族托海的基本功能即是供男子挂在腰间,用以系挂火镰、蒙古刀等随身器物。它多以纯银打造,做工华美,缀于腰间有着浓郁的装饰意味。托海还是蒙古族传统礼俗中常见的华贵礼品,寄托祝愿与情谊。

常见的蒙古族托海包括银扣、上缘皮环和下缘锁链三个组成部分。其中，银扣是核心部分，通常为两个足银打造的饼形，银扣中间以铰链结构相合，可以前后活动，下方银扣通常做有月牙形孔环，用以悬挂锁链。银扣表面通常錾刻有各种精美的民族图案，层次丰富，造型生动，工艺精湛。有的银扣中央镶嵌有珊瑚、绿松石或其他珠宝玉石，古代王侯贵族更会使用纯金打造的托海，彰显华贵。上缘皮环以优质牛皮、鹿皮或驼皮制成，两端固定于银扣上端，中间可穿系腰带。下缘锁链有银链，也有皮条或彩色棉麻绳索等，主要用以连接、悬挂物件儿，有的托海下缘还会缀系有颜色的穗子，增加装饰感。蒙古族人一般将托海系挂于腰带的右前方，通常只挂一枚，其上串连火镰和蒙古刀。有的也会同时挂两枚，将火镰与蒙古刀分开悬挂。

收藏于科尔沁博物馆的一对清早期纯银托海，含皮环和锁链，通长39厘米，银扣上錾刻有侧身狮虎图案、祥云底纹，精致华美，具有浓郁的北方装饰风格。

托海是蒙古族男子的传统服装配饰，别系在腰间既具有悬系物件的实用功能，亦因其精美做工而具有良好的装饰功效。藉此，托海充分展现出蒙古族传统造物文化中功能与审美并重的设计思想。此外，托海的制作选材和其上丰富的猛兽及吉祥类装饰图案，亦展现了蒙古族特有的北方草原文化特质，对于现代相关设计史论研究具有宝贵的参考价值。

图片来源
图一、图七　周安涛　摄影
图二至五　李淼　制图
图六　李淼、许宏　制图

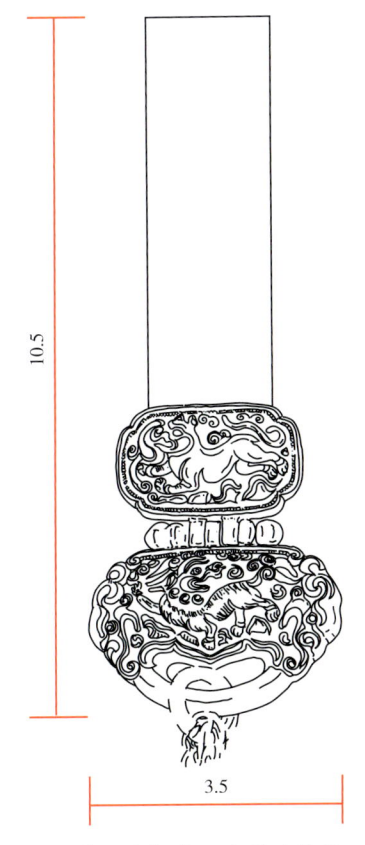

图二　蒙古族托海尺寸图（单位：cm）

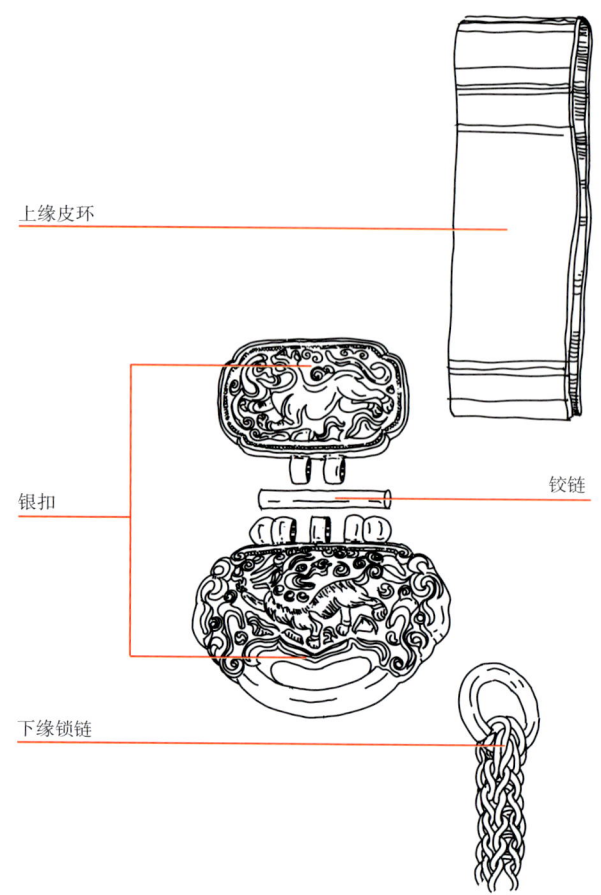

图三　蒙古族托海解构图

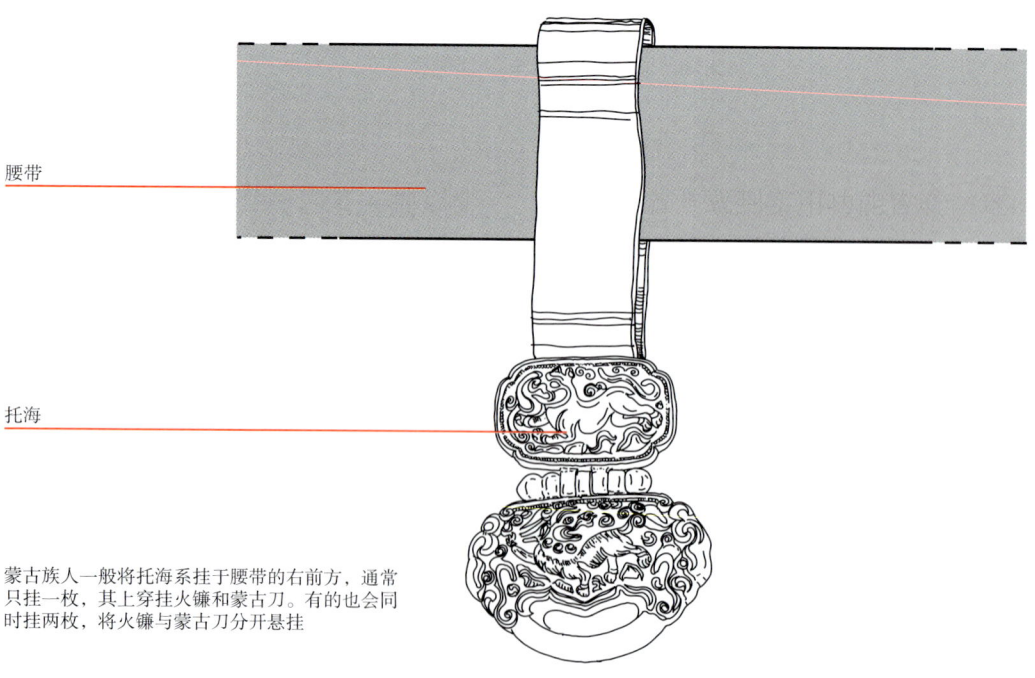

蒙古族人一般将托海系挂于腰带的右前方，通常只挂一枚，其上穿挂火镰和蒙古刀。有的也会同时挂两枚，将火镰与蒙古刀分开悬挂

图四　蒙古族托海佩戴示意图

上缘皮环以优质牛皮、鹿皮或驼皮制成，两端固定于银扣上端，中间可穿系腰带

银扣通常为两个足银打造的饼形，银扣中间以铰链结构相合，可以前后活动，下方银扣通常做有月牙形孔环，用以悬挂锁链

下缘锁链有银链，也有皮条或彩色棉麻绳索等

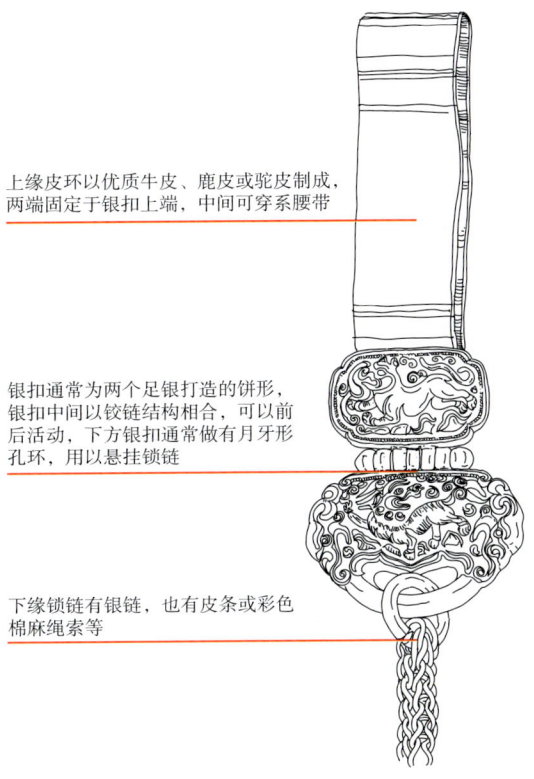

图五　蒙古族托海工艺分析图

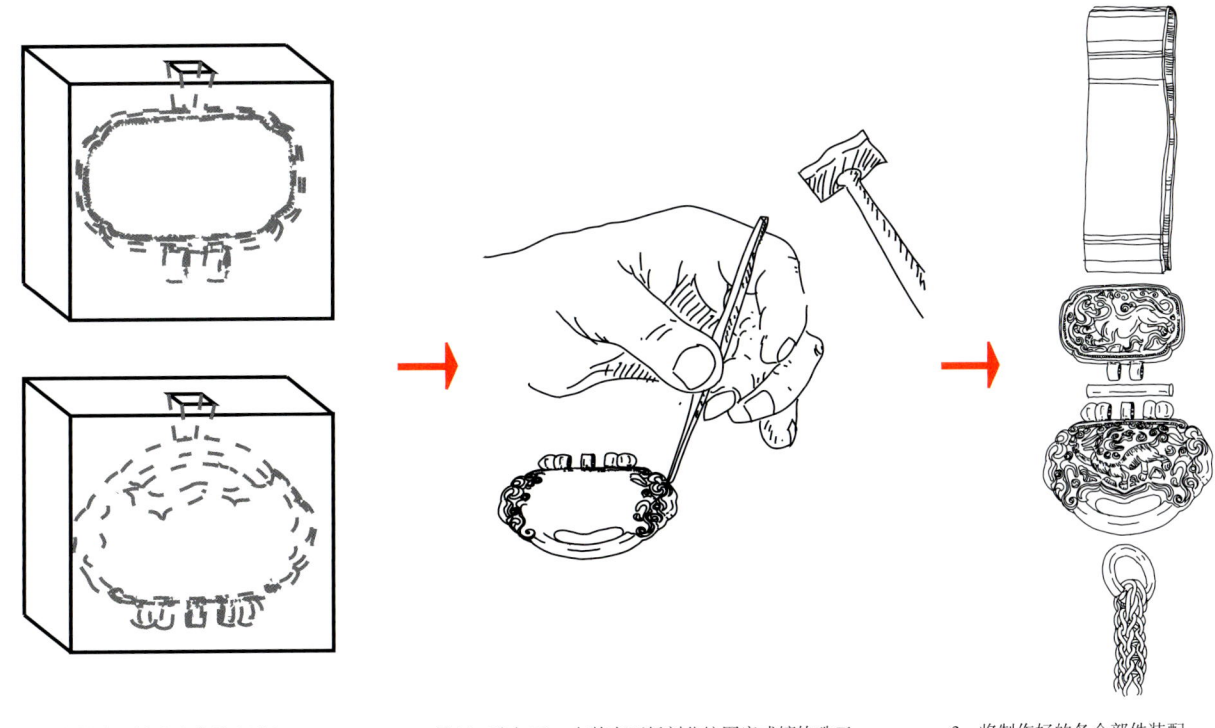

1. 制作模范，铸造出其基本形态　　　2. 通过二次加工，在其表面錾刻花纹图案或镶饰珠玉　　　3. 将制作好的各个部件装配

图六　蒙古族托海制作步骤示意图

图七　蒙古族托海佩戴情境图

蒙古族瓦楞帽

图一　蒙古族瓦楞帽主图·元代汪世显家族墓出土瓦楞帽

瓦楞帽，亦称"瓦珑帽""瓦笼马骔帽"等，是一种古代北方游牧民族的传统帽饰，属笠帽类，至元代得以流行，沿用及明代。蒙古族在元朝时期所戴的瓦楞帽有方、圆两种，基本形态为帽顶至底端开敞式，有宽帽檐，通常帽高短于帽宽，具体细节形态多有变化。拉施特《史集》插图中的元代贵族便戴着方形瓦楞帽。广胜寺壁画《大行散乐忠都秀在此作场》中杂剧艺人也戴有圆形瓦楞帽。

瓦楞帽原指如瓦楞般的帽子，古为庶民所戴，及至元，为体现统治阶层的优越，蒙古的贵族官员多穿戴瓦楞帽，以别于汉族官员的方巾。因此，元代成就了瓦楞帽的辉煌期，其帽式多样，有方有圆，高低宽窄各有不同，且往往镶珠戴玉，以示佩戴者的身份。瓦楞帽的内缘一般以藤篾编结，外层或以牛马尾编结而成，其上可编饰各类传统图案作为装饰。方形瓦楞帽又称"四方瓦楞帽"，顶部窄小、平整，向下敞开形成口部宽大的帽檐，有的还会在帽顶插上雉尾帽翎。圆形瓦楞帽有一圆顶和一圈圆帽檐，帽檐有整圈一体的，也有前后檐分开的，通常前檐较窄，可以上翻，后檐一般较宽，有帔。本案例主图为元代汪世显家族墓（甘肃漳县）出土的圆形瓦楞帽，帽高12.5厘米，横向宽30厘米，前后长37.5厘米。该帽顶为圆形，由四瓜片构成，帽檐分前后，前者为半圆圈形，可遮阳，后檐长而下垂，可抵御风沙。整帽以棕麻为胎，外裹黑纱制成。

瓦楞帽是一种历史悠久的北方游牧民族传统帽饰，在元朝时期因同政治身份挂钩，在蒙古族中流行一时，后经历明清时期的变更，及至今日，瓦楞帽已经逐渐走出了历史舞台，成为一种蒙古族的历史文化符号，记载着蒙古族昔日的辉煌与鼎盛。

图片来源

图一　天津人民美术出版社主编：《中国织绣服饰全集·历代服饰卷4》，天津人民美术出版社，2004年

图二、图三　许宏　制图

图四　微图网，图片编号：mf 2069683

图五　沈从文主编：《中国古代服饰研究》，上海书店出版社，2005年

图六　那仁夫、杨劲主编：《蒙古族文化图鉴·蒙古族服饰图鉴》，内蒙古人民出版社，2007年，第71页

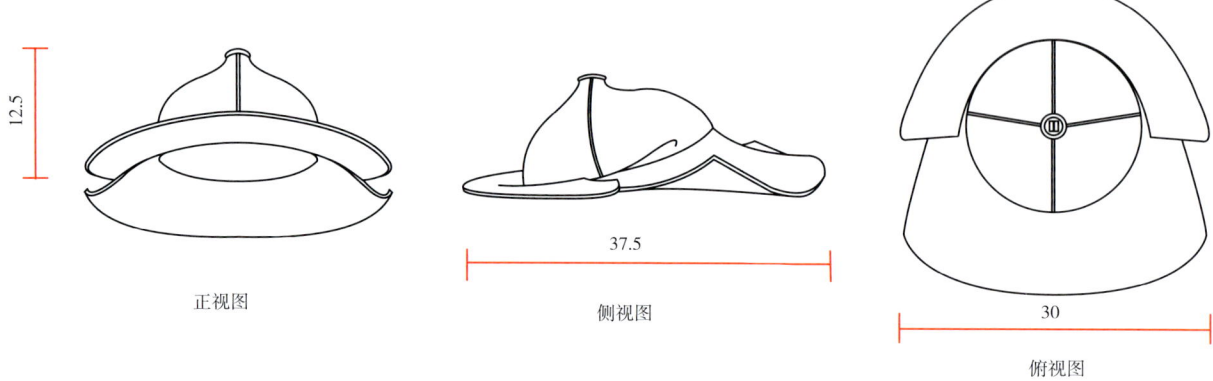

图二　蒙古族瓦楞帽尺寸图（单位：cm）

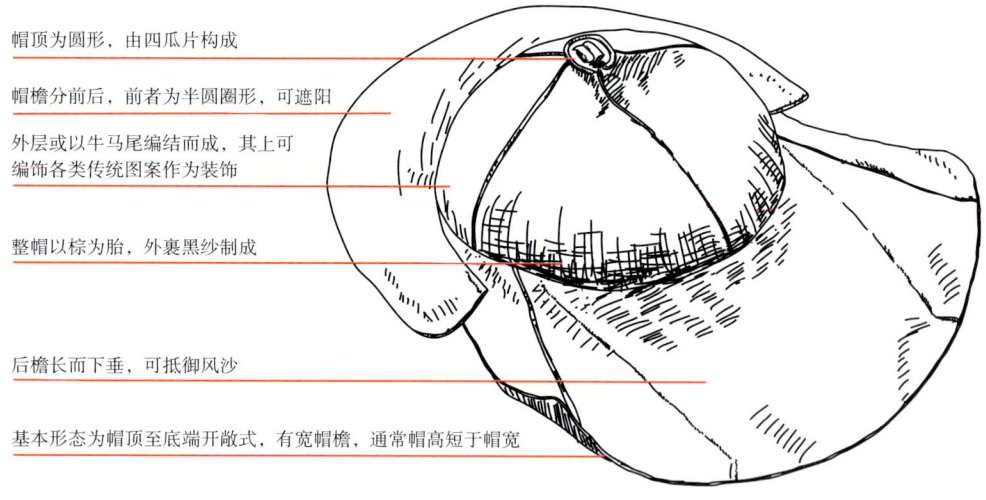

图三　蒙古族瓦楞帽工艺分析图

图四　蒙古族瓦楞帽穿戴情境图

图五　蒙古族瓦楞帽穿戴情境图

图六　蒙古族瓦楞帽穿戴情境图

蒙古族羊皮袄

图一　蒙古族羊皮袄主图·棕色团花缎皮袄

羊皮袄也称"羊皮袍",是一种以带毛羊皮制成的袍服冬衣,具有理想的保暖作用,特别适合冬季寒冷的气候条件。蒙古族羊皮袄属长袍类服饰,在不同区域,其形制和大小有一定的差别,身长一般为130至150厘米,两袖通宽在160至190厘米。为应对北方寒冷的冬季,先民早就以带毛羊皮或其他兽皮制衣御寒,沿袭至元代,蒙古族人结合蒙古袍的服饰特点,将之演化为蒙古羊皮袄。

羊皮袄的主要功用即是作为冬衣防寒保暖,此外,不同区域蒙古族的羊皮袄亦充分结合了当地气候与文化特征,从服饰形制、穿着方式到实用功能皆有一定的差异。例如,生活在呼伦贝尔草原上的巴尔虎蒙古族,他们所穿的羊皮袄即是从典型的草原蒙古袍演进而来,特点是窄袖束身,有宽大开衩的下摆,便于穿着者在冬季骑乘与劳作。这种羊皮袄皆是毛面朝内,皮面有挂彩色绸缎、棉布为饰的,也有素面的,但都会在衣领、衣襟、袖口和下摆边缘以锦缎或绒布镶边,增加美感。

生活在今青海省的海西蒙古族藏族自治州与河南蒙古族自治县的蒙古族人,其羊皮袄在形制上更接近藏袍,被称为"法布勒"。其翻毛的衣襟宽大、高敞,衣袖长而宽松，腰身肥大，厚重保暖，同上文所述的巴尔虎羊皮袄差异颇大。究其原因，青海地区的蒙古族服饰受藏服影响较大，部分吸收了藏服的特点，又保留了原有蒙古族的风格。青海地区，属青藏高原边缘地带，海拔高，早晚温差大，自然条件较为恶劣。这种宽松而厚实的青海蒙古族羊皮袄适应了当地的气候条件和生产生活的需要。因昼夜温差大，穿着这种皮袄可在中午天热时将右臂或双臂从宽大的衣襟中伸出，将衣袖系扎在腰间，方便日常劳动。夜间，气温骤降，这种宽大的羊皮袄还可充当衣被，御寒取暖。此外，这种皮袄因衣襟宽大，能充当包囊，其胸前可以置放许多随身物件儿。青海蒙古族羊皮袄以素面居多，但同样会在领口袖缘等处镶边装饰，也有整衣挂绸缎或棉布面儿的，不过较为少见。

蒙古族羊皮袄一般以成年绵羊皮制作，一件男子羊皮袄约需8至9张绵羊皮，下摆前后各两张，两袖各一张，前襟一张，后襟一至两张。制作时，需要先用压皮工具和刮片柔软羊皮，待到其柔软程度合适时再按照既定形制裁剪羊皮，如果需要挂面儿，则在此步骤裁剪挂面的面料，缝合成衣。最后才在相应的部位镶边装饰，钉上扣袢，完成羊皮袄的制作。

作为一种蒙古族冬季御寒服饰，羊皮袄具有较典型的实用性，其厚实的袍服形制能够有效地防寒保暖。此外，不同地域的羊皮袄，亦充分适应了当地的气候特征与生产生活需求。其中，青海蒙古族羊皮袄接近于藏袍的服饰形制，彰显了这种设计特点，体现出蒙古族的造物巧思与生存智慧。

图片来源

图一　刘兆和主编：《蒙古民族文物图典·蒙古民族服饰文化》，文物出版社，2008年，第200页

图二　刘兆和主编：《蒙古民族文物图典·蒙古民族服饰文化》，文物出版社，2008年，第115页

图三至图六　孙丹丹　制图

图七　周安涛　摄影

图二　蒙古族羊皮袄主图·蓝布皮袄

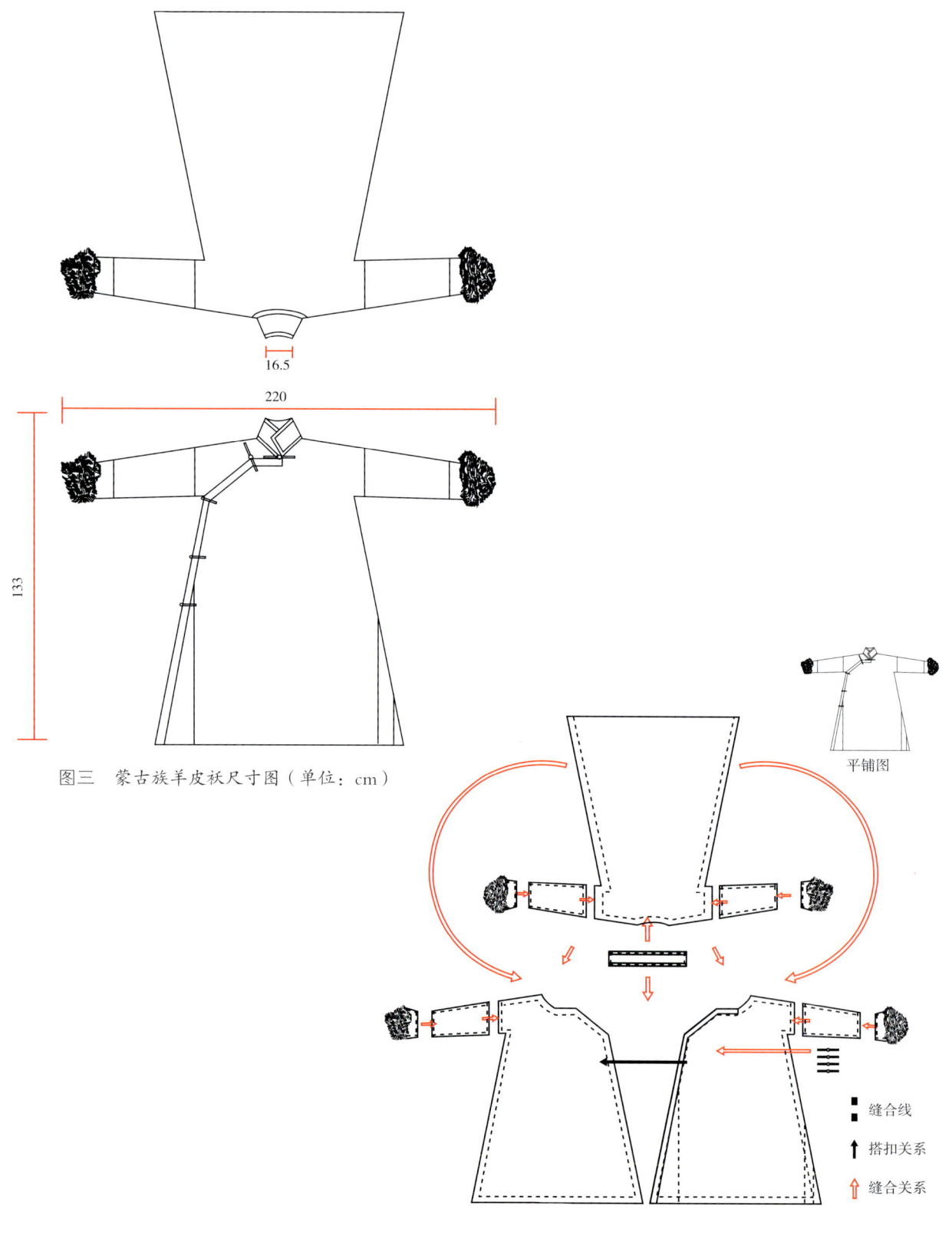

图三 蒙古族羊皮袄尺寸图（单位：cm）

图四 蒙古族羊皮袄分解图

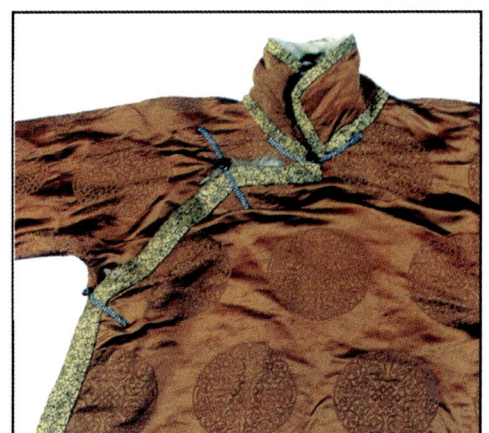

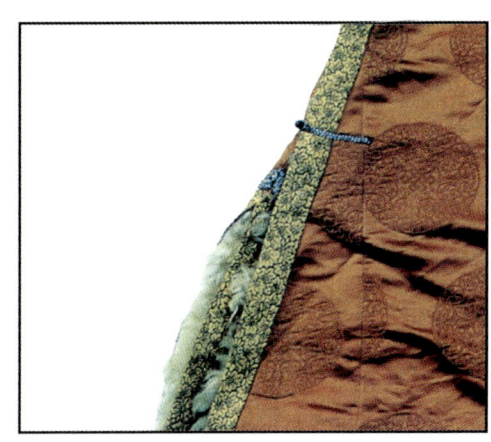

1. 其翻毛的衣襟宽大、高敞，衣袖长而宽松，腰身肥大，厚重保暖
2. 会在衣领、衣襟、袖口和下摆边缘以锦缎或绒布镶边，增加美感
3. 这种羊皮袄皆是毛面朝内，皮面有挂彩色绸缎、棉布为饰的，也有素面的
4. 宽大开衩的下摆，便于穿着者在冬季骑乘与劳作

1	2
4	3

图五　蒙古族羊皮袄局部分析图

需要先用压皮工具和刮片柔软羊皮，待到其柔软程度合适时再按照既定形制裁剪羊皮，如果需要挂面儿，则在此步骤裁剪挂面的面料，缝合成衣

在相应的部位镶边装饰，钉上扣袢，完成羊皮袄的制作

蒙古族羊皮袄一般以成年羊皮制作，一件男子羊皮袄约需8至9张羊皮，下摆前后各两张，两袖各一张，前襟一张，后襟一至两张

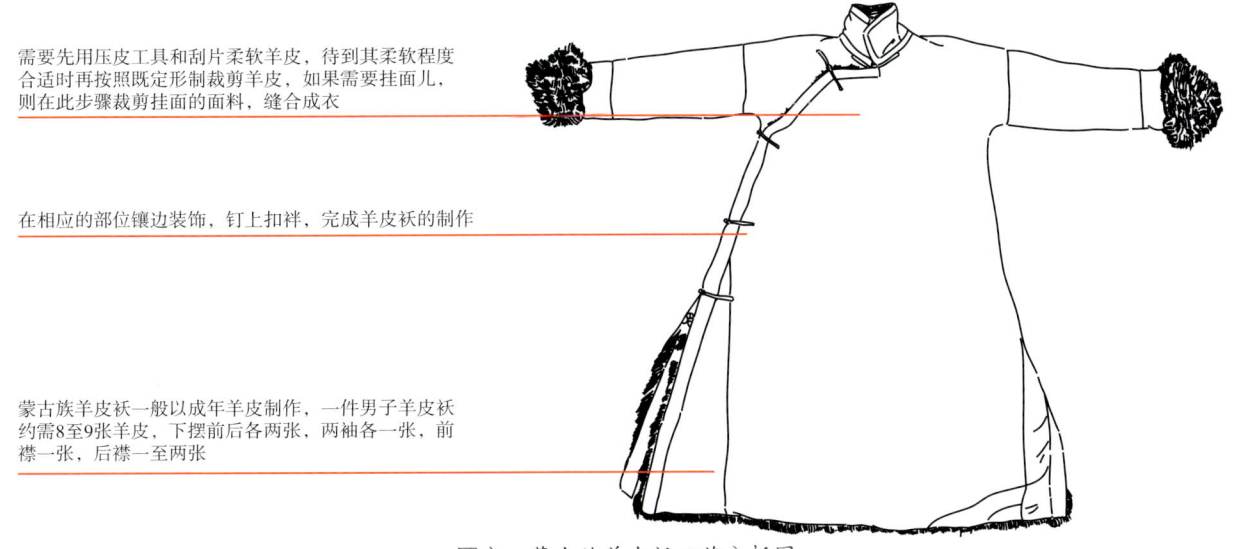

图六　蒙古族羊皮袄工艺分析图

图七　蒙古族羊皮袄穿着情境图

蒙古族尤登帽

图一　蒙古族尤登帽主图

尤登帽也称尖顶披耳帽，为布里亚特蒙古语的音译，意思是衣领上的兜帽或风帽。尤登帽整体呈圆锥状，有尖顶，通长为20至30厘米，展开的帽宽为30厘米左右，具体尺寸根据佩戴者的需求而定。尤登帽同布里亚特部落一样古老，早在成吉思汗统一蒙古诸部之前，当布里亚特人还集中在贝加尔湖畔生活时，便有了这种极富民族特色的帽式。尤登帽作为传统帽式，其功能多样，不仅可以遮阳防雨，还具有挡风和保暖的作用。

布里亚特蒙古人多在相对温暖的春夏季佩戴单薄的尤登帽，在寒冷异常的北方秋冬季佩戴吊面翻毛厚尤登帽。尤登帽佩戴方便、舒适，可以折叠或打开，便于携带与存放。在夏季遮阳防雨，在冬季则可抵挡北方凛冽的寒风，有利于佩戴者头部保暖。在礼仪民俗层面，尤登帽同蒙古族其他帽式一样，具有重要的精神象征性，代表了为人的尊严和地位，在一些正式的礼仪场合，蒙古族帽子更是不可或缺。

尤登帽的结构并不复杂，一般用优质呢料裁制缝纫而成，十分耐用，一顶尤登帽戴上十几年，很是寻常。尤登帽的整体外形为圆锥式，由前檐、后檐、帽扇等构成，其中前檐通常较后檐短，两个帽扇底缘有系带，可用以向上或向下拴系。尤登帽在不同季节的多种戴法是其一大特色，而且男女佩戴风格亦不同。常见的男子戴法是先将帽扇向上系在前檐上，而后将后檐翻折；女子戴法是先将整个帽子前后对调，前檐朝后，后檐冲前，然后将长后檐向内折入帽中，并把帽扇系在后檐上方固定。这是春夏季的戴法。一般在寒冷的冬季，男女都戴翻毛厚尤登帽，帽扇和后檐都是披下的，以此防寒。除此之外，尤登帽还有多种特殊的佩戴法，如圆锥式折叠戴法，可防止在夏季最热时日晒中暑；还有简易式帽扇折叠戴法，便于骑行；还有一种是劳作式折叠戴法，适合于季节性劳动场合。

尤登帽多以深蓝、墨绿或黑色为主，除了有时会在帽子边缘镶饰细彩边外，尤登帽上较少装饰，显得古朴别致而不失典雅，独具民族风尚。

布里亚特蒙古族的尤登帽非常实用，适用于不同季节与不同生活生产场合，其戴法多样，颇具创造性，体现了蒙古族造物设计的巧思与生存智慧。传统尤登帽以其优质的呢料和特殊的造型，成为蒙古族服饰文化体系中的一颗明珠。它不仅是布里亚特蒙古族服饰装束的标志之一，亦是其造物智慧的结晶。此外，尤登帽的帽式特征以及多种佩戴方式，对于当代服饰设计具有宝贵的借鉴与参考价值。

图片来源

图一 那仁夫、杨劲主编：《蒙古族文化图鉴·蒙古族服饰图鉴》，内蒙古人民出版社，2007 年，第 113 页

图二至图五 许宏 制图

图六 刘兆和主编：《蒙古民族文物图典·蒙古民族服饰文化》，文物出版社，2008 年，第 148 页

图七 那仁夫、杨劲主编：《蒙古族文化图鉴·蒙古族服饰图鉴》，内蒙古人民出版社，2007 年，第 117 页

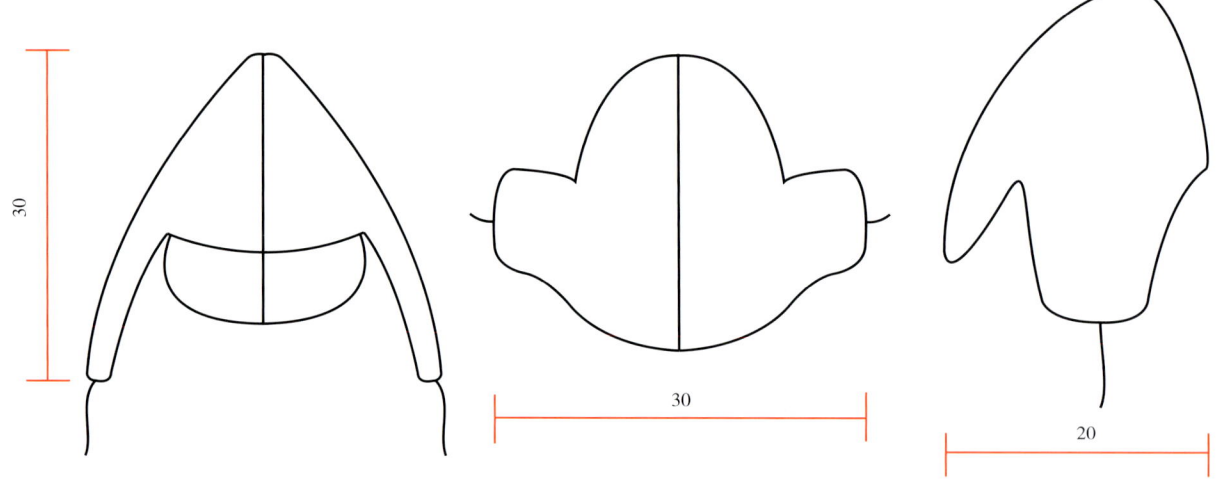

图二 蒙古族尤登帽尺寸图（单位：cm）

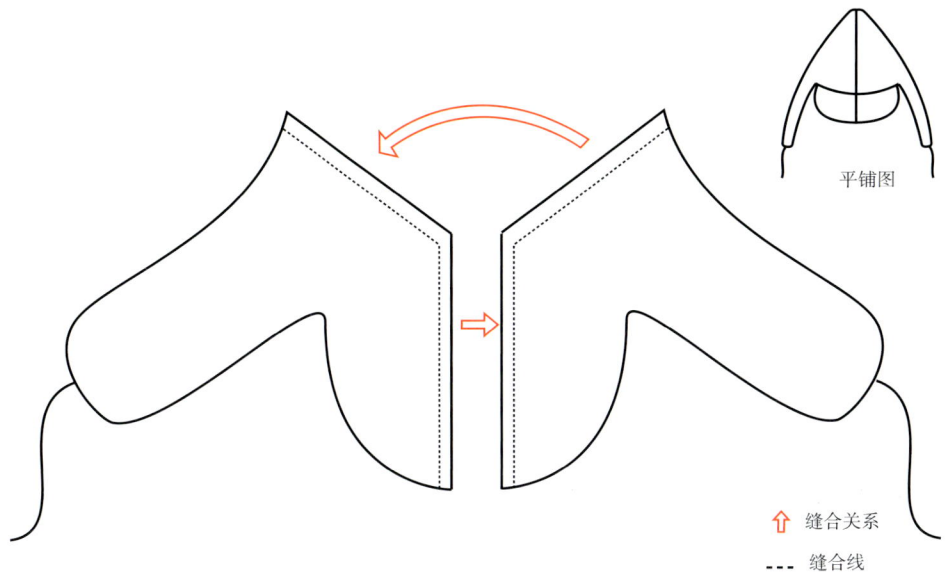

平铺图

⇧ 缝合关系
--- 缝合线

图三　蒙古族尤登帽分解图

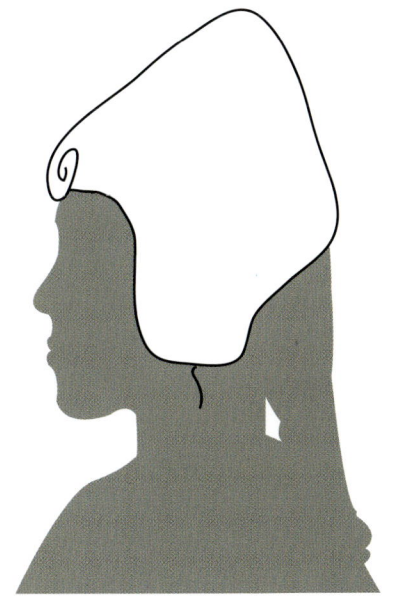

1. 前檐朝后，后檐冲前，然后将长后檐向内折入帽中

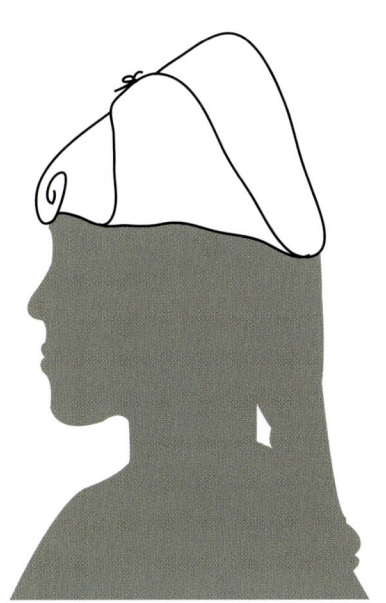

2. 把帽扇系在后檐上方固定

图四　蒙古族尤登帽穿戴示意图

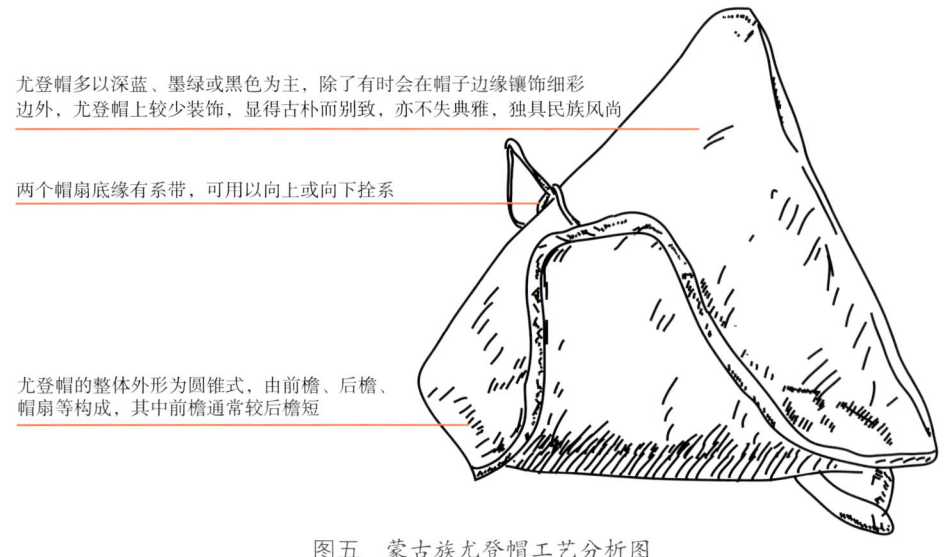

尤登帽多以深蓝、墨绿或黑色为主，除了有时会在帽子边缘镶饰细彩边外，尤登帽上较少装饰，显得古朴而别致，亦不失典雅，独具民族风尚

两个帽扇底缘有系带，可用以向上或向下拴系

尤登帽的整体外形为圆锥式，由前檐、后檐、帽扇等构成，其中前檐通常较后檐短

图五　蒙古族尤登帽工艺分析图

图六　蒙古族尤登帽穿戴情境图

图七　蒙古族尤登帽穿戴情境图

第三章 蒙古族传统餐饮

蒙古族炒米

图一 蒙古族炒米主图

炒米又称"蒙古米",蒙古语称为"胡日森布达"或"熬特巴达",是蒙古族日常主食之一。炒米以散糜子为原料,经过若干道工序炒制加工而成,色泽金黄,味香干脆。蒙古族食用炒米的历史久远,具体源起时间已不可考,但炒米的制作工艺与饮食传统一直延续至今,基本没有改变。

蒙古族的炒米味香而耐饥,食法便捷,蒙古族俗语称"暖穿皮子,饱吃糜子"。在日常生活中,蒙古族人游牧、狩猎之时,炒米因其方便实用、易保存的特点,是牧民随身携带的重要干粮。炒米的主要原料是糜子,其属于禾本科黍属,又名"黍""稷"或"炒米糜"。糜子生长期较短,耐旱瘠,是干旱半干旱地区的主要粮食作物之一。糜子的蛋白质含量最高可达百分之十几,淀粉含量约在2/3,脂肪含量低于5%,此外还含有多种维生素、胡萝卜素以及丰富的钙、镁、磷、铁和锌等矿物质元素。

炒米的制作过程包括焖蒸、锅炒和碾磨三个步骤。具体而言,首先是将浸泡后的糜子放入锅内,加水刚没过米,文火将糜子焖至八成熟。之后的锅炒分为炒脆米和炒硬米两种方法:炒脆米是在另一铁锅中将事先准备好的沙子加热,然后置入焖熟的糜子,用特制的搅拌棒快速搅拌糜子和沙粒,等到糜子米中的水分蒸发并崩开花儿,起锅后过筛,将沙子筛除即可;炒硬米则一般不放沙子,干炒到半熟,之后用石碾去糠皮即成。炒米的食用方法多种多样,可以同各种蒙古族传统饮食相配食用,可谓百搭,比如用肉汤可煮炒米粥,用奶茶可以直接泡食,也可用鲜奶、酸奶甚至就是开水添加奶油或白糖泡食。

蒙古族炒米作为一种便携食品，是蒙古族生活方式与饮食文化的集中体现。

图片来源

图一　李淼　摄影

图二　微图网

图三　李淼　制图

图四　刘兆和主编：《蒙古民族文物图典·蒙古民族饮食文化》，文物出版社，2008年，第113页

图五　刘兆和主编：《蒙古民族文物图典·蒙古民族饮食文化》，文物出版社，2008年，第114页

图六　刘兆和主编：《蒙古民族文物图典·蒙古民族饮食文化》，文物出版社，2008年，第115页

图二　蒙古族炒米

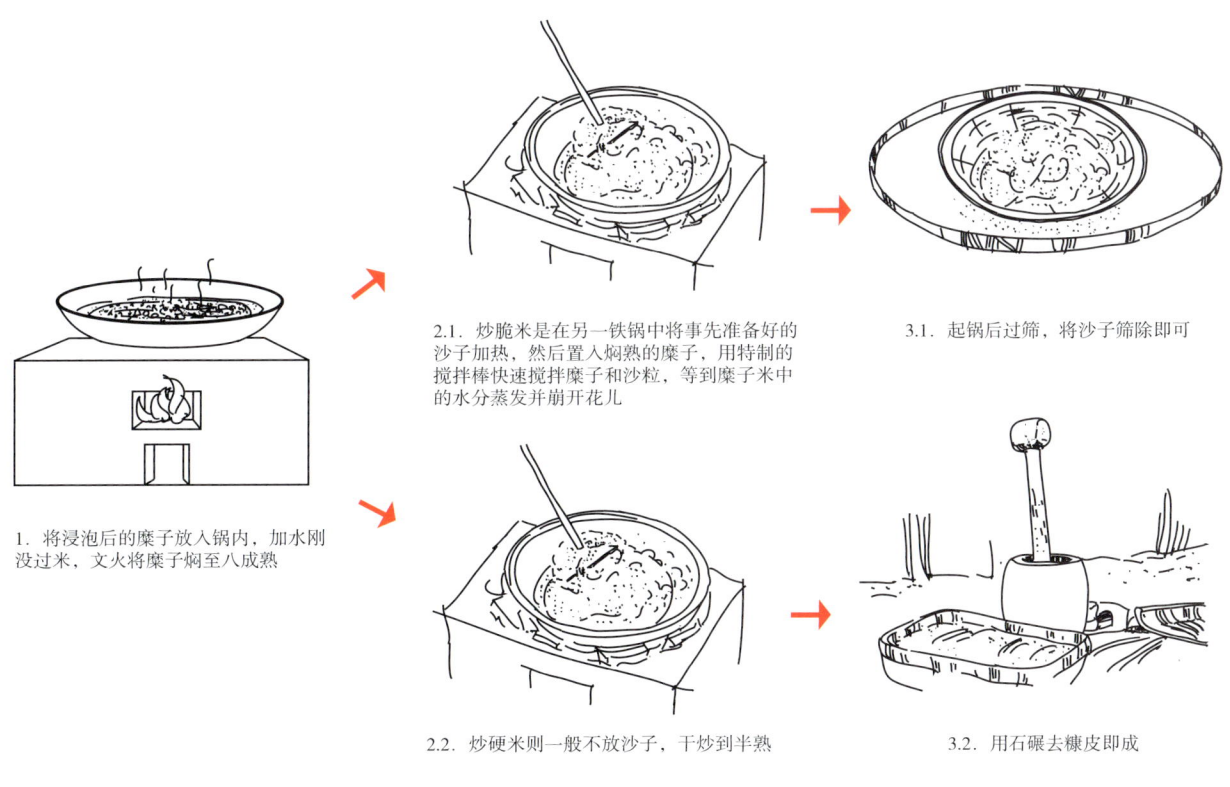

图三　蒙古族炒米制作步骤图

图四　蒙古族炒米加工情境图

图五　蒙古族炒米加工情境图

图六　蒙古族炒米食用情境图

蒙古族黄油

图一　蒙古族黄油主图

黄油又称"乳脂"，蒙古语中称为"希日陶苏"，是一种从奶油中进一步提炼加工而来的奶制品。草原上食用黄油的历史由来已久，早在3000年前，北方游牧民族就已经有了制作和食用黄油的习俗。黄油色泽金黄，味美醇香，刚出锅时是黏稠液体，待到晾干后凝结成固体。黄油属于传统奶制品中的上品，深得蒙古人的喜爱。

黄油是蒙古族奶制品中的精华，含脂量是普通牛奶的两倍，富含维生素、各类矿物质、脂肪酸和磷脂等，食用可抵御严寒。在秋冬季的蒙古草原地区，非常适合牧民食用。黄油还可以入药，蒙古族医生认为坚持进食黄油具有补气安神、润肺增热的功效，并能使人容光焕发、延年益寿。此外，黄油对于蒙古族而言亦具有重要的象征意义，比如供奉的佛灯需要以黄油为灯油，而蒙古族人在嫁娶、生育乃至丧葬中都要涂抹黄油以示祈福或哀悼。

蒙古族的黄油通常从稀奶油（将鲜奶倒入容器，在20摄氏度的室温下放置6至8个小时，待其发酵，奶中的脂肪、蛋白质便会逐渐浮至上层，形成黏稠状、色泽乳白的凝结物，将之与下面的酸奶分离便是稀奶油）中提炼而成。具体方法是将稀奶油装入以细纱布缝制的袋子中，悬挂于温度适宜的地方，沥净稀奶油中的酸汤。之后，将剩下的黏稠奶油倒入木桶或盆中着力搅拌，促使其凝固成团块状，再放入铁锅中以文火熬制，待其溶化，浮于上层的半透明金黄色凝结物便是黄油。除了上述方法，黄油也可从奶皮子或白油中提炼。因其经过熬制提纯，黄油不易变质，较稀奶油更加易于长时间储存。蒙古族牧人一般用加工过的牛羊胃作为储藏黄油的容器。

黄油作为一种蒙古族的传统奶制品，不仅食用营养丰富，高度适应蒙古族生存居住所在地的气候条件，而且因其属于奶制品中的精华，黄油在蒙古族的精神生活中亦被赋予重要地位。这种物质与精神的双重属性，使得黄油成为蒙古族饮食文化特质的集中体现。

图片来源

图一、图二　李淼　摄影

图三、图六　微图网

图四　刘兆和主编：《蒙古民族文物图典·蒙古民族饮食文化》，文物出版社，2008年，第80页

图五　李淼　制图

图七　王柯　摄影

图二　蒙古族黄油制作原材料

图三　蒙古族黄油制作原材料采集情境图

图四 蒙古族黄油制作工具

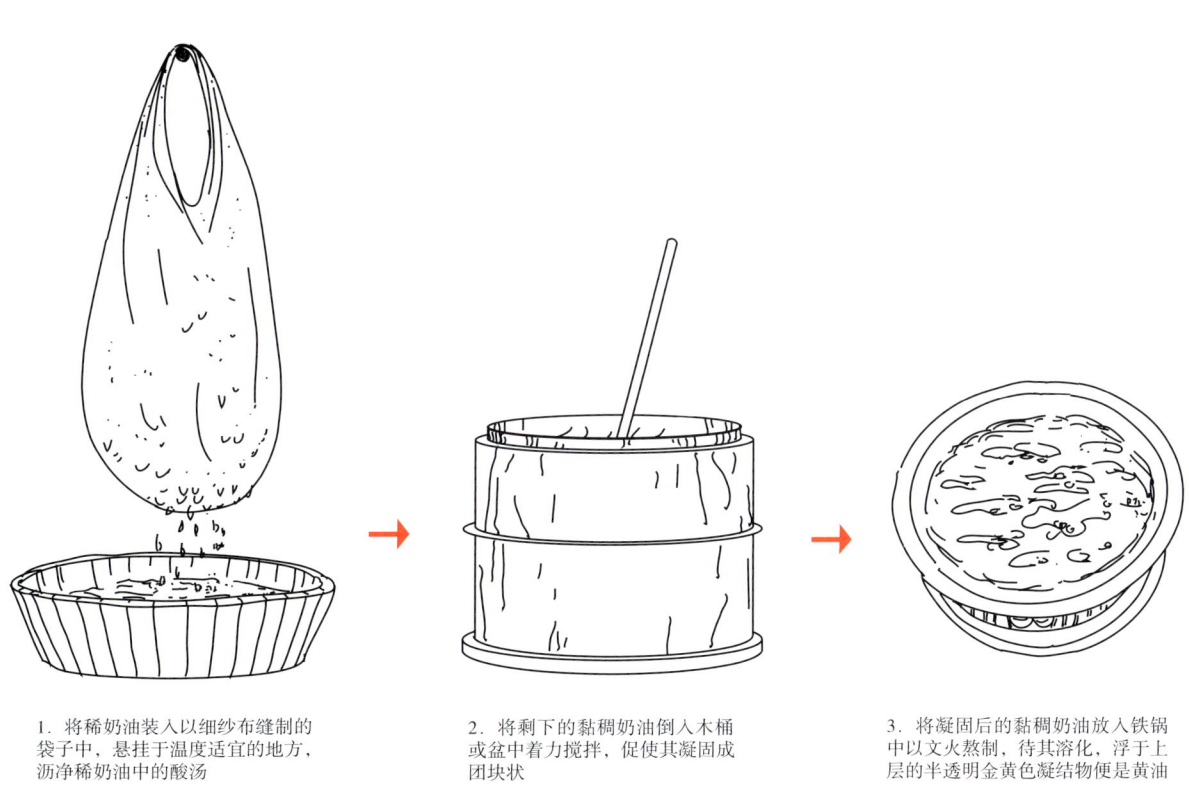

1. 将稀奶油装入以细纱布缝制的袋子中,悬挂于温度适宜的地方,沥净稀奶油中的酸汤

2. 将剩下的黏稠奶油倒入木桶或盆中着力搅拌,促使其凝固成团块状

3. 将凝固后的黏稠奶油放入铁锅中以文火熬制,待其溶化,浮于上层的半透明金黄色凝结物便是黄油

图五 蒙古族黄油制作步骤图

第三章 蒙古族传统餐饮

217

图六　蒙古族黄油食用情境图

图七　蒙古族黄油使用情境图

蒙古族烤全羊

图一 蒙古族烤全羊主图

烤全羊在蒙古语中称为"昭木"或"好尼西日那",是蒙古族人用以招待尊贵客人的一种传统菜肴。顾名思义,烤全羊是由整只羊羔烧烤而成,色泽金黄,味道鲜美,盛在大型铜制或木制托碟中供宾客分食。四五万年前,生活在鄂尔多斯高原最南端的河套人就已经掌握了用火烤制肉食的技巧,在他们的生活遗址中发掘出各种经火烤过的动物骨骼化石。及至后世,北方与西北地区的诸多少数民族都有烤食整羊的菜肴出现,元史记载,在元朝时期蒙古族即有"掘地为坎以燎肉"的风俗。元末明初的《朴通事·柳蒸羊》中已有对烤全羊的详述:"元代有柳蒸羊,于地作炉三尺,周围以火烧,令全通赤,用铁箅盛羊,上用柳子盖覆上封,以熟为度。"(转引自何德权:《蒙族的肉食(三)——烤全羊、蒙古火锅和手把肉》,载《中国食品》1993年第4期,第37页)亦有传如今蒙古族烤全羊的技巧是来自新疆,清康熙年间,为阿拉善第一代王和罗理率部自新疆移居阿拉善时引入。

烤全羊在蒙古族饮食中居有显赫的地位,在蒙古族的传统"秀斯"礼宴中是不可或缺的主菜,可谓是餐桌之上,未有过之。而且,烤全羊不仅被用来招待远方的贵客,也是在大型祭祀活动中用以祭天和祭祖的重要祭品。烤全羊所用的原料主要是清理好的绵羊腔子和各种调料。绵羊被宰后,用铁管插入羊蹄,在皮肉之间吹气使之通体膨胀,经热水洗烫后,将残余羊毛去除。之后剁掉四蹄,在其胸脯向下开8寸左右的切口,清除内脏,洗净体腔。接下来是填装调料,所用调料通常包括葱蒜、干姜、大料、花椒和盐等，将之切碎搅拌后，均匀撒在羊腔、前腿、后腿、脖颈等处。此后，还需将红糖和酱油的混合物煮沸，浇淋于羊腔通体，并在其上涂抹一层植物油方可入炉烤制。

早先烤制全羊的方法相当粗陋，用铁棍穿上整羊直接在篝火上烤制，经过多年传承和演进，烤全羊的技巧愈发考究。蒙古族用来烤制全羊的炉子一般分两种，一种是在地下的火坑洞，另一种则是地上的烤炉，后者居多。地上的烤炉呈圆柱体，以砖石砌筑，通常有一人高，下缘直径在半米左右，内部横向搭放若干铁条并覆以铁制箅子，用来承载全羊。生火的燃料是梭梭树根或其他硬柴，烤制过程中需给全羊补刷一至两次植物油，并定时检查炉温，控制其内温度，通常需要三至四个小时才能烤制完好。

蒙古族用烤全羊招待贵宾，非常注重礼仪。将烤好的全羊从炉中取出后，盛放在大盘子中，端于宾客前，此时主人口念祝词，以双手向宾客呈上蒙古刀，而宾客应当用这把蒙古刀切下全羊胸脯位置的羊肉品尝，并互道祝福。纯正的烤全羊吃法是由主人与宾客各自以蒙古刀切割分食，如今为了方便进餐，在展示过烤好的全羊后，一般由侍餐者抬回厨房进行拆卸，再以大盘呈送给客人食用。

烤全羊富含热量，特别适合在寒冷季节食用，能够补充体热，抵御严寒。烤全羊中还含有人体所需的各种微量元素，如钾、磷、纳、钙等，以及蛋白质和维生素，有益于增强食用者体质，应对草原上严酷的生存环境。由是观之，蒙古族制作和食用烤全羊充分体现了其饮食文化中对于气候环境的适应性，反映出其生存智慧。此外，蒙古族将烤全羊作为招待贵宾的头等菜肴和祭祀天神、先祖的贡品，彰显出蒙古族热情好客的民族性格，以及在烤全羊上所寄托的精神属性。正是蒙古族烤全羊在物质层面与精神层面的多重语义，使之成为今日设计学相关领域研究蒙古族造物文化的重要论据。

图片来源
图一、图五　FOTOE 图片网
图二、图四　微图网
图三　李森　制图

图二　蒙古族烤全羊

1. 绵羊被宰后，用铁管插入羊蹄，在皮肉之间吹气使之通体膨胀

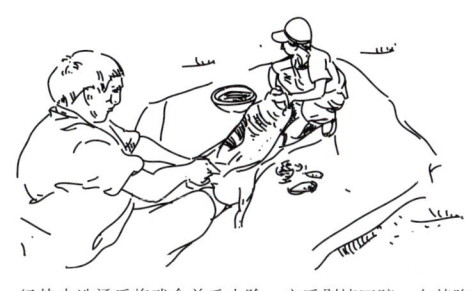

2. 经热水洗烫后将残余羊毛去除，之后剁掉四蹄，在其胸脯向下开8寸左右的切口，清除内脏，洗净体腔。接下来是填装调料，所用调料通常包括葱、蒜、干姜、大料、花椒和盐等，将之切碎搅拌后，均匀撒在羊腔、前腿、后腿、脖颈等处。此后，还需将红糖和酱油的混合物煮沸，浇淋于羊腔通体，并在其上涂抹一层植物油

3.1. 早先烤制全羊的方法相当粗陋，用铁棍或木棍穿上整羊直接在篝火上烤制

3.2. 经多年传承演进，蒙古族现在一般用呈圆柱体的炉子烤制全羊。烤炉以砖石砌筑，通常有一人高，下缘直径在半米左右，内部横向搭放若干铁条并覆以铁制箅子，用来承载全羊。生火的燃料是梭梭树根或其他硬柴，烤制过程中需给全羊补刷一至两次植物油

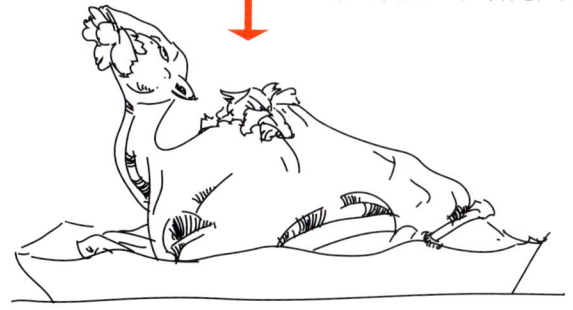

4. 将烤好的全羊从炉中取出后，盛放在大盘子中

图三 蒙古族烤全羊加工步骤

图四　蒙古族烤全羊加工制作情境图

图五　蒙古族烤全羊食用情境图

蒙古族猫耳朵汤

图一　蒙古族猫耳朵汤主图

猫耳朵汤是蒙古族的一种传统小吃，通常以荞面疙瘩捏制成猫耳朵形状的面皮，入汤制成，故而得名。在山西、陕西也有类似的猫耳朵汤传统食品，但在用料和做法上同蒙古族还是有一定的区别。

蒙古族猫耳朵汤的主要原料是猫耳朵与汤，其中的猫耳朵通常以荞面制成，所用的汤多为肉汤，一般是羊汤，更好的则是野鸡或是沙半鸡汤，口感更加细嫩鲜美。做蒙古族猫耳朵汤的第一步是用荞面捏猫耳朵：首先在荞面粉中添加适量的水和少量盐（也有不加盐的），和成面团；搓揉面团至其变软松弛，再用擀面杖将其擀成面饼，厚度在四五厘米为佳；用刀纵横交错切割面饼，使之分成若干小块；最后用大拇指压住小面块用力往一边挤压，形成一个漂亮的卷曲形状，酷似猫耳朵。之后便是将做好的猫耳朵入汤，所用汤汁都是事先煮好的。根据需要，汤中可添加葱花、姜蒜和油盐等各种调料，还可加入一些素菜如胡萝卜、菠菜、黄瓜等调节口味。做好的猫耳朵汤香气四溢，汤内的荞面猫耳一颗颗上下浮动，加之各种调料和时蔬点缀，真可谓色香味俱全。

作为一种传统小吃，从所用食材的角度而言，蒙古族猫耳朵汤颇具民族特色。而且其做法灵活多变，除荞面猫耳朵外，汤汁、佐料和配料都可根据食者的口味自由搭配和调换，这亦从侧面揭示出蒙古族饮食文化的灵活与多样。

图片来源
图一　微图网
图二、图四　李淼　摄影
图三、图五　李淼　制图

图二 蒙古族猫耳朵汤制作原料主材

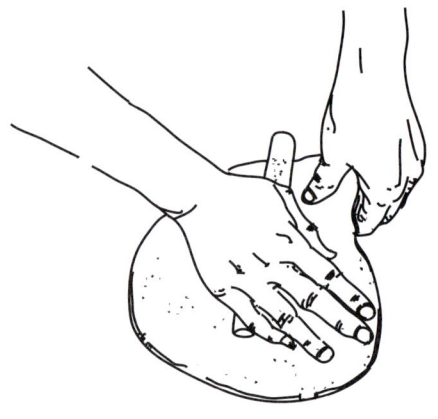

1. 荞面粉中添加适量的水和少量盐（也有不加盐的），和成面团，再用擀面杖将其擀成面饼，厚度在四五厘米为佳

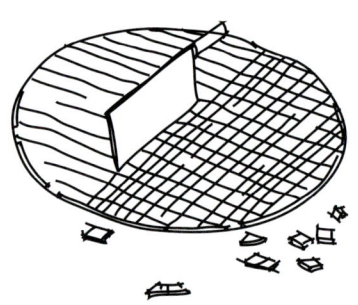

2. 用刀纵横交错切割面饼，使之分成若干小块

3. 用大拇指压住小面块用力往一边挤压，形成一个漂亮的的卷曲形状，酷似猫耳朵

4. 将做好的猫耳朵入汤，所用汤汁都是事先煮好的，根据需要，汤中可添加葱花、姜蒜和油盐等各种调料

图三 蒙古族猫耳朵汤加工制作步骤

图四 蒙古族猫耳朵汤加工制作情境图

图五 蒙古族猫耳朵汤食用情境图

第三章 蒙古族传统餐饮

蒙古包子

图一　蒙古包子主图

蒙古包子又称"蒙古蒸包"，馅儿大，皮儿薄，形态基本同于普通包子，其大小依制作者而定。蒙古包子鲜香可口，在草原上是颇受喜爱的面点小吃。传统中也有将蒙古蒸饺称为蒙古包子的，因为两者除造型有别外，其用料和做法完全一致。

蒙古族人一般将蒙古包子作为小吃点心在早餐中食用，有时也会将之当成便携食物，在外放牧时用来临时充饥，一般正餐中并不食用，或仅作为主菜的配点。蒙古包子分为羊肉馅儿和杂馅儿两种类型，以羊肉做馅儿可谓是其中的正宗。制作时，不用发酵面做面皮儿，而是以热水和好小麦面粉直接擀制出来，这样的面皮儿被称为烫面。馅儿使用全羊肉，即整羊不分部位，全部剁成肉泥后添加葱、姜等调味品即可。杂馅蒙古包子，顾名思义，其馅儿用料不一，有在羊肉中添加奶豆腐渣或野韭菜的，也有使用牛肉代替羊肉的，还有用羊血肠、腌酸菜等做馅的，这些杂馅虽不如全羊肉纯正，但口味多样，可谓各有特色。馅儿制作完毕，便开始包制，以一手托面皮，在其中心放入适量馅儿后，以另一手提边向前捏，托皮的手配合转动，提捏若干褶子后收口便做成蒙古包子，最后入笼蒸熟即可食用。

蒙古包子是一种蒙古族传统面食点心，与常见的包子主要差别体现在其包馅儿，食材原料的选择凸显了蒙古族所处的地域环境和饮食习俗。新出笼的蒙古包子鲜嫩可口、香气四溢，承载着蒙古族特有的生活方式与饮食文化。

图片来源
图一至图五　李淼　摄影

图二　蒙古包子制作原料主材

1. 蒙古包子分为羊肉馅儿和杂馅儿两种类型，以羊肉做馅儿可谓是其中的正宗

2. 以热水和好小麦面粉直接擀制出来，这样的面皮儿被称为烫面

3. 在擀制好的面皮心上放入适量馅儿

4. 一手托面皮，以另一手提边向前捏，托皮的手配合转动。

5. 提捏若干褶子后收口便做成蒙古包子

6. 入笼蒸熟即可食用

图三　蒙古包子加工制作步骤

第三章　蒙古族传统餐饮

图四　蒙古包子加工制作情境图　　　　　　　　图五　蒙古包子食用情境图

蒙古果子

图一　蒙古果子主图

　　蒙古果子又称"炸油果子""羊油果子",也可简称为"油果子"或"果子",是一种蒙古族的传统油炸面食。蒙古果子通常被切成条块状,有的会做出简单的花式造型,大小不等,以适于夹取为宜,其炸好后一般呈金黄色,通体酥脆。蒙古果子的具体源起已不可考,其与甘肃及山西油果子形似,但制作原料及口感皆有较大差异。

　　蒙古果子是蒙古族餐饮系统中的小品,一般在早餐中食用,也作为正餐的配属点心或是招待宾客的休闲小吃。蒙古果子的制作原料包括面粉、鸡蛋、鲜奶、酸奶、牛油或羊油,此外还需要少量的黄油、碱和糖等。制作时,首先以鲜牛奶发酵(或直接使用酸奶)呈半凝固状,添加适量的碱、糖和黄油,混合均匀后倒入面粉堆中,搅拌揉搓使之成为面团,之后将其擀成厚面饼,用刀切成条块状即可入锅。炸蒙古果子的油一般选用羊油或牛油,油温热至八成时便可将果子下锅,待到其通体金黄,香味溢出时即要出锅,否则果子就会被炸老,失去香味。炸好的蒙古果子可以直接食用,蒙古族人喜欢将之泡入热奶茶中食用,味美醇香。除了传统的条块形状,油炸前,蒙古果子还可以被加工成各种造型,以增加美观,比如将长面条盘成麻花状,或是将面条首尾相连形成圈环状,甚至还有将面团用刀剪加工成花形或动物形状的。

　　蒙古果子是一种传统的蒙古族面食点心,与我国北方其他区域的油果子不同,原料中添加了鲜奶与牛、羊油等,相较之下,蒙古果子更为香美。初炸出的蒙古果子酥脆可口，奶香四溢，是蒙古族特有生活方式与饮食文化的集中体现。

图片来源

图一、图四　李淼　摄影
图二、图三　李淼　制图

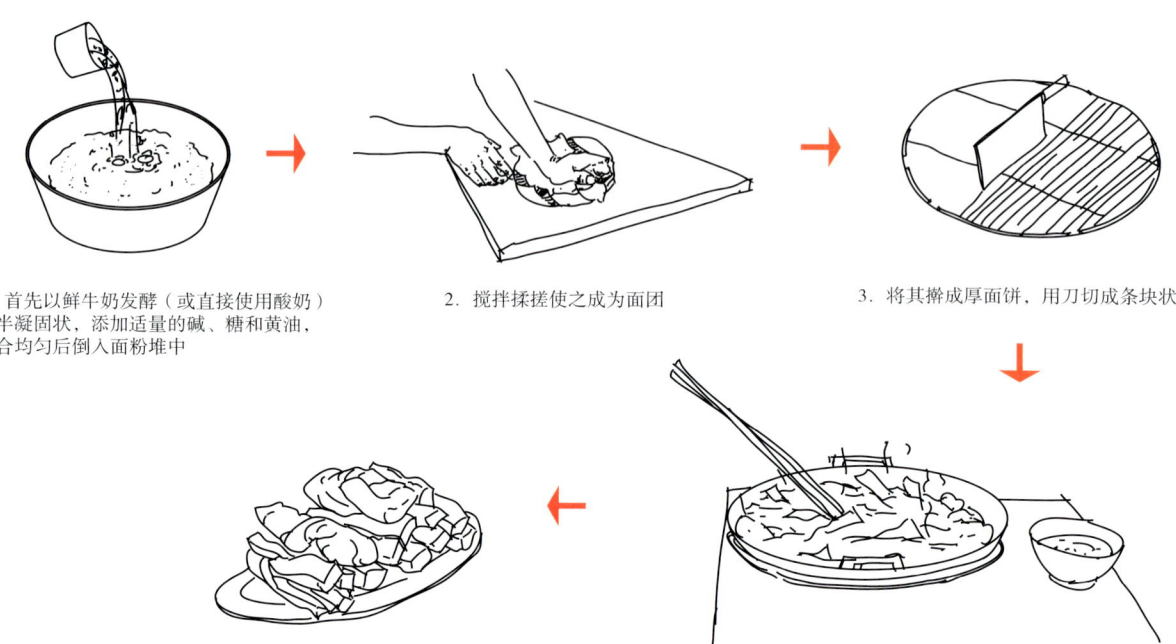

图二　蒙古果子加工制作步骤

图三　蒙古果子加工制作情境图

图四　蒙古果子食用情境图

蒙古族面茶

图一　蒙古族面茶主图

　　蒙古族的面茶也称"油茶",蒙古语中称为"珠通茹",是蒙古族传统茶饮品的一种。做好的面茶一般呈深褐色,半液态黏稠状,其味香浓,上面通常要撒上调味品,增进口味。制作和食用面茶在北方地区较为普遍,历史也甚为久远,但不同区域、各个民族的做法、口味以及吃法皆有所不同。根据清《蒙古风俗鉴》的记载,面茶在蒙古族饮品中仅次于首位的奶茶,排在第二,可见面茶亦是蒙古人非常喜爱的餐饮之一。

　　蒙古族面茶的主要制作原料是青稞面或小麦面,熬制时需要清茶和黄油,此外还需要添加少许盐来调味。具体的做法是先将清茶煮好备用,在铁锅内放适量黄油,待油热后,添加少量面粉并快速将其炒熟,再将备好的清茶倒入锅中,用勺子搅拌均匀,呈黏稠稀糊状即可,最后还可以加入芝麻酱、肉末和鸡蛋等,口味更佳。制作蒙古族面茶时,添加白面的量特别讲究,面粉多了,面茶便成了糨糊,若加少了,又会变成稀粥,口感和味道都不理想。蒙古族面茶的味道香浓,热量很高,既是传统茶饮,又是一种主食。蒙古族人常常在冬季和春季牲畜产奶较少时食用面茶,转场的牧民如果在早晨饮上几碗面茶,甚至可以忙碌一整天不用进食。

　　蒙古族的面茶不仅是饮品,更是能够补充体力的食品。蒙古族人在寒冷的季节偏爱食用面茶,既能解渴充饥,又可增加热量,充分体现出蒙古族人善于适应环境的生存智慧,也彰显出其饮食文化中的实用主义色彩。

图片来源
图一　微图网
图二　李淼　摄影
　　　微图网
图三　周安涛　摄影
图四　李淼　制图
图五、图六　FOTOE 图片库

图二　蒙古族面茶制作原料主材

图三　蒙古族面茶加工工具

1. 在铁锅内放适量黄油烧热
2. 油热后添加少量面粉并快速将其炒熟
3. 将备好的清茶倒入锅中,用勺子搅拌均匀,呈黏稠稀糊状即可,最后还可以加入芝麻酱、肉末和鸡蛋等,口味更佳

图四　蒙古族面茶加工步骤

图五　蒙古族面茶食用情境图

图六　蒙古族面茶食用情境图

蒙古族奶茶

图一 蒙古族奶茶主图

蒙古族奶茶又称"蒙古茶",蒙古语中称为"苏台茄"。作为传统饮料,奶茶对于蒙古族而言不可或缺。清代《蒙古风俗鉴》中记述"茶是奶茶为第一,面茶为第二。吃奶茶时要就奶皮、奶酪、黄油、奶豆腐和炒米,并要加糖,把这称为最好的食品"(清罗卜桑却丹:《蒙古风俗鉴》,赵景阳译,辽宁民族出版社,1988年,第16页)。在蒙古俗语中亦有"宁可三日无餐,不可一日无茶"的说法,可见奶茶对于蒙古族的重要性。蒙古族奶茶熬制好以后通常呈浅咖啡色,可以同多种其他蒙古族食物混合食用,其源起当是延承汉族及其他游牧民族先民的饮茶习俗,并在之基础上加以创造性改进,以适合蒙古族的生活方式及其特有的生存环境。

熬制好的蒙古族奶茶不仅乳茶交融、香气扑鼻,而且营养丰富,清代墨客赵翼在《檐曝杂记》里记载:"寻常度日,但持马牛乳,每清晨,男妇皆取乳,先熬茶熟,去其滓,倾乳而沸之,人各啜二碗,暮亦如此。"(清赵翼:《檐曝杂记·竹叶亭杂记》,中华书局,2007年,第54页)鉴于此,可以说饮用奶茶已经成为蒙古族日常生活中重要的组成部分。熬制奶茶一般使用砖茶,其属于重发酵茶,茶色较深、茶味浓重,特别适合熬煮,所得茶水味道醇厚,茶香四溢。

熬制奶茶,首先将砖茶捣碎,并将之盛放于小布袋内,置入热水中煮制三至四分钟。在煮好的茶水中加入适量鲜牛奶，待到沸腾，使用长柄勺翻搅，直至其充分混合，呈现浅咖啡色即可。制作奶茶的工艺程序并不复杂，但技术性颇强，奶茶味道的优劣、营养成分的多少，与用茶、添水、掺奶的次序、用量以及时机都有关系。为此，一般蒙古族妇女都练就了一手熬煮奶茶的好手艺。在鄂尔多斯等内蒙古地区，熬制奶茶时要添加食盐，使茶味偏咸，也有不在茶中直接添加，而是在茶壶边配上盐罐，饮用者可根据自身喜好添加。还有些地方在熬制奶茶时，会将炒米或小米混合牛油或黄油在锅中炒制一番，然后置入奶茶中熬煮，这样的奶茶香味更浓。蒙古族喝奶茶时，喜欢伴以各种奶制品，如奶皮子、奶豆腐和奶酪等，再泡上炒米一同食用，味道甚佳。除了日常饮用，热情的蒙古族人亦用上好的新鲜奶茶款待宾客，以尽地主之谊，此外，奶茶还是蒙古族传统节庆祭祀中敬奉神灵的重要贡品。

蒙古族奶茶在继承了古代汉族及北方游牧民族茶文化的基础上，结合本民族的特点进行了创新发展，创造出极具民族特色的奶茶烹煮技巧和饮用方式。制作和饮用奶茶，适应了传统蒙古族的生活与生产方式，以及其所处自然环境和气候条件，比如奶茶可以消除蒙古族红食的油腻，促进消化吸收。奶茶作为一种蒙古族传统饮品，充分体现出蒙古族因地制宜的造物智慧和朴素的实用主义饮食文化。

图片来源
图一、图三　周安涛　摄影
图二　李淼　摄影
图四　刘兆和主编：《蒙古民族文物图典·蒙古民族饮食文化》，文物出版社，2008 年
图五　李淼　制图
图六　FOTOE 图片网
图七　微图网

牛奶

砖茶

图二　蒙古族奶茶制作原料主材

图三　蒙古族奶茶制作工具

图四　蒙古族奶茶制作工具

1. 将砖茶捣碎

2. 将之盛放于小布袋内，置入热水中煮制三至四分钟

3. 加入适量鲜牛奶

4. 待到奶茶沸腾以后，使用长柄勺翻搅，直至其充分混合，呈现浅咖啡色即可

图五　蒙古族奶茶制作步骤图

将炒米或小米混合牛油或黄油在锅中炒制一番,然后置入奶茶中熬煮

图六　蒙古族奶茶制作步骤图

图七　蒙古族奶茶食用情境图

蒙古族奶豆腐

图一　蒙古族奶豆腐主图

奶豆腐，也叫"乳饼"，蒙古语为"胡乳达"或"苏恩呼日德"，完全干透的奶豆腐叫"奶疙瘩"。奶豆腐属于奶酪的一种，其颜色微黄，呈半透明状且有光泽，柔软细腻、略有酸味、香美可口。配合奶豆腐模子，可以将奶豆腐加工成各种各样的造型。北方游牧民族生产奶制品的历史悠久，其制作工艺也在民族交融中广为流传，早在元朝时期，便有蒙古族制作并交易奶豆腐及其他各种奶制品的相关记述。对于蒙古族而言，奶豆腐不仅是一种美食，也是祭神及治病的上品。奶豆腐可直接食用，也可配着炒米泡在奶茶中吃，解渴又充饥，是蒙古族牧民远行迁徙时常常携带的美味佳品。

蒙古族的奶豆腐中富含品质优良的蛋白质，以酪蛋白为主，达总量的80%，其中富含人体必需的多种氨基酸，且比例平衡，消化吸收率接近100%。此外，奶豆腐中铁、钙、锌、磷的含量也较为丰富，这些都是人体必需的营养和微量元素。制作奶豆腐通常以做奶皮子后剩下的脱脂乳为原料，也有用半脱脂乳（一般是静置后去除稀奶油后的生奶）为原料。首先，第一次制作时，原料乳需在室温下静放三到四天，待其发酵做成酵母。之后，只需添加前次的酵母，在室温下，两到三天后即可形成酸凝乳块。接着是排干乳清，酸凝乳块需经搅拌分离乳清后，将之倒入锅内，继续加热搅拌，蒸发部分水分,乳块变成黏稠状。最后,将黏稠乳块挤压水分后,用刀或线切成片状或条状,摆置日光下晾干,即是所谓的奶豆腐,其可长期贮藏而不变质。也可利用特制的模子压榨奶豆腐,做成各种造型的花式奶豆腐。奶豆腐的模子一般用榆木或柳木雕刻而成,或是使用青铜铸造。奶豆腐模具的造型决定奶豆腐的形状,内壁多饰有各种蒙古族传统装饰纹样,包括佛教八宝、蝙蝠、狮子、葫芦、各种花卉、桃子和寿字等多种类型。

蒙古族奶豆腐脂肪含量低,蛋白质含量高,富含各种微量元素,是一种营养价值很高的传统乳制品。蒙古人长期食用奶豆腐,对于促进其肠胃功能,增强体质有着重要作用。奶豆腐还在蒙古族传统祭祀和节庆中担当祭品,寓意圣洁、吉祥。时至今日,蒙古牧民传承了奶豆腐的制作工艺,除了自家食用,还会调成各式花样,稍加包装售卖给外人。作为蒙古族传统食物,奶豆腐不仅营养价值极高,更折射出蒙古族的饮食文化与生存智慧。

图片来源
图一 李淼 摄影
图二至图五、图七 周安涛 摄影
图六 李淼 制图
图八 王柯 制图

图二 蒙古族奶豆腐

图三 蒙古族奶豆腐

图四 蒙古族奶豆腐制作工具

图五 蒙古族奶豆腐制作工具

1. 原料乳放入奶桶中,在室温下静放三到四天,待其发酵做成酵母。之后,只需添加前次的酵母,在室温下,两到三天后即可形成酸凝乳块

2. 排干乳清,酸凝乳块需经搅拌分离后,将之倒入锅中,继续加热搅拌,蒸发部分水分,乳块变成黏稠状

3. 将黏稠乳块挤压水分后,切成片状或条状,摆置日光下晒干。也可利用特制的模子压榨奶豆腐,做成各种造型的花式奶豆腐

图六 蒙古族奶豆腐加工步骤图

图七　蒙古族奶豆腐原材料采集情境图

图八　蒙古族奶豆腐加工情境图

蒙古族奶皮子

图一　蒙古族奶皮子主图

　　蒙古族的奶皮子，蒙古语中称为"乌如木""乌日莫"或"查干伊德"，意思是"白色的食品"。传统做法的奶皮子颜色微黄，一般呈半圆形薄片状，厚度通常在1厘米左右，内中有密集蜂窝小孔。制作奶皮子的历史非常久远，早在公元6世纪，北魏农学家贾思勰在其所著的《齐民要术》中便记述了北方奶膜的制作，虽同蒙古族奶皮子稍有不同，但可以视为其前身。蒙古牧民制作的奶皮子可以直接食用，酥脆香甜，亦可放入奶茶，配上炒米一同食用。

　　奶皮子作为一种奶制品，不仅味美可口，还富含营养。"有报道指出，这些脂肪酸中油酸含量最高，依次为棕榈酸、硬脂酸、肉豆蔻酸、亚麻酸、亚油酸等。亚麻酸、亚油酸是人体所必需的脂肪酸，亚油酸是合成脑磷脂的必需物质，而且对婴儿的湿疹性皮炎有一定的预防作用。因为在牛奶分离成奶油和脱脂乳时，近70%的磷脂存在于奶油中。"（赵红霞：《蒙古族奶皮子和奶豆腐的工艺研究及营养价值分析》，载《中国乳业》2008年第4期）由此可见，奶皮子能够为人体提供必需的脂肪酸和磷脂，具有颇高的营养价值。蒙古族制作奶皮子并不复杂，也不需要特制的工具，以普通的铁锅、长柄勺、长筷子等即可操作。其制作工艺主要包括以下几个步骤：1. 择选生乳为原料，用多层纱布过滤，除去其中杂质；2. 将过滤后的生乳倒入锅内加热搅拌，直到沸腾，之后用勺子不停搅拌翻扬，使之起泡；3. 当乳汤表面产生大量的气泡后，不再搅拌，以文火保温若干小时，这期间，汤面水分逐渐蒸发形成皮膜；4. 停止加热，将锅置于室温下自然冷却，这时乳中的脂肪继续上浮，同上层皮膜结合，凝结出一层厚厚的奶皮子；5. 等到奶皮子完全冷却后，以小刀沿锅口将其划开，再用长筷子将之从锅中整片取出，按中线将圆形奶皮子对折，脂肪层朝内，晾于通风处，待其自然干燥便是成品。蒙古族牧民一般在秋末牲畜油膘肥厚时大量地制作奶皮子，因为这个时候，牲畜奶水的油性大，以之做出的奶皮子肥厚，口感甚好，而且容易储存。把奶皮子置放在一种半圆形柳条篓子里即可长期储存，备以冬春之际食用。

奶皮子是一种蒙古族传统奶制品，香美可口，营养丰富，而且便于置放储存，其制作反映了蒙古族在草原环境中的生存智慧。此外，奶皮子也是蒙古人用以同其他区域民族交易往来的常见制物。清代李廷玉在《游蒙日记》中记载了乌珠穆沁和苏尼特蒙古族用奶皮子和奶豆腐等奶制品与其他民族进行物物交易。基于此，奶皮子既承载了蒙古族的饮食文化，同时亦成为蒙古族同其他民族友好往来的明证。

图片来源

图一　李淼　摄影
图二、图四　周安涛　摄影
图三　李淼　制图
图五　刘兆和主编：《蒙古民族文物图典·蒙古民族饮食文化》，文物出版社，2008年，第85页
图六　微图网

图二　蒙古族奶皮子制作工具

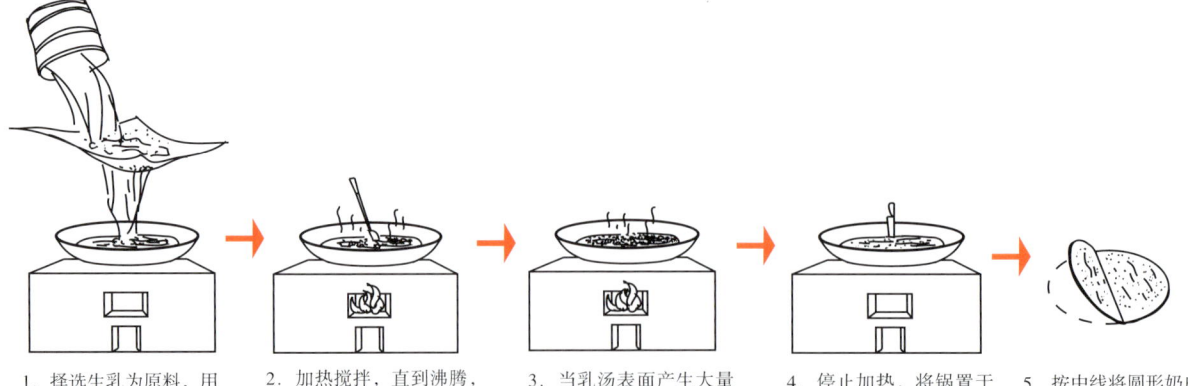

1. 择选生乳为原料，用多层纱布过滤，除去其中杂质，倒入锅内
2. 加热搅拌，直到沸腾，之后用勺子不停搅拌翻扬使之起泡
3. 当乳汤表面产生大量的气泡后，不再搅拌，以文火保温若干小时，其过程中，汤面水分逐渐蒸发形成皮膜
4. 停止加热，将锅置于室温下自然冷却，这时乳中的脂肪继续上浮，同上层皮膜结合，凝结出一层厚厚的奶皮子。等到奶皮子完全冷却后，以小刀沿锅口将其划开
5. 按中线将圆形奶皮子对折，脂肪层朝内，晾于通风处，待其自然干燥便是成品

图三　蒙古族奶皮子制作步骤

图四 蒙古族奶皮子原材料采集情境图

图五 蒙古族奶皮子制作情境图

图六 蒙古族奶皮子食用情境图

蒙古族马奶酒

图一　蒙古族马奶酒主图

马奶酒,又称作"马酒""马酪""马湩""湩酪""马妳子""乳酷""匕噶""马酮""酸马奶"等等,蒙古语中名为"忽迷思"或"额速克",意思是"熟马奶子"。以马乳酿酒,汉代便有记述,东汉应邵注《汉书》曰:"主乳马,取其汁,桐治之,味酢可饮,因以名官也。"《礼乐志》记载:"'尽相孔光奏省乐官七十二人给大官桐马酒。'今梁州亦名马酪为马酒。"据《汉书·百官公表》记载:"西汉太仆下设家马令一人,丞五人,尉一人,职掌酿制马奶酒。"如上所述,两千多年前的西汉已设管理乳马并酿制马乳酒的专职官员。中原地区马奶酒的制作工艺则是由北方游牧民族传入。那时的酿制工艺是"桐治",所谓"桐"意为捣击,制作马奶酒即是靠捣拌马乳,促使其加速发酵,酿造成酒。蒙古族马奶酒的酒精度较低,平时可作为饮料,蒙古牧民一般用皮囊盛装后随身携带,供旅途中饮啜之用。

马奶酒营养丰富,经现代分析,其富含18种氨基酸、多种维生素、钙、锌等人体必需微量元素。除此之外,马奶酒还具有一定的保健、食疗功能。蒙医典籍中称其开胃、助消化、祛湿、行气,滋体补弱,疏通食道,治血热,化血痕,消肥胖,祛腐生肌,润皮肤等等。一直以来,马奶酒的酿制在蒙古族牧区十分盛行,每年初夏,水草丰茂之际,牝马产驹,牧民们便开始挤奶酿造,待到入秋草木枯干,马驹合群,即停止挤奶,亦不再酿造。

蒙古族马奶酒的酿制工艺有二,一种是马奶发酵后直接饮用,另一种是马奶经发酵和蒸馏精制而成。第一种发酵直接饮用的马奶酒,其制作工艺包括几个步骤:将生马奶灌入装有酒曲(一般用牛奶制作)的皮囊或木桶里,放在温度适宜处,用木制搅拌器每日拌动,促使发酵,至其微酸即可。通常两天左右酿出的马奶酒被称为"软酵酒",五至七天酿成的被称为"硬曲酒",酒味更甚。这种不经蒸馏的马奶酒，酒精含量较低。第二种发酵加蒸馏法，其为马奶酒的精制工艺，这种经蒸馏后的酒较烈。具体酿制工艺为将鲜马奶倒入木桶或瓮罐中，置于温热处，用木制搅拌器来回搅动促其发酵，待马奶发酵脱脂后，将之倒入一罩有蒸笼状木桶的铁锅内，桶内吊有一瓦罐，在木桶上端置放一口装有冷水的铁锅，使锅底对准下方的瓦罐口，用布巾紧裹木桶缝隙，形成一个简易的蒸馏器。布置妥当后，锅下生火，水蒸气随桶壁散出，酒精在上端铁锅底经冷凝后，滴入瓦罐即为奶酒。酿造精细的奶酒，清澈无色，味美醇厚。

马奶酒是蒙古族的一种传统饮料，崇尚马文化的蒙古族将马奶酒视为神圣纯洁之物，早在蒙兀室韦时期，史籍中就有酿造马奶酒的记载。历史上，每逢重要的祭祀和节庆，马奶酒是不可或缺的饮料。《元史·祭祀三》卷七十四有载："其祖宗祭享之礼，割牲、奠马湩，以蒙古巫祝致辞，盖国俗也。""凡大祭祀，尤贵马湩。将有事，敕太仆寺桐马官，奉尚饮者革囊盛送焉。"酿造马奶酒的方法在中国北方各民族间的流传亦是各民族文化交融及和睦团结的见证，正是由于这种凝结在造物中的民族文化渗融，逐步形成了蒙古族独具特色且又影响深远的马奶酒文化。马奶酒的传统酿制方法以及背后所蕴含的民族酒文化，在现代设计文化研究中有着非凡的意义和价值。

图片来源
图一　周安涛　摄影
图二至图四　李淼　制图
图五　微图网
图六　孙丹丹　制图

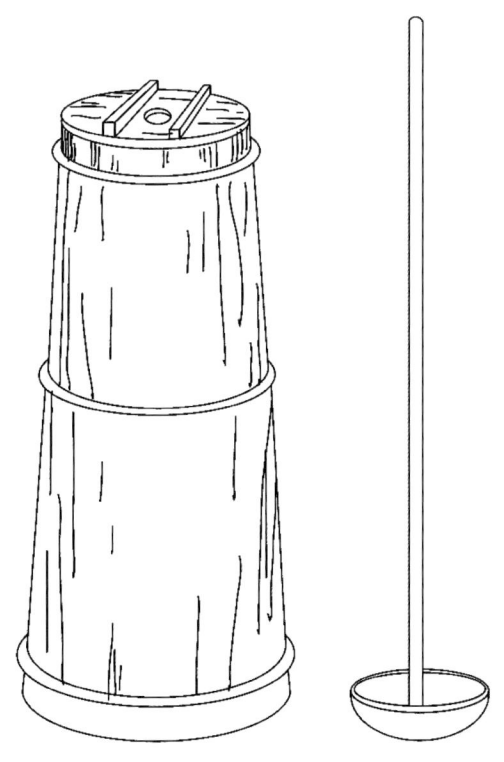

图二　蒙古族马奶酒酿酒器具

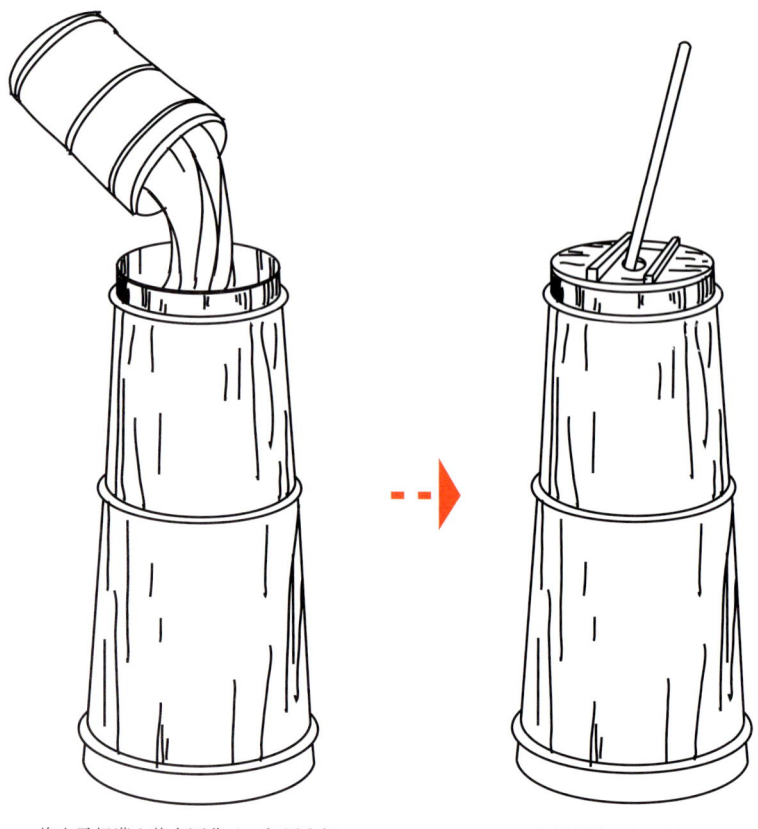

将生马奶灌入装有酒曲（一般用牛奶制作）的皮囊或木桶里，放在温度适宜处

用木制搅拌器每日拌动，促使发酵，至其微酸即可

图三　蒙古族马奶酒酿造工艺及步骤·发酵直接饮用

1. 将生马奶灌入装有酒曲的皮囊或木桶里，放在温度适宜处

2. 用木制搅拌器来回搅动促其发酵，待马奶发酵脱脂

3. 将之倒入一罩有蒸笼状木桶的铁锅内，桶内吊有一瓦罐，在木桶上端置一口装有冷水的铁锅，使锅底对准下方的瓦罐口，用布巾紧裹木桶缝隙，形成一个简易的蒸馏器

4. 锅下生火，水蒸气随桶壁散出，酒精在上端铁锅底经冷凝后，滴入瓦罐即为奶酒

图四　蒙古族马奶酒酿造工艺及步骤·经发酵和蒸馏精制

图五　蒙古族马奶酒饮用情境图

图六　蒙古族马奶酒饮用情境图

蒙古族荞面饸饹

图一　蒙古族荞面饸饹主图

饸饹，旧名"河漏"，又称"河捞"，因其多用荞麦面制成，所以一般称作"荞面饸饹"，是一种古老的北方地区面食品种。荞面饸饹形状同于普通圆面条，颜色比一般白面稍灰。荞面饸饹在我国北方地区久已有之，据传其源于山西，后传入内蒙古半农半牧区域，因营养丰富、口味独特，外加其制作简便，从而得到蒙古族的广泛喜爱。元代农学家王祯在《农书》中记述道："北方山后诸郡多种。治去皮壳，磨而为面。推作煎饼，醮蒜而食；或作汤饼，谓之河漏，滑细如粉，亚于麦面，风俗所尚，供为常食。"

荞面饸饹的吃法多样，可蒸可煮，不仅味美可口，而且富含营养。荞面饸饹的主要制作原料即是荞麦面，其在所有谷类中被冠称为营养之首。经科学分析，荞麦面含有高蛋白，包括18种氨基酸，尤为值得一提的是其中的赖氨酸，是人体必需氨基酸之一，能有效增强人体免疫力，促进身体生长发育，同时还有提高神经中枢组织功能的作用。荞麦面中含有的亚油酸具有降血脂和促进人体中酶的催化的功能。此外，荞麦中含有人体必需的钙、铁、锌、镁等13种微量元素，以及叶绿素、苦味素、纤维素和维生素B等。

除了荞麦面以外，制作荞面饸饹还需要适量的水和碱。山西的饸饹有凉拌也有水煮，而蒙古地区的荞面饸饹多为汤煮，其具体制作过程为取荞麦面倒入盆里，用温水调拌均匀后，掺入少许碱水，将面团揉软搓成长圆条形备用，接着将木制的饸饹床子（传统的饸饹床子一般都是木制，基本结构同于铡刀，主要包括压杆和床子两个部分，其中压杆同床子的一端以可活动的轴相连接，压杆中部有压锤，同下方床子中的窝孔相对应，窝孔底部设箅子，开有许多圆形漏孔）架在水锅之上，取一块事先备好的面团填入饸饹床中部的窝孔处，用力按下饸饹床把，因窝孔底部有开有许多圆形孔洞的箅子，面团受力挤压，变成面条从孔洞中落入下方的水锅内。待到锅中的水沸腾，其中面条浮起即可捞出装碗。做好的饸饹面有多种吃法，可以加料凉拌，亦可加入事先做好的浇头或汤菜，配葱丝、蒜片、辣椒油等佐料一并食用，口味更佳。传统的蒙古族荞面饸饹一般添加羊肉羊汤作为浇头，因荞麦面性寒，羊肉性暖，两者调和，不仅合味，而且营养均衡。

荞面饸饹最初是由农耕文化区域传入蒙古族地区，后根据地缘环境和饮食习惯加以改进，成为今天内蒙古地区大街小巷随处可见的传统美食。荞面饸饹加工简便，美味可口且营养丰富，长期食用可增强体质，帮助蒙古族抵御相对恶劣的草原气候。

图片来源

图一、图二　李淼　摄影
图三、图四　李淼　制图
图五至图七　微图网

图二　蒙古族荞面饸饹制作原料主材

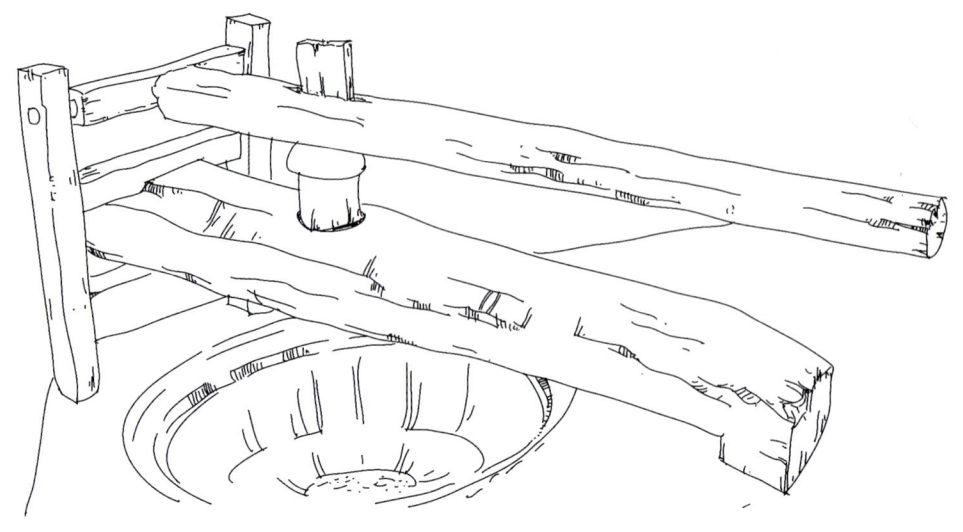

图三　蒙古族荞面饸饹制作工具

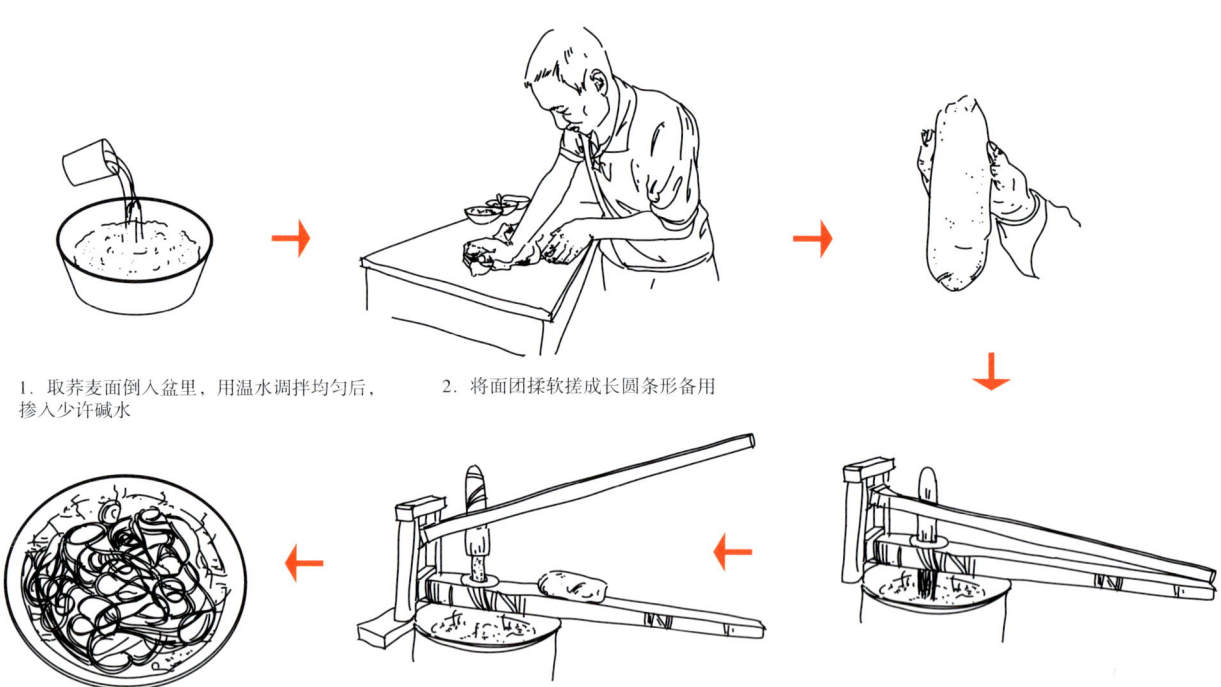

1. 取荞麦面倒入盆里，用温水调拌均匀后，掺入少许碱水

2. 将面团揉软搓成长圆条形备用

3. 将木制的饸饹床子架在水锅之上，取一块事先备好的面团填入饸饹床中部的窝孔处，用力按下饸饹床把，因窝孔底部有开有许多圆形孔洞的箅子，面团受力挤压，变成面条从孔洞中落入下方的水锅内

4. 待到锅中的水沸腾，其中面条浮起即可捞出装碗。做好的饸饹面有多种吃法，可以加料凉拌，亦可加入事先做好的浇头或汤菜

图四　蒙古族荞面饸饹加工制作步骤

图五　蒙古族荞面饸饹加工制作情境图

图六　蒙古族荞面饸饹加工制作情境图

图七　蒙古族荞面饸饹食用情境图

蒙古族全羊汤

图一　蒙古族全羊汤主图

全羊汤是蒙古族的一种传统汤菜小吃，俗称"羊杂碎汤"，同回族及维吾尔族的羊杂碎在食料与做法上虽有相似之处，但也有不同。新做出的全羊汤洒上葱蓉香菜，红绿相间，香气四溢，深得蒙古族人与外地游客的喜爱。关于蒙古族全羊汤的起源不乏各种传说，但具体时间已不可考，在今天呼和浩特、鄂尔多斯以及通辽等地，制作正宗的蒙古族全羊汤依然随处可见。

全羊汤属于汤菜小吃，一般不在正餐中食用，传统习惯上，蒙古族人喜爱在早餐中吃全羊汤，再能配上一两块焙子（焙子也是一种蒙古族传统点心，相传源于回族面食，是将发酵的白面添少量食用碱揉匀，再分别掺入糖、油、盐和鸡蛋等，成形后放入特制的炉灶中先烙后烘做成），那就是一顿丰盛的早点了。制作蒙古族全羊汤的主料即是羊头、羊蹄和羊下水，其中下水包括羊肚、羊心、羊肺和羊肝等；辅料则因地域差异会有所不同，常见的有香菜、葱、姜、蒜苗、盐、辣椒油，此外还需要事先熬煮好的羊肉汤作为汤料。

传统全羊汤的制作讲究"三料""三汤"和"三味"，涵盖食料、制作工艺及配料辅料的选择等多个方面。其中"三料"分为主料和副料，三主料又称"三红"，是指羊心、羊肝和羊肺，下锅时需切成碎丁或薄片；三副料也叫"三白"，包括羊肠、羊肚和羊头羊蹄肉，它们下锅前要切成细丝和长条。评价一碗羊杂碎，首先就是看主副料是否齐全。所谓"三汤"是指全羊汤不同的烧煮方法：首先是原汤杂碎，即将杂碎下锅煮好，直接连汤带水地吃，味道鲜美清淡；其次是清汤杂碎，先将洗好的羊杂碎在锅里煮一下，把头汤倒掉，再将事先蒸熟切好的杂碎重新入锅，添水放调料煮好食用；最后是老汤杂碎，以一锅羊汤用文火常熬不换，将待做的羊杂碎置入老汤中煮熟即可配汤食用，这种杂碎绵软酥烂，汤味鲜美醇厚。"三味"是指全羊汤的三种配食佐料，包括一份葱花香菜末儿、一份辣椒面（或辣椒油）和一份食盐。食者根据自己的口味喜好，选择"三味"自行添加。

全羊汤是蒙古族的一种特色风味小吃，做法考究，味美香醇，对于居住环境相对恶劣的蒙古族而言，全羊汤能够提供富余的热量，帮助他们抵御严寒。但是全羊汤中的大量内脏胆固醇含量较高，不宜多食，因而蒙古族通常不在正餐中食用。

图片来源
图一、图三　FOTOE 图片网
图二　李淼　制图
图四　微图网

3.1 原汤杂碎，即将杂碎下锅煮好，直接连汤带水地吃

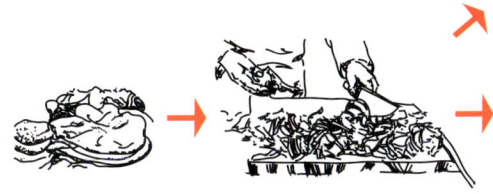
1. 主料即是羊头、羊蹄和下水，其中羊下水包括羊肚、羊心、羊肺和羊肝等

2. 下锅时需将主料切成碎丁、薄片、细丝和长条

3.2.1 先将洗好的羊杂碎在锅里煮一下

3.2.2 把头汤倒掉

3.2.3 再将杂碎重新入锅，添水放调料煮好食用

3.3 老汤杂碎，以一锅羊汤用文火常熬不换，将待做的羊杂碎置入老汤中煮熟即可配汤食用

图二　蒙古族全羊汤加工制作步骤

图三　蒙古族全羊汤加工制作情境图

图四　蒙古族全羊汤食用情境图

蒙古族稍美

图一　蒙古族稍美主图

稍美又称"烧美""捎卖"，后传入南方改称"烧麦"或"烧卖"。稍美一般不大，近于通常的包子，上部以面皮掐出褶子开口，形状如花，十分好看。相传蒙古族稍美出于明末清初的归化城（今呼和浩特市），那时的蒸笼面点通常在茶馆出售，人们一边品啜奶茶，一边吃些各式花样的点心，稍美即是其中一种，因其上部边缘折皱如花，故称之为"稍美"，又因是在茶馆捎带售卖的点心，又称其为"捎卖"。

稍美味美可口、鲜香四溢，精心制作的稍美皮薄如宣纸，温润透明，上部的一圈褶皱似鲜花初放，置于一笼，如同花团锦簇一般，可谓形美味佳。传统的蒙古族稍美以上等白面做皮，以羊肉配以鲜姜大葱做馅，传入南方后才将馅儿的原料改成粮食、蔬菜和猪肉等，称呼也产生了相应的变化。制作稍美大致分为制馅、擀皮、包制和笼蒸4个步骤：制馅即是将新鲜羊肉剁碎，拌上适当的姜葱、羊油和盐作为佐料，调节口味；擀皮要将和匀的精面粉用擀面杖擀成薄薄的面皮，并要在边缘擀出皱褶，作为后面收口的花边；包制是用面皮包上调拌好的羊肉馅儿，以皱褶收口，做成稍美；笼蒸即是最后上笼蒸熟稍美，一般7至10分钟即可。稍美的吃法并无定式，一笼蒸熟后，可以直接取食，也可置于碟中蘸些醋、辣椒、蒜泥等来吃，亦可配上传统蒙古族奶茶、砖茶等一同食用。

稍美作为一种蒙古族的传统点心，不仅口味鲜美，其特别的花口皱褶，亦十分美观，昭显了蒙古族饮食文化中实用性与审美性的兼顾。稍美在清代传入南方，同样深得南方百姓的喜爱，并在原初基础上就地取材，拓展了馅儿的种类，体现出民族饮食文化的交融。

图片来源
图一、图二　李淼　摄影
图三至图六　倪荣新　制图

面粉　　　　　　　　　　　　　羊肉

图二　蒙古族稍美制作原料主材

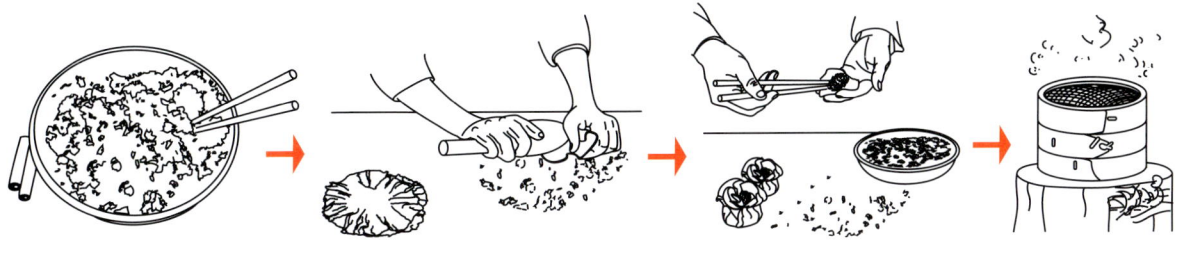

1. 首先是将新鲜羊肉剁碎，拌上适当的姜葱、羊油和盐作为佐料，调节口味，制成稍美馅

2. 然后将和匀的精面粉用擀面杖擀成薄薄的面皮，并要在边缘擀出皱褶，作为后面收口的花边

3. 包制就是用面皮包上调拌好的羊肉馅儿，以皱褶收口，做成稍美边

4. 最后上笼蒸熟稍美，一般7至10分钟即可

图三　蒙古族稍美加工步骤

图四　蒙古族稍美加工制作情境图

第三章　蒙古族传统餐饮

图五 蒙古族稍美加工制作情境图

图六 蒙古族稍美食用情境图

蒙古族手把肉

图一　蒙古族手把肉主图

手把肉又称"手把羊肉""手扒肉",蒙古语称为"布和力麻哈",是蒙古族、鄂温克族、达斡尔族和鄂伦春族等游牧、狩猎民族喜好食用的一种肉食。手把肉一般用羊肉烹制,卸开的羊肉块大带骨,就餐时要用手执,遂而得名。蒙古族煮制和食用手把肉的历史久远,可追溯到蒙古汗国成立之前。由于蒙古族一般选用牧场放养的肥美绵羊取肉(三少民族多取狍子肉或黄羊肉等),故而其手把肉特别鲜嫩,味美而醇香。

手把肉是蒙古族自古以来喜爱食用的传统红食,其肉质鲜美、口感细腻,配合茶饮,特别容易消化。以绵羊肉煮制的手把肉性温味甘,既是食补,又具食疗功效,其中富含蛋白质和磷脂,但并不肥腻,脂肪含量低于猪肉和牛肉。此外,手把肉的胆固醇含量也较少,是冬季抵御风寒、壮体温补的北方美食。

蒙古族手把肉通常择选肥嫩的绵羊,二三岁最佳,剥皮并取出内脏,去掉四蹄和首尾,再用刀具将羊肉卸成若干大块,置入备好的锅中,不加佐料(有的会添加少许盐),以清水烹煮,待到水沸腾便可起锅,把肉捞进大盘中,配以佐料酱碟,即可上席。蒙古族以手把肉招待客人时特别注重礼节,羊肉做的手把肉,需要以一条琵琶骨和四条长肋骨肉盛入盘中敬给客人。蒙古族吃手把肉不用筷子,一手把肉,另一手执蒙古刀切割进食。用蒙古刀分食手把肉的切法有多种,割、挖、刮、剔各种技巧不一而足,但最终一定要将手中的肉吃净。

蒙古族的手把肉属于传统红食,在其民族饮食中具有重要地位,同其他白食和茶饮等相互搭配,构建成独具特色的蒙古族饮食系统,适应其生活习惯与生存环境。比如蒙古族的手把肉低脂但能补温,能够帮助蒙古族人抵御草原上秋冬的严寒。而蒙古族人平日大量进食手把肉也不用担心消化,因为他们喜欢茶饮,茶汁可以有效地助其肠胃化油腻、解腥膻。围绕蒙古族进食所形成的一整套礼仪风俗以及所配各种餐饮器具皆是相互关联、彼此呼应。因而,蒙古族的这一饮食系统具有优秀的协调性与适应性。

图片来源

图一、图三　微图网
图二　李淼　制图
图四　FOTOE图片网

1. 选择肥嫩的绵羊,剥皮并取出内脏,去掉四蹄和首尾,并用刀具将羊肉卸成若干大块

2. 置入备好的锅中,不加任何佐料(有的会添加少许盐),以清水烹煮,待到水沸腾便可起锅

3. 把肉捞进大盘中,配以作料酱碟,即可上席

图二　蒙古族手把肉加工步骤

图三　蒙古族手把肉加工制作情境图

图四　蒙古族手把肉食用情境图

蒙古族酸奶

图一　蒙古族酸奶主图

蒙古族的酸奶又称"酸奶子",蒙古语中称为"艾日格",属于白食,是蒙古族尤为喜爱的一种传统饮料。酸奶呈乳白黏稠状,口味酸甜,乳香浓郁。制作和食用酸奶的历史悠久,早在公元前3000多年前,今土耳其高原的古代游牧民族就已经会制作酸奶,后来古埃及、古希腊和古印度人亦相继掌握了这项技巧。元朝时期及至更早,蒙古族人就已经将酸奶作为一种重要的饮品。

蒙古族制作的酸奶富含营养,坚持长期饮用,具有滋补血气功效。由于酸奶中含有乳酸菌,其对肺结核、消化功能障碍以及心脑血管等病症,皆具有明显的疗效。古时,居无定所的蒙古族牧民,每次出行前总要饮上几碗酸奶,既可充饥,亦能够解渴防暑。

蒙古族制作酸奶的原料主要是鲜牛奶,也有用羊奶、马奶或驼奶的,常见的制作方法主要有两种:一种是熟酸奶,制作者先将鲜牛奶倒入事先架好的铁锅中烧开,然后将其置于通风处晾晒,若干小时后,鲜奶即会发酵,口味越酸则品质越佳;另一种是生酸奶,需将鲜奶置于专用的高壁奶桶中,用底部有木板的搅拌器上下翻动,待鲜奶中的奶油上浮至表面,用勺子将之舀净,再把余下的纯鲜奶加盖密封,置于温度较高的环境中,促其发酵。一般两天之后,纯鲜奶便会发酵,发酵时间越长,酸奶越酸,并且不会轻易变质腐坏。制成的酸奶可以直接饮用,亦可拌上炒米或其他粮食食用。此外,蒙古族人还会以酸奶为原料进行二次加工,制成酸奶渣、酸奶干等乳制品。

酸奶是蒙古族的一种传统饮品,营养丰富,方便消化,长期饮用能够明显增强体质。此外,酸奶能够同蒙古族其他传统饮食相互搭配进食，比如酸奶可以解酒，对于胃肠有较好的保护作用；酸奶还可化食消腻，对于食肉较多的蒙古族而言亦是非常重要。由是观之，蒙古族酸奶的制作技巧以及食用方法，无不彰显出务实的造物文化特质和极具适应性的民族生存智慧。

图片来源

图一至图三　李淼　摄影
图四、图五　李淼　制图
图六　孙丹丹　制图

图二　蒙古族酸奶制作原料主材

图三　蒙古族酸奶制作工具

1. 将鲜牛奶倒入事先架好的铁锅中烧开
2. 将其置于通风处晾晒，若干小时后，鲜奶即会发酵成酸奶

图四　蒙古族熟酸奶制作步骤

  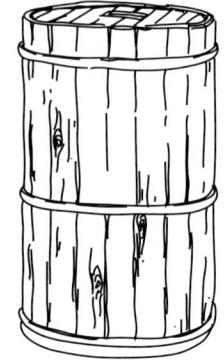

1. 将鲜奶置于专用的高壁奶桶中

2. 用底部有木板的搅拌器上下翻动，待鲜奶中的奶油上浮至表面，用勺子将之舀净

3. 余下的纯鲜奶加盖密封，置于温度较高的环境中，促其发酵

图五　蒙古族生酸奶制作步骤

图六　蒙古族酸奶食用情境图

蒙古族羊背子

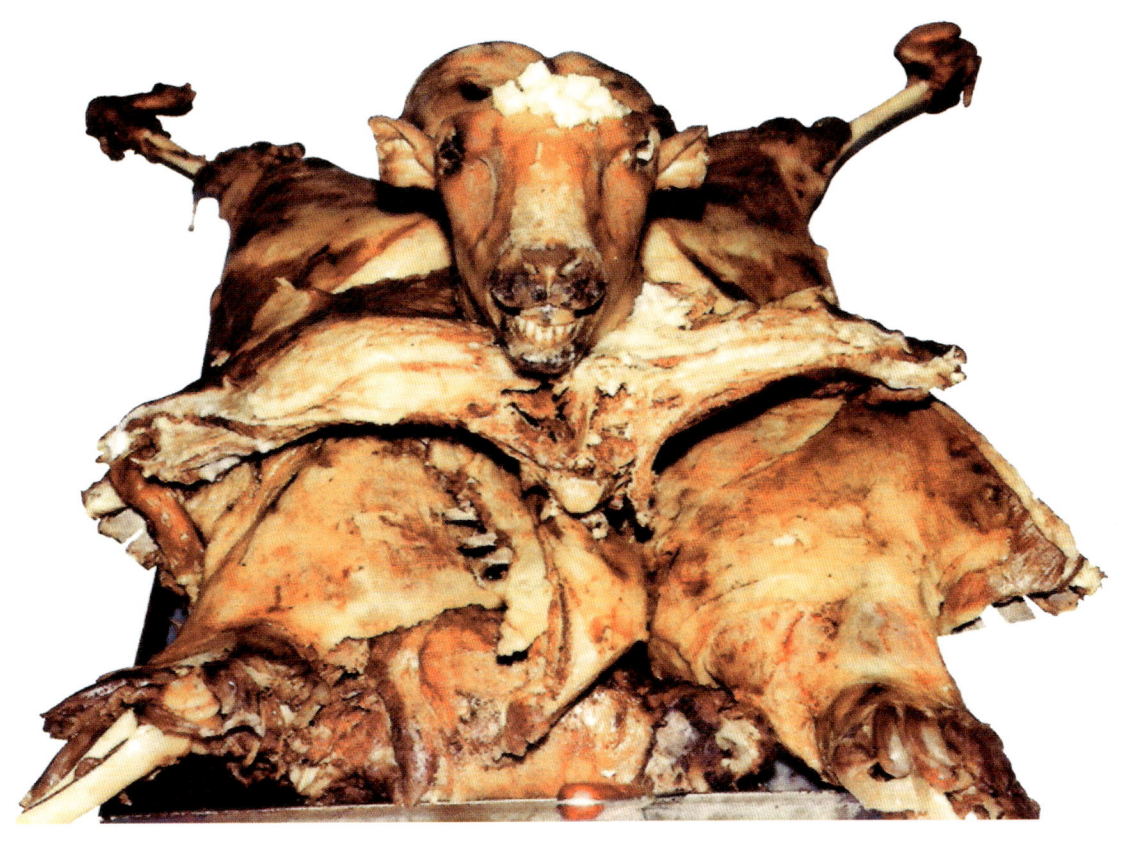

图一　蒙古族羊背子主图

　　羊背子在蒙古语中称为"乌查"或"秀斯"，是一道颇具代表性的蒙古族传统佳肴。煮熟的羊背子色泽金黄、细嫩酥软、肥而不腻，通常以大型方盘（蒙古语中称为"扎玛拉"）盛放，将整块羊背扣放于盘中，并配上四肢和头颈。烹煮羊背子的习俗，在蒙古族历史中流传已久，《蒙古秘史》中有载，成吉思汗平定天下后，犒赏功臣，设乌查之宴款待众人，羊背子便是乌查宴中的主菜之一。今日的蒙古族依然沿袭此项传统，用上等的羊背子款待贵客与友人。

　　所谓羊背子，是把宰后的绵羊清理完内脏，剥掉外皮，除去羊胸叉，再将之卸成七大块：羊首、脖颈、四肢和羊背（包括羊尾），放入大铁锅后加清水和适度的盐烹煮，羊肉酥烂时为佳。起锅后，在大铜盘中依次摆放四只羊腿，羊蹄朝向方盘的四脚，在其上倒扣羊背，最后再将羊颈与羊首摆放在羊背上，造型类似整羊叉腿匍匐于方盘之上。亦有相对简化的羊背子，即单烹煮羊背和羊尾而不包括四肢与头颈。

　　宴请贵客时，主人将热气腾腾的羊背子放在餐桌上，将羊首对着客人，以示尊敬。由主人端碗向贵宾敬鲜奶或酸奶，并致以祝词，表示其以草原上最圣洁和吉祥的食品迎客。之后，主人用蒙古刀在羊尾上切下10厘米左右长度的羊油，敬献给贵客，对方应以嘴吸入吞食。最后，主人将羊背子卸成若干小块，而后便可各取所需，席间通常还有一些配菜、马奶酒和白食等。蒙古族隆重的婚礼盛宴中更是离不开羊背子，众人在品尝前还要高唱祝词，而后再切块分食。羊背子不仅仅是蒙古族的传统美食，亦是蒙古族尤为重要的礼俗用品，鄂尔多斯的达尔扈特人在大小各类成吉思汗祭奠仪式中，都需在祭祀案桌上供放羊背子，以示对于天骄的崇敬。

蒙古族的羊背子是一种传统名菜，虽然其烹制简单，但草原上放养的优质绵羊肉，不需多余调料，本身即已味美香醇。此外，羊背子在蒙古族礼俗与祭祀文化中亦扮演着重要的角色。从民族造物文化的视角分析，羊背子不仅显示了蒙古族在食物加工与制作方法中的生存智慧，其在礼俗、祭祀活动中的重要功能，亦彰显出造物的象征性与符号性特征。

图片来源
  图一　刘兆和主编：《蒙古民族文物图鉴——蒙古族饮食文化》，文物出版社，2008年，第67页
  图二　张颖泉　制图
  图三　刘兆和主编：《蒙古民族文物图典·蒙古民族饮食文化》，文物出版社，2008年，第35页
  图四　刘兆和主编：《蒙古民族文物图典·蒙古民族饮食文化》，文物出版社，2008年，第33页

1. 首先，把宰后的绵羊清理完内脏，剥掉外皮，除去羊胸叉

2. 尔后，将之卸成七大块：羊首、脖颈、四肢和羊背（包括羊尾），放入大铁锅后加清水和适度的盐烹煮，羊肉酥烂时为佳

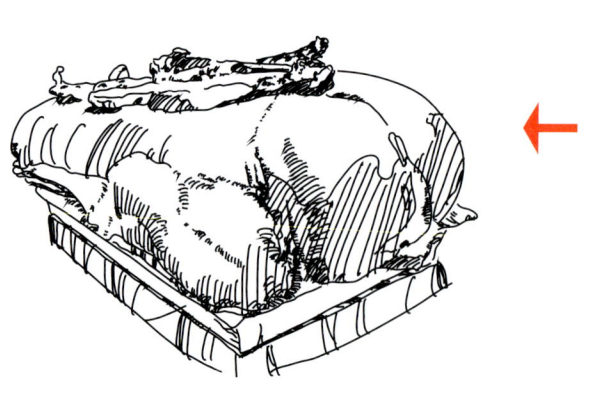

4. 最后，再将羊颈与羊首摆放在羊背上，造型类似整羊叉腿匍匐于方盘之上也有相对简化的羊背子，即单烹煮羊背和羊尾而不包括四肢与头颈

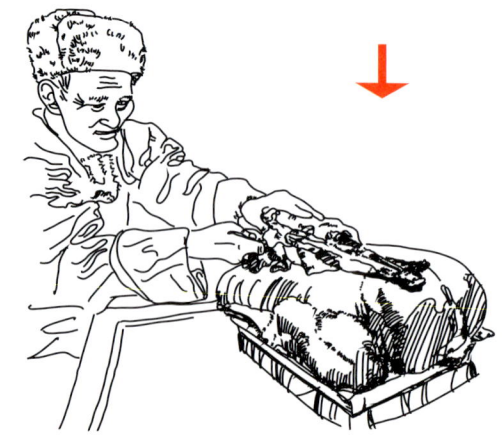

3. 起锅后，在大铜盘中依次摆放四只羊腿，羊蹄朝向方盘的四脚，在其上倒扣羊背

图二　蒙古族羊背子加工步骤

图三　蒙古族羊背子食用情境图

图四　蒙古族羊背子食用情境图

蒙古族羊血肠

图一　蒙古族羊血肠主图

羊血肠也可简称为"血肠"，是北方包括蒙古族、藏族和满族等游牧民族喜好食用的一种传统食物。蒙古族的羊血肠呈黑褐色，味道较为香浓，口感酥软独特，与藏族、满族血肠香滑细嫩的风味较为不同，原因在于蒙古族制作羊血肠的工艺、用料和吃法等方面同其他民族有差异。蒙古族制作的羊血肠整体长度可达数米，一般用细线每隔30厘米左右捆扎成一小段，整肠可以有若干小段，便于分食。蒙古族灌制羊血肠的历史久远，早在元朝时期即有食用血肠的记载，今天蒙古族的羊血肠作为一种传统美食已经步入产业化，得到了更大的发展和推广。

羊血肠作为一种蒙古族传统红食，一般在每年入秋宰羊时制作，冬季可冷冻储存，一直可以吃到来年晚春。蒙古族制作羊血肠的步骤如下：1. 先以传统的掏心法宰羊。2. 给羊剥皮，剥皮前宰羊者需要从羊腹腔中拉出半截羊胃，堵住先前掏心的切口，防止内脏和羊血流出。3. 开腔清出羊内脏，并舀出羊腔中的羊血。4. 清理羊肠，将连接小肠的盲肠末端切开，灌入水后使盲肠胀大，再施压让水从小肠排出，带走内部的粪便，如此若干次，直至洁净。5. 调制血肠原料，用手把凝成块的羊血攥碎，并添加荞面或小麦面，加入事先准备好的羊油、盐、花椒和葱蒜等调味物，搅拌均匀即可。6. 将方才剥下的整块羊皮摊放在地上，在其上灌制羊血肠。灌制时在羊肠口端使用漏斗，可以事半功倍。灌血肠不可过满也不能压扁，保持圆滚等粗为佳。羊小肠长达数米,为煮食方便,灌制时可分为四五段,一来便于分开烹煮,二来亦可避免羊肠盘结纠缠、难以分食。

蒙古族煮食羊血肠通常没有满族那么讲究,一般不事先切开,也不再添放葱蒜等配料,而是直接将整段的羊血肠放入羊汤中煮熟,捞起盛盘即可食用。煮出的羊血肠盘绕成圈,如同在羊腹中的自然状态。传统的吃法是用蒙古刀切开后,分而食之。

羊血肠是一种蒙古族传统食物,属于红食类型,香浓味美,营养丰富,其制作完全融入宰羊的过程,掏心、剥皮、清洗、调制和灌制等过程,充分展现了蒙古族独特的宰羊技巧以及与之相适应的红食制作方法。羊血肠是蒙古族造物文化中普通的组成因子,但其制作工艺与饮食方法中所折射出的蒙古饮食文化与生存智慧,皆值得现代相关领域的深入研究和探讨。

图片来源

图一　FOTOE 图片网
图二　李淼　制图
图三　刘兆和主编:《蒙古民族文物图典·蒙古民族饮食文化》,文物出版社,2008年,第174页

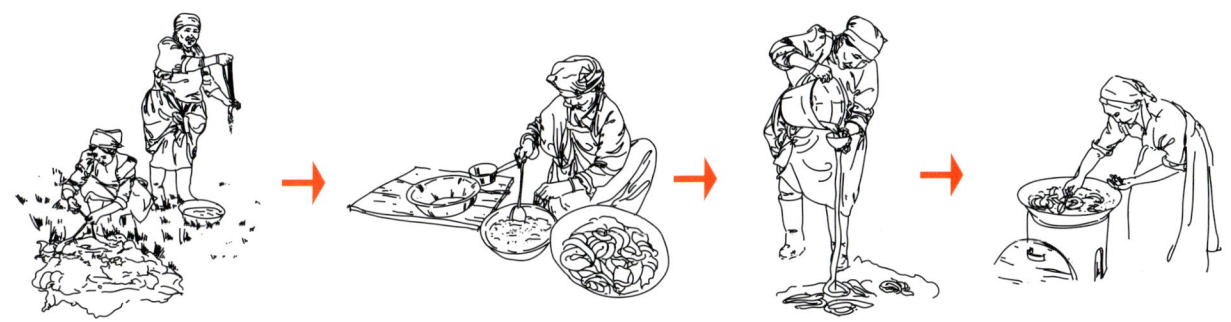

1. 清理羊肠,将连接小肠的盲肠末端切开,灌入水后使盲肠胀大,再施压让水从小肠排出,带走内部的粪便,如此若干次,直至洁净

2. 调制血肠原料,把凝成块的羊血攥碎,并添加荞面或小麦面,加入事先准备好的羊油、盐、花椒和葱蒜等调味物,搅拌均匀

3. 将剥下的整块羊皮摊放在地上,在其上灌制羊血肠。灌制时在羊肠口端使用漏斗更加方便

4. 将整段的羊血肠放入羊汤中煮熟

图二　蒙古族羊血肠加工步骤

图三　蒙古族羊血肠食用情境图

蒙古族羊油馓子

图一　蒙古族羊油馓子主图

馓子又称"寒具""环饼"或"膏环",原初是包括维吾尔族在内的信仰伊斯兰教少数民族的传统食品。后由西向东,美味的馓子传播至蒙古族与汉族等诸多民族。炸制出来的馓子一般呈条带盘绕状,金黄通透,香味四溢。因馓子的制作和食用简便,口味香脆,得到各族人民的喜爱。蒙古族的馓子颇为特别,因为制作中要用到羊油,被称为"羊油馓子",它的制作工艺以及口味同其他民族多有不同。

同白食与红食不同,羊油馓子对于蒙古族而言一般是作为点心或小吃。羊油馓子轻便易携,蒙古族牧人外出放牧喜欢揣些放在随身的包袱或褡裢中,可以干咬着吃,也可冲沏奶茶,将羊油馓子混着炒米一同炮制,既耐饿又美味。除了平日里当做点心食用外,每逢蒙古族传统节庆,族人们通常都要制作羊油馓子,会同各种传统美食摆置在桌案上,可谓琳琅满目、招人垂涎。

蒙古族羊油馓子的制作原料包括冷凝的羊油块、白面粉、素油、白糖和少量白矾等。首先,在适量的白面粉中添加合适的素油和白糖,并放入些许白矾,用温水和成软硬适中的面团;其次,依据所需制作馓子的数量,将面团分成小块,并逐个搓成长条后一齐盘成圈;然后将之置入热油锅中煎炸成浅黄色起锅即为馓子等冷却后,将事先加热融化成半液态的羊油涂裹于其上便是羊油馓子。新做好的羊油馓子色泽金黄,香脆酥甜。

蒙古族喜好在节庆中叠放各类点心食品,往往将羊油馓子置于顶部,并在上面添几颗大红枣,寓意吉祥。层层垒放的羊油馓子,形状如同毡庐,线条整齐而富有韵律,呈现出一种有机而朴素的形式美。

羊油馓子是蒙古族在外来食物的基础上加以改进后的一种传统食品,裹上羊油,不仅美味,而且进一步提升了馓子所含的热量和脂肪,对于蒙古族而言,生活在冬季异常寒冷的大草原,这种食品可谓是适应环境的产物。但由于羊油馓子属油炸食品,油脂含量高,不宜多食,由此可见蒙古族不以之为主食,而是将其作为点心和小吃,甚是合理。

图片来源

图一、图二　李淼　摄影
图三　钱瑶　制图
图四　FOTOE 图片网
图五　微图网

白面粉

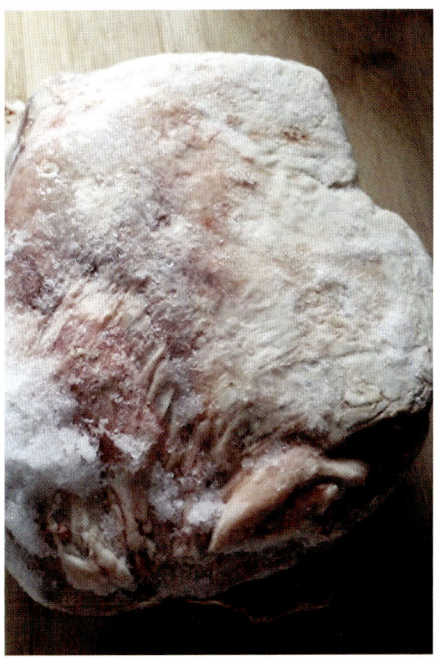
羊肉脂肪熬制成羊油块

素油

图二　蒙古族羊油馓子原料主材

1. 在适量的白面粉中添加合适的素油和白糖,并放入些许白矾,用温水和成软硬适中的面团

2. 依据所需制作馓子的数量,将面团分成小块,并逐个搓成长条后一齐盘成圈

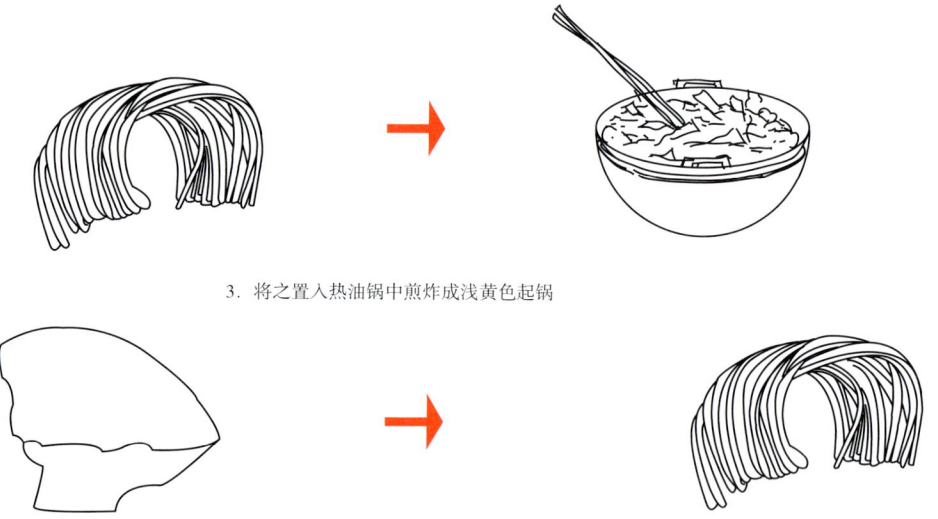

3. 将之置入热油锅中煎炸成浅黄色起锅

4. 等冷却后,将事先加热融化成半液态的羊油涂裹于其上便是羊油馓子。新做好的羊油馓子色泽金黄,香脆酥甜

图三 蒙古族羊油馓子制作步骤

图四 蒙古族羊油馓子加工情境图

图五 蒙古族羊油馓子食用情境图

第三章 蒙古族传统餐饮

蒙古族砖茶

图一　蒙古族砖茶主图

砖茶又称为"蒸压茶",以砖茶煮制的茶水蒙古语称为"哈日茄"。所谓砖茶,是一种被压制如砖形的茶叶块,属紧压茶的一种,通常以茶叶、茶茎或茶末压制而成。中国制作砖茶的历史久远,最初有记载的是在唐代太和年间。砖茶产自气候条件比较湿润的南方丘陵和山区,但当地人一般不爱饮用,而是将之销往边疆少数民族地区,因此砖茶又得名"边销茶"。砖茶因加工工艺的差别,造型和尺寸各异,常见的有长方体和圆柱体,重量从几百克到几千克不等。蒙古族特别喜好饮茶,但因土壤和气候原因不能自产,必须从内地引入茶原料,砖茶便是其中的典型。蒙古族饮食中肉类较多,绿叶菜较少,饮砖茶不仅化油去腻,亦可补充人体所需的多种维生素和微量元素,故而在蒙古族中流传有"宁可一日无食,不可一日无茶"的说法。

以发酵程度划分,砖茶属于重发酵茶,砖茶的茶色较深,茶味浓重,适宜熬煮,煮好的茶水味香醇厚。一般的砖茶价廉物美,价格远不及普通的绿茶或红茶,此外,砖茶经过炒制杀菌、压紧制成,通常体积小,不易霉烂,便于运输和贮存,比较适合牧区独特的生活方式。对于蒙古族而言,砖茶的功能多样,主要包括饮食、入药、礼品、祭品和货币等几个方面。首先,蒙古族人会直接加水清泡饮砖茶,但更多时候则是和其他食品混合烹煮,做成奶茶、米茶、面茶等特色茶饮,既可解渴也能果腹。饮用砖茶能够化油消食，促进消化，对于以肉、奶为主食的蒙古族而言，砖茶是日常生活的必需品。其次，砖茶在蒙古族中亦是上等的药材。长期饮用砖茶不仅能够保护消化道黏膜，而且还能够解酒解毒，为食用者提供身体必要的各类微量元素。再次，砖茶也是蒙古族走亲访友及婚丧嫁娶中的重要礼品，在那达慕大会上，砖茶还是优胜者的奖品，成为荣誉的象征。另外，砖茶在蒙古族众多祭祀活动中担当祭品的角色。最后，砖茶在蒙古族历史中还充当过货币，《中华风俗志》有载："外蒙无货币，用砖茶计值。""蒙民交易，多用实物交换，或以砖茶为准，或以皮张计耳，一般人民尚不知货币流通之妙用也。"（胡朴安：《中华风俗志》，上海文艺出版社，1988年，第835页）

砖茶产地主要集中在四川、湖南、湖北、云南、贵州、广西和浙江等地。所产砖茶常见的品种有黑砖茶、青砖茶、花砖茶、茯砖茶、米砖茶、康砖茶、金尖和沱茶等。砖茶的主要制作工艺有杀青、揉捻、渥堆发酵、干燥、整理、拼配、高温汽蒸、压制成型、存放、包装等若干过程。各种砖茶的原料不同，制作工艺亦有所差异，因此，各地产的砖茶色香味形皆有所差异。

蒙古族饮用砖茶的方法颇具民族特色，其不仅继承了内地汉族与北方诸游牧民族的茶文化，而且结合本民族生产生活方式以及气候、地理环境等特点，进行了创造革新，衍生出更适合蒙古族的茶饮。汉族饮茶多为冲泡清饮，而蒙古族饮用砖茶则主要采用熬煮的方法，并常常在茶中添加各种食品与调料。根据熬茶所用原料和烹调方式的不同，蒙古族以砖茶为原料制作的茶饮有奶茶、清茶、米茶、面茶和捣茶等多种类型。

蒙古族饮用砖茶，需要先将买回来的砖茶块用刀斧沿其纹路卸成小块，置入"熬古日"（捣茶用具）内捣碎成茶渣，再放入专用茶罐内储存，以便随时取用。北方冬季草原气候异常寒冷，冻实后的砖茶异常坚硬，需要先放在火盆或火撑子边上焙烤，待到其变软后再行捣制。

另有值得一提的是砖茶中富含大量的氟，人体摄入适量的氟有利于防治骨质变形症，但过量的氟则会导致摄入者氟中毒，导致氟斑牙、氟骨症等疾病，损坏人体健康。1999年，中国疾病预防控制中心制订了砖茶含氟量的首条标准，即小于或等于300毫克每千克，为有效控制饮茶型氟中毒提供了技术层面的保证。2006年，国家细化并发布了砖茶含氟量的国家标准（GB19965-2005），要求所有砖茶生产企业按此标准进行生产。目前，在一系列规范措施的辅助之下，砖茶中氟的含量已经得到较为理想的控制。

蒙古族创造革新出的砖茶及与之相关的饮茶礼俗以及一整套加工工具、饮茶器具，勾勒出灿烂的蒙古族茶文化。外来的砖茶，被蒙古族纳入饮食系统并作为重要的原材料，不仅彰显出蒙古族酷爱饮茶的传统，亦是民族交融和文化交流的明证。

图片来源
图一、图四　微图网
图二　李淼　摄影
图三　李淼　制图

图二 蒙古族砖茶制作原料主材

1. 砖茶可直接加水熬煮或冲泡饮用

2. 加入牛奶熬煮制作成奶茶

3. 也可熬制成面茶和米茶等蒙古族常用茶饮

图三 蒙古族砖茶饮用方法

图四　蒙古族砖茶熬制情境图

蒙古族东布壶

图一　蒙古族东布壶主图·紫铜东布壶

东布壶的形制发源于中亚的多穆壶，原系盛放酥油和其他奶制品的桶，经西藏传入蒙古族地区后，口沿处的流注被拔高如僧帽状，壶体演变成稳定的斜直腹，形成上窄下宽的圆锥体，壶侧边有可活动的长执柄。东布壶通体高度一般在30至50厘米，底部直径通常在20厘米以内。由于内部容积并不算大，因此，东布壶主要为烹煮器。

蒙古族在日常生活中通常用东布壶加热、烹煮白食（各种奶食品）和沏茶，不拘小节的蒙古人也会用方便的东布壶盛酒、温酒。由于在草原恶劣的环境中煮制食物相当困难，因而蒙古人制作东布壶的材料多为导热性良好的紫铜、白铜和铸铁。木制和银制的东布壶也有，但数量较少，仅为盛贮容器，不具烹煮功能。铜制东布壶的加工工艺并不复杂，其主要结构是围合的壶壁和圆形壶底。壶壁一般为双层，圈制成上紧下松的椎体形状后，用4个铜箍将其固定，下缘的铜箍与底部扣合，形成基本的壶体。壶壁的接缝被置于壶柄处，这样既能够借用柄端结构加固壶体，又巧妙地隐藏了缝隙。东布壶颇具特色的僧帽状口沿不仅具有装饰作用，其在倾倒壶内所盛液体时可以有效地避免泼溅。壶柄同壶体结合处设有铰链，使得壶柄可沿壶壁轴线旋转，便于提携。东布壶的壶体装饰多集中于四层铜箍、僧帽状口沿和壶柄，方胜纹、汗宝古、龙纹、云纹和回纹等皆是常见装饰纹样。

东布壶是蒙古族民众在多穆壶基础上改进而成的，具有讲究实用、精美大方的蒙古族工艺特点。蒙古族所栖居的草原地区，特殊的自然风貌、气候特点以及民族生活生产习俗，使得这里的人们设计出了极具民族特色的东布壶，为今日研究蒙古族造物文化提供了鲜活而宝贵的实证。

图片来源
图一、图五　周安涛　摄影
图二至图四　李淼　制图
图六　王柯　制图

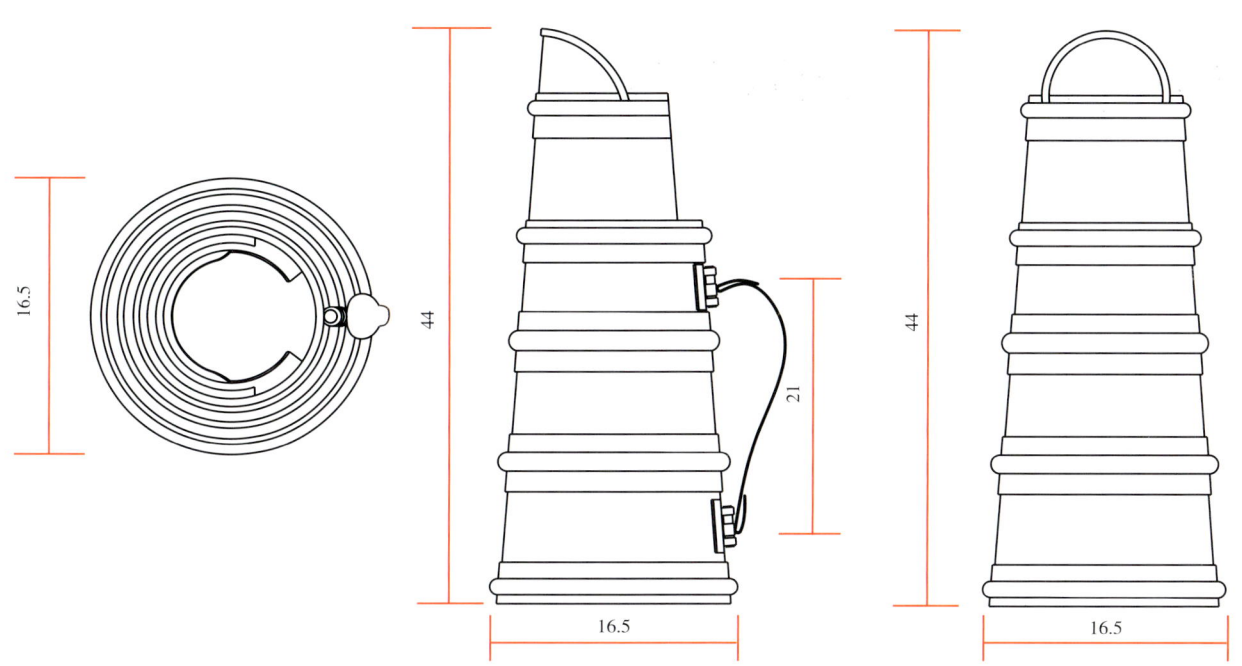

图二　蒙古族东布壶尺寸图（单位：cm）

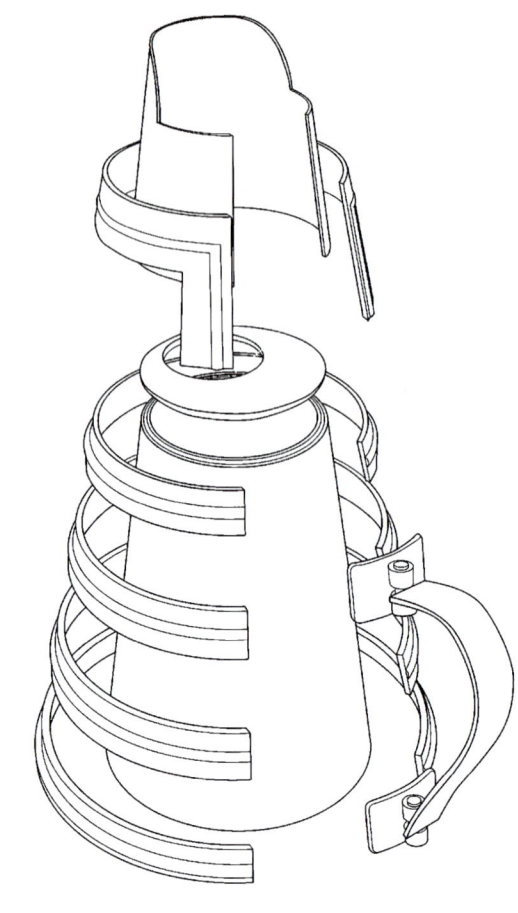

图三 蒙古族东布壶解构图

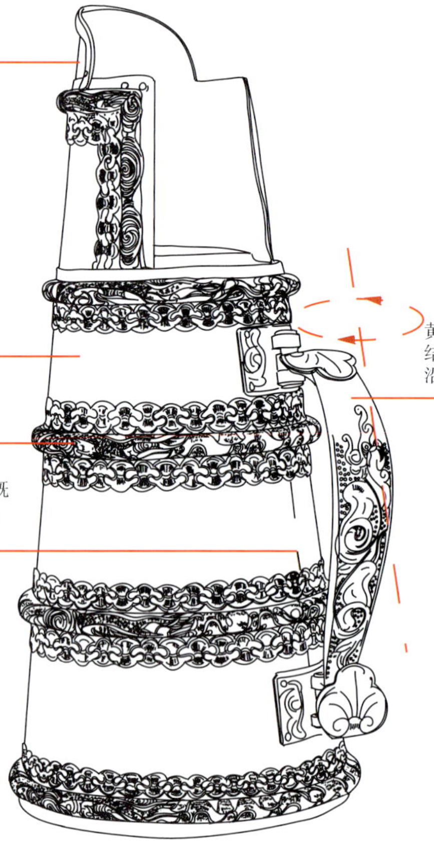

壶口为半月形流注

案例壶身为紫铜，双层壶壁

4道铜箍为白铜材质，主要作用为固定壶壁

壶壁的接缝被置于壶柄处，既能够借用柄端结构加固壶体，又巧妙地隐藏了缝隙

黄铜如意形执柄，壶柄同壶体结合处设有铰链，使得壶柄可沿壶壁轴线旋转，便于提携

图四 蒙古族东布壶工艺分析图

图五　蒙古族东布壶使用情境图

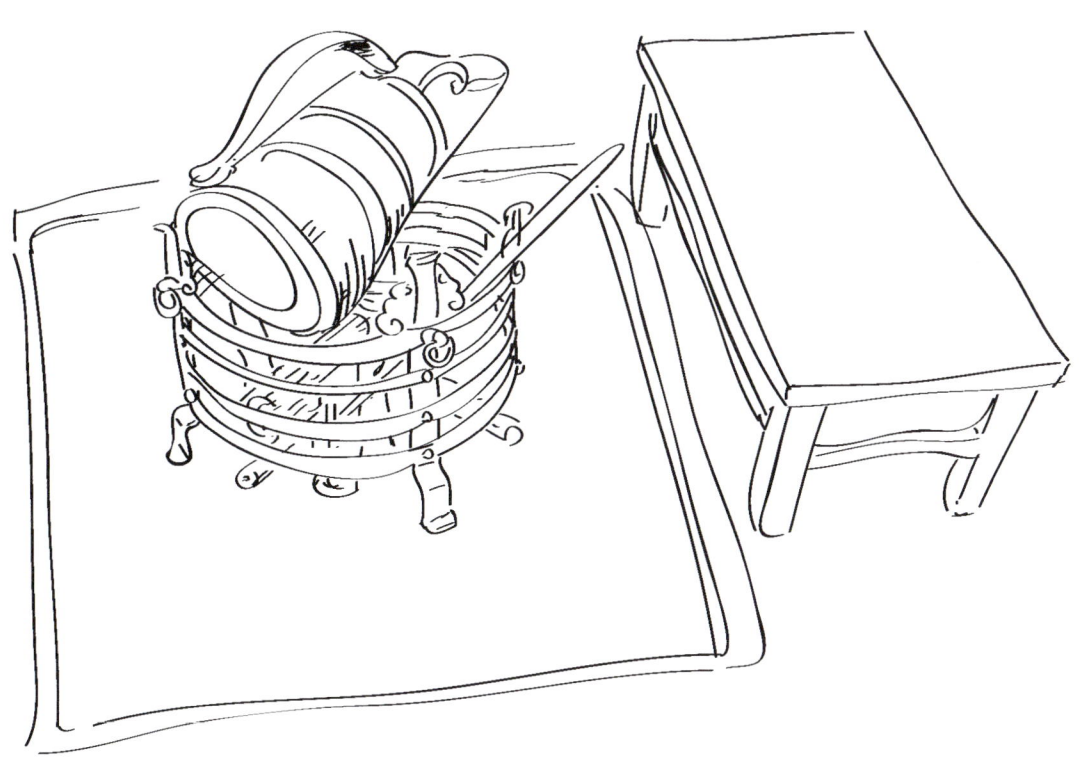

图六　蒙古族东布壶使用情境图

第三章　蒙古族传统餐饮

蒙古族火撑子

图一　蒙古族火撑子主图

火撑子又称"火撑""铁锅架"，是蒙古族用于生火架锅的重要工具。"蒙人起居，正中叠石作灶，上加铁围，而置釜焉。"（清徐柯：《清稗类钞》第15册，北京：中华书局，1986年，第35页）蒙古族火撑子一般高度在30至50厘米，口径在20至40厘米，也有用于祭祀的高度超过1米的特例。火撑子的基本形态是由一至多个铁圈，与垂直的三或四根铁条，焊接围合而成。蒙古族的火撑子由来已久，早在旧石器时代，先民挑选砾石围合成圈，用以支撑烧烤食物，即可视为火撑子的前身。发展至后世，伴随着北方游牧民族的崛起，便携的生火架锅工具便应运而生，及至蒙古族，火撑子形态多种多样、造型装饰华美，可谓臻于鼎盛。

蒙古族火撑子的主要功能有两个，其一是平日里生火做饭，架设锅具之用；其二则是蒙古族祭祀火神时的重要器具。祭祀火神也称"祭火撑"，其源于萨满教中的火崇拜。每年农历腊月二十三日日暮，便是祭祀火神的时间。祭品被摆放于火撑子前方的供桌上，用蓝、白、黄、红、绿五色布条拴系火撑子的四角，五色的彩布分别象征蓝天、白云、黄教、红火和绿地。祭祀中，家中长者手执弓箭，跪在火撑子前诵读祭文，之后点燃火撑里的木柴，以酒和红、白食向火撑献祭。祭后，全家围合聚餐。蒙古族特别忌讳在火撑子上烤脚、烤手、磕烟袋或是跨越火撑子。

蒙古族的火撑子通常以铁铸成，有三足和四足之别，腹部形态也有圈式或筒式之分。较为华贵的火撑子，在立足和腹部圈环上常常装饰有各种传统纹样，以火纹、回纹、方胜纹、盘肠纹和犄纹居多。圈状腹部的火撑子多用于游牧、转场，而筒状腹部的火撑一般在蒙古包内使用。推测其缘由，圈状火撑子较筒状火撑子轻便，易于携带，此外，其造型通透，四面排烟，适合野外使用。圈状火撑子的铁圈数一般为2到4圈不等，圈数越多，储火力越强。筒状火撑子的储火能力更佳，其封闭的腹部可以有一定的导引烟雾的功能，方便烟雾上升。筒状火撑子需要置于蒙古包的正中央，与包顶的套瑙垂直相对，以便有效地排烟，从而防止蒙古包内空气污染。

在实用物质层面，火撑子满足了蒙古族加热食物的基本生存需要；在精神信仰层面，火撑子是蒙古族祭祀神灵的重要器物，满足了蒙古族的信仰需求。这两种层面的造物内涵，彰显了蒙古族对于物质和精神统一的追求。此外，同蒙古包套瑙相对摆放，也凸显出蒙古族在造物中的组合设计智慧，值得现代设计学相关领域借鉴与研究。

图片来源
图一、图三、图八　周安涛　摄影
图二　刘兆和主编：《蒙古民族文物图典·蒙古民族饮食文化》，文物出版社，2008年，第191页
图四至图七　李森　制图
图九　微图网

图二　蒙古族火撑子

图三　蒙古族火撑子

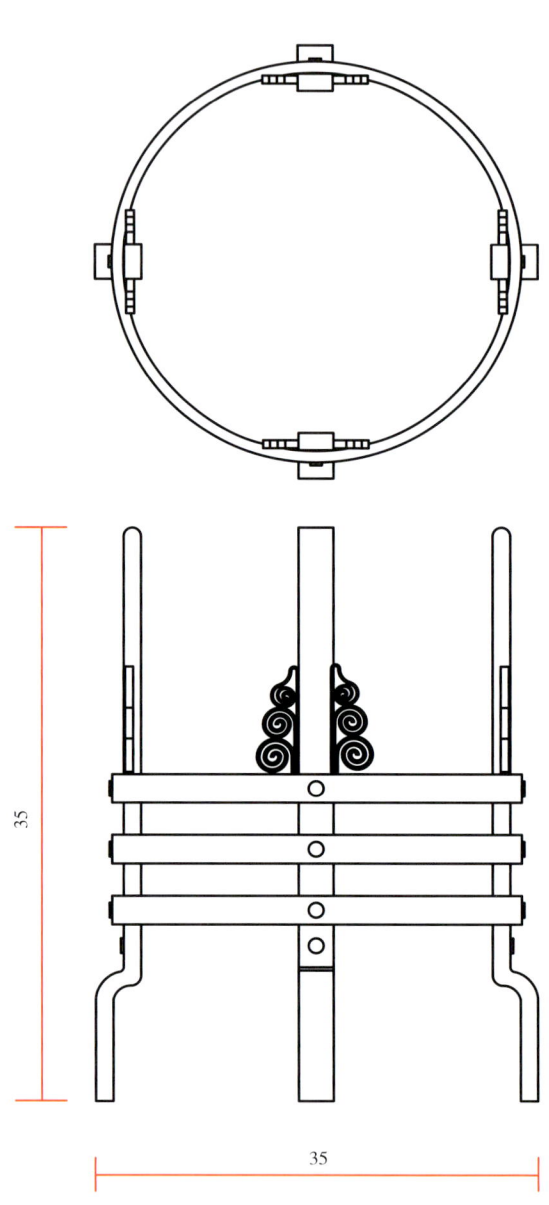

图四　蒙古族火撑子尺寸图（单位：cm）

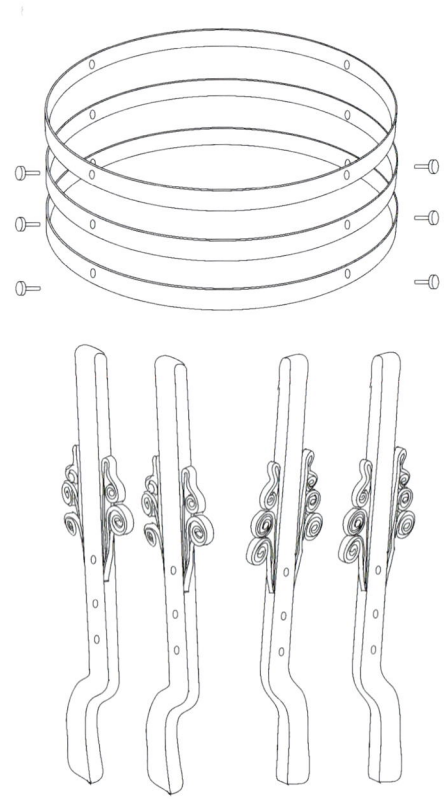

图五　蒙古族火撑子解构图

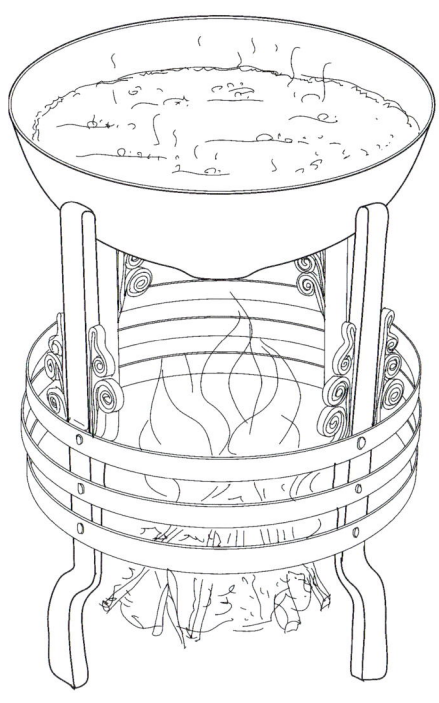

图六　蒙古族火撑子操作示意图

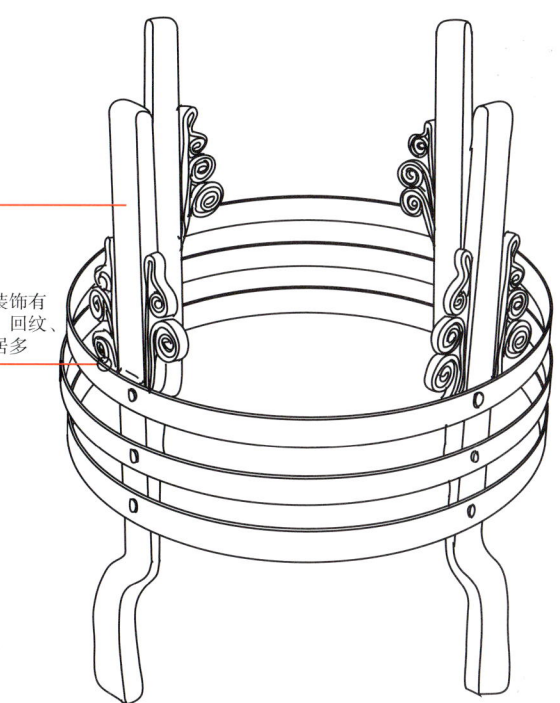

火撑子通常以铁铸成

立足和腹部圈环上常常装饰有各种传统纹样，以火纹、回纹、方胜纹、盘肠纹和犄纹居多

图七　蒙古族火撑子工艺分析图

图八　蒙古族火撑子使用情境图

图九　蒙古族火撑子使用情境图

蒙古族结盟杯

图一　蒙古族结盟杯主图

结盟杯是一种兽角杯，因常以牛角制成，故又称"牛角杯"。古代北方草原上的游牧民族在结盟仪式中以之作为重要的象征物，表示盟约的达成。以兽角制杯，在我国许多民族造物文化中皆有涉及，除诸多历史上的北方游牧民族以外，南方的彝族、苗族和哈尼族等也颇为擅长，但其中大多以之作为盛酒器或饮酒器，用来会盟定约的并不多见。蒙古族使用的结盟杯长度一般在10至30厘米，口径大多7至15厘米。

结盟杯是部族结盟缔约时的一种礼仪用具，虽然可以用来饮酒，但究其本质，更是一种盟约的象征与标志。古代北方游牧民族盟誓时，以结盟杯盛酒，缔约双方交臂而饮，以示盟约达成，双方的友谊真挚而永恒，这也是结盟杯名称的由来。蒙古族的结盟杯一般选用蒙古牛的牛角制作，牛角是由硬角蛋白构成的一种天然生物材料，属于表皮系统的附肢，质地紧密，具有良好的韧性与防渗功能。制作结盟杯时，一般去除牛角末端，将粗端内部的角质旋空即可。为了提升结盟杯的华美程度，工匠们还会用金或银包镶牛角，有的仅在杯沿和末梢加以装点，而有的则通体贴饰或鎏金，并在其上錾刻传统纹样或镶嵌宝石。未经包镶的牛角部分需要打磨光滑，并保留牛角弯曲的形状。

以牛角制作的蒙古族结盟杯既有自然淳朴的一面，其上包镶的金属装饰又凸显出浓浓的蒙古族人文气息，极富民族特色。蒙古族结盟杯以其独特的造型设计和象征意义彰显出蒙古族造物设计中的生存智慧与礼仪文化。

图片来源

图一、图三至图七　张颖泉　制图
图二　周安涛　摄影

图二　蒙古族结盟杯

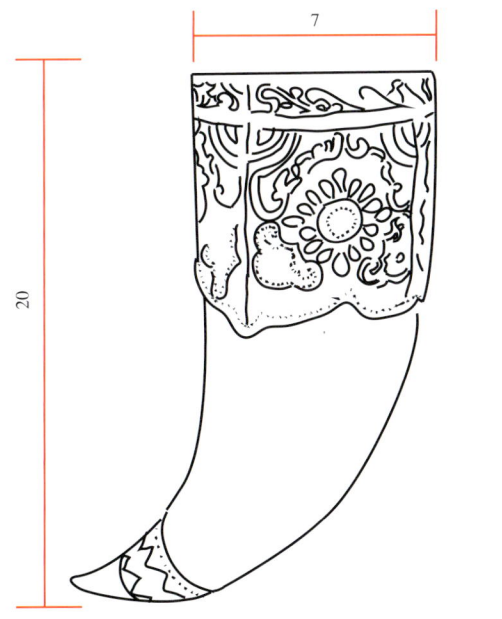
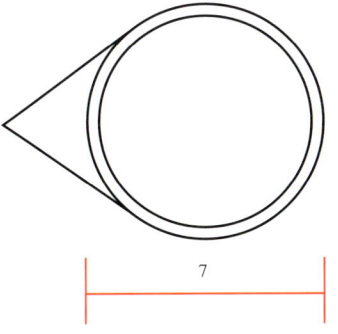

图三　蒙古族结盟杯尺寸图（单位：cm）

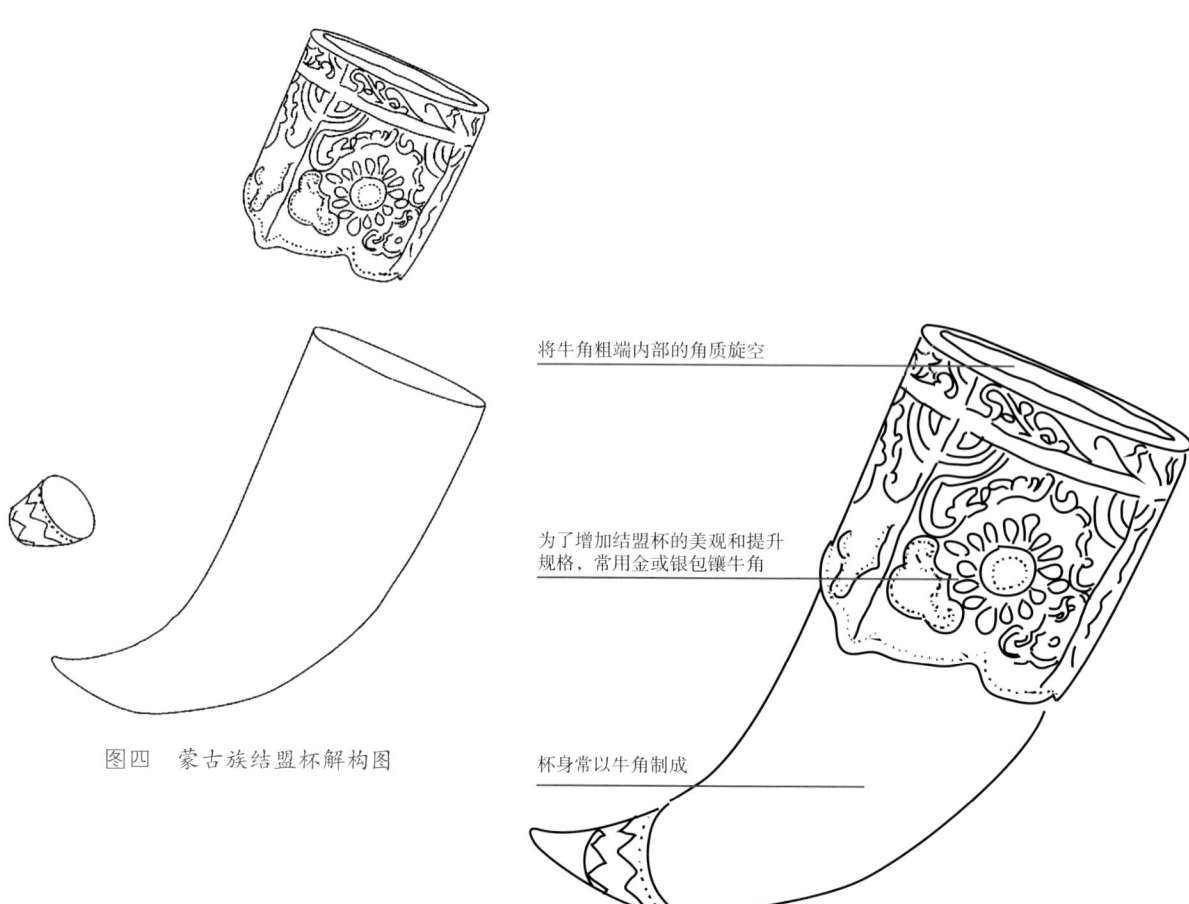

图四 蒙古族结盟杯解构图

将牛角粗端内部的角质旋空

为了增加结盟杯的美观和提升规格，常用金或银包镶牛角

杯身常以牛角制成

图五 蒙古族结盟杯工艺分析图

图六 蒙古族结盟杯使用情境图

图七　蒙古族结盟杯使用情境图

蒙古族酒壶

图一　蒙古族酒壶主图

　　所谓酒壶即是一种用以盛装酒液的容器，一般配有把和嘴。早在新石器时代，各式盛酒器皿就已经存在，及至商代，出现了专门盛酒备饮的青铜酒壶。蒙古族酒文化历史久远，在早先鲜卑、室韦墓葬遗迹中便出土了包括酒壶在内的各式盛酒器具，后及元朝时期，蒙古族使用的酒壶逐渐定型，包括执壶、扁酒壶和提梁酒壶。蒙古族使用的酒壶（本文所述酒壶系指金属或陶瓷材质的盛酒壶，皮囊壶虽然也可用来盛酒，但因之较为特殊，不列属此类，所以另列案例解析），为便于迁徙携带，通常体量不大，一般常见的高度在10至40厘米。

　　酒壶的功能顾名思义，即是用来盛酒备饮，常见的蒙古族酒壶使用铜或锡打制、嵌合而成。旧时的蒙古贵族酒壶为显豪华，多以银或金为原料制作。相对于金属酒壶而言，陶瓷质地的酒壶也有使用，但为数较少。蒙古族酒壶的制作工艺因所选材料而各有不同，其中金属酒壶多以捶打和錾刻工艺完成，几乎不用锻铸。而陶瓷酒壶则是烧造，但其产于蒙古区域的数量不多，不少瓷壶是从内地定制或是购入。常见的蒙古族酒壶一般由壶口（多配壶盖）、壶脖、壶足、壶嘴、壶把或提梁等部分组成。蒙古族酒壶种类繁多，按照制作材料差异可分为金属酒壶和陶瓷酒壶等；按壶足的有无分为有圈足酒壶和平底酒壶；按有无装饰可分为纹饰酒壶和素面酒壶；按有无提把和提把的位置又可分为执壶、提梁壶和扁壶等。本文仅就最后一种分类方式的三种酒壶展开论述。

执壶是元朝时期使用较多的盛酒器，其早先以宋金时期玉壶春瓶为壶身，后来为了日常斟酒便利，将嘴置于腹上，与另一侧的执柄相对，且二者高度相当。壶嘴较长，顶端高度与壶口相若。执壶的壶口通常外撇，为携带中不至泼溅内中酒液，壶口通常有配盖。这种执壶大多为铜、锡或金银制作，易携便用，颇受蒙古族贵族青睐，因此非常流行。提梁壶是指装有提梁的酒壶类型，壶身上方设有提梁，壶肩上装有壶嘴。提梁壶又可分单提梁壶和双提梁壶，单提梁壶装有一根提梁，多为C形。其中，金属质地的提梁两端开有小孔，和壶肩上焊接的小圆孔对合，用铆钉固定，有些提梁末端还装有铰链，可以活动。双提梁壶有两根提梁，提梁末端扣合壶肩上焊接的小铜环，便于转动，方便提携。扁壶较为特别，其形制初源于皮囊，壶身呈扁圆形或扁方形，一般装有背带，便于背挎和携带。蒙古族的扁壶通常为金属材质，壶身以两片金属捶打嵌合，再以錾刻工艺在两面装饰花纹图案。蒙古族酒壶上的装饰纹样非常丰富，常见的有龙凤、佛教八宝、五畜、各式花卉、果实、鸟兽虫鱼等等，不胜枚举。

蒙古族特有的生活方式和生存环境，使他们更钟爱易携带的器皿，蒙古族酒壶便是其中的典型。蒙古族酒壶上装设的提梁、执把或是背带以及扁平的壶身等形态特征、功能结构，皆是为了适应蒙古族逐水草而居的游牧生活。此外，从整个造物文化历史层面来看，蒙古族酒壶不仅折射其自身的造物智慧，同时也映衬出蒙古族同其他民族文化相互交融的历史脉络。

图片来源

图一、图二　李淼　摄影
图三　许宏　制图
图四、图五、图七　张颖泉　制图
图六　FOTOE 图片网

图二　蒙古族酒壶

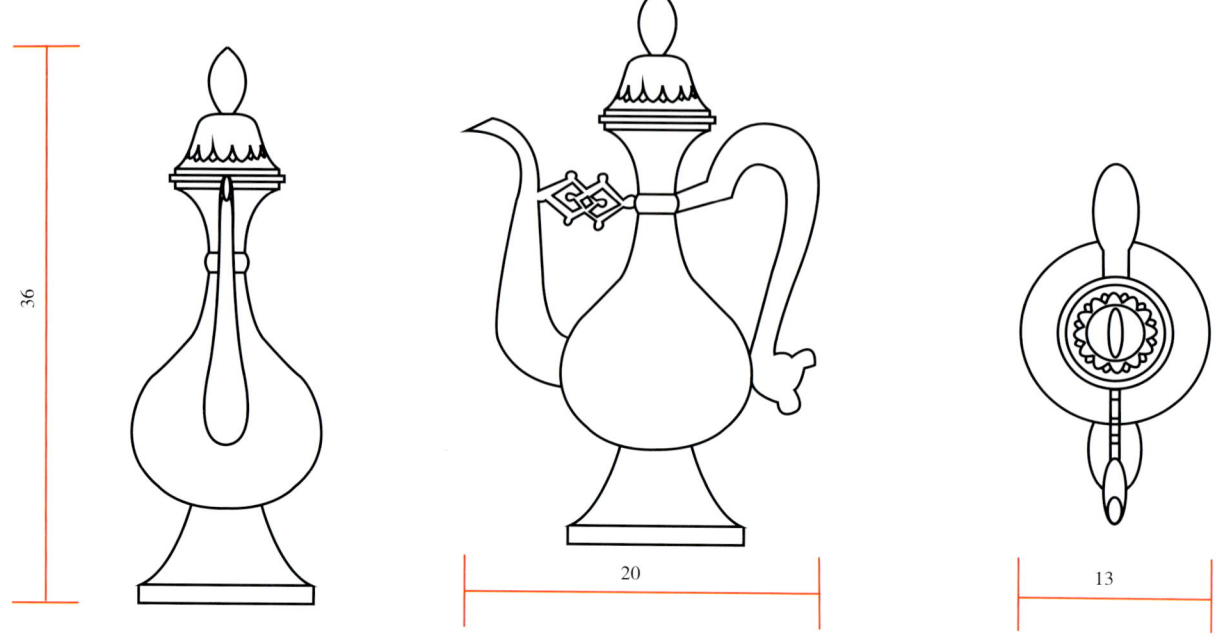

图三　蒙古族酒壶尺寸图（单位：cm）

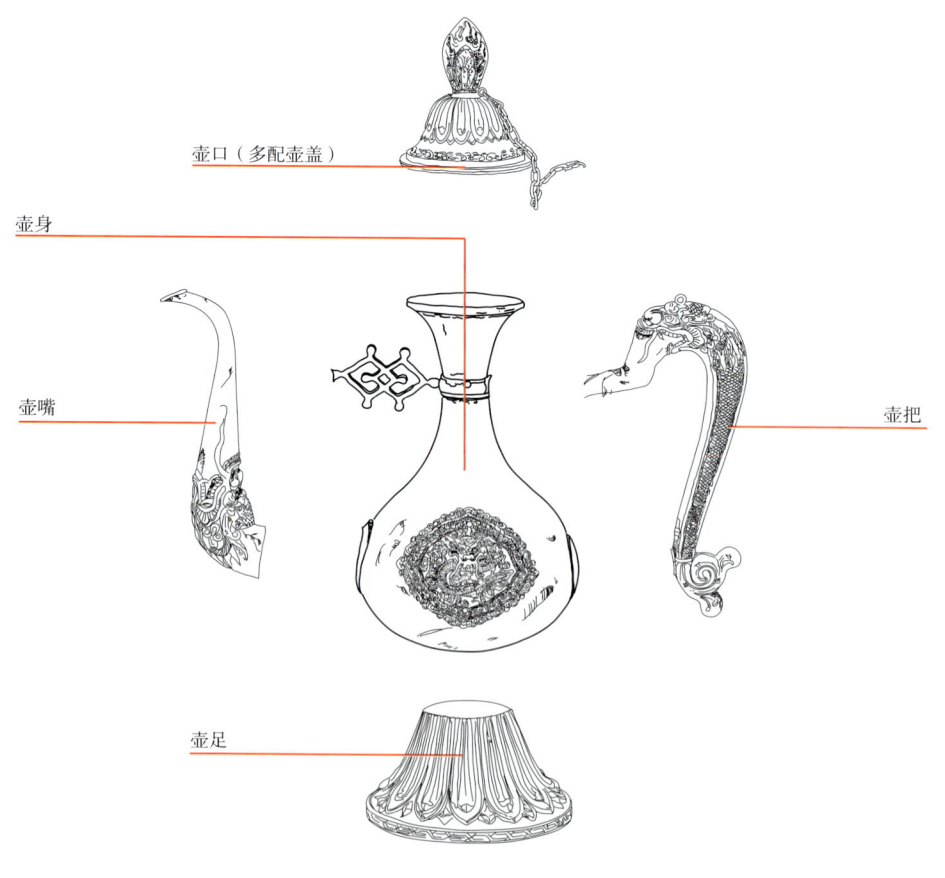

图四　蒙古族酒壶解构图

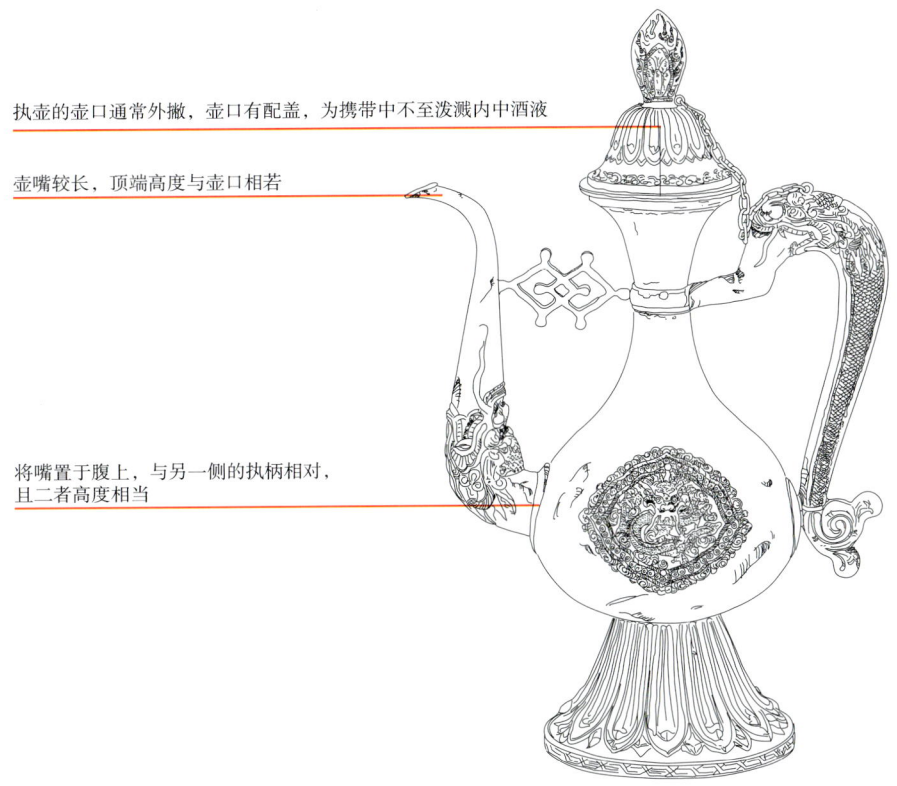

执壶的壶口通常外撇，壶口有配盖，为携带中不至泼溅内中酒液

壶嘴较长，顶端高度与壶口相若

将嘴置于腹上，与另一侧的执柄相对，且二者高度相当

图五　蒙古族酒壶工艺分析图

图六　蒙古族酒壶使用情境图

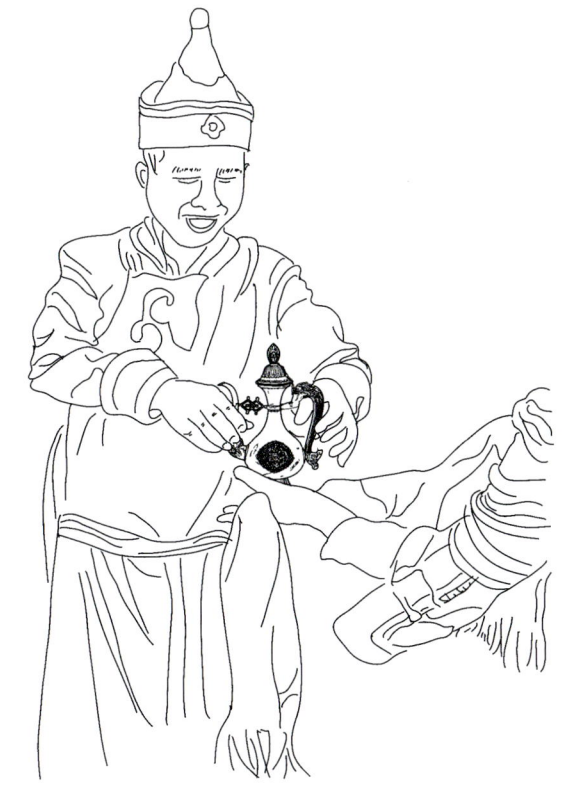

图七　蒙古族酒壶使用情境图

第三章　蒙古族传统餐饮

293

蒙古族六耳铁锅

图一 蒙古族六耳铁锅主图

六耳铁锅又称"六耳釜",是一种铁制锅具,用以烹煮各类食物。六耳铁锅口缘下的锅腹部分铸有六耳,便于架设或悬挂,故因之得名。现存的六耳铁锅尺寸大小不一,比较常见的是中等体量,一般口径在40厘米左右,锅高在40至50厘米。东汉之际,六耳铁锅即在军营中广泛使用,现在出土较多是在东北及内蒙古地区。这种铁锅后经辽人传至蒙古族地区,在古时蒙古族军队与牧人中广泛使用。

六耳铁锅的主要功能如前所述,即用于烹煮食物,因锅体较高,特别适合烧煮大块肉食。除此之外,六耳铁锅亦可用来熬煮粮食、煎煮奶茶等。使用时,六耳铁锅可以直接置于火撑子上煮食,亦可在梁架上拴系绳索,间隔着套扣住六只铁耳中的三只,悬吊铁锅,在其下方生火煮制食物。此外,在行军中亦可用石块直接垒砌简易灶台,利用铁锅的六耳卡住石头即可生火做饭。六耳铁锅从形态结构上可分为锅口、六耳和锅底(锅腹)三个部分,通常以生铁为原材料,采用分铸法铸造而成。工匠铸造铁锅时,先铸好锅底,然后制作锅口及六耳部分的泥范,最后将泥范同铸好的锅底拼连在一起,通过二次浇铸完成铁锅。蒙古族的六耳铁锅通体乌黑，锅口缘部分一般较厚，可达3厘米以上，而锅底厚度通常在1厘米左右。有的六耳铁锅会在锅口部分留有传统民族纹样作为装饰。

六耳铁锅起源较早，因便于野炊，特别适合蒙古族逐水草而居的游牧生活方式，因而，古时这种形制的铁锅在蒙古族中得以广泛铸造与使用，凸显了六耳铁锅对于蒙古族生存环境及生活方式的适用性，丰富了蒙古族造物文化体系，亦体现出蒙古族对其他民族的文化的传承与交融。及至今日，因为蒙古族生活方式的转变以及现代技术的影响，日常生活中已难见六耳铁锅的身影。

图片来源
图一　周安涛　摄影
图二、图四　钱瑶　制图
图三、图五、图六　李淼　制图

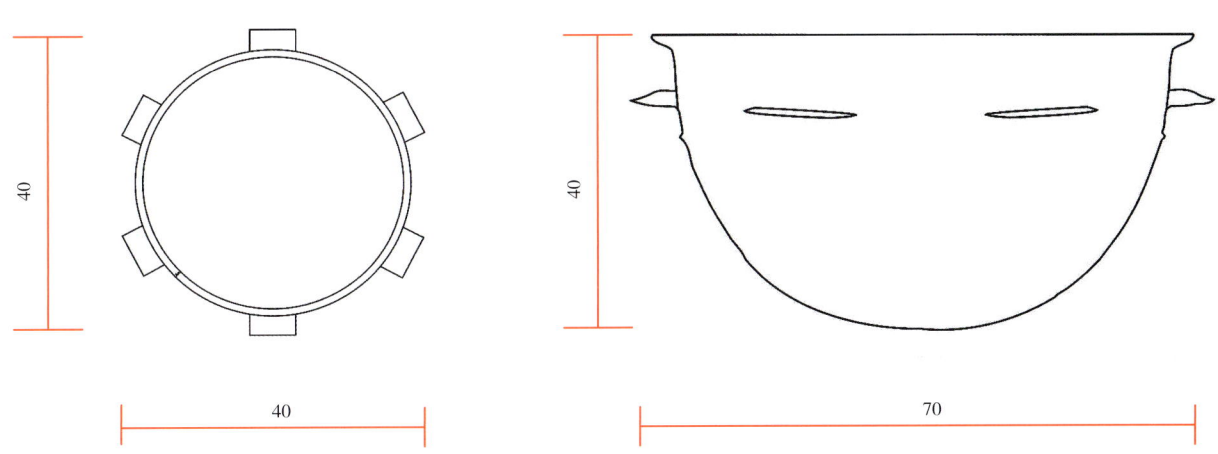

图二　蒙古族六耳铁锅尺寸图（单位：cm）

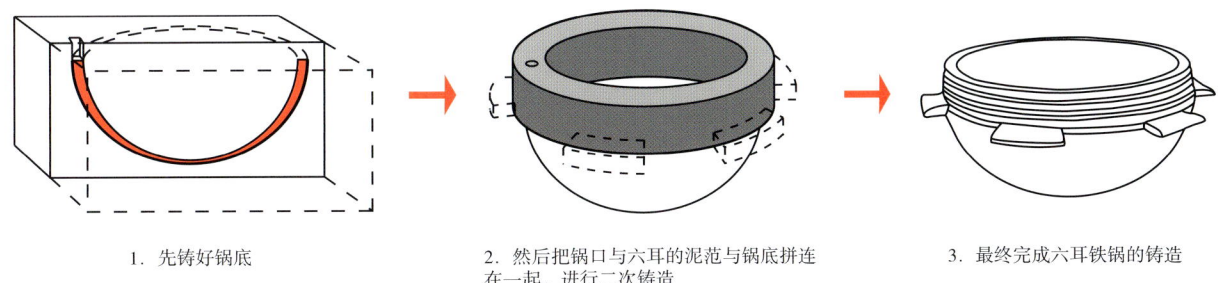

1. 先铸好锅底
2. 然后把锅口与六耳的泥范与锅底拼连在一起，进行二次铸造
3. 最终完成六耳铁锅的铸造

图三　蒙古族六耳铁锅铸造步骤

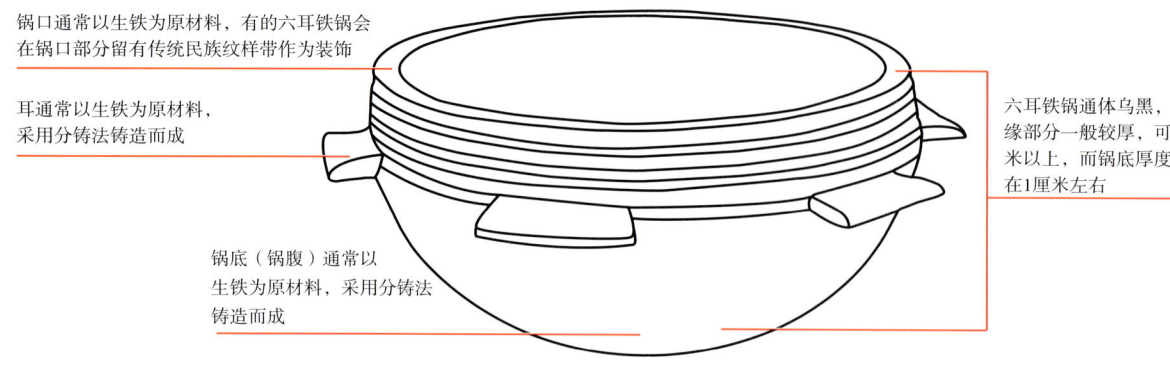

锅口通常以生铁为原材料,有的六耳铁锅会在锅口部分留有传统民族纹样带作为装饰

耳通常以生铁为原材料,采用分铸法铸造而成

六耳铁锅通体乌黑,锅口缘部分一般较厚,可达3厘米以上,而锅底厚度通常在1厘米左右

锅底(锅腹)通常以生铁为原材料,采用分铸法铸造而成

图四 蒙古族六耳铁锅工艺分析图

图五 蒙古族六耳铁锅使用情境图

图六 蒙古族六耳铁锅使用情境图

蒙古族奶提

图一　蒙古族奶提主图

奶提是蒙古族的一种传统舀奶器具，其体量通常较大，长度在40至70厘米不等。奶提产生的时间甚早，伴随着蒙古族由来已久的白食文化，专门用来舀畜奶的奶提在其民族汇聚形成之前即已出现，从元朝时期贵族使用的硬木雕饰并镶饰金银及宝石的精美奶提，到普通蒙古族牧民使用的简易羊角制奶提，可谓形式多样，不胜枚举。

奶提，顾名思义，其主要功能即是用来提舀畜奶，包括牛奶、马奶、驼奶和羊奶等。蒙古族贮存鲜奶的奶桶通常较大，高度可达半米以上，为便于搬运和迁移，贮奶桶的口径相对较小。用普通的平口勺具无法从这种形状的奶桶中方便取奶，于是蒙古族的奶提被设计成勺柄同勺口夹角接近90度，这样一来，使用者便可以垂直从高桶壁的奶桶中提取奶水。此外，奶提柄的长度较长，以便深入奶桶，提舀奶水。奶提的制作材料多种多样，除早先蒙古贵族使用的名贵硬木，普通蒙古族百姓所用的奶提多是就地取材制作，包括木制、角制和皮制等。木制奶提是以当地常见的柳木、榆木镟挖而成，有的会在柄部和勺顶雕饰传统蒙古族纹样，以增美感，其中马头柄的奶提是常见的类型；角制的奶提较为特别，一般是用整只羊角或牛角去除外面的角质层，再切割掉牛羊角的中末端，仅保留底部一圈较粗部分，其中侧面的长条部分作柄，底部被挖空内部骨质作勺口；皮制奶提的勺口即是一个开口的皮囊，柄部则用牛羊角或木料制作。

蒙古族奶提独特的造型设计和使用方法则体现出了蒙古族的设计巧思和造物文化。

图片来源

图一、图二　周安涛　摄影

图三至图七　倪荣新　制图

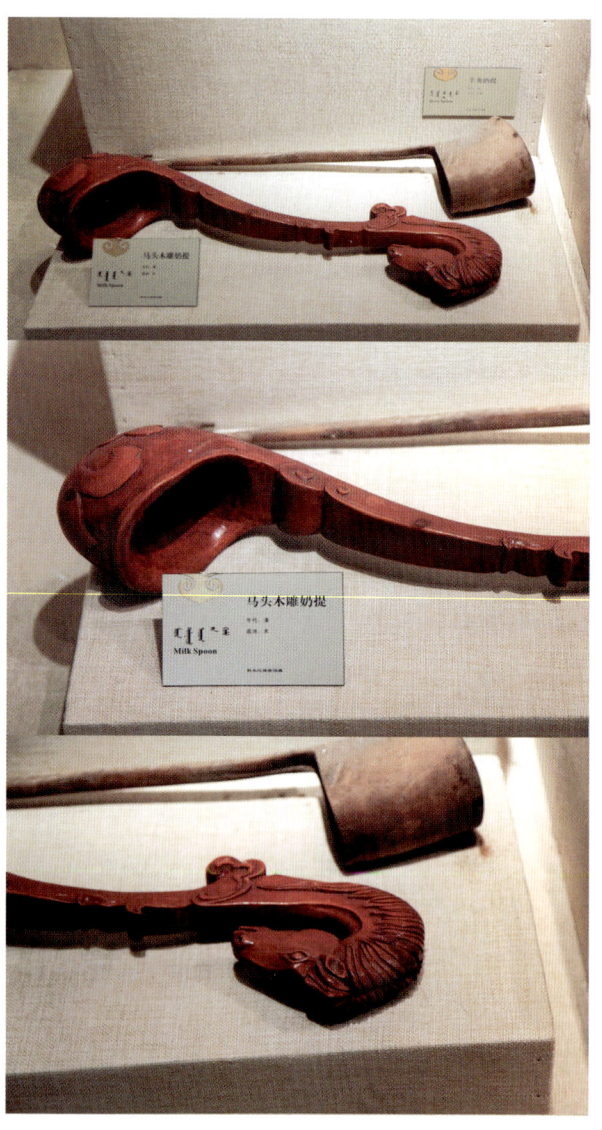

图二　蒙古族奶提

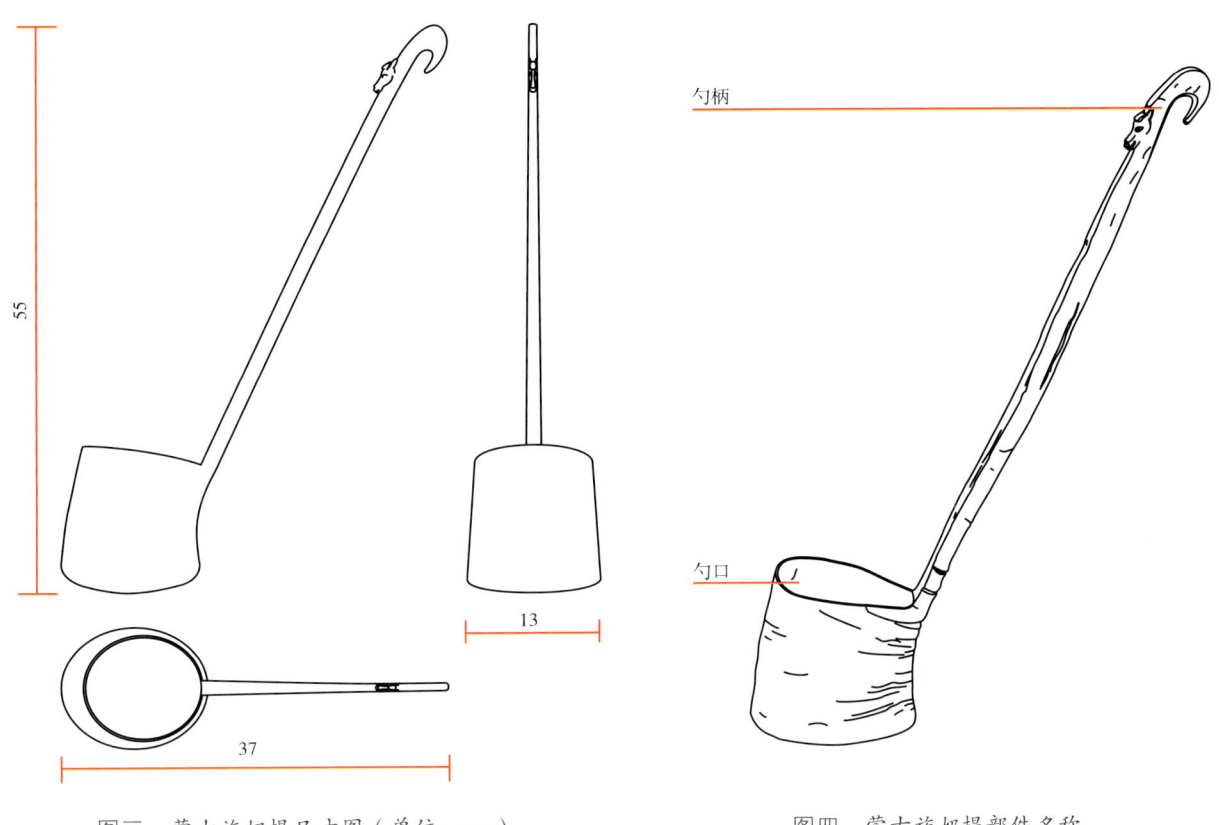

图三　蒙古族奶提尺寸图（单位：cm）

图四　蒙古族奶提部件名称

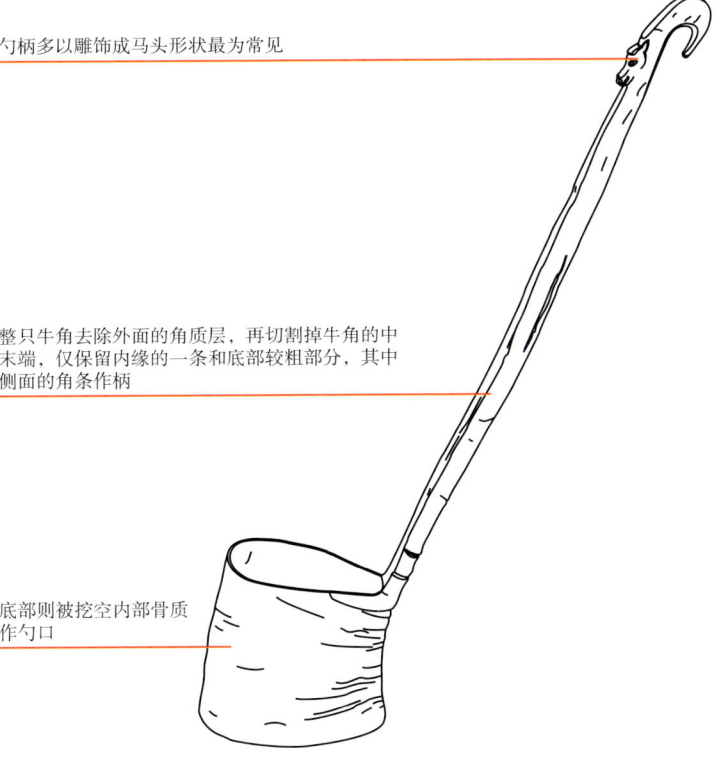

图五　蒙古族奶提工艺分析图（一）

第三章　蒙古族传统餐饮

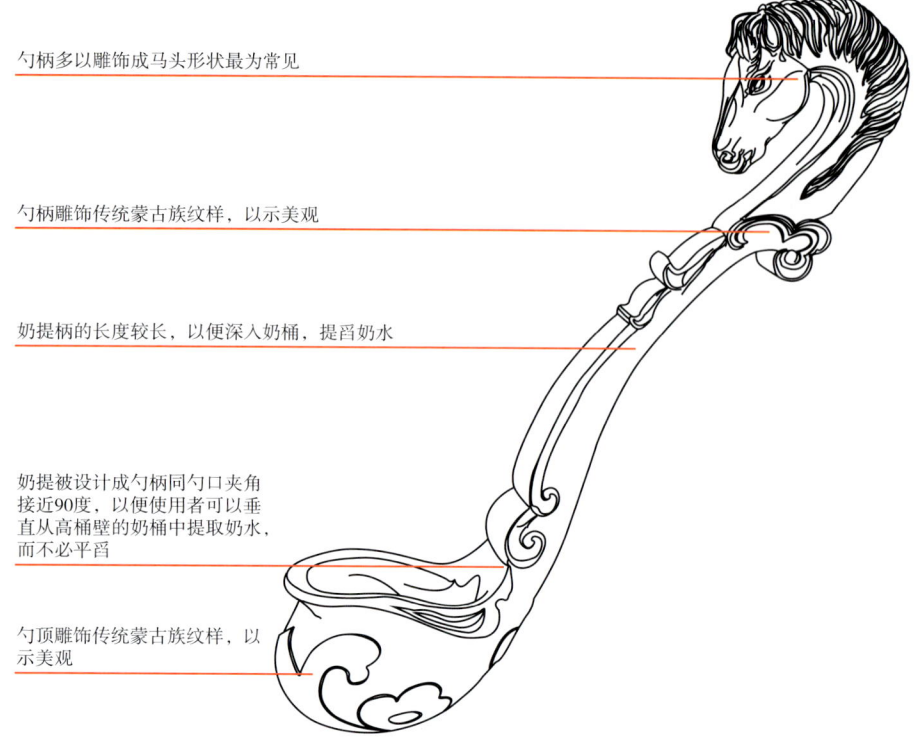

勺柄多以雕饰成马头形状最为常见

勺柄雕饰传统蒙古族纹样，以示美观

奶提柄的长度较长，以便深入奶桶，提舀奶水

奶提被设计成勺柄同勺口夹角接近90度，以便使用者可以垂直从高桶壁的奶桶中提取奶水，而不必平舀

勺顶雕饰传统蒙古族纹样，以示美观

图六　蒙古族奶提工艺分析图（二）

图七　蒙古族奶提使用情境图

蒙古族奶桶

图一　蒙古族奶桶主图·木质鲜奶奶桶

奶桶在蒙古语中称为"那木格"，是蒙古族用以盛放或制作奶制品的日常容器。蒙古族的奶桶因用途与制作材料的差异，造型多样，大小不一，小的铜制有盖奶桶高度不到30厘米，口径与底径仅20厘米左右，而大的拼木酸奶桶，高度可达150厘米，底径接近50厘米。北方游牧民族使用奶桶贮藏鲜奶和制作酸奶的历史久远，及至元朝时期，奶桶成为蒙古族每家每户不可或缺的日常用具。聪慧勤劳的蒙古族又在先人的基础上拓展了奶桶的种类和制作原料，并进一步发展了奶桶的制作工艺。

蒙古族的奶桶根据其用途分为普通的盛奶桶与用以搅拌制作酸奶的酸奶桶两种类型，其造型虽然多有变化，但基本形态以圆柱体居多，其优点是容量的最大化。盛放鲜奶的奶桶体量较小，为了便于提携，通常装有提梁或是双耳。盛奶桶所使用的制作材料相对更加丰富，包括木质、紫铜和白银，早期也有用驼皮或牛皮制作的皮奶桶，后来逐渐被淘汰不用。其中木制奶桶是木条拼装式，分桶壁和桶底（端板）两个部分，以10至16根木条拼装桶壁，并用3至4道铜制箍环固定，最后是拼接、安装端板；铜制或银制的盛奶桶更加精致，大多配有桶盖，桶壁上也以铜或银制箍环加固，并饰有各种精美的蒙古族传统图案。蒙古族的酸奶桶一般都是木质，底径较口径更大，这样的设计是搅拌酸奶时，增加搅拌空间和立在地上奶桶的稳定性。制作酸奶桶同样需要在其顶端、底端和腹部装上木箍或铜箍，固定桶身。酸奶桶的桶口配有木盖或铜盖，其上开有5至10厘米口径的小洞，便于插入奶杵（奶杵也称搅拌器，通常为木制，一般由长木杆同顶端的木杵头组成，木杵头有圆形、方形和凹形等，上面开眼镂空，增加搅拌效果），搅拌制作酸奶。

奶制品是蒙古族日常生活中不可缺少的重要食物，所以用以盛放鲜奶或制作酸奶的奶桶，其制作材料多为就地取材，造型特征以及加工工艺都体现出蒙古族讲究实用的造物文化特质，为今日研究蒙古族造物文化提供了颇有价值的例证。

图片来源

图一至图三、图十　周安涛　摄影
图四至图九　李淼　制图

图二　蒙古族鲜奶奶桶（金属）

图三　蒙古族酸奶奶桶

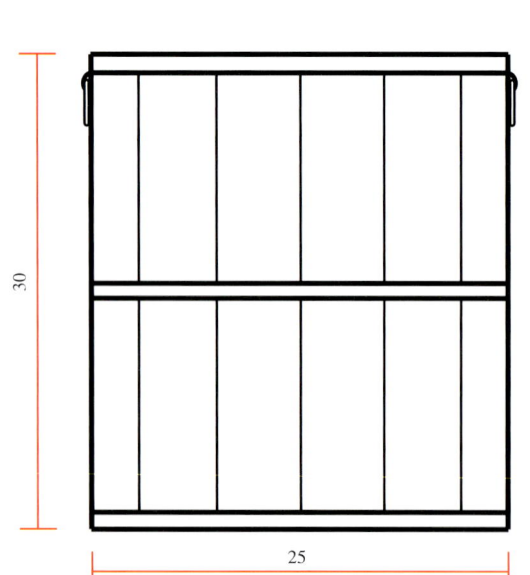

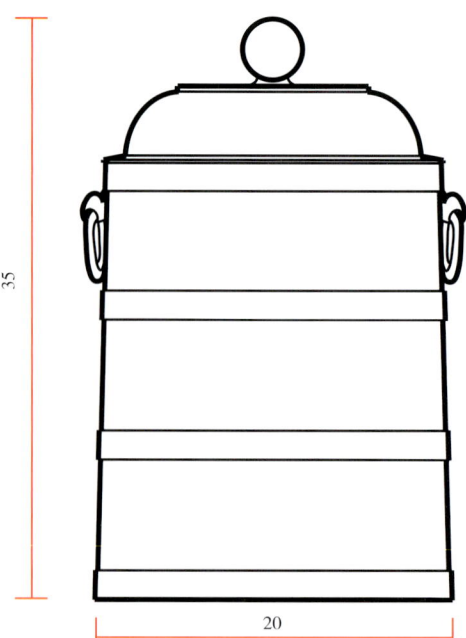

图四　蒙古族鲜奶奶桶尺寸图（单位：cm）

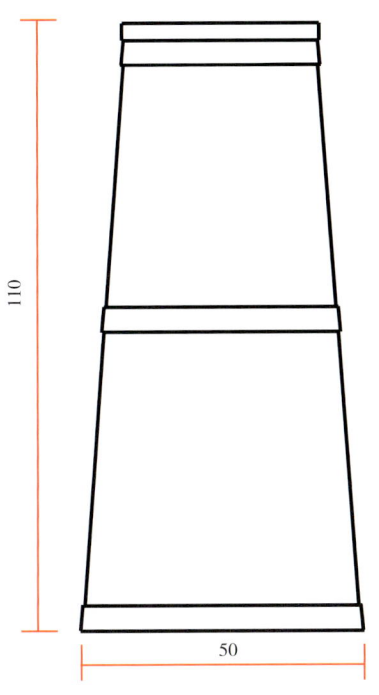

图五　蒙古族酸奶奶桶尺寸图
（单位：cm）

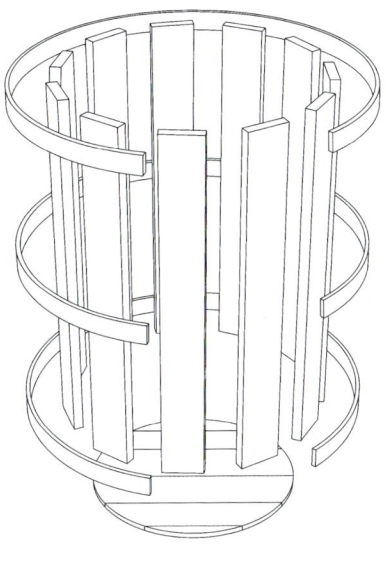

图六　蒙古族鲜奶奶桶解构图

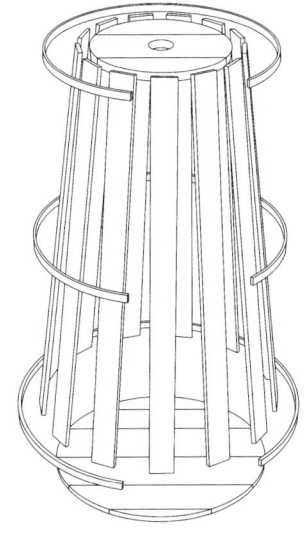

图七　蒙古族酸奶奶桶解构图

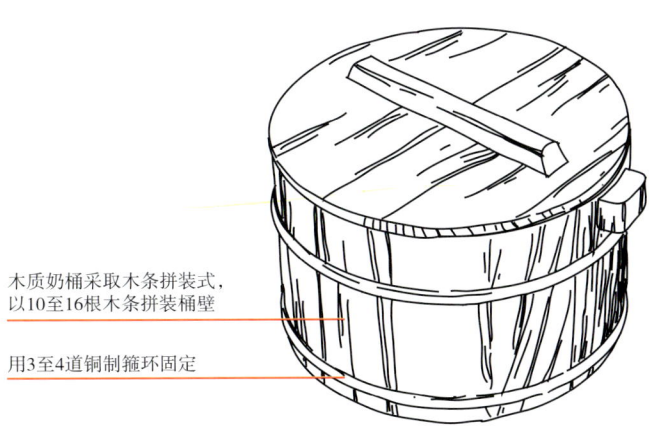

木质奶桶采取木条拼装式，以10至16根木条拼装桶壁

用3至4道铜制箍环固定

桶壁上以铜或银制箍环加固，并饰有各种精美的蒙古族传统图案

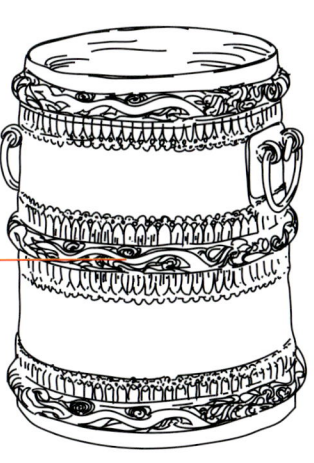

图八　蒙古族鲜奶奶桶工艺分析图

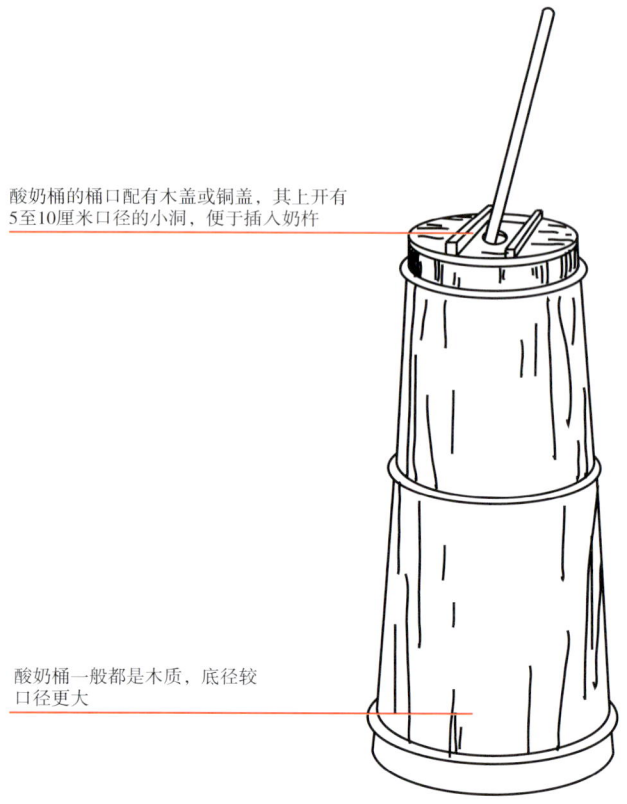

酸奶桶的桶口配有木盖或铜盖，其上开有5至10厘米口径的小洞，便于插入奶杵

酸奶桶一般都是木质，底径较口径更大

图九　蒙古族酸奶奶桶工艺分析图

图十　蒙古族鲜奶奶桶使用情境图

蒙古族盘

图一　蒙古族盘主图

所谓盘即是一种敞口扁浅的盛物器皿，形状似碟但口径更大。蒙古族盘的尺度较南方其他民族的盘子稍大，故而也常被称为"大盘"，小者口径不到20厘米，大者则有2米见方，其形状以圆形和方形居多。蒙古族的盘起源甚早，其作为一种盛食餐具当是沿袭自早先其他游牧民族，及至元朝，用以盛放食物或祭品的大型漆盘在蒙古族各个阶层皆有使用。

蒙古族盘的功能主要是用以盛放食物，包括各类红食，如烤全羊、羊背、手把肉、羊血肠等，各种白食，如奶豆腐、奶皮子等，以及各式的糕点，如羊油馓子、果子等等；或是摆放其他小件餐具，包括茶壶、酒壶和碗筷等；此外，蒙古族的盘在祭祀和婚庆礼仪中亦是十分重要，比如"锡林郭勒地区赠予仪式是在婚礼仪式后，婆婆将首饰放入盘中。由新娘的嫂子转交给新娘，之后在新媳妇拜见婆婆时，婆婆要亲手为儿媳佩戴"（陶玉河、正镶白旗编纂委员会主编：《正镶白旗志》，内蒙古文化出版社，2004年，第764页）。

蒙古族的盘从使用功能上分，直接盛装食物的盘可称为"食盘"，其上盛放其他餐具或是大件食料（如烤全羊或羊背）的盘称为"托盘"；依制作材料来区分，盘包括银盘、铜盘、铁盘、漆盘、木盘等；从形态差异区分，常见的蒙古族盘有圆盘、方盘、花形盘、浅口盘和高足盘等。不同材料的盘，其制作工艺亦不相同，金属质地的盘，一般为锤打成型，再錾刻纹饰；漆盘通常为木胎，如盛放全羊的秀斯木盘，呈长方形，分上下两个部分，上部托盘由四围边与盘底5个部分组成，结合处以卯榫结构或铆钉联合加固，下部底座类似案几，有四足，多饰有传统彩绘纹样增加美观。有的漆盘上还会用泥金作绘，更显奢华；还有一些如剔红或犀皮工艺的漆盘，当由蒙古域外传入。

逐水草而居的蒙古族，经常需要变更居住地，每次迁居，各类生活用品包括餐饮器具都要打包携带。为了在迁徙过程中不被损坏，所以蒙古族的盘常为金属或漆木质地，瓷制盘碟较少。待到明清之际，随着蒙古农耕区域的扩大，定居的蒙古人才逐渐接受和使用瓷盘。蒙古族所栖居的蒙古草原，特殊的自然环境与气候风貌造就了蒙古族特有的生活与生产习俗，催生出各式各样极具民族特色的餐具，盘即是其中颇具代表性的一例。

图片来源

图一至图四、图十　周安涛　摄影
图五、图七至图九　王智慧　制图
图六　李淼　制图

图二　蒙古族盘

图三　蒙古族盘·白铜錾花高足盘

图四　蒙古族盘

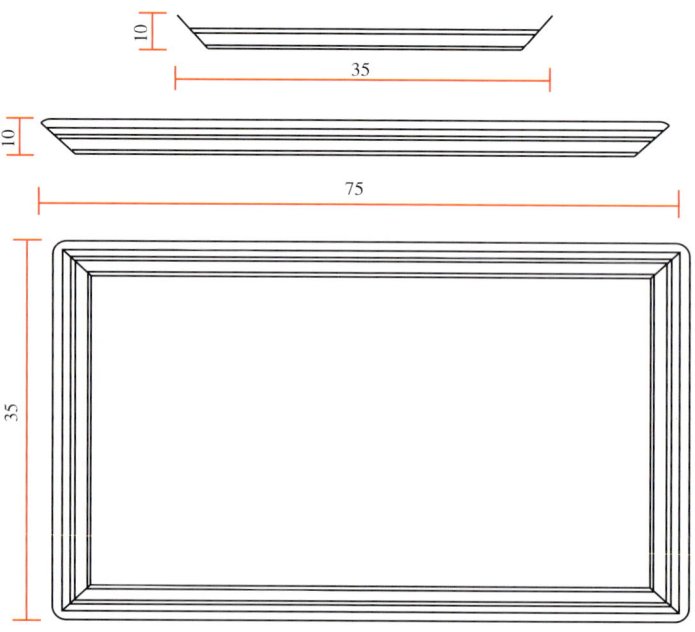

图五　蒙古族盘尺寸图（单位：cm）

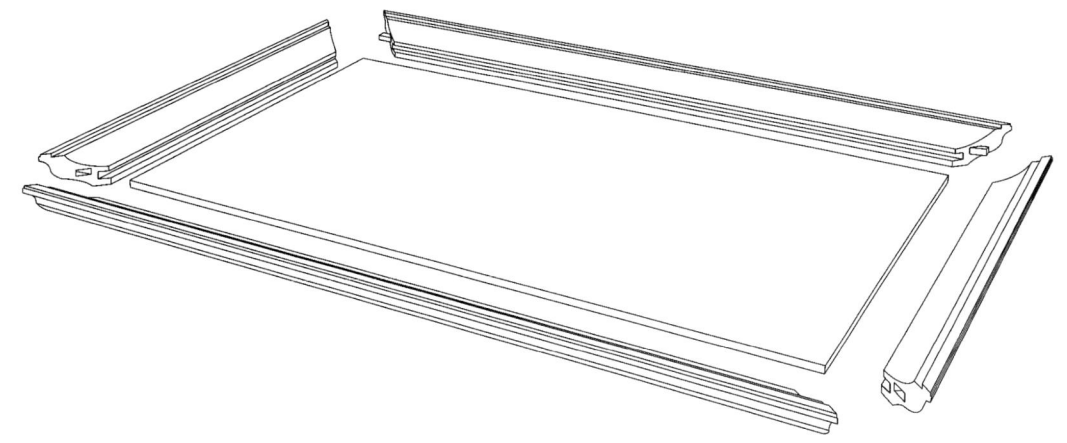

图六 蒙古族盘解构图·方形木食盘

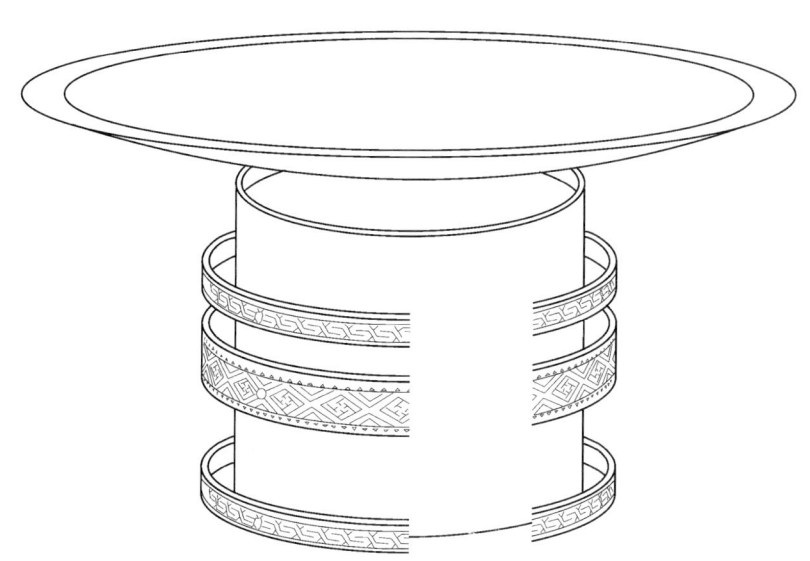

图七 蒙古族盘解构图·高足盘

盘即是一种敞口扁浅的盛物器皿,形状似碟但口径更大。蒙古族盘的尺寸较南方其他民族的盘子稍大,故而也常被称为大盘,其形状以圆形和方形居多

盘包括银盘、铜盘、铁盘、漆盘、木盘等;从形态上区分,常见的蒙古族盘有圆盘、方盘、花形盘、浅口盘和高足盘等

图八 蒙古族盘工艺分析图·方形木食盘

盘包括银盘、铜盘、铁盘、漆盘、木盘等；从形态上区分，常见的蒙古族盘有圆盘、方盘、花形盘、浅口盘和高足盘等

金属质地的盘，一般为锤打成型，再錾刻纹饰

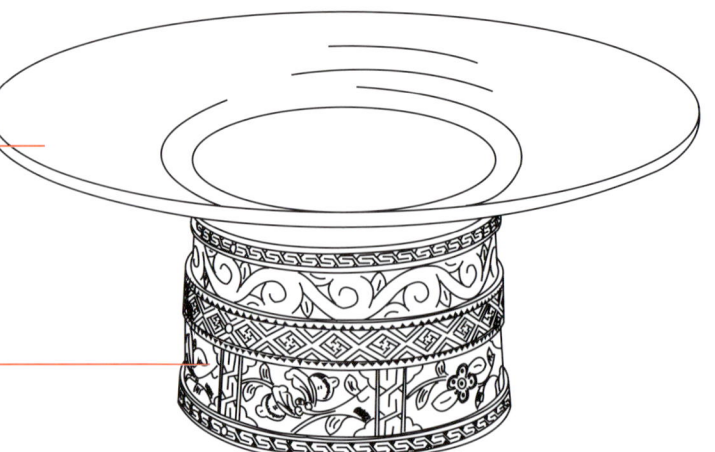

图九　蒙古族盘工艺分析图·高足盘

图十　蒙古族盘使用情境图

蒙古族碗

图一　蒙古族碗主图·嵌珊瑚绿松石包银木碗

蒙古族的碗有多种类型，根据制成的材质可分为木碗和银碗；根据其形态则可分为大碗、小碗、盖碗和套碗等；按照功能又有酒碗、茶碗和红、白食碗等。蒙古族所使用的碗腹大而体圆，银碗多有侈口，而木碗往往是简约的立沿，其尺寸因功能、形态的差异多有不同，口沿直径一般在10至20厘米，高度大多不超过10厘米。主图中所示的嵌珊瑚绿松石包银木碗摄于科尔沁博物馆，其为清代制物，碗高8厘米，碗口（含侈口）直径19厘米。碗圈足镶银雕花，富丽华贵，并嵌有红珊瑚和绿松石，碗内底部雕有精致的盘肠纹样。该碗系蒙古王公平日饮啜奶茶的专用器皿。

按照蒙古族的传统风俗，个人进餐时都应使用自己的碗筷，蒙古人外出时也会随身携带自己的餐具。他们将碗装入碗袋，揣在怀中，而将蒙古刀和筷子插入鞘，悬挂于腰间。蒙古族的碗具功能因其内部的盛放物而不同，但是对于普通蒙古族牧民，一般一个木碗可兼数职。蒙古木碗一般用桦木制作，也有使用榆木、柳木甚至是南方硬木材质的，富贵者则往往使用包银和宝石镶嵌的各类碗具。瓷碗与景泰蓝碗多为舶来品，数量亦少。《清稗类钞·制翠花碗》（中华书局，1986年）记载："蒙人胸次所怀之，木碗以桦木制成，贵者以札批野（指具有翠色花纹的楠木根）制之。然后镶以银。"传统蒙古木碗的制作分为若干道工序，首先是选择合适的木料，裁成木料坯子，用木工斧刀配合镟挖器具将其雕刻成基本碗形，后用水煮，将木料中原有液汁去除，再行晒干，如此反复几次后精雕打磨成型，最后上漆和晾晒便可告成。银碗的加工制作更为复杂，一

第三章　蒙古族传统餐饮

般采用木胎包银，然后使用錾花、镶嵌和打磨抛光等银器常用加工工艺完成器物制作。

碗是蒙古人日常生活中不可或缺的重要饮食器皿。蒙古族的碗具有优越的适用性，其体现在多个层面：其一，对于游牧生活的适用性。蒙古碗多用耐用木料制作，轻巧坚实、便于携带，且相较于瓷器不易磕损。除贵族阶层以外，蒙古人的碗往往一物多用，免除携带各类餐具的麻烦，同样契合了蒙古族逐水草而居的生活方式。其二，对于自然环境和食料的适用性。木质的碗在蒙古高原严寒的季节可以保温，而红白食料中富含的油脂，亦能在长久使用中形成防止木碗表面开裂的重要保护层。蒙古贵族喜好使用银碗，也具有历史的传承性。当年成吉思汗的父亲也速该为塔塔尔部所毒杀，之后，成吉思汗击败塔塔尔部，用手上的银戒鉴出败部所敬酒水中的剧毒，幸免遭遇其父同样的下场。此后，各类银器在蒙古贵族中盛行。蒙古族碗具在生存环境、生活方式和所盛食料特性等诸多方面的适用性特质，对于现代餐饮器的设计颇具借鉴与启发意义。

图片来源
图一、图二　周安涛　摄影
图三至图五　李淼　制图

图二　蒙古族碗底面图

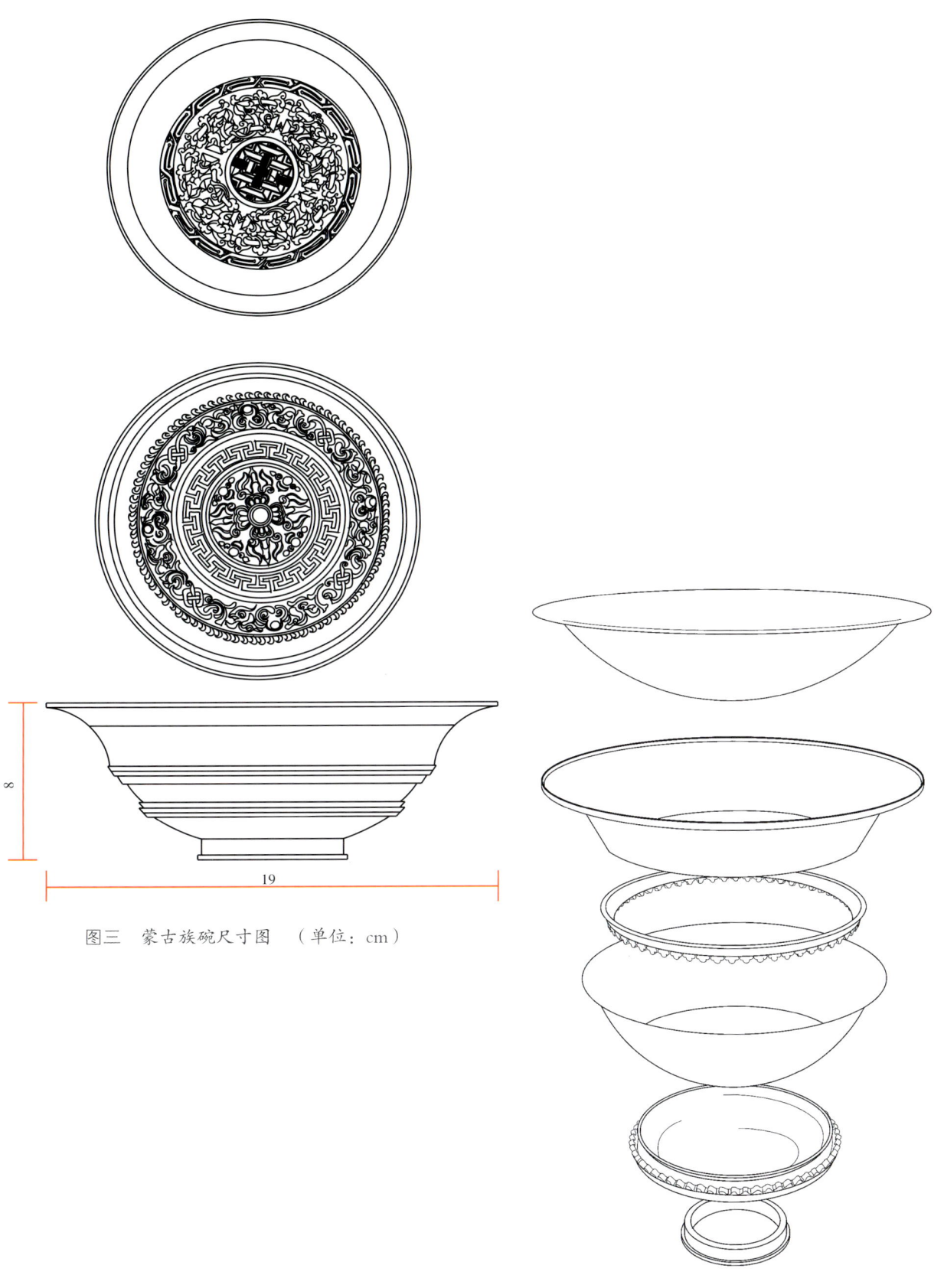

图三 蒙古族碗尺寸图 （单位：cm）

图四 蒙古族碗解构图

第三章 蒙古族传统餐饮

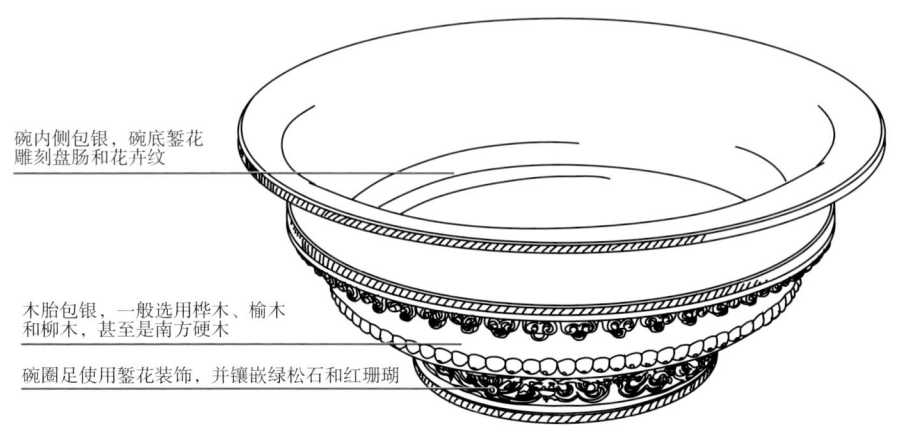

碗内侧包银，碗底錾花雕刻盘肠和花卉纹

木胎包银，一般选用桦木、榆木和柳木，甚至是南方硬木

碗圈足使用錾花装饰，并镶嵌绿松石和红珊瑚

图五 蒙古族碗工艺分析图

蒙古族皮囊壶

图一　蒙古族皮囊壶主图

皮囊壶又称"马挂壶"或"皮扁壶",在蒙古语中称"虎忽伦",是一种用于盛水或酒的皮制容器。蒙古族皮囊壶的形态多样,大小不一,常见的有牲畜胃袋形、牛羊角形和壶肩向上凸起的如意形等,一般通体高度在20至40厘米。蒙古族的皮囊壶当沿袭于契丹,在大小辽墓中常常可以见到作为葬器的皮囊壶,其中有皮制和木制的,还有很多是陶瓷质地,外形模仿皮囊造型和缝线,而且为了定居生活方便,为之添加上了提梁和圈足。流传至今的蒙古族皮囊壶依然以皮革质地为主。

蒙古族皮囊壶的主要功用即用以盛装水、乳或酒,通常在壶口位置设有两耳,便于穿绳提携或悬挂。由于皮囊是由皮革制作,质地较轻,且有一定的韧性和弹性,十分适合蒙古族传统的游牧生活,不易损坏,因而深得蒙古牧民的喜爱,平日出行与转场放牧必定会随身携带,充当酒壶或水壶。传统蒙古族皮囊壶一般用牛皮制作,羊皮和驼皮的相对较为少见。皮囊壶的制作工序包括选皮剥皮、去毛、鞣制浸泡、熟皮、剪裁和缝制成型等环节,其中选皮和剥皮是原材料的前期准备;去毛则是对皮表的加工清洁

（也有不少皮囊壶故意在壶表保存毛发）；所谓鞣制是将皮革放在发酵的糜米粉液或浓酸奶中浸泡脱脂，每天翻揉皮革，需十多天方可完成，这个工序是改善皮质，使之不易腐坏且质地更加柔软；熟皮即是用专门的熟皮刀或铲去除皮革上的残余杂物，使之光洁如新；之后的剪裁和缝制则是根据所需皮囊壶的样式加工外形，通常分前后相同的两片，此外，还需裁切与面片周长等长的皮条一根，包裹在他们的边沿，用湿细皮绳或麻线在边缘缝制紧密。古时的皮囊壶用动物胃做内胆，或干脆不用，因而其对于壶缘的缝制工艺要求较高，否则容易渗漏，近现代的皮囊壶已经采用陶瓷或玻璃作为内胆。此外，所有的皮囊壶都需要配以木塞，以软木制作，能够塞紧壶口，防止溢漏。木塞顶部拴系细绳同壶体相连，以免遗失。皮囊壶的壶体部分多有装饰，一般采用剪皮贴皮图案镶饰，也有用加热的铜制花板在皮面上烫压出各式花纹，常见的包括盘肠纹、五畜纹、云纹、犄纹和火纹等。

皮囊壶因其质地柔软轻巧、壶体扁平贴身、不易碎裂等特点非常适合马背上的蒙古族。古时，不论是蒙古贵族还是普通的蒙古牧民，皮囊壶都是他们外出随身的必备器具。皮囊壶的壶形样式与其上的传统装饰纹样亦体现了蒙古人热爱生活、崇敬自然的质朴世界观。

图片来源
图一、图二、图八　周安涛　摄影
图三至图七　倪荣新　制图

图二　蒙古族皮囊壶

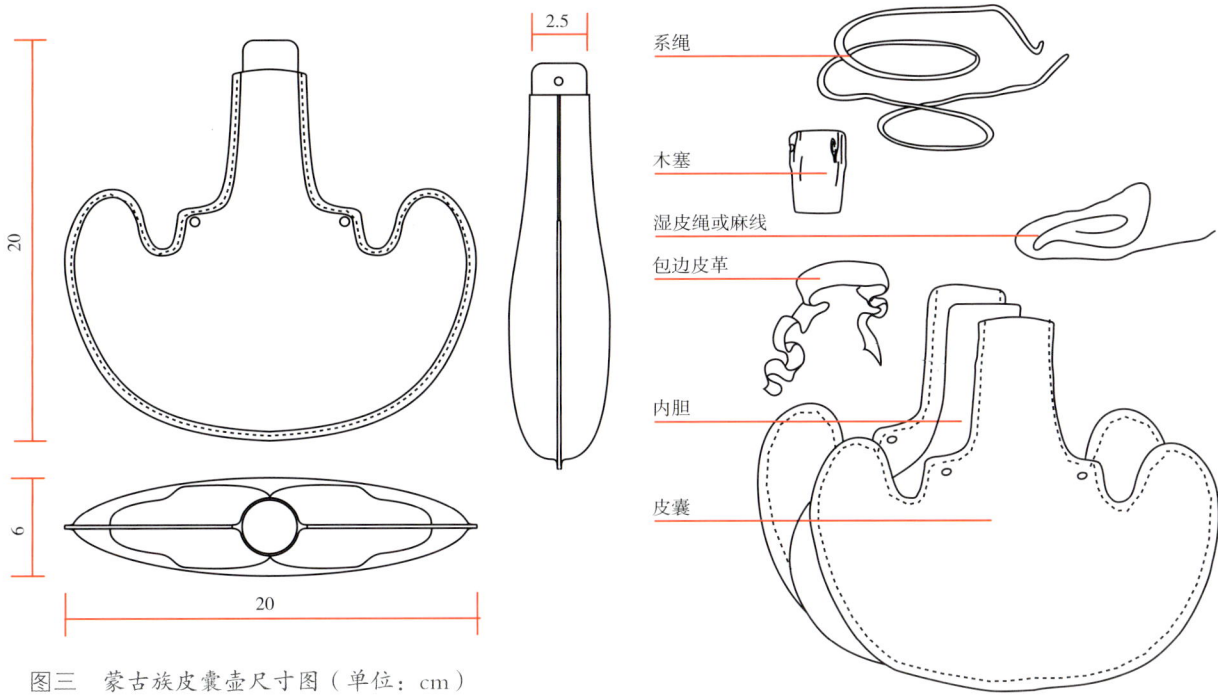

图三 蒙古族皮囊壶尺寸图（单位：cm）

图四 蒙古族皮囊壶解构图

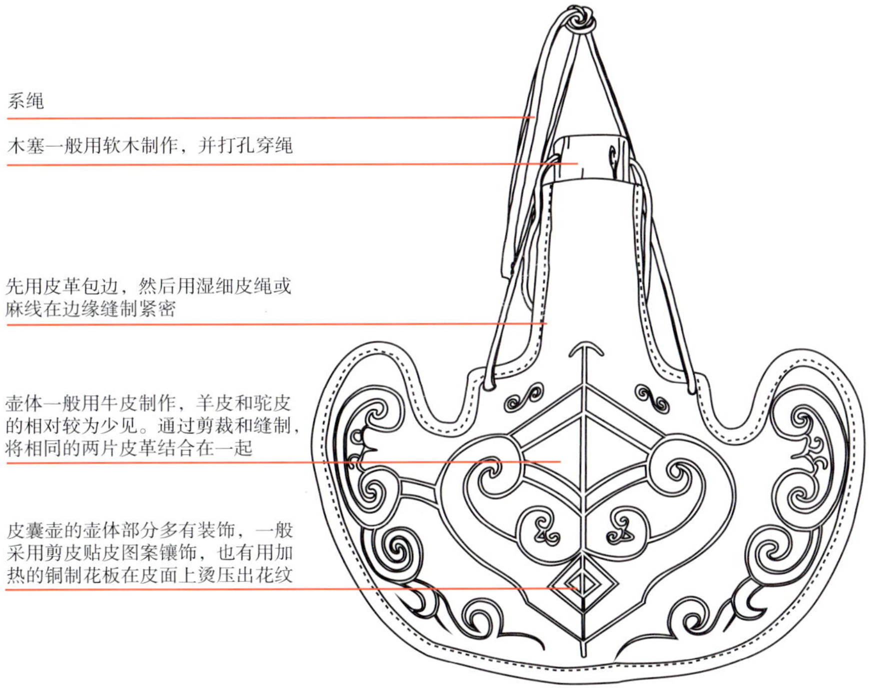

图五 蒙古族皮囊壶工艺分析图

图六　蒙古族皮囊壶使用情境图

图七　蒙古族皮囊壶使用情境图

第四章 蒙古族传统生活用具

蒙古族板箱

图一 蒙古族板箱主图·红底彩绘宝瓶福寿三多纹木箱

蒙古族的传统板箱简称"木箱"或"大木箱",其基本形态为矩形方体,高度和宽度一般不超过60厘米,长度通常也在100厘米以下。蒙古族传统板箱的开口位于箱体顶面,箱子正立面多彩绘有各类吉祥纹样作为装饰。这种板箱系为长方形储藏类家具,由若干条板材围合拼接而成,属于箱框结构,其功能主要用于置放日常衣物、女子嫁妆及其他生活用品杂物等。

蒙古族的传统板箱根据其有无底座,可分为单体式板箱和支架式板箱。所谓单体式板箱是一种封闭的独立箱体,表面根据需要绘有各式吉祥图案,一般呈对称结构。支架式板箱是在单体式板箱的基础上增加了底部支架,支架腿部有内翻马蹄式样和直腿式两类,高度约在20至30厘米。支架的设计主要是利用架起的高度,防止箱内物品受潮。

板箱通常以当地的松木、杨木和桦木为制作材料,其箱体多使用木板以榫卯结构拼合而成,在板箱上常见的榫卯类型有燕尾榫、透榫和半榫等,榫头部分往往需要添胶以增强投合强度。制作板箱也需要用到铜、铁等金属饰件,其不仅起到结构加固与连接的作用,同时也起到点缀装饰的效果。板箱的开口一般设在顶面,内缘设金属铰链,便于开合,外缘设栓扣,需要时可加锁,更为精致讲究的板箱还会在箱体棱角处包饰铜片作为装饰。蒙古族板箱几乎都有漆饰,可以说厚漆重彩是蒙古族传统箱柜类家具的典型装饰特征,其中,红漆描金是最常见的类型。蒙古族的髹漆颜料就地取材,巧妙搭配,将自然界的各种矿物质颜料和羊血、鹿茸、山羊脑髓和酸奶浆等配料共同使用,不但能够隐藏家具木质的粗糙表面,保持髹漆色彩鲜丽美观，还能够增强板箱表面的耐磨性和防潮性。此外，有的蒙古族板箱还会用动物皮毛做饰，多是以剪皮图案贴饰，也有用整块皮毛在板箱顶面或侧面包裹的，显露出浓郁的草原气息。

出现在板箱上的装饰图案多种多样，在箱体的分布区域上多分为中心纹样和角隅纹样，中心纹样的题材最为丰富，除了常见的蒙古族传统纹样外，还有很多绘画式装饰，如人物故事、博古物件儿、草原牧畜、山水花鸟等，可谓琳琅满目、不胜枚举。角隅纹样以程式化居多，如八宝、卷草、祥云、回纹、方胜纹和汗宝古等。

板箱在蒙古族家具里属于中等体量，其形状及结构设计受蒙古族特有的建筑形态及游牧生活方式的制约和影响，矩形方体的板箱在精神层面上与圆形的居所——蒙古包相呼应，彰显了红山文化天圆地方的古老哲学观念；在适用性层面，中小体量的方形板箱方便搬动，易于摆放，且在迁徙中不易损坏，适合垒放在勒勒车上搬迁和运输。此外，板箱是由板材围合而成的封闭式储物空间，以直线型为主要表现手段，在提供充分存储容量空间的基础上，封闭式的结构也是为了防止迁徙时板箱内置物品的散落或遗失。

图片来源

图一　刘兆和主编：《蒙古民族文物图典·蒙古民族毡庐文化》，文物出版社，2008年，第145页

图二　周安涛　摄影

图三至图六　李淼　制图

图二　蒙古族板箱

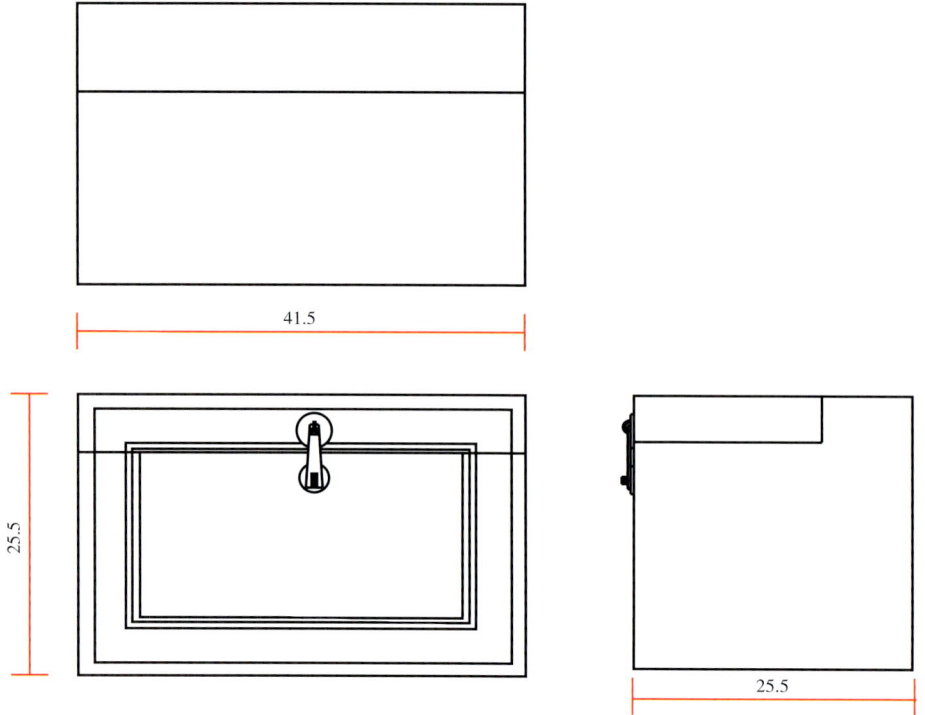

图三　蒙古族板箱尺寸图（单位：cm）

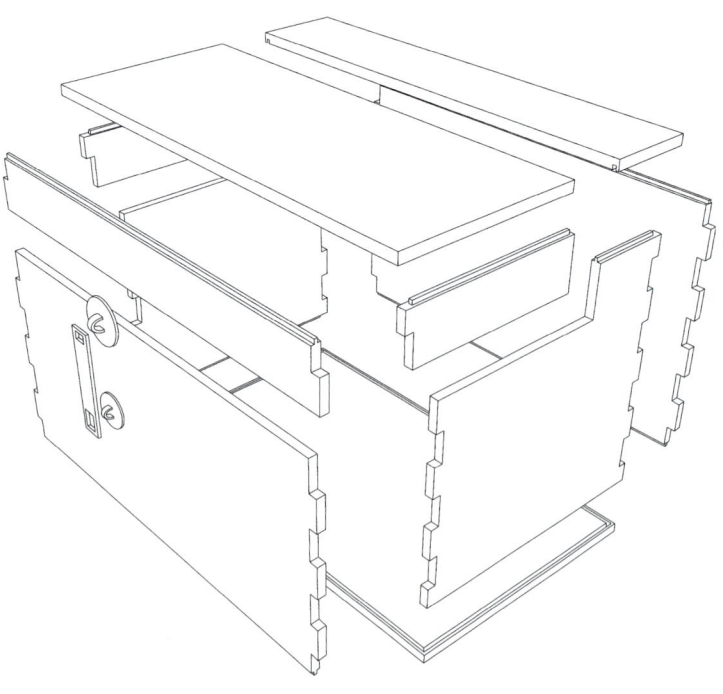

图四　蒙古族板箱解构图

板箱的开口一般设在顶面，朝里的边缘设金属铰链，便于开合，朝外的开口边缘设栓扣，需要时可加锁

板箱通常以当地的松木、杨木和桦木为制作材料，其箱体多使用木板以榫卯结构拼合而成，在板箱上常见的榫卯类型有燕尾榫、透榫和半榫等，榫头部分往往需要添胶以增强接合强度

出现在板箱上的装饰图案多种多样，在箱体的分布区域上多分为中心纹样和角隅纹样，中心纹样的题材最为丰富

蒙古族板箱几乎都有漆饰，可以说厚漆重彩是蒙古族传统箱柜类家具的典型装饰特征，其中，红漆描金是最常见的类型

图五　蒙古族板箱工艺分析图

图六　蒙古族板箱使用情境图

蒙古族橱柜

图一　蒙古族橱柜主图·红底绿屉描金平安富贵纹木橱

　　蒙古族的传统橱柜又称"橱""木橱""箱橱"等,是一种长方体形态的封闭式储藏类家具。蒙古族传统橱柜通常体量不大,其高度一般不超过1米,宽度多在40至100厘米。蒙古族橱柜同藏族橱柜较为接近,形体低矮、敦厚结实,多为红漆重彩饰面,据此推测,蒙古族和藏族家具当有相互影响与借鉴之处,其形制产生的具体过程与时间,由于缺乏文字记载,目前尚无法考证。

　　橱柜是一种前开门的多用途家具,内可依据主人的需要,置放餐具食材,亦可贮藏衣被、书籍及各类生活杂物等等。蒙古族橱柜根据其两侧有无牙板(牙板,又名"牙条"或"牙子",是一种安装在无束腰家具面板之下用来连接两腿的窄木板。有束腰的家具则安装在束腰之下,用来连接两腿的木条。无雕刻花纹的牙板称为"素牙",有雕刻花纹的牙板则称为"花牙板"。牙板有加固和装饰作用,因用于家具的不同部位而往往有不同的称呼),可分为无挂牙橱柜和挂牙橱柜两式。无挂牙橱柜又称"箱橱",其顶部面板四边与四腿外侧面平直,立柱与柜子腿由独一木料制成,顶部面板下多为两个抽屉部件,再往下是橱柜腔体,具有主要存储功能。这种橱柜通体髹漆，多为大红，其间的抽屉和橱柜门扇一般用金漆彩绘多种蒙古族传统吉祥纹样。挂牙橱柜也简称"牙橱"，与前者的不同之处主要在于外形，牙橱的顶部面板长出柜体两侧，两侧增加了曲线形牙板部件，垂直向下延伸，与柜体几乎等高。橱柜两侧牙板多与柜立面平行并置，也有少量向外斜张，呈外八字的类型。

除了服务于日常生活，蒙古族传统橱柜中有专门置于召庙，用来存放礼佛用具的类型，相对于普通橱柜，这种橱柜通常体量较大，宽度大于高度，其案面上可以摆放众多宗教礼仪器具。召庙橱柜的正立面由多个门扇及装板等构件组成，柜腿为框架落地式的短腿。橱柜立面通常被均衡分割成若干方块儿，每块表面彩绘有各式佛教题材的装饰纹样，线条细密繁复，色彩浓烈。这些方块里居中的几扇通常是可开启的柜门，正立面、左右两侧及下部若干抽屉形制构件，为不能开启的嵌板结构。

制作蒙古族传统橱柜一般是就地选材，以当地的松木、杨木和桦木为常见。各类橱柜的基本结构较为相似，都是框架结构，以卯榫投接，部分结构添胶和金属配件增加强度。家具表面多披麻披灰加以裱糊，或以猪血做底，然后再行彩绘，形成了北方家具相对粗拙、厚漆重彩的特点。也有在柜门面板或角隅施精致木雕作为装饰，配合彩绘，更为豪华。另，值得一提的是，一些蒙古族橱柜采用动物皮毛做饰，且多以剪皮图案贴饰，也有用整块皮毛包裹橱柜面板，颇具民族特色。

蒙古族橱柜就地取材、结构简易、方便拆卸、通体尺度不大，适应了蒙古族游牧迁徙的生活方式，并为满足游牧生活所需，在生活实践中衍生出多种类型。这一传统家具满足了蒙古族日常贮藏及宗教礼仪的重要需求，成为蒙古族传统家具的典型，是蒙古族造物文化体系中具有代表性的组成单元。但随着现代生活的变迁，以橱柜为代表的蒙古族传统家具正逐步淡出普通蒙古族民众的生活，如何保护这一传统文化的物质载体，以

图二　蒙古族橱柜·红底绿屉二龙戏珠纹对开门挂牙橱

及如何从中汲取先人的造物智慧，成为当今工业产品造型和家具设计研究的重点。

图片来源

图一　刘兆和主编：《蒙古民族文物图典·蒙古民族毡庐文化》，文物出版社，2008年，第156页

图二　刘兆和主编：《蒙古民族文物图典·蒙古民族毡庐文化》，文物出版社，2008年，第169页

图三、图五　李淼　制图

图四　孙丹丹　制图

图六　微图网

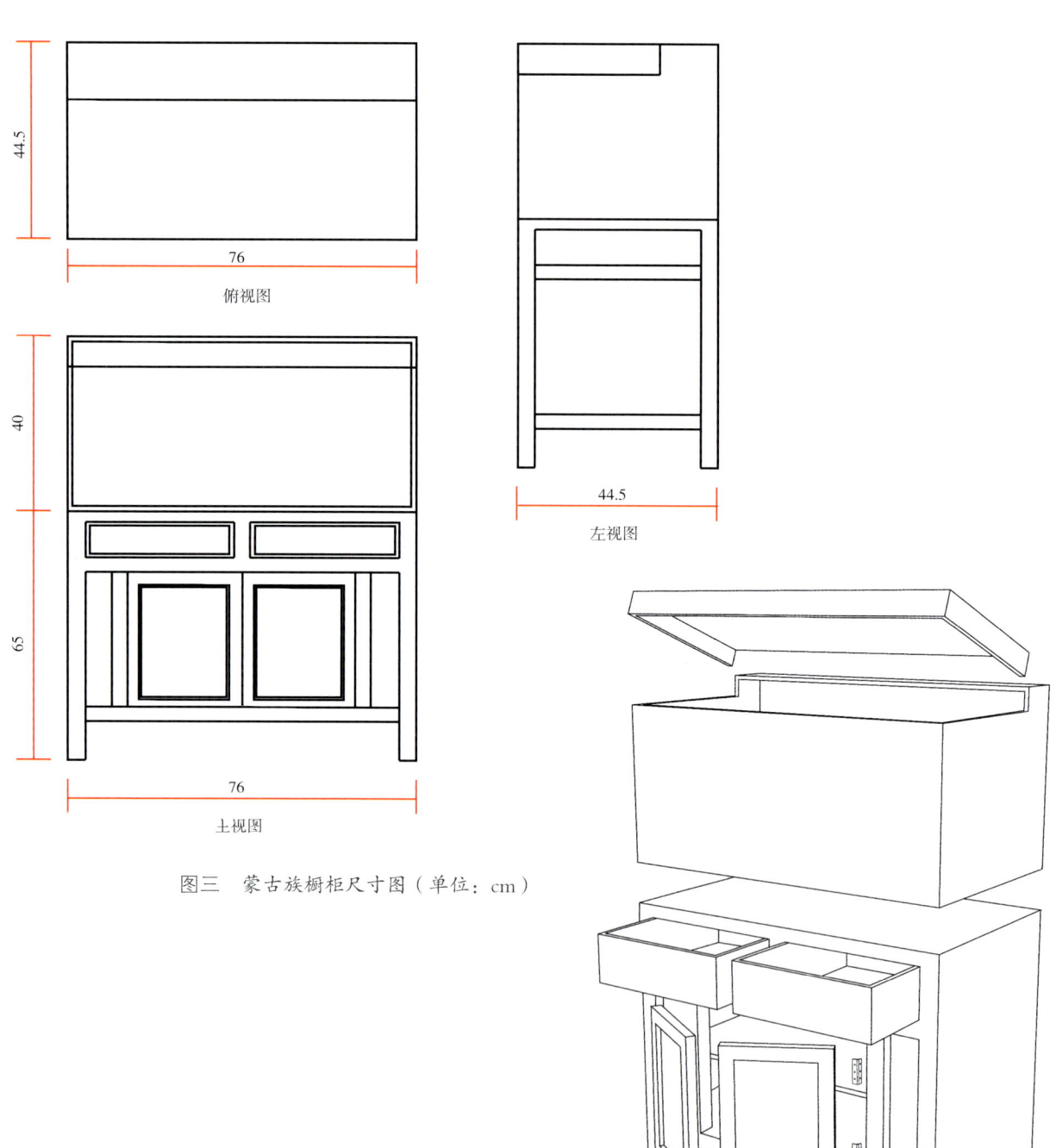

图三　蒙古族橱柜尺寸图（单位：cm）

图四　蒙古族橱柜解构图

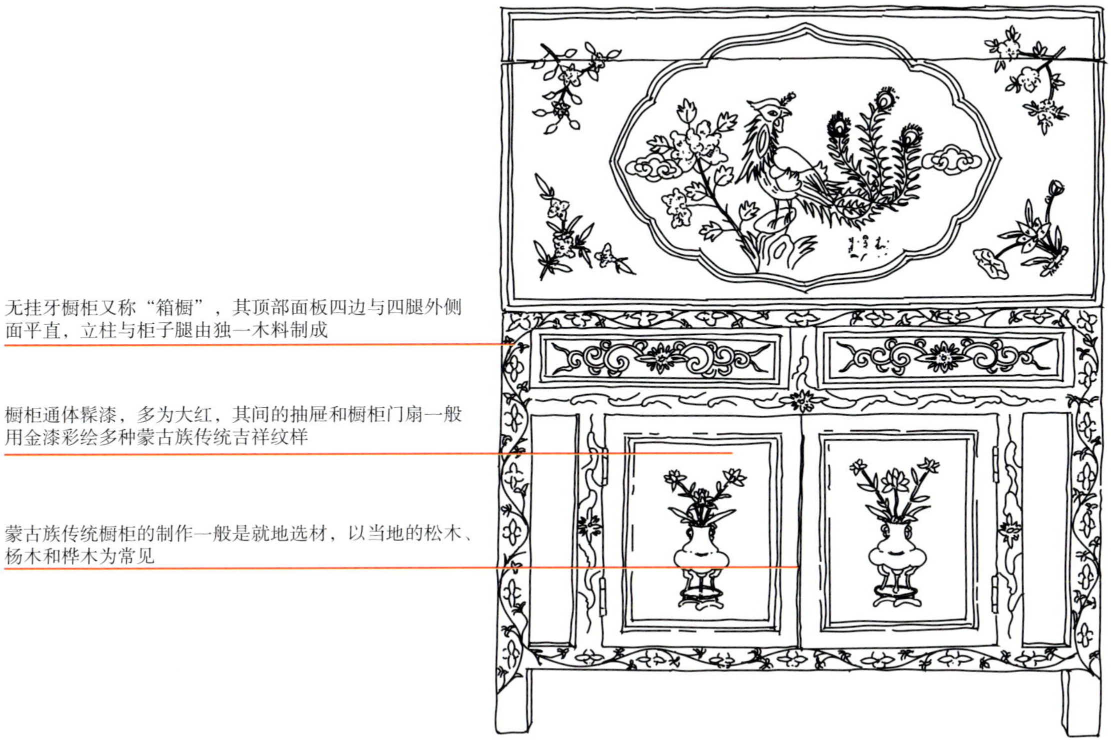

无挂牙橱柜又称"箱橱"，其顶部面板四边与四腿外侧面平直，立柱与柜子腿由独一木料制成

橱柜通体髹漆，多为大红，其间的抽屉和橱柜门扇一般用金漆彩绘多种蒙古族传统吉祥纹样

蒙古族传统橱柜的制作一般是就地选材，以当地的松木、杨木和桦木为常见

图五　蒙古族橱柜工艺分析图

图六　蒙古族橱柜使用情境图

蒙古族佛龛柜

图一　蒙古族佛龛柜主图

佛龛柜也称"供佛箱",其中小型的形制也称"便携式供佛箱",或简称"佛箱"。佛龛柜是专门用以供奉佛像或神位的召庙家具,属于箱框结构,形体方正。常见的中大型佛龛柜正面近乎方形,长度和高度大约在60到70厘米,宽度(也可称"箱柜厚度")一般在30至40厘米;小型便携的佛箱通常呈长方体,长度在30至70厘米,高度和宽度较短,多在40厘米以下,最小的不足20厘米。蒙古族的佛龛柜是藏传佛教逐步渗透到蒙古地区后的产物,融合了藏族召庙家具的主要特征,也具有一定的蒙古族文化及地域特质。

所谓佛龛柜,其主要功能即是供奉藏传佛教中的诸种佛像与神位。根据其体量大小和置放场所区分,常见的蒙古族佛龛柜有置放于各地召庙之中的中大型样式,也有可摆放于蒙古包内的中小型样式;根据结构形态划分,有无腿旁板落地式或是短腿式两种类型。同常见的佛龛或是供佛桌相比,佛龛柜最大的特点就是封闭和便携。用于供奉佛像的上部龛柜腔体,可以在平日闭合柜门,使用时再行打开;中小型的佛龛柜,可以闭合正面柜门或箱板,连同佛像一同置放到勒勒车中，迁徙转场。传统佛龛柜通常由上部腔体和下部抽屉两部分组成，上部腔体较大，其开口方式有左右对开柜门式样，也有向上开启的式样，两种式样的柜门都装有金属把手或吊牌，便于开合。佛龛柜柜门表面多绘有各式藏传佛教经典图案和蒙古族传统吉祥纹样，如佛教八宝纹、十字金刚杵纹、日月纹、火焰纹、五畜纹、方胜纹、汗宝古纹等，图案结构多由内向外以放射结构层层扩展。佛龛柜下部多为抽屉结构，两到四个不等，左右横向排列，抽屉面也绘有各式纹样，通常以抽屉把手或吊牌为中心，左右对称分布。小型佛龛柜（佛箱）由单一腔体构成，内部为一格或两格，可以置放小型佛像、神位，其正面设计有可抽拉的面板，能够垂直或横向开启，面板上多绘有各式藏传佛教传统纹样。蒙古族佛龛柜的制作一般是就地选材，常见有松木、桦木、柳木和杨木等，召庙中有时会使用南方优质硬木制作，但数量甚少。蒙古族的佛龛柜都是箱框结构，以卯榫投接，部分结构添胶和金属配件用以增加强度。同于其他蒙古族家具，佛龛柜通体髹漆，以金粉或其他重彩描饰装饰纹样，较为豪华的类型还会使用黄绸或金银箔片加饰表面。

蒙古族的佛龛柜源于藏族召庙家具，在此基础上蒙古族亦巧妙地加以改进，使之更加适合其生活习惯。首先，蒙古族佛龛柜都呈长方体，便于在搬迁转场时将各类家具垒放在勒勒车上；其次，佛龛柜的厚度通常较浅，其设计目的是为了尽量节省本就不大的室内空间；最后，可闭合锁上佛龛柜柜门，有效防止了搬迁途中佛像或神位遗落。由此可见，蒙古族佛龛柜充分体现了适用性的基本设计思想，展现了蒙古族工匠的创造智慧，亦彰显出佛龛柜在蒙古族造物文化体系中的重要地位。

图片来源

图一、图六　周安涛　摄影

图二　刘兆和主编：《蒙古民族文物图典·蒙古民族毡庐文化》，文物出版社，2008年，第198页

图三　许宏　制图

图四　孙丹丹　制图

图五　李淼　制图

图七　刘兆和主编：《蒙古民族文物图典·蒙古民族毡庐文化》，文物出版社，2008年，第196页

图二　蒙古族佛龛柜

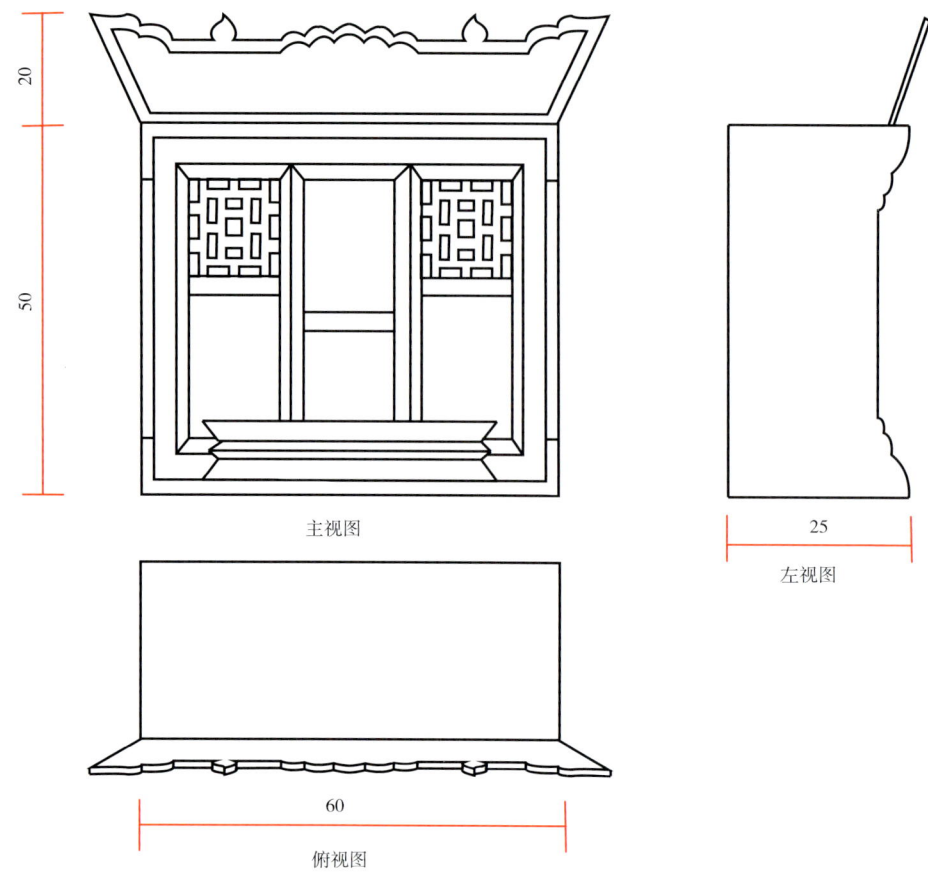

图三　蒙古族佛龛柜尺寸图（单位：cm）

图四　蒙古族佛龛柜解构图

佛龛柜通体髹漆，以金粉或其他重彩描饰装饰纹样，较为豪华的类型还会使用黄绸或金银箔片加饰表面

蒙古族的佛龛柜都是箱框结构，以卯榫投接，部分结构添胶和金属配件用以增加强度

蒙古族佛龛柜的制作一般是就地选材，常见有松木、桦木、柳木和杨木等

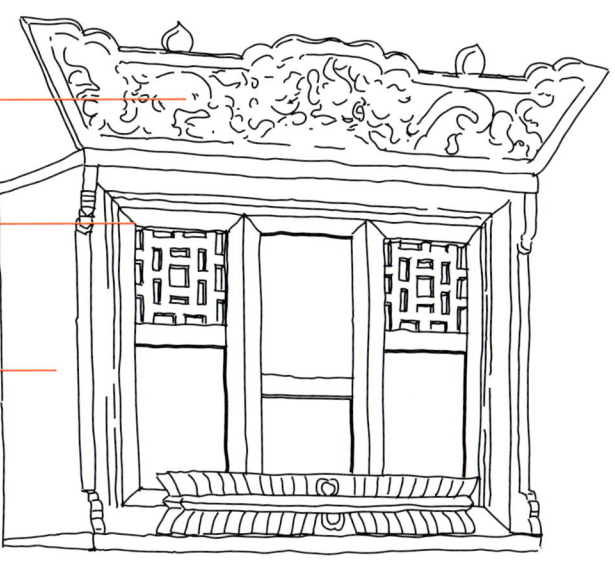

图五　蒙古族佛龛柜工艺分析图

图六　蒙古族佛龛柜使用情境图

图七　蒙古族佛龛柜使用情境图

第四章　蒙古族传统生活用具

329

蒙古族经柜

图一　蒙古族经柜主图

经柜是典型的召庙家具，在召庙中专门用于存放佛教教义、经卷、典章等。蒙古族经柜因固定置放在寺庙，不需经常搬迁，其体量一般大于普通家用箱匣，高度通常在40厘米以上，长度在50至80厘米，宽度（厚度）多在40厘米以内。蒙古族的经柜延传自藏庙家具，后经蒙古族的改良与调整，逐步形成今天的形制。

因功能差异，经柜分为藏经柜和诵经柜两种类型，前者形同箱柜，后者类同矮桌。藏经柜通常为箱框结构，形体立方，下部多有短腿，用以架起箱柜，也有无腿的类型，但较为少见。藏经柜的腔体主要用于存放经卷，而上部面板亦可用以摆放供奉用具。常见的藏经柜形制有两种：一种是正立面纵横等分为九宫格，共设9个方形抽屉，其表面中央绘有莲瓣团花等佛教纹样，呈圆形结构向外分布；还有一种藏经柜，其正立面纵向设有三个抽屉，抽屉与柜体等宽，抽屉表面同样绘有各式佛教图案。诵经柜亦是一种存放经书的召庙家具，但其同时兼具承托功能，其上可摆放佛像神位、香炉、供物等宗教物件儿。诵经柜的形态与书桌类似，通常由两部分组成，上部高束腰柜面和下部三屉箱体构成，其中上部束腰处向柜面边沿内缩进，四边装饰有宗教纹样，经柜下部正立面横向等分设置多个抽屉，表面配有纹饰和吊牌，最下部设短腿，支撑整个经柜。蒙古族的经柜多为就地取材，使用当地常见的柳木、桦木、松木和杨木为木料制作。结构上，经柜主要以卯榫构合，部分榫头添胶以增加强度。同于其他蒙古族家具，经柜通体髹漆，以金粉或其他重彩描饰装饰各式佛教装饰纹样，也有用金银箔片或黄绸加饰表面，彰显豪华。

对于过着游牧生活的蒙古族来说，召庙有着特殊的意义，那里既是礼拜诵经庙宇，又是传承草原文化的学堂。盛行于蒙古地区的喇嘛教亦决定了召庙家具的普遍性，其间，经柜便是其中既特殊又重要的一种召庙家具，因其兼具贮藏经卷和供奉的双重功能，在蒙古族民族造物文化体系中不可或缺，具有重要价值。

图片来源

图一、图四　许宏　制图

图二　刘兆和主编：《蒙古民族文物图典·蒙古民族毡庐文化》，文物出版社，2008年，第152页

图三　刘兆和主编：《蒙古民族文物图典·蒙古民族毡庐文化》，文物出版社，2008年，第153页

图五　孙丹丹　制图

图六、图七　李淼　制图

图二　蒙古族经柜·诵经柜

图三　蒙古族经柜·诵经柜

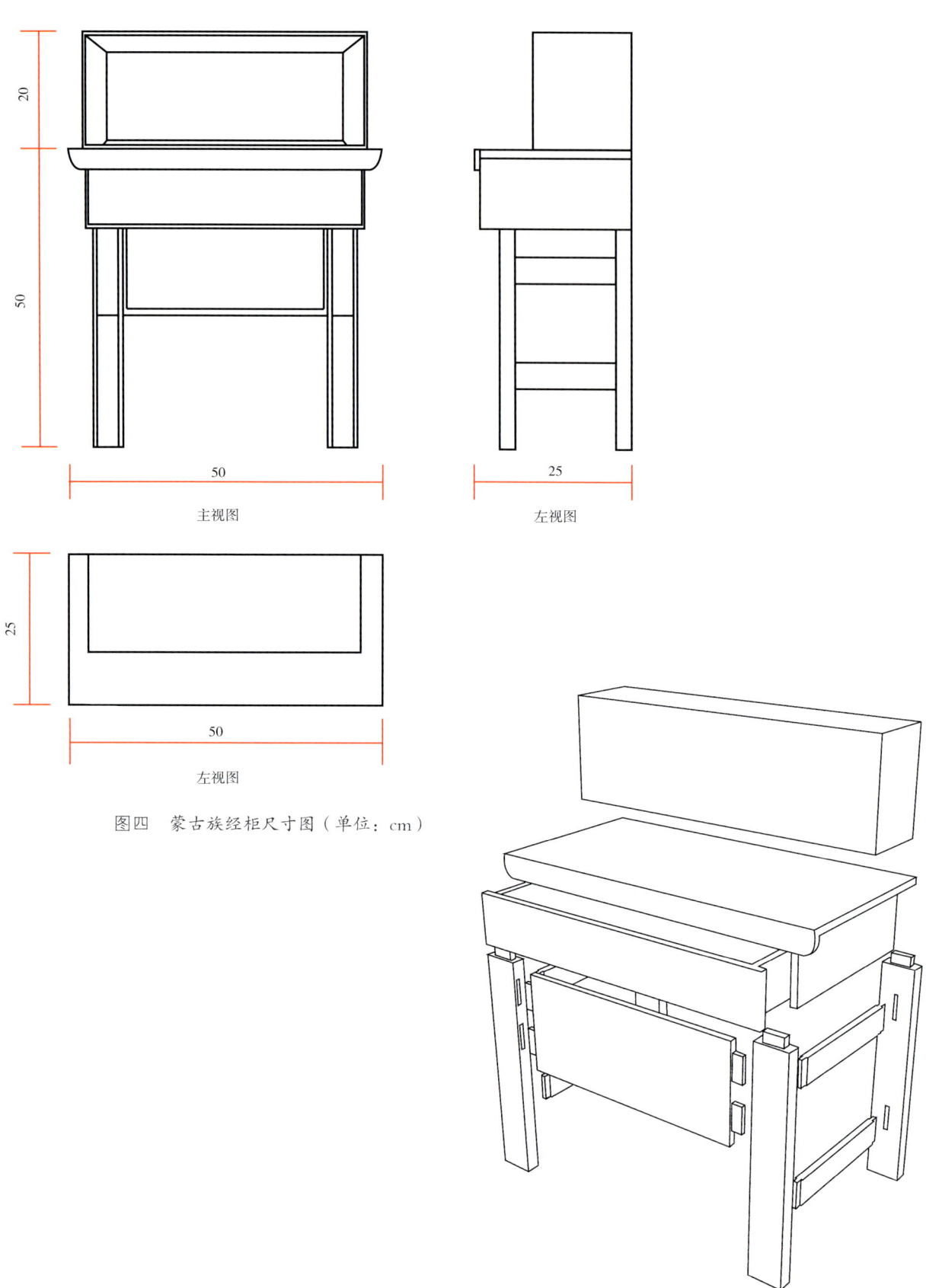

图四 蒙古族经柜尺寸图（单位：cm）

图五 蒙古族经柜解构图

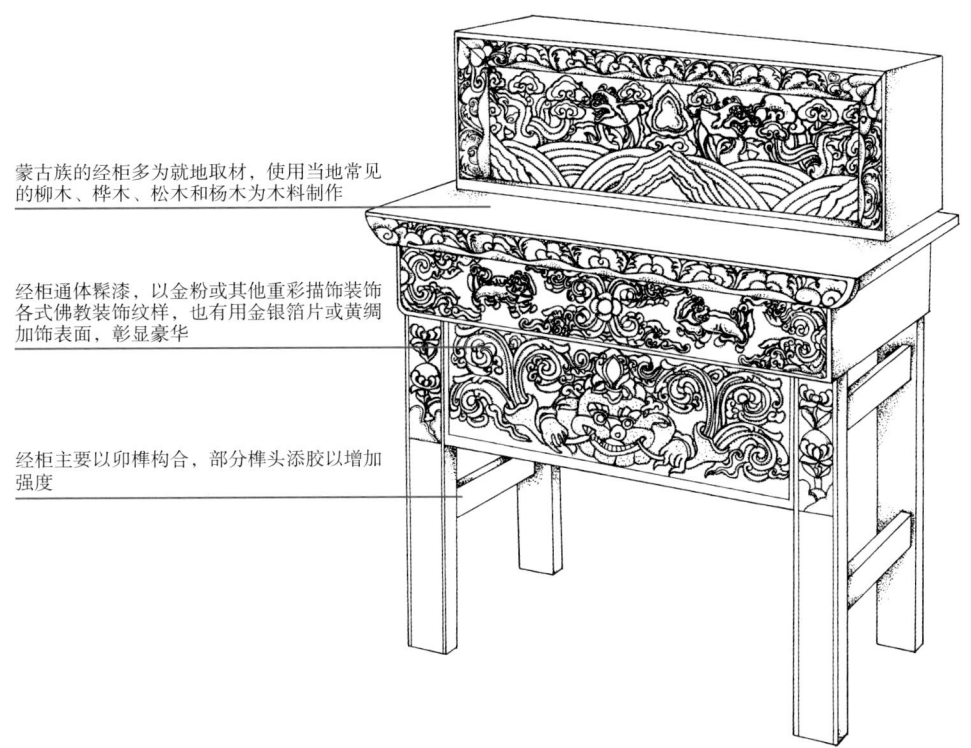

蒙古族的经柜多为就地取材，使用当地常见的柳木、桦木、松木和杨木为木料制作

经柜通体髹漆，以金粉或其他重彩描饰装饰各式佛教装饰纹样，也有用金银箔片或黄绸加饰表面，彰显豪华

经柜主要以卯榫构合，部分榫头添胶以增加强度

图六　蒙古族经柜工艺分析图

图七　蒙古族经柜使用情境图

蒙古族炕桌

图一　蒙古族炕桌主图

炕桌也称"炕几""炕案"或"矮桌"，也有笼统地简称其为"小桌"，是一种摆放在地面或北方炕上的低矮家具，用以承放餐具或茶具等。常见的蒙古族炕桌体量不大，高度通常在30厘米左右，最高也不过40厘米，长宽则变化较大，方形与长方形的桌面皆有，但最长也不超过1米。炕桌产生的时间十分久远，早在元代以前，蒙古族便已大量使用，后世许多类型的高桌即是直接在蒙古炕桌的基础上增高加大而来。

炕桌属于桌案类日常生活家具，基本功能即是承放，蒙古族多用作为酒桌或茶桌。在蒙古包中，炕桌一般置放在蒙古包中心火撑子的北边，处于供桌和火撑子之间的位置。蒙古人入主中原之前习惯于席地而坐，所以矮桌的使用也反映了蒙古人的生活习惯。大部分蒙古族炕桌的造型粗犷豪放，侧面多用曲线，喜用云头牙子作为装饰，桌腿低矮而粗壮。蒙古族炕桌的桌腿有直线型、"S"形三弯腿和罗汉腿三种类型，侧面两腿之间常常装有斜枨，斜枨一端与桌腿连接，另一端与桌面下板契合，这种形制同汉族北方的矮桌风格截然不同。

与其他蒙古族传统家具一样，炕桌的制作材料也多为当地常见的桦木、杨木和榉木，其木质纤维较为粗大，需要披挂麻灰，有时还会使用牲畜血或脑髓做底，再施以朱漆，并在其上绘饰各种装饰图案。非常值得一提的是，蒙古族炕桌的桌面彩绘异常精美，颇具民族特色。一般以朱漆为底色，方桌四边饰以万字纹、卷草纹、祥云纹等二方连续，形成装饰带，中间方形区域则绘饰各色题材的民族传统纹样，包括佛教八宝、五畜纹、龙纹、寿字纹、暗八仙、花鸟虫鱼及各类故事典故等，图案绘制细密，多用金色勾边。

蒙古族炕桌造型洗练、装饰精美，是蒙古族日常进餐和饮茶的重要生活家具。低矮小巧的炕桌充分适应了蒙古族席地而坐的生活习惯，也节约了蒙古包中十分宝贵的空间。炕桌桌面上细腻华美的装饰纹样，折射出蒙古族灿烂图案工艺的积淀与传承。其形态上与装饰上的适应性与民族性，揭示出小小炕桌在蒙古族造物文化体系中的重要地位与研究价值。

图片来源

图一　张颖泉、许宏　制图
图二　李淼　摄影
图三至图六　张颖泉　制图
图七　周安涛　摄影

图二　蒙古族炕桌

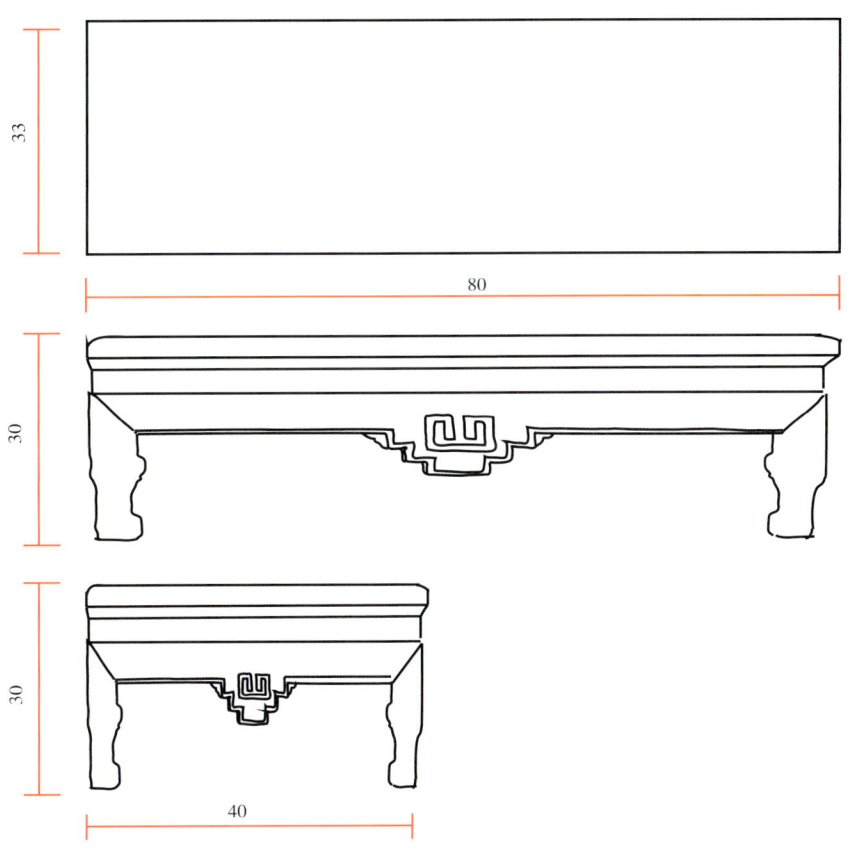

图三　蒙古族炕桌尺寸图（单位：cm）

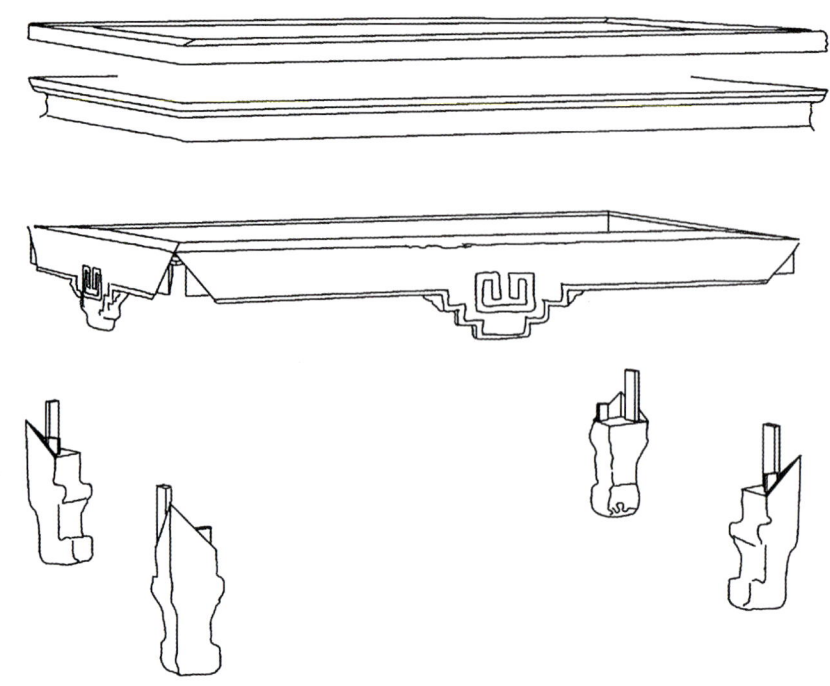

图四 蒙古族炕桌解构图

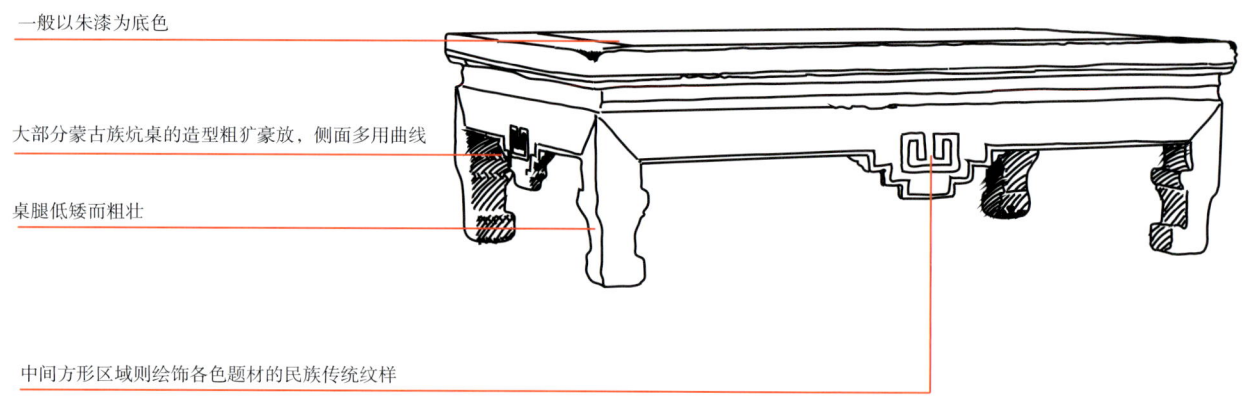

一般以朱漆为底色

大部分蒙古族炕桌的造型粗犷豪放，侧面多用曲线

桌腿低矮而粗壮

中间方形区域则绘饰各色题材的民族传统纹样

图五 蒙古族炕桌工艺分析图

图六 蒙古族炕桌使用情境图

图七 蒙古族炕桌使用情境图

蒙古族潮尔

图一　蒙古族潮尔主图

潮尔的语义所指分为广义与狭义，本文仅针对狭义潮尔进行讨论。（广义的潮尔是蒙古族多声部音乐概念的总称，泛指两个或两个以上的复音音乐形式，包括人声与乐器两个层面，本文仅就乐器层面加以探讨）作为一种蒙古族传统乐器的名称，潮尔全称为"弓弦潮尔"，属弓弦乐器，通体长度一般不超过100厘米。潮尔字面的意思为"共鸣""回响"与"和声"，是梨形琴箱潮尔类弓弦乐器的简称，在北方少数民族创造的丰富多彩的乐器中别具一格，有着鲜明的个性特征和广袤的分布区域，现今主要流传于内蒙古东部科尔沁地区哲里木盟和兴安盟等地。潮尔的历史甚为久远，在元代文献中已有记述，其起源当在此之前。此外，潮尔也是另一种颇具盛名的蒙古族乐器——马头琴的原型。

潮尔的音色较于其他蒙古族乐器，更显古老，其发音特质主要体现在两方面：其一，原生音色，即由潮尔在形制和材质上的特殊性所带来的整体性音色；其二，技术音色，这是指潮尔演奏法和装饰音等带来的音色效果，包括双弦奏法、泛音、气息、颤音和滑音等。这些音色特质被合理组织，产生了绝妙的听觉效果："一时间，在开始的那一刻，始作俑者似乎废除了时间顺序本身，并且被时间次序抛弃。"（［美］保罗·康纳顿：《社会如何记忆》，纳日碧力戈译，人民出版社，2000年，第1页）潮尔演奏中所特有的内在时间结构，在人的情绪和感受中发生与转化，带来超然的听觉享受。

传统潮尔乐器通常包括以下组成部件：1. 忽珠尔，端顶之意，这里指琴头；2. 图舍，指乐器的靠背；3. 其和，耳朵之意，指弦轴；4. 阿日拉，车辙之意，这里指琴杆；5. 乌塔丝，意为丝线，这里指琴弦；6. 陶勒格，即头首，指琴箱；7. 图布格，指琴码；8. 蒙古呼土格，即蒙古刀；9. 脑木，弓的意思，这里指琴弓；10. 海利克丝，意为马尾。制作潮尔，首先是制作最重要的琴箱，形态多为倒置的梯形，但具体尺度并无规范，主要依制作者经验而定，其材料是硬木与羊皮，也有用牛皮、蟒皮和鲨鱼皮替代的类型；其余琴头、靠背、弦轴和琴杆等部分皆用硬木制成，有时也会就地取材使用一些普通木料替代，不过会一定程度上影响音色；琴码一般用兽骨或硬木雕刻而成；蒙古刀即为蒙古族传统的刀具，插在琴码之下，具有增加共振，改善音质的重要功用；潮尔的琴弓通常用夏季的红柳柳枝制作，具有良好的韧性与强度；琴弦与弓弦都是马尾鬃毛，需要选择优质马尾洗净后以水煮制，理顺后拴系到琴与弓上。

潮尔上的装饰并不复杂，其中较为突出的是琴头雕刻，常见的类型是神首形制，秃顶无发，有三目，青面獠牙，形象狰狞，琴弦从其口中引出，琴头两侧钻孔插置弦轴，固定琴弦。此外，琴杆和琴箱侧面有时会饰有少量传统图案，整体呈现出一种古朴简约之美，较少修饰。

蒙古族的传统弓弦乐器潮尔具有悠久的历史，其演奏音色质朴而浑厚，沧桑中夹杂着悲壮，被蒙古族人称为"过去的声音"。潮尔的形制朴素，结构简约，具有一定的原始审美艺匠，凸显了古老北方游牧民族的特有审美风尚。作为马头琴的原型，潮尔所承载与记录的北方民间乐器的发展线索，具有重要的历史考察价值，此外，潮尔同马头琴颇为不同的演奏方式与独特的音色特质亦成为现代乐器设计与改良的宝贵借鉴。

图片来源
图一、图二、图六　周安涛　摄影
图三至图五　李淼　制图
图七　王柯　制图

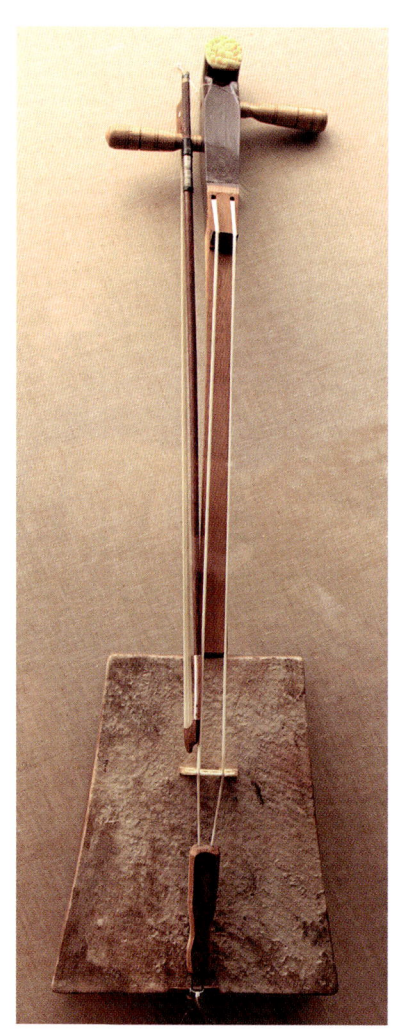

图二　蒙古族潮尔

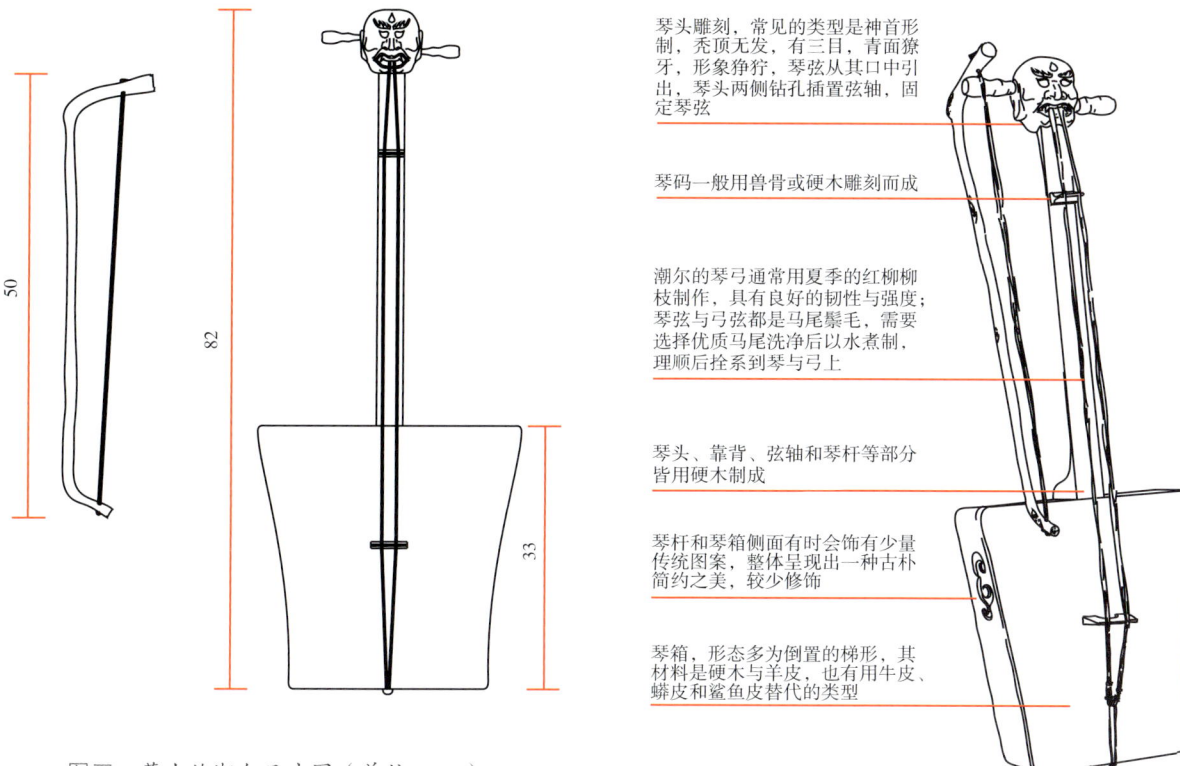

图三　蒙古族潮尔尺寸图（单位：cm）

图四　蒙古族潮尔工艺分析图

琴头雕刻，常见的类型是神首形制，秃顶无发，有三目，青面獠牙，形象狰狞，琴弦从其口中引出，琴头两侧钻孔插置弦轴，固定琴弦

琴码一般用兽骨或硬木雕刻而成

潮尔的琴弓通常用夏季的红柳柳枝制作，具有良好的韧性与强度；琴弦与弓弦都是马尾鬃毛，需要选择优质马尾洗净后以水煮制，理顺后拴系到琴与弓上

琴头、靠背、弦轴和琴杆等部分皆用硬木制成

琴杆和琴箱侧面有时会饰有少量传统图案，整体呈现出一种古朴简约之美，较少修饰

琴箱，形态多为倒置的梯形，其材料是硬木与羊皮，也有用牛皮、蟒皮和鲨鱼皮替代的类型

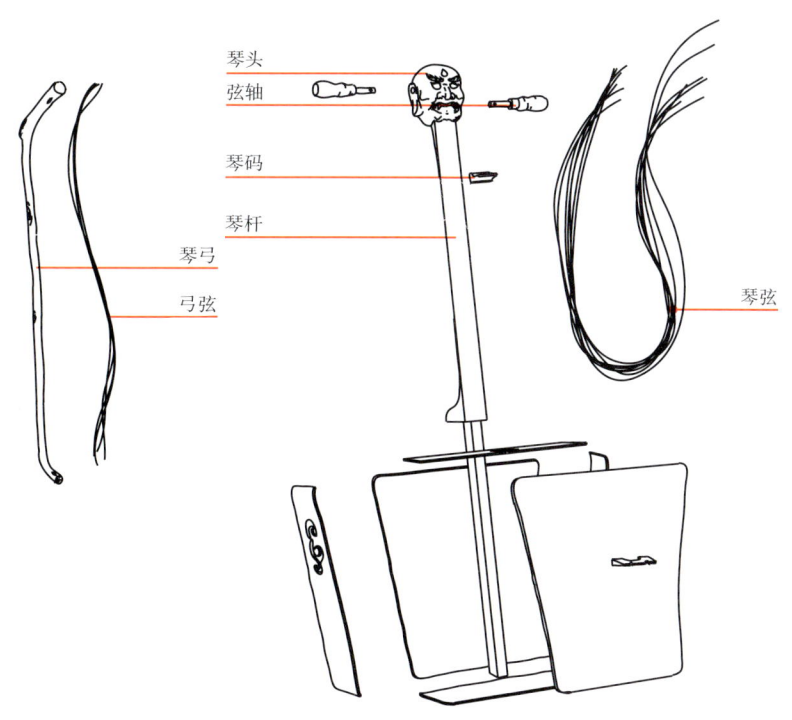

图五　蒙古族潮尔解构图

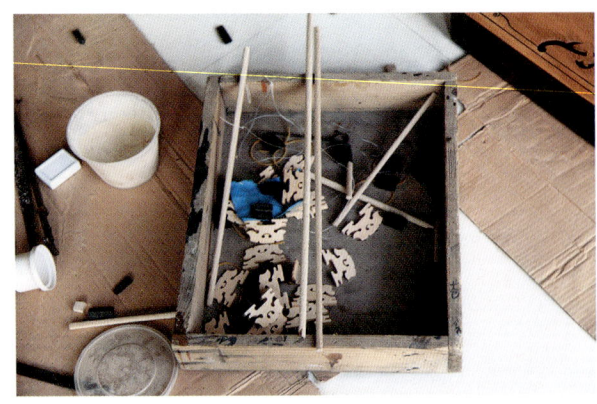

图六　蒙古族潮尔制作情境图

图七　蒙古族潮尔使用情境图

蒙古族胡笳

图一 蒙古族胡笳主图

胡笳在蒙古语中称"冒顿潮尔",是一种古老的边棱气鸣乐器,筒管状,但具体形式各异,长度一般在30至70厘米,如《清史稿》所载:"胡笳木管,三孔,两端施角,末翘而哆。自吹口至末,二尺三寸九分六厘。"胡笳产生于秦汉时期,根据蔡文姬《胡笳十八拍》中"胡笳本出自胡中,绿琴翻出音律同"的描述,这种乐器最初的创造者应是匈奴人。最初的胡笳形式简单,以芦苇叶卷成双簧片形状或圆锥管形状,首端压扁为簧片,以嘴巴控制气流吹奏不同曲调。如宋代《太平御览》描述:"笳者,胡人卷芦叶吹之以作乐也,故谓曰胡笳。"在汉唐时期进一步发展,出现了以羊骨或羊角为管,通体无孔的胡笳,也称为"哀笳",其管身比近代的胡笳短,这种哀笳多用于大型祭祀庆典活动,流行于当时的塞北与河西走廊一带。及至宋末,蒙古族勃兴,胡笳亦随之传遍蒙古族活动的区域,成为蒙古族人尤为喜爱的民族乐器。随着历史的变迁和涤荡,这种北方的古老乐器在近代逐渐销声匿迹。20世纪八九十年代,一批音乐家和考古学家根据古画的描绘和古书的记载,复原了胡笳,并推演出其演奏方法与技巧,使得胡笳得以新生。

蒙古族胡笳作为北方游牧民族在古代颇具影响及特色的乐器，除了名曲《胡笳十八拍》以外，其音色与特质在古代诗词歌赋中常有提及。蔡文姬在她的另一诗作《悲情诗》中描述："胡笳动兮边马鸣，孤雁归兮声嘤嘤。"汉代李陵在《答苏武书》中亦描述了胡笳音乐的质感"夜不能寐，侧耳远听，胡笳互动，牧马悲鸣，吟啸成群，边声四起，晨坐听之，不觉泪下。"胡笳所吹奏的知名曲章甚多，六朝即有《胡笳调》和《胡笳曲》，宋郭茂倩在《乐府诗集》中言及南朝张永《元嘉正声技录》一书中所列的胡笳曲目有《大胡笳鸣》和《小胡笳鸣》。当然，最负盛名的当是东汉蔡文姬的《胡笳十八拍》，后世多有赞颂。

蒙古族的胡笳在前朝胡笳形制的基础上改良与发展而来，管身下部开有三个等距圆形按音孔，并模仿哀笳形制两端置角，形如细而长的喇叭，管口上端施角，改为边棱吹奏，管口下端接有向上弯曲的角制喇叭口，用以扩大音量。这种形制的胡笳一直在内蒙古各地王府乐队中使用。及至后世，最终取消了两端的羊角，成为今日的胡笳。20世纪八九十年代，内蒙古赤峰市民族歌舞团根据史料复制了几种胡笳：第一种名为"喀喇沁胡笳"，是一种长管单金属片的三孔横胡笳，音色丰富，可吹奏复三度的音程。因其形制来自清喀喇沁旗王府乐队的有关史料，故而得名。第二种为大胡笳，是一花瓶形的复簧吹奏乐器，管体有气孔，其形制源于宋代陈旸《乐书》中绘制的"大胡笳"图样，并复制而成。第三种是根据流传在新疆北部阿尔泰蒙古族地区的传统胡笳复制而来，蒙古语称之为"楚兀儿"或"茂登朝尔"。胡笳的管体通常为竹制或木制，侧面开孔，孔数因胡笳类型从无孔到七孔而不等。蒙古族胡笳的上部细端为吹口，吹奏时，将吹口轻抵在上齿内侧，如管身有孔，则以右手在上，左手居下，配合口吹的气流，按照曲谱压按气孔，控制乐器发音。

蒙古族的胡笳承袭于更为古老的北方游

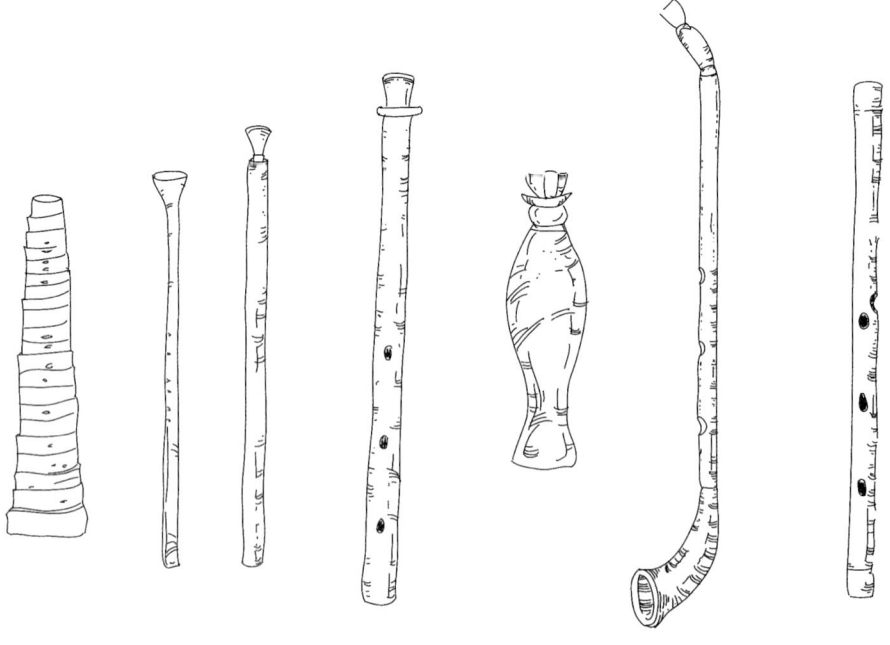

图二　蒙古族胡笳

牧民族——匈奴，后经蒙古族文化的浸染而进一步发展并得以改良，演化成近代的最终形式，虽然在20世纪上半叶几近消亡，但经多方努力又使得这一古老而极富民族魅力的吹奏乐器重生。千百年来所凝结的音乐艺术和诗词文学，使得胡笳成为蒙古族造物文化体系中极为宝贵的一份遗产。它不仅仅是一件简单的乐器，也是一条可贵的文化线索，对于研究我国古代乐理、北方游牧民族文化以及传统文学等皆有着不可替代的价值。

图片来源
图一　周安涛　摄影
图二至图四　李淼　制图
图五　王柯　制图

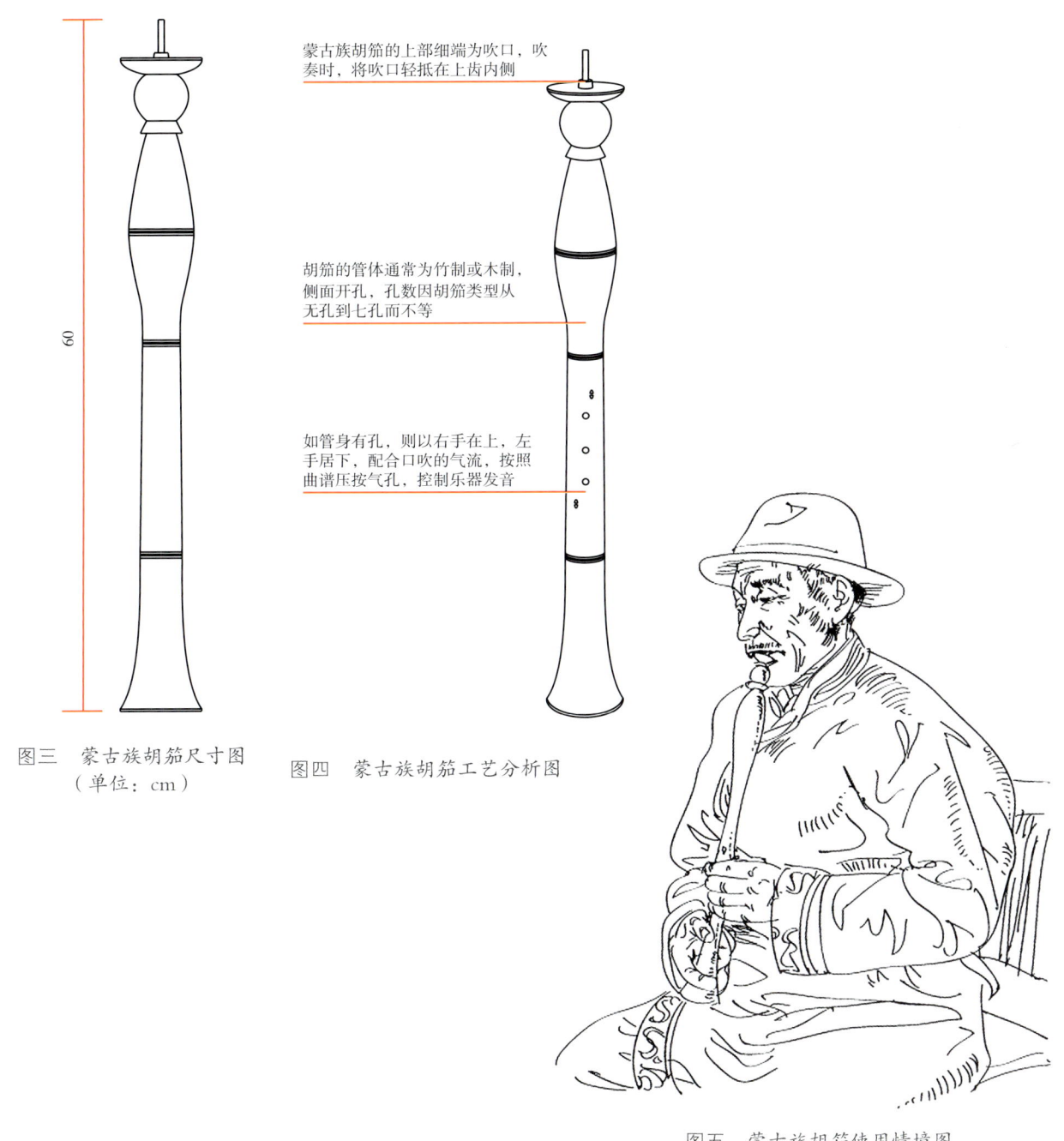

图三　蒙古族胡笳尺寸图（单位：cm）

图四　蒙古族胡笳工艺分析图

图五　蒙古族胡笳使用情境图

蒙古族马头琴

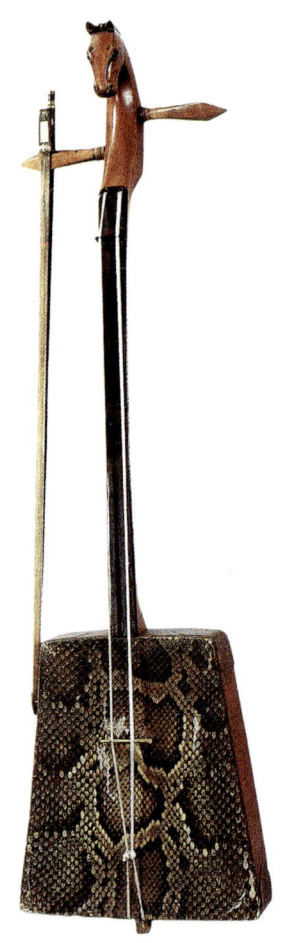

图一　蒙古族马头琴主图

马头琴在蒙古语中称为"莫林胡尔"或"卓尔",是蒙古族中最具代表性的民族乐器之一。现在,马头琴这一名词专指反四度定弦的潮尔类乐器,流行于内蒙古、辽宁、吉林、黑龙江、甘肃和新疆等地的蒙古族中。马头琴的形状类似于弓弦潮尔,其通体高度一般在70到120厘米,底部琴箱宽度通常不超过40厘米,所配琴弓长度多在50至70厘米。马头琴源于弓弦潮尔,从唐、宋时期的马尾胡琴一路演化发展而来,及至元朝时期,马头琴初步定型,并在民间广为流传,以其复杂多变的演奏技巧与极富魅力的音色特质,深得蒙古族的喜爱。

马头琴的琴声悠长而高亢,曲婉细腻中透出些许悲凉,与蒙古长调歌曲相生相伴,须臾不离,在演奏互动中,琴声与长调"在音色和表现力等方面产生了极大的互补性,它们之间的绝妙配合,似乎让人感觉到，马头琴就是蒙古长调歌曲的另一代名词"。（满都夫：《论蒙古族长调音乐的美学本质》，见珠兰其其柯编：《蒙古族长调歌曲研讨会论文集》，内蒙古人民出版社，2003年，第286页）在演奏马头琴时，演奏者席地而坐或悬足坐定，将下部琴箱的左下角挟于两膝间，左手扶琴头把琴弦，右手持琴弓拉奏。传统马头琴在为蒙古长调歌曲伴奏或同其他乐器合奏之时，通常采用的是一种被称为"孛依鲁勒特"的传统演奏法，其将马头琴上的泛音与实音相结合。演奏者用左手手指压琴头琴弦"打指"（马头琴演奏的左手指法技巧里最典型的指法，即同音打弦装饰音，其演奏技巧是以食指按弦时，用中指、无名指或小指迅速地在不同位置打弦奏协音）调音，以右手执琴弓配合"抖弓"（演奏马头琴的右手弓法技巧里，受蒙古族长调技法影响最甚的弓法。"抖弓"一词在蒙古语中称"索格斯日赫脑木"，其演奏方法和演奏效果与其他弓弦类乐器有所不同，主要是在一个长时值音的中间或后半部用弓尖迅速地来回拉奏一下，奏出两个同音反复的装饰音）法来完成演奏。这一演奏方法的形成，实际上是在马头琴和蒙古长调歌曲长期的融合中，由最初的彼此简单模仿达至双方既紧密相连又各具特质的境界。其间，凝结了无数优秀宫廷乐师和民间艺人的勤勉与智慧，融入各个时期、各种音乐风格的独特精妙之处，经过长久历史的涤荡，逐步形成了蒙古族民族音乐中最为耀眼的马头琴音乐文化。

马头琴的结构部件包括琴头、琴杆、琴箱、琴箱皮、琴码、琴弦、琴轴和琴弓几个部分。民间的传统马头琴制作材料大多就地取材，以草原上常见的硬杂木为主，如枫木、桦木、杏木、杨木或松木等制作琴体，并无既定的选材范畴，所选材料的体量只要能够满足琴体部件如琴箱侧板、背板、琴杆等的制作要求即可。而质量更佳的红木、桐木或檀木等木料，在当时的民间亦属稀有名贵材料，因而以之所制的马头琴数量较少。

传统马头琴的琴头一般都雕刻为马头形状，有的会在马首下加饰龙头或祥云等装饰。琴头以细长挺拔的琴杆连接下部琴箱，琴箱为重要的共振发音部件，也称"共鸣箱"，最初是曲线梨形，后因民间工艺所限，逐步演化为正置的梯形，琴箱表面上多有装饰，常见的是彩绘传统纹样，包括犄纹、盘肠纹、云纹和龙纹等，琴箱皮蒙于琴箱的正面，常见的有羊皮、马皮、蟒皮或鲨鱼皮。琴箱皮的贴饰方法是将生皮，以清水泡软，刮除杂毛，然后再用草灰水浸泡直至起油，洗净后晾干即可用胶贴于琴箱表面。马头琴的琴码置于琴箱皮中部偏上的地方，顶住琴弦，起到传递振动的功能，多为木制或骨制。传统的琴弦是用百十根马鬃尾毛拉成两弦，近代经过改良，已经大多采用尼龙丝替代马鬃，达到更好的强度和音色。琴轴多为木制，置于琴头，左右各一，一高一低，用以张拉两股琴弦。琴弓的弓弦同样是以马鬃制作，弓背则多为竹木材料，演奏者用虎口顶住一端，将食指、中指、无名指和小指握住弓毛，以这四根手指来控制弓毛的松紧，调节音色，进行演奏。

马头琴是蒙古族乐器的典范，也是蒙古族音乐文化的结晶，承载着蒙古族千百年来的民族情怀。蒙古族马头琴的形态设计颇具民族美感，首先，从形态要素分析，马头琴的琴头、琴弦、琴杆和琴箱形成了点、线、面、体的有机契合；其次，传统马头琴较少修饰，主要体现的是一种简约古朴的材质美。马头琴形态设计的美感基础是形态结构与演奏用途的高度契合,达到了外在造型语言与内部功能属性的统一,由此彰显出造物的设计美。蒙古族马头琴在历史中颇为复杂的发展源流及其同蒙古族长调歌曲相生相伴的关系亦使之在相关学科领域中具有不可或缺的研究价值。

图片来源

图一、图二、图六　周安涛　摄影
图三至图五、图七　李淼　制图
图八、图九　微图网

图二　蒙古族马头琴

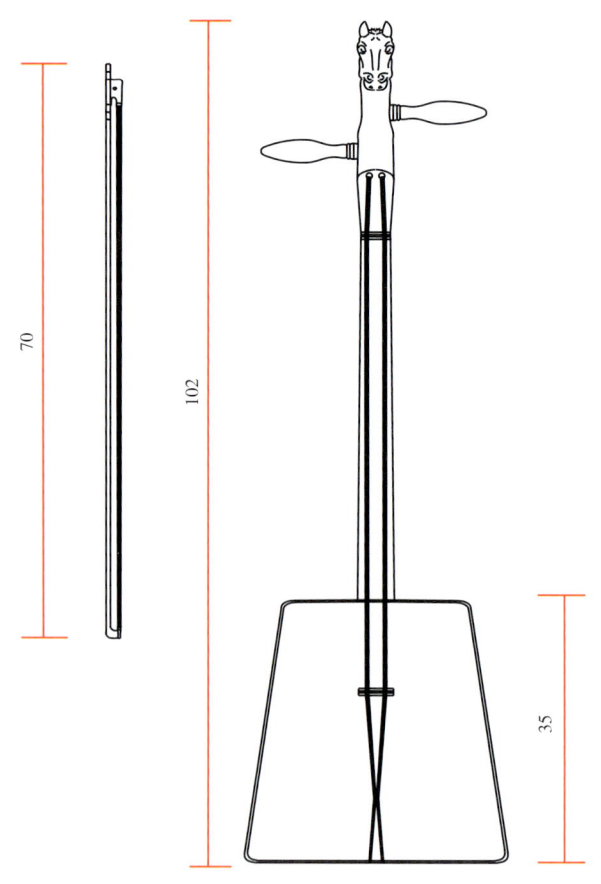

图三　蒙古族马头琴尺寸图(单位:cm)

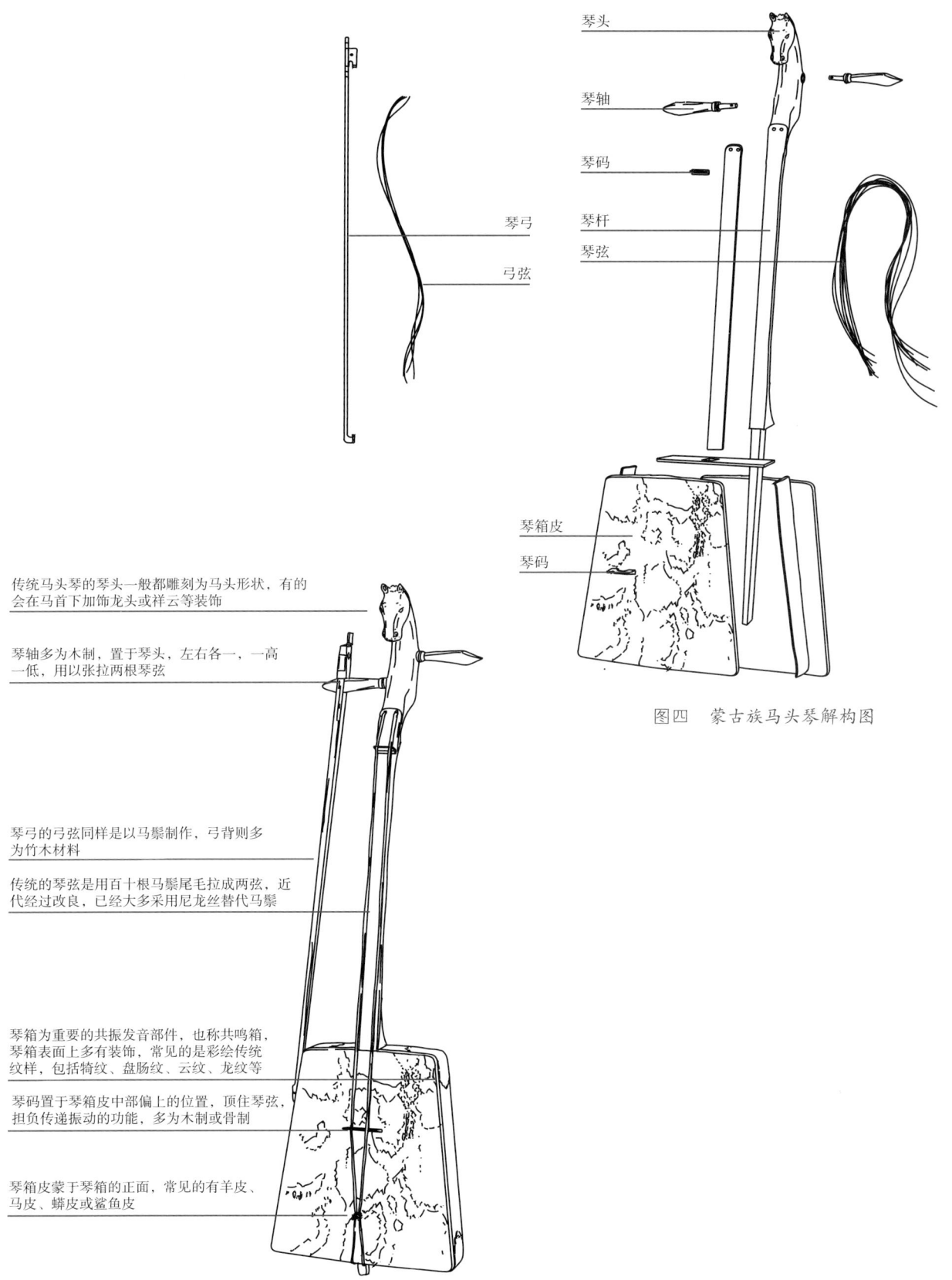

图四　蒙古族马头琴解构图

图五　蒙古族马头琴工艺分析图

第四章　蒙古族传统生活用具

图六　蒙古族马头琴制作情境图

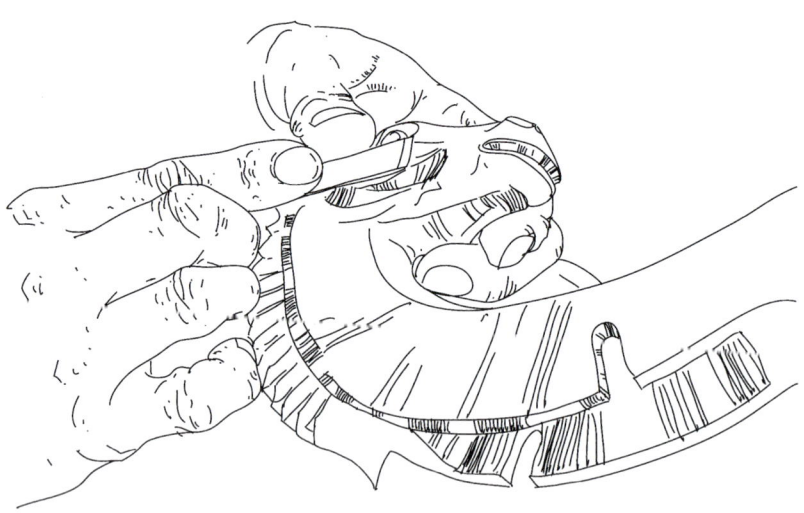

图七　蒙古族马头琴制作情境图

架，置
指、中
勾、劈
按弦、
　　蒙
色柔和
适用于
奏，更
浓郁的

图八　蒙古族马头琴使用情境图

图九　蒙古族马头琴使用情境图

图四　蒙古筝解构图

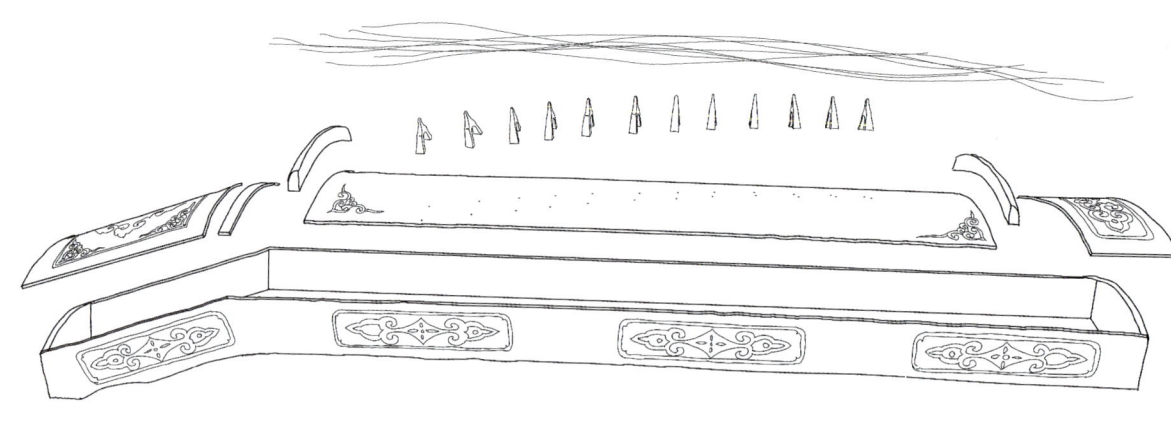

传统蒙古筝的琴箱多以整块桐木挖制成槽形，上覆以桐木薄板构成

蒙古筝一般通体髹红漆或棕漆，琴首、琴尾表面和琴箱四周多饰有传统图案，如盘肠纹、龙纹、云纹和卷草纹等，有的还会镶嵌铜或银制薄片，錾刻花纹，增进美观

图五　蒙古筝工艺分析图

图六　蒙古筝使用情境图

蒙古族四胡

图一 蒙古族四胡主图

四胡又称"四弦胡琴",蒙古语中称为"胡尔""呼日"或"忽兀尔",俗称"四弦"或"四股子",其音色洪亮且悦耳,颇具草原气韵,是一种蒙古族古老而独特的传统民间乐器。四胡同马头琴、三弦和笛子并称蒙古族乐器的四大件儿。四胡形如二胡,不过有四根弦,一般通体长度在80至110厘米。蒙古族的四胡属早期胡琴类乐器分支,据考证,其原型为东胡的胡琴,后结合唐代奚琴与宋代筒形胡琴的形制特征,至北元时期逐步演化为马尾弓拉弦乐器,直至明代中期才定型为流传至今的四胡。

在广袤的蒙古草原上,有蒙古族牧群的地方,就会有四胡悠扬的琴声。在蒙古族传统民间曲艺中,民歌演唱、好来宝、乌力格尔、安代和器乐合奏等,都会使用四胡作为重要的伴奏乐器。蒙古族四胡有高中低音之分,更有极富乐感的颤音,其不仅能演奏单旋律,也可演奏简洁的和声与复调旋律。元代以降,风格浓郁的四胡在蒙古族生活的地区广为流传,并逐步拓展出各种极富魅力的演奏形式;至清,四胡又称"提琴",除了蒙古族民间使用,还用于宫廷音乐的合奏；目前，四胡在内蒙古的东部、中西部以及东北的郭尔罗斯蒙古自治县和杜尔伯特蒙古自治县等地较为常见，通常用于蒙古传统歌舞的伴奏，也有极具个性魅力的独奏及合奏等形式。

蒙古族的四胡由琴筒、琴皮、琴弦、琴杆、弦轴、千斤、琴托、琴码、琴弓等部件组成。其中，琴筒是四胡的重要组成部分，一般为优质硬木制作，常见的有乌木、红木或紫檀等，其形状多为八边形、圆形或椭圆形，琴筒的质地和形状对四胡的音量、音质有着直接影响；琴皮是四胡振源的关键，多为铜皮、蟒皮或鲨鱼皮材质，也是四胡重要的发音部件；琴弦是四胡的发音部件之一，由马尾或铜丝制成，亦是四胡的声源体，其质量的优劣同样影响音色；琴杆是四胡的支柱，同于琴筒，都是由优质硬木制作，并常常包饰铜银作为装饰，其不仅起着重要支撑作用，而且对乐器整体的振动发音也有一定影响；弦轴也叫琴轮，由硬木包饰铜片构成，共有四个，具有调节四胡音高的作用，其中上轴拉内弦，下轴拉外弦；千斤又称"千金"，拴系在琴杆上端和琴弦之间，对四胡琴弦起固定和切弦作用；琴托是琴身的底座，木制，功能是稳定并装饰琴身，亦有扩大音量的作用；琴码多为骨质，是琴弦与琴皮之间的媒介，起传导振动的作用。琴弓是四胡发音的重要部件，由竹木和马尾鬃制作，分弓杆和弓毛两部分。

四胡通常分低音四胡、中音四胡和高音四胡三种基本类型：低音四胡，蒙古族称"胡兀日"，又称"大四胡"或"好来宝四胡"，是蒙古族器乐中的重要低音拉弦乐器，其发音圆润优美，音色浑厚深沉；中音四胡，其由低音四胡发展而来，琴体比低音四胡略小，音色明亮、圆润；高音四胡，又称"蒙古小四胡"，同样由低音四胡改进而来，其音色清脆悠扬、优美动听，音量相对较大。

从声学的角度分析：

1．蒙古族四胡的琴弦属于振动体，即产生振动的部分；

2．蒙古族四胡的琴筒是乐器中的共鸣体，其扩散、传播振动体的振动能量；

3．蒙古族四胡的琴弓为激励体，能够激发振动的乐器组件；

4．蒙古族四胡中其余的部分，包括琴码、琴杆、琴轴和控制垫等，它们是对蒙古族四胡的音响和性能加以调节控制的装置。

蒙古族的四胡是在整个民族的漫长演化过程里，在中华传统文化底蕴的浸染中逐步发展与定型的。四胡音色最为突出的即是其独有的草原韵味，这种音色来自四胡结构中刚柔相济的设计特征，同西方小提琴紧凑、刚硬的结构特点对比鲜明。蒙古族四胡简约有致的形态结构，古朴优美、简约粗犷的形态风格，皆是深受蒙古族传统文化中朴素而务实观念熏陶的结果。制作四胡所用的木、皮、丝、竹、马尾等天然原材料，在聪慧的蒙古族工匠手中达到了外观审美与演奏功能的完美契合。从而使得制作精良的蒙古族四胡不仅仅是一件民族传统乐器，也是一件极富民族特色的精美工艺品，具有颇高的观赏价值和收藏价值。这样的特质亦使得四胡成为蒙古族造物文化体系中尤为值得研究与学习的对象。

图片来源

图一、图二、图六　周安涛　摄影
图三至图五　李淼　制图

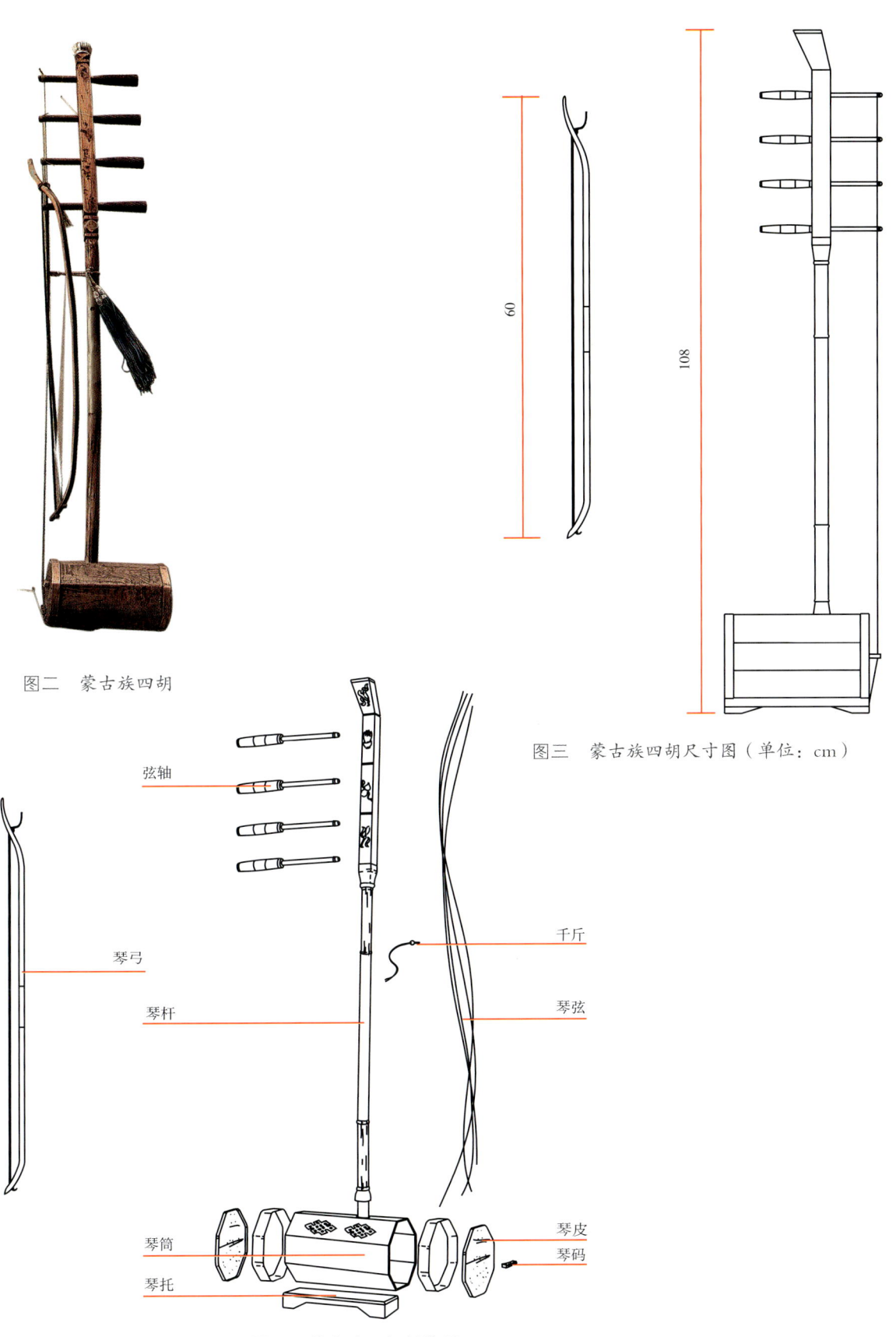

图二　蒙古族四胡

图三　蒙古族四胡尺寸图（单位：cm）

图四　蒙古族四胡解构图

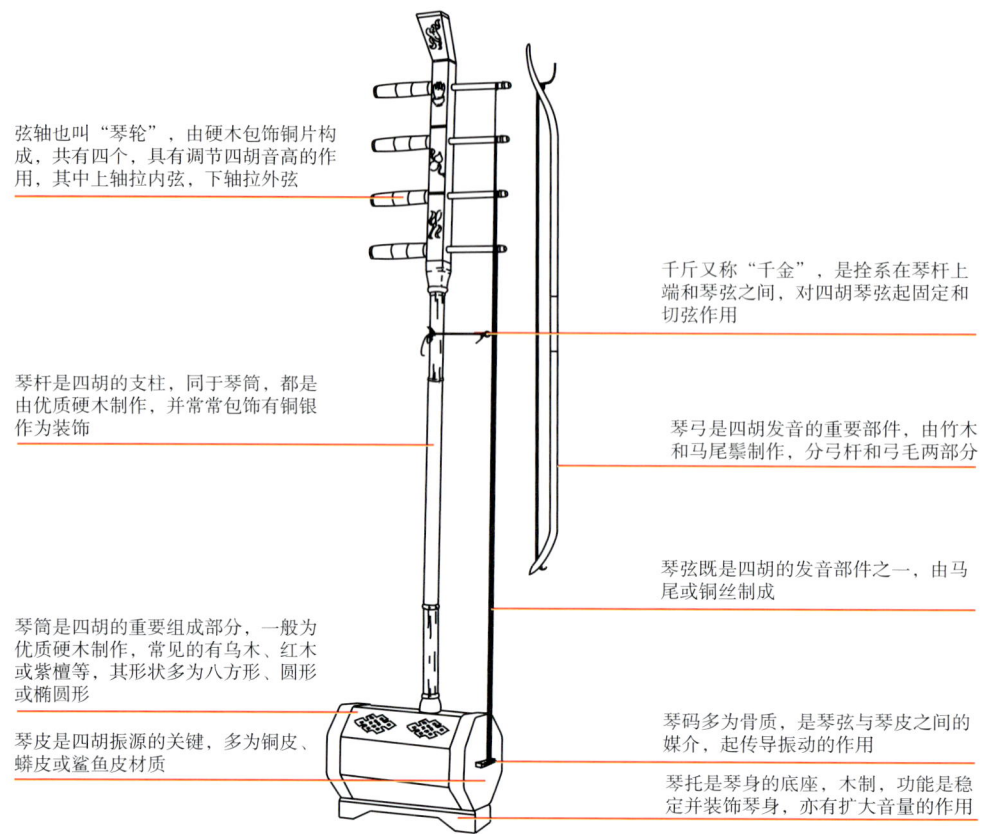

弦轴也叫"琴轮"，由硬木包饰铜片构成，共有四个，具有调节四胡音高的作用，其中上轴拉内弦，下轴拉外弦

千斤又称"千金"，是拴系在琴杆上端和琴弦之间，对四胡琴弦起固定和切弦作用

琴杆是四胡的支柱，同于琴筒，都是由优质硬木制作，并常常包饰有铜银作为装饰

琴弓是四胡发音的重要部件，由竹木和马尾鬃制作，分弓杆和弓毛两部分

琴筒是四胡的重要组成部分，一般为优质硬木制作，常见的有乌木、红木或紫檀等，其形状多为八方形、圆形或椭圆形

琴弦既是四胡的发音部件之一，由马尾或铜丝制成

琴皮是四胡振源的关键，多为铜皮、蟒皮或鲨鱼皮材质

琴码多为骨质，是琴弦与琴皮之间的媒介，起传导振动的作用

琴托是琴身的底座，木制，功能是稳定并装饰琴身，亦有扩大音量的作用

图五　蒙古族四胡工艺分析图

图六　蒙古族四胡使用情境图

蒙古族鞍花与压钉

 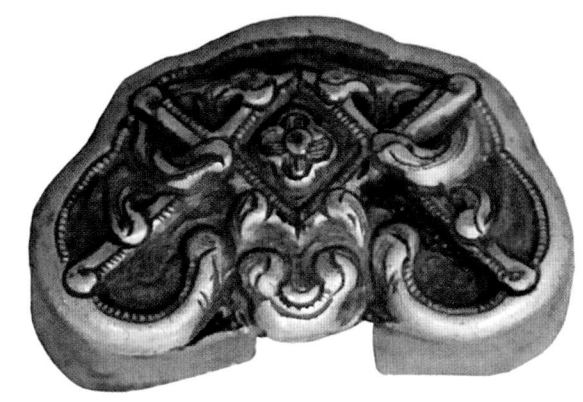

图一　蒙古族鞍花与压钉主图

鞍花是一种扣合于马鞍侧面，用以固定鞍垫和镫磨的铆钉。鞍花大多呈中凸的圆形（也有少量方形或是中凹的特例），直径在5至10厘米的居多。压钉是固定于马鞍鞍翅前后端的饰件。压钉的形状各异，通常尺寸不超过8厘米。蒙古族的鞍花与压钉都是在长久的游牧生活中，在养马、骑马，进而爱马、装点马匹的过程中，逐渐凝练而成的。

鞍花的功能实际包括两个层面：首先是实用功能，包括固定鞍垫和镫磨，便于骑者乘坐舒适，以及防护骑者衣裤不会被吊镫皮带磨损；其次是装饰功能，鞍花的形状在圆的基础上有许多衍生形，如六瓣形、八瓣形、多角菱形、如意形等。有素面的鞍花，凸显材料本身的质地美，但更多的是饰有各种蒙古族传统花纹的精美鞍花，方胜、汗宝古、犄纹、盘肠、交叉纹、回纹、云纹、万字纹等等，不胜枚举。这些装饰精美的鞍花通常四个一组，马鞍两侧一边两个使用，搭配织绣华丽的鞍垫，并同包银镶宝的马鞍及马鞍配饰，勾勒出蒙古族马具装饰艺术的倩影。鞍花一般用兽骨、铁、银或铜等制作，更为华贵的会在铜底上烧制景泰蓝。鞍花的制作用料通常需要同其他马鞍装饰材料保持一致，以保证整体的视觉协调性。兽骨鞍花是通过刀削打磨成形，金属鞍花则需要通过倒模熔铸制成。

压钉被镶扣于马鞍鞍翅的前后端，一个马鞍配四个压钉，其主要是配合鞍翅预留的孔洞，用以固定梢绳、攀胸和后鞦。相对于鞍花而言，压钉的使用更加灵活，可直接裸露鞍翅上的孔洞，也可以仅装一端。压钉的形状各异，有常规的扁体圆形和椭圆形，也有复杂的图案形，简陋一点的则是一个底座，上扣小铁环，仅供拴系之用。压钉的制作材料主要是铁、铜和银，其加工工艺与装饰纹样需要同鞍花相搭配。

鞍花和压钉属于马具中马鞍的辅助器具，两者体量虽小，但在整套马具中却起到举足轻重的联合作用，将马鞍、鞍垫、镫磨、梢绳等部件扣合在一起。装饰层面，鞍花与压钉更是马具中的点睛之笔，精工华美、银光闪闪，有效地凸显了其装饰的统一性与形制的多样性。蒙古族鞍花与压钉的功能性与审美性俱佳，两者的协调又体现了蒙古族马具的组合性设计。

图片来源

图一、图三、图八　周安涛　摄影

图二　刘兆和主编：《蒙古民族文物图典·蒙古民族鞍马文化》，文物出版社，2008年，第84页、85页

图四至图七　李淼　制图

图二　蒙古族鞍花

图三　蒙古族压钉

图四　蒙古族鞍花尺寸图（单位：cm）

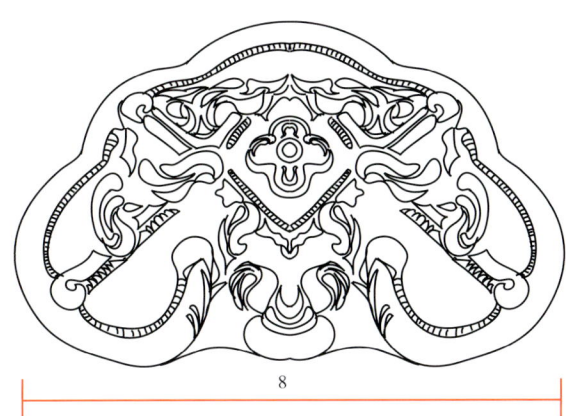

图五 蒙古族压钉尺寸图（单位：cm）

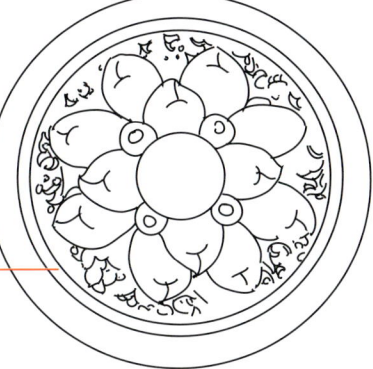

鞍花的形状在圆的基础上有许多衍生形，如六瓣形、八瓣形、多角菱形、如意形等

鞍花一般用兽骨、铁、银或铜等制作，更为华贵的会在铜底上烧制景泰蓝

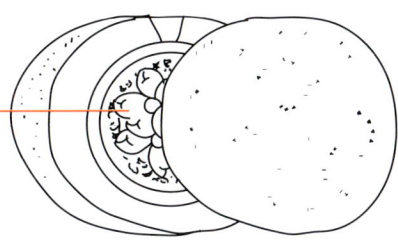

金属鞍花则需要通过倒模熔铸制成

图六 蒙古族鞍花工艺分析图

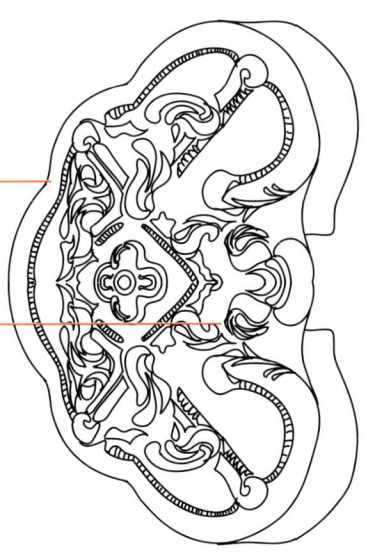

压钉的形状各异，有常规的扁体圆形和椭圆形，也有复杂的图案形

制作材料主要是铁、铜和银，其加工工艺与装饰纹样需要同鞍花相搭配

图七 蒙古族压钉工艺分析图

图八 蒙古族鞍花和压钉使用情境图

第四章 蒙古族传统生活用具

蒙古族鞍屉与鞍鞯

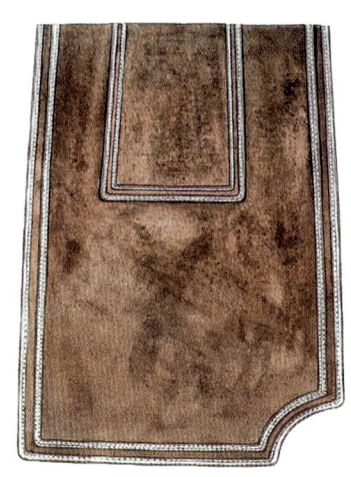

图一　蒙古族鞍屉与鞍鞯主图

鞍屉与鞍鞯通常需要配合使用，鞍屉又称"鞯""鞍鞯""护腰"等，蒙古语中称为"道格莫"，鞍鞯别称"大鞯""障泥"，蒙古语称"高里莫"。鞍屉用以保护马不被马鞍磨伤，呈圆角矩形，长宽分别在100厘米和50厘米左右。鞍鞯用以保护马肚不被马镫磨伤，分左右两片，中间缝合后，搭在马背脊两侧，通体长度在140至160厘米，宽度在40与60厘米。鞍屉与鞍鞯是蒙古族在长期吸纳其他游牧民族马具功能和样式的基础上设计改进而来，具有良好的实用性与装饰性。

鞍屉的形制简单，但其功能实用而丰富：首先，鞍屉垫在马背和马鞍之间，防止马的背脊和肋骨被马鞍磨坏；其次，马鞍下面的马背容易出汗，鞍屉能够一定程度上吸汗；再次，马匹在出汗后卸去马鞍，容易着凉，置放一块鞍屉能起到护腰暖腰的作用。鞍屉一般用毛毡制成，亦有用马鬃压制而成的，更为考究的是用皮毛裁剪缝制。通常制作鞍屉分上下两层，下层贴合马背的用软面，上层承托马鞍部分用硬面。此外，为了增加鞍屉的耐磨度，还用粗布料对之进行包裹加固。鞍屉由于压在马鞍和鞍鞯之下，平日使用时基本不外露，通常不施纹样。

鞍鞯主要用以防护马腹不被金属马镫磨伤，同时也可防止马在奔跑中身上的马汗、毛渍以及扬起的沙土等脏污骑者衣裤。鞍鞯一般用皮革或栽绒毯制成，其中，皮制的鞍鞯是把牛皮等大型牲畜的皮革晾晒干燥后浸水3至5天，趁湿将皮子上的毛刮净，之后再置入硝水中浸泡一周后取出进行鞣作，直至皮革定型。用这种加工过的皮革按尺寸裁剪成所需形状，涂抹牲畜油脂后即可使用。鞍鞯按照款型可以分为方鞯、圆鞯和条鞯，按照其上的装饰则可分为单边鞯和双边鞯。皮制鞍鞯上的装饰纹样多种多样，草龙花纹、五福捧寿纹、瓶纹、祥云纹、犄纹和火纹等都是常见的装饰内容，有

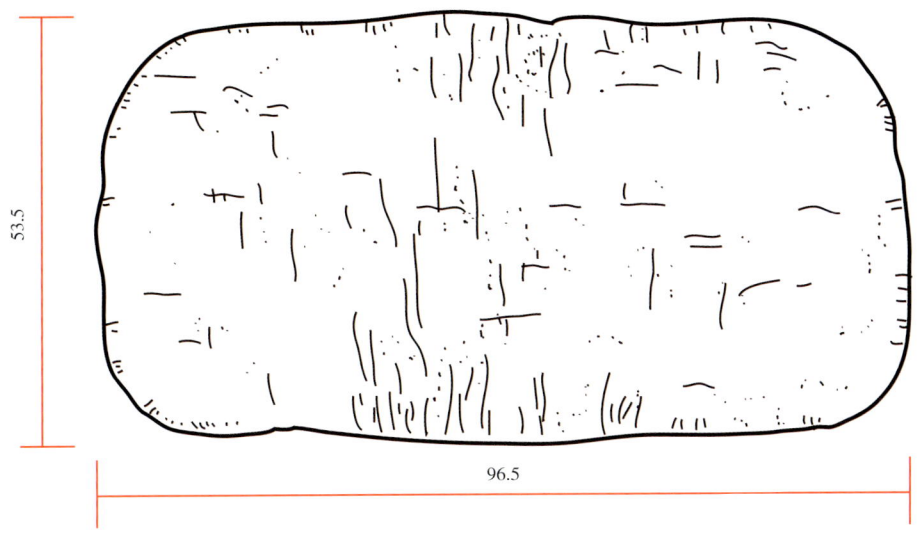

图二 蒙古族鞍屉尺寸图（单位：cm）

的皮鞯边缘还镶上泡钉，既有装饰功能，亦可增加鞍鞯边缘的重量，在马匹跑动中防止鞍鞯过快地拍打和翻动。此外，还有刺绣飞禽走兽、花木山水和吉祥纹等传统纹样的栽绒毯制成的鞍鞯。

鞍屉与鞍鞯通常需要配合使用，鞍屉在下，紧贴马背，鞍鞯在上，承载马鞍，匹配时需要注意鞍屉的宽度需要大于鞍鞯的宽度，保证鞍鞯的边缘不会接触马背。鞍鞯的前后宽度又需要略超过所配马鞍的鞍翅，长度则要长于马镫的最下缘一至两拳。马镫的吊镫皮条从马鞍之下、鞍鞯之上穿过，同马腹隔开。

鞍屉与鞍鞯都是蒙古族马具中马鞍的辅助用具，两者通常需要配合使用，全方位地保护马匹，充分展现了蒙古族马具的合理性与先进性，同时也反映了蒙古族马文化中对马匹的爱护与珍惜的一面。蒙古族鞍屉与鞍鞯的设计彰显了其传统设计中的组合设计构思与实用主义，在现代设计学研究中具有重要的价值与意义。

图片来源

图一 刘兆和主编：《蒙古民族文物图典·蒙古民族鞍马文化》，文物出版社，2008年，第68页、69页

图二至图五 李淼 制图

图六 微图网

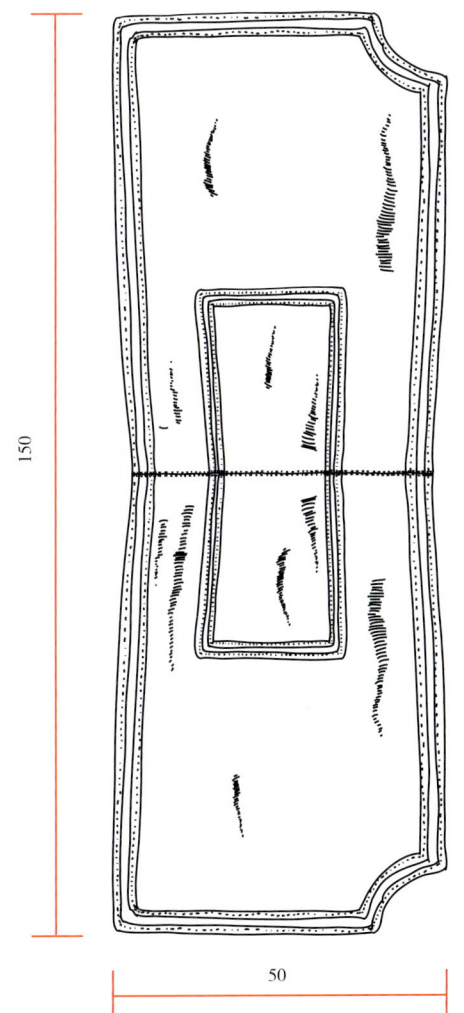

图三 蒙古族鞍鞯尺寸图（单位：cm）

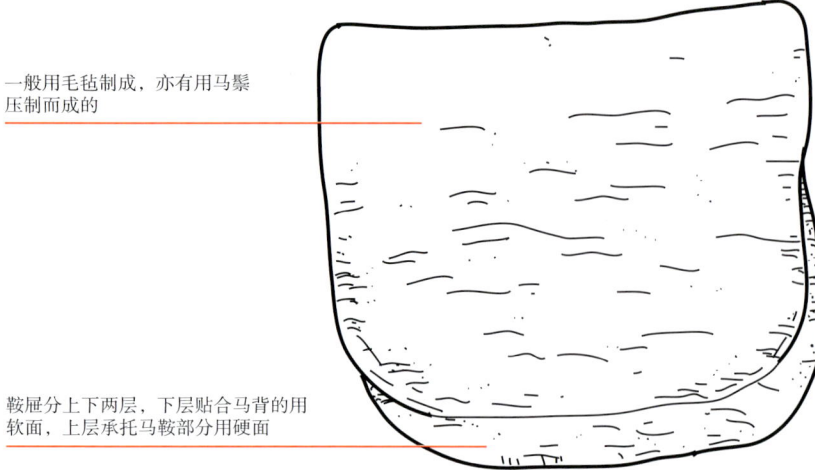

一般用毛毡制成，亦有用马鬃压制而成的

鞍屉分上下两层，下层贴合马背的用软面，上层承托马鞍部分用硬面

图四　蒙古族鞍屉工艺分析图

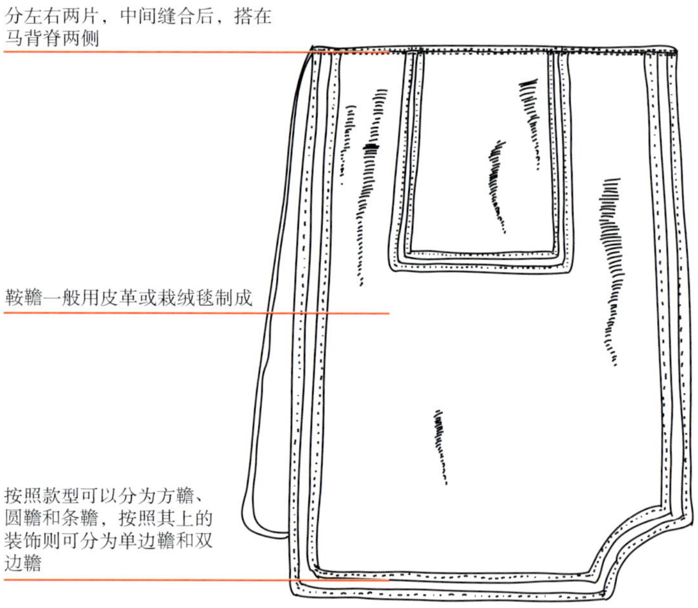

分左右两片，中间缝合后，搭在马背脊两侧

鞍鞯一般用皮革或栽绒毯制成

按照款型可以分为方鞯、圆鞯和条鞯，按照其上的装饰则可分为单边鞯和双边鞯

图五　蒙古族鞍鞯工艺分析图

图六　蒙古族鞍屉与鞍鞯使用情境图

蒙古族镫磨

图一　蒙古族镫磨主图

镫磨又称"小鞯"（相对于鞍鞯而言），蒙古语中各地域的称呼有所不同，如"海达克"和"哈卜西格"等。镫磨的主要用途是防止悬吊马镫的吊镫皮条磨损或羁绊骑者的衣裤。镫磨有左右对称两片，大小需要与马鞍梁头宽度相匹配，一般呈圆角矩形或椭圆形，长度在20至30厘米，宽度多不超过20厘米。镫磨作为一种马具辅助用具，由蒙古族在长期的马背生活中根据实际需要设计创造而来。

镫磨能够有效地隔离骑者衣物与吊镫皮条，防止在骑行中皮条磨破、脏污，甚至是绞缠骑者衣物，带来不必要的损失或麻烦。此外，镫磨还是马鞍套具中特别的装饰性部件，通常其上用刺绣、剪皮、贴皮等工艺饰有云纹、卷草纹、蝙蝠和盘肠纹等装饰纹样，有的还会镶铜、银、景泰蓝等金属泡钉。镶泡钉可以加大镫磨的重量，避免马在急驰时因镫磨拍打而受惊，同时也是一种华美的装饰手法。左右两片镫磨的形状多种多样，以圆角矩形和椭圆形居多，也有使用蒙古族传统云纹形状的案例。镫磨一般使用皮革、香牛皮或栽绒毯子裁剪缝制而成，其上缘在加工制作时要事先预留孔洞，两孔需要同马鞍侧面梁头上安装鞍花的孔洞相对应。镫磨被安装于马鞍梁头与鞍垫之间,钉入鞍花将之固定即可。

镫磨是蒙古族马具中马鞍的辅助用具,主要用以保护骑者衣裤,此外,置于马鞍侧翼的镫磨亦是整套马鞍具的重要装饰物。镫磨与马镫的匹配使用充分展现了蒙古族马具设计的合理性与先进性,也反映了蒙古族马文化中对于骑者的保护。蒙古族马具中的镫磨充分展现了其传统造物文化中实用功能与装饰审美的完美契合,这种美与用的和谐性,颇为值得现代设计的学习与借鉴。

图片来源

图一、图六　周安涛　摄影

图二　刘兆和主编:《蒙古民族文物图典·蒙古民族鞍马文化》,文物出版社,2008年,第89页

图三至图五　李淼　制图

香牛皮压花镫磨　　　　白铜泡钉香牛皮镫磨　　　　压花牛皮镫磨

图二　其他样式蒙古族镫磨图

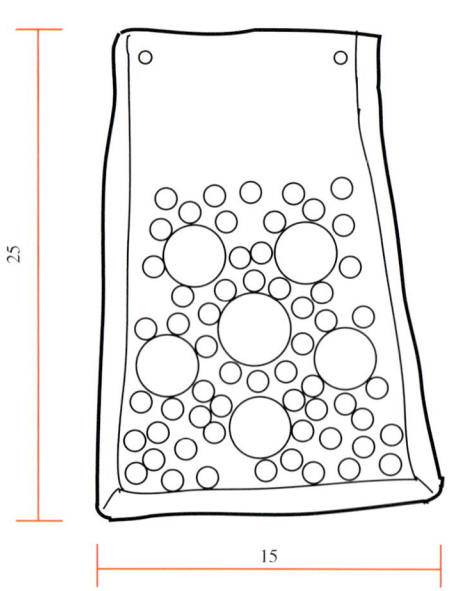 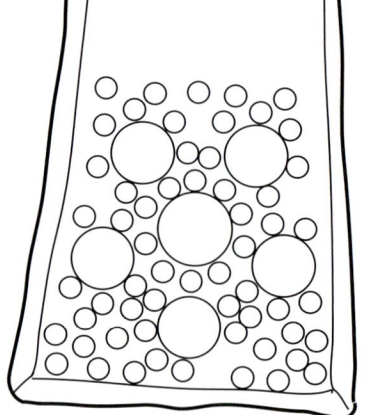

图三　蒙古族镫磨尺寸图(单位:cm)

上缘在加工制作时要事先预留孔洞，两孔大小和距离需要同马鞍侧面梁头上安装鞍花的孔洞相对应

镫磨一般使用皮革、香牛皮或栽绒毯子裁剪缝制而成

镫磨镶金属泡钉，镶泡钉可以加大镫磨的重量，同时也是一种华美的装饰手法，有的还会镶铜、银、景泰蓝等

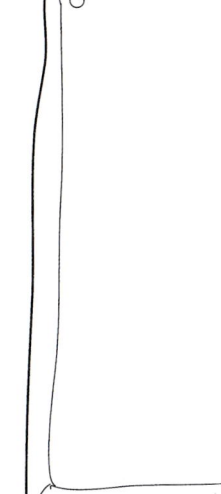

图四　蒙古族镫磨解构图

图五　蒙古族镫磨工艺分析图

图六　蒙古族镫磨使用情境图

第四章　蒙古族传统生活用具

蒙古族肚带和扯肚

图一　蒙古族肚带与扯肚主图

肚带又称"捆肚"，蒙古语为"奥楞""乌落格"，扯肚又称"扯带"，蒙古语为"吉日莫"。两者合称"鞧"，是指用以固定马鞍的带子，位于马鞍右侧的是肚带，左侧的是扯肚，都属于马鞍的辅助用具。肚带一般宽3厘米左右，长度通常为150厘米，扯肚宽度亦为3厘米，长度为40厘米左右。最早的马鞍只是一个垫子，横置于马背，为了使之固定不至于从侧面滑落，早先的游牧民族发明了肚带和扯肚。攀胸和后鞧是为进一步固定马鞍，防止其前后滑动。蒙古族使用肚带和扯肚的历史当早于攀胸和后鞧。

肚带和扯肚一前一后各两根，共有4根，分别两两相对连接于马鞍鞍翅的下缘。鞴鞍时，马鞍下垫有鞍屉和鞍鞴，为在其上固定住马鞍，需要先把右侧的肚带从马肚子下边拽过来，与左侧的扯肚相扣，这样就能把鞍固定在马背上，防止其从侧面滑脱。蒙古族传统习俗中，扯肚是由男人选用4到8根细牛皮条编成的扁平带子。编制的扯肚需要留出均匀洞眼，一来使得扯肚受力均匀，方便拉扯，同时也保护马匹腹部受力均匀，不被皮带勒伤；二来预留的洞眼也便于同肚带末梢上的卡扣扣合。传统上，肚带是由蒙古族女人择选不同颜色的马鬃、驼毛或是牛毛撮成绳子，再配以麻线并排编织而成，在蒙古族的不同地域，肚带的编法亦不尽相同，但基本特征是宽、挺、板，这样的肚带在使用中不会勒伤马腹。肚带的末端需要安装金属卡扣，用以卡合扯肚。此外，按照蒙古族的民俗传统，姑娘会将精心编织好的肚带送给她们的心上人，以示心意。

蒙古族的肚带和扯肚是一种朴素的马具，由于其置于马腹下方，根据适用性原则，除了一些编结方式的差异外，蒙古族人并未在其上添加过多的装饰。这种处理方式，充分体现了蒙古族造物文化的适用性。蒙古族肚带和扯肚的编制，除了考虑到其功能性，同时还兼顾马匹的舒适性，体现出蒙古族爱马、惜马的马文化特质。此外，肚带在蒙古族民俗传统中还扮演着男女定情信物的重要角色，同样彰显出蒙古族质朴的婚俗观念。

图片来源

图一　刘兆和主编：《蒙古民族文物图典·蒙古民族鞍马文化》，文物出版社，2008年，第79页

图二至图四　李淼　制图

图五　邰新和　摄影

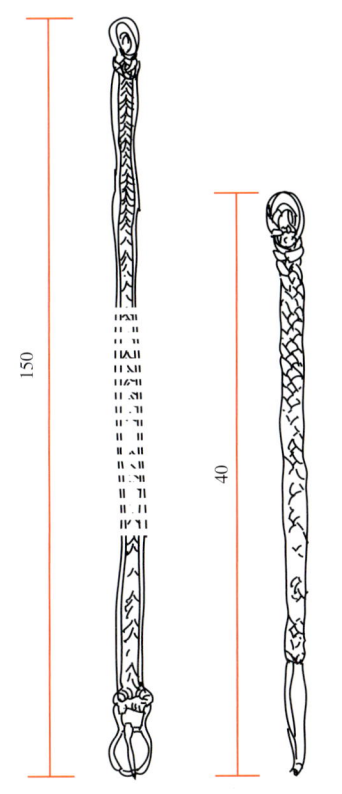

图二　蒙古族肚带与扯肚尺寸图（单位：cm）

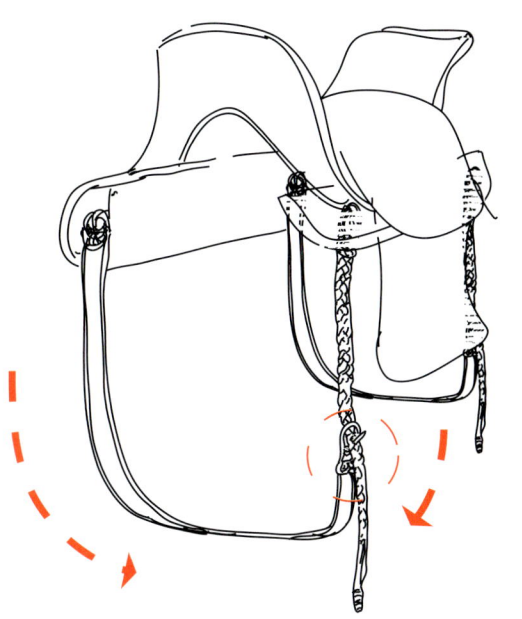

鞍鞍时，马鞍下垫有鞍屉和鞍韂，为在其上固定住马鞍，需要先把右侧的肚带从马肚子下边拽过来，与左侧的扯肚相扣

图三　蒙古族肚带与扯肚操作示意图

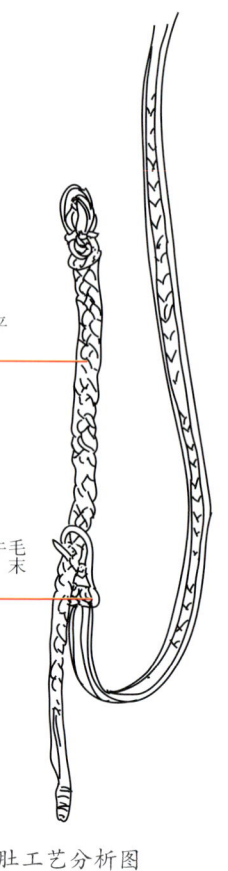

扯肚是选用4到8根细牛皮条编成的扁平带子，编制时需留出均匀的洞眼

肚带择选不同颜色的马鬃、驼毛或是牛毛撮成绳子，再配以麻线并排编织而成，末端安装金属带卡

图四　蒙古族肚带与扯肚工艺分析图

图五　蒙古族肚带与扯肚使用情境图

蒙古族刮马汗板

图一　蒙古族刮马汗板主图

刮马汗板也称"马汗刮子"，是一种给马匹打理鬃毛的工具。刮马汗板一般呈长条片状，长度在20到40厘米，宽度一般在5厘米左右。刮马汗板的使用历史久远，早在蒙古汗国成立之前，草原上各部的游牧民族就已经使用板片为马匹梳理鬃毛，刮除马汗，以使马匹舒适，虽然同后来蒙古族使用的形制不尽相同，但可视之为其源头和前身。

马背上的蒙古族，骑乘马匹是他们生活中不可或缺的交通方式。马在一段时间奔跑后会出汗，特别是鞍屉下面，更因为体温升高而分泌大量汗液，如不及时处理，很容易使马受凉得病。刮马汗板正是聪慧的蒙古族人设计出来用以梳理马鬃，刮除马汗和杂渍的有效工具。蒙古马除了马脖子和马尾上的长鬃毛外，体背上的马鬃甚短，使用带有梳齿的工具打理，反而不能有效去汗污，所以常见的蒙古族刮马汗板都形如刀铲，边缘圆滑齐整。使用时，需从马背脊处按照马鬃生长方向，依体表起伏向下刮汗。刮马汗板的形状不尽相同，加上千差万别的装饰纹样，种类更是鳞次栉比，不胜枚举，但其基本结构皆是由刮板、手把儿和底柄三个部分组成（简易的刮马汗板有时会省略最末端的底柄）。其中最主要的部分是刮板，即用以刮汗的部分；手把儿是牧民手执的部位；最末端的底柄既有装饰美化功用，同时也可防止刮马汗板因粘上马汗而从手中滑脱。刮马汗板一般为木制，常见的有榆木和柳木，也有舶来的名贵硬木，还有使用牛羊角制作的，但数量较少。刮马汗板上多彩的装饰是其一大特色，蒙古族牧民喜欢在其上雕刻各种吉祥图案，包括盘肠纹、方胜纹、汗宝古纹、莲花纹、马纹、龙纹和卷云纹等，有的还镶嵌有玛瑙、珊瑚、绿松石、铜鞍钉和铜钱等。

刮马汗板是蒙古族用以打理马匹鬃毛的马具配件。作为一种蒙古族传统民族造物，刮马汗板具有实用性与艺术性相契合的典型工艺美术特性。在实用性层面，其能够有效地刮除马匹体表汗渍和杂质；在艺术层面，刮马汗板比例合宜，其上装饰有大量蒙古族传统图案，彰显了蒙古族艺术审美与传统工艺的有机结合。基于此，刮马汗板是蒙古族马文化的组成因子，是其游牧生活中不可或缺的生活用具，同时亦是蒙古族工艺与美术的结晶。

图片来源

图一　周安涛　摄影
图二、图三　李淼　制图
图四　刘兆和主编：《蒙古民族文物图典·蒙古民族鞍马文化》，文物出版社，2008年，第150页
图五　王柯　制图

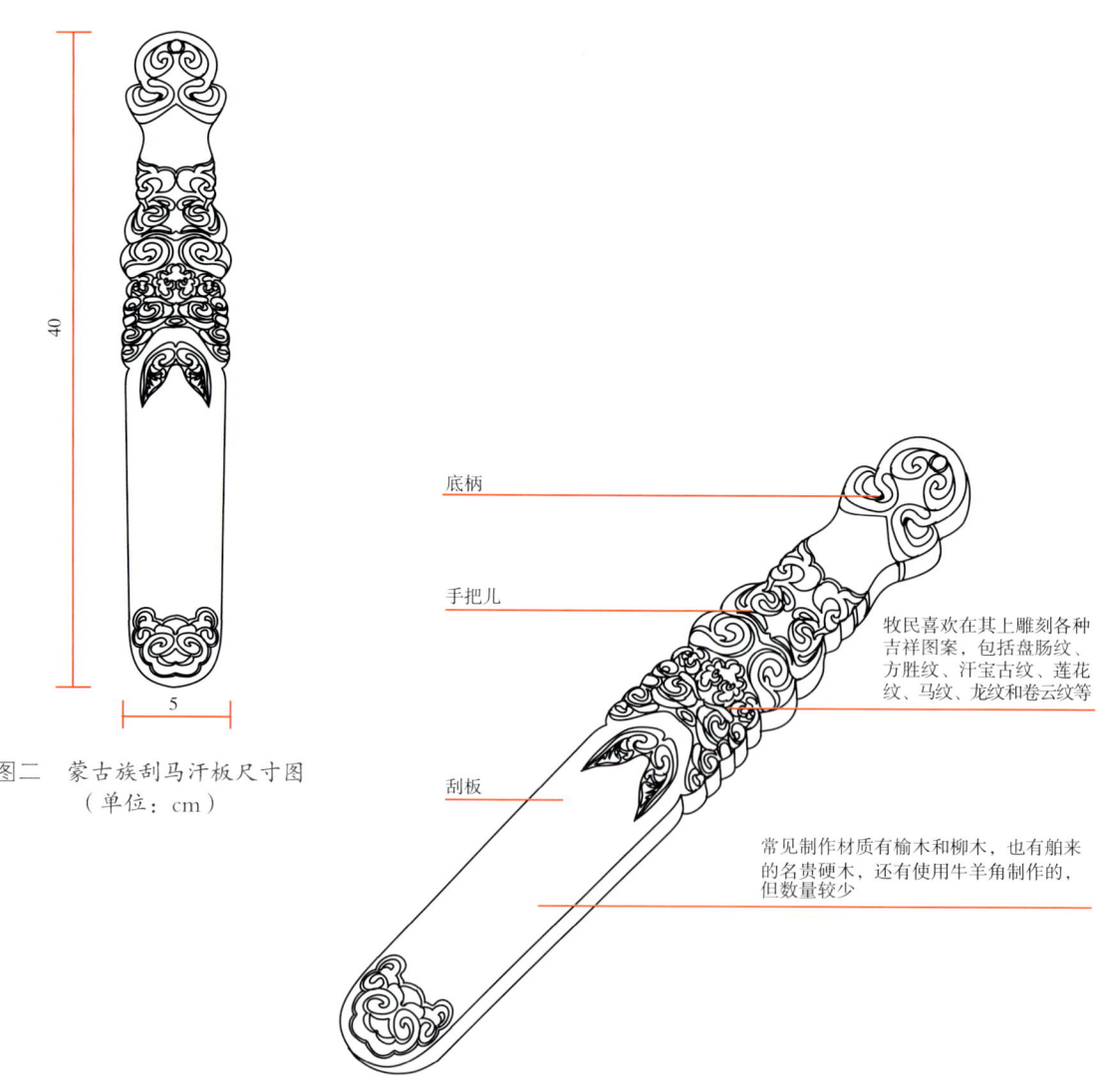

图二　蒙古族刮马汗板尺寸图
（单位：cm）

图三　蒙古族刮马汗板工艺分析图

图四 蒙古族刮马汗板马印形状及纹饰图

图五 蒙古族刮马汗板使用情境图

蒙古族马鞍

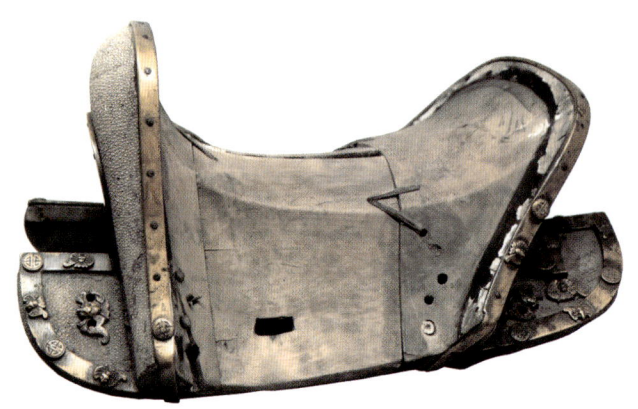 

图一　蒙古族马鞍主图·包鲨鱼皮鸳鸯马鞍

马鞍，蒙古语称"博胡日格"，是一种用以架设在马背上，便于骑马者乘坐的马具。马鞍是蒙古族马具中最基本，亦是最具代表性的核心器具。最早有史可考的马鞍，是在春秋战国时期的匈奴马鞍，其形态仅仅是拴系在马背上的软垫，蒙古族马鞍的雏形是西汉晚期的高鞍，其中部凹陷，更便于骑乘。及至魏晋南北朝时期，东胡的鲜卑支族发明了前后鞒凸起的马鞍，马鞍前后两端翘起，形成前后鞍鞒，作用是防止骑者身体滑动，保证了其横向的稳定性，史称"两鞒垂直鞍"。隋唐之际，突厥人改进了马鞍，加高前鞍鞒，向下倾斜后鞍鞒，即为"后鞍鞒倾斜鞍"。此类马鞍，方便骑者上下马，是为一大进步。元朝时期，马背上的蒙古族根据先人制鞍经验，进一步创新，发明了后鞒较低的征战马鞍，还有前后鞒平缓，乘坐更加舒适的生活马鞍等等。一般常见的蒙古族马鞍，前后鞍鞒顶部间距在30至45厘米，鞍翅长度大约为35至45厘米，鞍翅外缘宽度在30到40厘米。

聪慧的蒙古族制鞍工匠还通过调整鞍鞒和鞍座形状大小，分别制作出适合男性、女性和孩童骑乘的不同马鞍。明清时期，蒙古族马鞍在制作工艺和装饰技法、用料等方面亦有长足的发展。蒙古族马鞍的另一重要性是在原有传统马具基础上统和马鞍具及辅助用具，构建出相互关联的马具系统。

蒙古族被称为马背上的民族，是由于他们逐水草而居的游牧生活方式离不开马匹的缘故，因此，蒙古族人不仅善用马，而且爱马、惜马，进而创造了灿烂的蒙古族马文化。马鞍是北方游牧民族先民的伟大发明，蒙古族在前人的基础上将马鞍的功能形制以及装饰工艺等推上了巅峰。马鞍的有效使用，为马背上的蒙古族提供了无与伦比的战斗力和生产力，成就了蒙古族的发展壮大与辉煌历史。基于马鞍在蒙古族生活中的重要地位，制作马鞍、装饰马鞍和使用马鞍便成为蒙古族人造物文化的典范。

迁徙游牧的蒙古族部族众多，而且分布的区域广阔，各地气候、地理、人文环境亦各有不同，这种差异性折射在马鞍之上，便彰显出蒙古族精彩纷呈、鳞次栉比的马鞍种类与制鞍工艺。按照蒙古族部族姓氏和地域差异，蒙古族马鞍可分为孛儿只斤马鞍、哈萨克马鞍、巴尔虎马鞍、布里亚特马鞍、科尔沁马鞍、察哈尔马鞍、喀尔喀马鞍、卫拉特马鞍、鄂尔多斯马鞍、土尔巴扈马鞍和乌珠穆沁马鞍等等。其中颇具代表性的孛儿只斤马鞍前后鞍鞒都较高，中间鞍座部分狭小，特别适合套马时骑乘者固定身体，因而又称"元宝鞍"或"套马鞍"。巴尔虎马鞍前后鞒较低，形状近方，中间的鞍座宽大，银饰较多，图案细腻精湛。布里亚特马鞍前鞍鞒较高，形状尖突，鞍座相对收敛，多髹红漆。哈萨克马鞍现又称为"军用马鞍"，用于内蒙古和新疆的部分地区，其前鞍鞒较小，而后鞍鞒宽大，马鞍上漆有各式哈萨克图案，制作精美考究。

此外，按照蒙古族马鞍的具体使用功能，可将之分为生活马鞍、庆典祭祀马鞍和赛马马鞍等，其中生活马鞍又包括坐鞍、驮鞍、车鞍、狩猎鞍和放牧鞍等细项。按照蒙古族马鞍的造型特点，有大尾马鞍、小尾马鞍、人字马鞍、大官座马鞍、小官座马鞍、羊尾马鞍和小三元马鞍等类型。蒙古族马鞍的制作和装饰材料各异，依之可分为金马鞍、银马鞍、铜马鞍、景泰蓝马鞍、鲨鱼皮马鞍、蟒蛇皮马鞍、骨质马鞍、嵌宝鞍、漆底镶贝纹马鞍、实木雕刻纹马鞍等。

蒙古族传统马鞍的鞍体（亦称裸鞍）包括前鞍鞒、后鞍鞒、左鞍翅、右鞍翅、前后鞍棱和鞍座（也称"梁头"）7个部分，其中鞍鞒形状似拱桥，置于中部鞍座的前后缘；鞍翅左右各一半，位于整个马鞍的两侧；鞍棱即是前后鞍鞒的边缘，样式因地域差异而多有不同，有单棱，也有双棱。裸鞍一般为实木，采用桦木、柳木、榆木、杨木、樱木、核桃木、檀木等优质木材制成。制鞍工匠用斧、锯、锛、锉、钻、锤等常用木工工具，依照以下步骤进行加工制作：1. 择选适合的木材；2. 晾晒（或熏窑）木料以去除水分；3. 裁切木料，制作各裸鞍部件；4. 组装部件（俗称"铆鞍梁子"），用动物皮或鱼鳔熬制而成的胶粘贴各部件，待干后打眼，并用湿牛皮绳捆扎加固；5. 整理裸鞍，包括去粗皮、毛刺、修边等；6. 打孔（通常为单侧9孔，左右共18孔），左右鞍翅的前后端各4孔，用以扣压钉、穿缀梢绳和固定攀胸及后鞧，鞍翅中部下缘打一长方形孔，用以穿缀吊镫皮条。鞍座两侧各打两孔，扣鞍花，钉鞍垫，前后鞍鞒下缘各打两对小孔拴系肚带；7. 髹漆两次，防腐蚀且增加美感。

裸鞍制作完毕后，在鞍座和前后鞍鞒上面要覆上鞍垫，使乘坐更加舒适。鞍垫通常用绒布等粗布料裹在羊毛毡外制成，也有用一块栽绒毯子裁剪而成，其大小一般根据鞍面与鞍鞒找齐后的形状而定，两侧各用两个或多个鞍花固定在马鞍之上。鞍垫上通常绣以传统蒙古族纹样作为装饰。除了鞍垫，鞍鞒边也是裸鞍上必须安装的部件，其是镶在鞍棱上的装饰条，常见的制作材料包括兽骨、铜、银、黄金，明清之际也有使用景泰蓝作装饰的案例。鞍鞒边的主要功能是防止鞍棱磨损，兼具装饰鞍具的作用。精致的蒙古族马鞍还会在马鞍木料裸露的位置包裹皮革，其中尤为珍贵的当属鲨鱼皮。此外，马鞍鞍翅上还要安装镫磨，扣合压钉，拴系梢绳、攀胸和后鞧，穿缀马镫，再配上合适的鞍屉、鞍鞴才能形成完整的蒙古族马鞍具。

蒙古族马鞍是各类精美蒙古族图案的

集中展示地,常见的传统图案有回纹、方胜纹、汗宝古、云纹、卷草纹、缠枝纹、龙纹、马纹、鹿纹、五畜纹、蝴蝶纹、蝙蝠纹、蒙古族文字纹以及各种寓意吉祥的汉字纹样等众多类型。这些纹样或是被彩绘于油漆过的裸鞍上,或是錾花装饰于金属鞍鞒边上,也有被织绣于鞍垫之上,可谓形式丰富。

蒙古族马鞍是蒙古族马具的核心与基础,其他辅助性马具基本上都是围绕着马鞍进行安装与组织。如马鞍通过下部的两对肚带与扯肚被安放于马背,鞍垫和镫磨通过鞍花固定于裸鞍上部和两翼,梢绳、攀胸和后鞦则附着于鞍翅上预留的孔洞,并以压钉加固,马镫通过吊镫皮条悬置于马鞍两侧,鞍韂和鞍屉则被依次置于马鞍之下用以保护马背及马腹。以马鞍为核心的骑乘部分,与以马笼头及马嚼子为核心的操控部分相互呼应,构成完整的蒙古族马鞍具体系,彰显出其系统性和整体性,亦是蒙古族马具先进性的集中体现。

蒙古族人崇拜和尊敬马鞍,马鞍承载着蒙古族勇敢进取、开拓冒险的英雄情怀,记录了蒙古族在广阔的草原上繁衍与兴盛的历史。此外,马鞍还是蒙古族人的宝贵财产,象征着其主人的身份与地位。因而,蒙古族马鞍除去基本的实用功能,其作为民族传统符号的语义学价值同样值得关注。在蒙古族的节庆、祭祀、婚嫁、生育和丧葬等仪式活动中,蒙古族马鞍都扮演着重要的符号性角色。蒙古族马鞍所蕴含的物质实用功能与精神象征属性,使其成为蒙古族传统造物文化与民族智慧的集中展现。

图片来源
图一、图二　周安涛　摄影
图三至图六　李淼　制图
图七　李淼　摄影
图八　王柯　制图
图九　微图网

图二　蒙古族马鞍

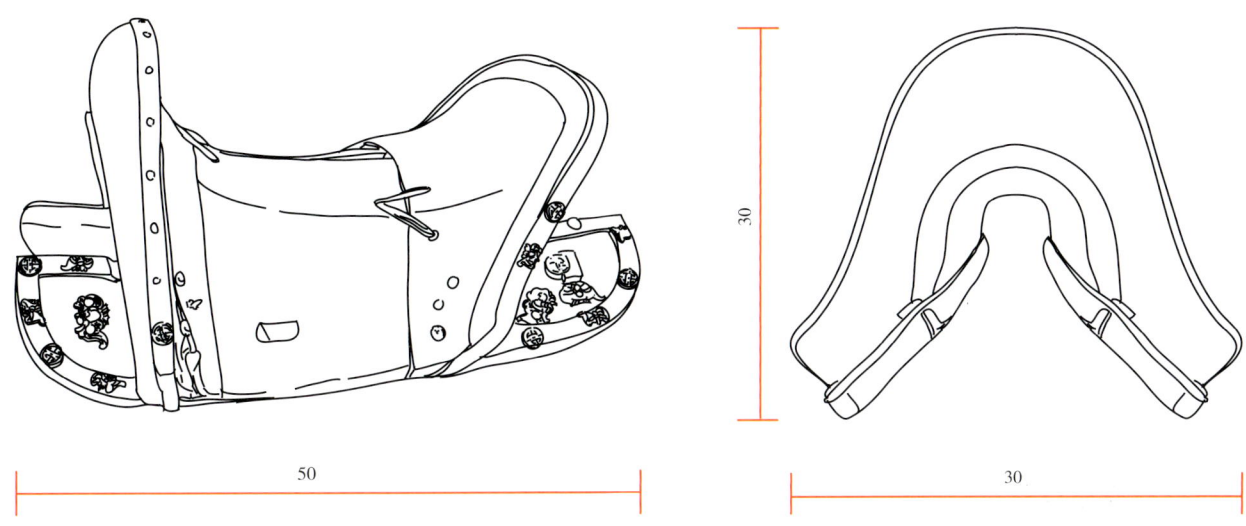

图三 蒙古族马鞍尺寸图（单位：cm）

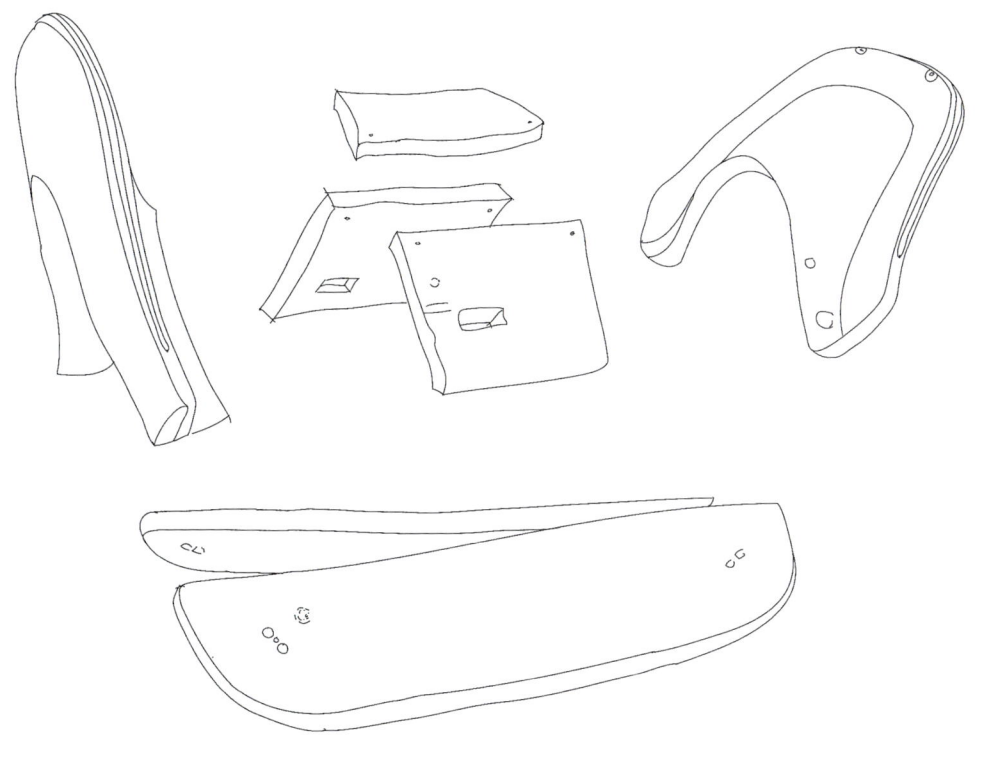

图四 蒙古族马鞍解构图

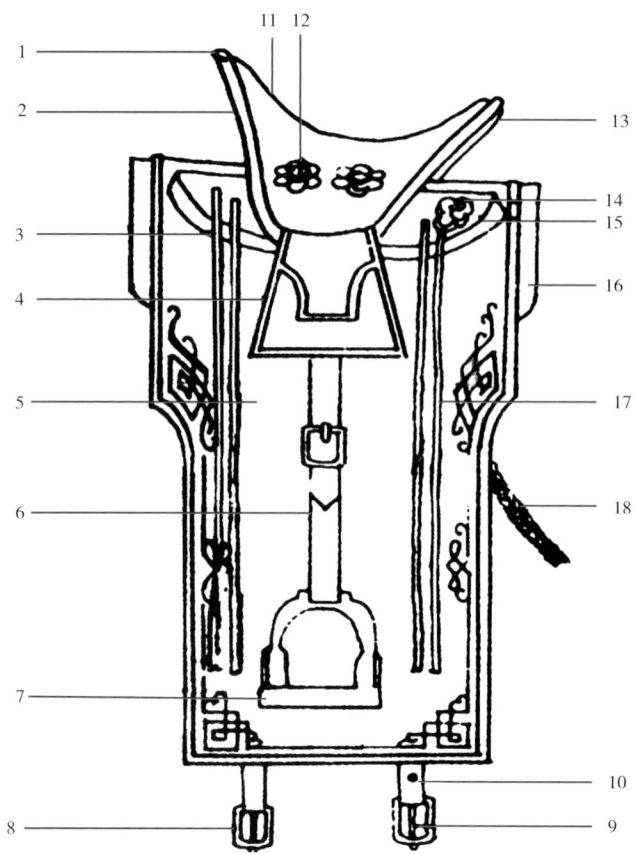

1. 鞍鞒边
2. 前鞍鞒
3. 前梢绳
4. 镫磨
5. 鞍韂
6. 镫带（吊镫皮带）
7. 马镫
8. 带扣
9. 楔
10. 肚带
11. 鞍垫
12. 鞍花
13. 后鞍鞒
14. 压钉
15. 鞍翅
16. 鞍屉
17. 后梢绳
18. 扯肚

图五　蒙古族马鞍具结构名称图

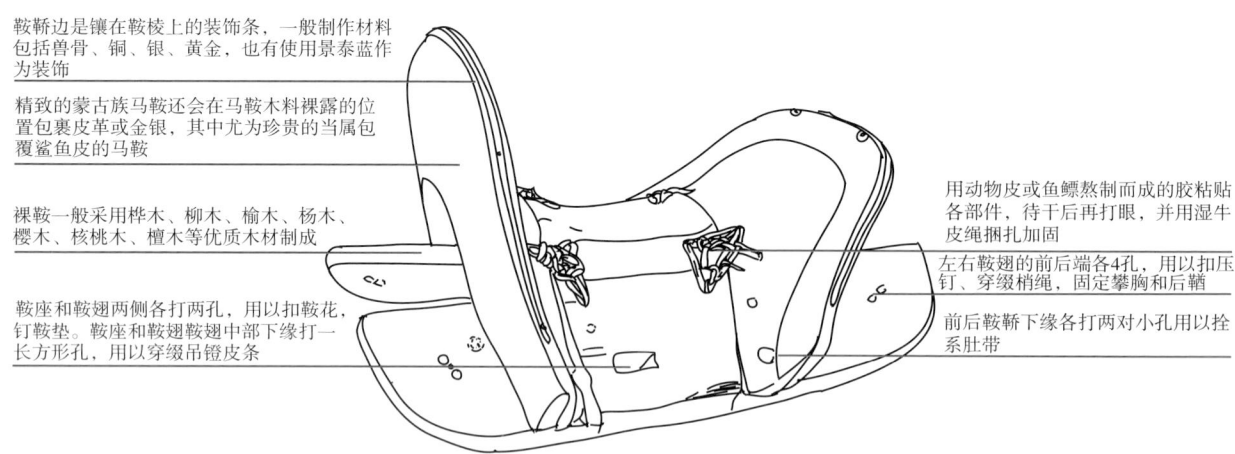

图六　蒙古族马鞍工艺分析图

图七　蒙古族马鞍皮条连接接缝方式

图八　蒙古族马鞍加工情境图

图九　蒙古族马鞍使用情境图

蒙古族马绊

图一　蒙古族马绊主图

马绊也称"马鞯",蒙古语叫"西杜日",是一种用来羁绊马腿,防止马匹在草场吃草或无人看管的时候走远或遗失的用具。蒙古族马绊一般长度在30至110厘米,依功能不同,有直条状的,也有三叉形的。《北史·宋弁传》记载:"军人有盗马鞯者,斩而徇……"可见马绊早在南北朝时期便是军中马匹的重要配件。蒙古族使用马绊当是从更早的鲜卑族继承而来,经过改进和发展,衍生出来多种不同功能和形态的马绊,一直沿用至今。

马绊用以束缚马腿,控制其步伐跨度,从而限定马的活动范围,此外,对于一些未完全驯服的烈性马,马绊也是必要的。蒙古族的马绊根据使用对象的温顺程度,从好到差依次使用前腿绊、顺腿绊和三腿绊三种基本类型。其中,前腿绊用于束缚马匹的两条前腿;顺腿绊用于绊马的同一侧两条腿,也叫"双腿绊";三腿绊用以羁绊马匹的两条前腿和一条后腿,而特别烈性的马则反过来使用,即束缚其两条后腿和一条前腿,以增加对马的控制。蒙古族马绊的主体通常由三股皮条拧合而成,外加必要的铁环扣和别棍等配件。其中,三腿绊的结构最为复杂,包括马绊套、马绊扣鼻、马绊前叉和后叉、绊子干索和绊套别棍等部分。具体使用方法是,将马绊套环绕马腿下端的小掌骨部分,把别棍扣入马绊扣鼻中固定牢靠即可。

蒙古族马绊结构简单、功能实用,是蒙古牧民管理和驯服马匹时的必要马具。依马匹性格而采用不同形制的马绊,这是蒙古族在游牧器械设计方面的独特发明,集中体现了蒙古族在马具改进和创造层面的集体智慧。

图片来源

图一　周安涛　摄影

图二至图七　李淼　制图

图八　刘兆和主编:《蒙古民族文物图典·蒙古民族鞍马文化》,文物出版社,2008年,第145、143页

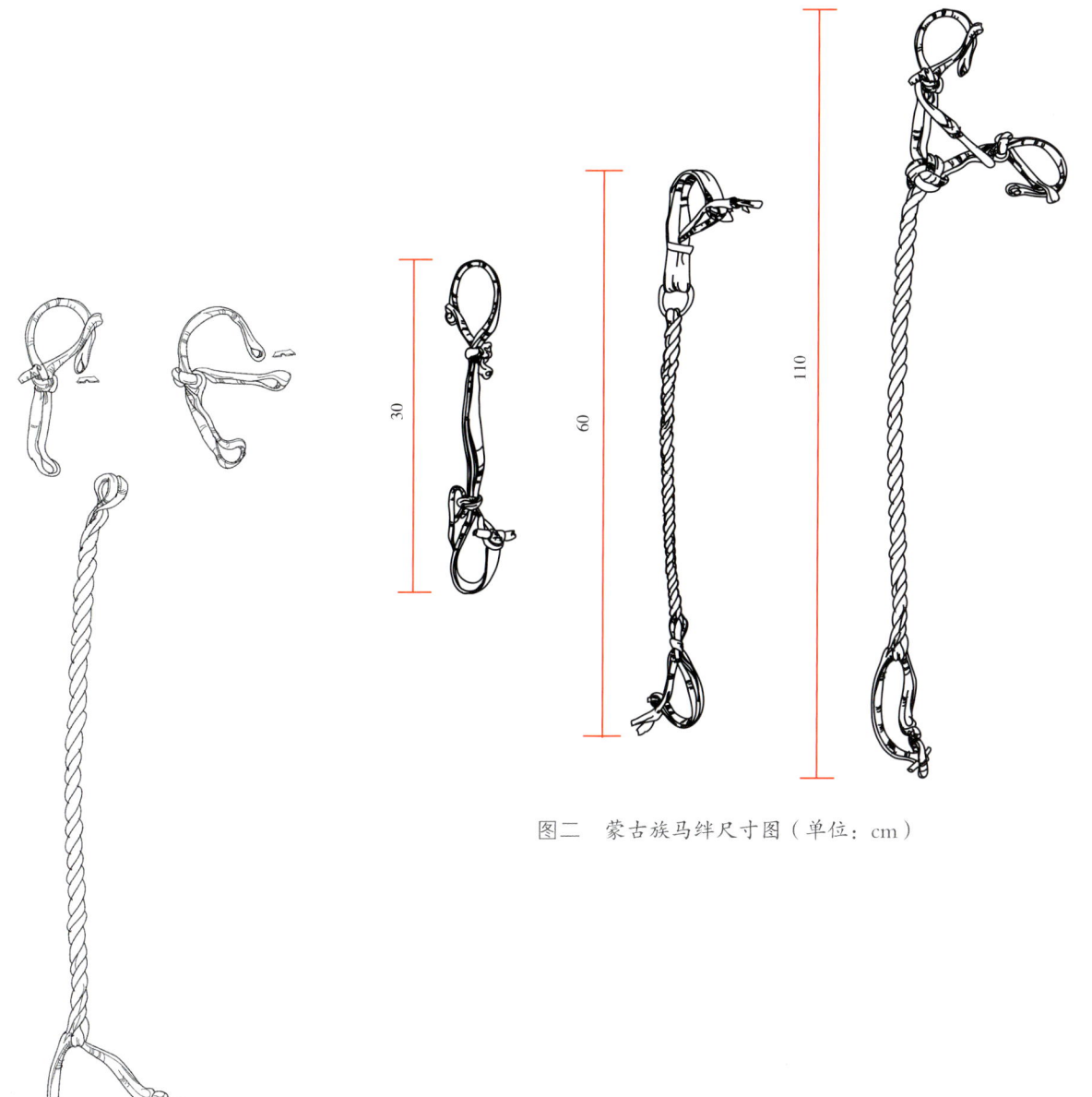

图二　蒙古族马绊尺寸图(单位:cm)

图三　蒙古族马绊解构图·三腿绊

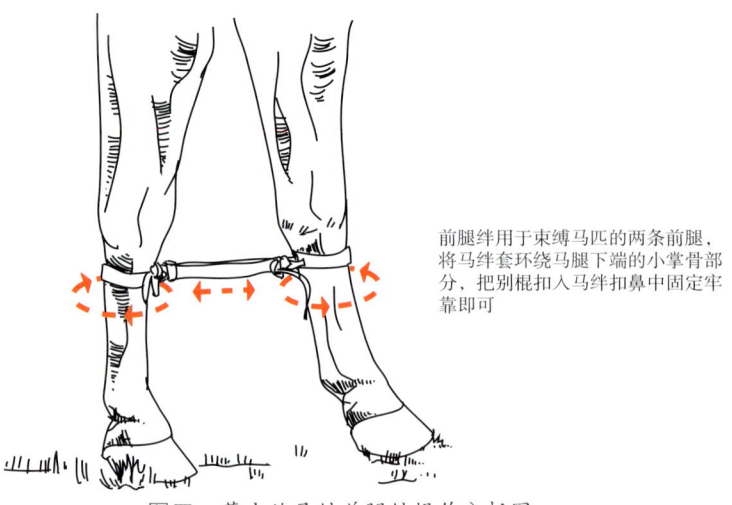

前腿绊用于束缚马匹的两条前腿，将马绊套环绕马腿下端的小掌骨部分，把别棍扣入马绊扣鼻中固定牢靠即可

图四　蒙古族马绊前腿绊操作分析图

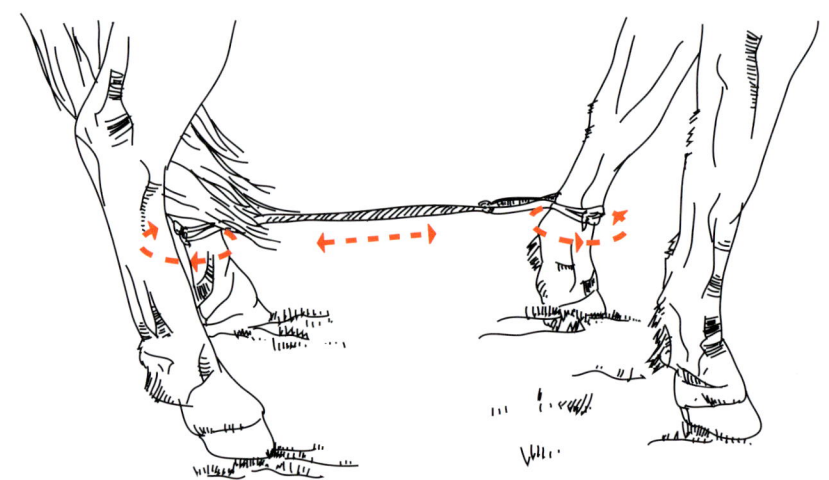

顺腿绊用于绊马的同一侧两条腿，将马绊套环绕马腿下端的小掌骨部分，把别棍扣入马绊扣鼻中固定牢靠即可

图五　蒙古族马绊顺腿绊操作分析图

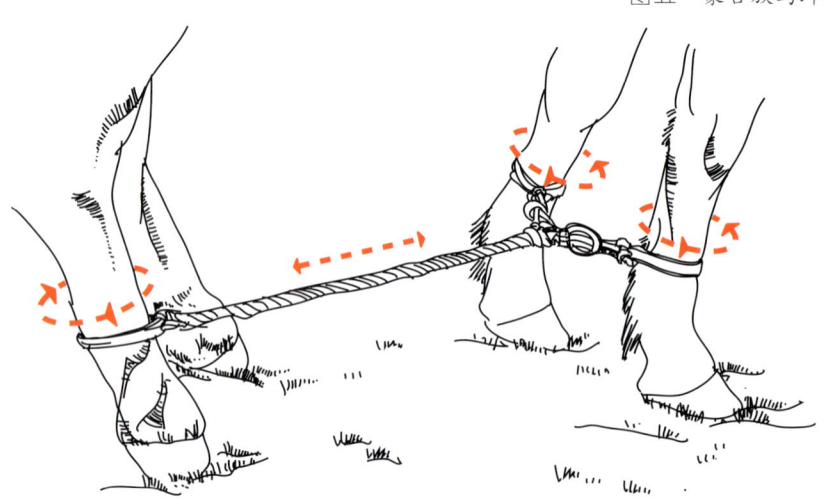

三腿绊用于羁绊马匹的两条前腿和一条后腿，特别烈性的马则反过来使用，将马绊套环绕马腿下端的小掌骨部分，把别棍扣入马绊扣鼻中固定牢靠即可

图六　蒙古族马绊三腿绊操作分析图

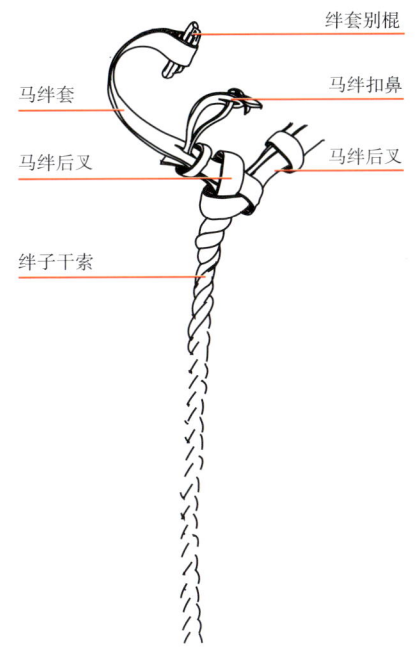

图七　蒙古族马绊工艺分析图

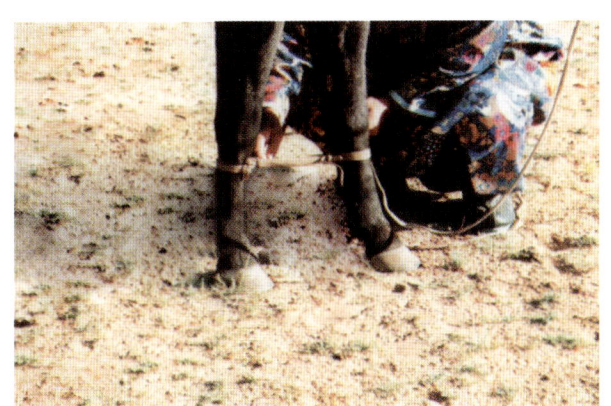

图八　蒙古族马绊使用情境图

蒙古族马鞭和马棒

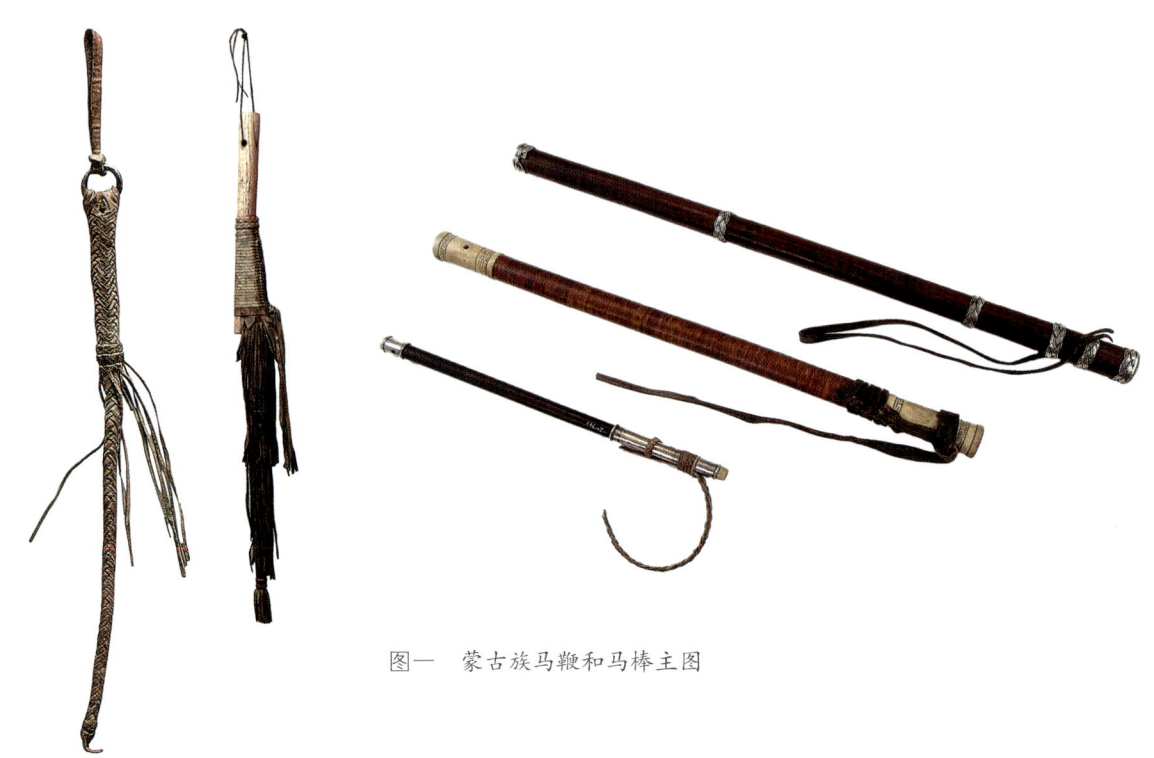

图一　蒙古族马鞭和马棒主图

蒙古族的马鞭和马棒都属于一种驱使马匹的工具，早先还具有一定的防身功能。蒙古族的马鞭形态各异，长度在30至100厘米，马棒的形态相对简单一些，其长度在60至100厘米。《大戴礼》和《庄子》中将古人驱马的鞭子和棍棒统称为"筴"，《论语》中则将它们称为"策"。早在蒙古汗国建立以前，草原上的各游牧民族便已经开始使用鞭子和棍棒驱赶马匹，及至蒙古族繁荣壮大，逐渐汇聚定型的各式马鞭和马棒成为其马文化的重要载体之一。

蒙古族的马鞭和马棒，主要功能是用以驱策马匹，但除非是尚未驯服的马儿会被马鞭和马棒抽打教训，一般情况下，牧人只是威吓，配合吆喝及马镫动作来驱赶马匹。

马鞭和马棒在非常时期亦可当成击打敌人的防身武器，甚至一些带有鞭把儿的鞭子和马棒可以反执末梢，以柄把作为狩猎小型动物的工具。蒙古族的马鞭可分为鞭把儿、鞭杆和鞭梢三部分，但不同形制的马鞭，这三个部分也多有变化。蒙古族牧民制作马鞭和马棒一般就地取材，各种木材、竹子、兽骨、藤条、熟皮条、粗皮革等都可以作为其原材料。依据马鞭的制作材料和结构一般可以分为熟皮马鞭和编皮马鞭，其中，熟皮马鞭又称"短柄皮马鞭"，通常以几股熟皮拧成，将鞭把儿捆扎在木制鞭杆上，在鞭的末端连有一截细皮条作为鞭梢；编皮马鞭需要绷在特制的硬弓上来编结，其鞭把儿与鞭杆是用熟皮条围绕粗皮革芯编结制成，通过精心的安排，可以在鞭子表面编成山鳞、方胜、吉祥结等纹样，所编的鞭杆下端通常坠有细皮条作穗。蒙古族的马棒一般用藤木和竹子制作，其中以藤木马棒为佳。马棒的末端用整块皮子包裹或用皮条缠绕，有时会留出一截20厘米左右长度的皮条，增加鞭打的效果。马棒的顶端需要打眼穿细皮绳，套在手上，以防骑乘时马棒滑脱。

作为马背上的民族，驱策马匹的马鞭和马棒不仅是蒙古族迁徙游牧生活中不可或缺的重要工具，除此之外，马鞭和马棒也在蒙古族的祭祀和礼俗中扮演着重要角色，比如在蒙古族婚嫁之时，新郎需要用马鞭挑开新娘的盖头，是为整个婚礼行序中的高潮环节。蒙古族马鞭和马棒展现力量，象征着其征服的勇气。从现代设计学角度来看，马鞭和马棒是蒙古族人适应马背生活的产物，其制作工艺和装饰充分展现了蒙古族以实用为基础，兼顾审美的造物文化特质。

图片来源
图一　周安涛　摄影
图二至图七　李淼　制图
图八　王柯　制图

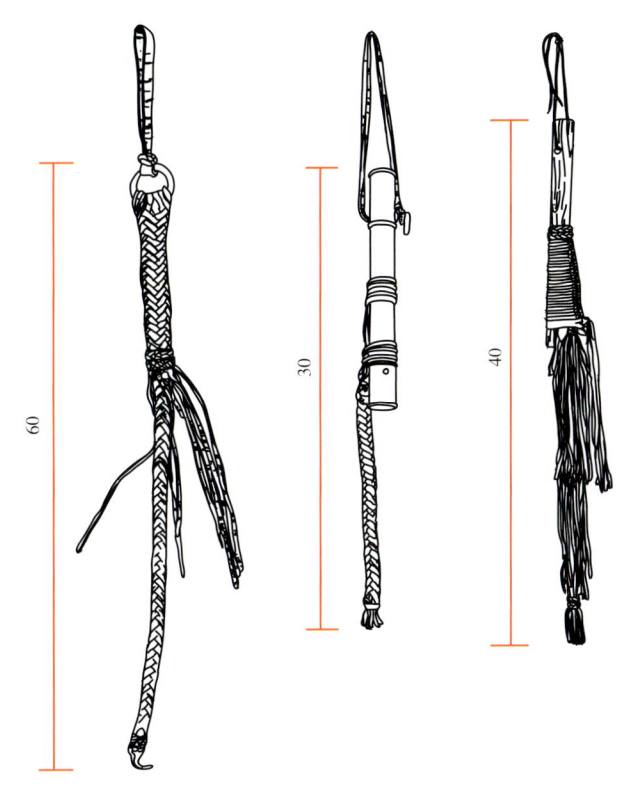

图二　蒙古族马鞭尺寸图（单位：cm）

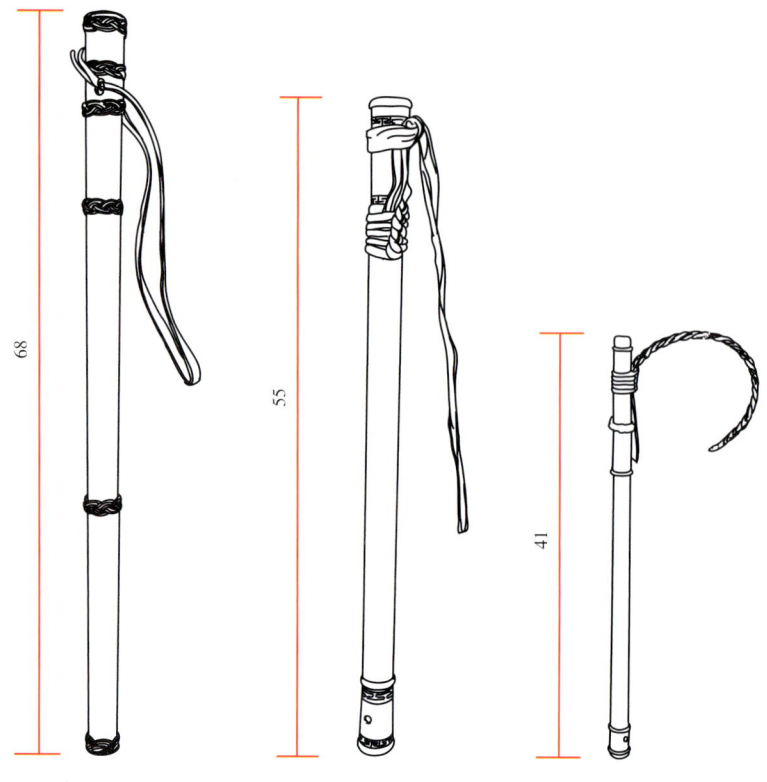

图三 蒙古族马棒尺寸图（单位：cm）

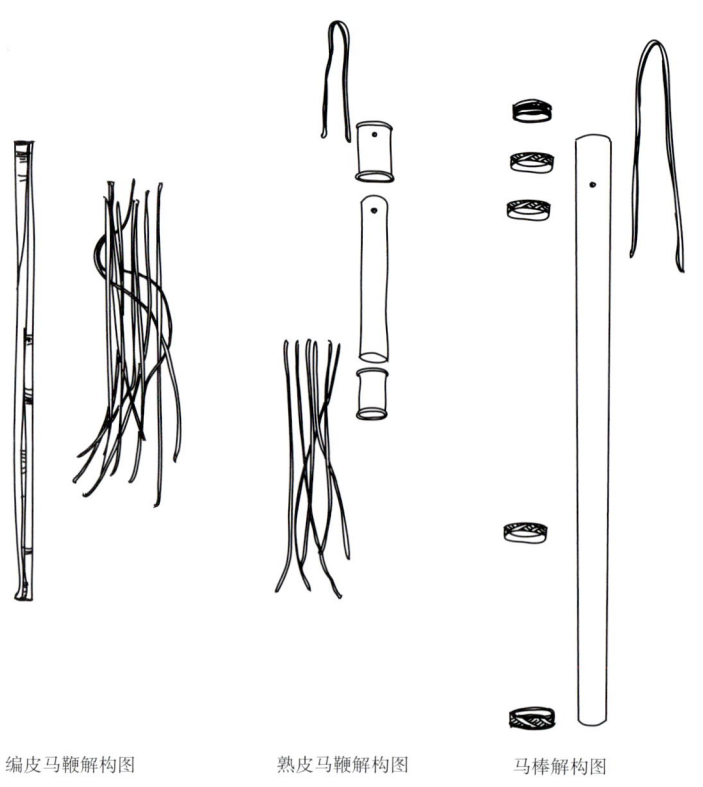

编皮马鞭解构图　　熟皮马鞭解构图　　马棒解构图

图四 蒙古族马鞭和马棒解构图

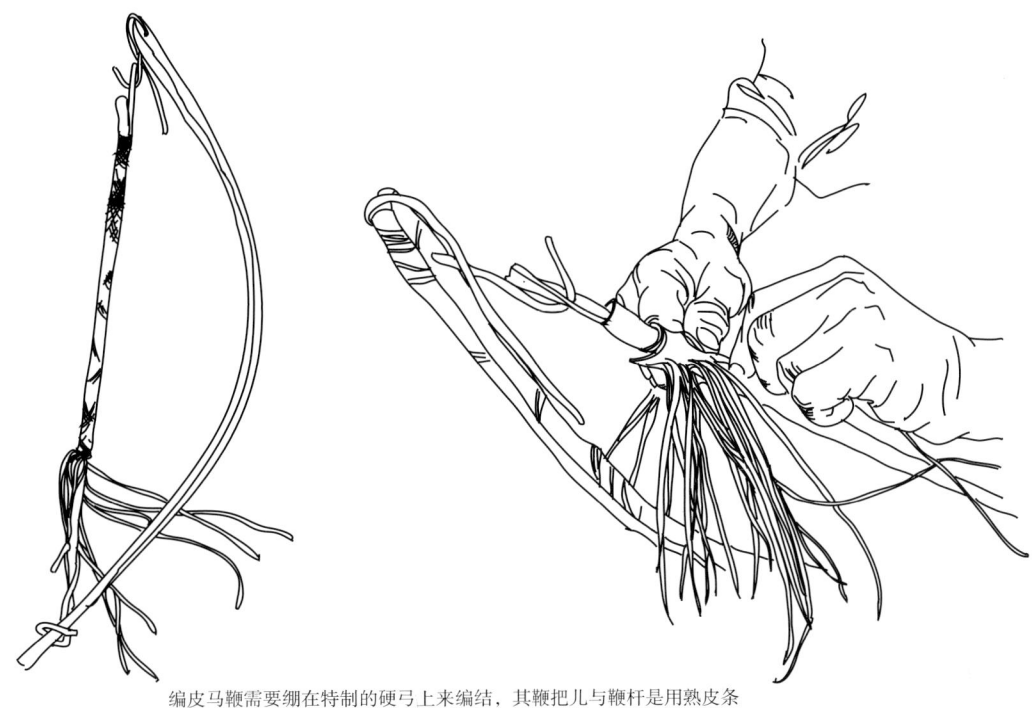

编皮马鞭需要绷在特制的硬弓上来编结，其鞭把儿与鞭杆是用熟皮条围绕粗皮革芯编结制成，通过精心的安排，可以在鞭子表面编成山鳞、方胜、吉祥结等纹样

图五　蒙古族马鞭工艺分析图

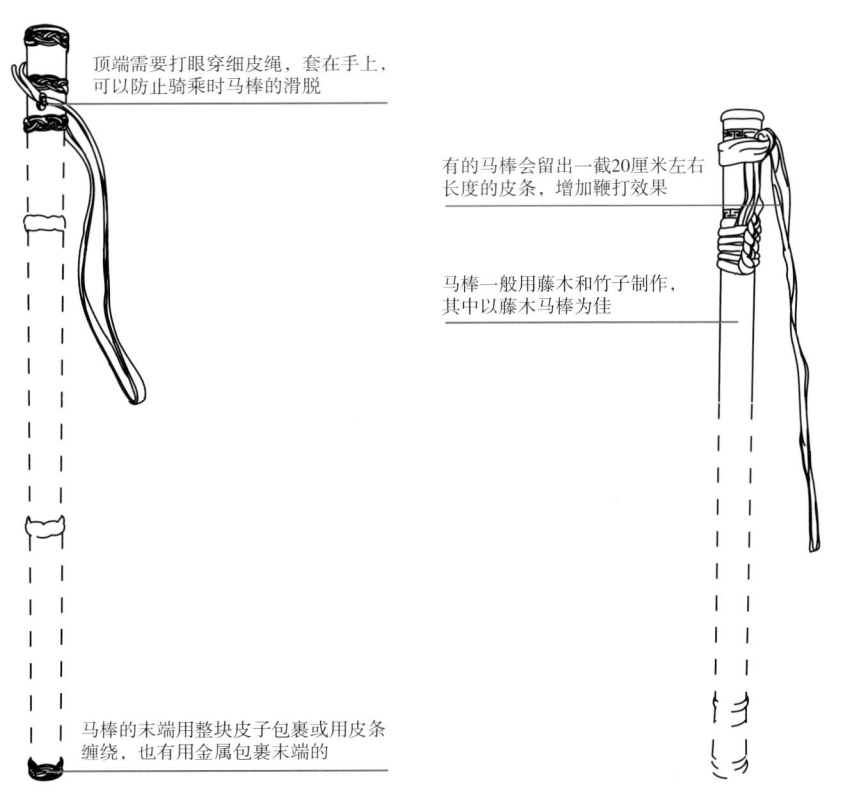

顶端需要打眼穿细皮绳，套在手上，可以防止骑乘时马棒的滑脱

有的马棒会留出一截20厘米左右长度的皮条，增加鞭打效果

马棒一般用藤木和竹子制作，其中以藤木马棒为佳

马棒的末端用整块皮子包裹或用皮条缠绕，也有用金属包裹末端的

图六　蒙古族马棒工艺分析图

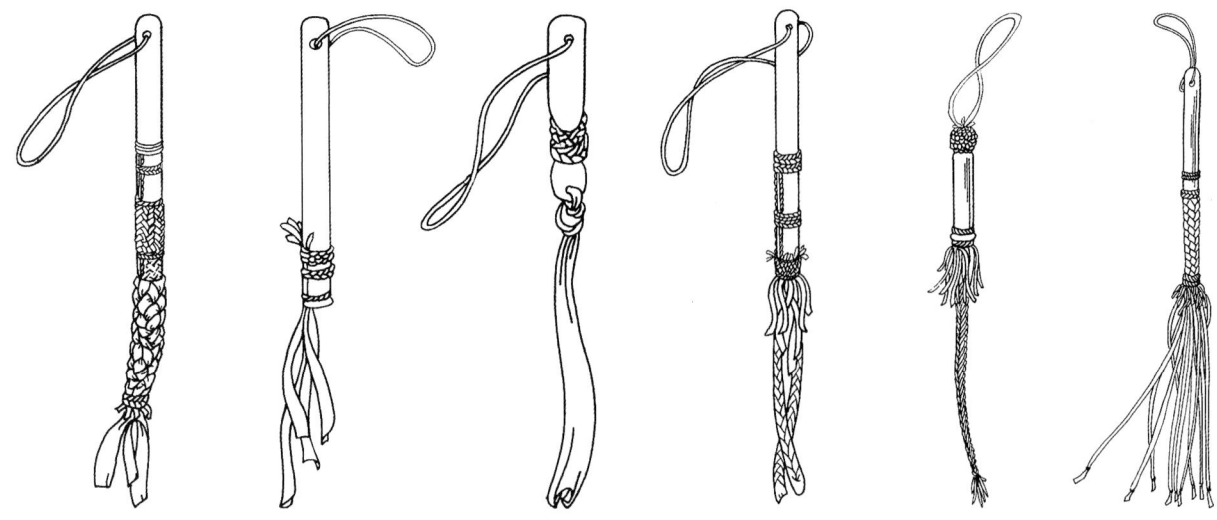

图七 不同类型蒙古族马鞭

图八 蒙古族马鞭及马棒使用情境图

蒙古族马褡子

图一　蒙古族马褡子主图

马褡子又称"捎马子""马褡裢"，是一种可以搭在马背上的口袋，中间相连，两头有袋，可以装放物品。马褡子的通体长度一般在100到130厘米，宽度不一，从20到50厘米不等。马褡子是一种古老的马具配具，形制与普通人背在肩上的褡裢类同，其起源早于蒙古族的形成，延传至元朝时期，马褡子在制作材料及工艺等层面都得到了较大的改进，更加适合蒙古族逐水草而居的游牧生活方式。

马褡子是一种蒙古族人出门远行时专门用来装放杂物的盛物袋。通常情况下，马褡子被直接跨放于马鞍之上，两边的袋子坠挂于马鞍下缘，紧贴吊镫带和鞍鞴。配上马褡子的马鞍一般不需要再装镫磨，因为马褡子一定程度上代替了其防护骑乘者衣裤的作用。马褡子一般用鹿、狍、羊的去毛鞣革作为材料缝制而成，也有使用羊毛或驼毛编织而成的。较大的马褡子装满杂物，搭在马鞍上容易影响骑者脚踏马镫，有时蒙古族牧民会专门带一匹马来背马褡子运物，较小的马褡子既可放在马背上，也可以搭在骑乘者的肩头，完全随使用者的方便而定。展开的马褡子呈两头宽中间窄的沙漏形，两头缝制有形状各异的口袋，有的带翻盖，有的是直接敞口，中间较窄的部分用于披挂马鞍或搭于肩头。

在丰富的蒙古族造物文化体系中，马褡

子只不过是一种朴素的马具配具，用以搭在马背上载物，但揣度其设计依然能够彰显蒙古族的造物智慧：首先，马褡子一般使用较软的鞣革或编织材料制作，充分考虑到其使用时同人下肢及马腹的接触与摩擦的反映；其次，马褡子中间窄两头宽的形制非常适合跨放马背，并在其上保持平衡；再次，马褡子可以同马鞍具搭配使用，体现出优秀的组合设计构思。

图片来源

图一、图二　周安涛　摄影

图三　刘兆和主编：《蒙古民族文物图典·蒙古民族鞍马文化》，文物出版社，2008年，第159页

图四、图五　李淼　制图

图六　微图网

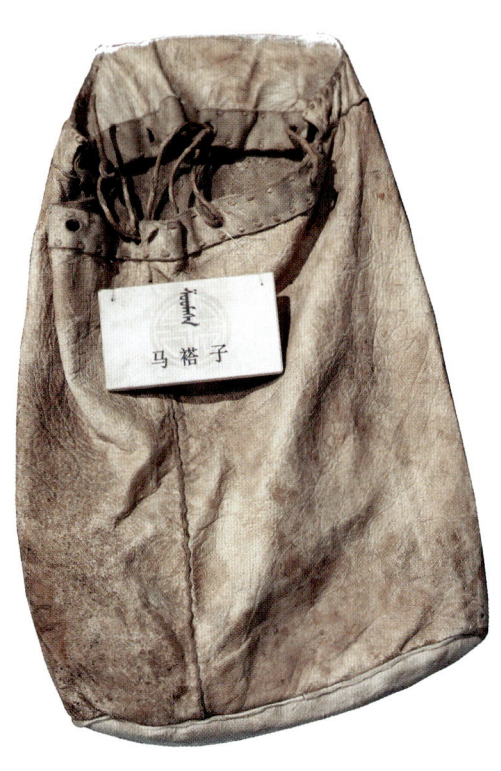

图二　蒙古族马褡子

图三　蒙古族马褡子（织物）

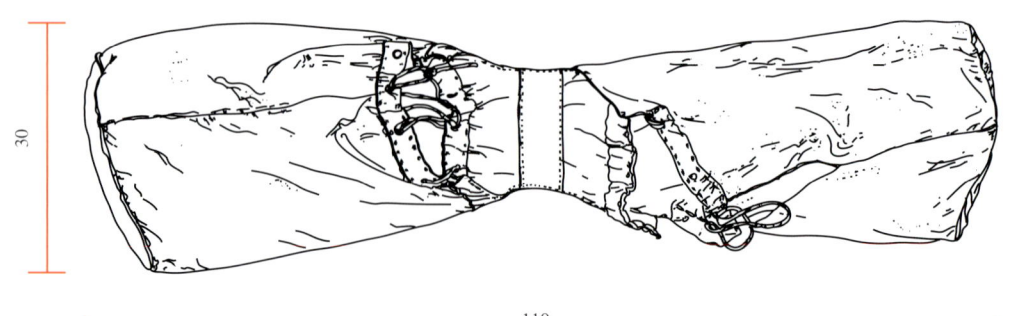

图四　蒙古族马褡子尺寸图（单位：cm）

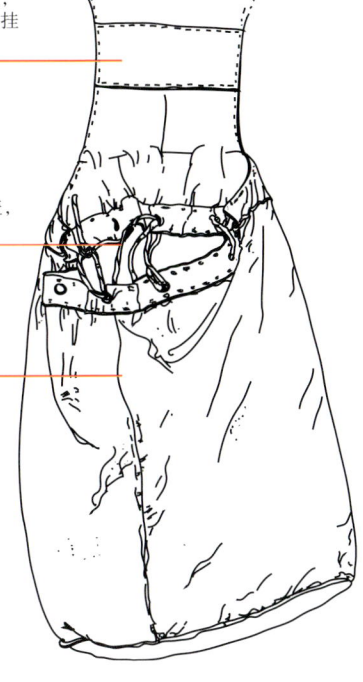

两头缝制有形状各异的口袋，有的带翻盖，有的是直接敞口，中间较窄的部分用于披挂马鞍或搭于肩头

两头缝制有形状各异的口袋，有的带翻盖，有的是直接敞口

马褡子一般用鹿、狍、羊的去毛鞣革作为材料缝制而成，也有使用羊毛或驼毛编织而成

图五　蒙古族马褡子工艺分析图

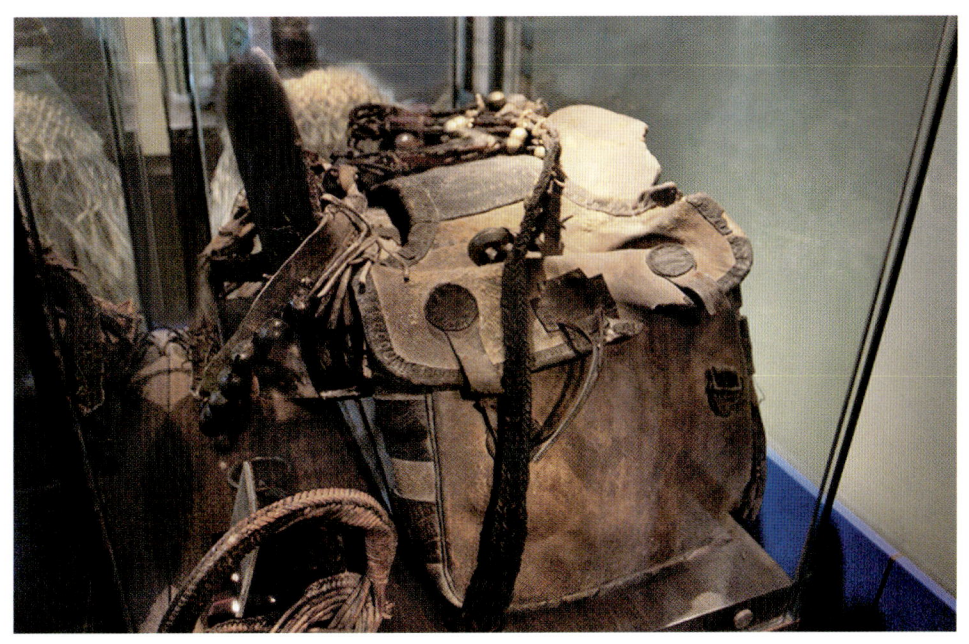

图六　蒙古族马褡子使用情境图

第四章　蒙古族传统生活用具

蒙古族马镫

图一　蒙古族马镫主图·珐琅马镫

马镫，蒙古语称为"杜热"，西方马文化研究界将之称为"中国靴子"，是一种帮助骑乘者稳定身姿的重要马具，亦为马鞍具中的一项配件。马镫通常不大，高度一般在10至25厘米，由镫孔、镫边、镫梁和镫盘四部分组成。马镫的缘起至今尚无定论，但通常认为其起源于中国北方地区，时间一般圈画于魏晋南北朝时期，或是更早的两汉时代。1977年出土于呼和浩特一座北魏墓葬中的陶马俑，在其马俑腹部便有一对马镫，这是拓跋鲜卑人使用马镫的实物见证。鲜卑是蒙古族的前身，其马镫制作与使用技术延传至元朝被发扬光大，产生了灿烂的蒙古族马镫制作工艺。

蒙古族的马镫对于骑乘者的价值不亚于马鞍，其不仅给骑乘者上下马提供了方便，更重要的是脚踏在马镫上，人在马背上便可坐可站，同时使骑者的双手一定程度上得到解放。对于古代骑兵作战，马镫大大增加了其骑乘的稳定性和战斗力，蒙古族骑兵当年能够所向披靡，马镫的广泛应用，功不可没。而对于普通蒙古族牧民而言，马镫同样不可或缺，平日里牧民在马背上圈套牲畜、驱赶牧群，甚至是狩猎小型猎物等，都需要马镫的辅助。据史料记载，早期的马镫是用简陋的绳索、木杈子充当，而且是单边马镫，而逐步发展的蒙古族马镫，其制作材料多种多样，木材、兽骨、青铜、铁、金、银等都有使用。

蒙古族马镫呈中空状，镫边形如拱门，下部的镫盘一般为圆形或方形，有利于增大脚底与马镫的接触面，增加稳定性，同时也使得骑乘者更为舒适。不少蒙古族马镫的镫盘和镫梁有镂空花纹作装饰，有普通方圆几何纹，也有铜钱纹、流云纹和花卉纹等，这样的装饰设计一来为了美观，二来也可有效减少马镫重量,为马匹减负。马镫的顶端中央是镫孔,用以穿过吊镫皮带,悬挂马镫,镫孔和镫边顶部造型一般较为丰富,有圆弧形、方形、流云、植物、兽头、龙头等造型。依据不同的马镫制作材质,使用不同加工工艺,一般金属马镫需要用分铸法分别铸造各个部分,再焊接成型,而一些华美的马镫则会用到更多的金属加工工艺,比如鎏金、错金银、镶嵌等等,到明清之际,还出现了在镫边使用景泰蓝装饰的精致马镫。

蒙古族马镫的安装是先把一边带扣环的吊镫带从镫孔穿出,穿过马鞍上专用的镫带孔,与另一边的吊镫带相扣合。这样的吊镫带是可左右活动的。如此设计有两种用途,一是便于骑乘者根据自身肢体长度随意调整吊镫带长度,保证骑乘马匹时的舒适性;二是在野外遭遇野兽袭击时,亦可快速抽出一侧马镫当做防身的武器。此外,马镫的使用还需要配备鞍鞯和镫磨,其中鞍鞯用以保护马肚子不被马镫磨伤,而镫磨是固定于马鞍侧翼,用以防止吊镫带磨坏骑乘者的衣裤。

蒙古族马镫承袭自早先北方其他游牧民族,并逐步发展完善的一种重要马具。由于马镫的帮助,使得骑乘者可以空出双手,从事各项活动,骑兵可以更加有效地挥舞兵器、拉弓射箭,而牧者则能够更为方便地操作套马杆、套马索等放牧工具。从造物文化层面而言,马镫的改进和广泛使用对于历史上蒙古族的繁荣壮大有着不可估量的意义。经过蒙古族改进的马镫,更加符合人体工程学。作为蒙古族马文化及民族生存智慧载体的蒙古族马镫是今日蒙古族设计文化研究的重要例证。

图片来源

图一、图二、图七　周安涛　摄影

图三至图五　李淼　制图

图六　刘兆和主编:《蒙古民族文物图典·蒙古民族鞍马文化》,文物出版社,2008年,第72页

图八　邰新河　摄影

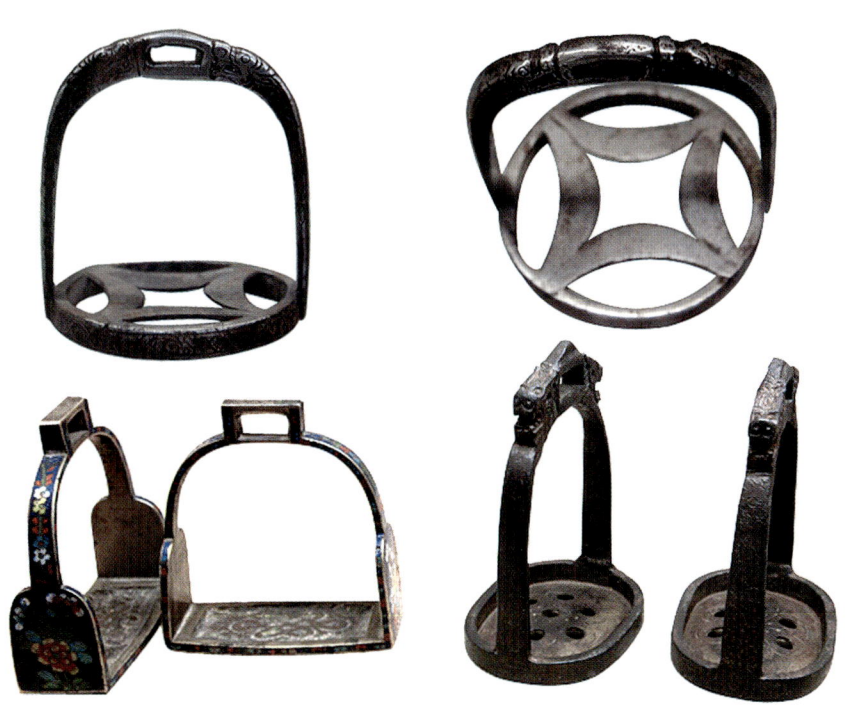

图二　蒙古族马镫

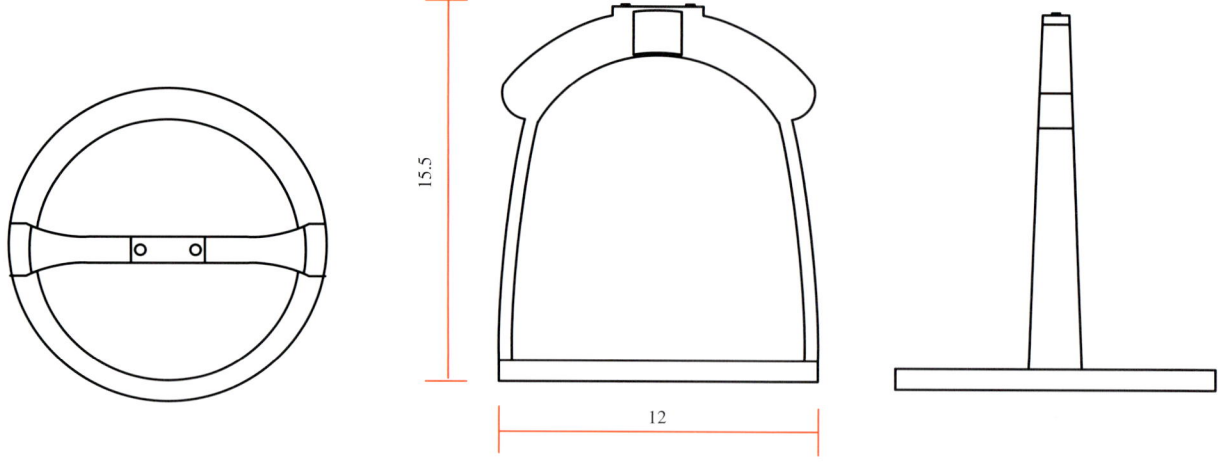

图三　蒙古族马镫尺寸图（单位：cm）

图四　蒙古族马镫解构图

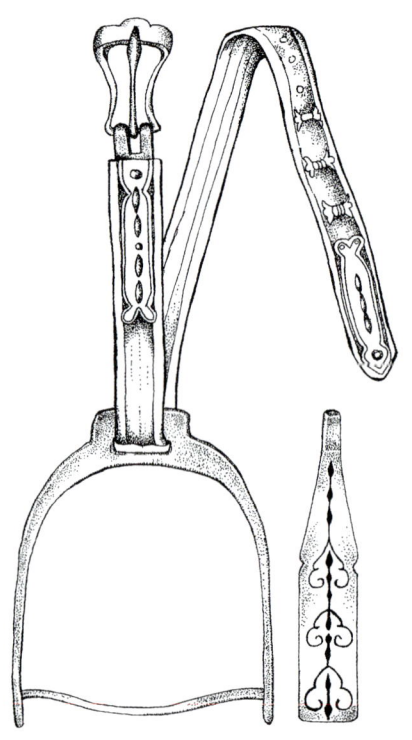

图五　蒙古族马镫操作分析图

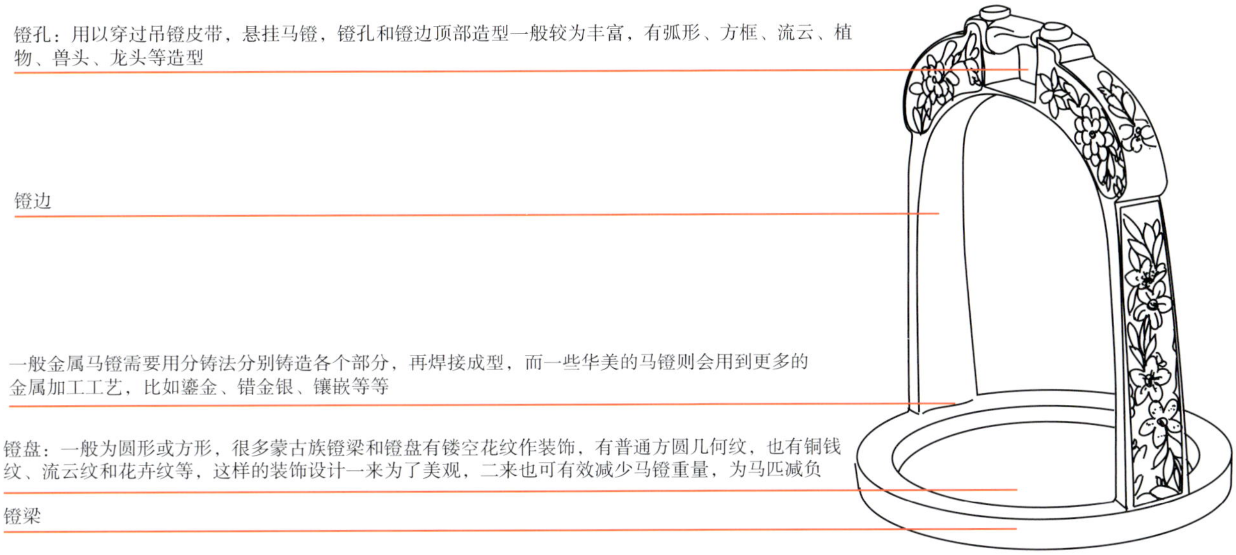

镫孔：用以穿过吊镫皮带，悬挂马镫，镫孔和镫边顶部造型一般较为丰富，有弧形、方框、流云、植物、兽头、龙头等造型

镫边

一般金属马镫需要用分铸法分别铸造各个部分，再焊接成型，而一些华美的马镫则会用到更多的金属加工工艺，比如鎏金、错金银、镶嵌等等

镫盘：一般为圆形或方形，很多蒙古族镫梁和镫盘有镂空花纹作装饰，有普通方圆几何纹，也有铜钱纹、流云纹和花卉纹等，这样的装饰设计一来为了美观，二来也可有效减少马镫重量，为马匹减负

镫梁

图六　蒙古族马镫工艺分析图

图七　蒙古族马镫使用情境图

图八　蒙古族马镫使用情境图

蒙古族马笼头和马嚼子

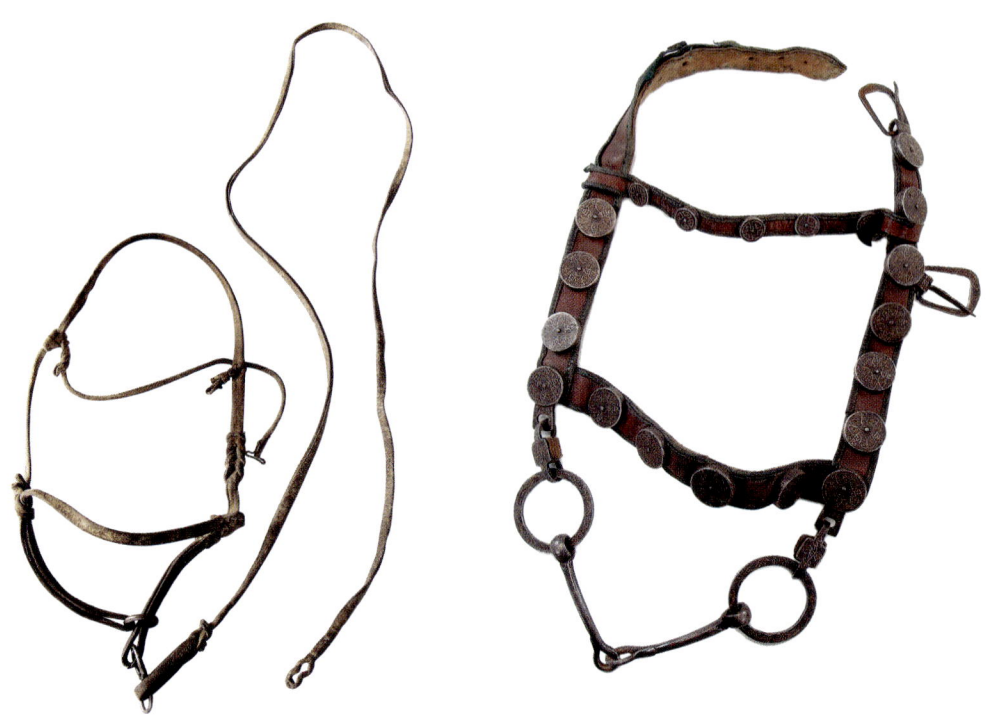

图一 蒙古族马笼头和马嚼子主图

马笼头又称"辔头""络头"或"羁",蒙古语称为"老格图",马嚼子又称"衔",蒙古语中称为"哈筘日"。马笼头呈两侧相连的双圈环状,与卡在马嘴中的马嚼子相配合,构成驾驭马匹的首要用具。较早的马笼头,除勒在马头处的绳套外,前部仅是在马鼻上方环绕一周,颜注《急就篇》(《急就篇》系西汉黄门令史游所撰,该书被作为儿童习文课本,文辞优雅,知识量颇多。唐代颜师古曾为该书作注,其注本后被纳入《四库全书》)有曰:"羁,络头也,勒之无衔者也。"蒙古牧人在使用马匹期间,马笼头始终要套在马的头部,以连在上面的偏缰拴系马匹,防止其跑失。早期的马嚼子结构较后世的简单,以铸铁做马衔,两侧嚼子环拴系皮条用以固定,并扣上缰绳驾驭马匹。经过北方游牧民族的创造与改进,待到元朝,已经开始普遍使用马笼头与马嚼子相组合的马具。马背上的蒙古族在先人的基础上对马笼头和马嚼子的形制、用料以及装饰等方面进一步地改良,以方便驾驭,彰显民族特色。

马笼头是控制和束缚马匹的马具,主要包括套脖条、勒鼻条、连条、扣绳和偏缰,前面四者首尾相连,套扣于马首,偏缰系在勒鼻条和连条的下缘,用来拴马或牵马。蒙古族的马笼头又可分为活笼头和死笼头两类,活笼头的偏缰接头是活扣,可以调节松紧，而死笼头的接头是死结，不可以调节松紧。其中，活笼头多用于尚未完全驯服的烈马，可通过调节其松紧来控制烈马，而死笼头则相当于量体裁衣，固定用于已驯服了的马匹。

马嚼子是驾驭马匹的重要马具，主要功能包括勒马、牵马和拴马等。传统的马嚼子的组成部分包括嚼子头、勒鼻条、左右嚼子环、马衔和缰绳等。其中马衔呈直条状或半圆形，一般分为两段，中间以活动的圈扣相合，被卡在马嘴里，用以配合勒鼻条，牵制马匹的行动。马衔所卡的位置处于马嘴前部切齿和后部臼齿之间的空隙，在没有收紧时，并不会刺激马匹。嚼子环是装于嚼子两侧的圆环，是重要的联合部位，用于固定马嚼子上的嚼子头末端，以防止马嚼子脱落。此外，嚼子环也是拴系缰绳的地方。缰绳，又称"扯手"，其连接在嚼子环上，绕过马颈，呈封闭式圈状，骑乘者手握缰绳就可以驾驭马匹，控制其前行的方向。

蒙古族的马笼头一般用对折的熟牛皮细条制成，其上的装饰通常较少。马嚼子的嚼子头、勒鼻条和缰绳部分的制作材料较为多样，有用牛皮条编结的，也有以马鬃编织而成的，还有用纯银制作的案例。早先的嚼子环和马衔用皮革、木料、兽骨、兽角等制作，及至蒙古族，开始使用更加耐久的金属材料，主要是青铜或铸铁。马嚼子上的装饰可谓精彩纷呈，镶嵌铜饰、银泡钉、錾花银箍、景泰蓝等饰物等皆较为常见，在元朝时期，还有用镀金或部分纯金制作的贵族用马嚼子。

蒙古族的马笼头与马嚼子是在早先其他民族马具的基础上发展、改良而来。仅从功能角度考量，它们适用于蒙古族逐水草而居的游牧生活方式。从宏观层面而言，合目的的马具设计对于马背上的蒙古族的生存与发展起到了举足轻重的作用。马笼头和马嚼子的使用凸显了蒙古族马文化的实用性与先进性，此外，其上精彩的装饰工艺亦体现了蒙古族造物文化注重实用与审美的有机融合，成为研究蒙古族造物文化的重要例证。

图片来源

图一 刘兆和主编：《蒙古民族文物图典·蒙古民族鞍马文化》，文物出版社，2008年，第117页

图二 周安涛 摄影

图三至图十 李淼 制图

图十一 邰新河 摄影

图十二 王柯 制图

图二 蒙古族马嚼子

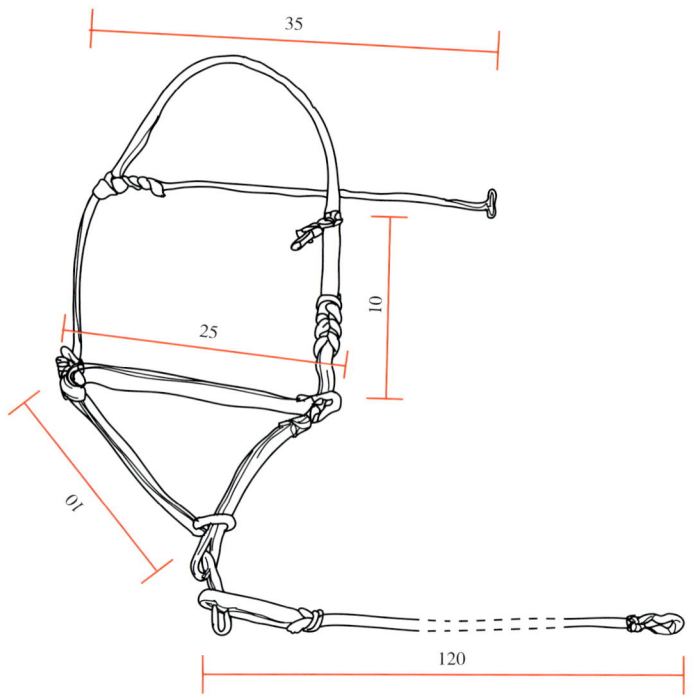

图三 蒙古族马笼头尺寸图(单位:cm)

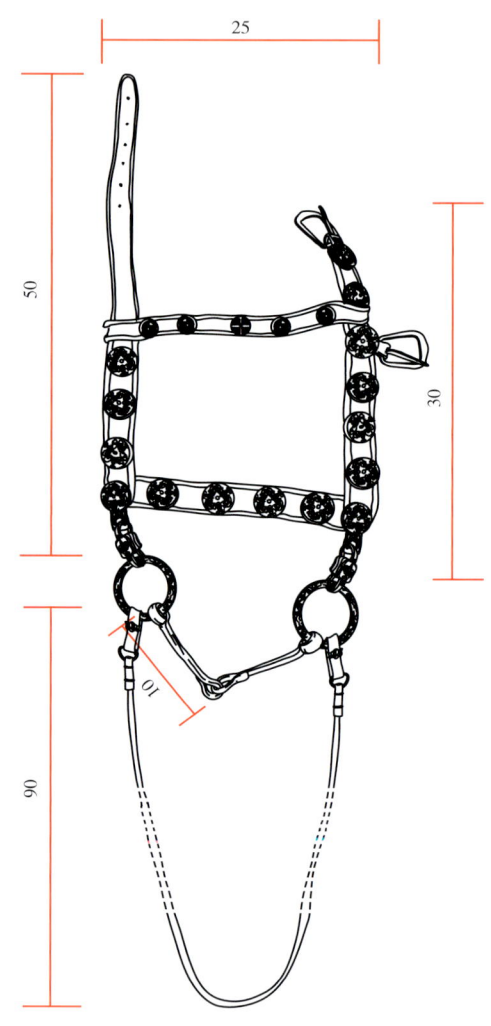

图四 蒙古族马嚼子尺寸图(单位:cm)

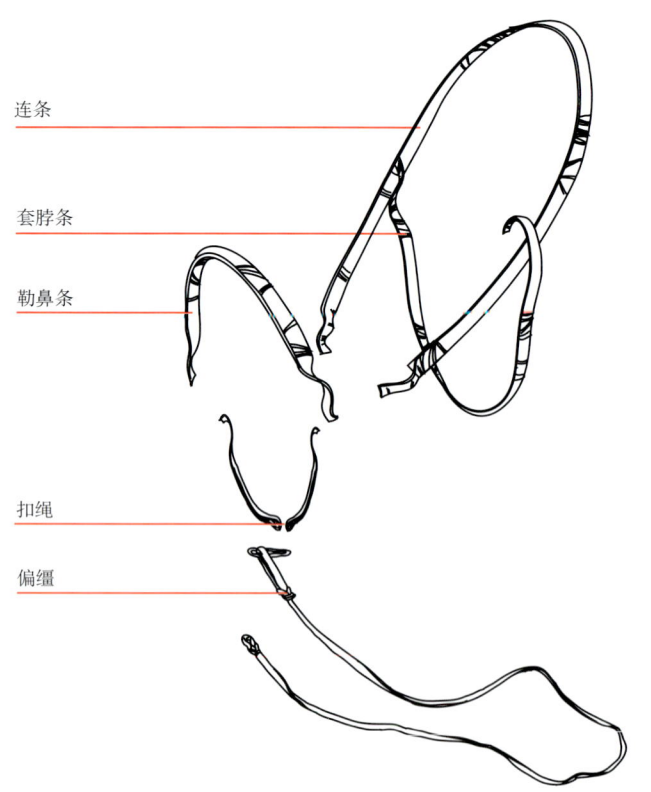

连条

套脖条

勒鼻条

扣绳

偏缰

图五 蒙古族马笼头解构图

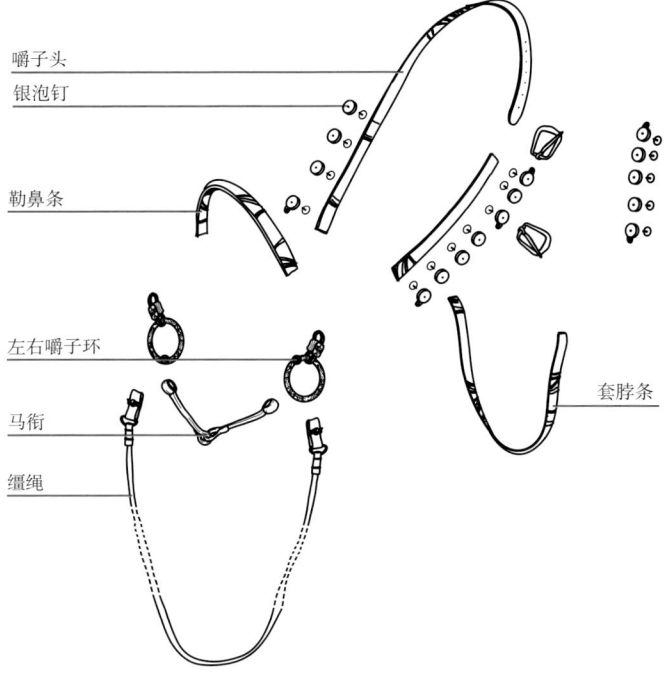

图六　蒙古族马嚼子解构图

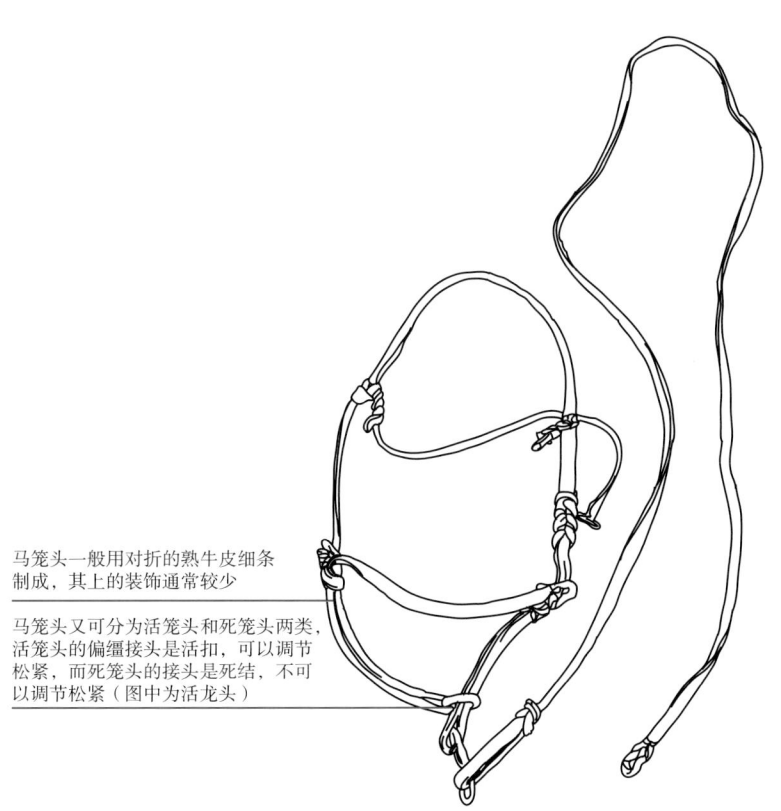

图七　蒙古族马笼头工艺分析图

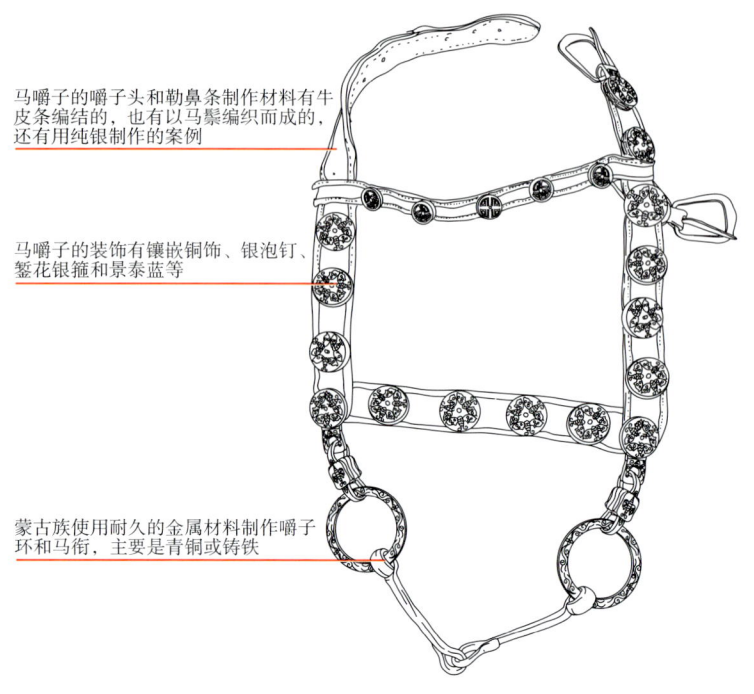

图八 蒙古族马嚼子工艺分析图

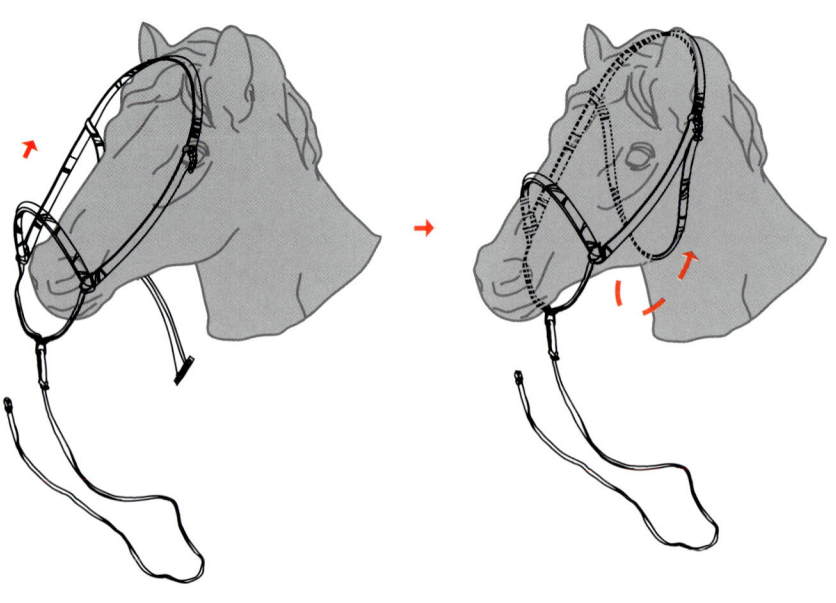

图九 蒙古族马笼头操作示意图

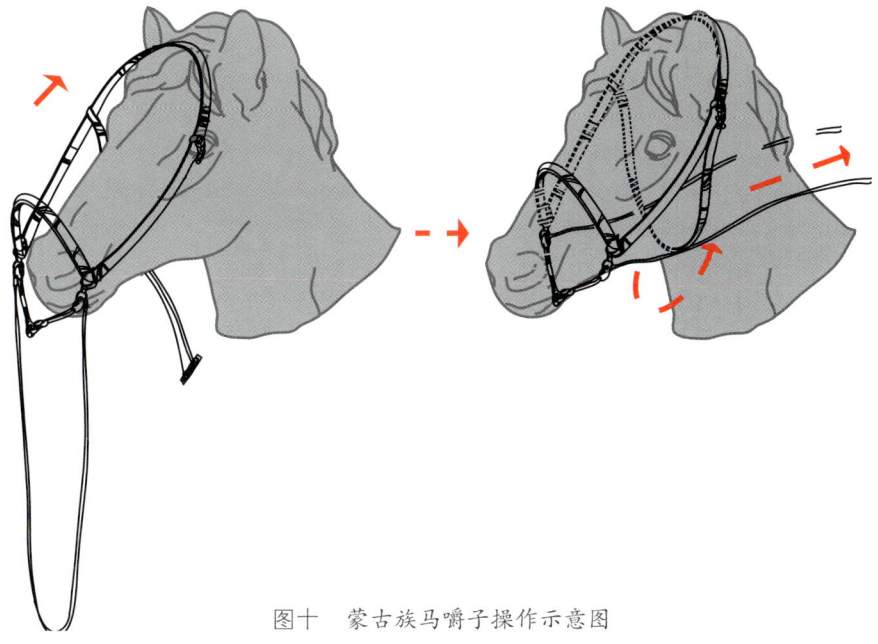

图十　蒙古族马嚼子操作示意图

图十一　蒙古族马笼头和马嚼子使用情境图

图十二　蒙古族马笼头和马爵子使用情境图

第四章　蒙古族传统生活用具

蒙古族马挠子与马刷子

图一　蒙古族马挠子与马刷子主图

马挠子与马刷子亦称"马挠"和"马刷",都属于马具中的配具,用以清洁打理马匹。马挠子形状各异,基本类似耙子,长度在20至40厘米;马刷子则类同现在的板刷,但体量较大,长度一般在30厘米左右。马挠子和马刷子的历史起源无从考证,但根据相关史料记载,北方游牧民族先民早在蒙古族形成之前就发明制作了各种清理马匹毛鬃的工具。延传至元朝时期,聪慧的蒙古族在原有清理工具的基础上改进、发展出多种形制的马挠子和马刷子,以适合不同的需要。

马匹在草原或沙地上长时间奔驰,马蹄所扬起的草屑和沙尘很容易黏附在出汗的马匹毛发和皮肤表面,特别在春夏两季,北方草原上常常刮大风,在外奔走的马匹如不被及时清理毛发污渍,体表很容易脏污结壳、大面积脱毛,甚至是感染皮肤疾病。马挠子和马刷子正是用于刮刷、清理马匹体表脏污灰尘的用具。马挠子通常为铁制和木质,末端穿孔,系有皮绳,方便操作时挂在手腕上,防止脱手。马挠子形状类似耙子,在带齿的铁片或木片上安装便于手执的木柄构成。因为蒙古马除脖颈和尾部鬃毛较长以外,周身毛发较短,故马挠子一般采用锯齿状的短齿。稍微复杂一些的马挠子,设计有并列的多排梳齿,用以增加清洁的效果。马刷子一般用马鬃做刷头,将之分簇固定到刷头即可。使用马挠子和马刷子,通常先用马挠子梳理马匹体表毛发,将结块的沙土、草屑和污渍清除,再用马刷子细细清理。打理时是否用水,要看气候气温是否允许,在较冷的时节不宜用水,否则马匹容易着凉生病。

马挠子和马刷子是两种相对简单的马具配具,两者配合起来用以清理马匹体表所沾染的脏污。被清理干净的马匹油光锃亮,精神抖擞，既能展现马匹俊美也可以让马匹舒适，充分体现了蒙古族爱惜马匹、护养马匹的民族文化，亦折射出蒙古族讲究朴素实用的造物文化特质。

图片来源

图一　周安涛　摄影
图二至图六　李淼　制图
图七　王柯　制图

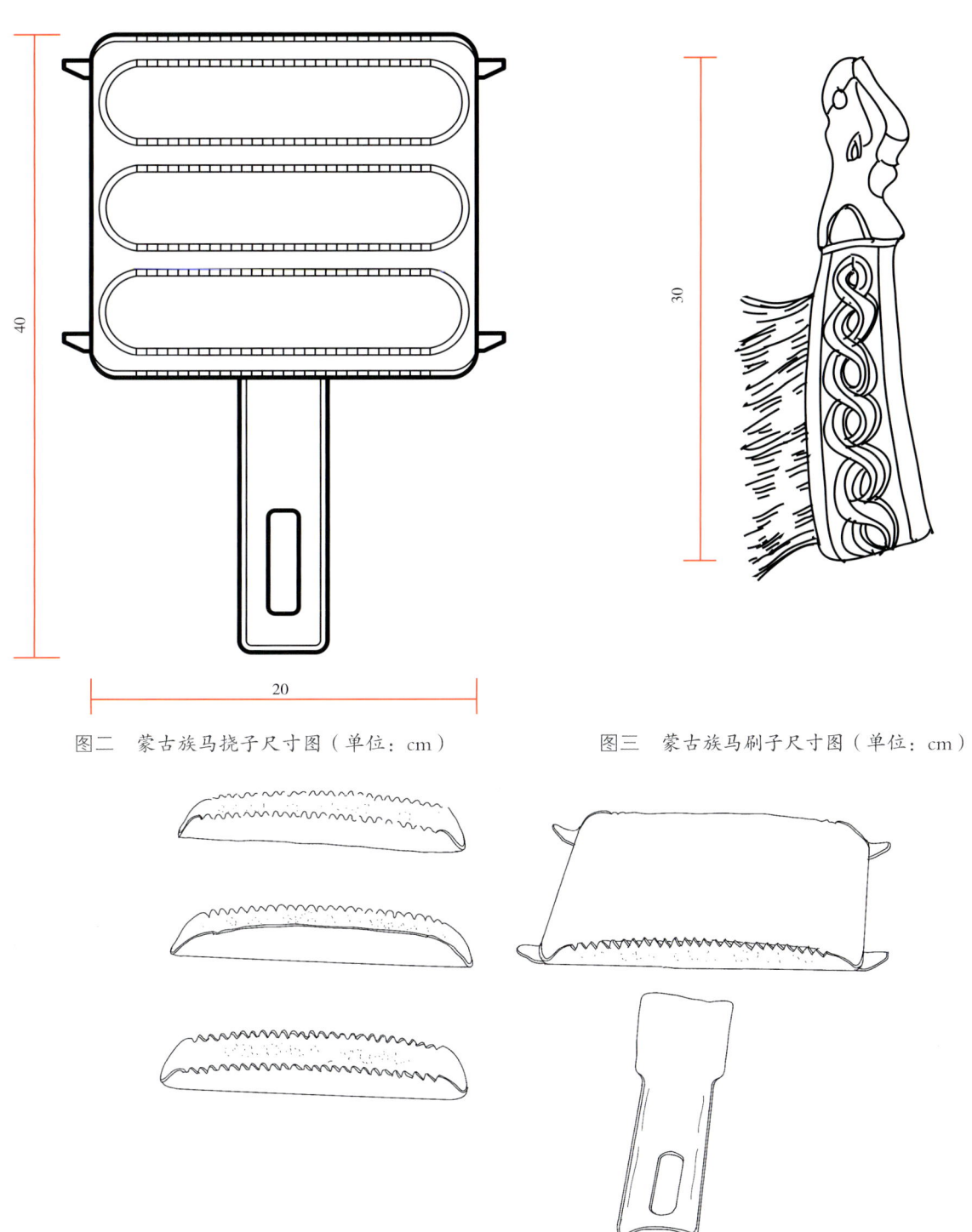

图二　蒙古族马挠子尺寸图（单位：cm）　　图三　蒙古族马刷子尺寸图（单位：cm）

图四　蒙古族马挠子解构图

第四章　蒙古族传统生活用具

401

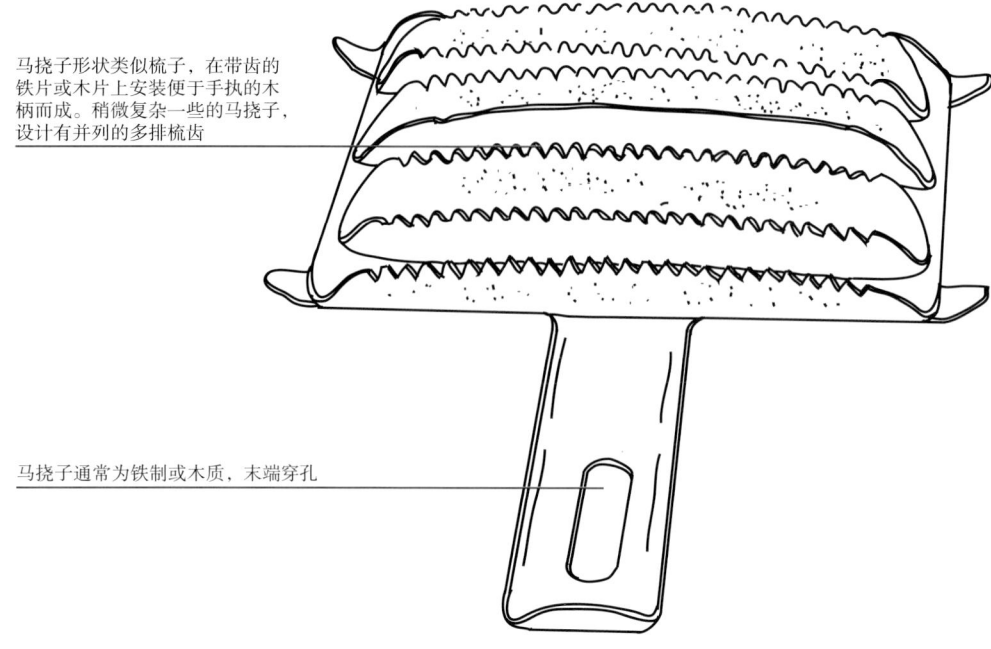

马挠子形状类似梳子，在带齿的铁片或木片上安装便于手执的木柄而成。稍微复杂一些的马挠子，设计有并列的多排梳齿

马挠子通常为铁制或木质，末端穿孔

图五　蒙古族马挠子工艺分析图

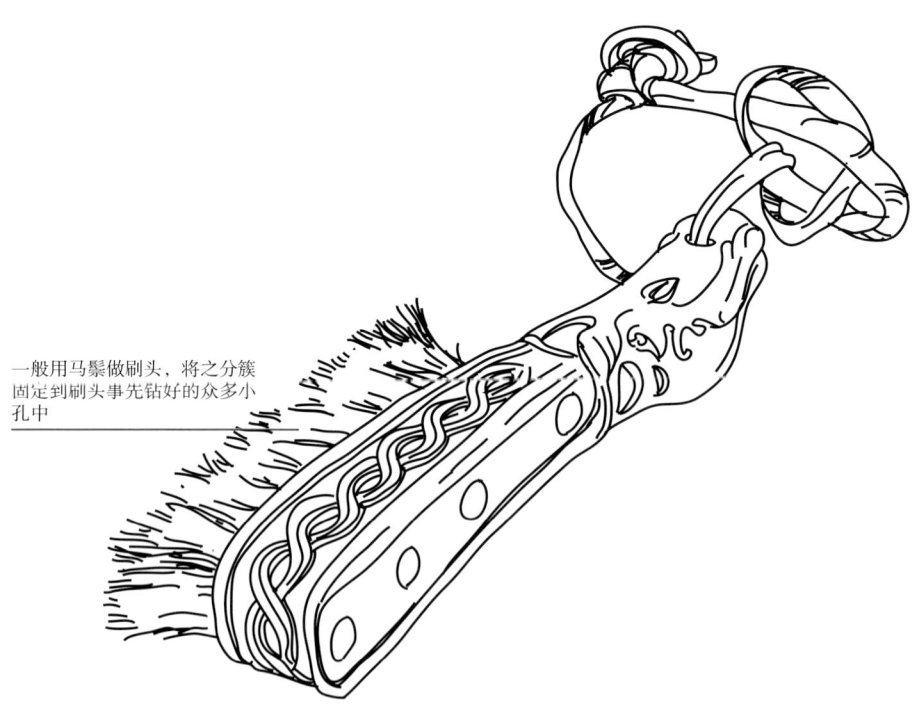

一般用马鬃做刷头，将之分簇固定到刷头事先钻好的众多小孔中

图六　蒙古族马刷子工艺分析图

图七　蒙古族马挠子与马刷子使用情境图

蒙古族马印

图一　蒙古族马印主图

马印，蒙古语中被称为"塔姆嘎"，原为畜印之意。蒙古族马印起源久远，早在突厥人兴盛于蒙古草原的时期就已给奴隶和牲畜烫烙印，蒙古族的马印当袭用于此。也有传闻称马印源于12世纪末，成吉思汗为了战争的需要，在马身上打烙印以区别各部，后来在此基础上衍生了今天的蒙古族传统节日——"烙马印"节。蒙古族马印一般包括执柄和印模两个部分，长度通常在40至70厘米，印模宽度则5至10厘米不等。当马匹3岁之际，蒙古牧人为之烙上马印，以辨族群，亦表示其成年。马印同样也适用于蒙古人牧群中的骆驼、牛、绵羊和山羊等。

马印是识别马匹的一种标志，将之加热烧红，烙烫于马左胯骨中心较为平坦的区域，需烙入肌肤约一厘米左右，这样的烙印将伴随马匹终身。打马印在不同时代、不同条件下具有不同的价值和功能。其一，早在汗国建立之前，各氏族部落的畜群虽然有自己相对固定的放牧区域，但在逐水草而居的游牧生活中，各种不确定因素都会导致畜群走散，或混入他部畜群，导致无法辨别。在打上马印后，人们可以借此辨别、找回失散的马群，因而，此印记在畜牧业生产上具有重要的辨识作用。其二，成吉思汗时期连年征战，蒙古骑兵所向披靡，对于大量骑兵的编队和指挥单靠马匹颜色是不够的，马印则成为战争中重要的编队符号。其三，元代马印的数量又成为统治阶级征收赋税的依据，被称为"塔姆加"（由塔姆嘎演化而来）。其四，马印还是那达慕大会上赛马选手及其所代表部落的标志，成为竞技荣耀的象征。

马印的印模部分通常以黑铁和铜制作，而执柄则有铁制与木质两种，依据前部印模形状的不同，执柄与之相连的部分需设计出必要的分叉。马印整体无多余装饰元素，属于一种朴素的畜牧生产工具。印模的形状种类繁多，基本可以划分为形象类，如日、月、星辰、火、钱币、谷米等；文字类，多为蒙古文；数字类，如三、五、七和九等，以小圈点记数。

蒙古族的"烙马印"节并没有固定日期，是根据各地的气候状况而定，一般选择青草抽芽的时节，通常在清明或端午前后。牧民们在既定草场燃起牛粪或草木杆篝火，经过一定的仪式后，将马印在篝火中烧红，同时，经验丰富的套马手挑选、圈套合适年龄的马匹后，由众人按住烫烙马印。一般在烙马印之时，还有剪马鬃、马尾和骟马等一系列工作。马印及烙马印习俗凝结了蒙古族在久远游牧生活中沉淀下来的生产与生活智慧，是当代蒙古民族设计文化研究中不可多得的宝贵遗产之一。

图片来源
图一　周安涛　摄影
图二至图五　李淼　制图

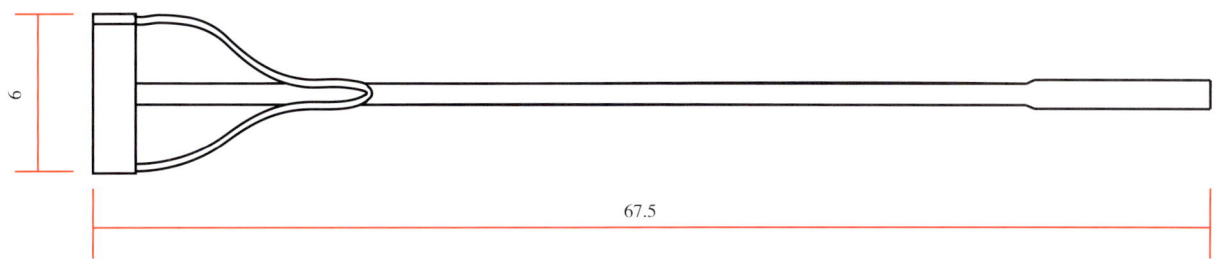

图二　蒙古族马印尺寸图（单位：cm）

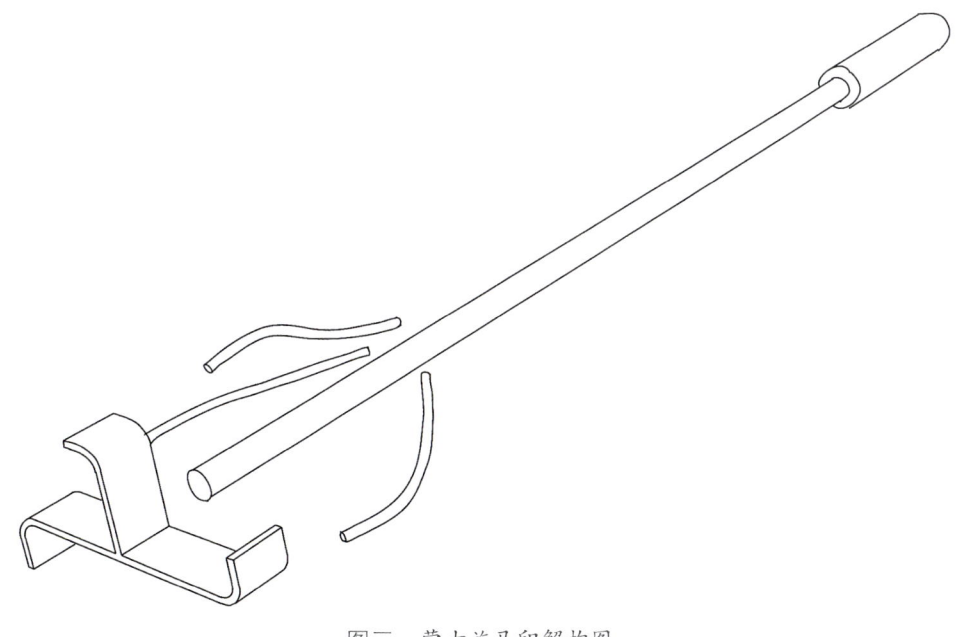

图三　蒙古族马印解构图

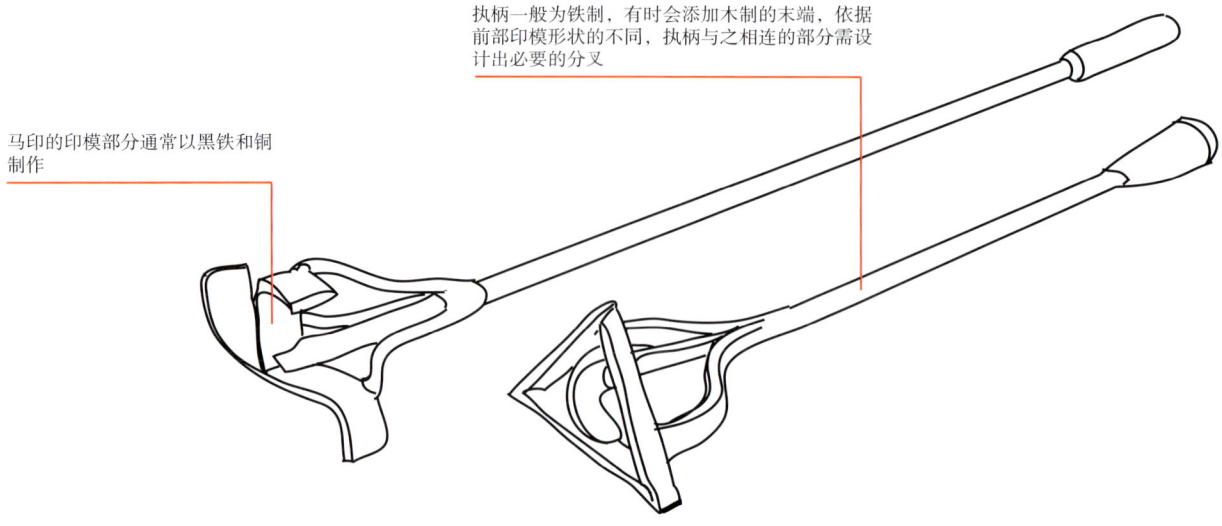

马印的印模部分通常以黑铁和铜制作

执柄一般为铁制，有时会添加木制的末端，依据前部印模形状的不同，执柄与之相连的部分需设计出必要的分叉

图四　蒙古族马印工艺分析图

图五　蒙古族马印使用情境图

蒙古族马掌

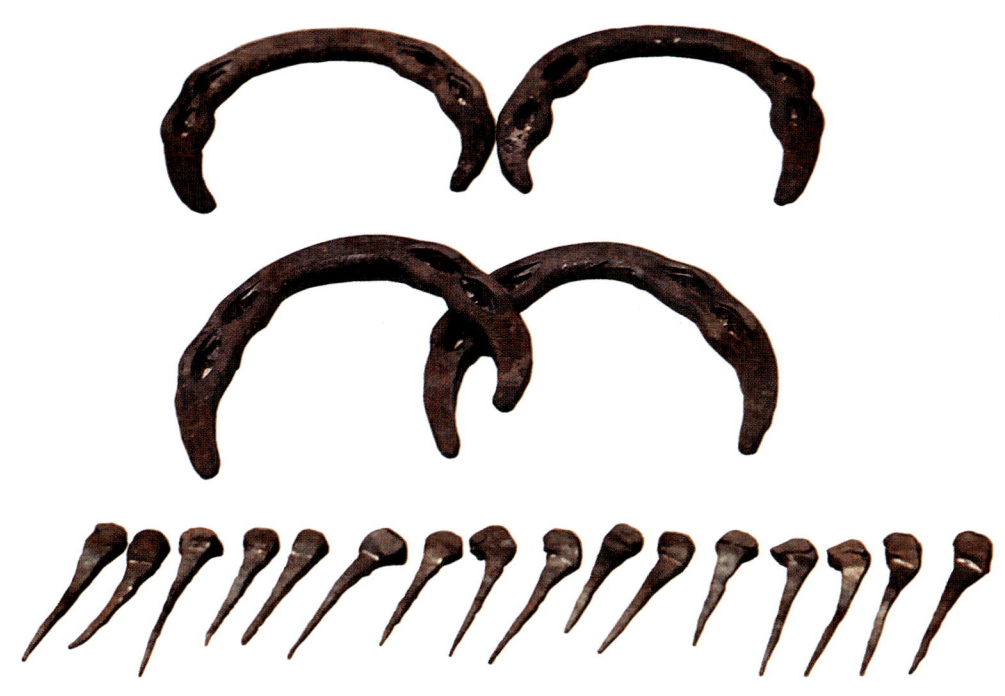

图一　蒙古族马掌主图

马掌又称马蹄铁，原指马蹄末端的角质层，现在特指人们为了保护马蹄而钉在其底部的U形铁。据推测，最初发明马掌的是古罗马人。后来马掌经匈奴人传到了蒙古草原，成为北方游牧民族马具中的重要单元。蒙古族在其民族聚合形成之初就已经普遍使用马掌保护马蹄，并且在外来经验的基础上加以改进，使之更加适合本民族的生活与生产需要。

给马挂马掌就相当于为其穿鞋，对于马而言不仅没有痛苦，反而能够得到相应的保护。马蹄由上下两层构成，下层同地面接触的是厚2至3厘米坚硬的角质层，也称蹄甲，上层则是活体角质。蹄甲始终同地面接触、摩擦，受到各种挤压和腐蚀，下层很容易开裂、脱落，在新角质层长好前，严重影响马匹奔走，挂马掌则可有效地延缓马蹄磨损。此外，马掌还使马蹄着地坚实，抓地防滑，这对于驾车和骑乘都很有利。

挂马掌一般是在铁匠炉边由铁匠配合牧民共同完成。首先，铁匠需要按照不同马蹄的尺寸打制出大小各异的U形铁条和马掌钉。U形马掌上通常留有4至5个钉眼，便于钉入马掌钉。马掌钉需要准备多根备用，其形状类似蝌蚪，头圆尾细。其次，需要将马匹拴系在"挂马掌架"上，防止马匹反抗伤人。这种挂马掌架中间所留宽度与马匹身长相若，顶端有横梁，两侧由2至4根柱桩固定。

利用挂马掌架攀结绳索，横向绕挂马匹和架子，防止马匹逃离，再用较宽的两根绳带从马腹下兜过，挂吊于上方的横梁，使马匹四蹄离地不能挣扎。要给哪个马蹄挂马掌就用绳套将之捆绑吊起，使之向后弯曲，便于后继操作。再次，铁匠用烧红了的烙铁把马蹄底部烫软，用专门的削刀修整马蹄上残破的蹄甲，需特别注意趾枕（马蹄中心部分）的护理，保持其厚度低于四缘，不同地面接触。最后一步是将合乎尺寸的马掌用马掌钉钉在蹄甲上。挂马掌钉时，其钉入方向需向马蹄外撇，让钉子穿过蹄甲边缘，用顶掌抵住钉头使其反弯，从而牢牢扣住蹄甲，不易脱落。

聪慧的蒙古族结合本民族自身生活、生产需求，创造出一套独具特色的挂马掌器具与方法。马匹得到马掌的帮助，大大增加了其长途奔跑的能力，有效地提高了马匹的生活与生产利用率。就造物文化层面而言，马掌的改良与广泛应用对于历史上蒙古族的繁荣壮大亦有重要的价值。作为蒙古族马文化及民族生存智慧载体的蒙古族马掌是今日蒙古族设计文化研究的重要参考。

图片来源
图一　周安涛　摄影
图二、图七　微图网
图三、图四、图六　李淼　制图
图五　FOTOE 图片网

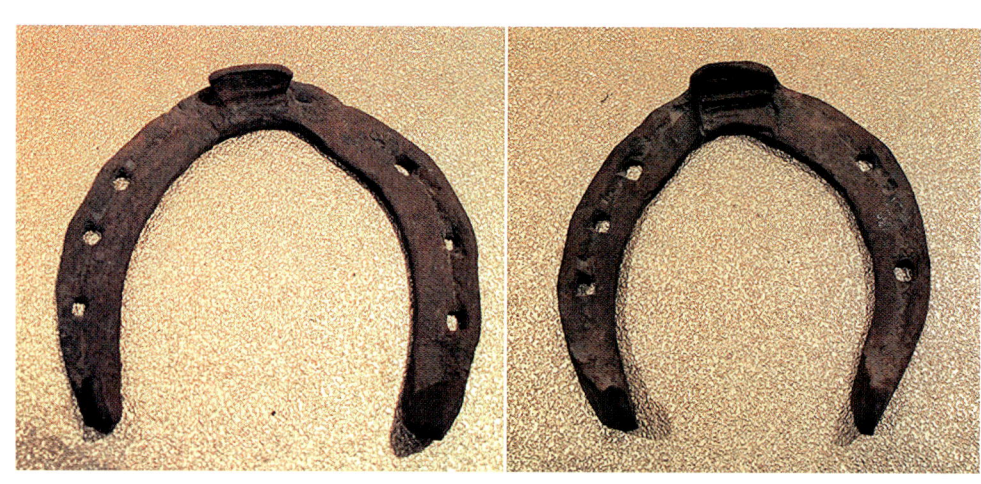

图二　蒙古族马掌

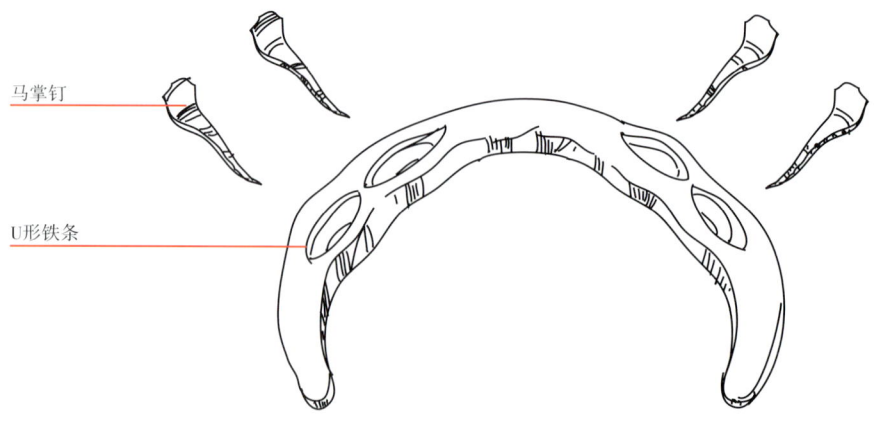

图三　蒙古族马掌解构图

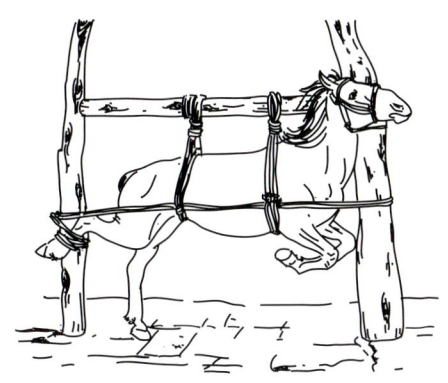  

1. 利用挂马掌架攀结绳索，横向绕挂马匹和架子，防止马匹逃离，再用较宽的两根绳带从马腹下兜过，挂吊于上方的横梁，使马匹四蹄离地不能挣扎

2. 铁匠用烧红了的烙铁把马蹄底部烫软，用专门的削刀修整马蹄上残破的蹄甲

3. 将合乎尺寸的马掌用马掌钉钉在蹄甲上。挂马掌钉时，其钉入方向需要向马蹄外撇，让钉子穿过蹄甲边缘，用顶掌抵住钉头使其反弯，从而牢牢扣住蹄甲

图四　挂马掌操作示意图

图五　挂马掌架

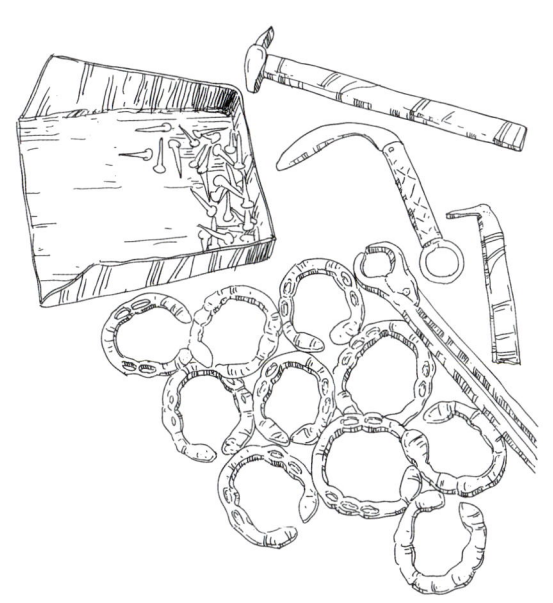

图六　挂马掌工具

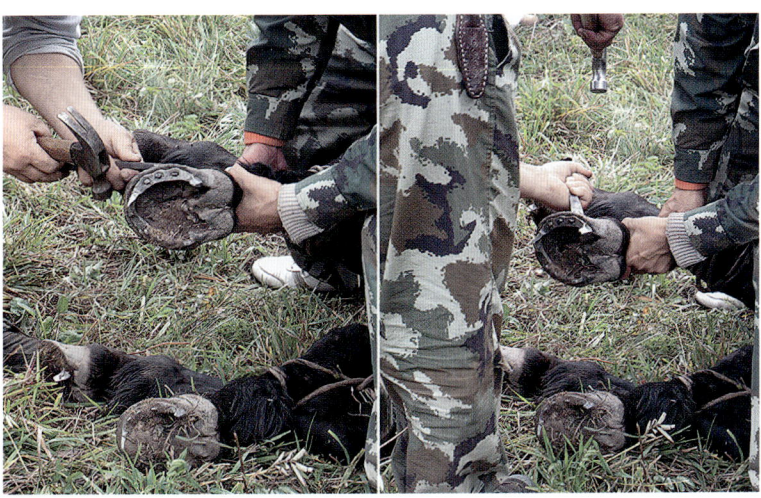

图七　挂马掌操作情境图

蒙古族攀胸和后鞦

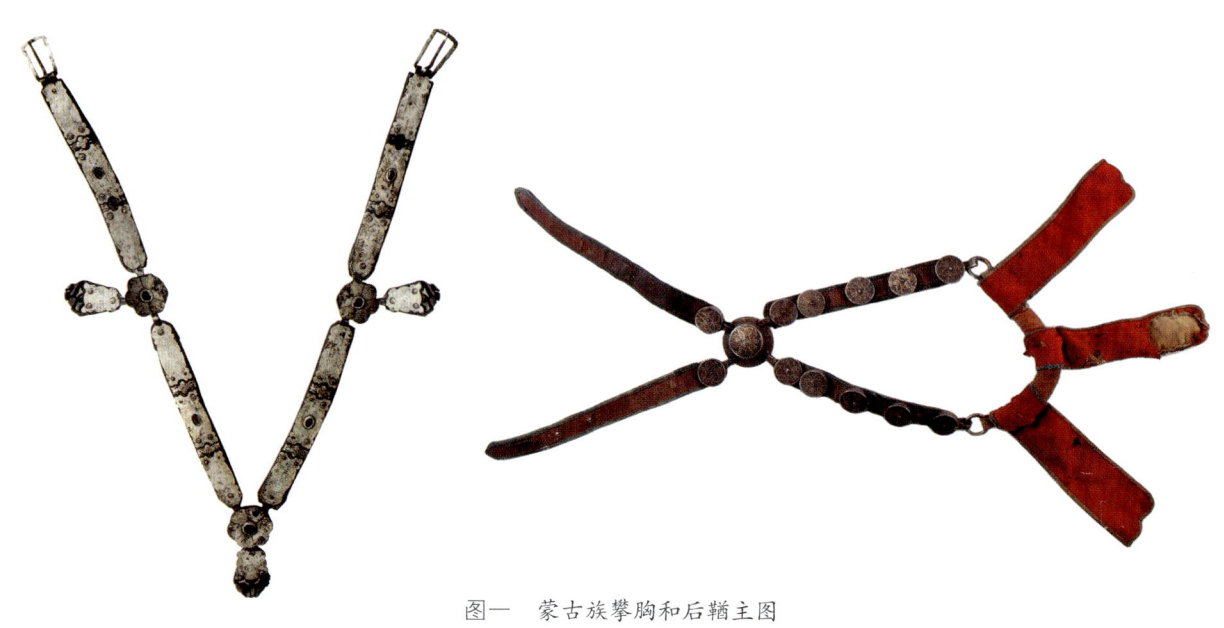

图一　蒙古族攀胸和后鞦主图

攀胸和后鞦都属于马鞍的辅助器具，作用是固定马鞍，防止马匹行进时马鞍向前或向后滑动。攀胸又称"胸带"，唐代称之为"钩臆带"，后鞦亦称"鞦带"。攀胸一般呈V字形，长度为80至120厘米，后鞦展开呈X形，下叉以皮条连接，长度一般在70至100厘米。攀胸和后鞦出现的时间距今较为久远，早在匈奴时代就有使用，后被蒙古族沿用，在形制、用料及加工工艺上都有较大改进。

蒙古族的攀胸是围绕马胸部上缘，两端同马鞍鞍翅前部压钉用带扣相连的皮带，一般使用较宽的粗皮条、香牛皮或马鬃编织条制作，使用包银、包铜、镶嵌景泰蓝等与鞍鞒边、鞍花相同的加工工艺进行装饰。此外，攀胸上还可以坠挂小铃铛或红缨，进一步丰富攀胸的装饰效果。后鞦以相连的下叉兜起马尾，上叉两端用带扣同马鞍鞍翅后部压钉相连。后鞦的制作材料、加工工艺以及装饰基本同攀胸相同，以保证前后协调统一。攀胸围绕马胸固定马鞍，阻止马鞍后滑，后鞦围绕马尾、马臀牵扯马鞍，防止其前滑，再配合肚带和扯肚，控制马鞍不至左右倾侧，整个马鞍便被巧妙而周全地固定在马背上，便于骑者使用。蒙古族的攀胸和后鞦早先一般仅同华贵的马鞍相配，用以彰显骑者的身份与地位，及至近代，这样的规矩已逐渐消失了。

蒙古族所使用的攀胸与后鞦是用以固定马鞍的辅助器具，对于骑者骑乘马匹而言有着重要的实用价值。除此之外，攀胸和后鞦亦是马具中极具装饰特色的部件，各种装饰加工工艺和装饰材料的使用，同马鞍、笼头等装饰相互呼应，形成整体化的马具装饰效果。从现代设计学的视角观察，蒙古族马具中的攀胸和后鞦是实用功能与装饰审美的完美统一体，值得今日诸多设计领域学习与借鉴。

图片来源

图一　刘兆和主编：《蒙古民族文物图典·蒙古民族鞍马文化》，文物出版社，2008年，第101页

周安涛　摄影

图二至图九　李淼　制图

图十　刘兆和主编：《蒙古民族文物图典·蒙古民族鞍马文化》，文物出版社，2008年，第109页

图十一　刘兆和主编：《蒙古民族文物图典·蒙古民族鞍马文化》，文物出版社，2008年，第106页

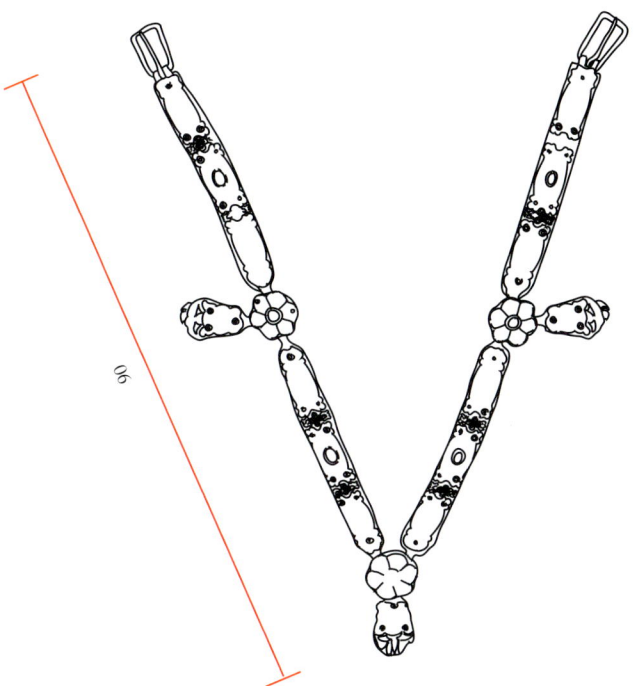

图二　蒙古族攀胸尺寸图（单位：cm）

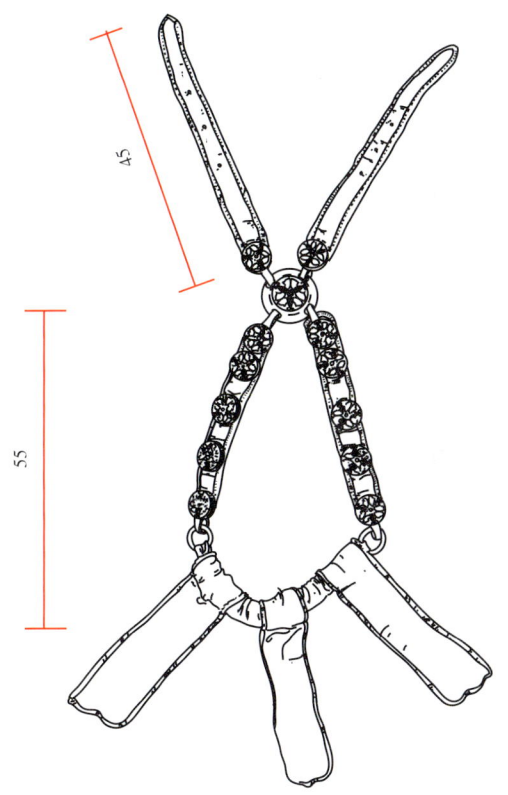

图三　蒙古族后鞦尺寸图（单位：cm）

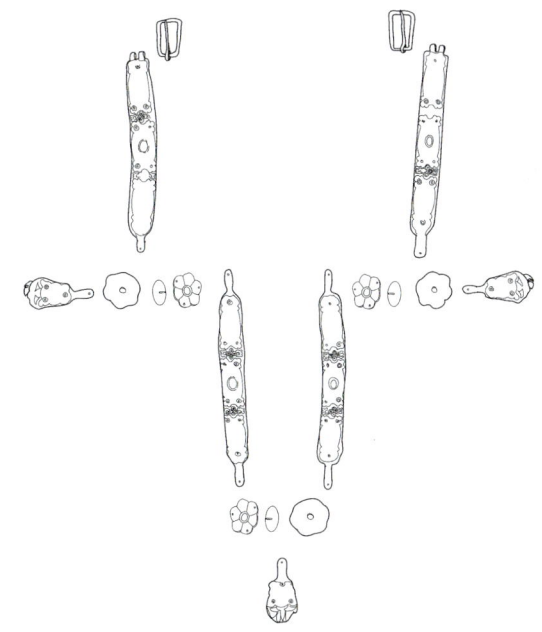

图四　蒙古族攀胸解构图

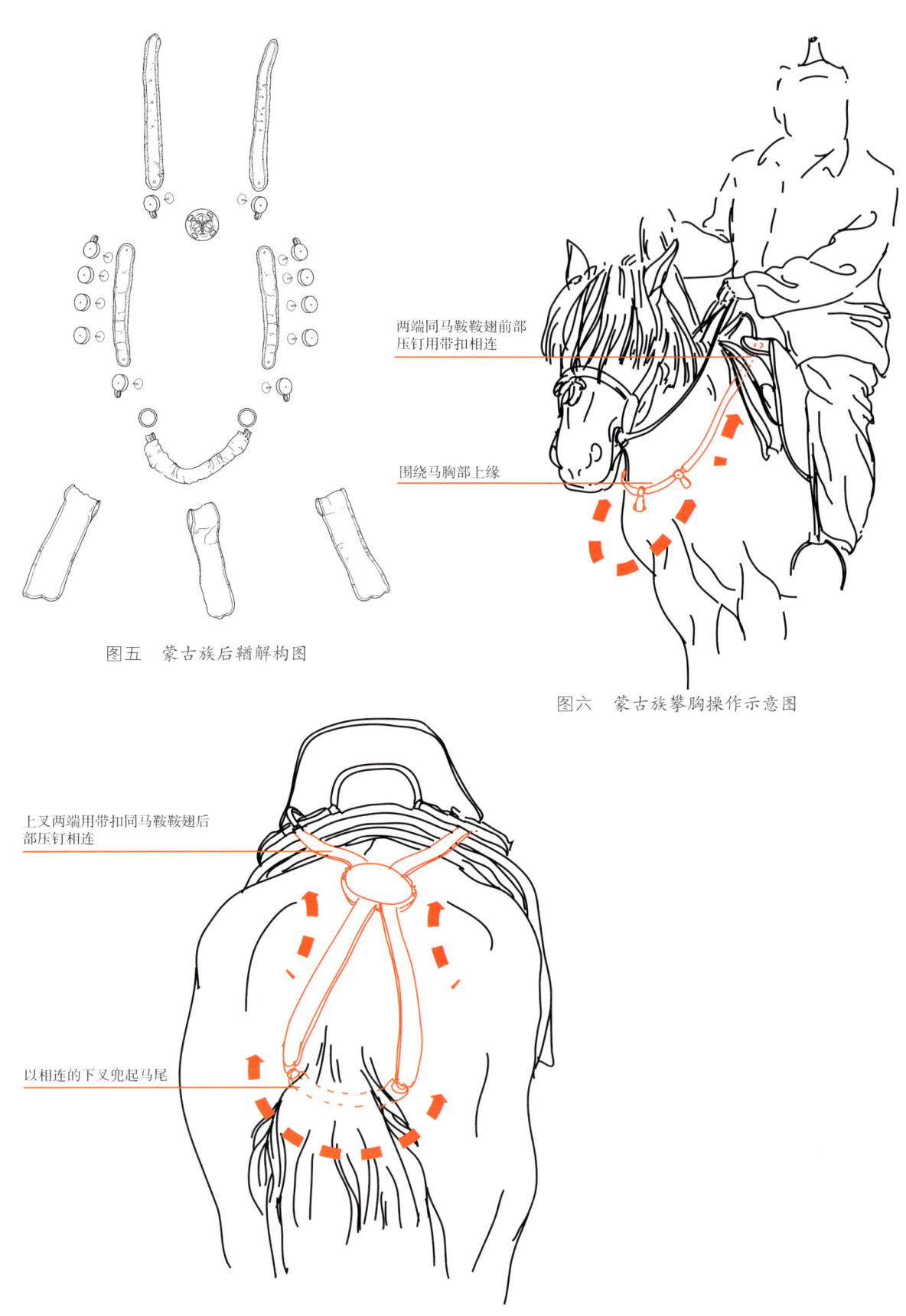

图五　蒙古族后鞦解构图

图六　蒙古族攀胸操作示意图

图七　蒙古族后鞦操作示意图

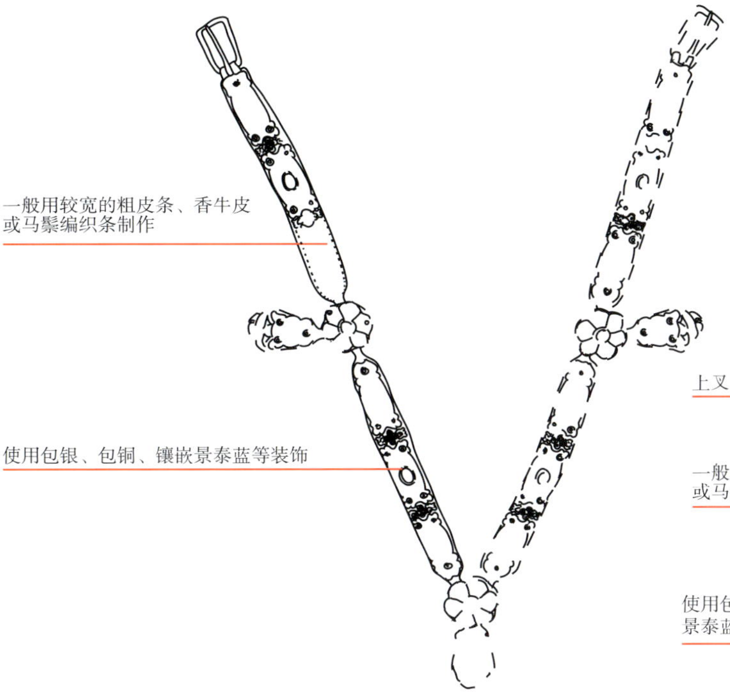

一般用较宽的粗皮条、香牛皮或马鬃编织条制作

使用包银、包铜、镶嵌景泰蓝等装饰

图八　蒙古族攀胸工艺分析图

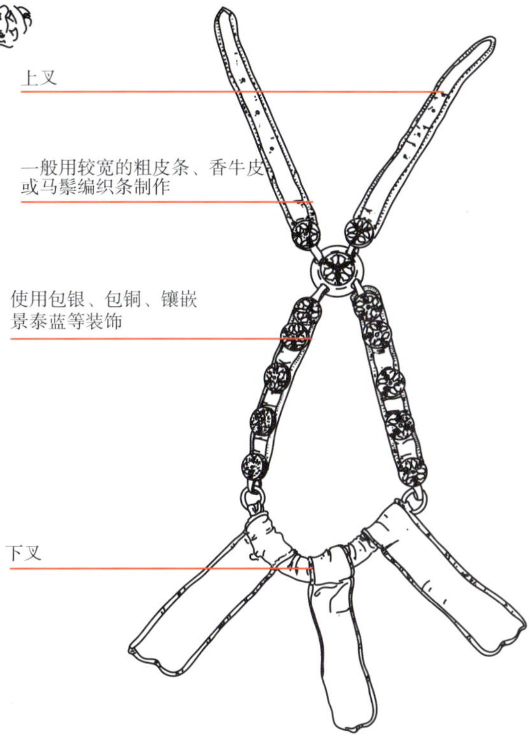

上叉

一般用较宽的粗皮条、香牛皮或马鬃编织条制作

使用包银、包铜、镶嵌景泰蓝等装饰

下叉

图九　蒙古族后鞦工艺分析图

图十　蒙古族攀胸使用情境图

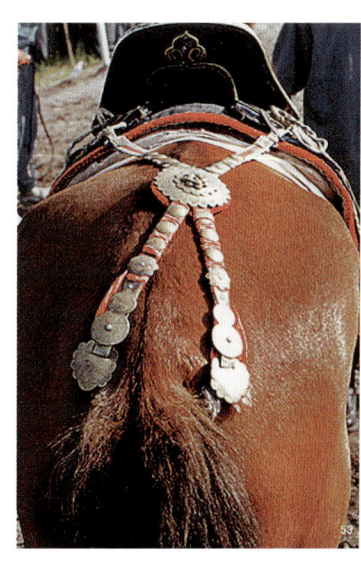

图十一　蒙古族后鞦使用情境图

第四章　蒙古族传统生活用具

413

蒙古族梢绳

图一　蒙古族梢绳主图

梢绳全称"马鞍皮梢绳",蒙古语称"甘旗卡"。梢绳是一种重要的马具辅助用具,悬坠于马鞍两侧鞍翅上的多根皮条,具有拴系、驭马和装饰等多项功能,一般长度为40至50厘米。元朝时期,蒙古族即在马鞍上捆扎皮条以供手执,牧民袭用梢绳至今,期间形制虽然稍有变化,但基本用途并无差异。

梢绳一般分为四组,马鞍两侧的鞍翅前端和末端各一组,分别从鞍翅上事先预留的孔洞中穿出,并打结固定好顶端。梢绳的数量一般取偶数,4组梢绳总数通常为8根(每组2根)到32根(每组8根)之间。梢绳的长度通常与马鞯长度相当或稍长,但总长不会超过半米。梢绳多使用优质柔软的牛皮为制作材料。加工梢绳需要使用专门的梢绳打磨器,蒙古族的打磨器一般用牛角或山羊角制成,其上钻有1厘米直径的圆孔,加工梢绳时,将裁剪好的牛皮条均匀涂抹动物油脂,固定好一端,另一端从打磨器圆孔中穿过,反复搓揉打磨,使牛皮条变得柔软而富有弹性,即可告成。

具体而言,梢绳的功能与用途可以分为四个方面:首先,梢绳的主要功能是用来拴系物品,比如鞍翅前端的梢绳悬坠马鞭、马棒,后端的梢绳则可以拴系马绊子、备用绳索等,所有的梢绳在狩猎中都可以用来拴挂被捕获的小型猎物;其次,梢绳可以用来捆扎束缚马背上驮运的马褡子等货物,以保持其左右平衡,不至于从马背上滑落;再次,梢绳还是蒙古族骑手在骑乘马匹时，除缰绳以外的另一个用以保持身体平衡的重要支点，尤其是在驯服生格子马（未驯服的烈性马）时，遇到马匹炝蹶子的情况，骑手就需要牢牢把控住梢绳，防止自己坠马；最后，梢绳也具有良好的装饰功能，马匹奔跑中，梢绳随风摆动，衬托出骑手和马匹的威武身姿。

梢绳作为一种蒙古族马具的辅助用具，固着在马鞍上具有多种用途，成为骑者携带其他器物和掌控马匹、保持平衡的得力助手。除此之外，鞍翅与梢绳顶端相结合的位置往往装饰有錾花铜扣或银扣，配上悬垂于鞍韂下编织精美的缨穗，起到了很好的烘托与协调作用。蒙古族马具中的梢绳充分展现了传统造物文化中实用功能与装饰审美的完美契合。

图片来源
图一、图五　周安涛　摄影
图二至图四　李淼　制图

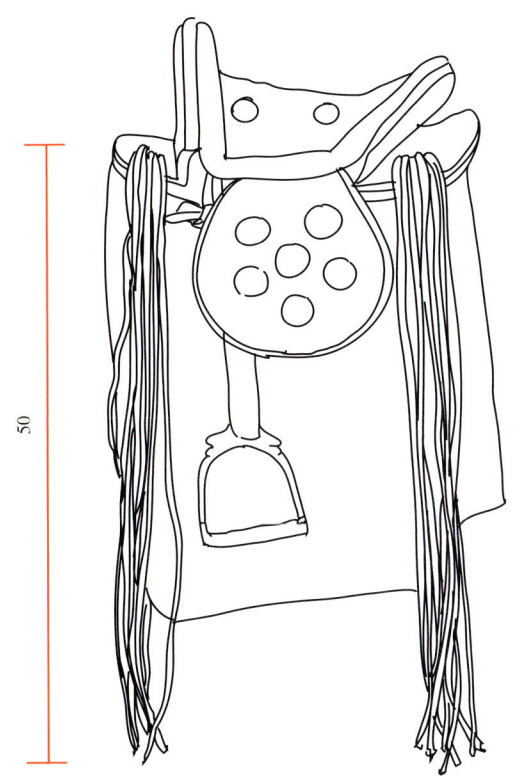

图二　蒙古族梢绳尺寸图（单位：cm）

图三　蒙古族梢绳制作工具

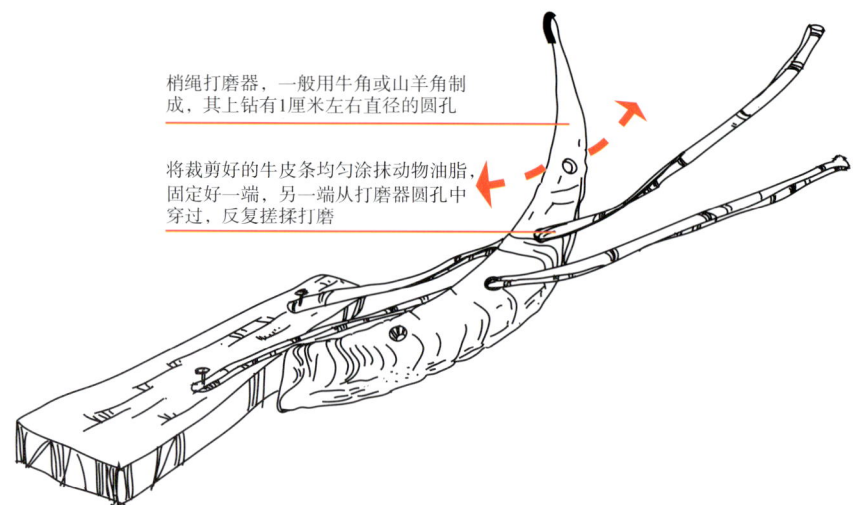

梢绳打磨器，一般用牛角或山羊角制成，其上钻有1厘米左右直径的圆孔

将裁剪好的牛皮条均匀涂抹动物油脂，固定好一端，另一端从打磨器圆孔中穿过，反复搓揉打磨

图四　蒙古族梢绳工艺分析图

图五　蒙古族梢绳使用情境图

蒙古族拴马桩

图一　蒙古族拴马桩·单马桩

拴马桩也称"马桩",雕刻精美的则有"样桩""望桩"和"看桩"之称。顾名思义,拴马桩是用来拴马的柱桩,通常立于门前或是牧场中的既定位置,一般高度在2到3米之间,宽厚相当,直径约为30厘米左右。木制的拴马桩,在转场之际可以拆卸,捆绑在勒勒车上带往下一片草场。拴马桩的前身应当就是普通的树木,驯服了牲畜的先民将其拴系于树干,防止牲畜走失。发展到蒙古族的拴马桩,出现了单马桩、双马桩和横卧式马桩等多种样式。

拴马桩的本质功能是固定马匹或其他牲畜的马具,及至后世,拴马桩的数量和做工也成为其所属家族彰显权势的一种符号。拴马桩的制作材料通常是木材和石材,对于蒙古族而言,木制的拴马桩较为常见,在游牧迁徙时亦可卸下带走,石制的拴马桩在半农半牧地区使用的较多。如前文所述,蒙古族的拴马桩分为三种类型:第一种是单马桩,其通常选用一整根木桩制作,在人手所及高度范围留下短树杈,或是刻以沟槽,目的是防止马缰绳滑脱。单马桩的下段需要深埋入土,固定马桩不至倾倒。石制的单马桩一般在拴马高度凿有四个圆孔,便于穿插缰绳。石制单马桩的顶端往往雕有狮、虎、龙和祥云等作为装饰。第二种是双马桩,其适用于同时拴系多匹马,将适当距离的两根马桩以绳索相连,并在两桩外侧斜拉绳索,拴木楔子钉入地中,用以防止两桩内倾。马匹的缰绳被间隔着拴在马桩之间的绳索上,可根据马匹数量调整两桩距离,保证中间绳子的合适长度。第三种是横卧式马桩。这种马桩是一根横置的原木,上部钉入带有折角的木楔,用以拴系马匹,但由于其高度低矮,长时间拴马,马匹容易被自己的缰绳缠绕,故多用以临时固定马匹。在单马桩上拴马,与其他两种直接用缰绳系在马桩上不同,而是把缰绳绕过马桩,再系回马的脖子上,这样做的目的是防止马绕桩走动后被缰绳缠绕。

蒙古族的拴马桩是蒙古族家家必备的拴马具,它的设计制作和使用方法,都反映了蒙古族重视实用的造物传统,蒙古族在继承的基础上,根据自身所处的特殊自然环境与生活习俗进行了合目的的再设计。拴马桩作为蒙古族马文化的重要器具,其多样性和实用性,充分彰显了蒙古族造物文化的质朴与智慧。

图片来源
　图一　周安涛　摄影
　图二至图八　李淼　制图

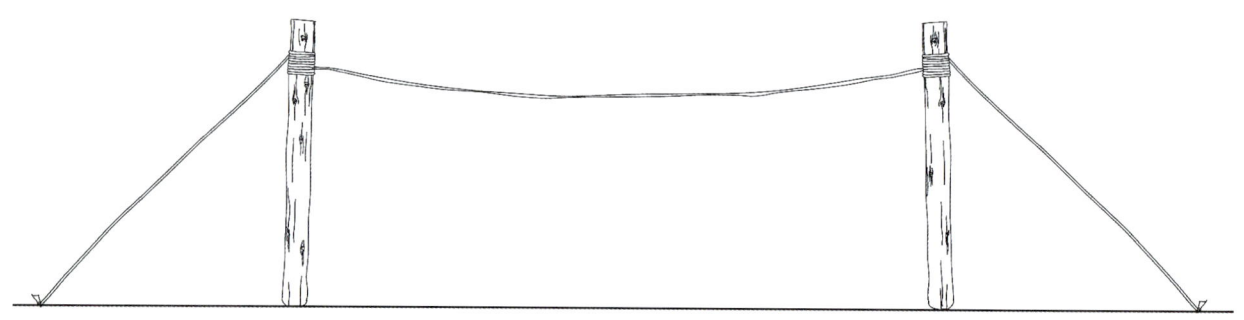

图二　蒙古族拴马桩·双马桩

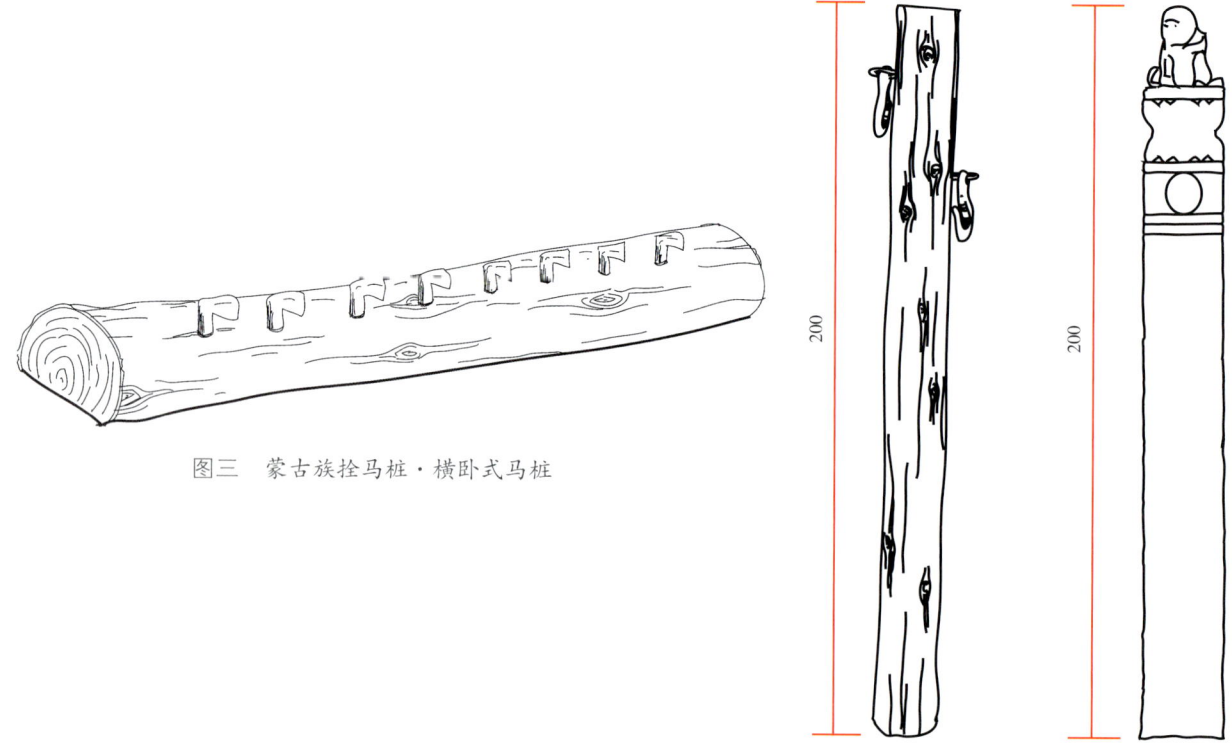

图三　蒙古族拴马桩·横卧式马桩

图四　蒙古族拴马桩尺寸图·单马桩(单位:cm)

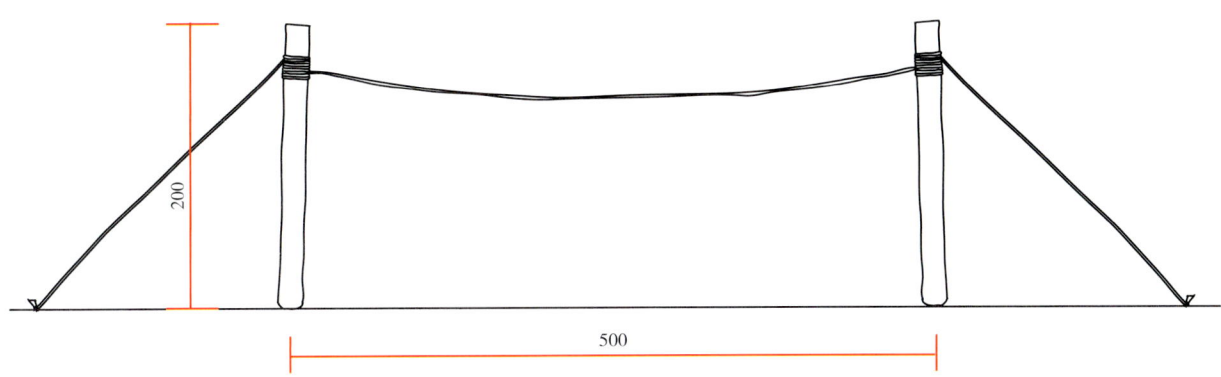

图五　蒙古族拴马桩·双马桩（单位：cm）

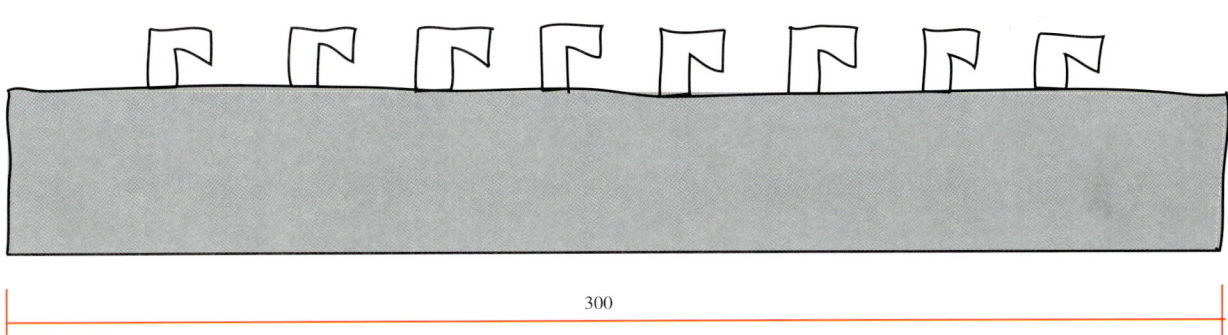

图六　蒙古族拴马桩尺寸图·横卧式马桩（单位：cm）

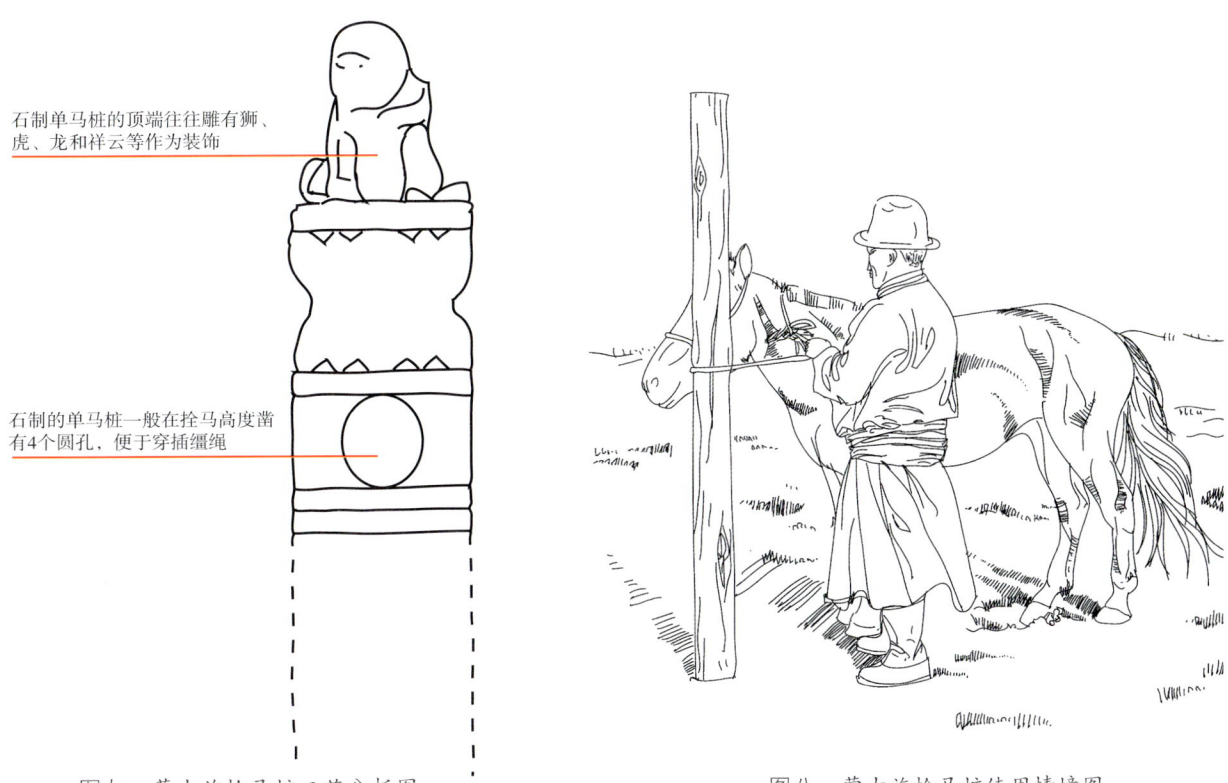

石制单马桩的顶端往往雕有狮、虎、龙和祥云等作为装饰

石制的单马桩一般在拴马高度凿有4个圆孔，便于穿插缰绳

图七　蒙古族拴马桩工艺分析图

图八　蒙古族拴马桩使用情境图

蒙古族套马杆和套马索

图一 蒙古族套马杆和套马索主图

套马杆和套马索皆是套马用具，属马具配具。套马杆整体为一长杆，末梢系有套索，一般长度为5米，最长者可达9米。套马索是长度10至15米的绳索，其末端圈出套索环。套马杆和套马索的源起非常久远，早在蒙古族形成之前，就有北方游牧民族使用类似工具来套马。在阴山岩画中可见到骑者手执套杆的俊朗身姿。马背上的蒙古族承袭了先民的智慧发明，并在此基础上加以改进，成就了今天我们所能见到的套马杆和套马索。

从奔跑的马群或其他畜群中抓取所需马匹，再熟练的牧民赤手空拳也无能为力，这时就必须借助专门的套马工具——套马杆或套马索。套马杆和套马索的功能基本相同，只是使用技巧有所差异。套马杆主要由主杆和套索两部分组成，主杆的杆身一般使用韧性优良的桦木条制作，分为细梢杆、中杆和尾杆三节，以预留的豁口相卡，再用绑绳捆扎牢靠而成。套索在主杆的末端，扎在细梢杆顶，回扣一活头在中杆顶端，套住目标马的小颈后收紧勒住，以便控制马匹。套马索一般使用马鬃编制的绳索制成，也有用鞣革制作，末端弯曲成环，用皮条缠绕形成圈套，可以回扣绳索构成活动的套索。套马者手执套马索的一端，将整条套马索盘成团，对准目标抛出、套马。

无论使用套马杆还是套马索，都需要专门的杆子马配合。所谓杆子马是指经过牧民严格挑选和训练出来的套马专用马，大多是脾气温和的骒马。训练好的杆子马与主人配合默契，看到套马杆指向哪匹马，便对之紧追不舍，而当目标马匹被套中后，杆子马就会及时停止奔跑，帮助马主人控制被套马匹。此外，使用套马杆的牧民单身上马时需要撑杆上马，即骑者以左手持缰从前鞍鞒往上拽，以左脚蹬马镫，让马绕自己往左侧转，此时，以右手撑套马杆中杆，手脚同时用力，跨右腿上马背。而在行进中，除套马前挑起套马杆，一般时候骑者需要将套马杆末端的套索套在自己右臂上，拖杆行进。这样操作，一来不会干扰马匹奔走，二来也不会因为失误将套马杆杵在地上，导致折断。

套马杆和套马索是两种朴素的蒙古族马具配具，功能是在牧群中圈套所需马匹。套马既是放牧中的常见活动，亦充分展现了蒙古族人的力量与敏捷，象征其征服的勇气。

图片来源

图一　周安涛　摄影

图二至图九　李淼　制图

图十　邰新和　摄影

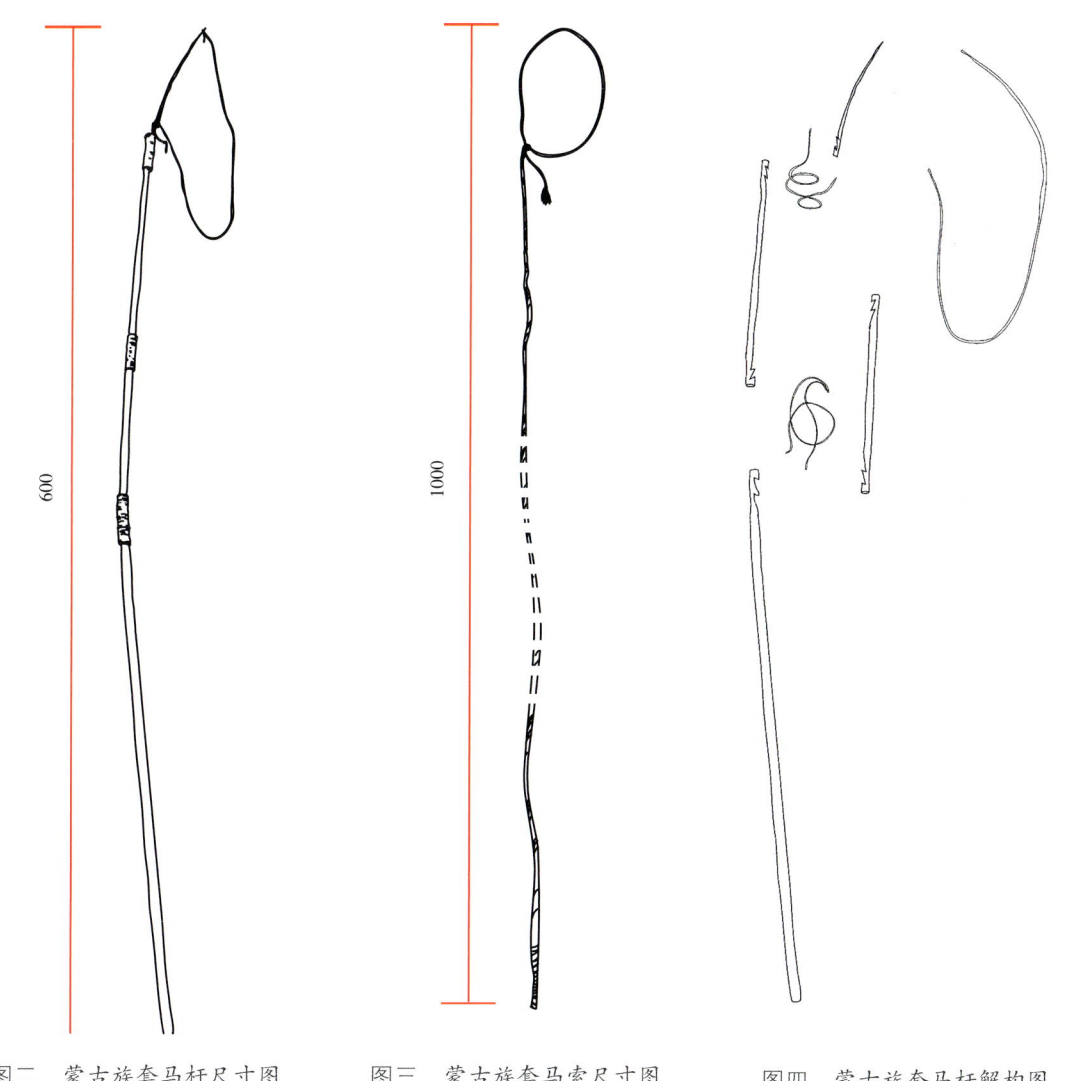

图二　蒙古族套马杆尺寸图（单位：cm）　　图三　蒙古族套马索尺寸图（单位：cm）　　图四　蒙古族套马杆解构图

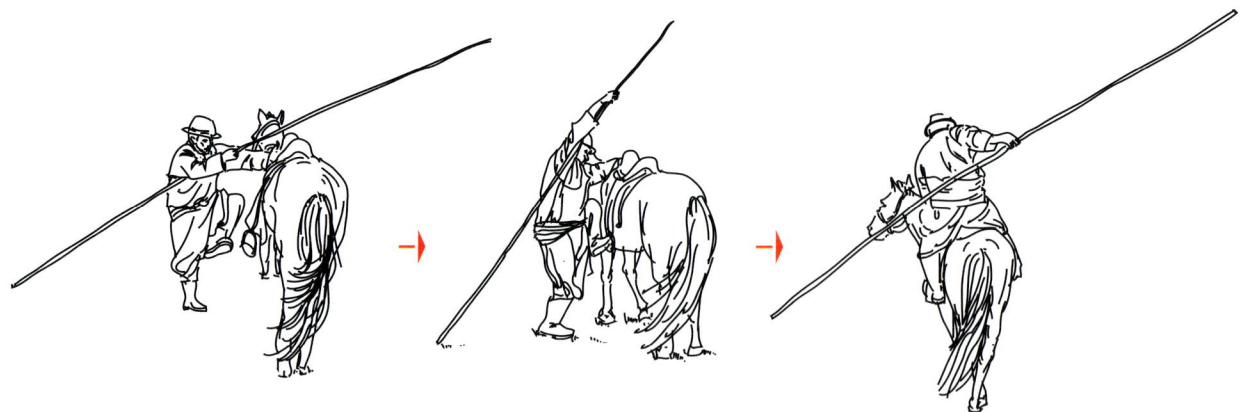

1. 骑者以左手持缰从前鞍鞒往上拽
2. 以左脚蹬马镫,让马绕自己往左侧转
3. 以右手撑套马杆中杆,手脚同时用力,跨右腿上马背

图五　蒙古族套马杆操作示意图

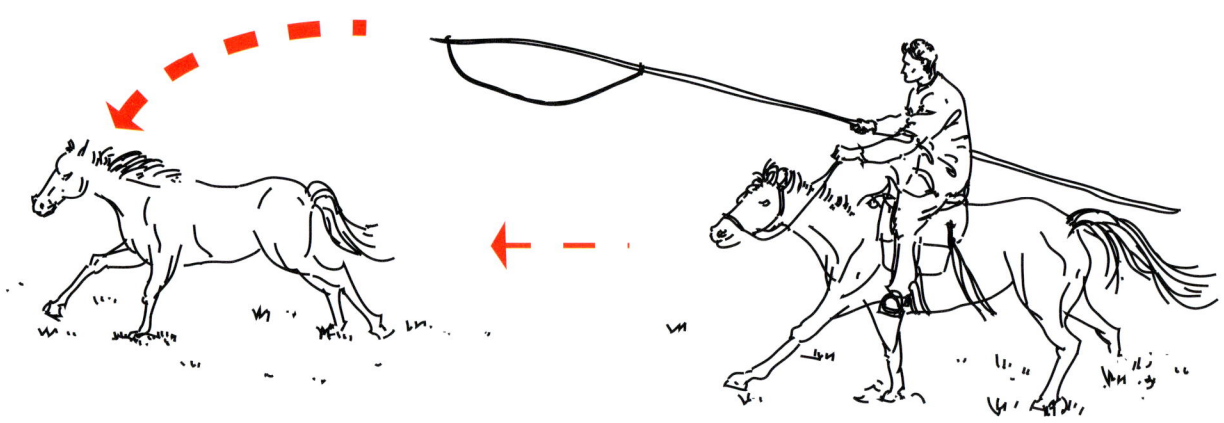

图六　蒙古族套马杆操作示意图

图七　蒙古族套马索操作示意图

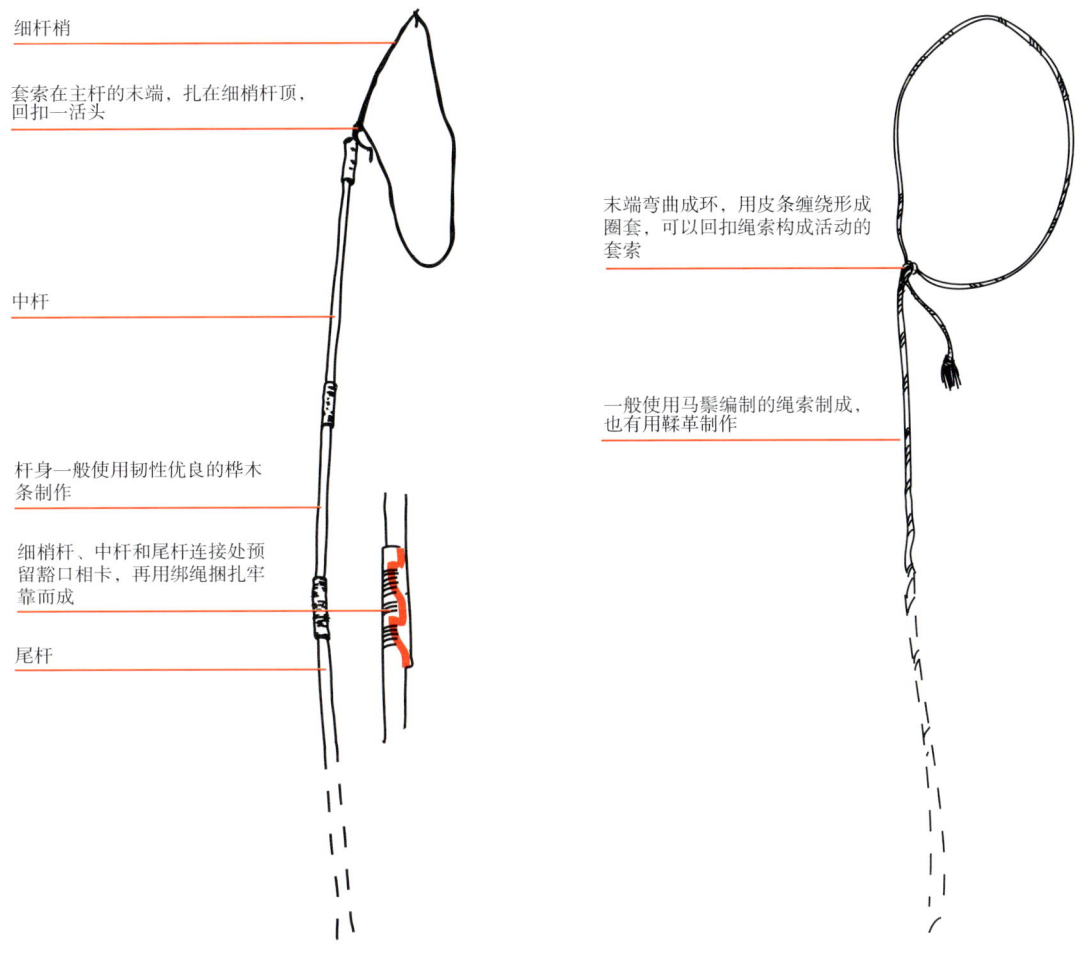

图八　蒙古族套马杆工艺分析图

细杆梢

套索在主杆的末端，扎在细梢杆顶，回扣一活头

中杆

杆身一般使用韧性优良的桦木条制作

细梢杆、中杆和尾杆连接处预留豁口相卡，再用绑绳捆扎牢靠而成

尾杆

图九　蒙古族套马索工艺分析图

末端弯曲成环，用皮条缠绕形成圈套，可以回扣绳索构成活动的套索

一般使用马鬃编制的绳索制成，也有用鞣革制作

图十　蒙古族套马杆使用情境图

第四章　蒙古族传统生活用具

蒙古刀

图一 蒙古刀主图

蒙古刀在蒙古语中称为"呼图嘎",广义的蒙古刀包括争战中的兵器——蒙古弯刀以及蒙古族随身携带的小型刀具,狭义的蒙古刀则专指蒙古族的餐刀(本文以狭义蒙古刀作为分析对象)。蒙古刀由刀身、刀柄、鞘身、鞘口、鞘底与带穗等部分组成,长度一般在25至40厘米。探究蒙古刀的源起,可以上溯至新石器时代中的骨柄石刀,而专门用于进餐的刀具则是出现于隋唐时期,北方游牧民族中出现了佩刀和小刀的区分,其中小刀便是专门用来在餐饮中分割食物。蒙古族继承并发展了这种进餐用的刀具,改进了制作用料和加工工艺,简化了原初的"蹀躞七事"(即在皮制带子上悬挂佩刀、刀子、砺石、契苾真、哕厥、针筒和火石袋等诸多杂物和配饰。"蹀躞七事"早先属于北方游牧民族的配饰习俗,后在隋唐之际传入中原,形成官方着装规定),并将筷子与餐刀相组合插在刀鞘中,方便携带和使用。

与蒙古刀相配套的随身携带物有筷子和火镰,用绳索串联,一同挂于腰间。蒙古刀通常与筷子同插刀鞘,也有分开独立的类型,其筷子就需要另配筷筒。发展至今,蒙古刀的样式繁多,可谓鳞次栉比,不胜枚举,但其基本形制和功用不变。《经棚县志》有载:"蒙古刀,长约五六寸,宽四分,柄三寸,刀锋利,背厚与象牙著,同装绿鲨鱼皮鞘,镶银或铜箍,旁有环,系五色穗,蒙古人恒与钱褡裢于口袋,火镰、环佩于腰带,以为美观。"(《经棚县志·风俗编》,1929年手抄本,内蒙古大学图书馆藏)蒙古刀主要的功能就是在进餐中分割食物,但特殊情况下也可用于宰牲畜,遇马具或毡包需要维修时,还能充当简单的修理工具。此外,蒙古刀在节庆礼仪中也扮演着颇为重要的角色,蒙古族男婴出生后,长辈要在其摇篮上悬挂小弓箭与蒙古刀,祝愿婴孩成人后善射能骑、勇武过人。而在祭祀仪式中,蒙古族男性需着蒙古袍,并在腰间佩戴蒙古刀和火镰,以示恭敬。

蒙古刀的刀身平直,单面开刃,长度一般在10至20厘米,通常以优质钢锻制,强韧而锋利;刀柄用料类型较多,且随地域不同亦有一定差异,常见的有硬木、牛羊角、驼骨和铁,贵重者以黄金箍、鲨鱼皮或金银箔包柄以为装饰,其上还可加饰宝石、景泰蓝等;鞘身一般为木制,常见的有柳木和榆木,也有使用乌木、紫檀、白檀等优质硬木为原料的类型;鞘口和鞘底用于固定及保护鞘身,通常以铜、银或黄金做扣包底,也有通体包银或金,并镶嵌宝石作为装点;带穗部分用于悬挂蒙古刀和火镰,也是装饰,通常以皮条裁制,或以丝绒、马鬃编制,也有用铜或银制成的细链,更显精致华贵。带穗末端一般装有环扣和圆形饰扣,以铜或银制作,上面多有錾花纹样,中间嵌有珊瑚或绿松石,也有用编织的吉祥结作为替代。

蒙古刀是蒙古族男性必备的随身器物,其造型设计与制作工艺、使用方法,都反映了蒙古族重视功能,亦不忽视审美的造物传统。蒙古刀既可用以进餐时分割食物,也可作为其他多种日常活动的辅助工具,此外,蒙古刀在蒙古族民俗文化中还具有重要的象征意义。做工精美的蒙古刀不仅承袭、记录着蒙古民族的勤劳与勇敢的开拓史,其一物多用的功能设计、丰富合理的选材与精致的加工工艺更是彰显出蒙古族过人的造物智慧。

图片来源
图一、图二、图六、图七 周安涛 摄影
图三至图五 李森 制图

图二 蒙古刀

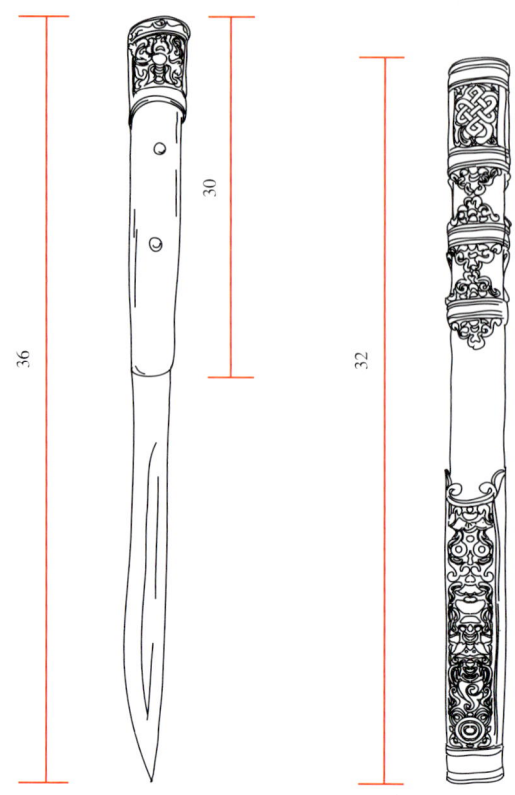

图三　蒙古刀尺寸图（单位：cm）

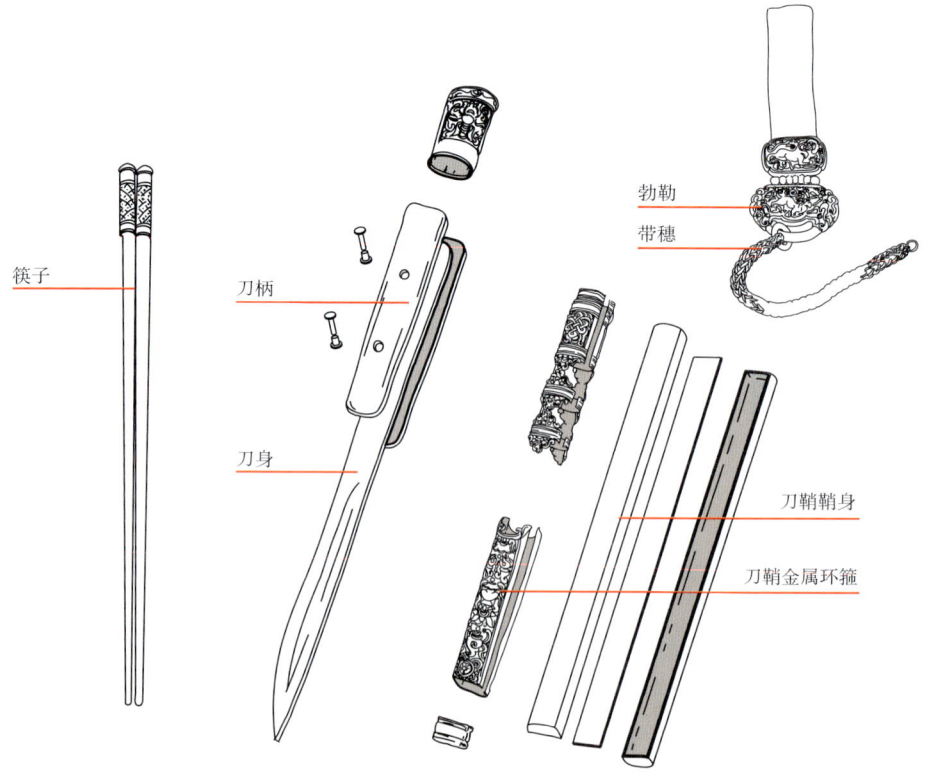

图四　蒙古刀解构图

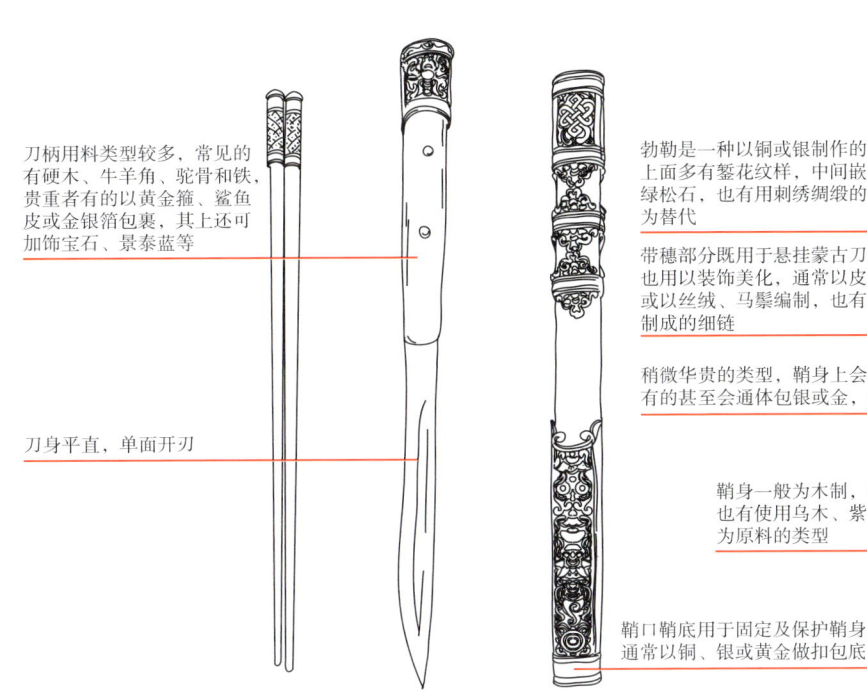

刀柄用料类型较多，常见的有硬木、牛羊角、驼骨和铁，贵重者有的以黄金箍、鲨鱼皮或金银箔包裹，其上还可加饰宝石、景泰蓝等

刀身平直，单面开刃

勃勒是一种以铜或银制作的圆形饰件，上面多有錾花纹样，中间嵌有珊瑚或绿松石，也有用刺绣绸缎的吉祥结作为替代

带穗部分既用于悬挂蒙古刀和火镰，也用以装饰美化，通常以皮条裁制，或以丝绒、马鬃编制，也有用铜或银制成的细链

稍微华贵的类型，鞘身上会有多道环箍作为装饰，有的甚至会通体包银或金，并镶嵌宝石作为装点

鞘身一般为木制，常见的有柳木和榆木，也有使用乌木、紫檀、白檀等优质硬木为原料的类型

鞘口鞘底用于固定及保护鞘身，通常以铜、银或黄金做扣包底

图五　蒙古刀工艺分析图

图六　蒙古刀使用情境图

图七　蒙古刀使用情境图

第四章　蒙古族传统生活用具

427

蒙古族棒槌

图一　蒙古族棒槌主图

棒槌也称"棒锤""打板""棒头"或"捣衣杵"等，是一种简单的浆洗衣物用具，许多民族都有使用，其形状因民族和地域的差异亦不尽相同。蒙古族使用的棒槌一般为木制，头部圆尖，通体为圆柱体，长度大约为30至40厘米。

棒槌主要的功能是锤打和浆洗衣物，妇女在河边或池塘边洗涤衣物时，将衣物置于水边平整的石板之上，添加些许皂角，再反复用棒槌锤打，利用击打的力量，混合皂角水得以去污。此外，当蒙古族的一些破旧衣布洗净之后，常常需再浆洗一遍，放在平石之上，用棒槌均匀敲打，可以使旧衣物变得挺括板直，也更便于缝补。常用的棒槌多为木制，以柳木、榆木、榉木等木料为主，其形状为圆头或尖头的圆柱体，顶端稍粗，用以锤打，末段略细，便于手执。有的棒槌还会在手执部分添加横向的凹槽或饰线，用以增加手持时的摩擦力，防止在锤打过程中因沾水打滑而脱手。制作棒槌的过程并不复杂，先以斧锛劈出大形，再以刨子等细木加工工具修缮外形、处理表面。

棒槌是一种简单而实用的生活用具，主司锤打浆洗衣物，是蒙古族平日生活中常见的工具。现在城市居住的蒙古族基本不再使用棒槌，但在草场牧区和乡村田野，棒槌的身影依然可以见到。

图片来源
图一　周安涛　摄影
图二至图四　张颖泉　制图

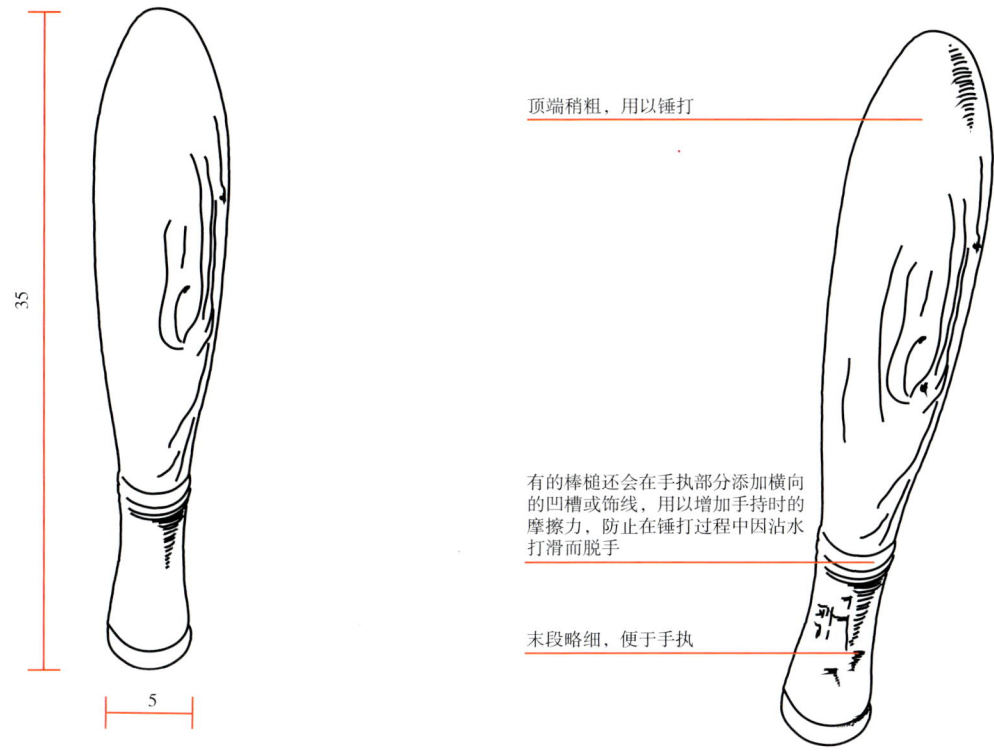

图二　蒙古族棒槌尺寸图（单位：cm）　　　　　　　　图三　蒙古族棒槌工艺分析图

顶端稍粗，用以锤打

有的棒槌还会在手执部分添加横向的凹槽或饰线，用以增加手持时的摩擦力，防止在锤打过程中因沾水打滑而脱手

末段略细，便于手执

图四　蒙古族棒槌使用情境图

第四章　蒙古族传统生活用具

429

蒙古族褡裢

图一　蒙古族褡裢主图

　　褡裢也称"褡联""褡连""褡包"或"褡子"，是一种中间开口，两端置物的口袋，通常搭在肩上或系在腰间。蒙古族褡裢呈长方形，但尺度同汉族的搭肩褡裢不同，一般较小，展开长度不超过50厘米，宽度则在10至30厘米，多系在腰带上。北方游牧民族很早就使用马褡子置物，蒙古族腰间的褡裢当是由马褡子缩小、变迁而来。

　　褡裢多为蒙古族男子使用，通常系在腰带的左前侧，其基本功能即是收纳随身物品，蒙古族男子常常在里面放鼻烟壶、碗、钱币等杂物。褡裢也是蒙古族礼仪服饰的重要配饰，是传统礼俗中重要的礼品和象征物。在蒙古族传统婚俗中，女方需要将事先备好的褡裢、烟荷包等作为礼物敬献给男方，同时接受对方的回礼。蒙古族褡裢一般以绸缎、棉布、大绒、鹿皮或黄羊皮等材料缝制而成。常见的蒙古族褡裢展开都呈长方形，置物袋在两端，有两种开合结构，一种是水平开两口，开口中间留有一定距离，用于别系于腰带；另一种是两端置物袋贯通，中间纵向开口，两端缝合。蒙古族褡裢设色丰富，装饰精美，不同地域的色彩搭配和纹样取舍有所不同，如锡林郭勒盟地区喜用黑色或褐色布面衬托红绿花鸟刺绣图案，而科尔沁地区的褡裢多用红绸底配花卉图案。布制褡裢以整块矩形布料缝制而成，在置物袋朝外的部分，通常增加彩色布料配合刺绣作为装饰。在皮制褡裢上多以剪皮贴花工艺作饰，褡裢下缘往往还缀有穗条。

蒙古族褡裢是族中男子系于腰间的口袋，不仅方便置物，也是礼仪的象征，其上所绣的精美图案，增进美观，亦寄托了制作者对于使用者的祝福与情谊。在民族造物文化体系中，实用而精致的褡裢凝聚了蒙古族服饰文化和装饰文化的精粹，对于现代民族服饰研究具有重要的实证价值。

图片来源

图一　刘兆和主编：《蒙古民族文物图典·蒙古民族服饰文化》，文物出版社，2008年，第363页

图二　那仁夫、杨劲主编：《蒙古族文化图鉴·蒙古族服饰图鉴》，内蒙古人民出版社，2007年，第89页

图三至图五　孙丹丹　制图

图六　刘兆和主编：《蒙古民族文物图典·蒙古民族服饰文化》，文物出版社，2008年，第73页

图二　蒙古族褡裢

图三　蒙古族褡裢尺寸图（单位：cm）

图四　蒙古族褡裢工艺分析图

布制褡裢以整块矩形布料缝制而成，在置物袋朝外的部分，通常增加彩色布料配合刺绣作为装饰

蒙古族褡裢一般以绸缎、棉布、藏呢、大绒、鹿皮或黄羊皮等材料缝制而成

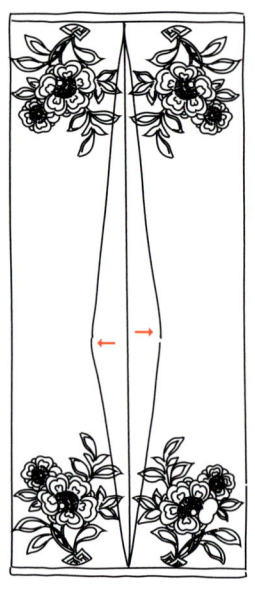
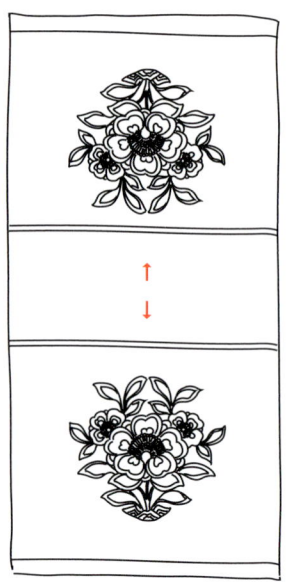

1. 两端置物袋贯通，中间纵向开口，两端缝合，开口朝内别系于腰带

2. 两端置物袋水平开两口，开口中间空有一定距离，用于别系于腰带前后

图五　蒙古族褡裢结构分析图

图六　蒙古族褡裢使用情境图

蒙古族灯具

图一　蒙古族灯具主图

　　蒙古族的传统灯具主要分为日常生活用灯和宗教礼仪用灯。因用途、形态的差异，蒙古族的灯具大小不一，从几厘米高的精致佛灯，到元代宫廷中高达一米有余的立兽多枝灯，可谓不胜枚举。但随着历史的演进，蒙古族传统灯具在现代文明的冲击下逐渐陨落遗失，现存的一些实物亦多见于博物馆，其中以简单粗糙的百姓用石灯或陶灯以及小巧精致的铜制佛灯居多。

　　普通蒙古族百姓所用的灯具，其功能即是照明，主要类型有石制、陶瓷制或金属制作的灯台和灯盏，也有铜或铁制的高足灯和吊灯，还包括铜铁或陶瓷制的烛台等等。古时普通蒙古族牧民通常日出放牧，日暮歇息，灯具使用率并不高。尤其是在蒙古包中，空间狭小，为防止火灾，使用灯具尤须小心。晚上一般凭借火撑子或套瑙天窗的采光即可勉强应付需要，明火灯具只在必需时才会使用。待到明清之际，蒙古族地区南部和东部有大量蒙古族群定居，他们居住在与汉人住所相同的木框架房屋中，有了更大的室内空间和家具，各类灯具的使用才逐步多起来。收藏于内蒙古大学民族博物馆中的一盏石制灯盏，高度不足20厘米，分两个部分，下面是灯座，底部为一方形底座，侧面有柄，可供手执，上面是可分离的灯盏，侧面有豁口，便于置放灯芯。该灯做工较为粗糙，不注重修饰。这种蒙古族的灯盏通常以黄油或动物油脂作为燃料，以动物鬃毛搓成灯芯使用。

另外一类遗留较多的灯具属于宗教礼仪类，其中颇具代表性的是佛灯。所谓佛灯，一般是置于佛桌供佛用，其形制较普通灯小巧，做工相对精致细腻。佛灯多为铜制，其形态类似于豆的高足灯，顶部灯盏外围多錾刻或镶饰有各种佛教纹样，如典型的八宝图案等。另有与佛灯相配套的佛灯加油壶，有注油用的流、提鋬和壶盖，其壶盖多为扁圆形，流与鋬的位置通常构成90度角，便于操作。蒙古族地区的除夕日，蒙古族人要为佛灯添加新鲜的黄油，点燃常明。在祭佛活动中，要用四根榆木条在火撑子四围摆一正方形，在其四角各摆一盘炒米，上面分别供放点燃的佛灯。除此之外，在蒙古族的传统婚庆中，点燃佛灯亦是不可或缺的重要环节，目的是为新婚祈福。

现今存留的传统蒙古族灯具数量并不多，种类亦不算丰富，一方面同收藏保护不利有关，另一方面可能与灯具在普通蒙古族百姓日常生活中所用不多有关。日常生活用的石制或陶制灯盏造型简单实用，大多通体无饰，体现出蒙古族讲究实用的造物理念；宗教礼仪用灯则相对小巧精致，彰显出蒙古族对精神世界的崇尚与追求。

图片来源
图一、图二　周安涛　摄影
图三至图六　李淼　制图

图二　蒙古族灯具·紫铜酥油灯

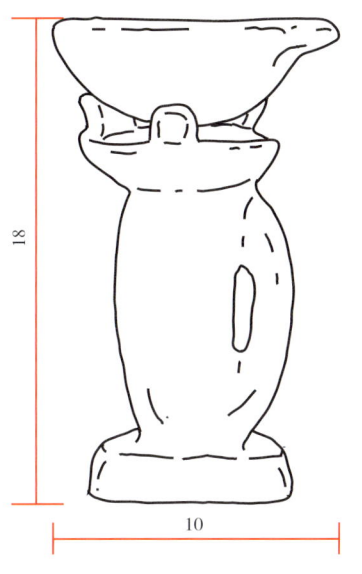
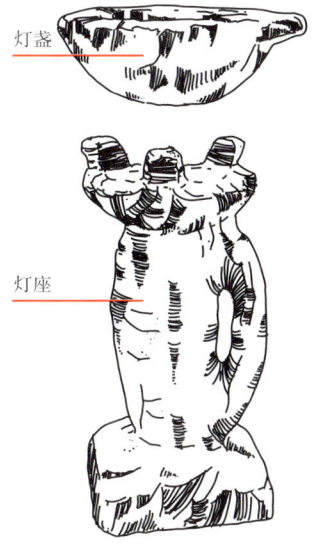
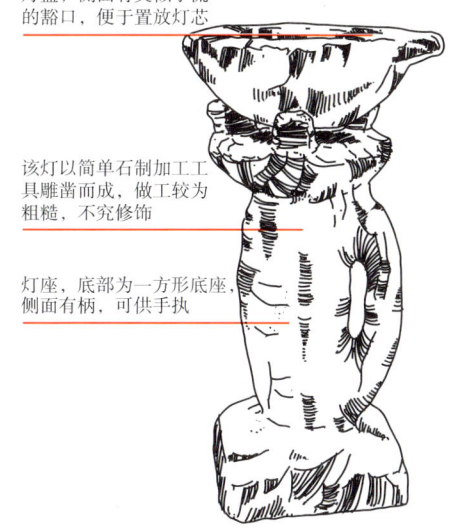

图三　蒙古族灯具尺寸图（单位：cm）

图四　蒙古族灯具解构图

图五　蒙古族灯具工艺分析图

灯盏，侧面有类似于流的豁口，便于置放灯芯

该灯以简单石制加工工具雕凿而成，做工较为粗糙，不究修饰

灯座，底部为一方形底座，侧面有柄，可供手执

灯盏

灯座

图六　蒙古族灯具使用情境图

蒙古族火镰

图一　蒙古族火镰主图·皮套镶银浮雕狮纹火镰

火镰又称"火刀"，蒙古语中称为"赫特"，是一种用来取火的传统工具，蒙古族人经常将其与蒙古刀一起佩戴，也是一种随身的配饰。蒙古族火镰呈斧铲状，其横向宽度通常为8至15厘米，高度一般不超过10厘米，厚度为2至3厘米。特殊功用的火镰尺寸甚大，比如伊金霍洛旗的成吉思汗陵就有一枚用于祭祀时点燃篝火的特制火镰，宽度达到近50厘米。火镰的源头应当就是打火石，后来随着材料加工工艺的发展，出现了这种金属制的火镰，串上绳索，便于随身携带。蒙古族信奉长生天，认为可以点火的火镰是长生天馈赠的礼物，因此，火镰在蒙古族人的心目中具有重要的地位，是蒙古族男性随身必备的器具。

火镰的主要功能就是点火，《经棚县志》中有述："火镰，皮制小袋，嵌以曲形铁镰，袋装火绒火石，捻绒就石以镰打之，虽风亦燃。"（《经棚县志·民俗编》，1928年，内蒙古大学图书馆藏手抄本）所谓火绒即是一种易燃的草绒——乌拉草，将之与燧石一同捏在指间，用火镰的刃部碰击、刮擦，依靠产生的火星来点燃草绒。以火镰点燃的草绒可以用来点烟，也可以用来为火撑子生火，或是配合草秆干柴等点燃大型篝火。除了日常生活中的点火功能外，火镰在蒙古族的节庆及婚丧嫁娶中亦不可或缺，例如在蒙古族传统婚礼中，蒙古族新郎需要在腰间佩戴新娘赠送的火镰，并且新郎也需要在婚礼高潮的点火仪式中，用这枚火镰来点燃篝火，完成仪式。

蒙古族火镰实际上是一种小型盒子，火镰的刃部充当盒盖，通常为铁或钢制，刃背后以牛皮包围，形成盒腔，与刃部相卡合，牛皮上一般以黄铜錾花装饰。比较考究的火镰还会用金、银包饰，并镶嵌绿松石、珊瑚或玛瑙等，彰显华贵。盒子内可以置放一块燧石和少量草绒。为方便佩戴，火镰多与蒙古刀以绳索连挂在一起，佩戴在腰带左边的胯上。

蒙古族的火镰既是人们日常取火的必备工具，又是蒙古族节庆祭祀、婚丧嫁娶中重要的礼仪用具。从造物文化的视角审视，蒙古族火镰具有了物质层面的实用功能与精神层面的象征功能，这样双层面的造物内涵，不仅体现了蒙古族的生存智慧，也彰显了蒙古族对于物质生活与精神生活相契合的向往与追求。

图片来源

图一、图二　周安涛　摄影
图三至图七　李淼　制图
图八　FOTOE 图片网

图二　蒙古族火镰

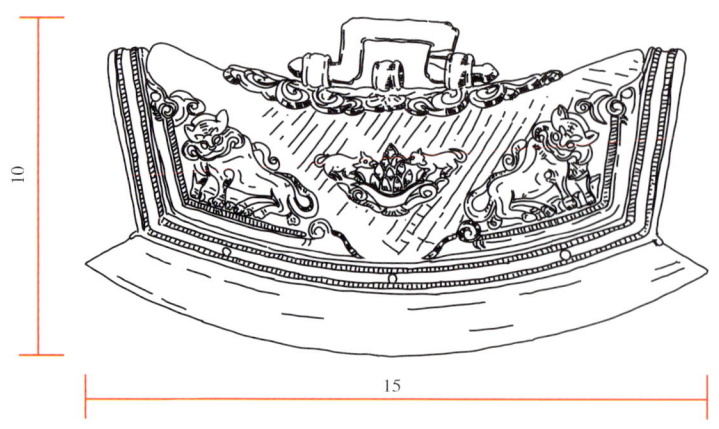

图三　蒙古族火镰尺寸图（单位：cm）

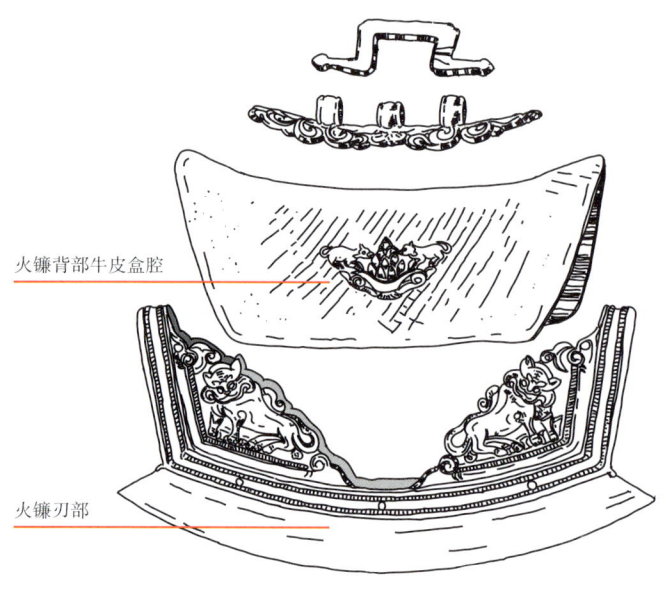

火镰背部牛皮盒腔

火镰刃部

图四　蒙古族火镰解构图

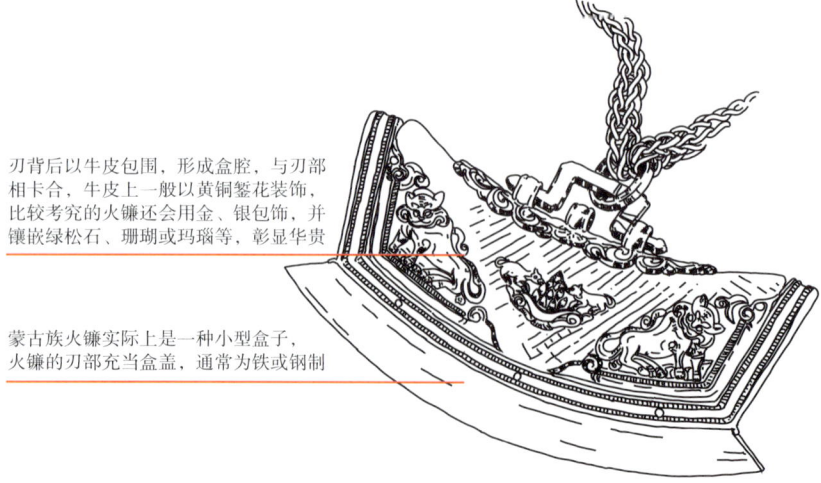

刃背后以牛皮包围，形成盒腔，与刃部相卡合，牛皮上一般以黄铜錾花装饰，比较考究的火镰还会用金、银包饰，并镶嵌绿松石、珊瑚或玛瑙等，彰显华贵

蒙古族火镰实际上是一种小型盒子，火镰的刃部充当盒盖，通常为铁或钢制

图五　蒙古族火镰工艺分析图

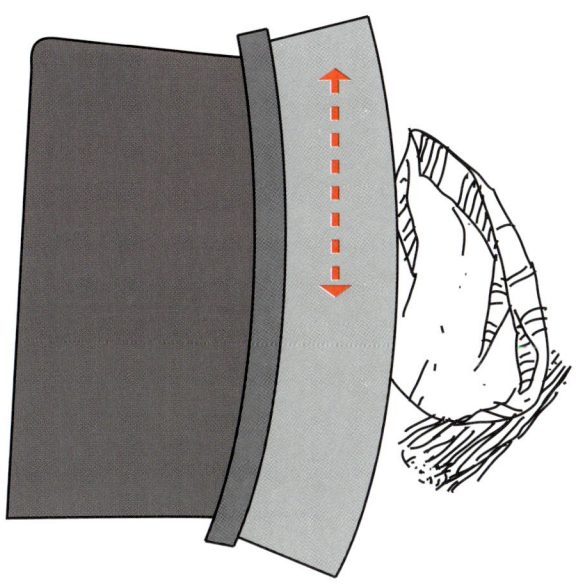

将火绒与燧石一同捏在指间,用火镰的刃部碰击、刮擦,依靠产生的火星来点燃草绒

图六 蒙古族火镰操作示意图

图七 蒙古族火镰佩戴情境图

图八 蒙古族火镰使用情境图

蒙古族吉日格

图一　蒙古族吉日格主图

吉日格也称"连儿"，是一种传统蒙古族棋类，字面的意思是指"用插入法连接有间隔的东西"。吉日格包括棋盘和棋子，其规格相对简单，棋盘可以在地上刻画，棋子也可以就地取材，吉日格棋盘和棋子的尺度也因之具有很大的随意性。吉日格方便对弈，走棋与对攻规则也与蒙古族狩猎、游牧的生活方式相契合，因而，吉日格古时在蒙古族中广为流传，深得各个阶层的喜爱。据推论，吉日格源于蒙古族形成之际。20世纪中叶，考古学家于"哈拉库伦城"遗址中发掘出一份吉日格的棋盘，距今已近千年。

吉日格早先的下法可达十余种之多，传流至今尚存的主要是7种，分别是鹿连儿、成连儿、对连儿、翻连儿、顶连儿、角连儿和叉连儿。不同的下法所用的棋盘与棋子类型、数量多有不同。

鹿连儿是最常见的类型，由特定的棋盘格、鹿子棋和狗子棋组成。鹿连儿的棋盘有大小之分，基本构成是中间的方形棋盘格与边缘的菱形或倒三角形。其中，中心的方格有4乘4、4乘8和8乘8三种类型，每4个格子连接对角线；边缘部分附加的菱形或倒三角象征山峰，菱形的四角相连，被称为"蒙古峰"，倒三角的中间绘有十字，被称为"唐古特峰"。中心区域与边缘山峰相互对应，一般是4乘4格配2座山峰、4乘8格配4座山峰、8乘8格则配8座山峰。棋子数量同棋盘格子数相合，分别是24个、48个和96个三种类型。棋子摆放的规则是鹿子棋置于山峰与方形区域的连接处，狗子棋是置于方形四边向内一格的所有交叉点上。鹿连儿的基本下法是每个格子交叉点皆可走棋，由持鹿者开局先行，可用鹿子棋以直线越过中位上的狗子棋，停于对面第三位，而被跨越的狗子棋即被吃掉。如果两个狗子棋同鹿子棋相连，则鹿子棋无法跨越吃棋。鹿子棋若被狗子棋所围而无法逃脱，则输掉该枚鹿子棋。最终，所有鹿子棋被围即持狗者胜，相反，狗子棋被吃到无法围合鹿子棋则持鹿者胜。

对连儿和翻连儿的下法较为接近，这两类棋皆可在鹿连儿的棋盘上进行。对弈双方各持10只或12只棋子（通常以羊拐充当），一方将羊拐骨凹面朝上，称为"其格"，另一方则将羊拐凸面朝上，称为"布格"。其中对连儿同鹿连儿一样采用跨越吃棋法，一方吃掉另一方所有棋子即可获胜；而翻连儿中不吃掉对方棋子，而是将被跨越的棋子翻转过来变成己方棋子，将对方所有棋子翻转即获胜。

成连儿需要绘制专门的棋盘格，其由三个从大到小的正方形嵌套而成，它们四角和边线中点各自相连，形成棋盘。玩法是对弈者每人持12枚棋子，每次在棋盘格上置放一枚棋子，能够在棋盘上形成三点相连的即为成连，可以此吃掉对方一枚棋子，直到对方棋子被吃净即可分出胜负。

角连儿与叉连儿相对较为简单，一般专供少儿游戏。角连儿的棋盘格为一牛角形状，内有九个棋位，曲折相连。对弈者一方持一枚棋子，另一方持两枚，持两枚棋子者设法围住对方一枚棋子。叉连儿的棋盘犹如叉开的短裤，所以也有裤裆棋的俗称，双方各执两子，亦是以围堵对方为目的。

通常蒙古族吉日格的棋盘制作简易，主要材质多为普通布料、牛羊皮或各类木板，棋格则一般用天然染料绘制，也有直接在皮或木料上刻画的类型。吉日格的棋子常常以羊拐充当，利用羊拐的不同面分出对弈双方。许多时候，蒙古族下吉日格根本不需要携带棋盘和棋子，就地取材，以木棍在土地上直接绘制棋盘格，以石头子、草果、树叶，甚至是羊粪粒都可充当棋子，可谓方便至极。

吉日格作为一种传统蒙古族棋类，其走棋与对攻如同蒙古族的围猎，根据棋盘地形相应地布置棋子，运筹帷幄，与对弈者展开激烈对抗。从设计文化的角度解读，吉日格揭示出民族设计文化的方方面面，皆与其生产实践和生活习俗有着不可分割的联系。蒙古族的狩猎生产方式和游牧生活方式，是随其所处的自然环境和生产形式而逐渐演化成形的，因此，包括吉日格在内的诸多充满智慧的造物形式应运而生，缔造了灿烂的蒙古族造物文化体系。

图片来源
图一至图五　李淼　制图

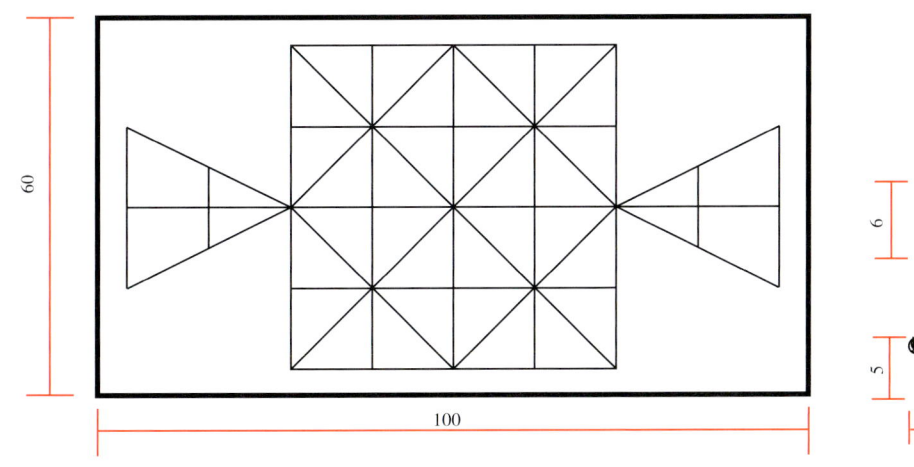
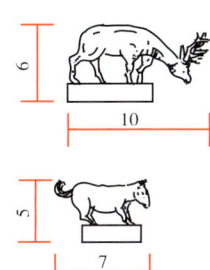

图二　蒙古族吉日格尺寸图（单位：cm）

通常蒙古族吉日格的棋盘制作简易，主要材质多为普通布料、牛羊皮或各类木板，棋格则一般用天然染料绘制，也有直接在皮或木料上刻画的类型

棋盘有大小之分，基本构成是中间的方形棋盘格与边缘的菱形或倒三角形，其中，中心的方格有4乘4、4乘8和8乘8三种类型，每4个格子连接对角线

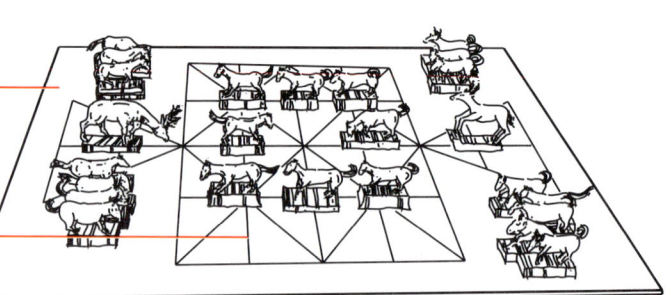

图三　蒙古族吉日格工艺分析图

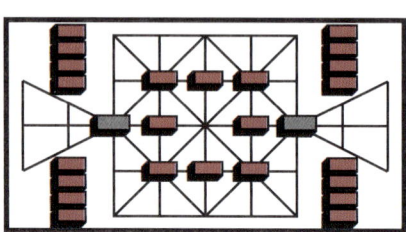

1. 棋子摆放的规则是鹿子棋置于山峰与方形区域的连接处，狗子棋是置于方形四边向内一格的所有交叉点上

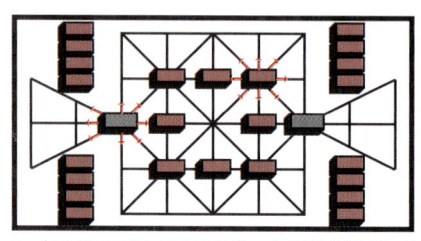

2. 每个格子交叉点皆可走棋，由持鹿者开局先行

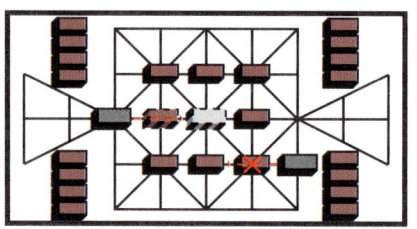

3. 可用鹿子棋以直线越过中位上的狗子棋，停于对面第三位，而被跨越的狗子棋即被吃掉。如果两个狗子棋同鹿子棋相连，则鹿子棋无法跨越吃棋

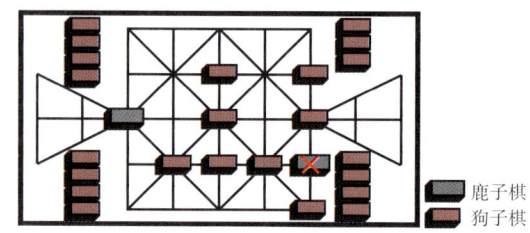

4. 鹿子棋若被狗子棋所围而无法逃脱，则输掉该枚鹿子棋

■ 鹿子棋（共两枚）
■ 狗子棋（共二十四枚）

图四　蒙古族吉日格玩法示意图

图五　蒙古族吉日格使用情境图

蒙古象棋

图一　蒙古象棋主图

蒙古象棋在蒙古语中被称为"喜塔尔"或"沙塔拉",是一种古老的蒙古族传统棋类游戏。蒙古象棋的棋盘一般呈方形,边长20至50厘米不等,棋子大小与棋盘尺寸相匹配。流传下来的蒙古象棋以64格棋盘规格的居多,而百格棋盘的蒙古大象棋已经非常罕见。蒙古象棋与国际象棋同源,据推论皆出于波斯象棋,于13世纪中西交流频繁之际传入蒙古族生活区域。先期在贵族中流传,后因西征中士兵广泛喜好对弈而逐步进入百姓生活,成为蒙古族上至权贵下及牧民都喜爱的一种棋类游戏。另有说法称蒙古象棋源于西藏,随喇嘛教传入蒙古族地区,但缺乏论据。

蒙古象棋,顾名思义即一种民间棋类游戏,亲朋相聚时对弈一盘,联谊情感,消磨时间。蒙古象棋的棋盘早先是单色格子,类同于后世国际象棋棋盘,即正方形的棋盘中黑白格子交替排列,每边8个,形成总共64个小方格。蒙古棋盘的制作材料多样,多为就地取材,有普通布匹、牛羊皮、木质和毛毡等,制作工艺相对简单,随材料不同亦有所差异。蒙古象棋的棋子随游戏双方而分为两色,浅色棋子被称为白子,深色棋子被称为黑子,两方各执16枚,共32枚棋子。通常的棋子类型与走法同国际象棋中的棋子相对应,包括一王、一后、双车、双象、双马和8个卒子。蒙古象棋里的棋子名称与形象因地域差异也会稍有变化，常见的类型有王爷对应王，为一骑马的蒙古贵族形象，蒙古语为"诺颜"；将对应后，常为狮虎形象，蒙古语为"伯尔思"；勒勒车对应车，通常为牛拉水车形象，蒙古语为"杭盖"；骆驼对应象，为双峰骆驼形象，蒙古语为"特莫"；战马对应马，为蒙古马形象，蒙古语为"毛力"；兵对应卒，为鹿、羊或犬形象，蒙古语为"乎"。蒙古象棋的制作材料主要为木质或牛羊骨质，将相应的材料切割成方形块状，再以细工凿子和刻刀精雕而成。棋子中也有玉石、象牙或金银的类型，因用料昂贵，为数甚少。

蒙古象棋的下法类同于国际象棋，清代考据学家叶名沣在《桥西杂记》中对其规则有着较为详尽的描述："棋不列于线，而列于卦，置器于安也；马横行六卦，驼横行九卦，驼疾于马也；满局可行，无河为界，所谓逐水草也；卒直行一卦，至底，牴角食敌之在前者，去而复返，用同于车，嘉有功也。众棋环击一塔，无路可出，始为败北。"

蒙古象棋作为一种传统娱乐活动，老少皆宜。其游戏规则简单，但变化多端，想要取胜并非易事。对弈蒙古象棋不仅充满趣味，也能够锻炼下棋者的耐心与智慧。概括而言，蒙古象棋是集民族性、竞技性、趣味性、知识性、艺术性和大众性为一体的传统游戏，体现了蒙古族造物文化中热爱生活、充满智慧的一面。

图片来源

图一、图二　周安涛　摄影
图三至图六　李森　制图
图七　那仁夫、杨劲主编：《蒙古族文化图鉴·蒙古族服饰图鉴》，内蒙古人民出版社，2007年，第121页

图二　蒙古象棋

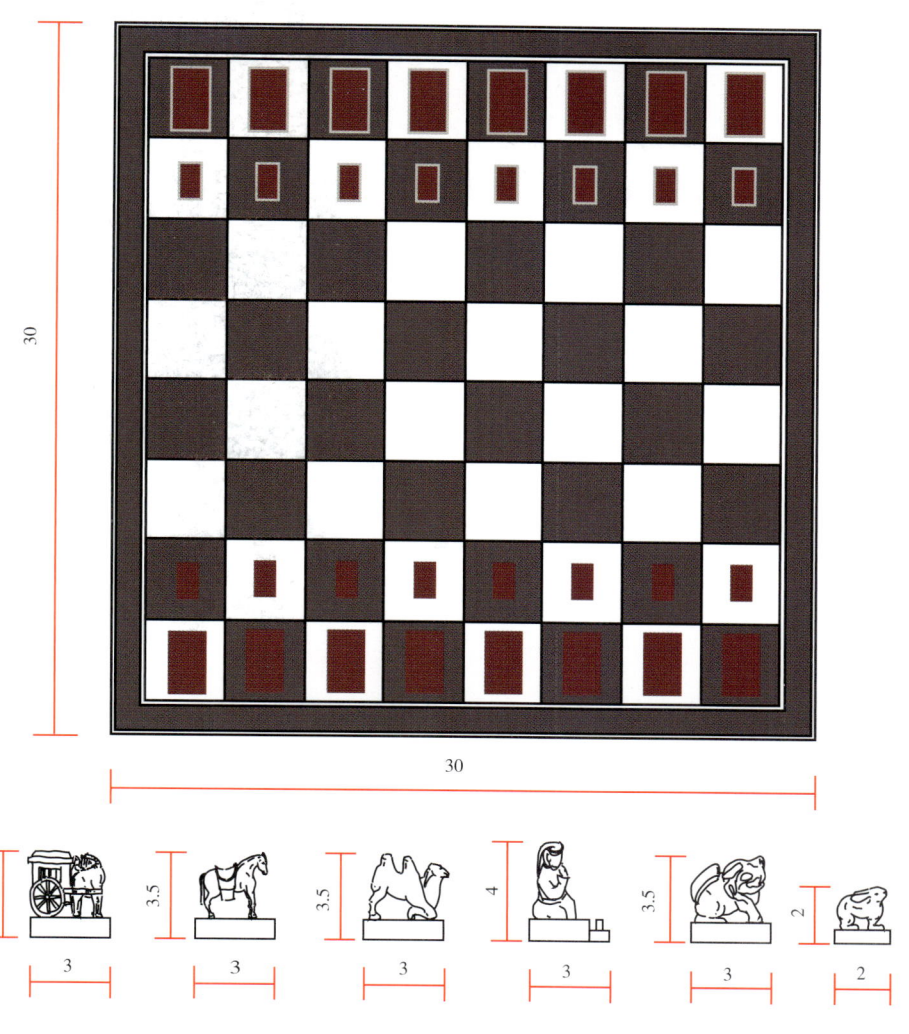

图三　蒙古象棋尺寸图（单位：cm）

蒙古象棋的制作材料主要为木质或牛羊骨质，将相应的材料切割成方形块状，再以细工凿子和刻刀精雕而成。棋子中也有玉石、象牙或金银的类型，因用料昂贵，为数甚少

蒙古象棋的棋盘由颜色一黑一白格子组成，每边8个，交替排列形成总共64个小方格的棋盘。蒙古棋盘的制作材料多样，多为就地取材，有普通布匹、牛羊皮、木质和毛毡等

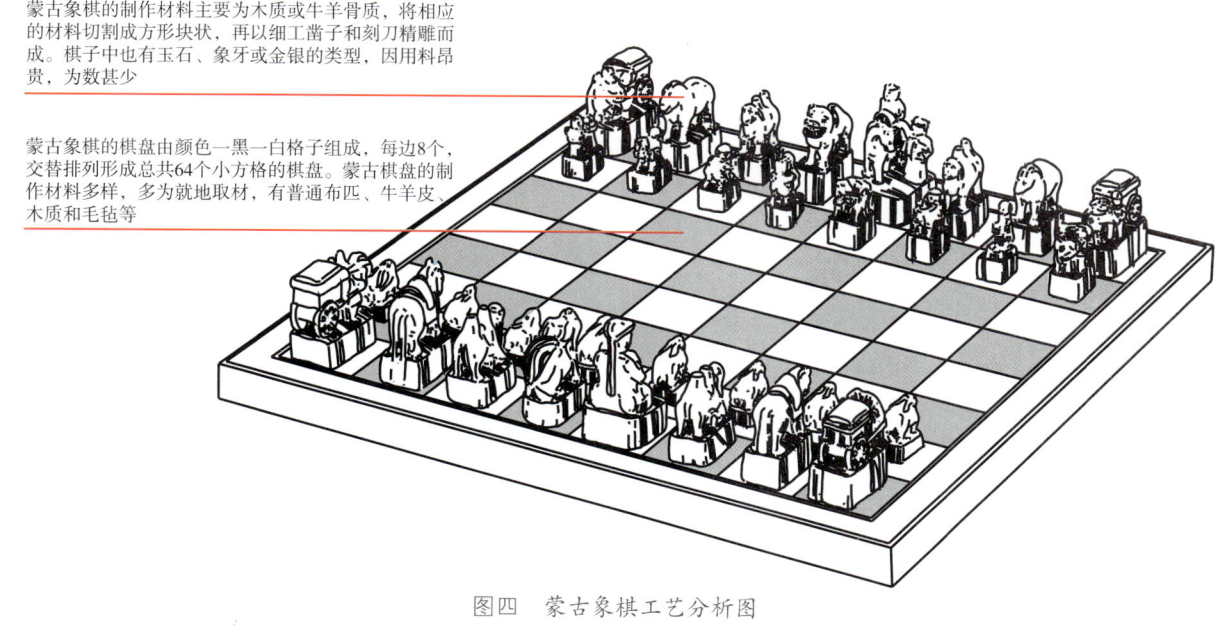

图四　蒙古象棋工艺分析图

第四章　蒙古族传统生活用具

445

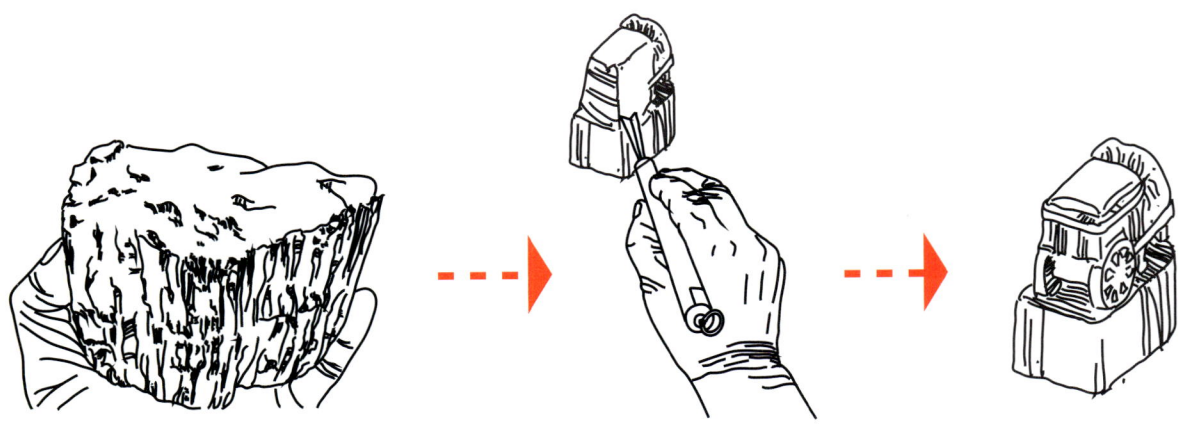

1. 根据欲雕凿的棋子大小和形态以及主户的要求选择合适的木料，并将材料切割成方形

2. 以细工凿子和刻刀精雕

3. 雕刻好后打磨修整并上光制成成品棋子

图五　蒙古象棋制作步骤图

图六　蒙古象棋对弈情境图

图七　蒙古象棋对弈情境图

蒙古族帕日吉

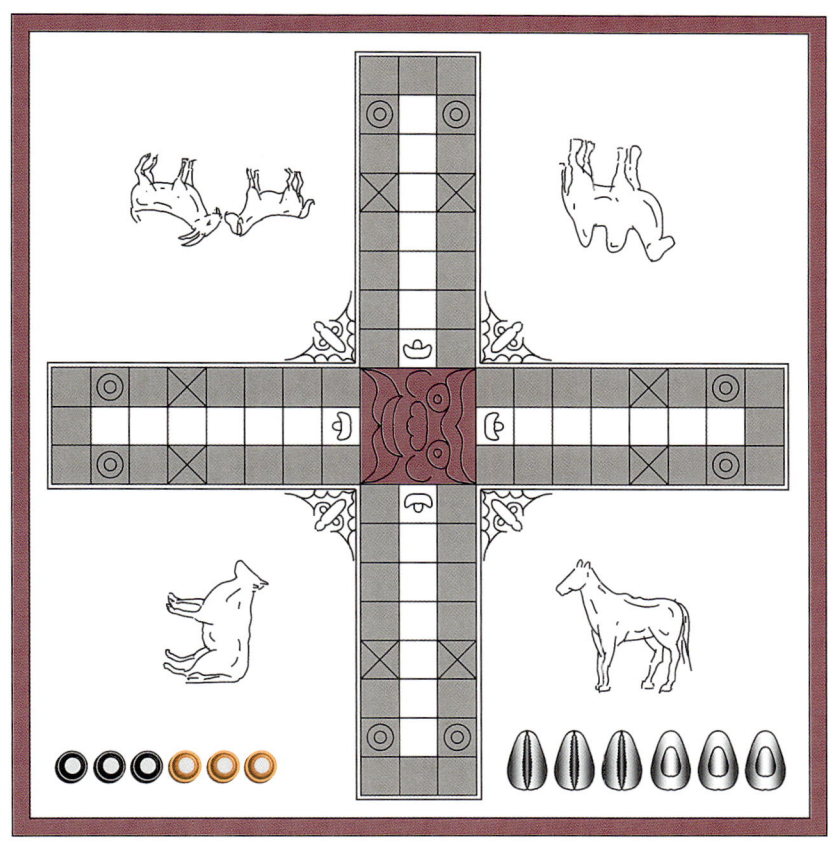

图一　蒙古族帕日吉主图

帕日吉是一种传统蒙古棋类游戏，也可称为"帕尔吉""帕尔杰""益布""润布"或"嘎西帕尼"等。帕日吉所用的棋盘通常呈十字形方格，棋子则通常以贻贝加工制作而成。帕日吉产生于巴林草原区域，年代久远，具体已不可考，后被牧民传播至蒙古族游牧的各地，深得民众喜爱。

帕日吉的器具由棋盘、棋子、帕尔吉和木碗等组成。在流传过程中，棋盘的布局和下法产生了或多或少的差异，其中较为常见的一种是十字形帕尔吉。其棋盘一般以布料制作，棋盘格为绘制或刺绣而成。这种棋盘的中心区域为一正方形，其四边称为"门"，分别连接一个外延的长方形。每个长方形的短边分3格，长边分8格，共24个格子，以短边为准，其中间一排8个格子被称为"家乡"或"中心"，是保护自家棋子不被吃掉的地方。4个长方形共同围合，构成一个十字形棋盘格。十字形以外的四角通常绘制或绣有各类蒙古族传统图案，包括五畜纹、方胜纹、汗宝古纹、犄纹和火焰纹等等。帕尔吉是走棋前必须掷的骰子，每次需要使用6枚，其以贻贝壳制成，多为白色、紫色或褐色，表面坚硬而光滑，将贻贝顶面凸圆处磨平，称为正面，与之相对的平口底面则谓之反面，最后需要在里面灌上蜡以增加重量。帕日吉的棋子被称为"牛"或"马"，其相对较为随意，一般纽扣、石块或木块都可充当，参与者每人执2或3枚。

帕日吉的下法近似今日的飞行棋，对弈双方把各自的"门"确定，运用相等数量的棋子从左向右依十字棋盘格的最外缘顺时针走棋，以6个帕尔吉投掷后形成正反面的数目来确定棋子行进的步数。被对方棋子赶上并跨越的棋子即被吃掉，而最终要以顺时针走一圈并进入"家乡"的棋子数量来确定胜负。传统习俗中，帕日吉胜者获得的奖品为奶食品，而输掉的一方则要嘴叼棋盘向胜者鞠躬行礼。

帕日吉是一种蒙古族的传统骰子棋类，其胜负除了走子先后的考量，还往往同运气有关，在考验对弈者机智的同时，亦伴随着不可预测的偶然性，游戏趣味也因此更加浓厚。在蒙古族传统造物文化系统中，帕日吉的棋盘设计、棋子命名和走棋规则，都彰显出蒙古族特有的游牧文化特质，也充分体现出蒙古族热爱生活，享受生活的价值取向。

图片来源
图一至图五　李淼　制图

图二　蒙古族帕日吉尺寸图（单位：cm）

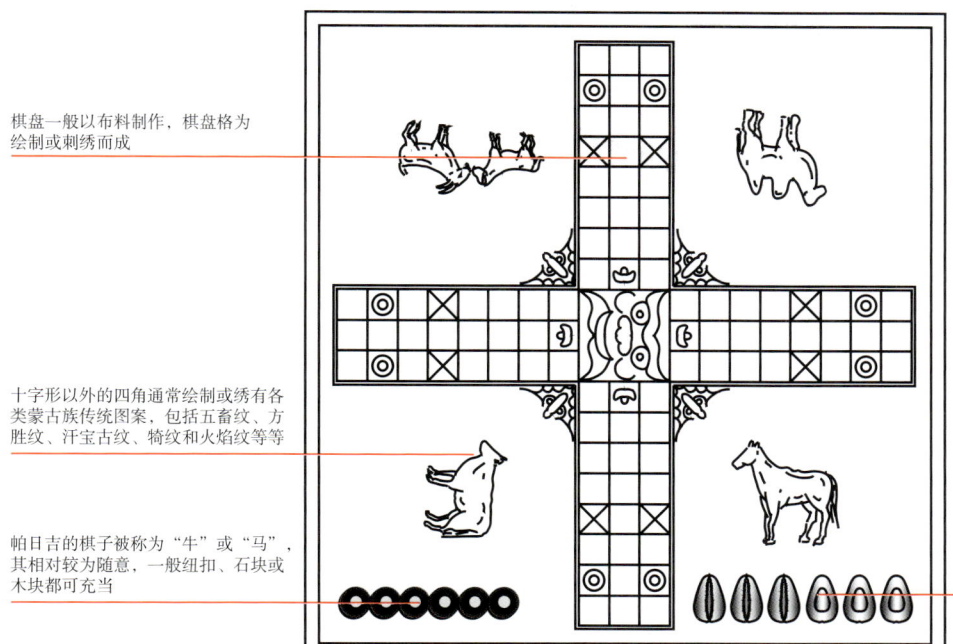

棋盘一般以布料制作，棋盘格为绘制或刺绣而成

十字形以外的四角通常绘制或绣有各类蒙古族传统图案，包括五畜纹、方胜纹、汗宝古纹、犄纹和火焰纹等等

帕日吉的棋子被称为"牛"或"马"，其相对较为随意，一般纽扣、石块或木块都可充当

骰子，以贻贝壳制成，多为白色、紫色或褐色，表面坚硬而光滑，将贻贝顶面凸圆处磨平，称为正面，与之相对的平口底面则谓之反面，最后需要在里面灌上蜡以增加重量

图三　蒙古族帕日吉工艺分析图

帕日吉的下法近似今日的飞行棋，对弈双方把各自的"门"确定，运用相等数量的棋子从左向右依十字棋盘格的最外缘顺时针走棋，以6个帕尔吉投掷后形成正反面的数目来确定棋子行进的步数。被对方棋子赶上并跨越的棋子即被吃掉，而最终要以顺时针走一圈并进入"家乡"的棋子数量来确定胜负

图四　蒙古族帕日吉玩法示意图

图五　蒙古族帕日吉对弈情境图

蒙古族勒勒车

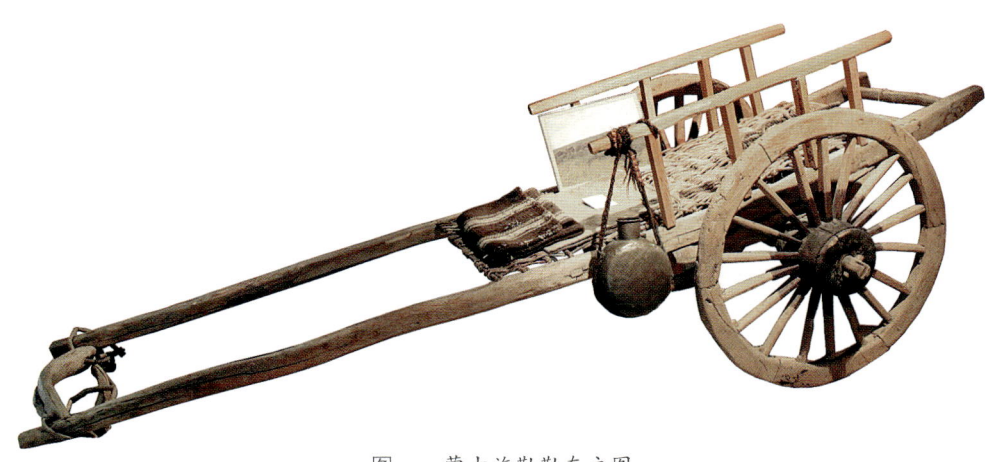

图一　蒙古族勒勒车主图

勒勒车在北方草原传承久远，其别称众多，有高车、奚车、辘轳车、磊磊车、罗罗车、牛牛车、大毂轮车、哈尔沁车等。勒勒车作为一种古老的草原交通工具，千百年来变化不大。其车轮高度在一米到两米之间，长度往往达到4米，而宽度一般在两米左右。早在蒙古族凝聚形成之前，勒勒车就已经在北方游牧民族的生产生活中扮演了重要角色。其使用的历史肇始于斯基泰人（斯基泰人也译为斯基台人、西古提人、西徐亚人或赛西亚人，古代波斯人称之为塞克人。《史记》《汉书》称之为"塞种"，是哈萨克草原上印欧语系东伊朗语族之游牧民族，其聚居地从今日俄罗斯平原一直到河套地区和鄂尔多斯沙漠，是史载最早的游牧民族），传延于匈奴、东胡。《盐铁论·散不足篇》记载："胡车相随而鸣。"《汉书·扬雄传》云："砰輷辐（匈奴车），破穹庐。"北魏时期北方的敕勒人亦善于造车，其所造之车因车轮高大而被人称为高车族，《魏书·高车传》载曰"车轮高大，辐数至多"。直至今日，蒙古族、达斡尔族、哈萨克族等草原游牧民族承接了早先民族的造车技艺，勒勒车即是其结晶与典范。勒勒车整体皆用木材制成，不需金属部件，结构简洁，便于修造，宜在北方草原、泥沼、沙漠和雪地上行进，主要用来运输游牧民族的各类生活资料。"行则车为室，止则毡为庐"，从古至今，勒勒车都是牧民生活起居、婚丧嫁娶不可或缺的重要用具。

勒勒车是一系列车具的统称，依据其用途不同，可将之分为乘坐和载物两类。供以乘坐之车被称为篷车或毡车，车上搭制车篷，并覆盖皮革或毛毡，可以抵御风雨。其一般又分为两种：1. 篷车，车上有拱形木架构，其上覆盖毛毡作顶篷，有时也用之载物；2. 轿车，实为高级篷车，其车上完全以木材构建框架，并配有窗棂、毡篷，装饰精美，多为蒙古族上层贵族使用。载物之用的勒勒车则包括载运蒙古包的大车和装运生活杂物器具的驮车，具体包括：1. 箱车，顾名思义，车上固定大型木箱，箱盖多呈拱形，外罩毛毡，防雨水侵蚀，箱内一般存放衣物、肉干和口粮等；2. 水车，主要用来装运蒙古族迁徙途中的生活用水，其上置有木制大水桶；3. 燃料车，四边用木板围合，多用以存放蒙古族的生活燃料——牛粪；4. 蒙古包三辆车，分别载运搭建蒙古包的框架部件和围毡等。

清《黑龙江外记》有载："轮不求甚圆，辕不求甚直，轴径如椽，而载重至远……"彰显出勒勒车制作因材施工、因地制宜的特点。其制作材料多为就地取材，盛产于草原山地的桦木、榆木和柞木是其主要选材，由于区域差异的存在，蒙古族有时也会用松木或柳木来制作勒勒车。勒勒车的结构基本分为上脚和下脚两个单元，上脚主要由车辕、车撑等组成，下脚则包括车轮和车轴。其中，车轮是勒勒车的核心组件，由毂、辐和辋三部分组成，其制作工艺亦是整车制作中最为复杂和考究的地方，工艺技术含量最高。车身为木料框架，其安装制作较车轮简单，部件尺寸也相对容易把握。车身部件主要包括辕木、衬木、垫木、车梯、立柱、公鸡腿、车厢面、圆压根、跨耳、夹马等。将车身同车轮组装便是一辆基本样式的勒勒车。

综上，蒙古族的传统勒勒车因地取材，结构简易有效，拆装便捷，适应了蒙古族游牧迁徙的生活方式，并为满足游牧生活所需，在生活实践中衍生出诸多专用车型。这一传统交通运输工具业已成为蒙古族传统游牧文化物化的典型代表。现今，蒙古族生活方式与相应生产工具的变迁，已使得勒勒车的实用性逐步萎缩，其制作工艺也有粗糙衰落之势，如何保护勒勒车——这一北方草原民族标志性的传统工艺，实为今日相关工作者亟须关注和探讨的课题。

图片来源

图一、图二　周安涛　摄影
图三、图四　李淼　制图
图五　微图网
图六　FOTOE图片网、微图网

图二　蒙古族勒勒车

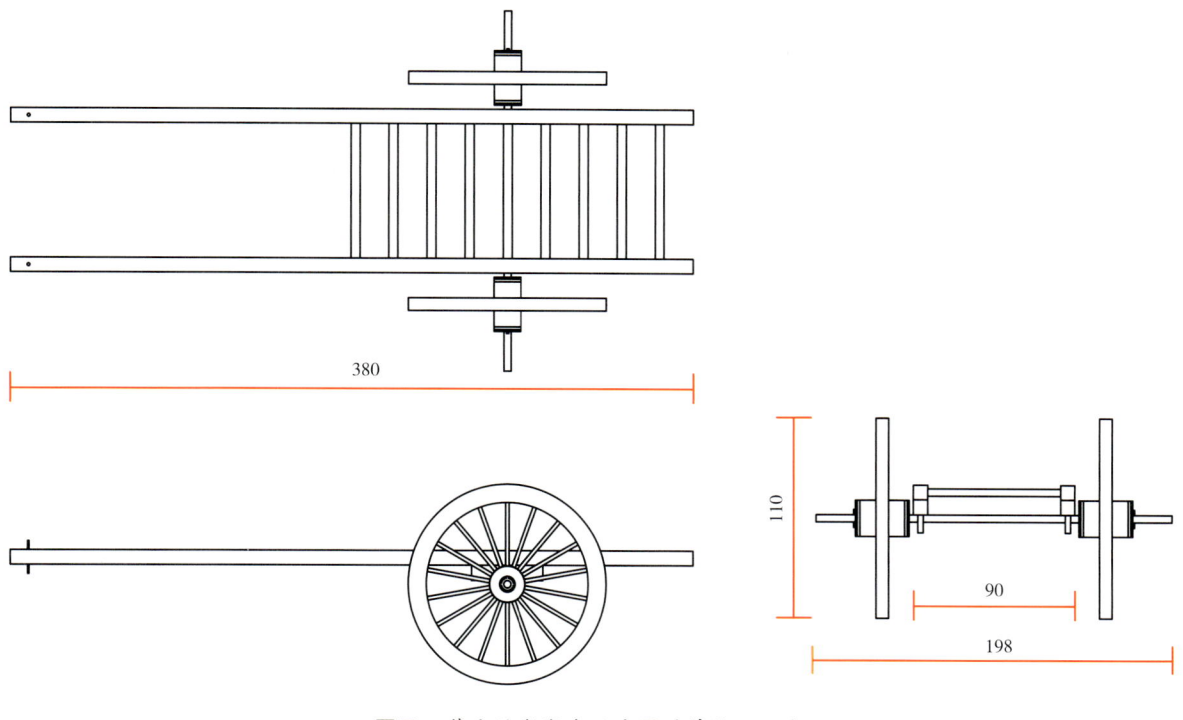

图三　蒙古族勒勒车尺寸图（单位：cm）

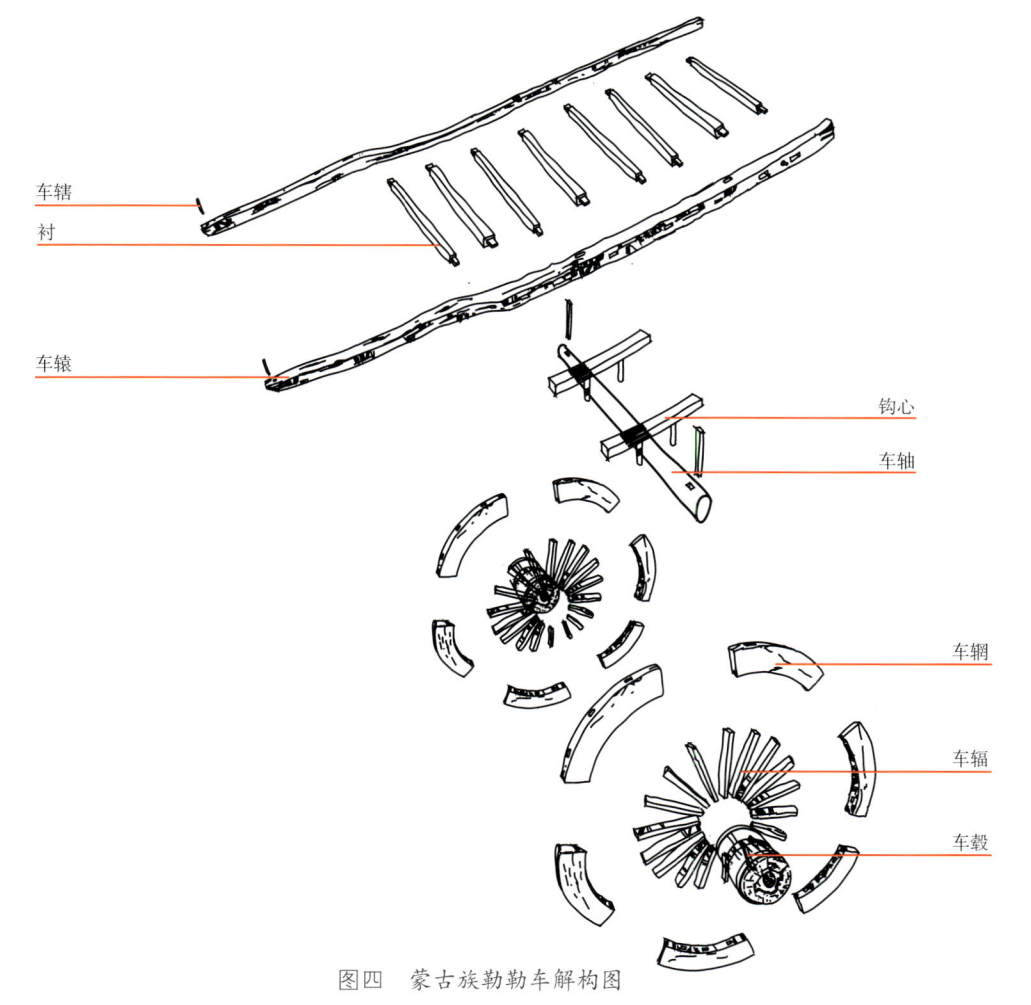

图四　蒙古族勒勒车解构图

图五　蒙古族勒勒车使用情境图

图六　蒙古族勒勒车使用情境图

蒙古族晒食棚

图一　蒙古族晒食棚主图

晒食棚又称"晾食棚""晒食架子"等，是蒙古族用来晾晒奶食的架子，基本形态为一有立足的简易框架，常见的高度大约为50至200厘米，一般为牧人按需要自制，所以蒙古族的晒食棚大小形状都有差异。晒食棚的历史源起虽无从考证，但可以确信的是，随着蒙古族传统饮食的发展应运而生，已成为寻常蒙古族家庭的必备用具。

新制好的奶豆腐、奶皮子等蒙古族传统奶食，需要通过晾晒干燥其水分，晒食棚便是专供这些奶制品摆放和晾晒的棚架。常见的蒙古族晒食棚非常简单，就地选材，以松木或柳木等加工成合适长度的木条，然后钉合成方形框架即可，考究一些的则会使用榫卯结构。单层晒食棚类似方桌，"桌"上摆若干竹制的箅子，其上垫有洁净的纱布，将需要晾晒的奶制品置放其上即可。为了防止蝇虫污染食物，奶制品上还需支起纱帐。多层的晒食棚有些类似家具中的柜格，最上层往往有拱形支架，专门用来安装纱帐。现在，蒙古族使用的晒食棚多为铁制或铝制，用来盛放奶食的箅子也大多由原先的竹木改为铝合金材质。晒食棚的置放位置一般都距居所较近，而离牲畜活动区域较远。常见的多摆在牛羊圈的西北方，亦属于牛羊圈的上风口，其目的是防止牛羊圈的灰尘或毛发等杂物随风飘散，污染食物。

晒食棚是蒙古族特有的生活用具，在相对干燥的气候条件下可以直接晾晒奶食。虽然造型结构简单，做工大多粗陋，却是蒙古族制作奶食不可或缺的工具，记录了千百年来蒙古族传统饮食文化的发展与演进。蒙古族晒食棚利用自然气候条件加工食物，而且其摆放位置的考量与设计，都充分体现了其民族造物智慧，值得现代设计学相关研究领域的学习与借鉴。

图片来源
图一、图五　周安涛　摄影
图二　孙丹丹　制图
图三、图四　张颖泉　制图

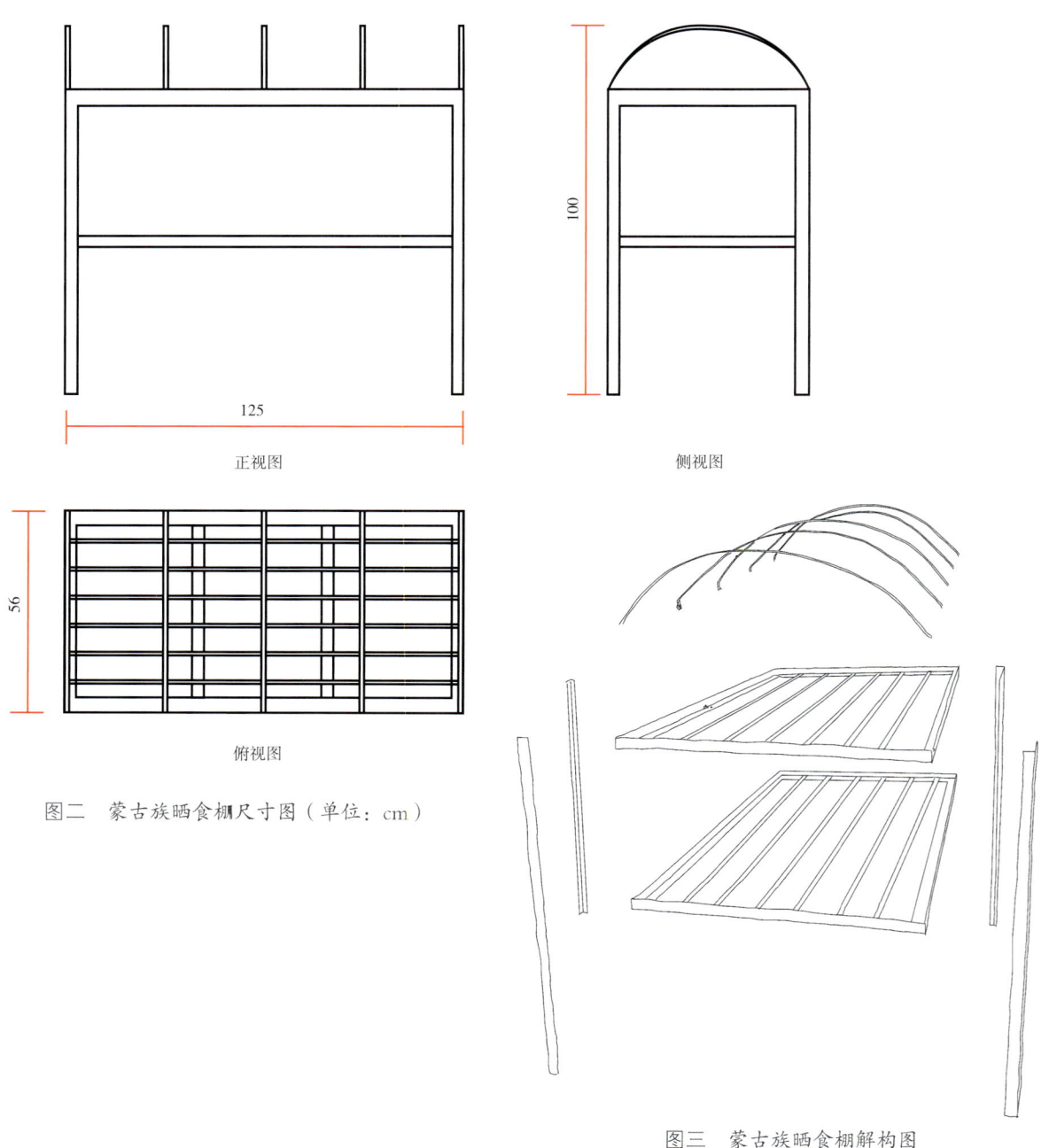

图二　蒙古族晒食棚尺寸图（单位：cm）

图三　蒙古族晒食棚解构图

多层的晒食棚有些类似家具中的柜格，最上层往往有拱形支架，专门用来安装纱帐

现代蒙古族使用的晒食棚多由松木或柳木改为铁制或铝制

现代用来盛放奶食的箅子也大多由原先的竹木改为铝合金材质

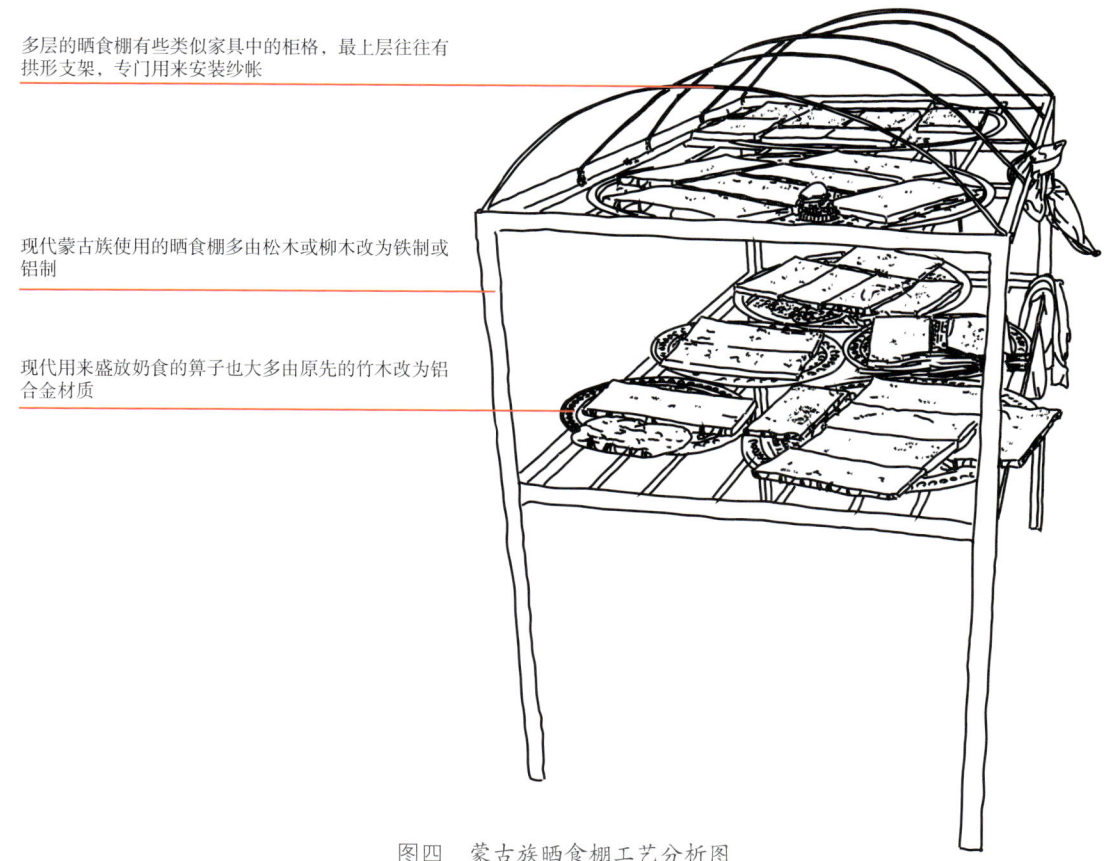

图四　蒙古族晒食棚工艺分析图

图五　蒙古族晒食棚使用情境图

第四章　蒙古族传统生活用具

457

蒙古族饰粉

图一 蒙古族饰粉主图

饰粉简称"粉",即一种妆饰用的粉末,有白色或其他颜色,许慎《说文解字》中称:"粉,所以傅面者也。"元朝时期蒙古族妇女极喜爱在面部涂一种黄色的粉。如《蒙鞑备录》有载:"妇女往往以黄粉涂额。"《黑鞑事略》中也有记录:"妇女真色,用狼粉涂面。"上述文献中所说的"黄粉"与"狼粉"其颜色均呈黄色,亦反映出元代蒙古族妇女用黄色粉末涂额部或整个面部的现象较为普遍。及至明清后世,受到汉族审美影响,蒙古族妇女亦开始使用白粉饰面,黄粉只在传统节庆或重要祭祀活动中使用。

蒙古族的传统饰粉是女子装扮面容的化妆材料,有饰满面的妆容,也有仅仅涂于齐眉以上额头部分的类型。早先的黄色饰粉符合蒙古族传统礼仪要求与审美标准,此外,用较厚的黄粉涂面也可以防止草原风沙的侵袭和日光的照晒。最初的饰粉即是以白米研磨成粉末,黄色饰粉当延传自契丹族的佛妆(契丹妇女也有一种独特的面饰,每至冬日寒冷季节,她们会在面部涂抹上一层金黄色的面膜。《契丹国志·佛妆》中有描述:"北妇以黄物涂面如金,谓之佛妆。"),同唐代额黄容妆亦有关联,其基本原料是栝蒌汁。栝蒌是一种多年生的草本植物,其块根和果都可入药,汁液呈褐黄色,其中所含成分对人皮肤有较好的养护作用。蒙古族的饰粉亦用这种植物为制作原料。《北虏风俗·帽衣》载:"……耳亦穿小孔,贯以金铛银环,亦以朱粉以饰,但施朱则太赤,粉则太白,不似我中国之适均也。"这说明当时蒙古族女子所用的饰粉同中原地区的粉相比较为粗糙，亦可据此推测出，蒙古族饰粉的原料多就地取材。当然也有从中原地区贸易或进奉而来的脂粉，这在明清以降，用者渐多。蒙古族的饰粉一般装在漆奁中，也有的用金或银制盒匣收纳，内里通常配绸布制的粉扑，用来蘸粉化妆。

蒙古族的饰粉沿袭自契丹族，其加工材料和容妆类型都较中原地区脂粉有所区异。因此，蒙古族饰粉在传统造物文化层面，同样凸显了蒙古族造物设计的适用性与生存智慧。

图片来源

图一　李淼　摄影
图二　微图网
图三　那仁夫、杨劲主编：《蒙古族文化图鉴·蒙古族服饰图鉴》，内蒙古人民出版社，2007年，第57页
图四、图五　李淼　制图
图六　《蒙古族文化图鉴·蒙古族服饰图鉴》（那仁夫、杨劲主编：《蒙古族文化图鉴·蒙古族服饰图鉴》，内蒙古人民出版社，2007年版）第74页
图七　《蒙古族文化图鉴·蒙古族服饰图鉴》（那仁夫、杨劲主编：《蒙古族文化图鉴·蒙古族服饰图鉴》，内蒙古人民出版社，2007年版）第65页

图二　蒙古族饰粉制作原料主材

图三　蒙古族饰粉盛装器具

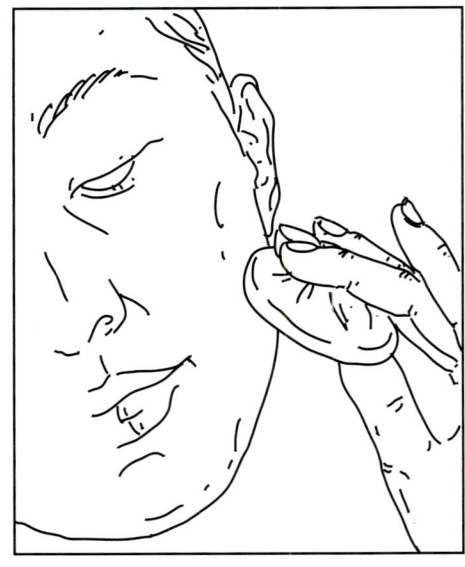

有饰满面的妆容，也有仅仅涂于齐眉以上额头部分的类型。上妆时用绸布制的粉扑，蘸粉扑于需上妆的部位

图四　蒙古族饰粉涂抹操作示意图

蒙古族的传统饰粉有饰满面的妆容，也有仅仅涂于齐眉以上额头部分的类型。较厚的黄粉涂面可以防止草原风沙的侵袭和日光的照晒

黄色饰粉当延传自契丹族的佛妆，同唐代额黄容妆亦有关联，其基本原料是栝蒌汁

图五　蒙古族饰粉工艺分析图

蒙古族碗袋

图一　蒙古族碗袋主图

碗袋在蒙古语中称为"哈布塔格"，是一种收纳碗具的套子。蒙古族的碗袋形制多样，开口尺寸通常稍大于碗口，高度则因可装碗具的多少而变化，其中有装单只碗的，也有盛放多只碗的，可以揣在怀里、挂在腰间，亦可收纳到马褡子里携带。蒙古族自古以来即有随身携带餐具的传统，蒙古族人去别处做客，碗筷和蒙古刀都是自备，如若没有，往往会被人笑话。碗袋便是用以盛装碗具的囊袋，既方便携带，也可保持餐具卫生。

蒙古族的碗袋亦是节庆礼俗中颇为重要的礼品，例如在蒙古族婚礼中，碗袋便是由新娘母亲赠送给其女婿的必要礼品，寄托对于新人未来美满生活的祝福。蒙古族制作碗袋的材料多样，有牛皮、驼皮、粗布、绸缎、柳条、毛毡和桦树皮等，其中皮制、毡制和布制的类型较为常见。碗袋从盛放数量上区别，包括单碗碗袋和多碗碗袋两种，其中单碗碗袋通常由袋盖和袋身两部分组成，两者在口沿处串以皮条连接，开合部分则装有带扣或纽扣纽襻，方便收纳碗具。多碗碗袋一般呈筒状，可以在其中叠放多只碗具，其口沿外部通常设有绳带，便于提携，此外多碗碗袋的口沿处通常有收紧绳，即是将袋口向内折叠缝合，中间穿绳，可以利用收放紧绳来紧固袋口，防止碗具在颠簸中跌落遗失。还有一种特殊的多碗碗袋，不是纵向叠放碗具，而是横向并列收纳，有两只装的和三只装的两种，形状如同两到三个单碗碗袋并列在一起。蒙古族碗袋的装饰异常丰富，向往美好的蒙古族人喜欢将各种寓意吉祥的传统纹样装点在碗袋上，常见的类型有盘肠纹、犄云纹、双喜纹、祥云纹、寿字纹、万字纹、莲花纹、双鱼纹和蝴蝶纹等。

蒙古族的碗袋不仅是收放碗具的实用容器，也是礼仪节庆中的常用礼品，其上装饰有各种精美传统纹样，寓意吉祥。使用碗袋是建立在蒙古族自备餐具、讲究卫生的民族习惯之上，制作碗袋的材料都是就地取材。在蒙古族的民族造物文化体系里，碗袋虽小，但同样彰显出蒙古族注重功能和实用的设计构思及向往美好、吉祥的精神特质，体现了蒙古族造物文化中功能与审美相统一、形式与内涵相生相合的基本特点。

图片来源

图一　刘兆和主编：《蒙古民族文物图典·蒙古民族服饰文化》，文物出版社，2008年，第245页

图二　刘兆和主编：《蒙古民族文物图典·蒙古民族服饰文化》，文物出版社，2008年，第246页

图三　刘兆和主编：《蒙古民族文物图典·蒙古民族服饰文化》，文物出版社，2008年，第249页

图四至图八　王智慧　制图

图二　蒙古族碗袋

图三　蒙古族碗袋

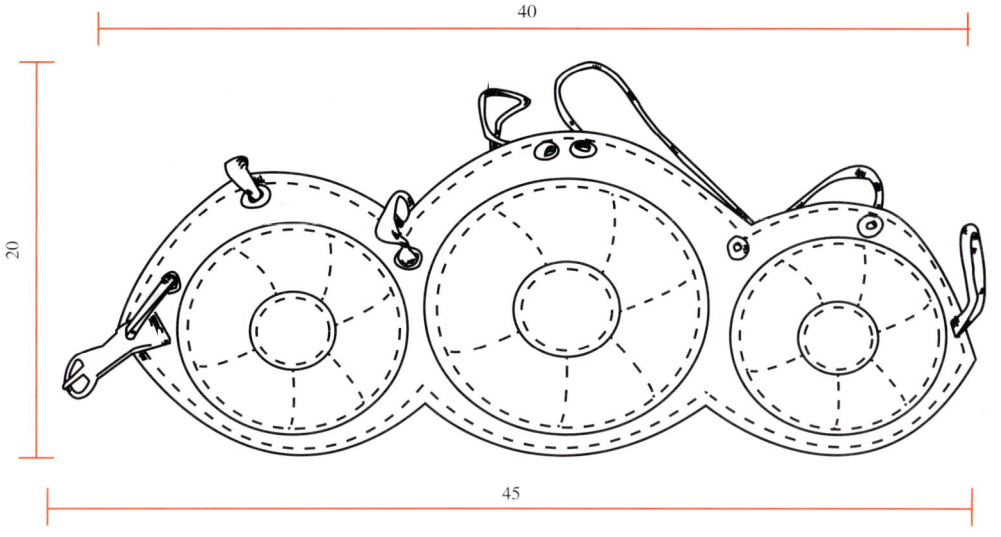

图四　蒙古族碗袋尺寸图（单位：cm）

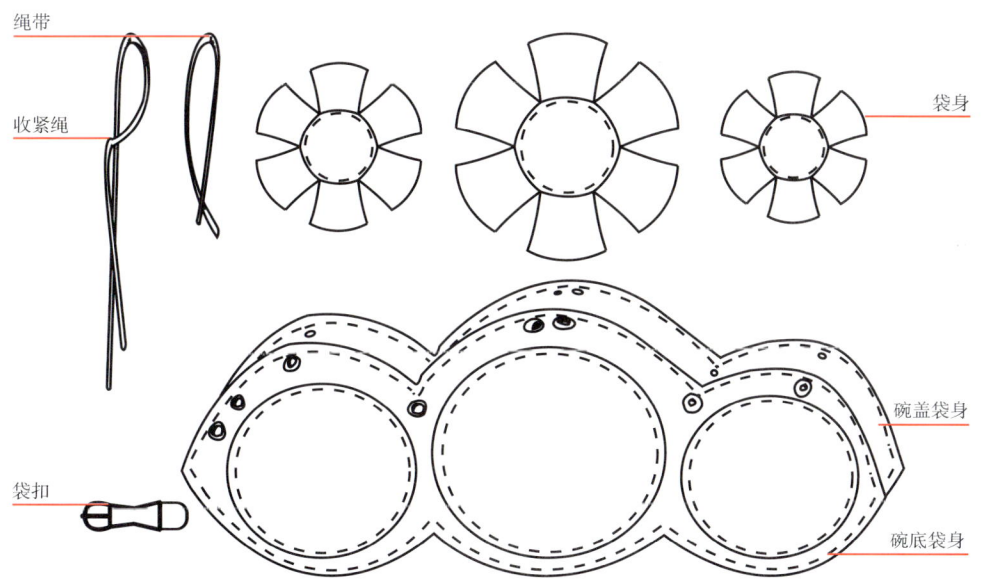

绳带
收紧绳
袋身
袋扣
碗盖袋身
碗底袋身

图五　蒙古族碗袋解构图

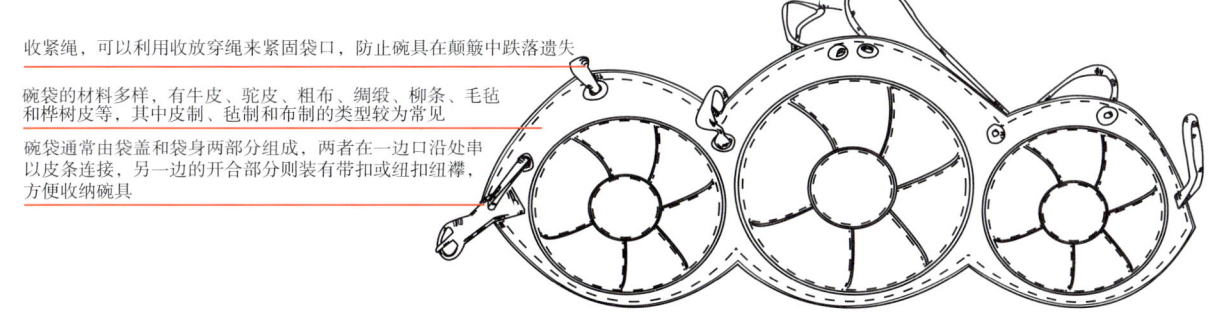

收紧绳，可以利用收放穿绳来紧固袋口，防止碗具在颠簸中跌落遗失

碗袋的材料多样，有牛皮、驼皮、粗布、绸缎、柳条、毛毡和桦树皮等，其中皮制、毡制和布制的类型较为常见

碗袋通常由袋盖和袋身两部分组成，两者在一边口沿处串以皮条连接，另一边的开合部分则装有带扣或纽扣纽襻，方便收纳碗具

图六　蒙古族碗袋工艺分析图

第四章　蒙古族传统生活用具

467

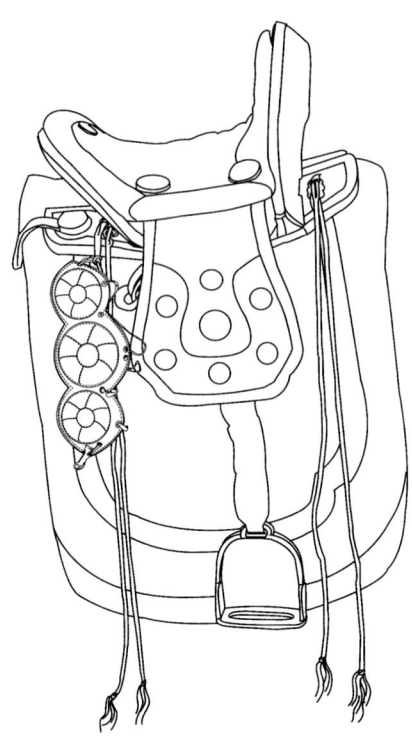

图七　蒙古族碗袋使用情境图

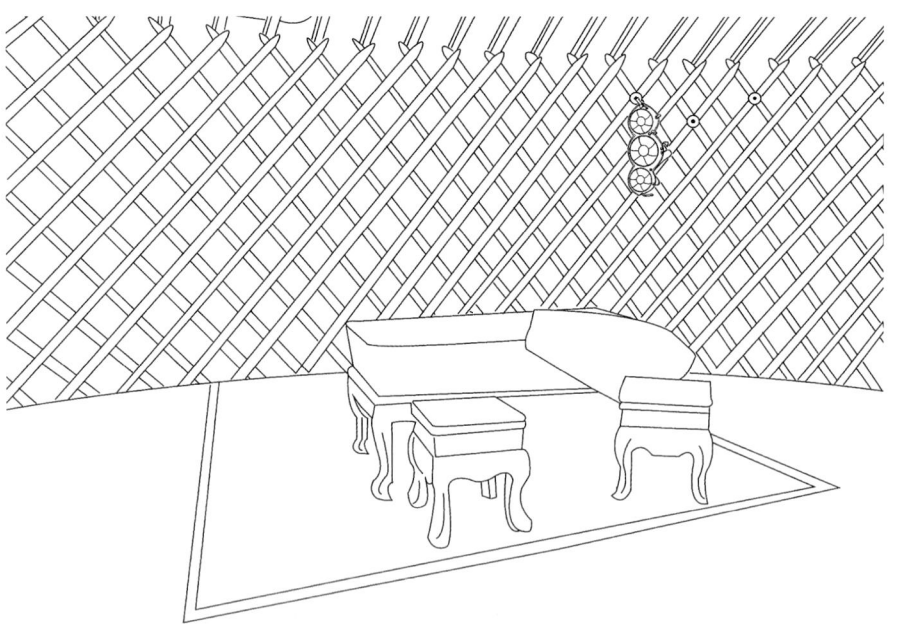

图八　蒙古族碗袋使用情境图

蒙古族烟袋

图一　蒙古族烟袋主图

烟袋也称"烟管",俗称"烟袋杆子",一般特指旱烟袋,是一种用以吸旱烟的器具。蒙古族的烟袋在基本形态上同汉族并无差异,都呈管状,顶端有向上弯曲的烟锅,其长度一般为20至50厘米,也有长度接近1米的长烟袋和仅几厘米长的短烟袋,不过这两种特形烟袋较为少见。蒙古族吸旱烟、用烟袋的习俗当是沿袭自汉族,不过在烟袋制作、装饰以及使用方法上却具有其自身典型的民族特征。

蒙古族牧人在野外放牧时常常用烟袋吸烟,借以提神解乏,亦可用来驱赶毒虫叮咬。用烟袋为对方敬烟是蒙古族重要的礼节习俗,敬烟常是用自己的烟草装好对方的烟袋,并点燃,然后双手递给对方吸食,以表恭敬和友好。烟袋还是成熟蒙古族男子的标志,通常将之装入烟荷包中,悬系在腰带上。此外,在蒙古族婚嫁和寿辰中,做工精美的烟袋还是贵重的礼物。

蒙古族烟袋由烟袋锅、烟袋杆和烟袋嘴三部分构成,其中,烟袋锅是用来装填烟草和燃烟的地方,一般用银、铜或铁铸造;烟袋杆是烟道,呈细圆管状,亦是手执的部分,常以榆木、柳木、杏木和桦木等制作,也有用铜银在外部包饰的,增加强度和美观;烟袋嘴是吸烟的地方,多用玉石、翡翠、玛瑙、琥珀和松石等制成,末端有圆边侈口,便于叼在嘴中。蒙古族烟袋上的装饰多种多样,常见的是添加银箍,一方面加固结构,另一方面亦是重要的装饰物,银箍上刻画、錾刻各式民族传统图案,以植物与几何类装饰纹样为主。也有在烟袋杆上直接装

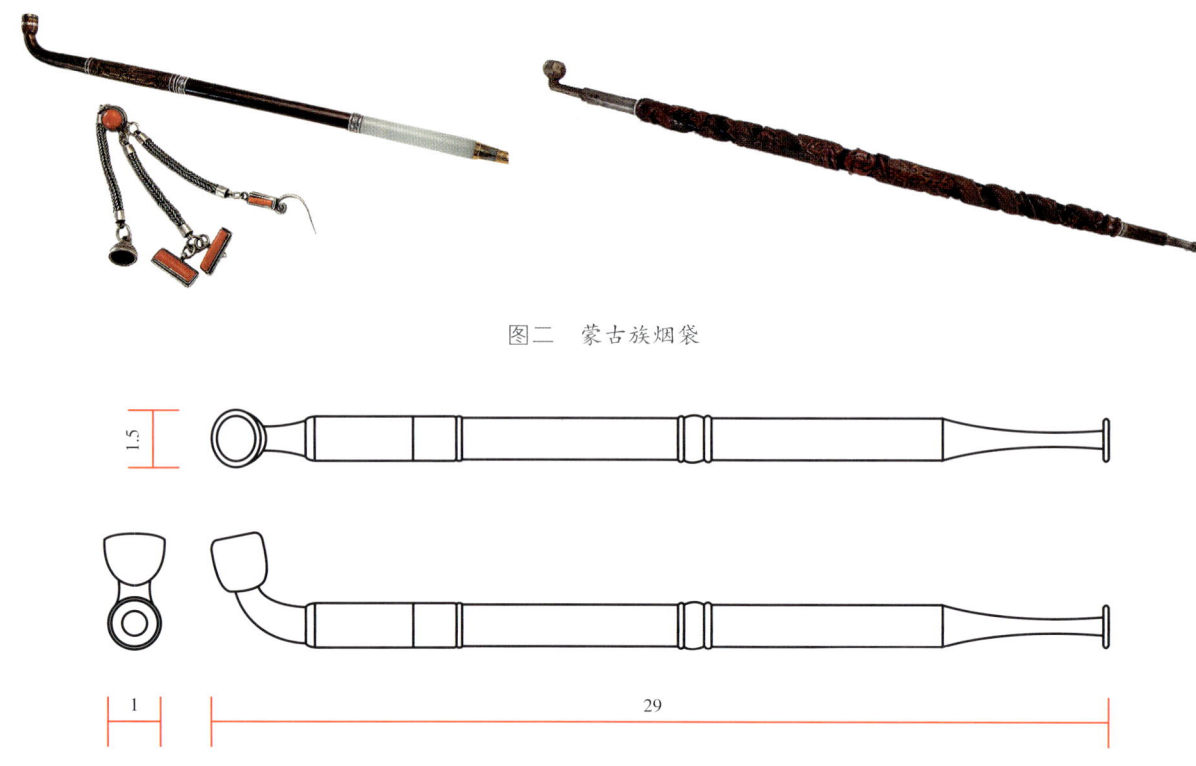

图二 蒙古族烟袋

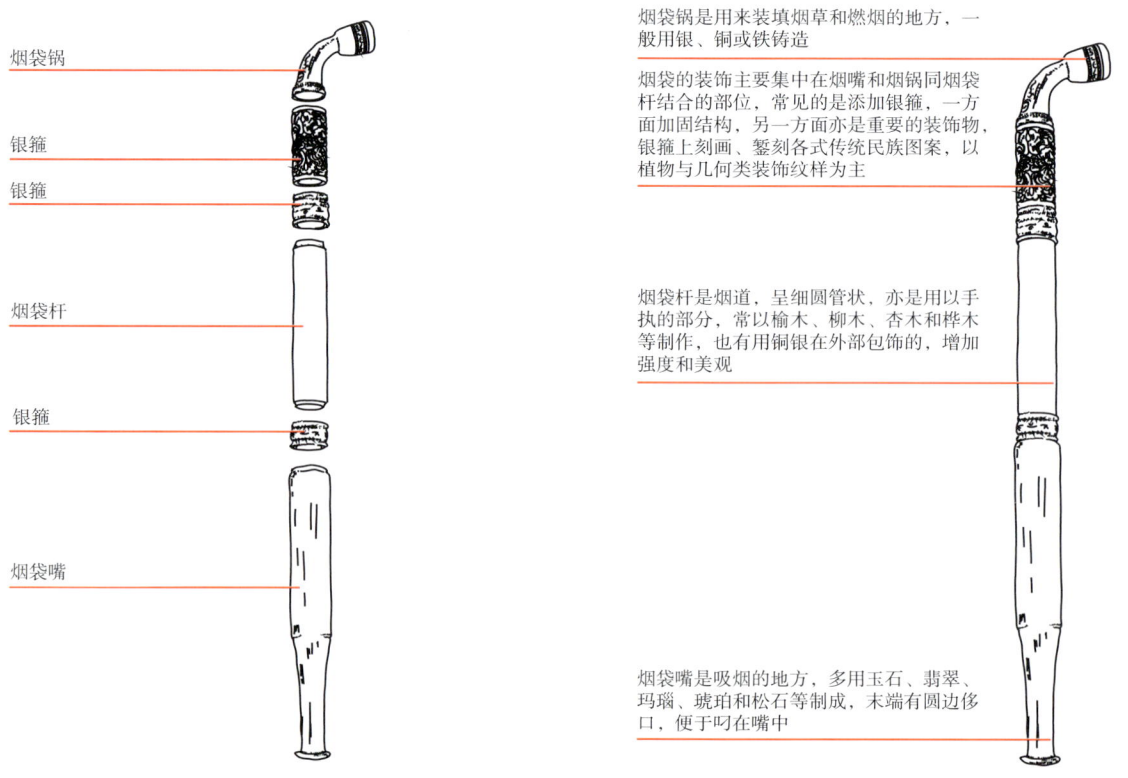

图三 蒙古族烟袋尺寸图（单位：cm）

图四 蒙古族烟袋解构图

烟袋锅
银箍
银箍
烟袋杆
银箍
烟袋嘴

图五 蒙古族烟袋工艺分析图

烟袋锅是用来装填烟草和燃烟的地方，一般用银、铜或铁铸造

烟袋的装饰主要集中在烟嘴和烟锅同烟袋杆结合的部位，常见的是添加银箍，一方面加固结构，另一方面亦是重要的装饰物，银箍上刻画、錾刻各式传统民族图案，以植物与几何类装饰纹样为主

烟袋杆是烟道，呈细圆管状，亦是用以手执的部分，常以榆木、柳木、杏木和桦木等制作，也有用铜银在外部包饰的，增加强度和美观

烟袋嘴是吸烟的地方，多用玉石、翡翠、玛瑙、琥珀和松石等制成，末端有圆边侈口，便于叼在嘴中

饰的，如在木制烟袋杆上雕饰浮雕纹样，多为祥云纹、卷草纹和盘龙纹等，或是用景泰蓝包饰，更显华美。烟袋的配件有收纳烟袋的烟荷包，有用来在点烟时压火的铜锅或银锅以及用以清理烟袋锅中烟草余烬的烟钩等。

综上，蒙古族烟袋在其民族造物文化体系中具有实用性与社会符号性的双重身份，此外，蒙古族烟袋的用料、制作及装饰工艺等亦是现代设计学研究与借鉴的宝贵对象。

图片来源

图一、图二　周安涛　摄影
图三至图五　许宏　制图
图六　刘兆和主编：《蒙古民族文物图典·蒙古民族服饰文化》，文物出版社，2008年，第197页

图六　蒙古族烟袋使用情境图

蒙古族羊拐

图一　蒙古族羊拐主图

羊拐又称为"髀骨""髀石"或"躁骨"，蒙古语称之为"沙盖""沙阿"或"沙嘎"等，是一种蒙古族传统游戏用具。羊拐取自羊小腿与羊蹄连接处的拐骨关节，形状呈不规则六面体，尺寸随羊骨骼大小有所差异。收集羊拐，在北方游牧民族的历史中存在久远，早在匈奴墓葬中，即有羊拐出土，及至北魏鲜卑墓、辽代契丹墓和金代女真墓中都有随葬的羊、牛和狍子的拐骨。蒙古族以羊拐游戏，当是沿袭自早先的其他北方民族。

最初的羊拐是用于军事战略的演练工具与随葬品，后来随着历史的推演，羊拐逐步成为北方游牧民族中用以教孩童辨物记事与游戏娱乐的工具。聪慧的蒙古族根据其多个面的不同特征，将之与常见蒙古牲畜相对应，并以此来教孩童辨识牲畜、记事识物。羊拐有六面，但前后两个小面无法立起，因而取左右与上下四个面对应牲畜。如蒙古民歌《沙嘎赞》中所描述的："牲骨之中沙嘎为宝。平面马为宝，背面驼为宝，凸面绵羊为宝，凹面山羊为宝，顺竖翁呼为宝，倒竖敦怪是宝，堆起来箱子是宝，掷下去凹盆是宝。"（荣苏赫、赵永铣：《蒙古族文学史》第1卷，内蒙古人民出版社，2000年，第176页）即是将四面中宽凸的面称为"背"，宽凹的面称为"心"，窄凸的面称为"目"，窄凹的面称为"耳"，分别与"绵羊、山羊、马、骆驼"或"绵羊、牛、马、骆驼"对应。正立的羊拐被称为"阿查"，倒立的羊拐则称作"昂高"。

羊拐游戏有多种，早先的契丹与蒙古族有一种击髀石的游戏，现代又叫"击古尔"。以三五枚羊拐垒堆，在一定距离外以一羊拐投击，击中的则赢得羊拐，不中的则输掉投出的羊拐。后世比较流行，并延传至今的游戏方式是抓羊拐，又称为"抓子"或"挝子"，明清之际，由蒙古族传入汉族地区后也沿用了这些名称。抓羊拐游戏需要配以一个小沙包，称为"老卯头"，还需要用到四个羊拐（多人游戏时则数量递增），游戏时先将四个羊拐抓在手里，将其撒在地上后迅速向空中抛沙包，在沙包落地之前，游戏者的手要迅速抓起地上的一枚或数枚羊拐，并以同一只手接住沙包，如沙包落地则记为失败。抓羊拐还有更复杂的玩法，包括按照羊拐四面顺序或对应面同时抓取等，进一步提升游戏难度，锻炼游戏者心灵手巧的程度。此外，羊拐许多时候还可以充当吉日格（吉日格也称"连儿"，是一种传统蒙古族棋类）的棋子。

羊拐的制作材料多为直接取下的羊拐骨，也有用金属铸造和玉石雕刻的类型，较为华贵。骨质的羊拐加工起来并不复杂，将刮净的羊拐骨经过蒸煮脱脂，然后以天然染料着色，其中红色与绿色居多。金属铸造的羊拐，最早可溯源至北魏，后世以辽、金和元时期出土最多，一种是金属芯的羊拐，即是将羊拐掏空，灌以热铜（或其他金属），待其冷却便是铜灌羊拐；另一种则是以羊拐为模，脱出陶范，再注以热铜（或其他金属），以此铸出的羊拐，即是铜铸羊拐。玉质羊拐始于辽代，辽墓出土的玉羊拐出现了中心穿孔，串成项链的类型。至金代，除了玉石，还出现了水晶、玛瑙等多种材质的仿制羊拐，都是用以佩戴，象征吉祥福瑞。这些制作精美的羊拐成为重要的随葬品，抑或是赠送亲友的珍贵礼品。

蒙古族的羊拐游戏源于早先的北方其他游牧民族，在其民族造物文化系统中具有重要的地位与价值。可以说，小小的羊拐将草原上居住甚远的族人以游戏和赠礼的方式紧密地联系起来。

图片来源

图一　周安涛　摄影

图二　李淼　制图

图三、图四　钱瑶　制图

图五　微图网，图片编号：mf1254291

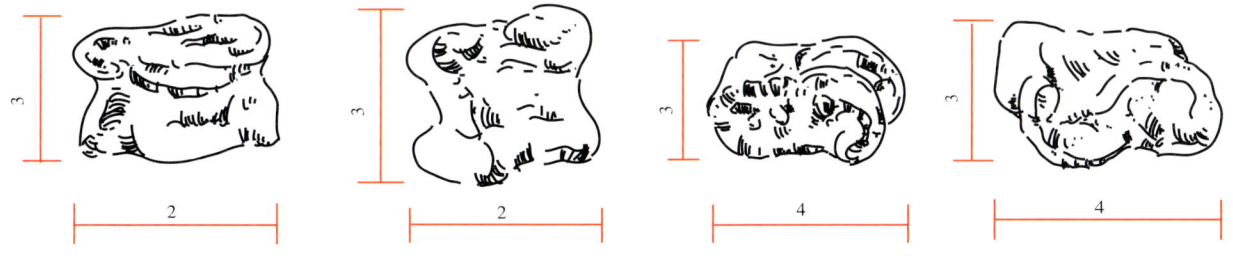

图二　蒙古族羊拐尺寸图（单位：cm）

早先的契丹与蒙古族有一种击髀石的游戏，现代又叫"击古尔"。以三五枚羊拐垒堆，在一定距离外以一羊拐投击，击中的则赢得羊拐，不中的则输掉投出的羊拐

图三　蒙古族羊拐玩法示意图·击髀石

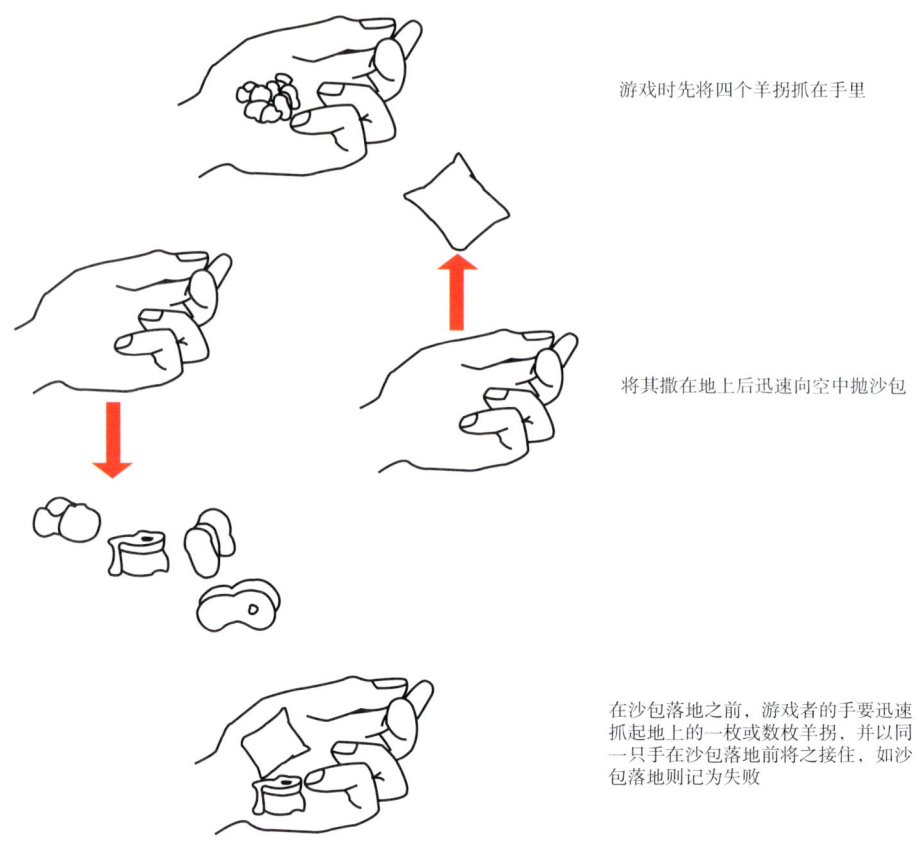

图四 蒙古族羊拐玩法示意图·抓羊拐

图五 蒙古族羊拐游戏情境图

蒙古族摇篮

图一　蒙古族摇篮主图

蒙古族的摇篮又称"摇床",蒙古语为"乌鲁格伊"或"卧乐贵"。蒙古族摇篮的长度通常为80至120厘米,宽度为30至40厘米,高度不包括哈拉(摇篮前部的挡头)一般为20至30厘米。摇篮即是婴儿的小床,各个民族都有,蒙古族的摇篮由来已久,而且其造型和结构设计别致,如同去除了车辕与车轮的勒勒车,在使用功能层面亦非常适合蒙古族的生活方式与生存环境。

蒙古族摇篮的主要功能即是供婴儿躺卧,底部的圆弧形结构便于左右摇晃,安抚婴儿。蒙古族传统中,婴儿在出生七天后放入摇篮,并需要为此举办一个小型的仪式,用奶油在摇篮的四边涂抹,并由姥姥家的长辈致以祝福。因婴儿性别不同,家人在哈拉上悬挂各异的物品以示祝愿。

制作摇篮的材料多为就地取材,常见的有榆木、柳木和榉木。蒙古族摇篮的主要结构包括阿日勒、哈拉、候布其、达塔尔、高格秋、伊鲁、浩勒宝斯等7个部分。其中,阿日勒原意即是车辕,这里指的是摇篮两侧的护翼;浩勒宝斯是指摇篮收尾的横档,与两条阿日勒首尾相连,形成基本摇篮框架;伊鲁是用以支撑摇篮的结构,一般是四条平行的弧形木料,这样的设计便于摇篮左右晃动;乌鲁格伊是婴儿躺卧用的木板,也叫"睡板",安装在伊鲁之上;哈拉如前所述,是安装在摇篮前部的弓形木条,通常覆以红色或蓝色布料,朝外的一面钉有铜币等物寓意吉祥。候布其是连接哈拉顶端到脚部浩勒宝斯的皮绳,连接哈拉的一端有三叉,在中部合一,其既有稳定哈拉的作用,又是用来蒙罩纱帐和盖布的框架,顶端的三叉,一支居中,两侧各一,这样设计的目的是防

第四章　蒙古族传统生活用具

止婴儿斜视。候布其上共有七个结，寓意七星护佑。摇篮上常常蒙上纱帐，防止草原上的大量蚊蝇和昆虫叮咬婴儿，有时覆上一层盖布，则可防尘遮阳，抵挡寒风。婴儿初入摇篮时，女婴用的摇篮，要在其哈拉上挂放小镜子，男婴的摇篮，则在哈拉上悬挂小弓箭和蒙古刀，皆是用以祝愿祈福。

除此之外，蒙古族的摇篮还有塔达尔与高格久等附件。塔达尔是用以捆缚的编结带，多绣有各式吉祥纹样或是咒符等，也有的用牛皮条代替。高格久是固定在阿日勒两侧的绳索，其上多串以铜或银制的圆环。将婴儿放入摇篮，将塔达尔依次串进高格久上的圆环，用以固定。按照蒙古族牧民的习俗，摇篮一般由娘家提前准备，在婴儿出生之后送到，其寄托了长辈们的美好祝福。

蒙古族的摇篮做工精巧、结实耐用，对于较为特殊的蒙古族生存环境与生活习惯，其结构设计具有良好的适用性。蒙古族摇篮中的许多部分不仅具有实用功能，还兼具美好的象征意义，寓意吉祥，承载着蒙古族人对自己子嗣的希望与祝福。彰显出以人为本的设计构思，亦为现代家具中的相关设计提供了宝贵的借鉴与经验。

图片来源
图一　周安涛　摄影
图二至图四　李淼　制图
图五　李淼　摄影

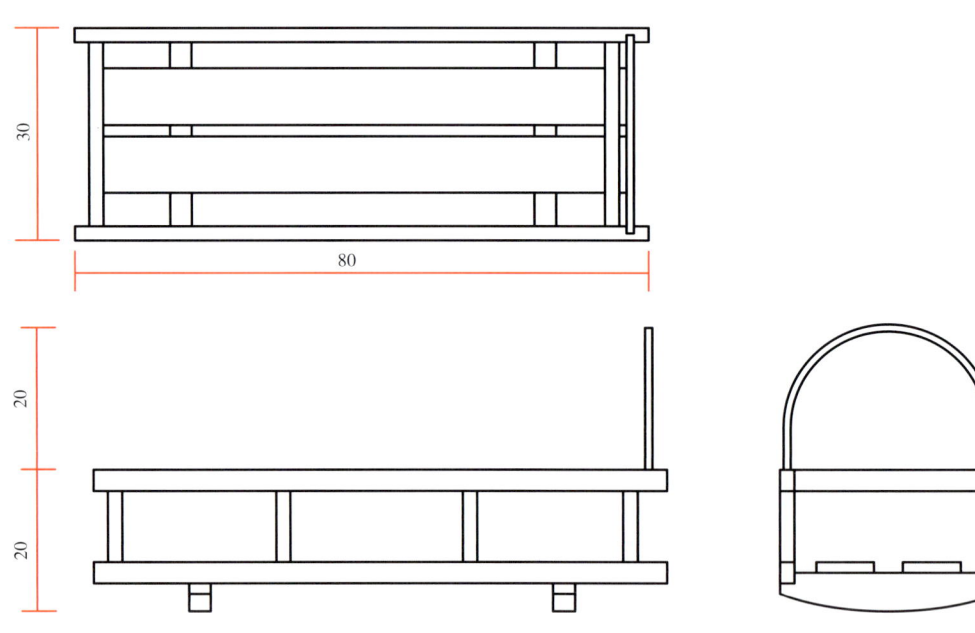

图二　蒙古族摇篮尺寸图（单位：cm）

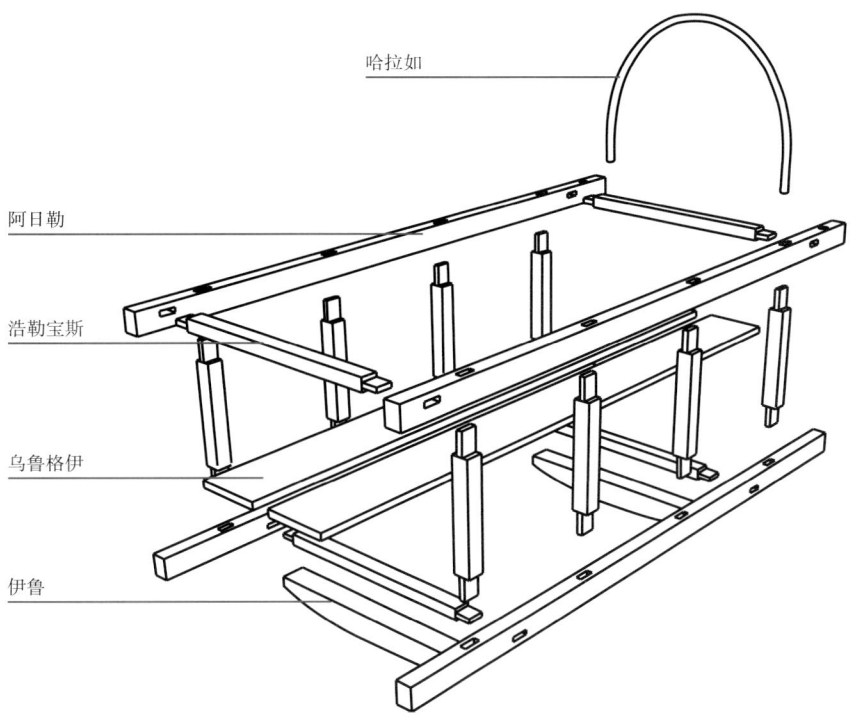

图三 蒙古族摇篮解构图

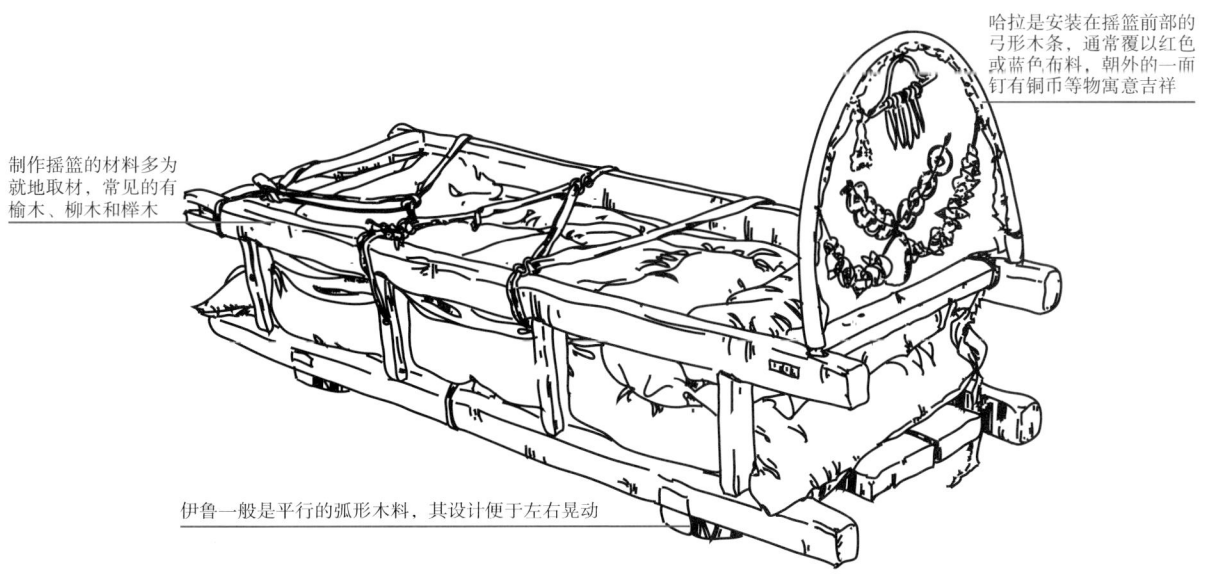

图四 蒙古族摇篮工艺分析图

图五　蒙古族摇篮使用情境图

蒙古族蝇甩

图一　蒙古族蝇甩主图

蒙古族的蝇甩也称"蝇甩子"。蒙古族的蝇甩注重器物的实用功能——在夏季驱赶草原上众多的苍蝇、蚊子等飞虫。蒙古族的蝇甩一般长度在一米左右，由执柄和马尾两部分组成。其起源当是蒙古族先民通过观察牛马甩动尾部驱赶蝇虫，模仿着设计制作而来。

蒙古族蝇甩不用时一般挂放于蒙古包内靠近门框的哈那上。蝇甩的执柄部分通常用柳木、榉木、牛腿骨、羊蹄、牛羊角等制作，尾部需要穿孔并拴系皮绳套，用以套在手腕上，防止挥甩时滑脱，也可用于悬挂。蝇甩的马尾部分顾名思义是用剪下的马尾鬃毛扎成簇，固定于执柄一端形成蝇甩。根据加工工艺和原材料的不同，蒙古族蝇甩可以分为马尾编织蝇甩、马尾搓编蝇甩和牛尾蝇甩等类型。其中马尾编织蝇甩是指用马尾根编结成一些简单的纹样，如鱼鳞纹和锯齿纹等，再嵌套到执柄末端；马尾搓编蝇甩则是再将十几根马尾搓成一股，再将若干股马尾编结、固定于执柄一端，这样的蝇甩强度大，更加耐用。牛尾蝇甩不使用马鬃，直接用宰杀后的牛尾，仅对手执部分稍加包裹处理便可使用。

蒙古草原在夏季，由于植被茂盛，蝇虫众多，其数量远非偏南地区可及，严重影响蒙古族人日常生活，蝇甩作为一种有效地用于驱赶蚊虫的生活用具，正是在这种生活需

第四章　蒙古族传统生活用具

479

求下被设计制作出来，充分体现了蒙古族人敏锐的观察力和仿生造物能力。

图片来源
图一　周安涛　摄影
图二至图五　李淼　制图

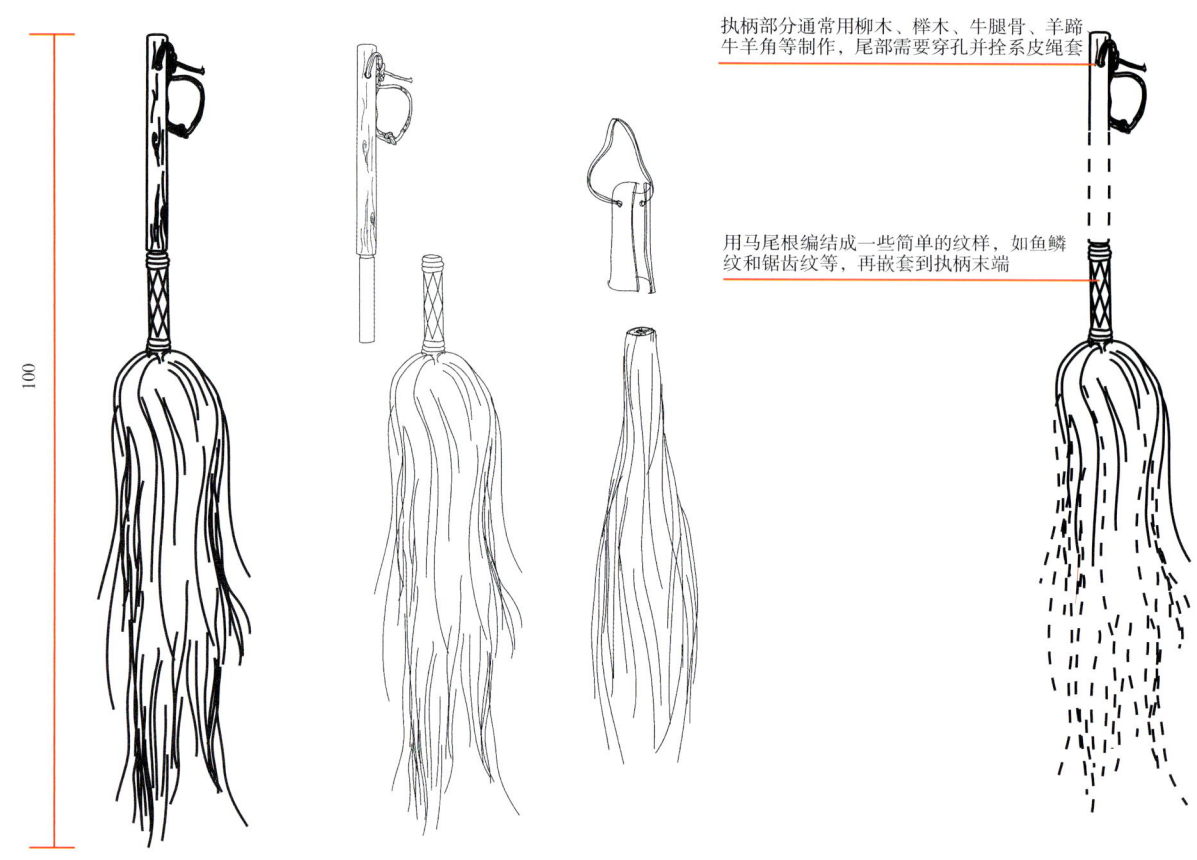

图二　蒙古族蝇甩尺寸图（单位：cm）

图三　蒙古族蝇甩解构图

图四　蒙古族蝇甩工艺分析图

执柄部分通常用柳木、榉木、牛腿骨、羊蹄牛羊角等制作，尾部需要穿孔并拴系皮绳套

用马尾根编结成一些简单的纹样，如鱼鳞纹和锯齿纹等，再嵌套到执柄末端

图五　蒙古族蝇甩使用情境图

蒙古族熨斗

图一　蒙古族熨斗主图

　　蒙古族的熨斗属于舶来，形制各异，有近似于烙铁的三角形熨斗，也有如同僧帽形态的木炭熨斗。

　　熨斗的功能，顾名思义，主要是利用热度来直顺衣物，去除皱褶。蒙古族的熨斗多为铜铁铸造，常见的有两种形态，一种为三角形熨斗，结构略微复杂，其底部为三角形铁盒，内部中空，底部的中间立有一方形或圆形铁柱，铁柱侧面有豁口或栓扣。与之相对应的是一可置入铁盒中的三角形铁块，中部留有开口，正好穿过铁盒底部的铁柱结构。另有三角形铁盒的盖子部分，中间同样设有开口，同铁盒中的铁柱位置和大小相合，方便扣合，以铁栓固定，形成熨斗的底部。盖子上设有提梁，包裹木柄，防止烫手。在使用这种三角形熨斗时，先将铁盒中的铁块取出，在炉中烧红，再用火钳或特制的挑棍将其置入熨斗铁盒，扣上盖子，插好拴扣，待到铁盒底部温度上来即可用来烫熨衣物。另外一种是更加简易的木炭熨斗，基本形态类似煎锅，不过侧口较深，并常装饰有僧帽口沿的造型，类同于东布壶，侧面装有圆形中空的把柄，便于操作。使用时，将红炭置入"锅"内，待到底部温度合宜时便可用来烫熨。

　　蒙古族熨斗结构简单，使用便捷，是日常生活中整理衣物的必备器具，适应了蒙古族游牧迁徙的生活方式。虽然现代蒙古族在熨烫衣物时已经普遍使用电气化的熨斗，但作为见证千百年来蒙古族日常生活的物件儿，传统性质的熨斗依然在相关设计研究领域具有不可替代的参考价值。

图片来源
图一、图二　周安涛　摄影
图三至图七　李淼　制图

图二　蒙古族青铜熨斗

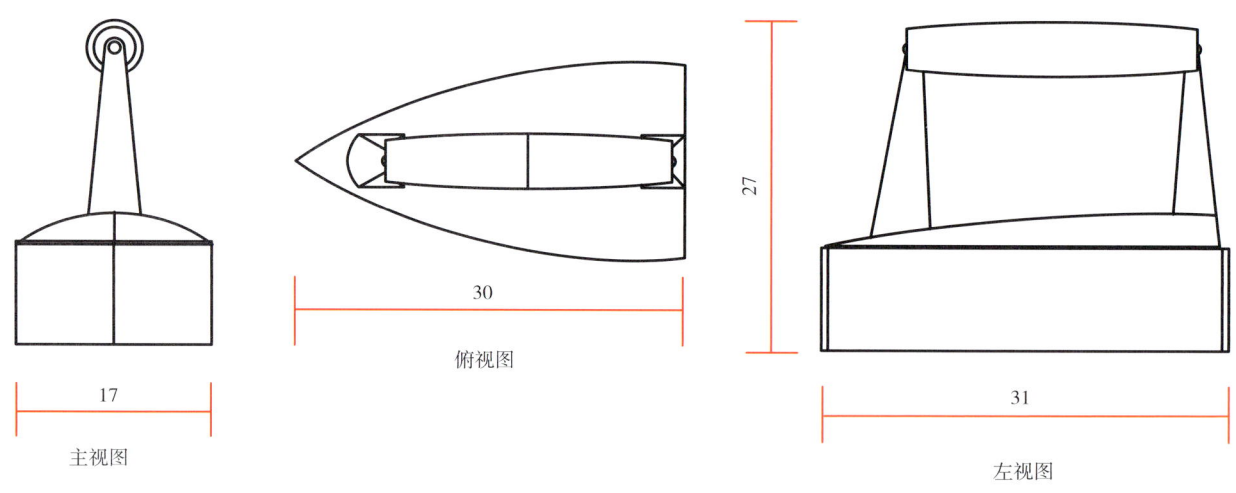

图三　蒙古族熨斗尺寸图（单位：cm）

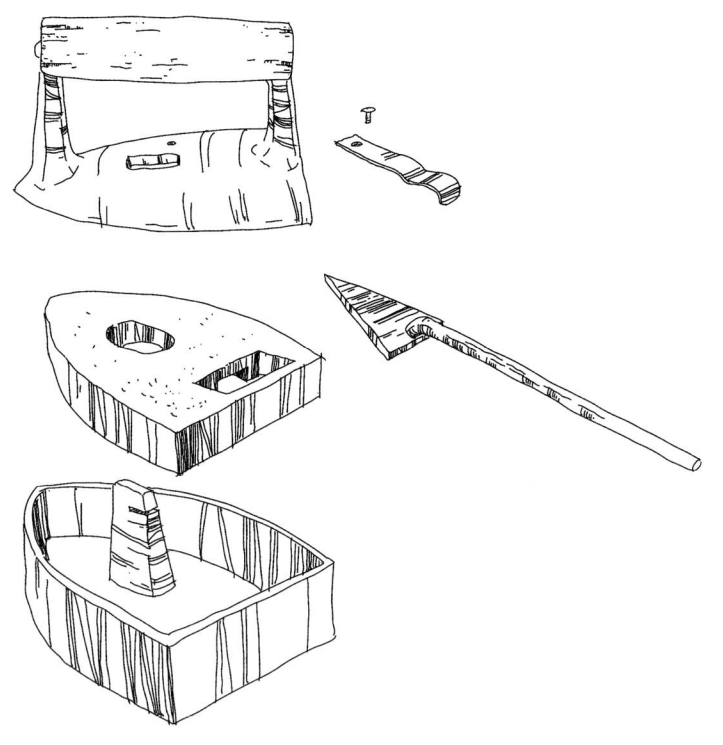

图四　蒙古族熨斗解构图

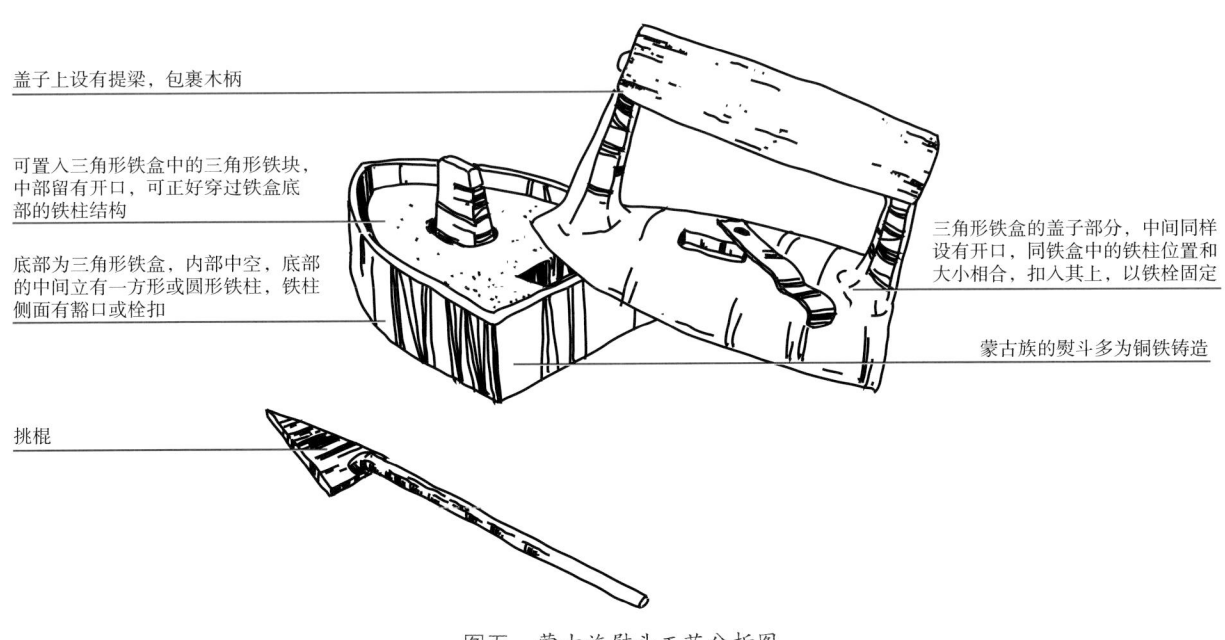

盖子上设有提梁，包裹木柄

可置入三角形铁盒中的三角形铁块，中部留有开口，可正好穿过铁盒底部的铁柱结构

底部为三角形铁盒，内部中空，底部的中间立有一方形或圆形铁柱，铁柱侧面有豁口或栓扣

三角形铁盒的盖子部分，中间同样设有开口，同铁盒中的铁柱位置和大小相合，扣入其上，以铁栓固定

蒙古族的熨斗多为铜铁铸造

挑棍

图五　蒙古族熨斗工艺分析图

第四章　蒙古族传统生活用具

图六　蒙古族熨斗使用情境图

图七　蒙古族熨斗使用情境图

第五章 蒙古族传统生产工具

蒙古族锛子

图一　蒙古族锛子主图

锛子也简称"锛",是一种用以削平木料的传统木工工具,根据其加工对象的差异,锛子大小有别,体长从几十厘米到一米多不等,基本形状类似锄头,由长柄与锛子头组成,其中锛子头因具体功用差别,形状亦有所不同。锛子的历史起源极为久远,早在新石器时代就有专门加工木料的石锛出现。蒙古族人使用锛子加工各种木料,以此制作各类木制器具,包括马鞍、车具、家具及建筑用料等。

依具体加工对象和加工要求的差异,蒙古族人所使用锛子的形制亦有所不同。例如专门用来加工马鞍裸鞍的锛子被称为砍鞍锛子,包括三种类型,其一是常见的平口锛子,也称平锛,通体长度一般为40至50厘米,柄部向内弯曲,锛子头形似平口斧头,长度大约为30厘米,主要用来修整裸鞍木料表面;另一种是方口锛子,也称方锛,柄部弯曲,一般长度为40厘米,锛子头为两侧呈直角的铲子形状,长度通常不到30厘米;还有一种是圆口锛子,也称圆锛,基本体量与方口锛子相似,锛子头为半圆铲形。方锛和圆锛主要是用来加工马鞍的凹面及在需要的地方开槽。而加工家具乃至建筑梁栋的锛子相较于上述三种砍鞍锛子更大,通体长度在1米以上,柄部微曲,操作时,木工双手执锛子柄尾,以一脚踩踏固定木料,向下向里挥动锛子,劈砍木料,修整表面。蒙古族人常使用的锛子头是锻铁打制,柄部为木制,以结实耐用为标准,通体没有装饰。

作为一种传统的木工工具,锛子简单实用,满足了蒙古族人木工生产时的诸多加工需要。现今,虽然传统木工工具逐步为各式电动工具所取代,但朴实无华的锛子在许多传统木工制作中依然不可或缺,亦是蒙古族木工工艺历史演进的重要见证。

图片来源
图一　周安涛　摄影
图二至图五　张颖泉　制图

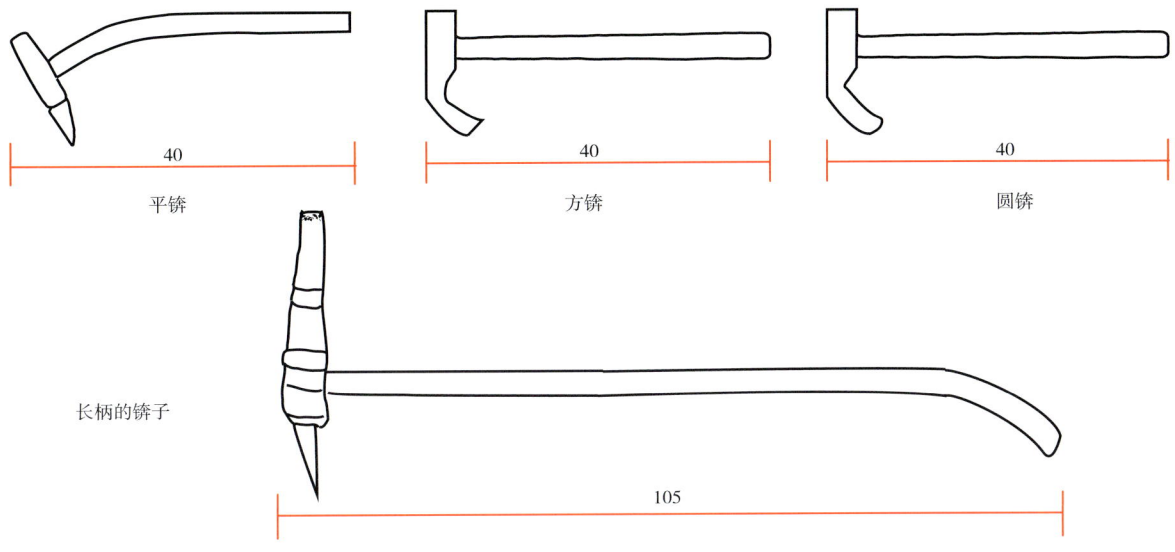

图二　蒙古族锛子尺寸图（单位：cm）

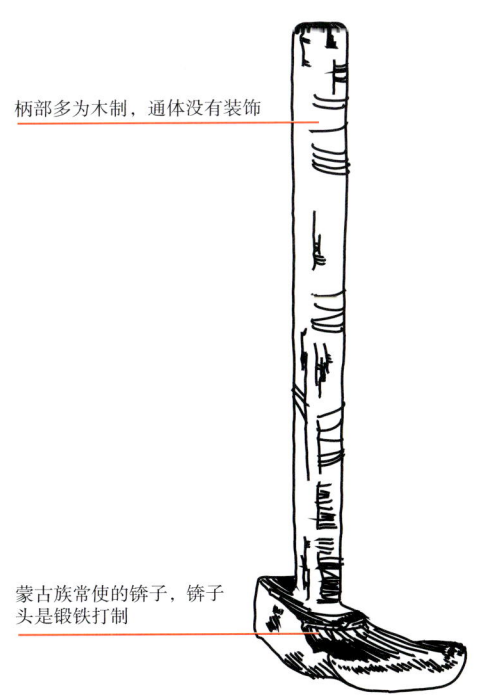

图三　蒙古族锛子工艺分析图

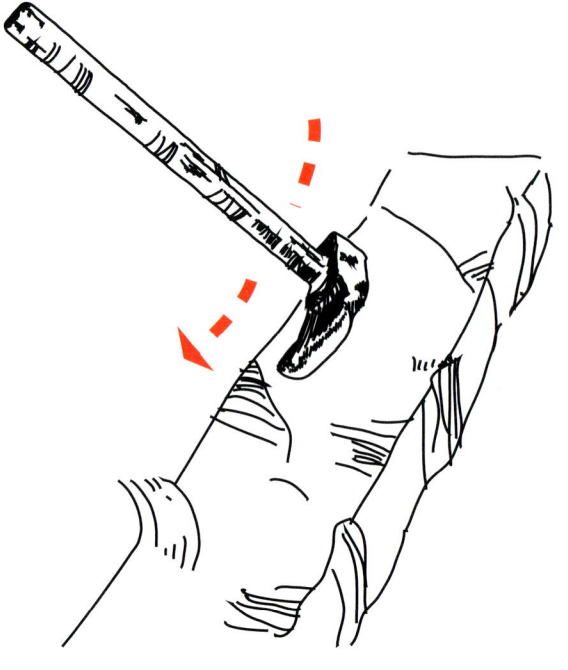

图四 蒙古族锛子操作示意图

图五 蒙古族锛子使用情境图

蒙古族捕兽夹

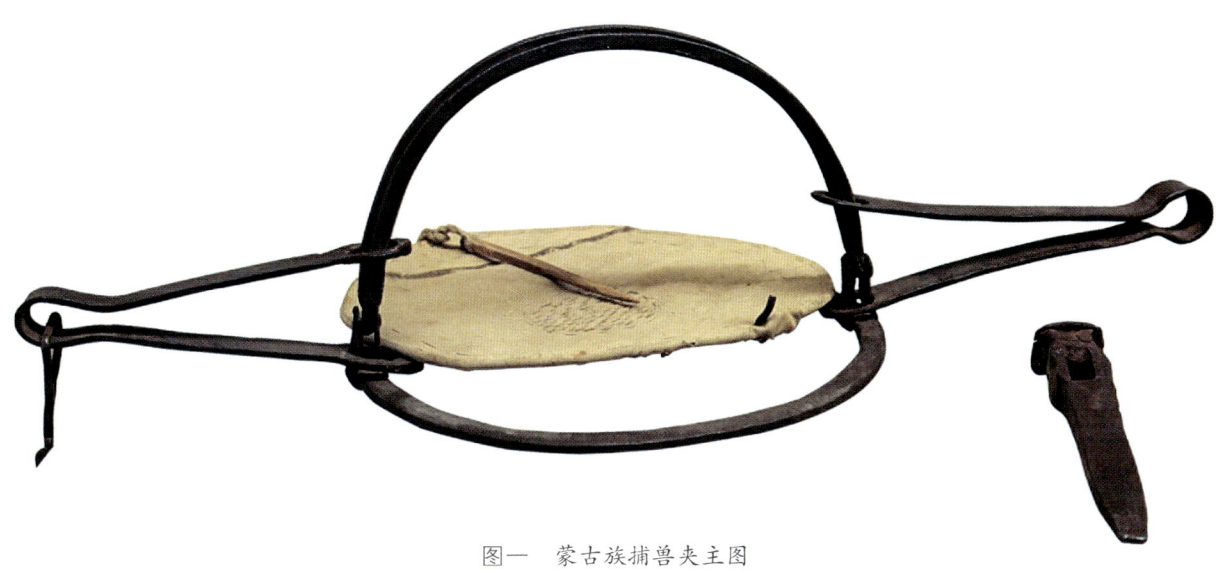

图一 蒙古族捕兽夹主图

捕兽夹又称"捕兽器"或"猎兽夹",蒙古族的捕兽夹属于狩猎器具,是陷阱的一种。根据捕获目标的不同,蒙古族捕兽夹的尺寸亦有所差异,大的底座直径可达60厘米以上,而相对小型的则不足30厘米。作为一种传统狩猎器具,捕兽夹早在蒙古族形成之前的狩猎时代已在草原上广为使用,等到进入游牧时代,狩猎行为依然存在,捕兽夹成为诸多游牧民族补充食物和锻炼技能的重要工具。

顾名思义,捕兽夹的功能即是用以狩猎动物,一般情况下不会夹死猎物,而是夹住猎物使其无法逃脱,待到猎人过来再行收拾。蒙古族常用的捕兽夹多为铁制,也存在配有木制构件的类型,其基本结构包括一个底座、一到两只弹片(或弹簧)、一对夹持部、一个踏板以及别棍。其中,大型捕兽夹的底座通常为一铸铁圈,铁制底座一来提供了整个陷阱的稳定性,二来也是为了增加重量,防止被捕动物逃脱。小型的捕兽夹,如捕兔夹的底座多为木制条板,其他结构部分皆依次安装于木条之上。铁制的弹片是整个捕兽夹的动力源,通常为左右各一只,单体呈U形,两端一边固定于底座,另一边末端有圈环,套住夹持部。陷阱布置好的时候,弹片被打开的夹持部下压闭合,提供弹力。夹持部是捕兽的关键,一般是两个半圆,末端部分嵌套在弹片圈环中,分别同底座以轴枢相连。踏板和别棍是整个捕兽夹的触发机关,布置捕兽夹时,将两半夹持部左右分开,下压至与底座齐平的位置,以别棍别住一边,仅留别棍末端在夹内,再将踏板摆放在夹内,一端搭在别棍末端之上,这样野兽一旦踩到踏板则会触发别棍松脱,致使弹片释放,夹持部快速闭合,捕捉住野兽。虽然捕捉不同野兽所使用的捕兽夹有所不同,但基本工作原理近似。蒙古族捕兽夹通常不在夹持部上制作咬齿，而是直接以钝边夹捕，这样的设计不会夹断兽腿或带来致命伤害，仅仅是困住野兽使其无法逃脱。

蒙古族的捕兽夹作为一种捕猎器具，亦属于传统狩猎生活中的生产工具，对于侵扰牧群的野兽，设置在其经常行进的地方，能够有效保护牧群及牧人的安全。此外，捕兽夹还能捕捉一些中小型动物，丰富牧人的食物。这种构造简单而有效的狩猎器具，属于蒙古族游牧生产中不可或缺的配属生产工具，在蒙古族造物文化中亦具有重要的研究价值。

图片来源
图一　周安涛　摄影
图二至图七　李淼　制图

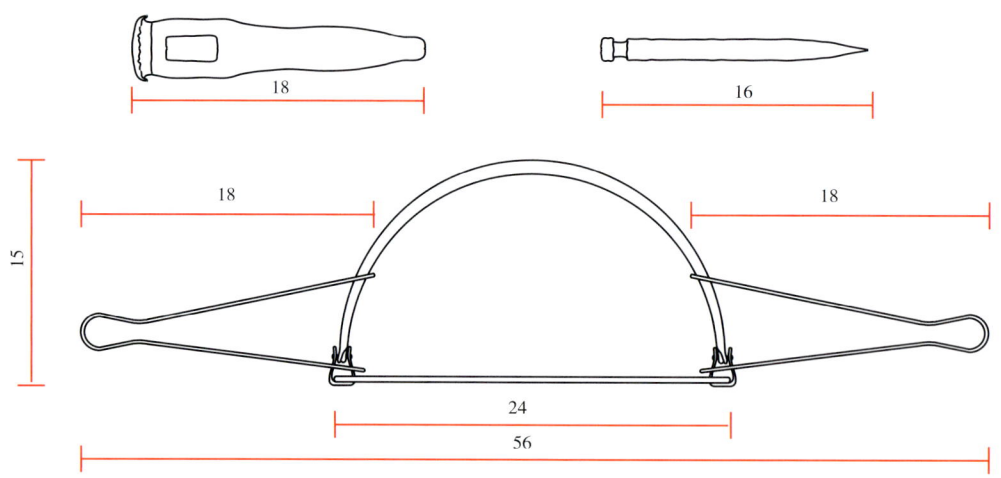

图二　蒙古族捕兽夹尺寸图（单位：cm）

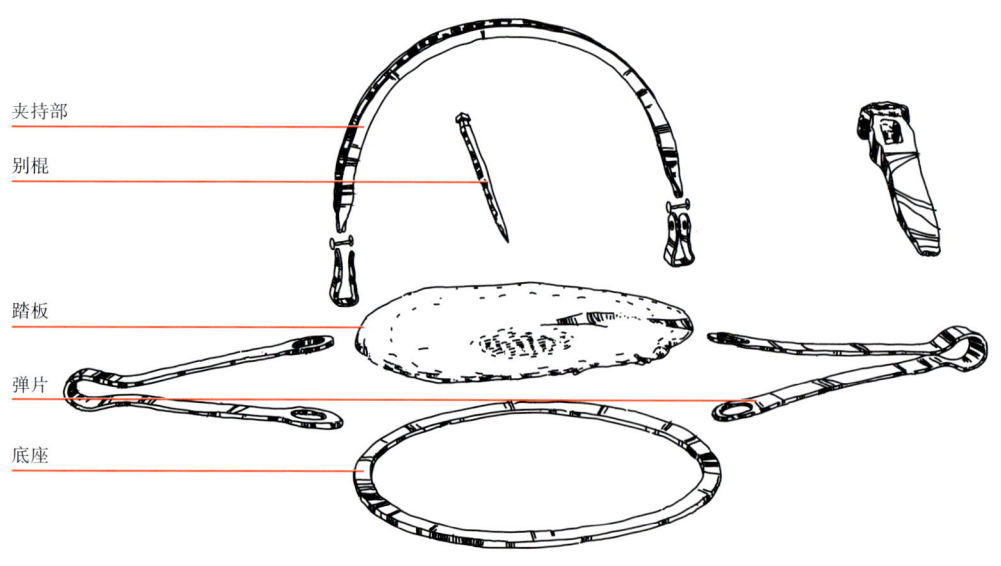

图三　蒙古族捕兽夹解构图

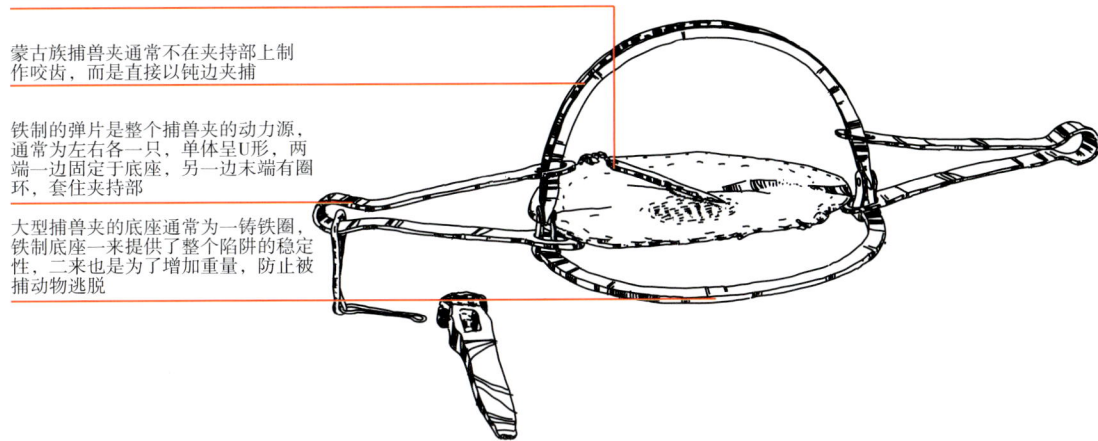

踏板和别棍是整个捕兽夹的触发机关

蒙古族捕兽夹通常不在夹持部上制作咬齿，而是直接以钝边夹捕

铁制的弹片是整个捕兽夹的动力源，通常为左右各一只，单体呈U形，两端一边固定于底座，另一边末端有圈环，套住夹持部

大型捕兽夹的底座通常为一铸铁圈，铁制底座一来提供了整个陷阱的稳定性，二来也是为了增加重量，防止被捕动物逃脱

图四　蒙古族捕兽夹工艺分析图

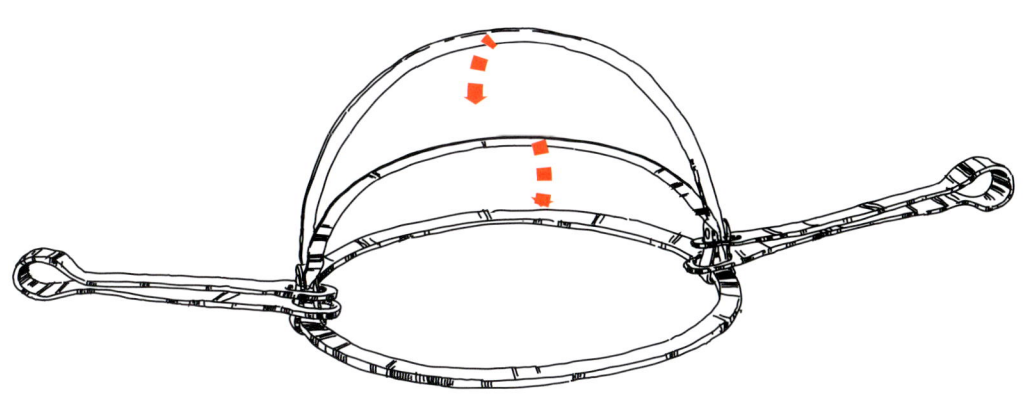

布置捕兽夹时，将两半夹持部左右分开，下压至与底座齐平的位置

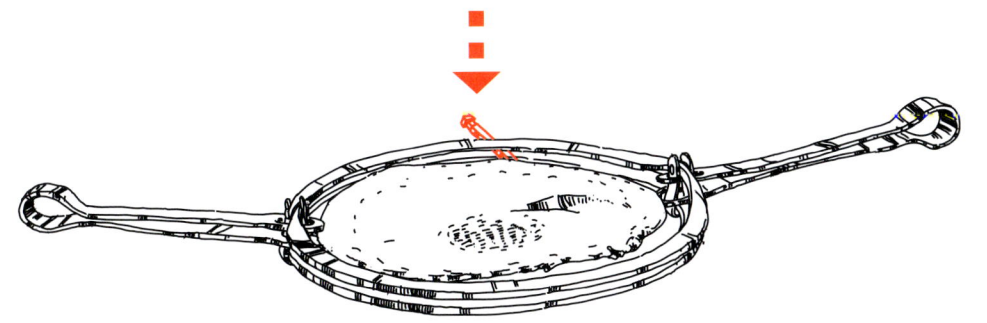

以别棍别住一边，仅留别棍末端在夹内，再将踏板摆放在夹内，一端搭在别棍末端之上

图五　蒙古族捕兽夹操作示意图

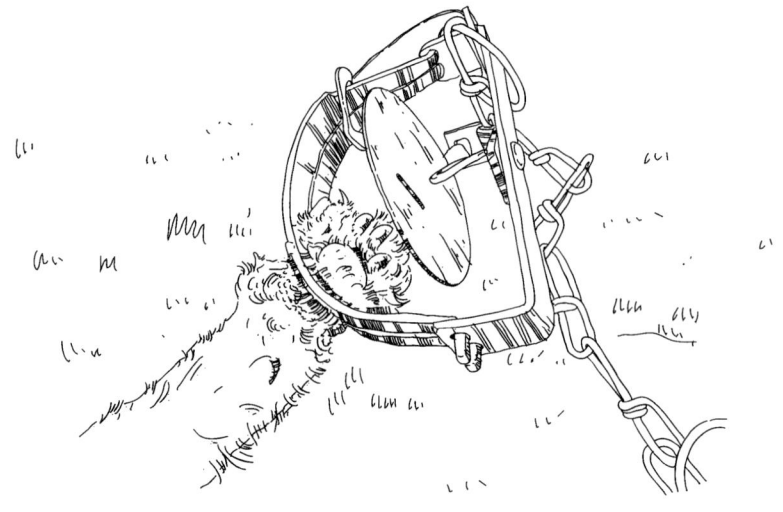

图六　蒙古族捕兽夹使用情境图

图七　蒙古族捕兽夹使用情境图

蒙古族布鲁

图一　蒙古族布鲁主图

布鲁，蒙古语意为"投掷"，是蒙古族猎人的一种狩猎工具和防身武器，起源于古老的游牧时代。蒙古族布鲁依类型差别尺寸稍有不同，基本长度为40至70厘米。布鲁有长握柄，末端部分弯曲，便于投掷后旋转飞行、击打猎物。熟练的布鲁投手可用它击打飞禽走兽，狩猎对象包括野鸡、野兔和狐狸等小型动物，被布鲁击昏或打死的动物一般皮毛完好。牧民平日里亦随身携带布鲁，兼有防身与驱赶野狼的作用，因此，在科尔沁地区，布鲁也被称为"打狼棍"。为使用布鲁准确地击打猎物，蒙古族猎人们平日经常练习布鲁的投掷技巧，并相互比试高低，逐渐形成比赛项目，如当今每年定期举办的那达慕盛会，投掷布鲁就是其中一个重要比赛项目。

早先的布鲁为全木制，一般用质地紧密的野榆木制作。为提高击打的杀伤力，后来在布鲁末梢添加金属，以铁、铜、铅、锡等金属包封或浇铸。狩猎布鲁依据不同功能，可以分为吉如根布鲁、图固拉根布鲁和海雅木拉布鲁三种类型。其中，吉如根布鲁整体厚重，体扁、长度较短，末梢有实心金属块，一般用于击打稍大的动物。图固拉根布鲁通常有较小的铜制末梢，或为球头包封，或坠以小型链锤，这种布鲁的表面也常常能见到锡制的花纹图案，制作时先在布鲁上刻出花纹沟槽，之后用加热融化了的锡、铅浇填即可，这种金属花纹不仅具有良好的装饰效果，而且可以调节布鲁整体的重量配比，增加其投掷的准确性。图固拉根布鲁适合击打稍小的野兽。海雅木拉布鲁，为全木制布鲁，其上面不加任何金属，相对而言，重量轻，可以掷得更远。如今那达慕中的布鲁比赛里也多选用这种全木制布鲁。

适应原始狩猎方法的布鲁，随着时代的发展，逐步被后来的弓弩替代，于是，布鲁逐渐演化为蒙古族民众一项锻炼身体的体育运动。中华人民共和国成立后，布鲁投掷被列为民族体育项目，在每年的那达慕大会上颇为引人瞩目。随着时代和民族发展的需要，原初具有狩猎、防身功能的布鲁，衍生为今日体育比赛的器具，这种发展轨迹对于传承和保护蒙古族传统文化具有非常宝贵的借鉴价值。

图片来源

图一　周安涛　摄影
图二至图四　李淼　制图
图五　王柯　制图

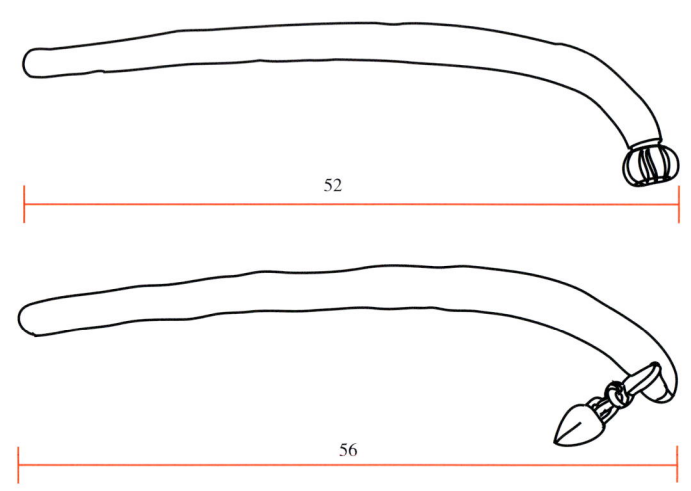

图二　蒙古族布鲁尺寸图（单位：cm）

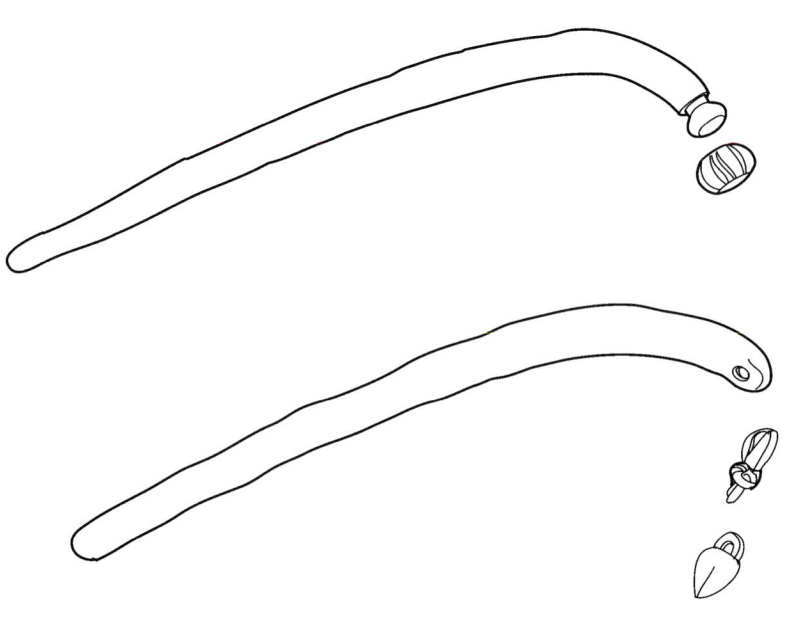

图三　蒙古族布鲁解构图

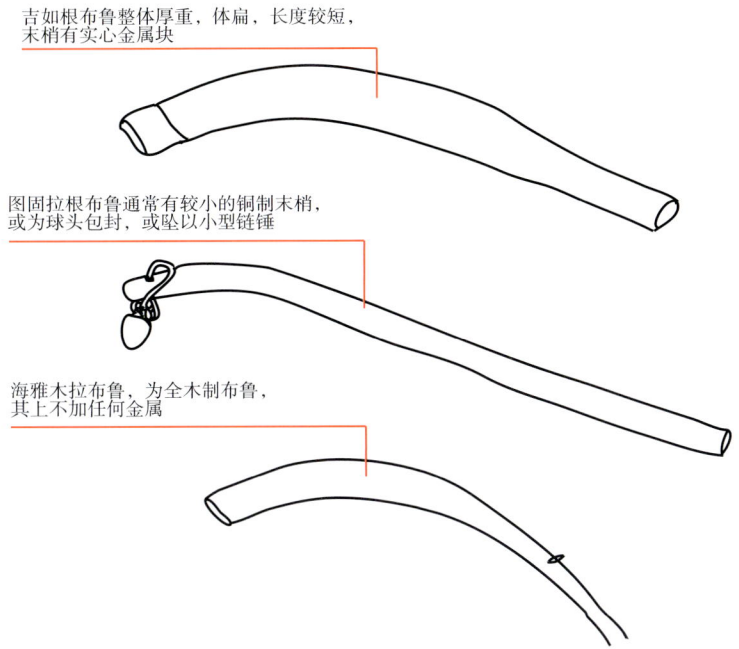

图四 蒙古族布鲁工艺分析图

吉如根布鲁整体厚重，体扁，长度较短，末梢有实心金属块

图固拉根布鲁通常有较小的铜制末梢，或为球头包封，或坠以小型链锤

海雅木拉布鲁，为全木制布鲁，其上不加任何金属

图五 蒙古族布鲁投掷情境图

蒙古族裁皮刀

图一　蒙古族裁皮刀主图

裁皮刀也称裁刀，通常分为半圆形制的半圆刀与直板形制的革包丁。蒙古族的裁皮刀属于前者，为半圆刀类型，主要用于裁切兽皮。蒙古族的裁皮刀有大小两种尺寸，大者，刀刃宽度为15至25厘米，裁刀长度约20厘米；小者，刀刃宽度为5至15厘米，长度不到15厘米。对于游牧民族来说，牲畜皮革是重要的生产资料，裁皮刀则是基本的加工工具。

蒙古族裁皮刀基本呈半圆形，刀刃部分如斧钺，但相对轻薄，刀柄与刀刃相垂直，连为一体。刀柄末端一般制作成上大下小的结构，便于手的把握和着力。裁皮刀的主要功能即是裁切皮料，大号裁刀用于切割长直线和大弧形，小号裁刀则可用以切割较小的直线和弧形，亦能对皮子进行修边和整形。皮匠一般会事先在整块皮料上用锡铅或炭条确定好需裁切的形状。裁切时，操作者以右手握裁皮刀的刀柄，虎口朝上，刀刃向下，左手稳固皮料。裁切皮料讲究一气呵成，应尽量避免同一线条多次裁切，造成浪费。蒙古族的裁皮刀多用整个铁块按照传统形制锻造而成，之后通过打磨刀刃即可投入使用。

作为基本的皮革加工工具，蒙古族裁皮刀朴实无华，通体没有纹饰，其刀刃弯曲度较大，形如玄月，打磨后的白色刀刃同黑色刀柄相互映衬，整体透显出一种古朴之美。半圆形刀刃的设计使得裁皮刀在裁切过程中游刃有余，尤其适合弧线形的切割，反映出其间的设计巧思，同时彰显了其造物文化中务实的一面。

图片来源
图一　周安涛　摄影
图二至图六　李淼　制图

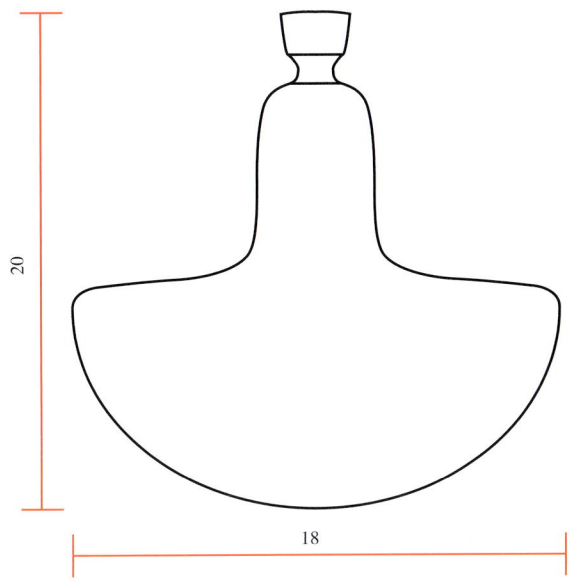

图二　蒙古族裁皮刀尺寸图（单位：cm）

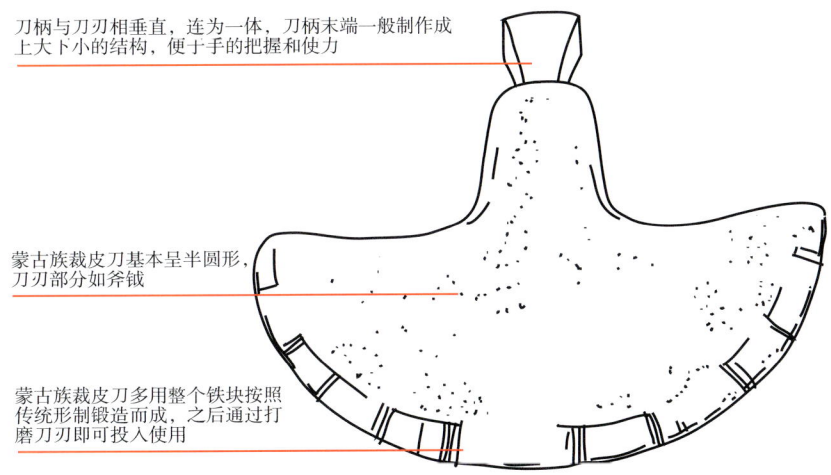

刀柄与刀刃相垂直，连为一体，刀柄末端一般制作成上大下小的结构，便于手的把握和使力

蒙古族裁皮刀基本呈半圆形，刀刃部分如斧钺

蒙古族裁皮刀多用整个铁块按照传统形制锻造而成，之后通过打磨刀刃即可投入使用

图三　蒙古族裁皮刀工艺分析图

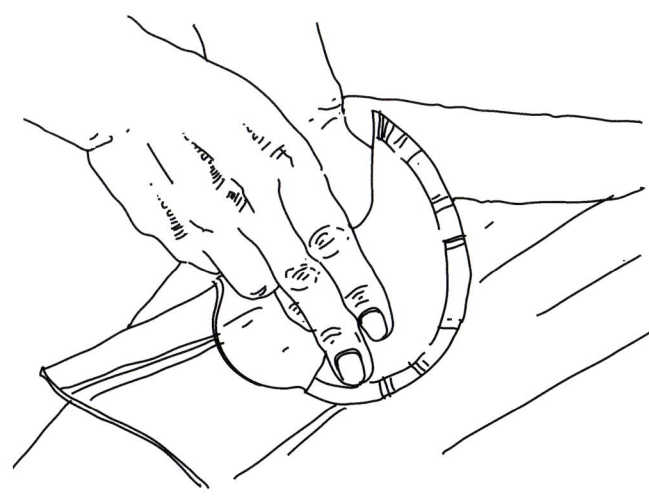

图四　蒙古族裁皮刀操作场景图

第五章　蒙古族传统生产工具

497

图五　蒙古族裁皮刀使用情境图

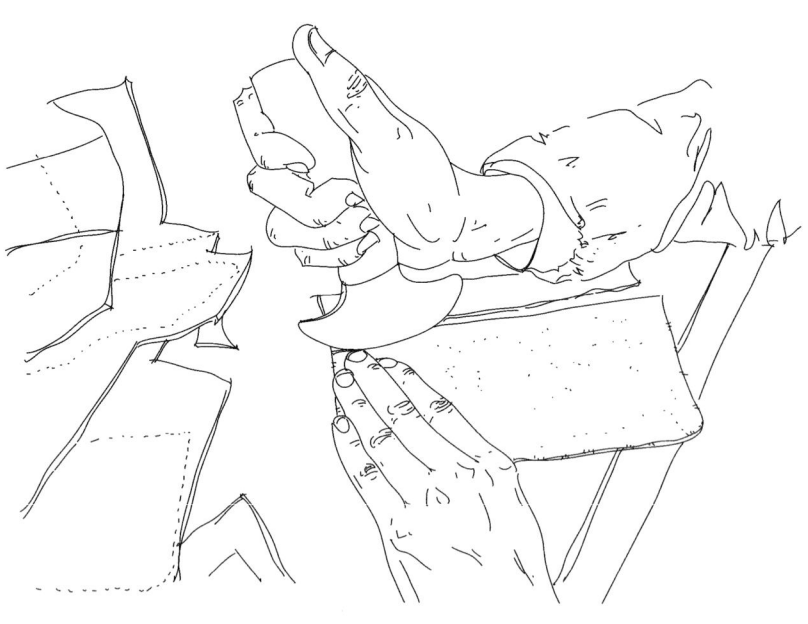

图六　蒙古族裁皮刀使用情境图

蒙古族草叉

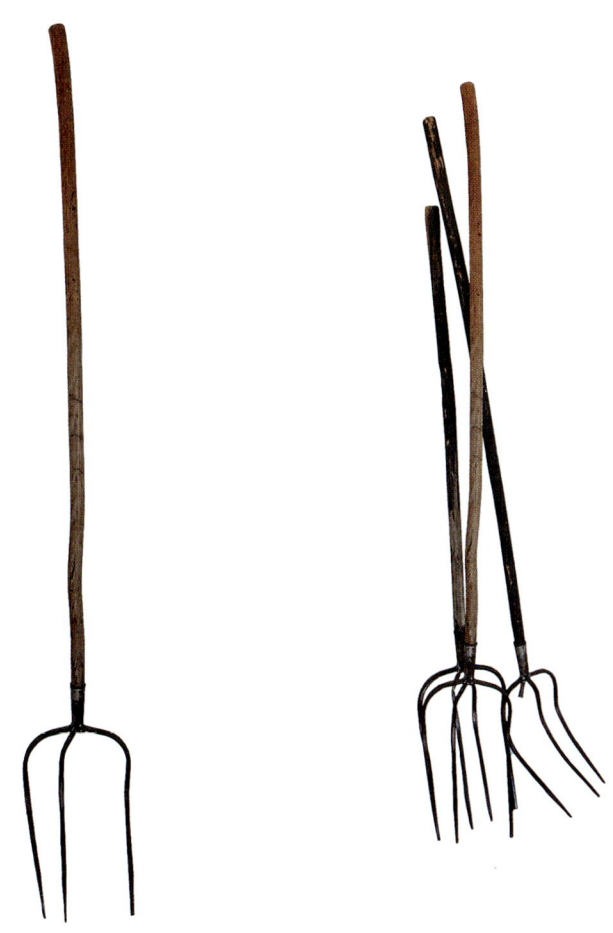

图一　蒙古族草叉主图·铁叉

草叉是一种较为常见的农业或牧业生产工具，依据其制作材料的不同分木叉和铁叉等。草叉的长度长短不一，没有固定的尺寸规范，往往随使用者的需求以及材料本身的特性而定，常见的多为150至250厘米。蒙古族使用的草叉，在形态上同中原其他民族差异不大，主要服务于农业与牧业生产，但其制作材料的不同，亦会影响工具的制作方式，乃至外形、肌理与色泽等特性，因而各个地区的草叉会有一定差异。

元代以降，蒙古族逐步开始重视农业，据《元史·食货志》载："农桑王政之本也……世祖即位之初，首诏天下。国以民为本，民以衣食为本。"蒙古族农业的生产经验和生产资料多来自中原农耕区域，各式农具亦从南向北传入蒙古族，同蒙古族原初的一些牧业生产工具相结合，朴素的草叉便是其中的一例。在蒙古族所居住的农业生产区域中，草叉主要用于整理茅草、麦秸等，如农作物收割完后剩余的散乱秸秆，需要整理成堆，便可用草叉挑起、收集，将之堆成草垛，便于日后使用。在牧区中，草叉则是饲养畜群的生产工具，用来整理牛、羊或马的饲料，将之集成垛儿，或是当牲畜在槽中吃食时，用草叉为其添加草料。木制的草叉形制较为简单，最简易的即是采用合适的树枝，切掉多余的末梢和枝杈，仅保留顶端的两至三个分杈，剥去树皮，磨光后端握柄部分即可使用。稍微讲究的木制草叉，分握柄和叉头两部分，叉头部分也是加工过的枝杈，用绳索同长握柄捆扎牢靠即可。蒙古族木制草叉的制作材料皆为就地取材，常见的有柳木、桦木和榉木等。铁制的草叉同样分叉头和握柄两部分，叉头为铸铁所制，通常为两到五跟叉尖不等，也有多达十叉尖的，不过较为罕见。握柄为一加工过的圆木棍，顶端削细，投到叉头末端的套圈中。

蒙古族所使用的草叉，形制朴素，功能简单，同其他民族基本无异，不过其功能多用，不仅可以在农业生产中整理各类草秆，也可以在牧业生产中打理牲畜饲料。简易的草叉同样彰显出蒙古族造物文化中务实的一面。

图片来源
图一、图二、图五　周安涛　摄影
图三、图四　李淼　制图

图二　蒙古族草叉·木叉

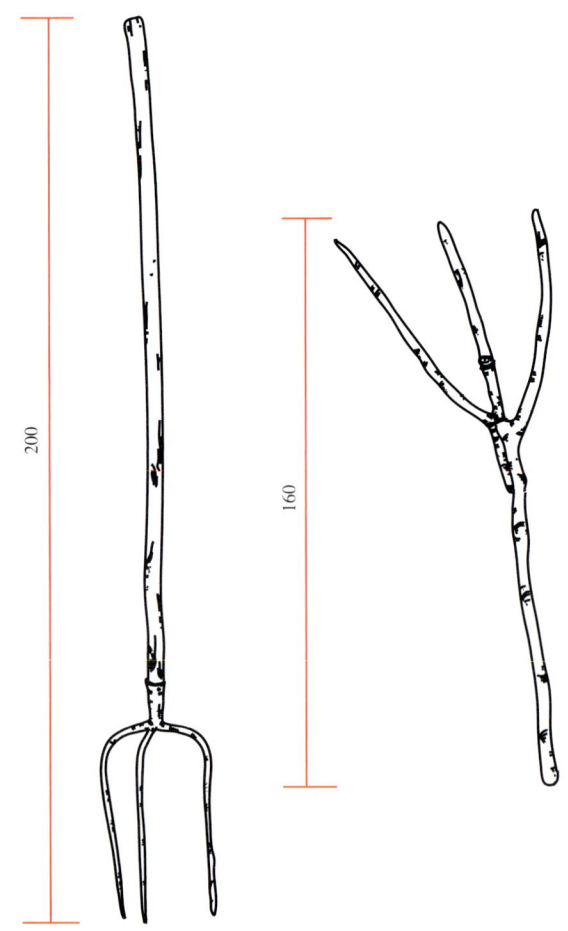

图三　蒙古族草叉尺寸图（单位：cm）

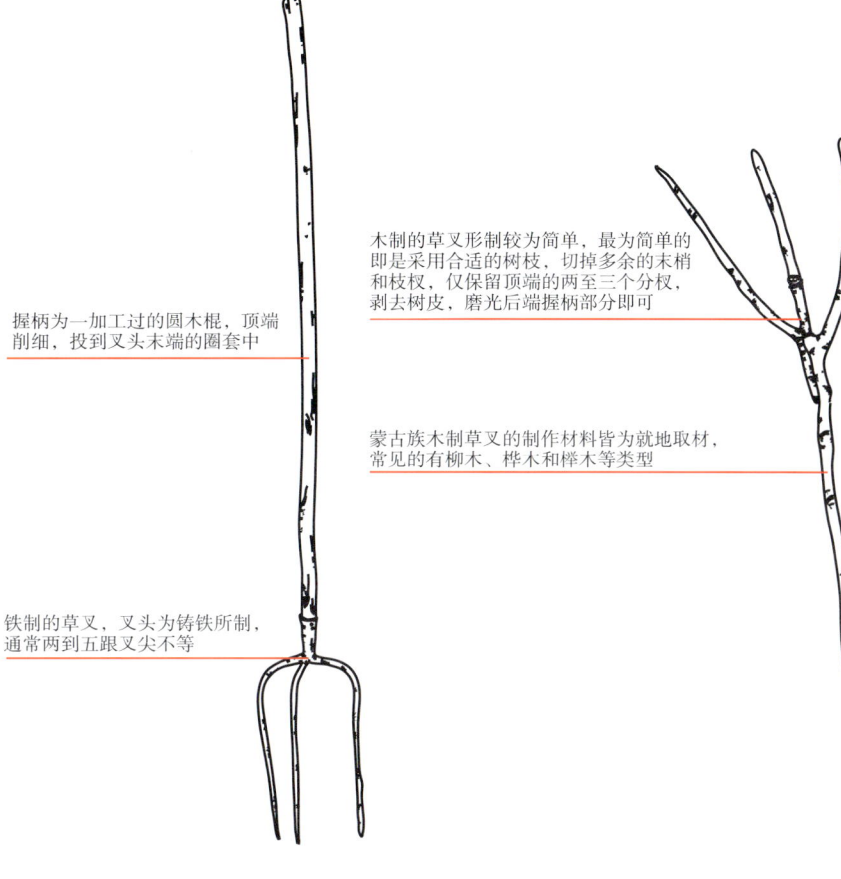

图四　蒙古族草叉工艺分析图

握柄为一加工过的圆木棍，顶端削细，按到叉头末端的圈套中

木制的草叉形制较为简单，最为简单的即是采用合适的树枝，切掉多余的末梢和枝杈，仅保留顶端的两至三个分杈，剥去树皮，磨光后端握柄部分即可

蒙古族木制草叉的制作材料皆为就地取材，常见的有柳木、桦木和榉木等类型

铁制的草叉，叉头为铸铁所制，通常两到五根叉尖不等

图五　蒙古族草叉使用情境图

蒙古族捣臼

图一　蒙古族捣臼主图·大型捣臼

捣臼是一种传统的农业生产工具，一般包括杵和臼两个部分，根据其制成的材料又可分为石臼、木臼等。蒙古族使用的捣臼依其功能的差异，大小亦各不相同，如用以捣药或捣蒜的小木臼的高度不超过20厘米，而用来加工粮食的石臼，高度可达60厘米以上，所配的木杵长度超过1米。人类使用捣臼的历史相当久远，红山文化遗址中就已经发掘出了大量的石制捣臼，蒙古族继承了这一传统生产工具，直至后世捣臼逐步被石碾和如今的去壳机等现代机器取代。

捣臼的主要功能即是为谷米脱壳去皮，如蒙古族喜食的糜子和荞麦等粮食，都可使用捣臼这种原始而简单的生产工具加工脱皮。用来加工粮食的捣臼通常体量较大，使用者站立在臼旁，双手执杵进行捣制劳动。也有小型的捣臼，使用者一手端臼，一手使杵，便可操作，这种小型捣臼一般不用来加工粮食，多用于捣药或家中加工食物配料。蒙古族捣臼多为木制或石制，也有小型捣臼为铜制或铁制，不过数量甚少。蒙古族捣臼的臼体一般呈圆柱体，顶面中心开圆形凹口，深度一般为臼体高度的2/3左右，少量的木制臼体外侧面会雕饰一些简洁的传统纹样。而石制臼体因加工困难，多为素面。捣臼的杵多以木制，一端较为粗大，用以捣制，另一端则相对较细，便于手握。有一些杵的末端会添加垂直木桩，形成T形锤状，以木桩为杵头进行锤捣。也有的使用石块为杵头，插接木制杵杆形成捣杵，用以粗捣和碾碎。绝大多数的杵都无装饰，只有极少量加饰木雕装饰，题材为五畜和其他传统纹样，形式较为简单，做工亦不太讲究。臼的制作工艺相对简单，木制和石制的臼多为直接雕凿而成，表面通常不做打磨处理，保持自然纹理。铜制和铁制的捣臼则为制范熔铸而成。

捣臼作为一种蒙古族传统的农业生产工具，主要出现在其半农半牧的生产区域，其造型与工作原理较为简单，对于家庭式的农业生产规模而言，简便有效，代表了某一时期的生产特点与生产水平。

图片来源

图一至图四　周安涛　摄影
图五至图十　倪荣新　制图

蒙古族捣臼·小型捣臼

图三　蒙古族捣臼·木质捣臼　　　图四　蒙古族捣臼·铸铁捣臼

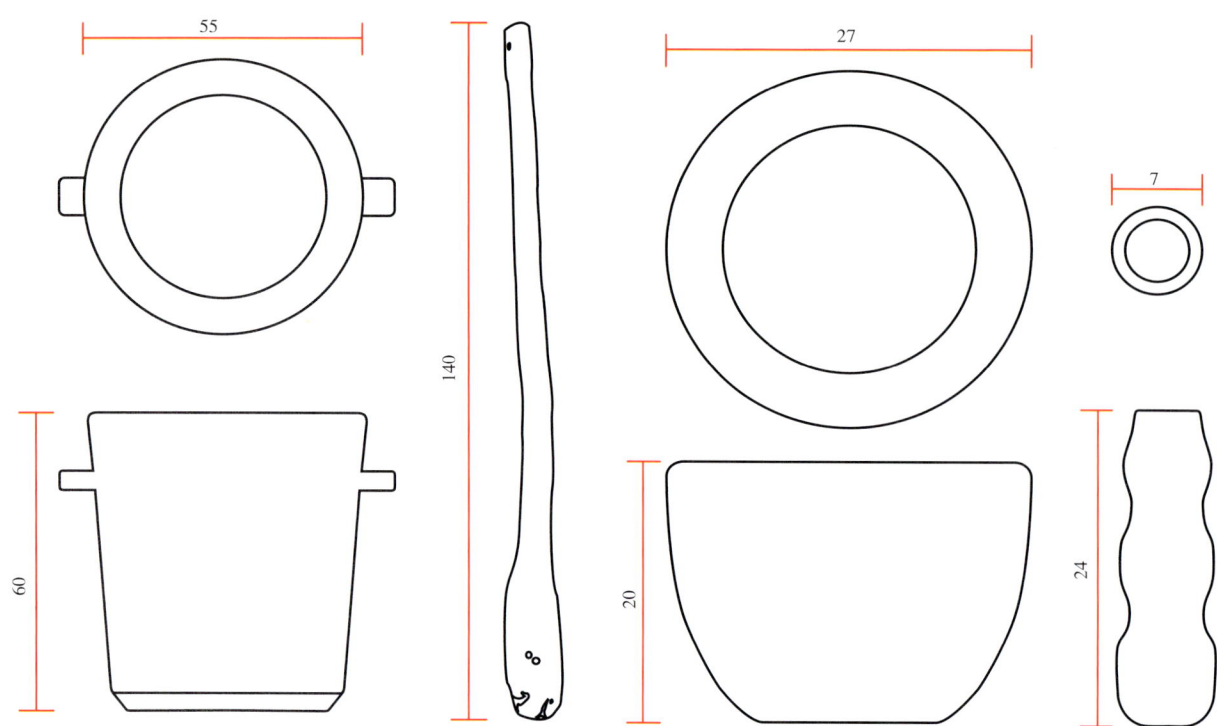

图五　蒙古族大型捣臼尺寸图（单位：cm）

图六　蒙古族小型捣臼尺寸图（单位：cm）

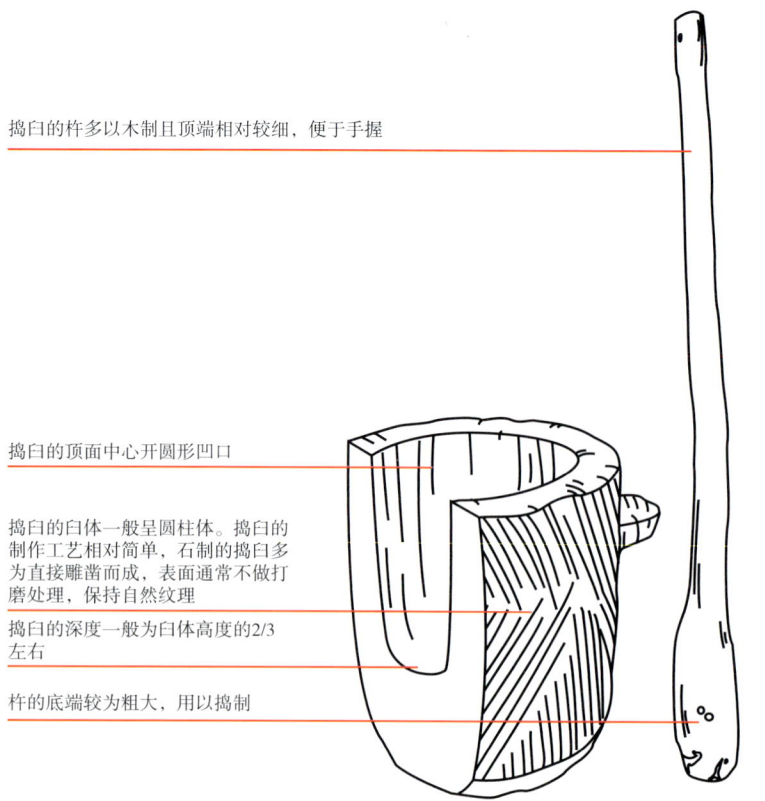

图七　蒙古族捣臼工艺分析图

1. 把糜子和荞麦等粮食放入捣臼中　　2. 使用者站立在臼旁，双手执杵进行捣制　　3. 经过捣制后谷米便脱去了壳皮

图八　蒙古族捣臼使用示意图

图九　蒙古族捣臼使用情境图

图十　蒙古族捣臼使用情境图

第五章　蒙古族传统生产工具

505

蒙古族捣奶杵

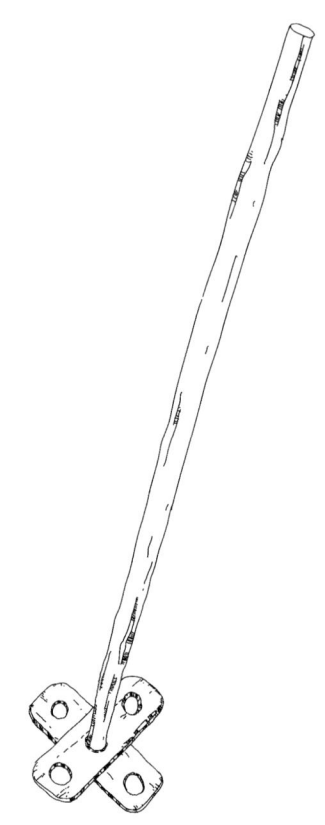

图一　蒙古族捣奶杵主图

捣奶杵简称"奶杵",蒙古族的捣奶杵多为木制,故而也被称为"木杵"。常见的蒙古族捣奶杵长度为1至2米,基本形状是一根木杆,为了提升搅拌效果,其末端部分较为粗大,或是安装有镂空结构的杵头。捣奶杵是北方游牧民族在长期生产实践过程中创造发明的生产工具,在我国许多蓄养牲畜的民族中都有使用,与常见的捣臼杵不同,其主要用以搅拌鲜奶。

从功能角度分析,蒙古族的捣奶杵属于搅拌器具,其通常要与酸奶桶配合使用。操作时,将捣奶杵插入盛好鲜奶的酸奶桶中,再将留有开口的桶盖套上奶杵杆,扣合奶桶。之后,使用者双手抓紧捣奶杵,上下搅拌奶水,过程中调整上下捣制的角度可以增进搅拌效果,促使奶水分离,加快鲜奶发酵的进程。蒙古族捣奶杵的制作材料一般为木料,所用木种亦多为就地选材,常见的有柳木、桦木、榆木等。捣奶杵的形态结构较为简单,基本由杵杆和杵头两部分组成,其中杵杆一般为圆形木棍,便于抓握,稍微讲究的类型则会在杆身刻画一些蒙古族传统纹样,有的还会在杆尾增添花头作为装饰;杵头部分的一般是在方形或圆形的木板上镂空洞眼或做简易纹饰，这样的设计是为了增加杵头在奶水中的搅拌效果。更为简易的捣奶杵则仅用一根木条，削细一端为杵杆，较粗的一端即为杵头。在蒙古族，也有一些捣奶杵通体彩绘，杵杆末端有精美的雕饰，它们一般是祭祀礼仪中的用具，不具有实际生产功用。

捣奶杵造型简单质朴，表面少有装饰，凸显了蒙古族注重实用功效的造物思想，在其民族造物文化体系中亦具有重要的代表性。

图片来源

图一至图六　李淼　制图
图七　周安涛　摄影

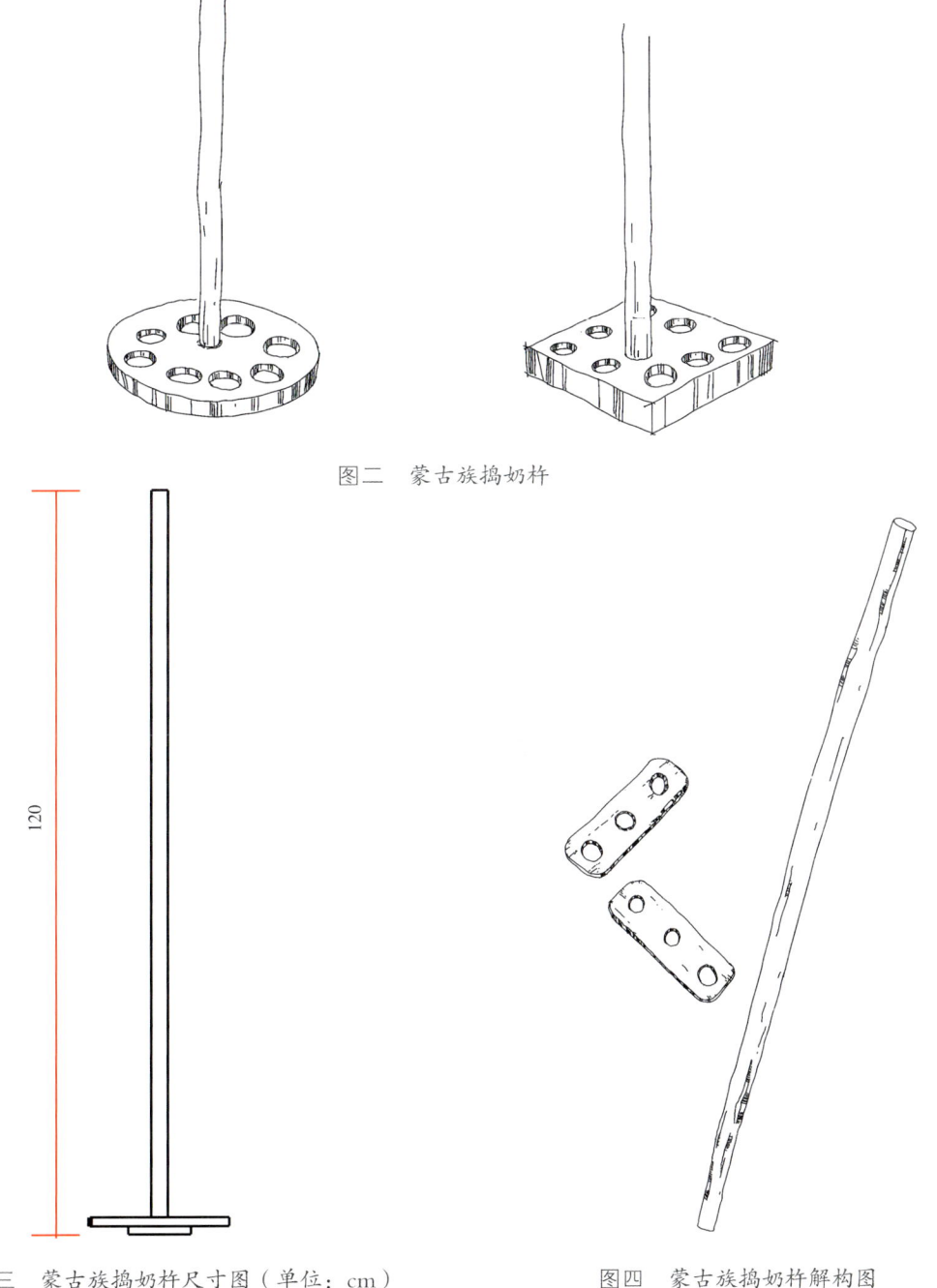

图二　蒙古族捣奶杵

图三　蒙古族捣奶杵尺寸图（单位：cm）

图四　蒙古族捣奶杵解构图

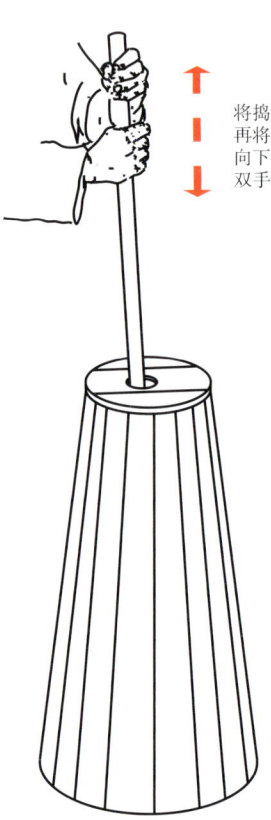

将捣奶杵插入盛好鲜奶的酸奶桶中，再将留有开口的奶桶盖套上奶杵杆，向下扣合奶桶，之后便需要使用者双手抓紧捣奶杵，上下搅拌奶水

杵杆一般为圆形木棍，便于抓握

蒙古族捣奶杵的制作材料一般为木料，所用木种亦多为就地选材，常见的有柳木、桦木、榆木等

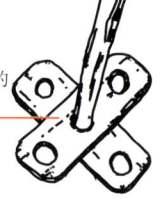

杵头部分的一般是在方形或圆形的木板上镂空洞眼或做简易纹饰

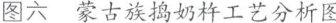

图五　蒙古族捣奶杵操作示意图　　　　　图六　蒙古族捣奶杵工艺分析图

图七　蒙古族捣奶杵使用情境图

蒙古族纺专

图一　蒙古族纺专主图

纺专亦称"拈轮""纺轮",蒙古族民众也把它叫作"捻线棒",是一种较为原始的纺纱制线工具。纺专的基本形态为一短棍,底端为圆形盘状结构,其通体长度一般为20至30厘米。纺专自新石器时代即已出现,后至战国时期逐步被更为先进高效的纺车所替代。蒙古族使用纺专纺纱制线的历史十分久远,直到当代,部分牧户依然在使用这种传统的生产工具。

除了纺纱制线,纺专亦可制作细绳,同旋椎的功用部分重叠,都属蒙古族妇女日常使用的纺织生产工具。纺专的结构非常简单,主要由拈杆和纺轮两个部分构成。其中拈杆为一细长的木棍,多由木、竹、骨、玉石或金属制成,早期拈杆为竖直的,后来发展出末端带有屈钩的形制,帮助纤维成束。纺轮是一中心穿孔的小圆盘,直径通常在5厘米左右,一般用木、石、陶或兽骨等制作。将拈杆插入纺轮中心的孔眼固定即是纺专。使用纺专纺纱制线的方法亦很简单,首先,将待纺的麻、葛等纤维捻好一段缠系在拈杆上,然后垂下纺专,使用者左手执纤维束提起纺专,以右手拨转纺轮,其间,纺专自身的重力促使纤维束拉伸变细,同时,旋转的纺轮产生力偶，使拉细的纤维加捻形成线束。当纺轮转动的惯性消耗完毕便会停止转动，此时将加过捻的线束在拈杆上缠紧，之后，再次拨动纺轮使之旋转，继续纺纱，如此反复，直到拈杆上绕满纱线为止。

使用纺专纺纱制线是一种相对原始的手工劳动，效率较低，所纺线束的捻度亦不均匀。但是小小的纺专对于蒙古族特有的生产生活方式而言，却有着明显的适用性：首先，游牧民族对于纺织品的需求量不大，一般家庭使用纺专纺纱制绳即可自给自足；其次，纺专对于操作空间的要求甚小，适应了蒙古包内相对狭小的空间特点。因此，在汉族早已弃纺专用纺车的时候，蒙古族依然大量使用纺专纺纱是有其内在合理性的，而纺专作为蒙古族造物文化体系中重要的一员，对于研究其民族纺织业的历史与发展都具有重要的实证价值。

图片来源
图一、图二　许宏　制图
图三、图四　张颖泉　制图
图五　刘兆和主编：《蒙古民族文物图典·蒙古民族毡庐文化》，文物出版社，2008年，第123页

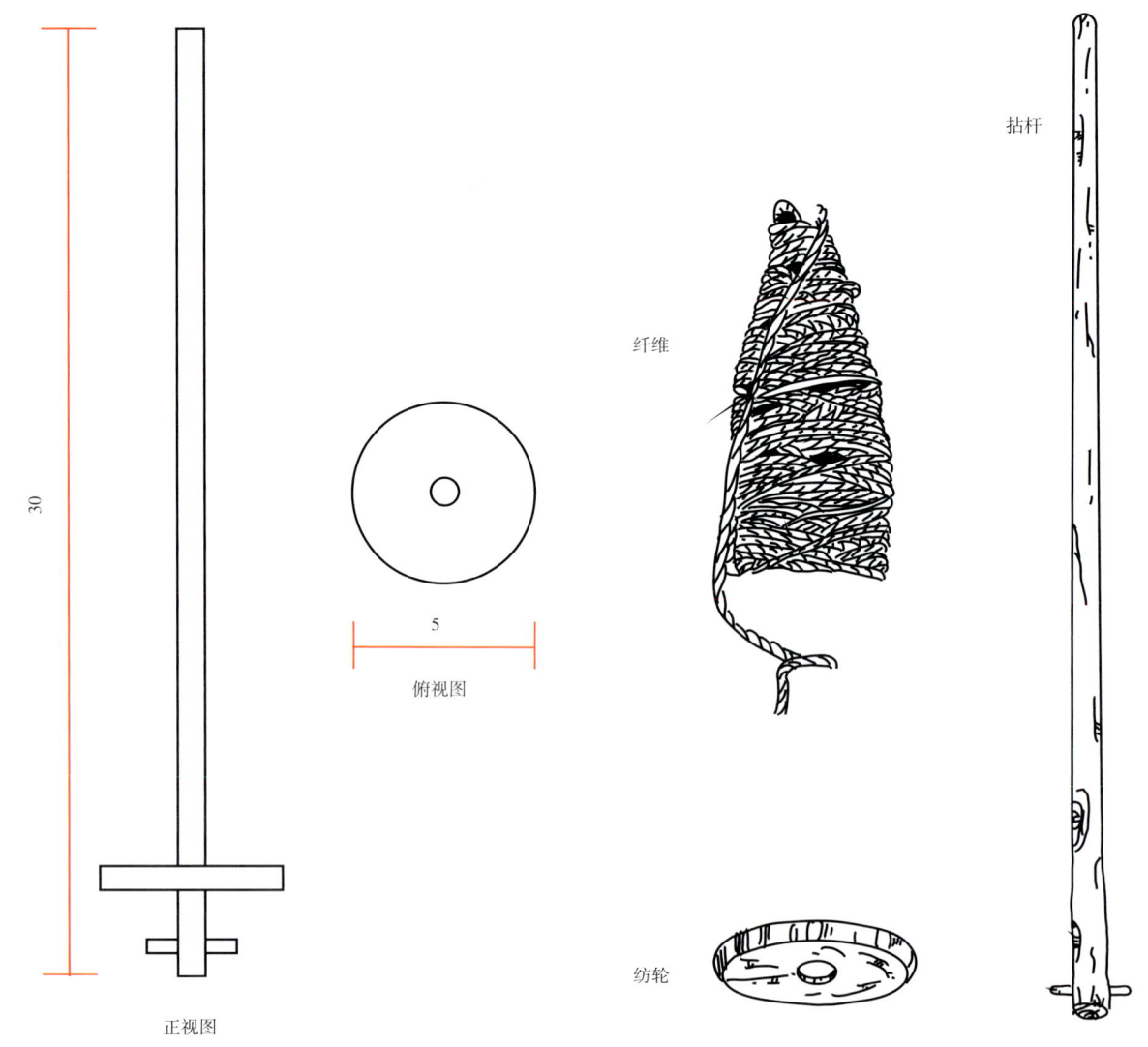

图二　蒙古族纺专尺寸图（单位：cm）

图三　蒙古族纺专解构图

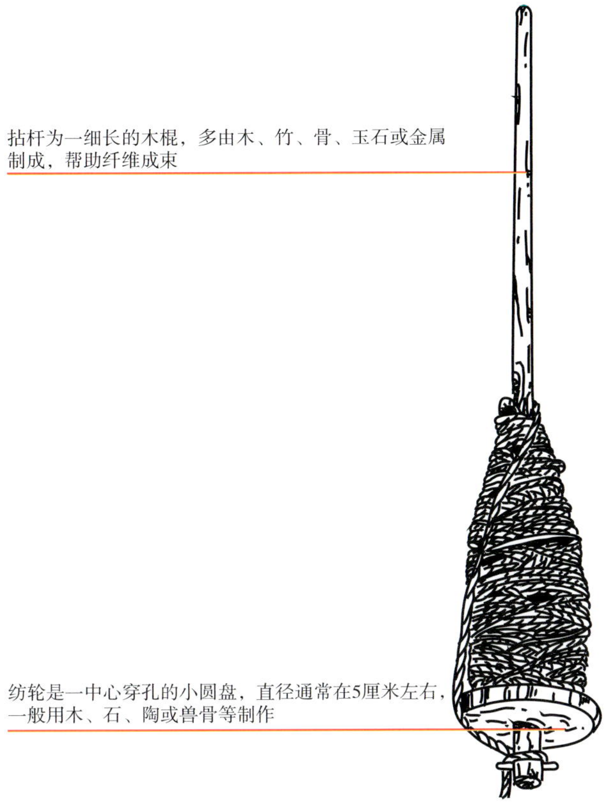

拈杆为一细长的木棍，多由木、竹、骨、玉石或金属制成，帮助纤维成束

纺轮是一中心穿孔的小圆盘，直径通常在5厘米左右，一般用木、石、陶或兽骨等制作

图四　蒙古族纺专工艺分析图

图五　蒙古族纺专使用情境图

蒙古族弓箭

图一　蒙古族弓箭主图

蒙古族的弓箭既是古代征战时的出色兵器，也是平日生活中的狩猎用具，现今则主要是那达慕大会中的竞技项目用具。蒙古族弓箭由弓与箭组成，其中弓的长度一般为120至180厘米，箭的长度通常为100厘米。蒙古族先民早在两万年前便已经开始使用弓箭猎捕动物，经过多年的发展和演化，及至元朝，蒙古族弓箭基本定型，成为当时射程最远、威力最大的复合弓。也正是得益于先进弓箭的辅佐，马背上的蒙古族人才能在欧亚大陆上纵横驰骋、所向披靡。如《元史·兵志》中所述："元起朔方，俗善骑射，因以弓马之利取天下。"

蒙古族弓箭功能多样，如前所述，战时，弓箭是蒙古族最先进的冷兵器，强大的蒙古族角弓，其拉力可达50至80公斤，甚至有特制的强弓，拉力可达100公斤以上，需族中最强壮的勇士才能使用。这样的角弓射程在300米以上，最远可达600米左右。虽然蒙古族弓箭拉力甚大，但体量相对短小，便于骑射，高机动性和超长的射程，保证了蒙古族骑兵的作战优势。平日，弓箭则是蒙古族男儿捕猎与竞技的用具。旧时，蒙古族猎捕动物多用围猎方式，众人驱马围追堵截猎物，弓箭的作用不言而喻。射箭是蒙古族传统的"男儿三技"中的一技，也是那达慕大会历史最久的竞技项目之一。如今，蒙古族传统射箭虽然已经失去了实战意义，但是作为一种传统比赛项目依然深得大家的喜爱。

蒙古族的弓箭除了实用功能，在宗教礼仪中也有重要地位，如传统蒙古族萨满服饰就需缀上小型弓箭和铜镜，而在"色日布"

查玛舞中，萨满的左手亦需要执一弓箭作为法器施法。在蒙古族传统婚庆礼俗中，弓箭同样扮演着不可或缺的重要角色：新郎接亲当日，除了穿着得当，还需要佩带好女方事先为其备好的弓箭、蒙古刀、烟荷包等器物，方可动身接亲。不同地域的蒙古族人，在婚庆中使用弓箭的方式有所不同：如哲理木地区，在接亲过程中，女家送亲的人会抢去新郎所佩带的弓箭，而新郎须用酒或哈达才能赎回，然后由女方的一位嫂子将弓箭袋解下后，挂于蒙古包的毡壁上，以示祈福；在土默特地区的接亲活动中，新郎佩带的箭囊要悬挂在新娘闺房窗外，并在夜半到岳父的蒙古包内行求箭礼，岳父把两支无镞箭授予女婿；在察哈尔地区以及呼伦贝尔地区的巴尔虎婚礼中，新人上马时，新郎在新娘乘坐的篷车顶上射箭，寓意赶走鬼怪；在厄鲁特婚礼中，新人离开时，新娘坐篷车，新郎按一定的目标，射三支箭之后打马先行。（达妮莎：《清代蒙古族民间手工艺文化研究》，苏州大学博士学位论文，2008年，第117页）在蒙古族传统的寿礼和婴儿出生礼中，弓箭同样是祈福的象征物，寓意对男子的祝福。

传统的蒙古族弓箭包括弓、弓囊、箭和箭囊几部分。其中，弓又包含弓面、弓背、弣、弓码、弓弦等组成部分；箭则由箭头、箭杆和箭羽组成。以最出众的蒙古族角弓为例，弓面一般用南方水牛角、北方麋鹿角，配合兽皮鱼鳔熬出的胶质黏合制成，弓背挑选上乘竹木合成，以强韧牛筋或熟牛皮捆绑弓面和弓背构成弓身；弓身中部握手部分被称为弣，通常加裹麻布或兽皮以增加抓握的稳定性和摩擦力；弓码是弓身两端用来拴系弓弦的部分，多用驼骨扣合，上面刻饰各式传统纹样，比较简单的形制则不用驼骨，直接在两端磨出槽口，用以拴系弓弦；弓弦一般以犍牛的脊筋、膝筋或公鹿脊皮搓捻而成。为了保持弓身和弓弦的张力，平日不用弓时，需要卸下弓弦，并涂抹动物油脂加以养护。蒙古族的箭头多以青铜铸造，种类颇多，有枪头箭、哨箭、鱼叉箭、兔叉箭和索伦箭等，不同形态的箭头具有不同的功用；箭杆一般为柳木材质，强韧而轻巧，箭杆前端削细，插接箭头，末端多切有豁口，用以插黏箭羽；箭羽在箭的飞行中起到重要的平衡和保持方向作用。英国人道森的《出使蒙古记》中对蒙古弓箭有如下记述："他们的箭有二英尺……特制的箭头极锐利。"（〔英〕道森编：《出使蒙古记》，吕浦译，周良霄注，中国社会科学出版社，1983年，第33页）蒙古族的弓囊一般为梯形，首尾开口，可收纳弓箭，以背带斜挎在人的背部。蒙古族弓囊为牛皮制成，其上多用剪皮或泡钉作为装饰。箭囊的功用即是存放箭矢，多为方形或梯形，侧面设有环扣，可挂于人的腰间，蒙古族箭囊表面以剪皮、泡钉或珍珠缀饰。

随着时代的变迁，及至今日，蒙古族的传统弓箭已逐步失去了其原初的实战价值，但弓箭仍是蒙古族宗教活动与传统习俗中不可或缺的礼俗用具，射箭仍是那达慕大会上最重要的比赛项目，蒙古族传统弓箭作为造物文化体系中的典型案例，在民族的精神领域和文化生活中至今仍彰显着其无可取代的象征意义。

图片来源
图一、图二　周安涛　摄影
图三至图七　王智慧　制图
图八　邰新河　摄影
图九　FOTOE网

图二 蒙古族弓囊和箭囊

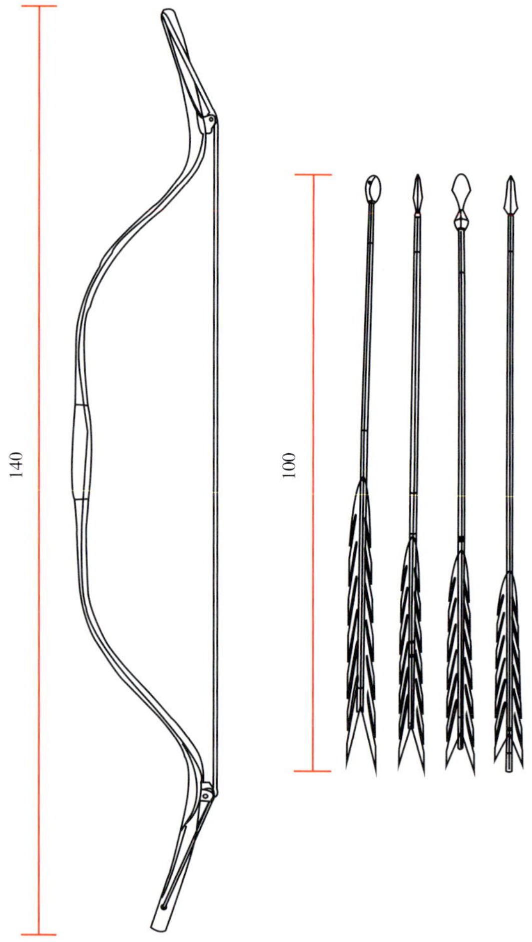

图三 蒙古族弓箭尺寸图（单位：cm） 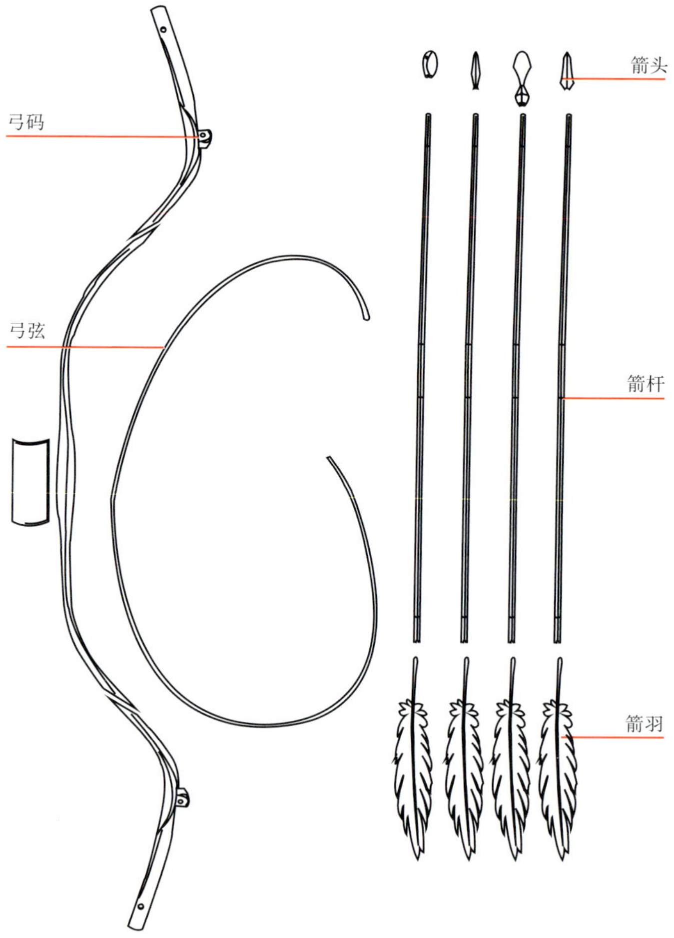　　　　　图四 蒙古族弓箭解构图

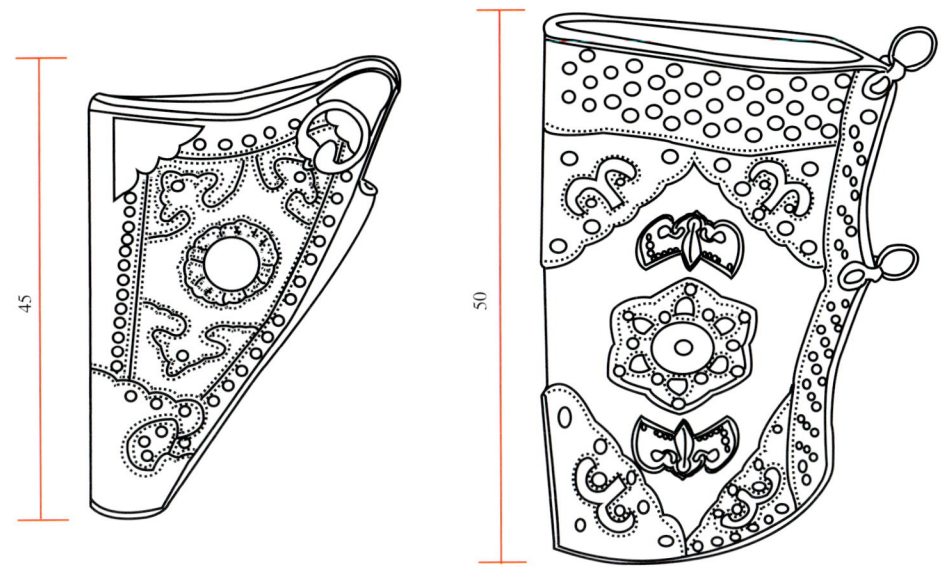

图五 蒙古族弓囊和箭囊尺寸图（单位：cm）

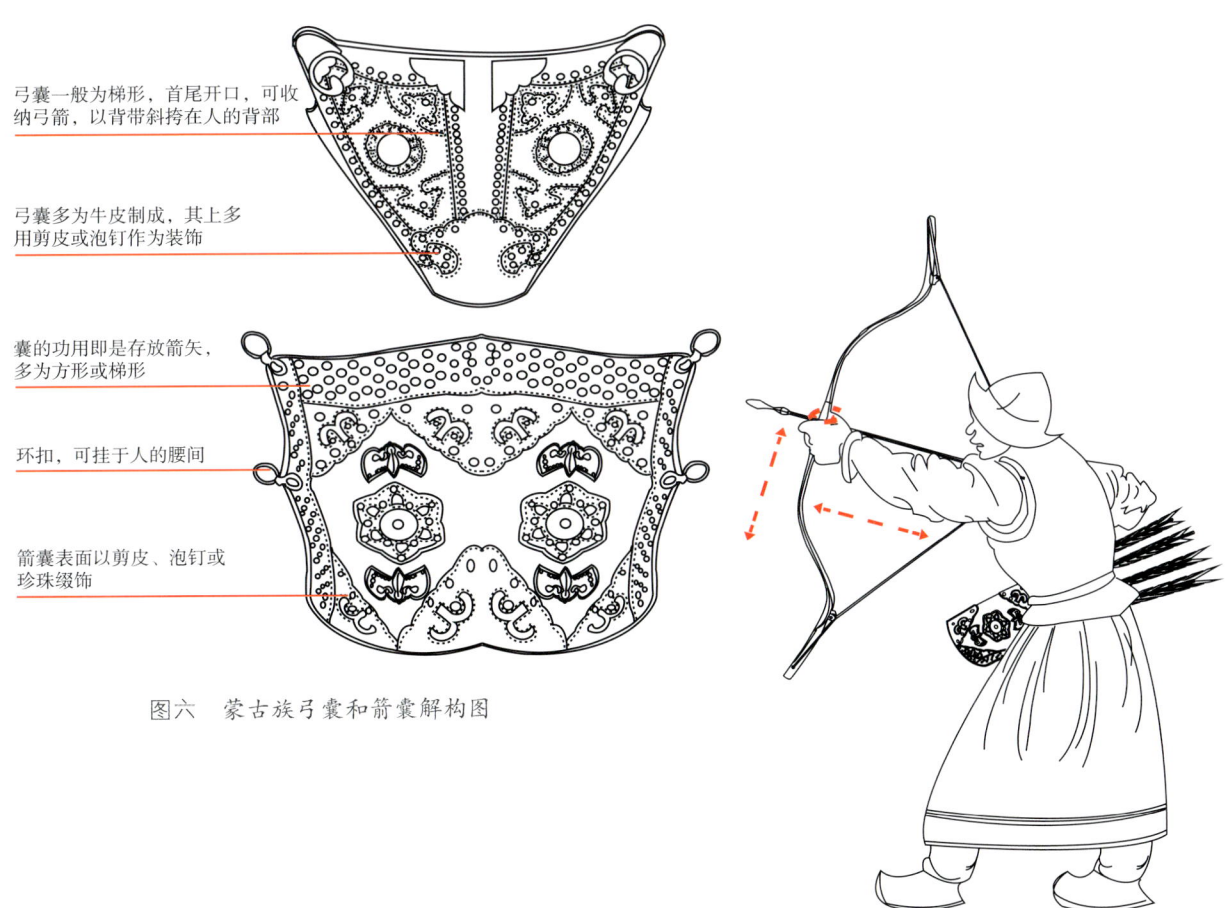

弓囊一般为梯形，首尾开口，可收纳弓箭，以背带斜挎在人的背部

弓囊多为牛皮制成，其上多用剪皮或泡钉作为装饰

囊的功用即是存放箭矢，多为方形或梯形

环扣，可挂于人的腰间

箭囊表面以剪皮、泡钉或珍珠缀饰

图六 蒙古族弓囊和箭囊解构图

将弓握在左手，右手取箭，将箭梢卡在弦上，箭头从左手的虎口穿过，箭身贴弓身，平左臂，右手向后拉动弓弦，将弓弦张满后，按照抛物线的距离仰射出去

图七 蒙古族弓箭操作示意图

图八　蒙古族弓箭使用情境图

图九　蒙古族弓箭使用情境图

蒙古族饸饹床子

图一　蒙古族饸饹床子主图

饸饹床子亦称"饸饹床",是一种用来加工荞面饸饹的工具。蒙古族常用的饸饹床子形如铡刀,大小受其所使用的锅灶影响,并无规制,通体长度一般为50至120厘米,也有超过两米的大型饸饹床子,需要整个人坐在上面操作。据推断,饸饹床子起源于山西,因荞面饸饹深得蒙古族民众的喜爱,饸饹床子亦在蒙古族民众中广泛使用。

饸饹床子的功能是将和好的荞面团加工成荞面饸饹,其结构十分简单,主要包括压杆和床子两个部分。其中,压杆同床子的一端以可活动的轴枢固定,压杆中部有压锤,同下方床子中的窝孔相对应,窝孔底部设箅子,开有许多圆形漏孔。床子一般装有四腿,形状有点像是短木凳儿,便于架设到锅灶之上。操作饸饹床子时,将其置放于锅灶上,待锅中水煮沸,便以荞面团置入床子中部的窝孔,向下用力挤压压杆,压锤将面团从漏孔中挤出,呈面条状,即为饸饹。待饸饹落入锅中,在沸水里煮熟,捞出后一般放入冷水中浸一下,这样的饸饹有韧性,更有嚼头。传统的蒙古族饸饹床子多为木制,近代也出现了铁制的,但因其重量大,不易搬动,故而数量较少。现代又发明了单人即可操作的旋柄式饸饹机,用起来简便高效,从功能上基本可以取代传统挤压式的饸饹床子。

荞面饸饹原是农耕文化区域人们的食品,经蒙古族的改进,成为今天蒙古族民众喜爱的传统面食。饸饹床子是专门用以加工荞面饸饹的工具,工作原理简单,操作便捷,今日虽逐步被先进的机器取代,但其所承载的朴素的民族造物文化亦十分珍贵,颇具研究价值。

图片来源
图一　周安涛　摄影
图二至图五　李淼　制图
图六、图七　FOTOE图片库

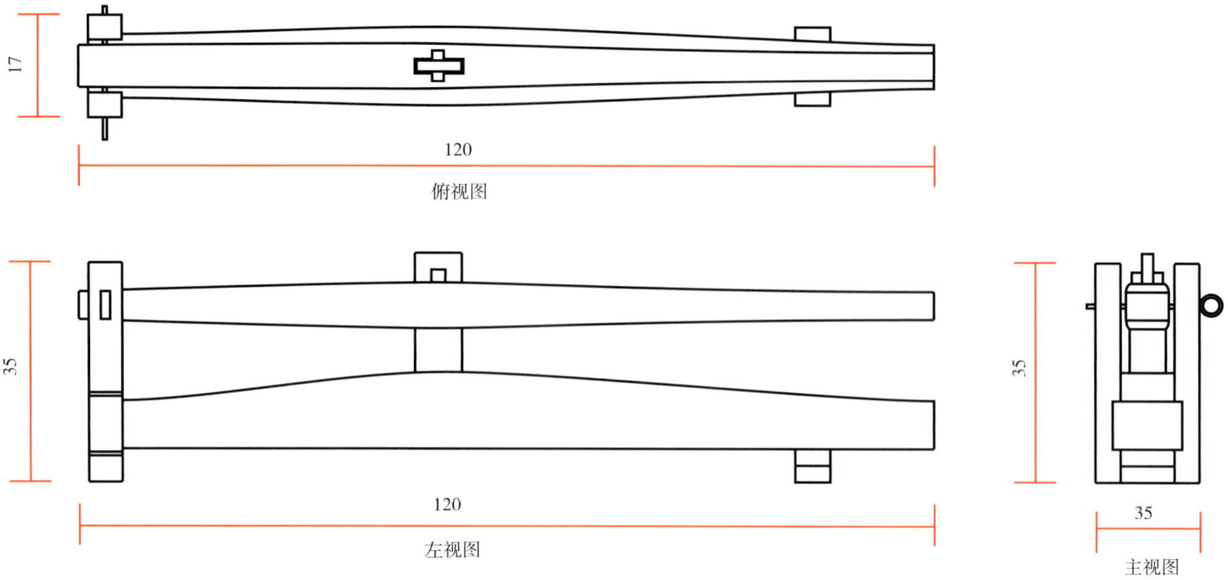

图二 蒙古族饸饹床子尺寸图（单位：cm）

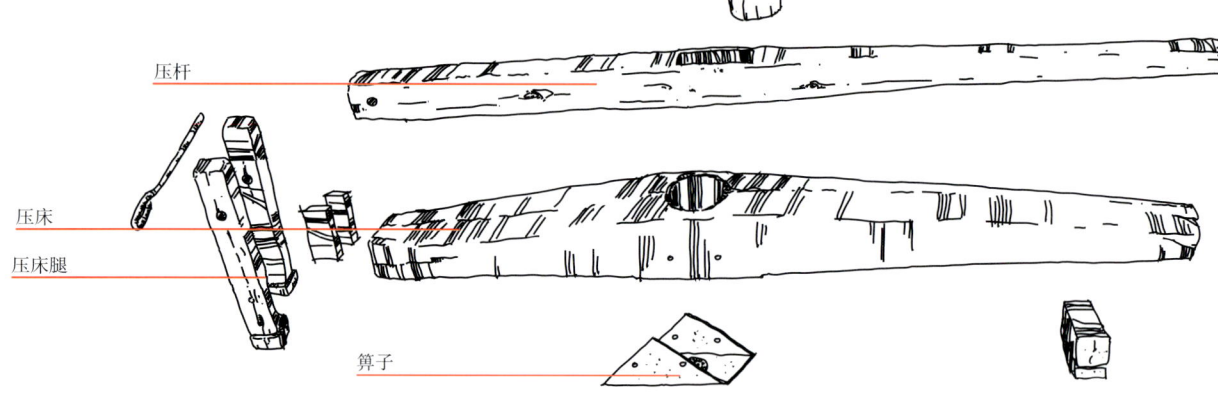

图三 蒙古族饸饹床子解构图

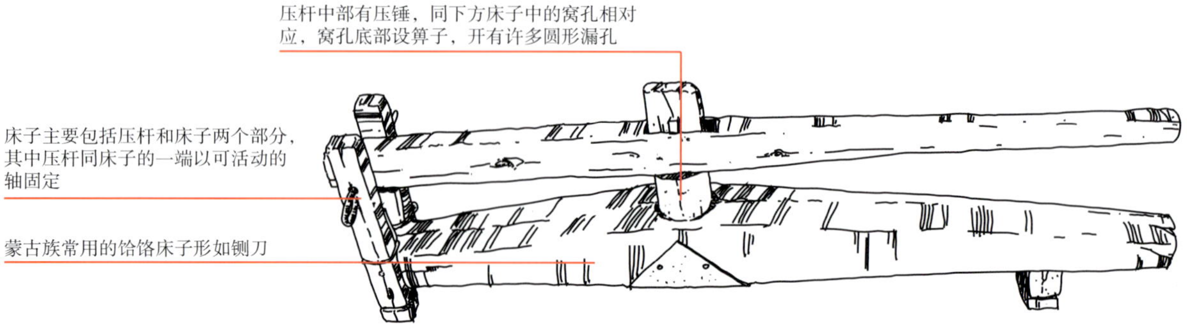

图四 蒙古族饸饹床子工艺分析图

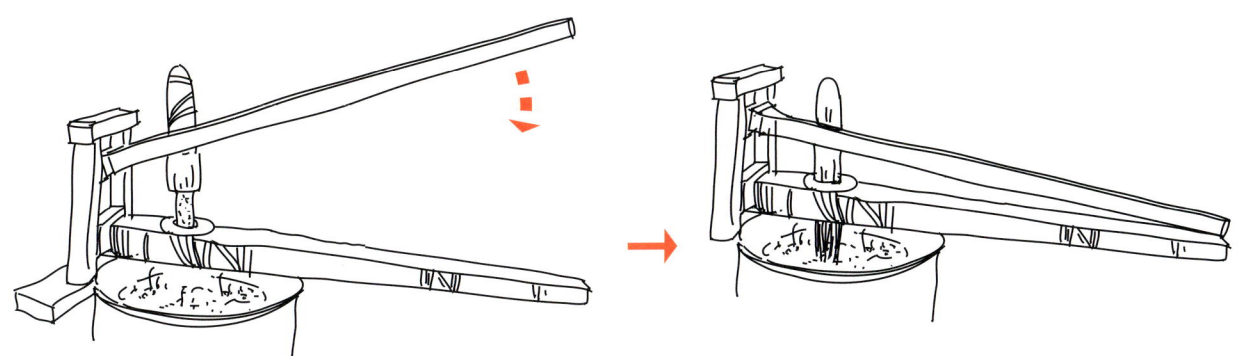

操作饸饹床子时，将其置放于锅灶上，待到锅中水煮沸，便以荞面团置入床子中部的窝孔，用力挤压压杆上的压锤，面团因受力从圆形漏孔中挤出，呈面条状，即为饸饹

图五　蒙古族饸饹床子操作示意图

图六　蒙古族饸饹床使用情境图

图七　蒙古族饸饹床使用情境图

蒙古族火药囊

图一 蒙古族火药囊主图

火药囊又称"火药壶"或"火药罐",是一种装纳黑火药的小型容器。蒙古族的火药囊较为小巧,形态多样,长度一般不超过25厘米,小的仅10厘米左右。黑火药不是蒙古族发明,早在两汉时期即有火药治病的记载,至唐代,黑火药被用于军事,后在宋时传入蒙古族地区,主要用于装填火铳或火枪,而火药囊即是用来装放黑火药的便携容器。

火药囊,顾名思义,其基本功能是装黑火药粉末,通常在火药囊肩处都设有耳扣,便于背挎,随身携带。以制作材料区分,蒙古族的火药囊主要有皮制、木制、铜制、牛角等四种类型。其中,皮制火药囊最为常见,形状多似皮囊酒壶,扁圆腹部外加一垂直开口,以木塞塞紧。所配木塞多为上大下小的形状,这样的设计既保证木塞可以塞紧囊口,同时也为拔出木塞提供了便利,有的木塞顶端还刻有各类花纹,既是装饰,也能够有效增加拔塞木塞时的摩擦力。皮制火药囊的制作者多就地取材,使用上等牛皮裁切成同样形状两片,表面压制花纹或剪皮贴饰,之后,用麻线或蹄筋沿牛皮边缘缝纳紧密,为了防水,有的皮制火药囊还会使用内胆。木制火药囊的基本形态类同前者，但因工艺复杂，数量相对较少，一种是用整块木料切削雕刻而成，木制囊的内部需要掏挖空洞，颇为费时；另一种则同于皮制，分两片制作，再以胶黏合。蒙古族木制火药囊的器表多饰有各式传统纹样，有的还会在腹部划定区域，运用开光法加饰各类主题纹样，如山水人物、典故等。火药囊的塞子多为器口直塞，到近代也出现了螺口的类型，但数量甚少。成型的木制火药囊尚需浸油髹漆，做好防水防潮才可使用。铜制火药囊的形态也接近于皮制类型，只不过扁圆腹部是以两块铜片打制而成，有的还会在其上錾刻各式传统花纹。牛角火药囊的形态比较特别，由牛角末端加工而成，呈弯角状。牛角火药囊的制作并不复杂，掏空的牛角底部加装骨制或木制的塞子，再在牛角两侧穿装圈环，拴系背带即可完成，较为考究的类型会在牛角末梢或底端塞口边沿包饰白铜或紫铜，既增加美观也具有加固的作用。

蒙古族的火药囊便携小巧、形式多样，但都经久耐用、防水防潮，能够有效地保护内部火药的干燥与安全。此外，蒙古族工匠在不同制作材料的表面灵活运用不同的装饰手法，加饰各种传统装饰图案，使得小小的火药容器变成了传世的工艺品，彰显了蒙古族的设计智慧与造物文化。

图片来源
图一至图三　周安涛　摄影
图四　孙丹丹　制图
图五至图七　李淼　制图

图二　蒙古族火药囊·牛角火药囊和木制火药囊

图三 蒙古族火药囊·牛角、皮囊和黄铜三种材质

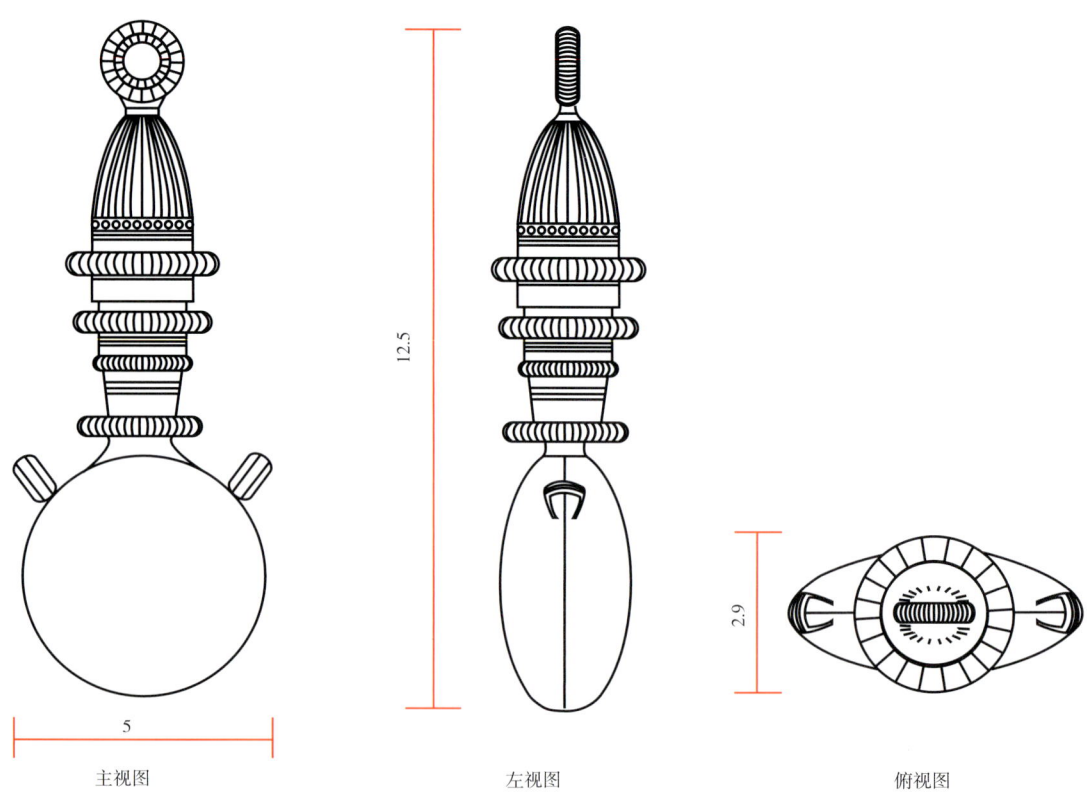

主视图　　　　　　左视图　　　俯视图

图四 蒙古族火药囊尺寸图（单位：cm）

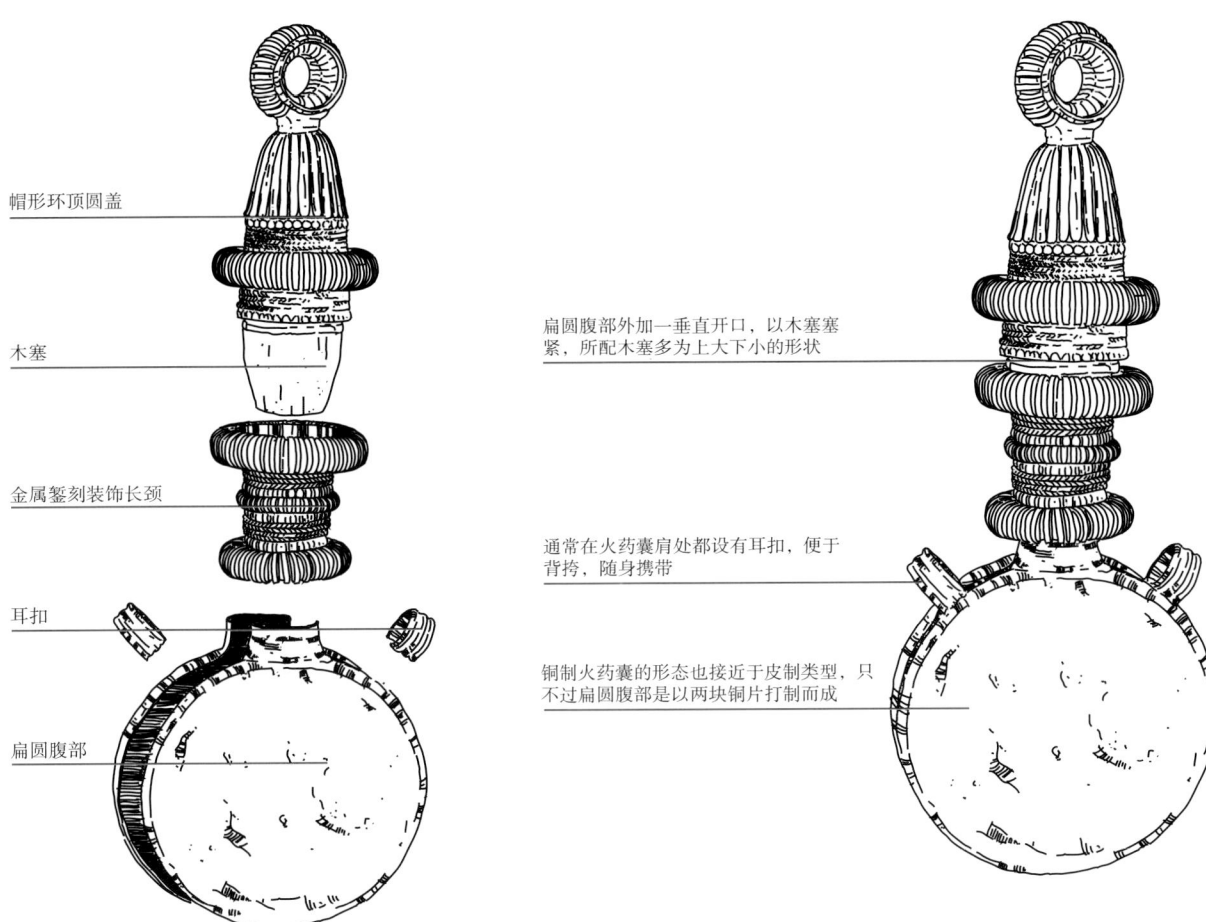

帽形环顶圆盖

木塞

金属錾刻装饰长颈

耳扣

扁圆腹部

扁圆腹部外加一垂直开口，以木塞塞紧，所配木塞多为上大下小的形状

通常在火药囊肩处都设有耳扣，便于背挎，随身携带

铜制火药囊的形态也接近于皮制类型，只不过扁圆腹部是以两块铜片打制而成

图五 蒙古族火药囊解构图

图六 蒙古族火药囊工艺分析图

图七 蒙古族火药囊使用情境图

蒙古族解结器

图一　蒙古族解结器主图

解结器又称"解绳器"，是一种专门用以解开皮条或绳索结扣的辅助工具。蒙古族的解结器一般用兽角简易加工而成，为了方便手持使用，长度一般不超过30厘米。解结器的历史非常久远，早在原始社会，人们以结绳记事时，解结器便随之出现。古代北方游牧民族的生活和生产方式需要以各种绳索和皮条结扣来制作马具、固定物品，在制作和解卸时，解结器变成了不可缺少的工具。

在蒙古族，解结器从应用层面应当划归皮作工具，主要服务于皮制马笼头、马嚼子和马绊等马具的加工与拆卸工作。在日常生活中，解结器也被用来拆卸蒙古包的众多绳扣和勒勒车上固定货物的紧绳结扣，还是编制皮绳等制品时的重要辅助工具。此外，解结器亦是蒙古族的随身便携物，例如在相对杂乱的环境中（如集市），牧人直接用特殊的死结将马匹拴系在拴马桩上，待到回来取马时用解结器再行解开。蒙古族的解结器一般就地取材，择选合适的兽角加工而成，不同于中原地区使用木头削制或以青铜铸就。较为常见的是山羊角和狍子角制成的解结器，两种都是取角的整段或前段，将末梢的角尖稍事修饰，磨光即可使用，有的会在底端横向打孔，穿上皮绳结成圈环，便于携带。解结器的使用非常简单，操作者以解结器的角尖插入结扣中可以挑开的缝隙，松动结扣，再以手指解开。

解结器是一种非常朴素的蒙古族生产工具，运用于蒙古族生活与生产的方方面面，从皮制品加工到牧民转场走营盘，可谓不可或缺。蒙古族解结器保持器物的原初材质特色，充分体现了蒙古族造物文化中朴素与务实的一面。

图片来源

图一、图二　周安涛　摄影
图三至图七　王智慧　制图

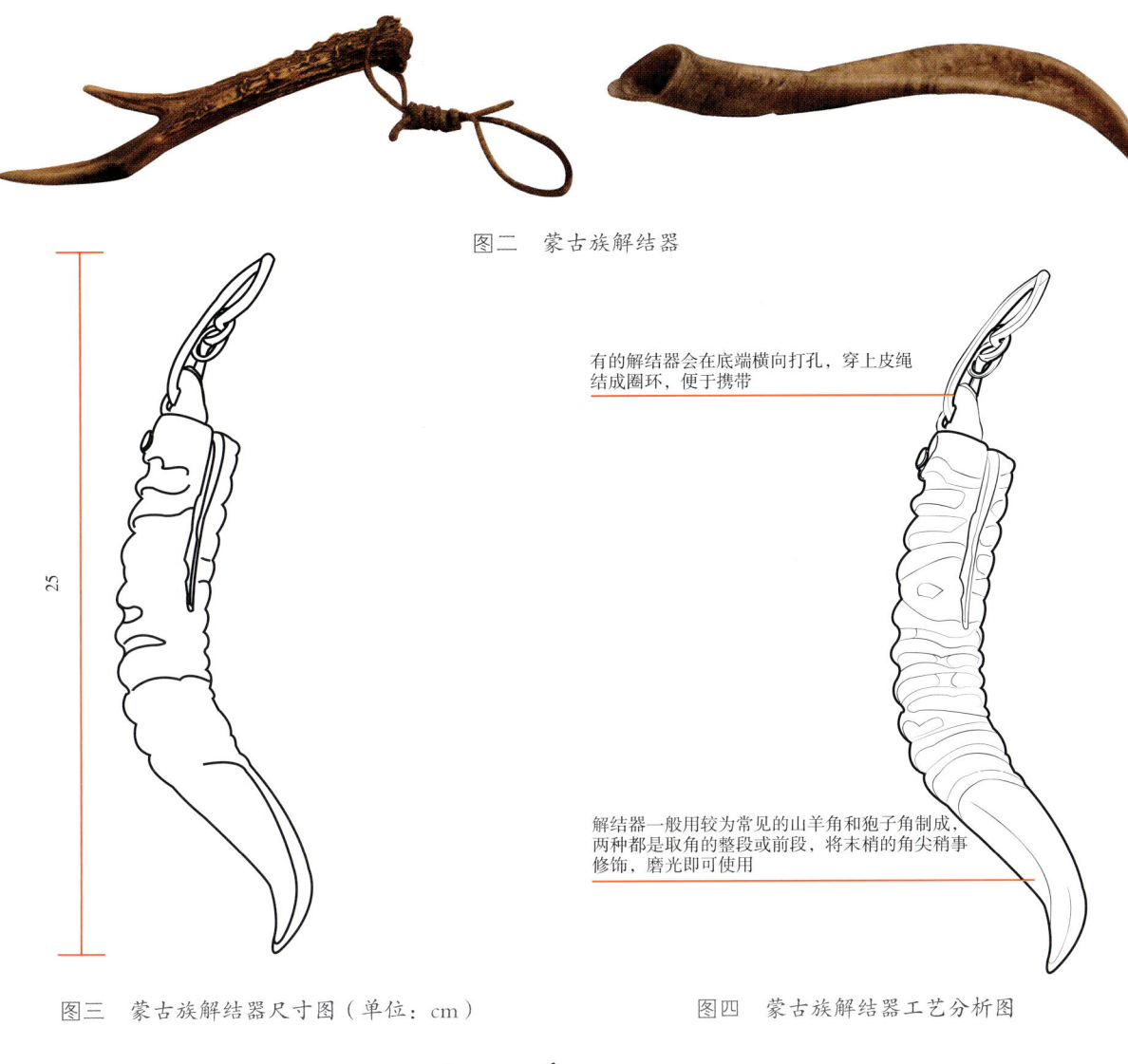

图二 蒙古族解结器

有的解结器会在底端横向打孔，穿上皮绳结成圈环，便于携带

解结器一般用较为常见的山羊角和狍子角制成，两种都是取角的整段或前段，将末梢的角尖稍事修饰，磨光即可使用

图三 蒙古族解结器尺寸图（单位：cm）

图四 蒙古族解结器工艺分析图

解结器的使用非常简单，操作者以解结器的角尖插入结扣中可以挑开的缝隙，松动结扣，再以手指解开

图五 蒙古族解结器操作示意图

第五章 蒙古族传统生产工具

525

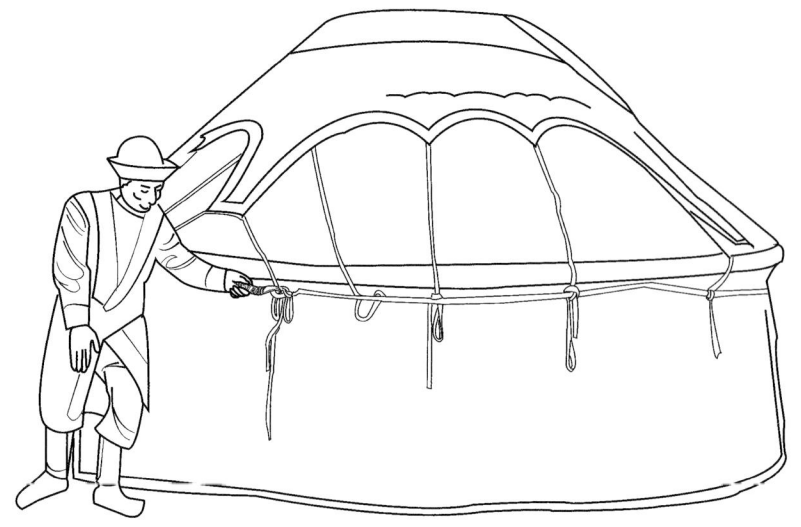

图六　蒙古族解结器使用情境图

图七　蒙古族解结器使用情境图

蒙古族猎枪

图一　蒙古族猎枪主图·燧发火枪

猎枪是一种狩猎工具，长度通常为1至2米，由枪管、枪托和枪机等部件构成。蒙古族使用的传统猎枪是一种火枪，属于前膛枪，即是专门用以狩猎的小口径管形投射火器，一般指近代定装弹后膛枪发明前的老式枪械。蒙古族使用猎枪的历史久远，源自13世纪蒙古西征时期大量装备和使用的铁制枪管的火铳。火枪在后世经过多次改进，清晚期由欧洲传入中国并为蒙古族牧人用以打猎和防身的猎枪，主要是燧发火枪和撞击式雷帽枪。

蒙古族的猎枪顾名思义，其主要功用是用于狩猎动物，包括走兽和飞禽，同时猎枪也是牧人平日的防身用具，可以抵御草原上猛兽的袭击。火枪类猎枪的基本结构包括枪管、枪托、枪机、通条、背带等，此外还有如弹药、火药等配属物。其中，枪管即是用以发射子弹的管道，一般以铸铁制成，后来逐步发展出精钢枪管；枪托是支撑枪管，便于手执的部件，一般为木制，包括枪管下的托架和枪支后端用来手握或顶肩的部分；枪机是枪管后端负责发射子弹的金属触发部件，结构最为复杂，因枪支发射的触发原理不同而各不相同；通条是前膛枪必备的部件，用来将枪膛中的子弹和火药捅实；背带则是系在枪的两端，便于背挎携带的布制或皮制带子；弹药方面，通常有铁弹珠和铁砂两种，其中铁弹珠是一次一发，而铁砂则是一次多粒；火药主要是粗制的黑火药。

火枪的基本工作原理是通过引燃火药，使其在枪膛中爆炸，所产生的气体推力将膛中的子弹射出枪管。蒙古族近代使用的燧发火枪和撞击式雷帽枪在点燃火药的方式上有所区异，皆优于更早的火绳枪。燧发火枪在枪机的击锤钳口上固夹一块燧石，下方的传火管侧前方有一钢铁击砧，传火孔为侈口，用来容纳火药。射击时，以扳机触发击锤，在弹簧回拉下，击锤上的燧石快速有力地撞击在传火管边上的击砧上，激起微小的铁屑，与此同时，瞬间的撞击力和摩擦力产生的高温能够点燃铁屑，形成所谓的火花，再由火花点燃枪膛里的火药，从而引发爆炸，射出膛中的子弹。这种击发装置称为撞击式燧发枪机，装有这种枪机的枪械即是撞击式燧发火枪。撞击式燧发火枪大大地简化了射击过程，相对于之前的火绳枪，提高了射击速度和精度。

撞击式雷帽枪较于燧发火枪更为优秀，其易于装填弹药，并且抵御风雨影响的能力更强，射击稳定性与可靠性亦更佳。撞击式雷帽枪取消了击锤卡钳上的燧石，下方是带有喷嘴的传火管，连接侧方的枪管。同燧发火枪一样，传火管可以在一定角度转动，可以避开击锤盖帽，防止装弹时走火。需要射击时，在传火管喷嘴末端扣上含有少量雷酸汞（雷酸汞也叫雷汞，由汞硝酸和乙醇组成，干燥时对撞击、震动和摩擦都非常敏感，或是在接触到火星和火焰的条件下引起爆炸）的预制底火，再用扳机触发盖帽击锤快速撞击传火管，盖帽中的雷酸汞产生爆炸，从而引燃枪膛中安装好的火药，进而射出子弹。燧发火枪与撞击式雷帽枪的差异主要在枪机部分，许多部件都可通用，因而将一把燧发火枪改造成撞击式雷帽枪并不困难。

蒙古族使用燧发火枪和撞击式雷帽枪作为猎枪，基本操作步骤是：首先，把传火管抠到安全位置，防止后继操作中走火；然后，取出火药囊，如果是燧发火枪，则在传火管上装入少许火药，如果是撞击式雷帽枪，则在传火管喷嘴上安装底火；其后，再竖立猎枪，往枪管中倒入适量火药，再填入子弹，使用通条将子弹和火药填实，最后需要把击锤抠到全击发位置，便可以瞄准射击目标了。

蒙古族的火枪源起甚早，最初用于军事，后吸纳欧洲技术改进成为牧人猎户狩猎动物的器具。燧发火枪和撞击式雷帽枪两种相对先进的前膛枪，在清中晚期传入蒙古族地区，很快得以传播和使用，其在民族造物文化体系中具有重要的地位，凸显了蒙古族对于先进科技技术的积极吸纳，同时也体现了早期狩猎文化在蒙古族生产生活中的影响和地位。

图片来源

图一、图二　周安涛　摄影
图三　许宏　制图
图四至图十　李淼　制图

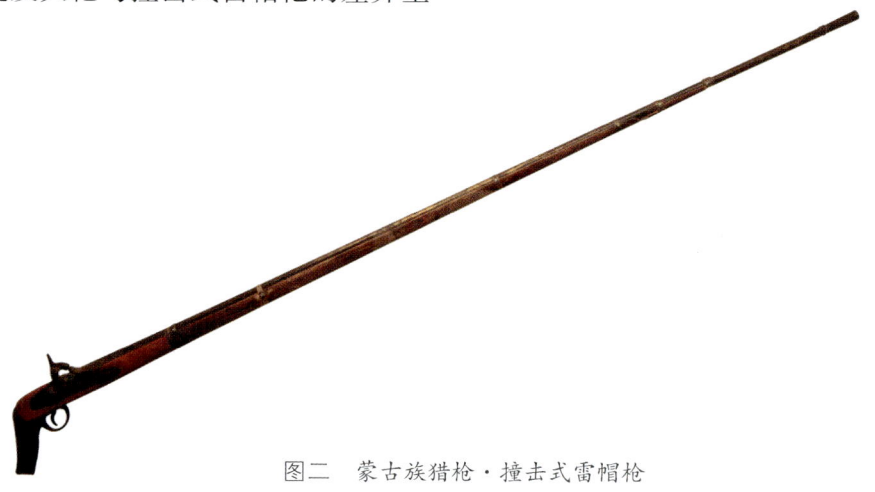

图二　蒙古族猎枪·撞击式雷帽枪

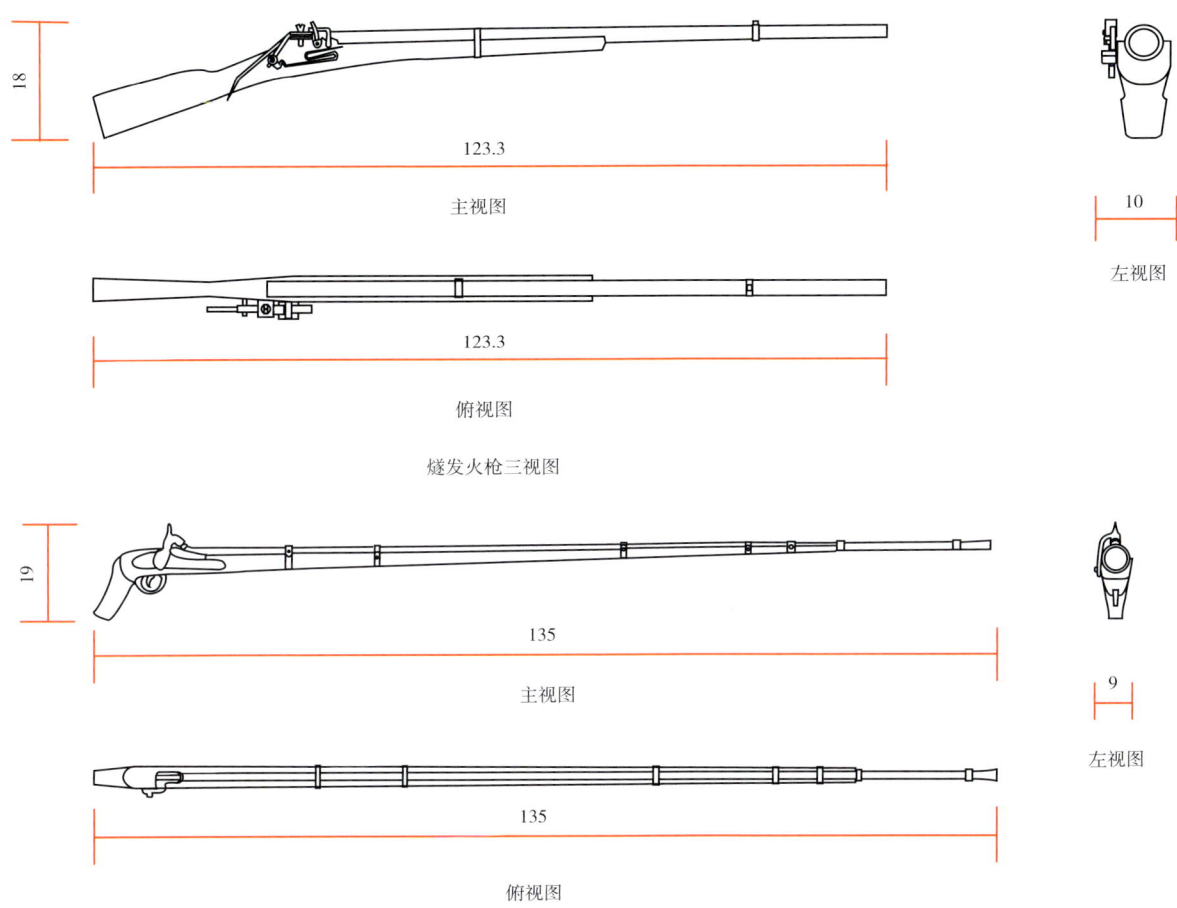

图三　蒙古族燧发火枪和撞击式雷帽枪尺寸图（单位：cm）

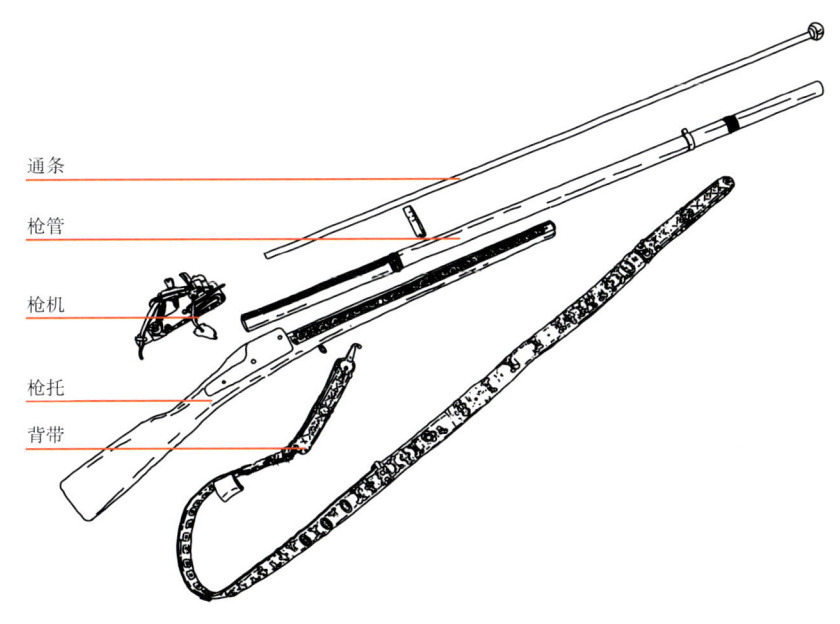

图四　蒙古族燧发火枪解构图

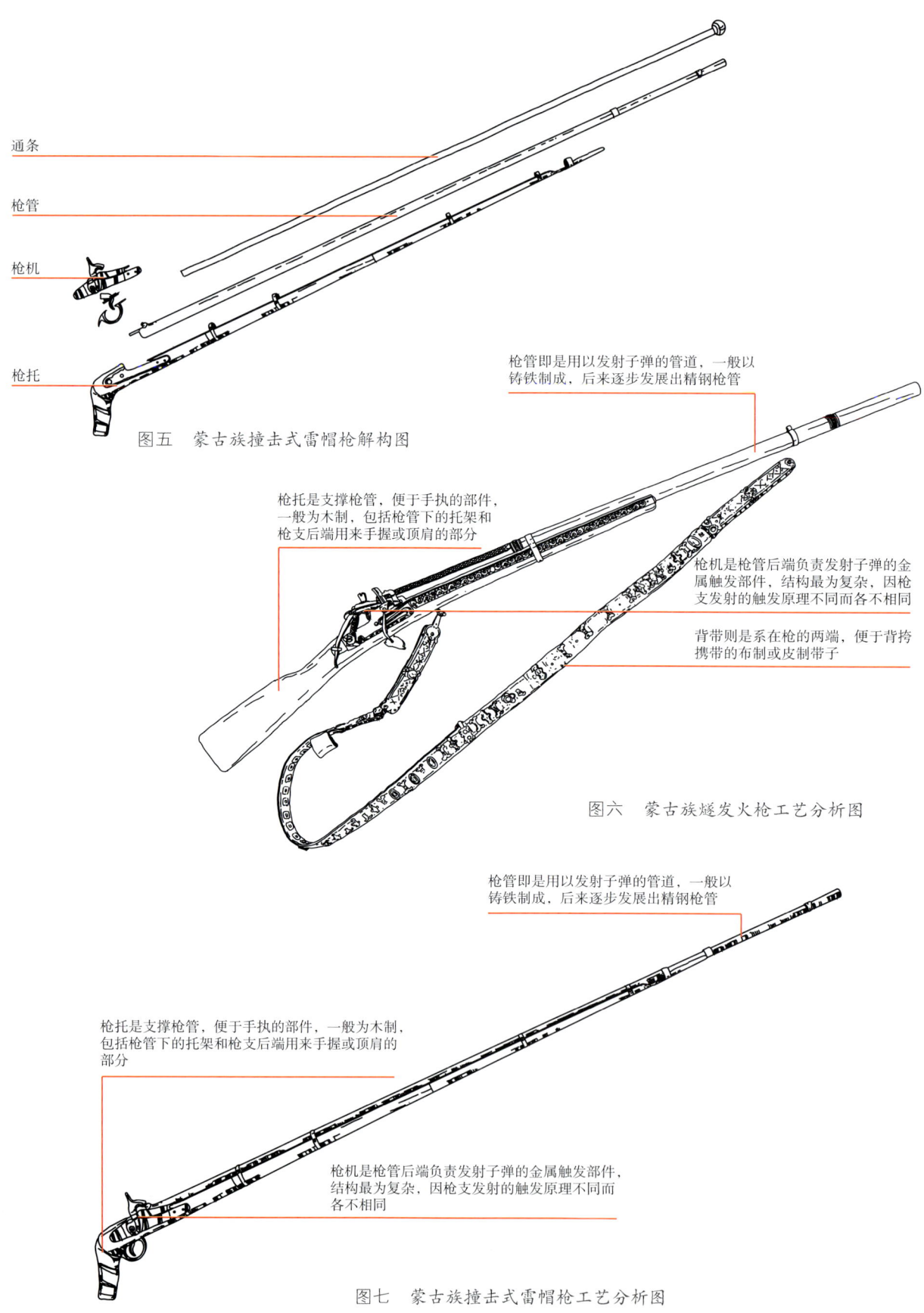

图五　蒙古族撞击式雷帽枪解构图

图六　蒙古族燧发火枪工艺分析图

图七　蒙古族撞击式雷帽枪工艺分析图

火枪的基本工作原理是通过触发火枪枪机引燃传火孔内的火药,再通过传火孔使枪膛中已填装好的火药爆炸,所产生的气体推力将膛中的子弹射出枪管

图八 蒙古族猎枪基本工作原理示意图

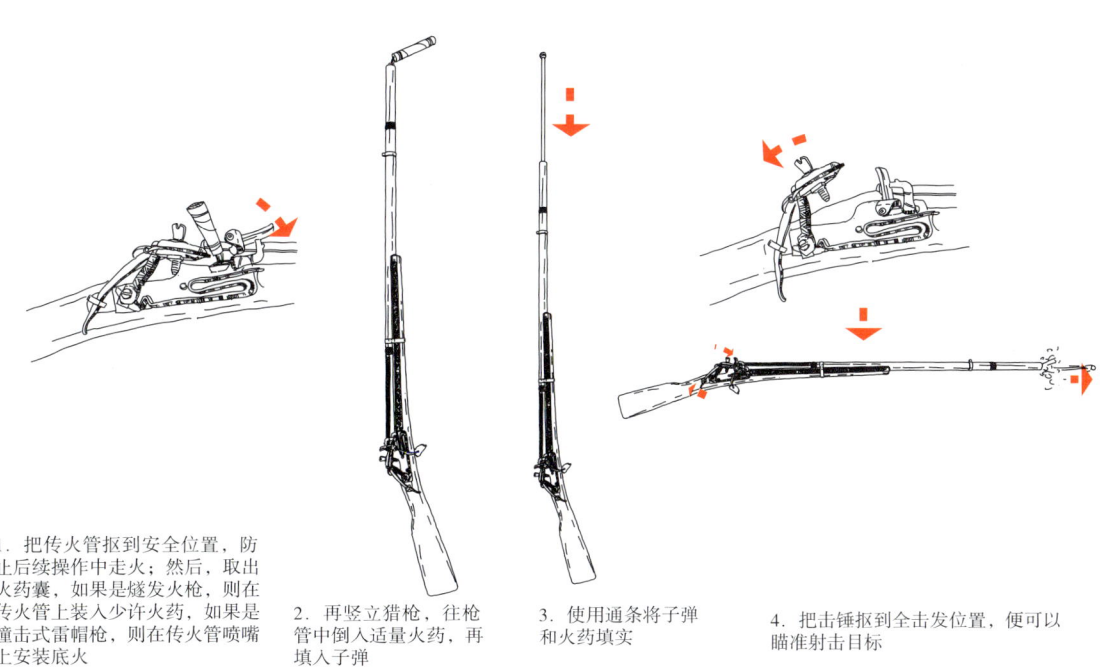

1. 把传火管扣到安全位置,防止后续操作中走火;然后,取出火药囊,如果是燧发火枪,则在传火管上装入少许火药,如果是撞击式雷帽枪,则在传火管喷嘴上安装底火

2. 再竖立猎枪,往枪管中倒入适量火药,再填入子弹

3. 使用通条将子弹和火药填实

4. 把击锤扣到全击发位置,便可以瞄准射击目标

图九 蒙古族燧发火枪和撞击式雷帽枪操作示意图

图十 蒙古族猎枪使用情境图

蒙古族奶豆腐模子

图一　蒙古族奶豆腐模子主图

奶豆腐模子也称"奶豆腐模具"，或简称"奶模子"，是一种用来将脱水奶豆腐制成各种形状的工具。因材料和花形的差别，蒙古族所使用的奶豆腐模子大小各异，从长度几厘米的单体模子到几十厘米长宽的多体模子，可谓不一而足。作为传统白食的加工工具，奶豆腐模子的历史久远，直至今日依然在蒙古族牧民中广为使用。

奶豆腐模子的功能即是将奶豆腐压制成各式各样的花式饼形，使得奶豆腐团块变成极富民族特色的食品样式。奶豆腐的模子一般用榆木或柳木雕刻而成，一至两个凹槽的一般设有把柄，超过四个凹槽的多为矩形方块。也有金属材质的模子，有青铜铸造的，也有用紫铜或白铜片材打制、錾刻而成，不过数量相对较少。模子上的各式花纹多设在模具凹槽的底部，除模具凹槽的口沿被制成各种花形轮廓外，并不在凹槽侧壁上刻饰复杂的纹样，因奶豆腐在受力挤压时向下纵向移动，无法压出复杂的侧面纹样。

制作奶豆腐时，将模子仰面朝上，填入适量奶豆腐团块至花形模具中，再以特制的压板将团块压实，之后翻过模子，把压好的花形奶豆腐磕出即可。有些铜片打制的单体模子，模子侧面即是花形，可直接在摊展开的奶豆腐上扣压出花形来，使用起来非常方便。蒙古族所使用的奶豆腐模子因地而异，各不相同，模具凹槽多饰有各种蒙古族传统装饰纹样，包括佛教八宝、蝙蝠、狮子、鱼、葫芦、刀斧、各种花卉和吉祥寿字等多种样式。

蒙古族特有的奶豆腐模子造型质朴，操

作简便，但使用这些简单的模具却可以制出各式各样极富民族魅力的花形奶豆腐来，丰富多样的传统纹饰不仅使得美味的奶豆腐更加美观，同时也记录了蒙古族的装饰历史和审美文化，彰显出其内在蕴含的历史文化价值和蒙古族工匠的造物智慧。

图片来源

图一、图二、图六　周安涛　摄影
图三至图五　张颖泉　制图

图二　蒙古族奶豆腐模子

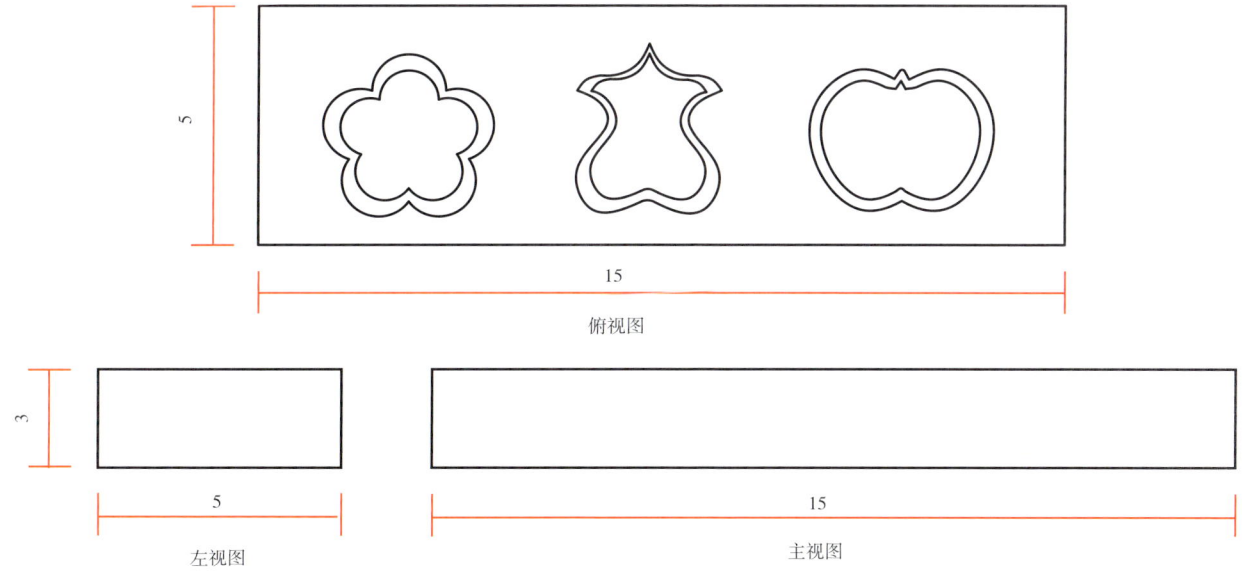

图三　蒙古族奶豆腐模子尺寸图（单位：cm）

奶豆腐的模子一般用榆木或柳木雕刻而成

模子上的各式花纹多设在模具凹槽的底部

除模具凹槽的口沿被制成各种花形轮廓外，并不在凹槽侧壁上刻饰复杂的纹样

图四　蒙古族奶豆腐模子工艺分析图

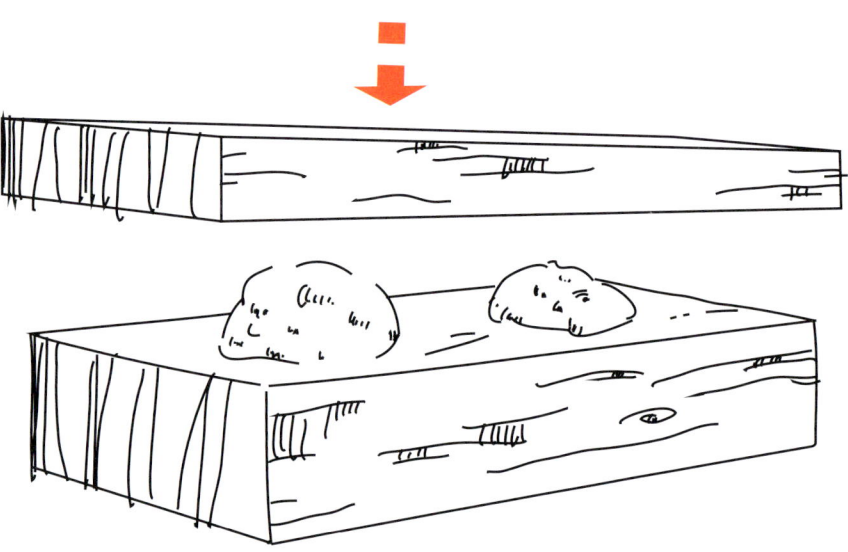

图五　蒙古族奶豆腐模子操作示意图

图六　蒙古族奶豆腐模子使用情境图

蒙古族牛角哺乳器

图一　蒙古族牛角哺乳器主图

北方民族在漫长的游牧生涯中，不断积累牲畜养殖经验，发明创制出一系列简单实用的生产工具，牛角哺乳器便是其中一例。牛角哺乳器也可简称为"哺乳器"，是一种用以喂养初生牲畜的器具，多用牛角制成，故而得名。牛角哺乳器长度一般为15至30厘米，基本形态即是一中空的牛角。

在牧民的牲畜群落中，母牲畜产崽是延续和壮大畜群的头等大事，有时因一些特殊情况，如母牲畜奶水不足、幼崽数量过多或病疫等原因，某些新产的幼崽必须单独喂养，这时就需要用到牛角哺乳器。牧民使用牛角哺乳器时，可直接将小牲畜抱在怀中，体型稍大的则需人用两腿将其夹在中间，一手安抚幼畜，一手端举哺乳器给其喂乳。蒙古族牧民常用的牛角哺乳器都是就地取材，以牛角简单加工而成，去除表层角质和内腔，切除牛角尖端部分，开一小孔，用以流乳。为了延缓乳液流速并模仿牲畜乳房质感，聪慧的蒙古族牧民取用一截去毛的羊皮，缝成小口袋状，称为"羊皮嘴"，将其嵌套在牛角的末端，这样一来，牛角腔体中的乳液由末端小孔流入羊皮嘴，在幼崽嘴巴的吸吮下从缝合线的缝隙流入其口中，达到哺乳的目的。

作为一种畜牧业生产工具，牛角哺乳器简单而实用，特别是牛角顶端羊皮嘴的设计，既达到了延缓乳液流速，又能够一定程度上模仿母畜乳头质感，促进幼畜吮吸，充分体现了蒙古族设计造物的巧思。小小的哺乳器见证了千百年来蒙古族地区游牧文化的发展与繁荣，是现代设计历史和文化研究中不可多得的实例。

图片来源
图一　周安涛　摄影
图二至图五　张颖泉　制图

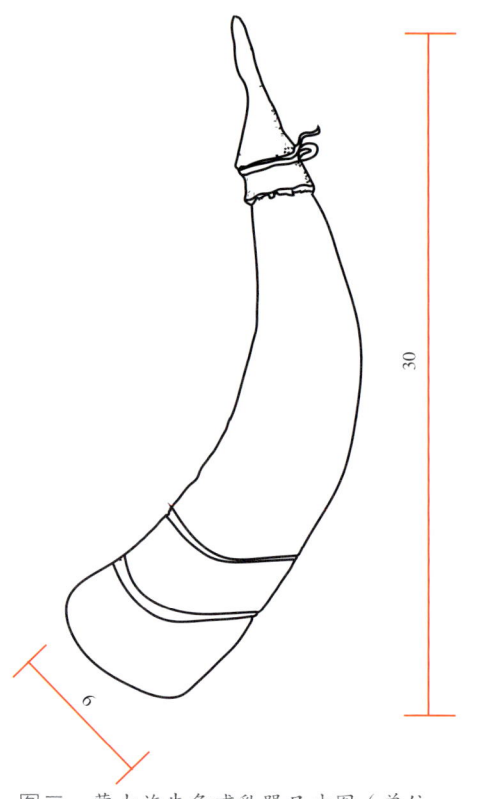

图二 蒙古族牛角哺乳器尺寸图（单位：cm）

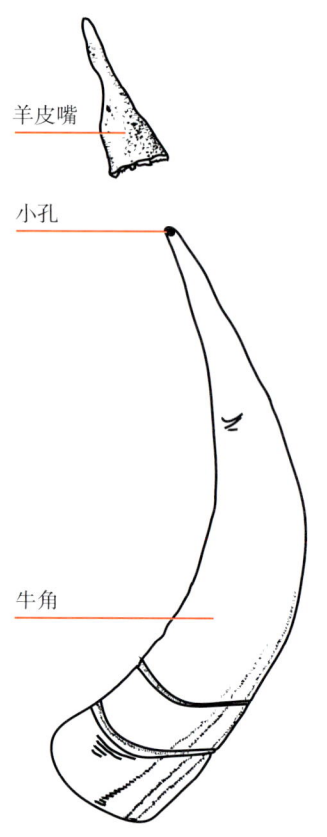

图三 蒙古族牛角哺乳器解构图

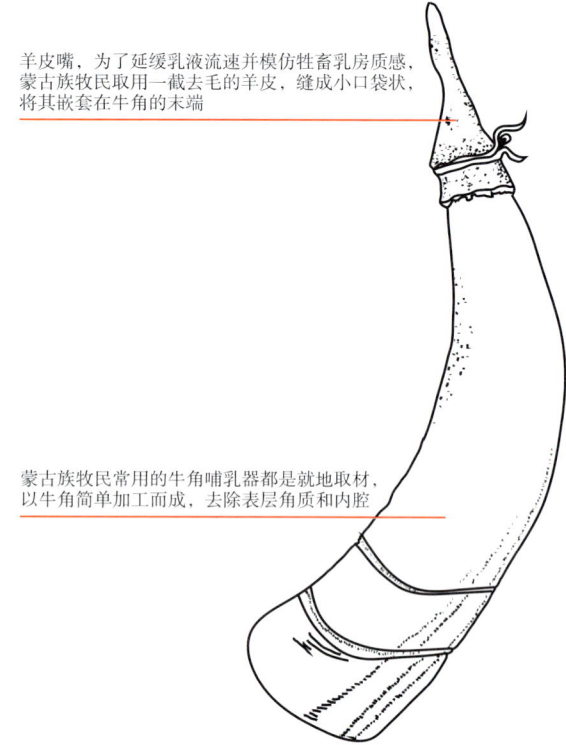

羊皮嘴，为了延缓乳液流速并模仿牲畜乳房质感，蒙古族牧民取用一截去毛的羊皮，缝成小口袋状，将其嵌套在牛角的末端

蒙古族牧民常用的牛角哺乳器都是就地取材，以牛角简单加工而成，去除表层角质和内腔

图四 蒙古族牛角哺乳器工艺分析图

图五 蒙古族牛角哺乳器使用情境图

蒙古族牛角灌药器

图一 蒙古族牛角灌药器主图

牛角灌药器也称"灌药器",是一种专门给牲畜灌喂药汤的工具,因多以牛角制成,故而得名。常见的蒙古族牛角灌药器长度一般为15至30厘米,直接在牛角上加工而成。早在新石器时代畜牧业逐渐形成之际,以既有手段医治所放养的牲畜便已出现,而牛角灌药器即是在漫长的历史演进中,在北方民族畜牧经验的积累中产生的。

预防和治疗各种牲畜疾病是传统畜牧业中不可缺少的重要环节,因此,牧民们需在牲畜养殖生产过程中定期喂牲畜服药,或是针对病疫牲畜灌服特制的汤药。牲畜通常不会主动进食兽药,需要牧民灌服,灌药器便是为此而设计制作的辅助工具。例如给牛灌服汤药时,需首先将牛进行适当捆绑固定,使用特制的牛鼻夹板夹住牛鼻中隔,利用其将牛头部抬起,使牛口朝上。灌药者立于牛头右前方,左手抓住牛右侧口角,右手持牛角灌药器,将其顶端插入牛切齿和臼齿之间,灌入药液,直至所配汤药灌完。给羊只等小型牲畜灌药,可用左手食指和拇指捏住其鼻中隔,将头提起,用右手以同样方法灌药。蒙古族常用的牛角灌药器一般用黄牛角制成,也有少量以水牛角、羊角甚至是犀牛角制成,基本保持了兽角的基本外形。加工灌药器时需要去除外层角质和内腔,仅保留弯曲锥状的骨质部分。牛角顶端通常被打磨成圆角,防止在灌药时戳伤牲畜口腔,顶部的侧翼开有一圆形孔洞用以导流药汤,而在末端开口处,为了方便添放药汁,往往会挖去部分牛角内侧,增加开口面积。较为考究的牛角灌药器也会在牛角底端加饰各类传统吉祥纹样,但这样有纹饰的数量甚少。

蒙古族传统的牛角灌药器使用安全,圆角顶端的犄角不易在灌药时伤及牲畜口舌;此外,这种传统的牛角灌药器操作简便、易于携带,对于大型牲畜,需两人配合使用,而小牲畜,仅一人即可独立完成灌药。基于以上优点,即便在今日逐步现代化的畜牧业生产中,牛角灌药器依然是蒙古族牧民必备的辅助用器,具有不可多得的实用价值。

图片来源
图一 周安涛 摄影
图二至图四 张颖泉 制图

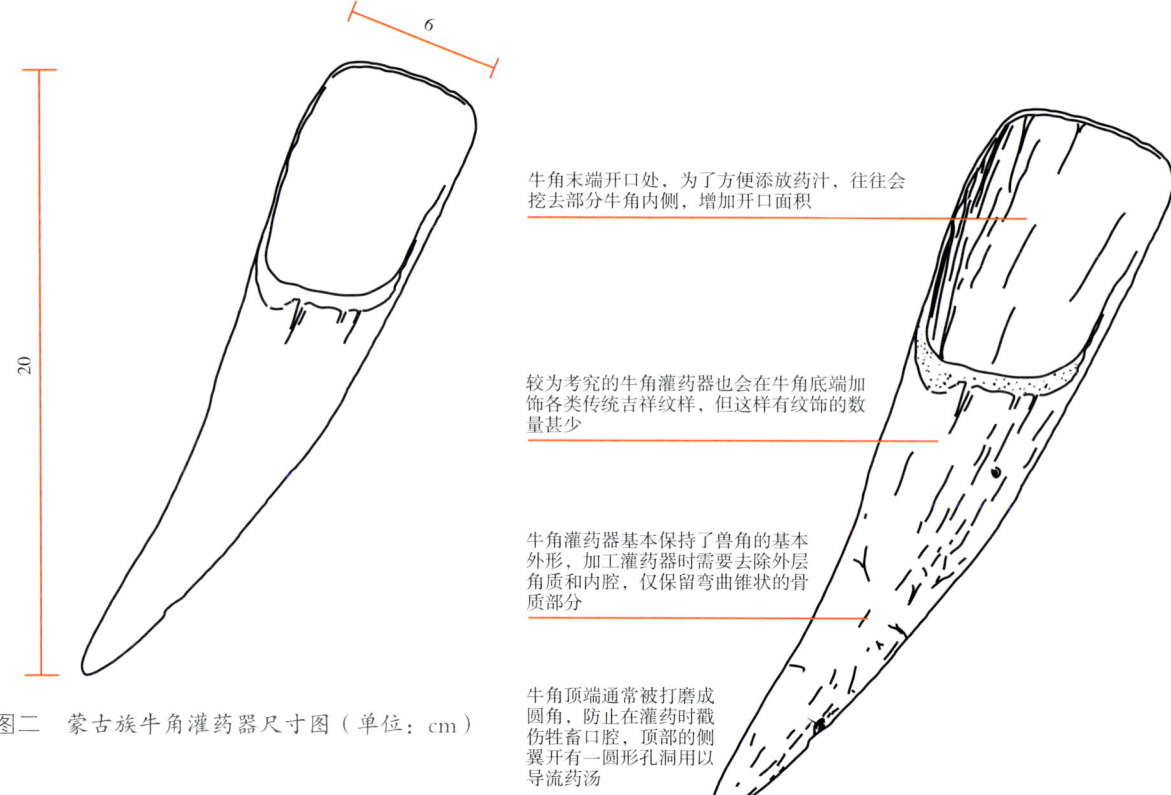

图二　蒙古族牛角灌药器尺寸图（单位：cm）

图三　蒙古族牛角灌药器工艺分析图

牛角末端开口处，为了方便添放药汁，往往会挖去部分牛角内侧，增加开口面积

较为考究的牛角灌药器也会在牛角底端加饰各类传统吉祥纹样，但这样有纹饰的数量甚少

牛角灌药器基本保持了兽角的基本外形，加工灌药器时需要去除外层角质和内腔，仅保留弯曲锥状的骨质部分

牛角顶端通常被打磨成圆角，防止在灌药时戳伤牲畜口腔，顶部的侧翼开有一圆形孔洞用以导流药汤

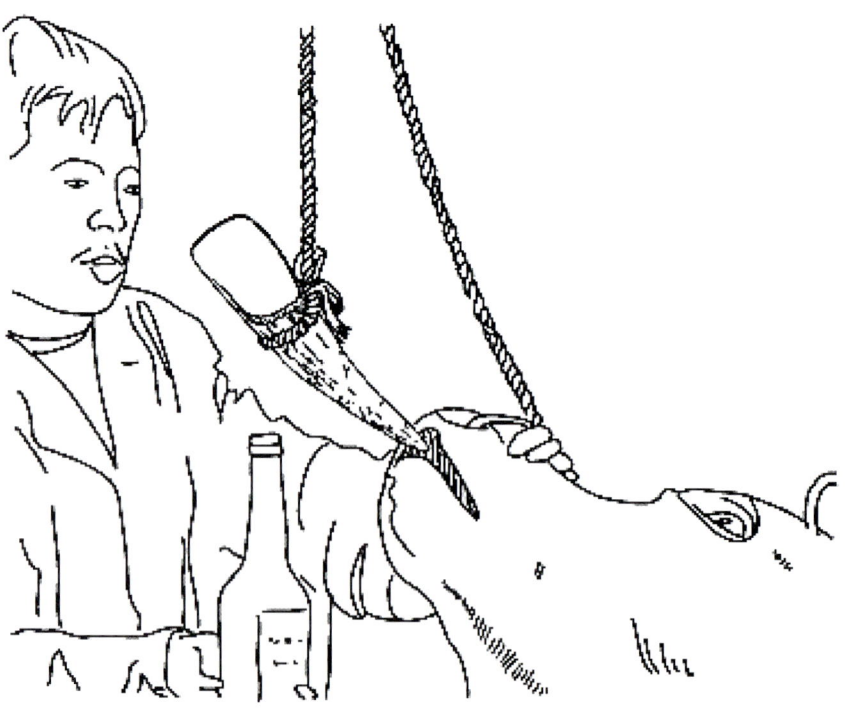

图四　蒙古族牛角灌药器使用情境图

蒙古族牛角墨斗

图一　蒙古族牛角墨斗主图

牛角墨斗是一种木工画线的辅助用具，其横向长度一般为20至40厘米，以牛角制成，呈一端细小、一端粗大的弯曲锥体状。墨斗在许多民族中都有使用，相传最初由鲁班发明，亦称"赫绳"，蒙古族使用墨斗的历史至少可以追溯至元朝时，一般为牛角制成，故而又称"牛角墨斗"。

牛角墨斗的功能主要有两个方面：其一，在木料上标画直线，辅助材料加工，方法是固定牛角墨斗在所需的位置，拉出浸墨后的墨线，在需要的位置牵直拉紧，再提起墨线的中段使其回弹，在木料上留下墨线印记即可；其二，牛角墨斗中段的墨仓可以蓄墨，配合墨签和拐尺可以标画短直线或记号。有的牛角墨斗的墨线顶端拴系线锥，可以用来兼作铅垂使用。蒙古族的牛角墨斗一般以水牛角或黄牛角制成，也有以犀牛角制作的案例，较为珍贵。

牛角墨斗从结构上由墨仓、线轮、墨线和墨签四部分组成，其中，墨仓由整段牛角加工制作而成，牛角尖凸一端被截断，开有孔洞，用以引出墨线，后端留有安装线轮的位置，中部有间隔，与前部构成半封闭的墨仓，用以蓄墨。墨仓内填有蚕丝、棉花、海绵之类的蓄墨材料。线轮是安装在墨仓后部的一个可手摇转动的轮，用来卷缠墨线。墨线多以绵麻线或蚕丝制成，一端固定于线轮，另一端经墨仓，从墨斗顶端的细孔牵出，并多拴系牛角尖或铅块等。墨线抽出后，可转动线轮将墨线卷回。墨线的末端拴有一个铜铁线锤，可被插在木头表面来固定墨线的一端，也可以当铅垂吊线使用。墨签即是用竹片做成的画笔，插在墨斗上部的孔洞中。墨签下端被平行剖开，呈扫帚状，缝隙间可蓄墨，使用墨斗弹直线时要用墨签压线，而在画短直线或做记号时，可直接将其抽出当画笔使用。

蒙古族牛角墨斗是一种非常朴素而实用的木工生产工具，设计巧妙，可一物多用，兼具绘线、铅垂等多种功能，彰显出制作者的造物智慧和巧思，值得现代设计的学习与借鉴。

图片来源

图一、图二　周安涛　摄影
图三至图七　李淼　制图

图二　蒙古族牛角墨斗

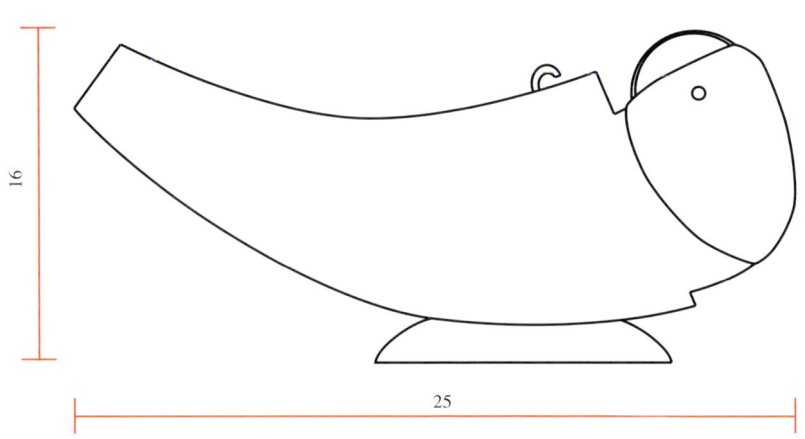

图三　蒙古族牛角墨斗尺寸图（单位：cm）

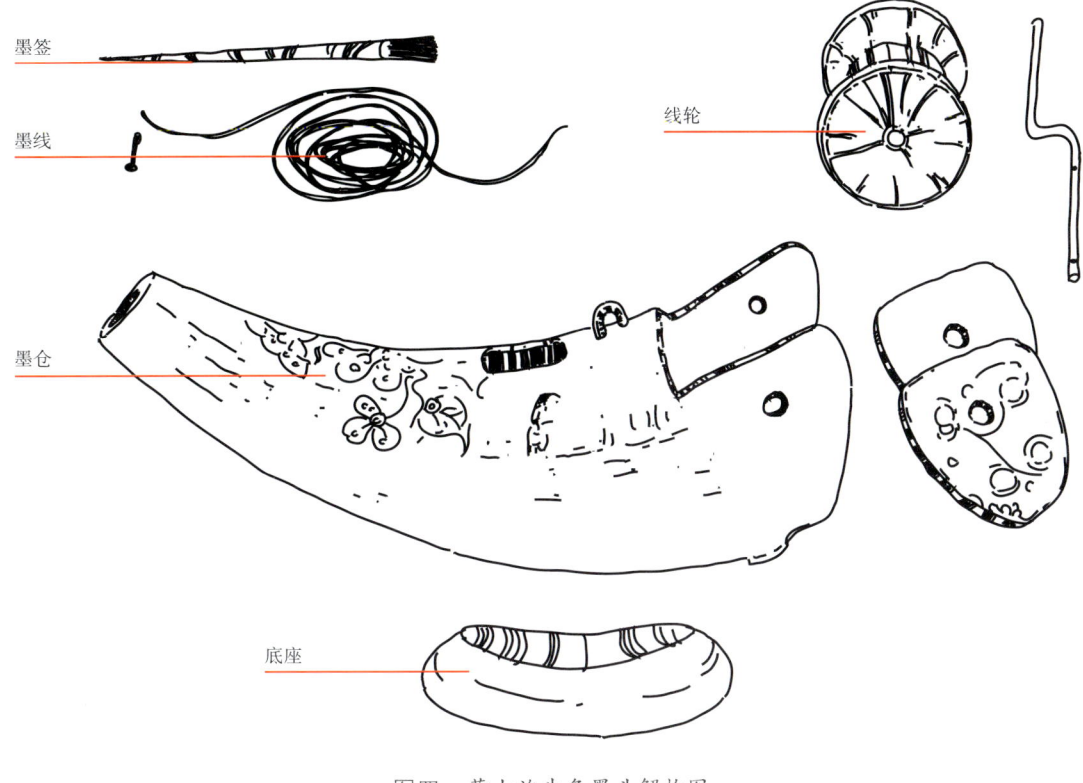

图四 蒙古族牛角墨斗解构图

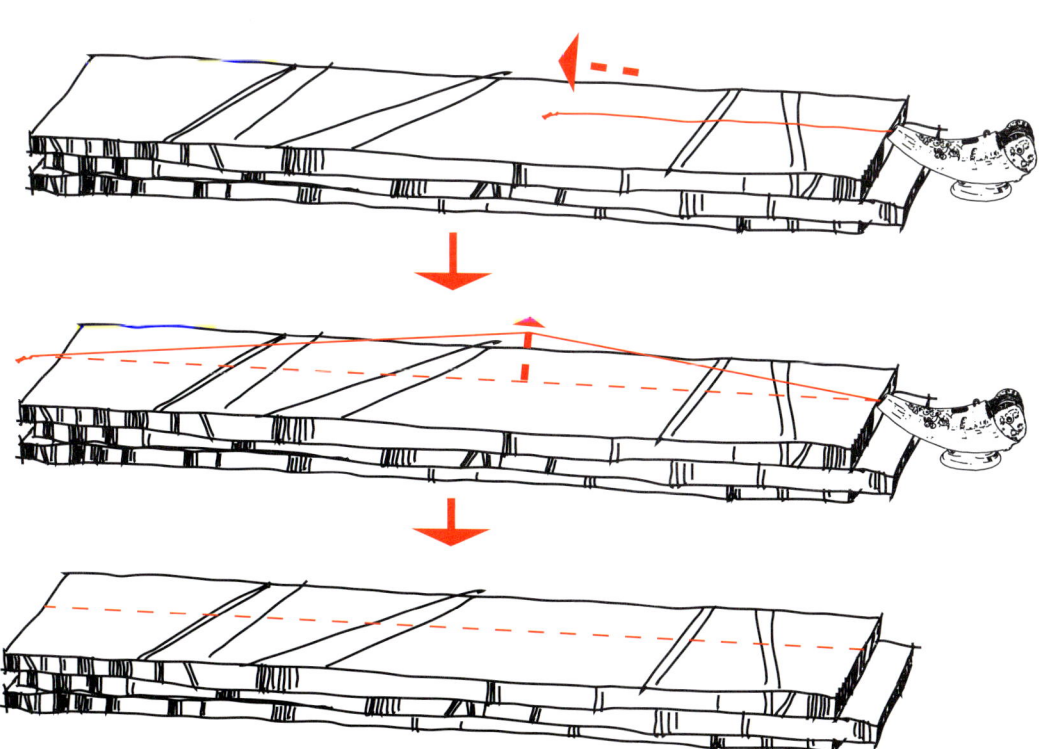

在木料上标画直线，辅助材料加工，方法是固定牛角墨斗在所需的位置，拉出浸墨后的墨线，在需要的位置牵直拉紧，再提起墨线的中段使其回弹，在木料上留下墨线印记即可

图五 蒙古族牛角墨斗操作示意图

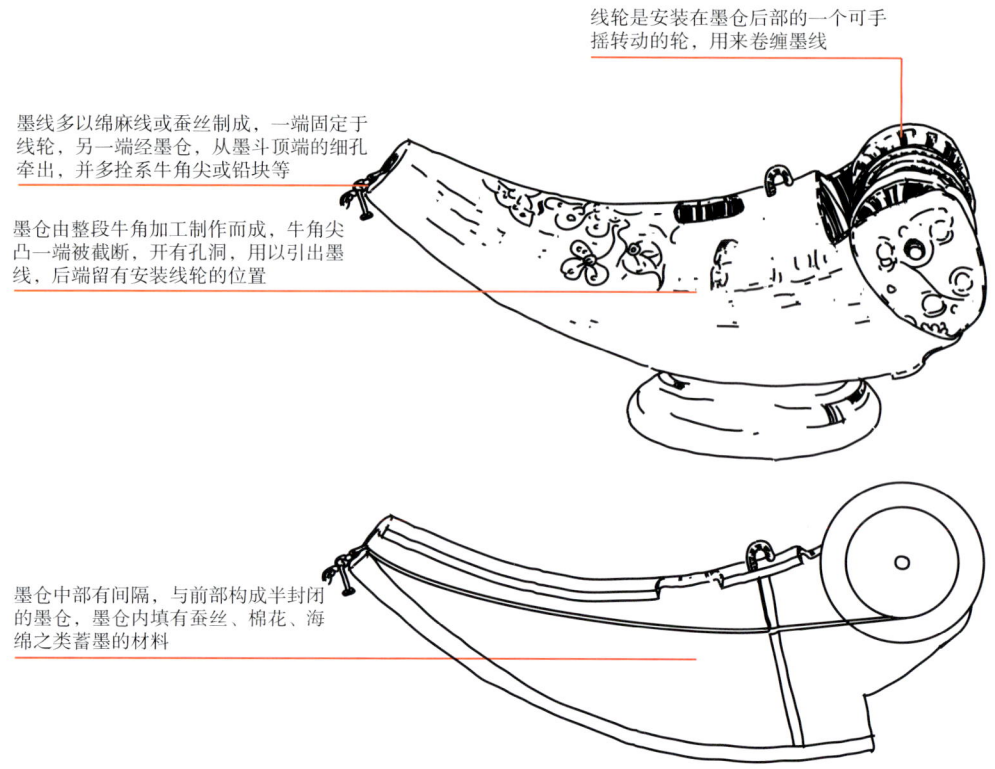

图六 蒙古族牛角墨斗工艺分析图

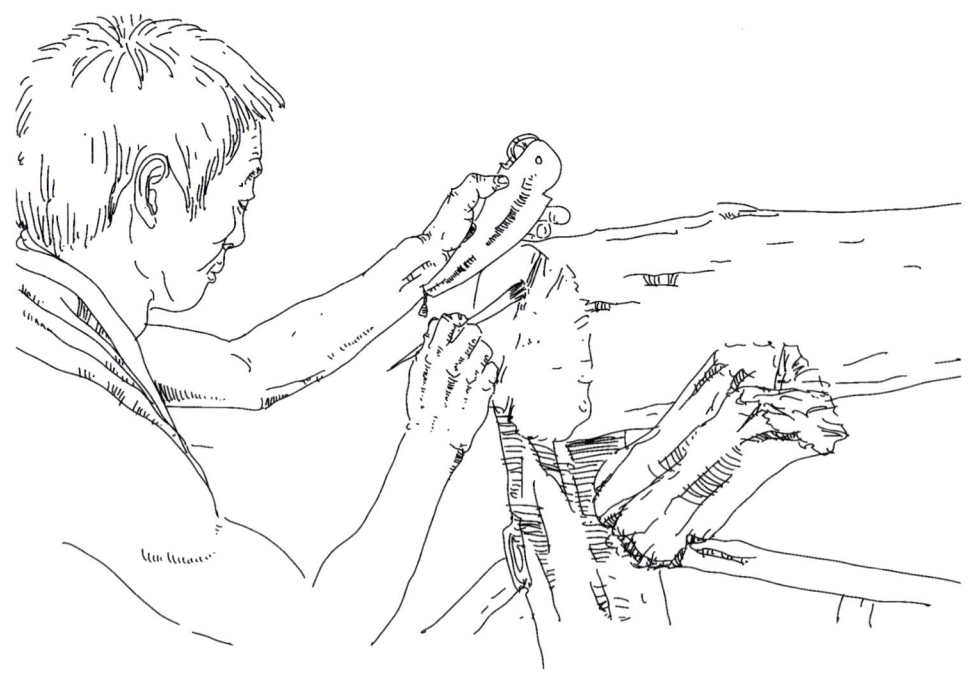

图七 蒙古族牛角墨斗使用情境图

蒙古族刨子

图一　蒙古族刨子主图

刨子又称"手工刨"或"木工刨"，是一种用来推刮木料，使其表面平滑的木工加工工具。刨子一般呈长方体，两侧装有把柄，其大小因功能差异而多有不同，常见的一般体长为20至60厘米。蒙古族使用的刨子源自中原汉族，大约在明中晚期被传入蒙古族地区，在木料加工中部分代替了以前的锛和斧，有效地提高了加工效率和精细程度。

刨子的基本功能即是用于木料的表面加工，具体而言包括木料的细刨、粗刨、净光、净料、刨槽、起线和刨圆等。对于蒙古族而言，刨子在蒙古包套瑙、乌尼和哈那的加工中，在勒勒车车辕、车轮和车体的制作中，在各式蒙古家具的表面处理及槽线加工中，乃至各类木制生活用具及生产工具的制造中均广为应用。按照功能差异，蒙古族的刨子主要分为平推刨和线脚刨两种，其中平推刨较为常见，主要用以刨削木料表面，使其平整光滑；线脚刨主要是加工木料边缘，用以刨线起槽。按照长短不同，蒙古族的刨子又可分为长刨、中刨、短刨和细刨等。刨子基本由刨刃、刨床和把柄三部分组成，其中刨刃是关键，刃身一般由含铁量较大的碳素钢锻造。刨床一般为长方形木块，多以榆木、柳木等制成，中部开有置放刨刃的斜槽和刨屑槽。把柄装在刨床中后部，便于双手掌握。组装刨刃和刨床时，将刨刃插入刨身中部的斜槽中，刨刃口贴近刨床底部，在上面插入楔木，最后需要校正刨刃，使其口刃稍稍露出刨屑槽的底端。刨刃在刨床底部的伸出量同单次刨削量成正比。

使用刨子加工木料，木工一般将左脚置前，右脚随后，人站在木料左侧，便于操作和施力。木工需以左右手的食指及虎口向内夹住刨身，拇指压紧刨刃的末端，其余手指紧握刨子把柄，之后放平刨床，两手用力均匀，使之紧贴木料表面。木工向前推刨木料时，两手大拇指需增加下压力量，两个食指努力保持刨子方向。拉回刨子时，需将刨床后部稍稍抬起，以免刨刃在木料面上拖磨变钝。另外，木工刨削木料，应尽量顺应木材的纹理走向，可以事半功倍，否则，刨出的木料容易粗糙不平，而且特别费力。

刨子是一种常见的木工加工工具，结构合理，便于操作，当代依然为大多蒙古传统木工使用，从造物文化角度而论，这些简单的木工工具记载着蒙古族的造物设计历程，具有重要的设计学研究价值。

图片来源
图一　周安涛　摄影
图二　许宏　制图
图三至图六　张颖泉　制图
图七　微图网

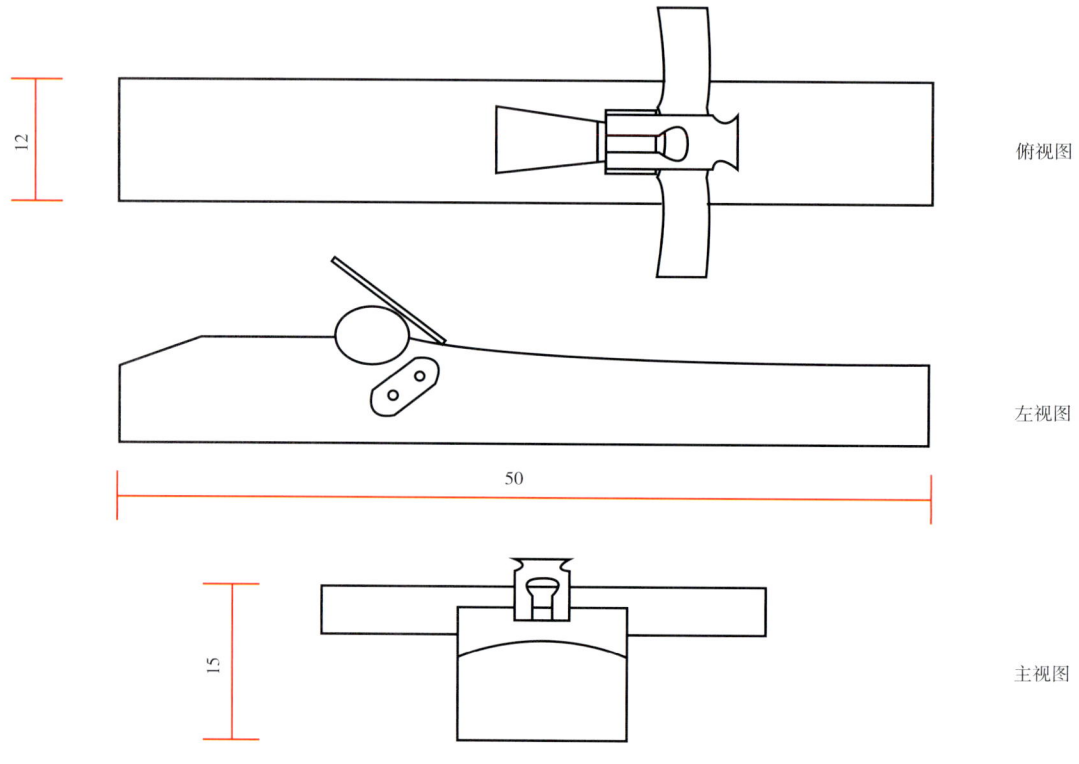

图二　蒙古族刨子尺寸图（单位：cm）

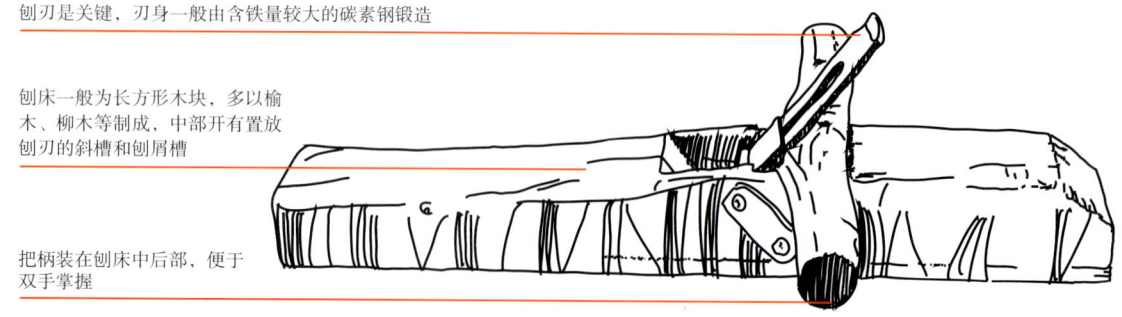

图三　蒙古族刨子工艺分析图

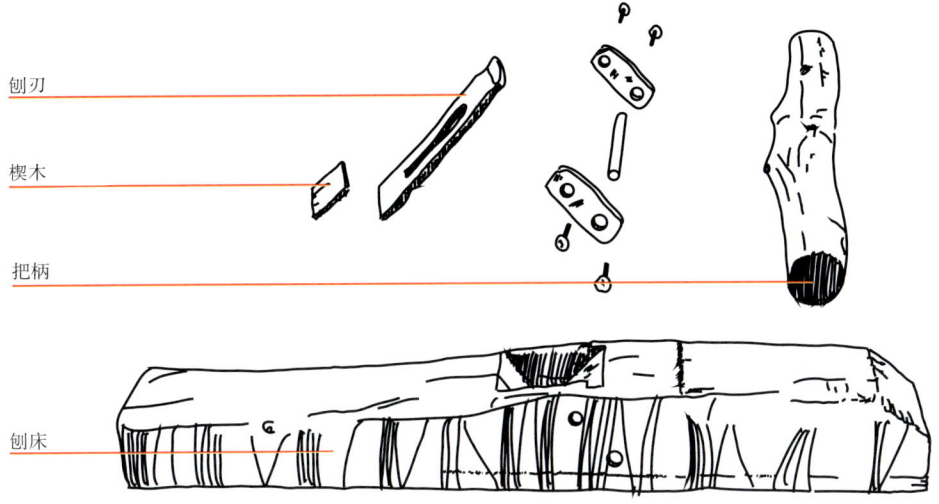

刨刃
楔木
把柄
刨床

图四　蒙古族刨子解构图

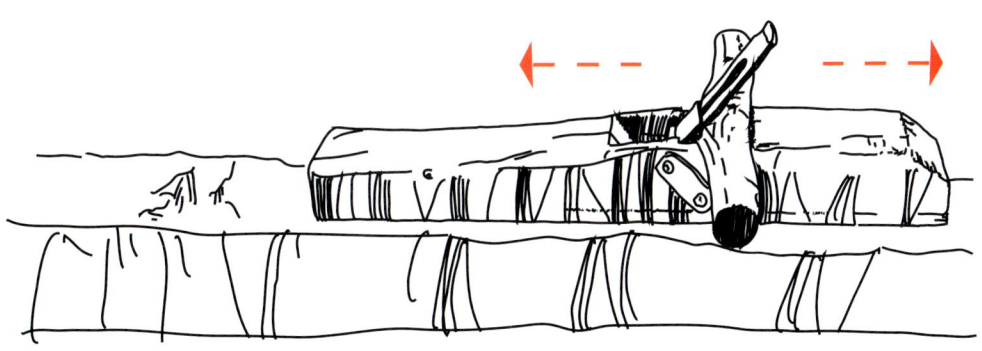

图五　蒙古族刨子操作示意图

第五章　蒙古族传统生产工具

545

图六　蒙古族刨子使用情境图

图七　蒙古族刨子使用情境图

蒙古族鞣皮刀

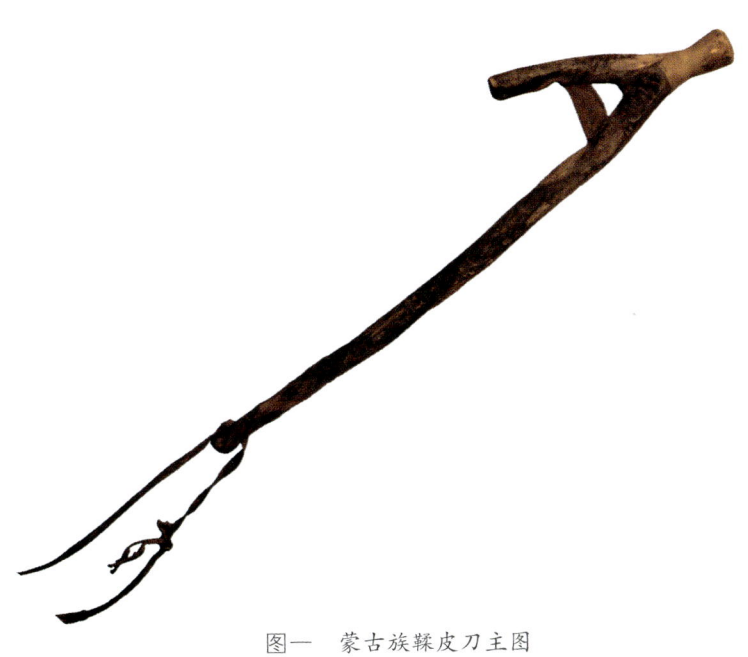

图一　蒙古族鞣皮刀主图

鞣皮刀又称"勾皮刀",皮匠则直接简称其为"勾子",是一种用以去除兽皮里侧肉膜纤维的皮革加工工具。传统的蒙古族鞣皮刀,形制简单,为一天然木杈添加刀刃和绳索制成。不计算末端绳套的长度,蒙古族鞣皮刀通体高度一般为60至90厘米。鞣皮刀是伴随着鞣皮技术的发展而产生的加工工具,其历史久远,早在北方原始狩猎文明时期,为了使得剥下的兽皮更加耐久和柔软,聪慧的先人便发明了早期鞣皮技术,而鞣皮刀亦是在长期的皮革加工生产中应运而生。

蒙古族在继承前人经验的基础上,结合长期的皮革加工实践,发展出了一套独特的鞣制皮革法,主要包括米面鞣皮法以及鞣制大、小牛皮法。所谓米面鞣皮法,首先需要将待鞣制的皮子打理干净,除净皮子正反面的杂质污垢;其次将清理好的皮子浸入常温水中浸泡两至三天;再次是去除皮子上的油脂与肉膜纤维,将硝石等材料放入温水中溶解,再将皮子置入其中充分浸泡、搅拌后捞出拧干净水,使之洗皮脱脂;最后进行鞣皮,方法是将熬成粥状的米面混合物放入盐水溶液中搅拌均匀,待水温合适后再放入脱脂的毛皮,连续搅拌、翻面,若干天后取出鞣制好的毛皮晾干、打磨即可。鞣制小块皮张时,一般用畜肝、兽脑和酸奶等混合物均匀涂于皮面,根据其发酵分解度进行鞣制;鞣制大块皮时则用牲畜油涂皮面,然后以木刀反复压制,并用鞣皮刀去除附在皮子内侧的肉膜纤维。当然,在具体操作时,皮革工匠会根据实际情况,灵活将以上方法混合使用,以求达到最佳鞣制效果。

蒙古族的鞣皮刀一般用杏木、榆木等木料，选择天然枝杈制成。鞣皮刀的最上端的短枝干是勾柄，中间分叉处内侧置有一钝口铁制刀刃，长枝杈下端穿孔拴系皮或麻制的绳套，用于鞣皮工匠蹬踩。加工时，鞣皮工匠把皮子绷在结实的横梁或门框上，以右手握勾柄，将枝杈内侧的刀刃抵住皮子内侧，左手扯住皮子下缘，使刀刃与皮面形成合适的倾角。之后，工匠以右脚蹬住鞣皮刀下端的绳套，配合握勾柄的右手协调发力，有节奏地勾除皮子内侧的肉膜纤维。加工步骤是挂头勾尾、挂尾勾头、先勾四缘、再勾中间。对于较厚的皮子，勾制时常常会渗出油脂，此时需要取下皮子，撒上白面或草灰，折叠起来放在热炕上将油烤尽，再挂起来重新勾，直至皮子内侧露出白色真皮层，整体柔软舒展时为佳。

鞣皮刀是蒙古族加工大块皮革工艺过程中不可或缺的工具，其功能对于旧时的手工生产年代而言，可谓简单有效。现在蒙古族的制皮及皮革加工业已转变为大工业生产模式，手工鞣皮刀亦逐步退出实际生产舞台，但蒙古族鞣皮刀上所展现出的设计智慧以及其上所承载的民族传统皮革加工技艺，在蒙古族造物文化的相关研究领域中依然具有宝贵的史料价值。

图片来源
图一　周安涛　摄影
图二至图五　李淼　制图
图六　王柯　制图

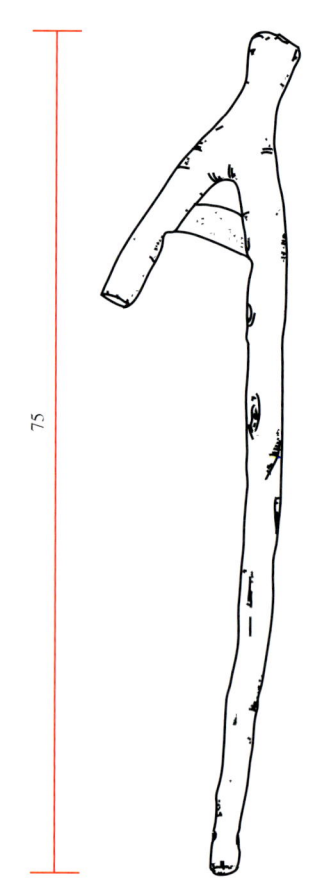

图二　蒙古族鞣皮刀尺寸图（单位：cm）

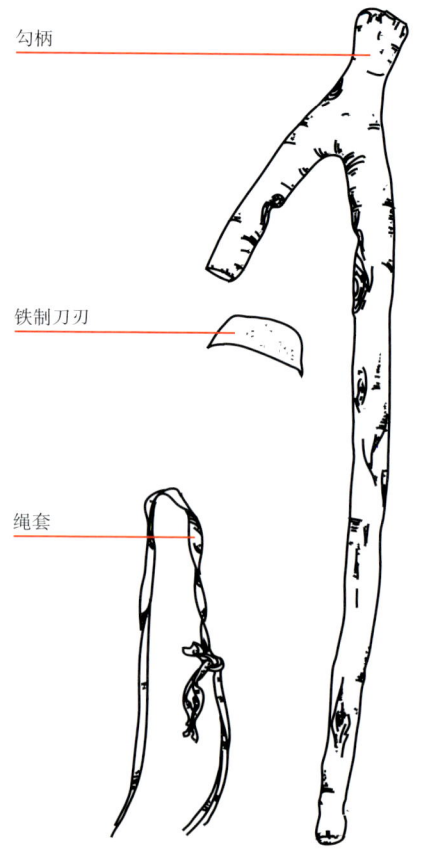

图三　蒙古族鞣皮刀解构图

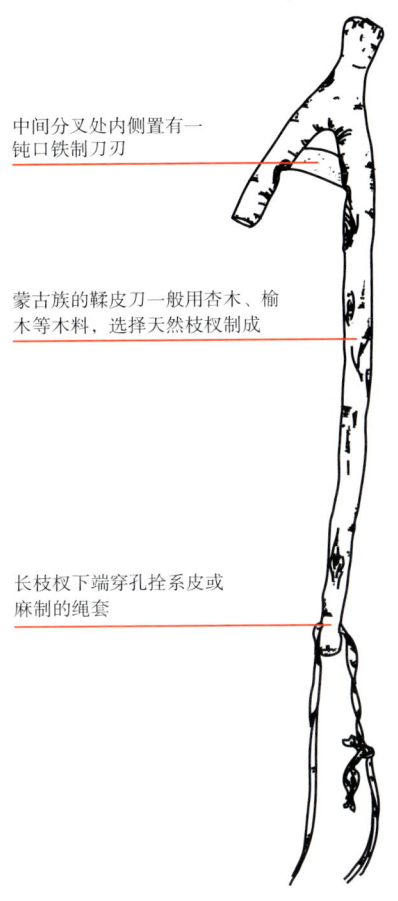

中间分叉处内侧置有一钝口铁制刀刃

蒙古族的鞣皮刀一般用杏木、榆木等木料，选择天然枝杈制成

加工时，鞣皮工匠把皮子绷在结实的横梁或门框上，以右手握勾柄，将枝杈内侧的刀刃抵住皮子内侧，左手扯住皮子下缘，使刀刃与皮面形成合适的倾角。之后，工匠以右脚蹬住鞣皮刀下端的绳套，配合握勾柄的右手协调发力

长枝杈下端穿孔拴系皮或麻制的绳套

图四 蒙古族鞣皮刀工艺分析图　　　　图五 蒙古族鞣皮刀操作示意图

图六 蒙古族鞣皮刀使用情境图

第五章 蒙古族传统生产工具

蒙古族石碾

图一　蒙古族石碾主图

石碾又称"碾子"，是一种依靠畜力或人力驱动的石制粮食加工工具。常见的石碾通体高度为1至1.5米，横向宽度一般在1米以上，也有不足1米的小型石碾，多用来精加工粮食，数量较少。石碾的形状如同一圆形石台，其上有可绕中心转动的石制碾砣。蒙古族开始使用石碾加工粮食是在明代中晚期，伴随着大量定牧定居的出现，生活和生产方式发生了巨大的变化，使用石碾即是其中颇具代表性的一项。

石碾的基本功能是将高粱、稻子和谷子等谷物脱壳，抑或是把谷物碾碎成粉。蒙古族使用的石碾同汉族石碾在工作原理上并无区别，但各地石碾的具体结构会有少许差异。石碾的核心部件是碾盘和碾砣，皆为石制，其他还包括碾管芯、碾框等木制附件。其中，碾盘即是整个石碾的台座，中心有一竖孔，用来插碾管芯。碾盘中，小者以整块石料制成，呈圆形台座状，大者以毛石垒砌做底，顶上置一完整石盘作台面。碾砣是一躺置的圆柱体，中心洞穿，称为"碾脐"，用以安装碾框。碾盘和碾砣的表面大多雕刻有规则的纹理，用以增加碾压时的摩擦力，提高加工效率。碾管芯是插在碾盘上的木棍，是碾盘的中轴，同碾框侧翼相连。碾框也称"碾架"，是套在碾砣上的木框，基本结构呈"日"字形，中间的木棍穿过碾脐，固定碾砣。碾框一端的木架向外侧伸出半米至一米左右，成为石碾的推柄，人可以双手推动碾砣绕碾管芯转动，碾压碾盘上的粮食，也可挂上牲畜，拉动石碾运作。对于蒙古族而言，除了少数王府和大户，一般都是村落中若干户共用一个石碾，集中使用时需要事先排序。

石碾作为一种加工粮食的石制农业生产工具，非常笨重，不易携带，是部分蒙古族人在长期定牧定居之后向汉族学习开始使用的，大大提升了粮食加工的效率。石碾的使用在蒙古族造物系统中代表了其农业生产的崛起，亦是其在既定区域和历史阶段生活方式与生产方式变更的重要标志。

图片来源
图一　周安涛　摄影
图二　许宏　制图
图三至图四　张颖泉　制图
图五　微图网

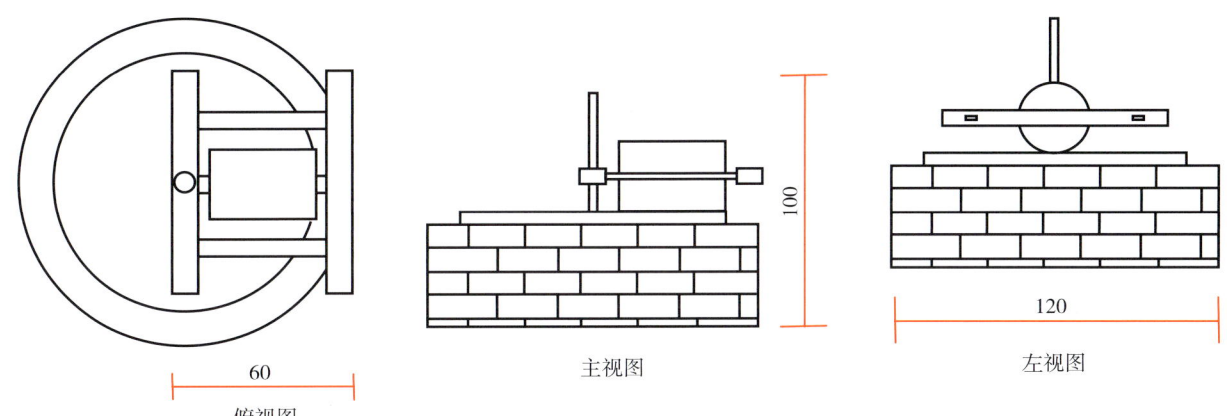

图二　蒙古族石碾尺寸图（单位：cm）

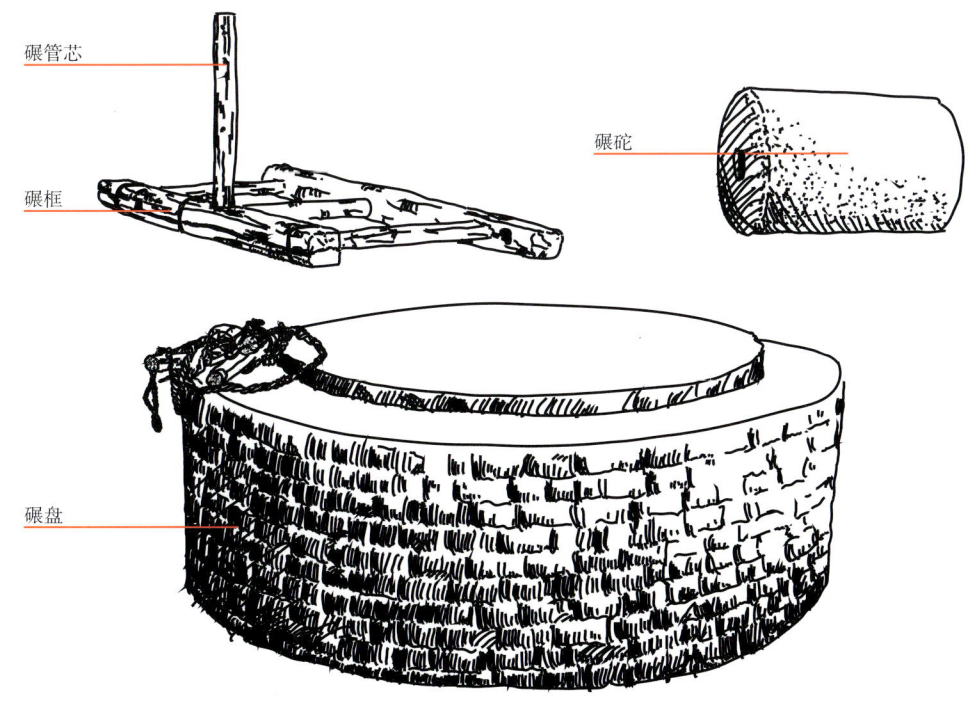

图三　蒙古族石碾解构图

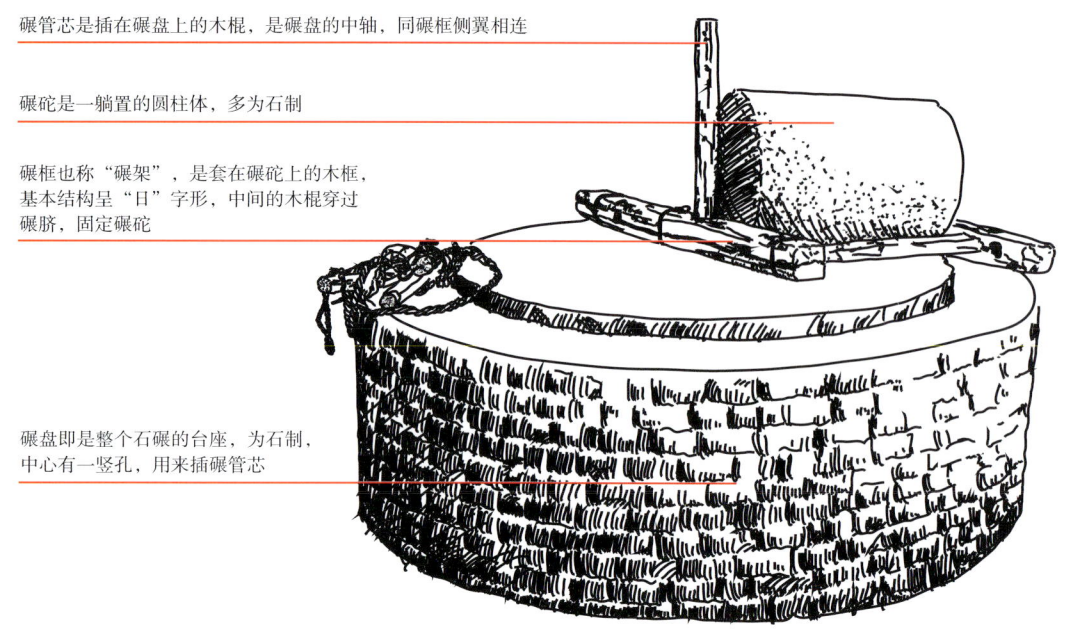

碾管芯是插在碾盘上的木棍，是碾盘的中轴，同碾框侧翼相连

碾砣是一躺置的圆柱体，多为石制

碾框也称"碾架"，是套在碾砣上的木框，基本结构呈"日"字形，中间的木棍穿过碾脐，固定碾砣

碾盘即是整个石碾的台座，为石制，中心有一竖孔，用来插碾管芯

图四 蒙古族石碾工艺分析图

图五 蒙古族石碾使用情境图

蒙古族手锯

图一　蒙古族手锯主图

手锯也称"手工锯",是一种可单手操作的传统锯子,末端有柄,锯刃在前端,属于板锯的一种,长度通常为30至60厘米,木工多以之切割加工木料。锯的源起非常久远,根据考古发现,北方民族早在新石器时代即已制作出了带齿的石镰和蚌镰,这些是锯子的肇始。至商周,便有青铜锯被铸造出来,"锯"字亦随之出现。随木工加工工艺的细化和发展,锯子因功能的需求而发展出了不同类型,手锯即是其中的一种。蒙古族使用的手锯当是沿袭于北方先民,用以配合框锯加工木料。

手锯的基本功能是用以分割木料,相对于更大的框锯而言,手锯在锯割条件和方向要求上更加灵活,能够应对较细致的木料加工工作。传统蒙古族的手锯包括锯柄和锯身两个部分,其中锯柄一般为木制,便于掌握,锯刃多为铁制,后期亦有精钢锯刃出现。锯刃分为锯齿和锯背,锯齿通常交替向两侧偏斜,目的是为了在锯木料时产生比锯身厚度更宽的缝隙,避免工作中夹锯,影响效率。蒙古族手锯的锯齿大小和齿数多有不同,其中齿数较少的大齿手锯多用来切割和粗加工,工作效率高,但锯面较为粗糙;而齿数多的细齿手锯则能加工出更为整洁细致的切割面。木工在使用传统手锯时,一般以右手持锯,以左手或配合左脚稳定切割对象。木工需要控制好往复锯割的角度,并保持一定的力道和速度,此外,应当每间隔一段时间便清理锯缝中的碎屑,直到锯割完毕。

手锯是一种传统木工加工工具,蒙古族主要用以配合框锯分割木料,之后再用斧、锛、凿和钻等精加工,生产出各式各样的日常生活用具和生产工具。朴实无华的手锯上没有多余的装饰,也不使用昂贵的材料,但它却同其他生产工具一样,默默无闻地记录了蒙古族的造物文化,成为研究其民族科技和历史文化演进的重要例证。

图片来源

图一　周安涛　摄影
图二　许宏　制图
图三至图五　张颖泉　制图
图六　FOTOE 图片网

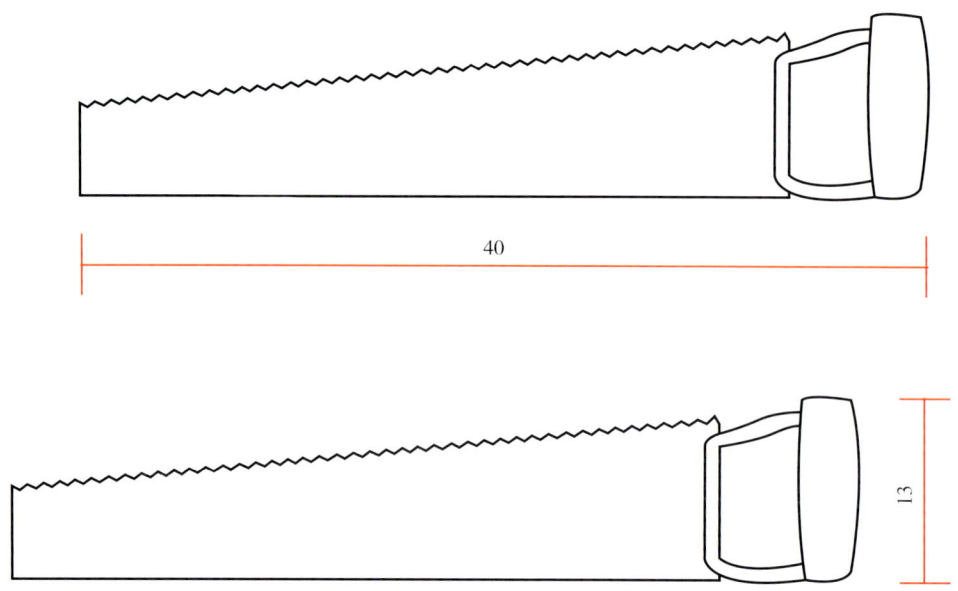

图二 蒙古族手锯尺寸图(单位：cm)

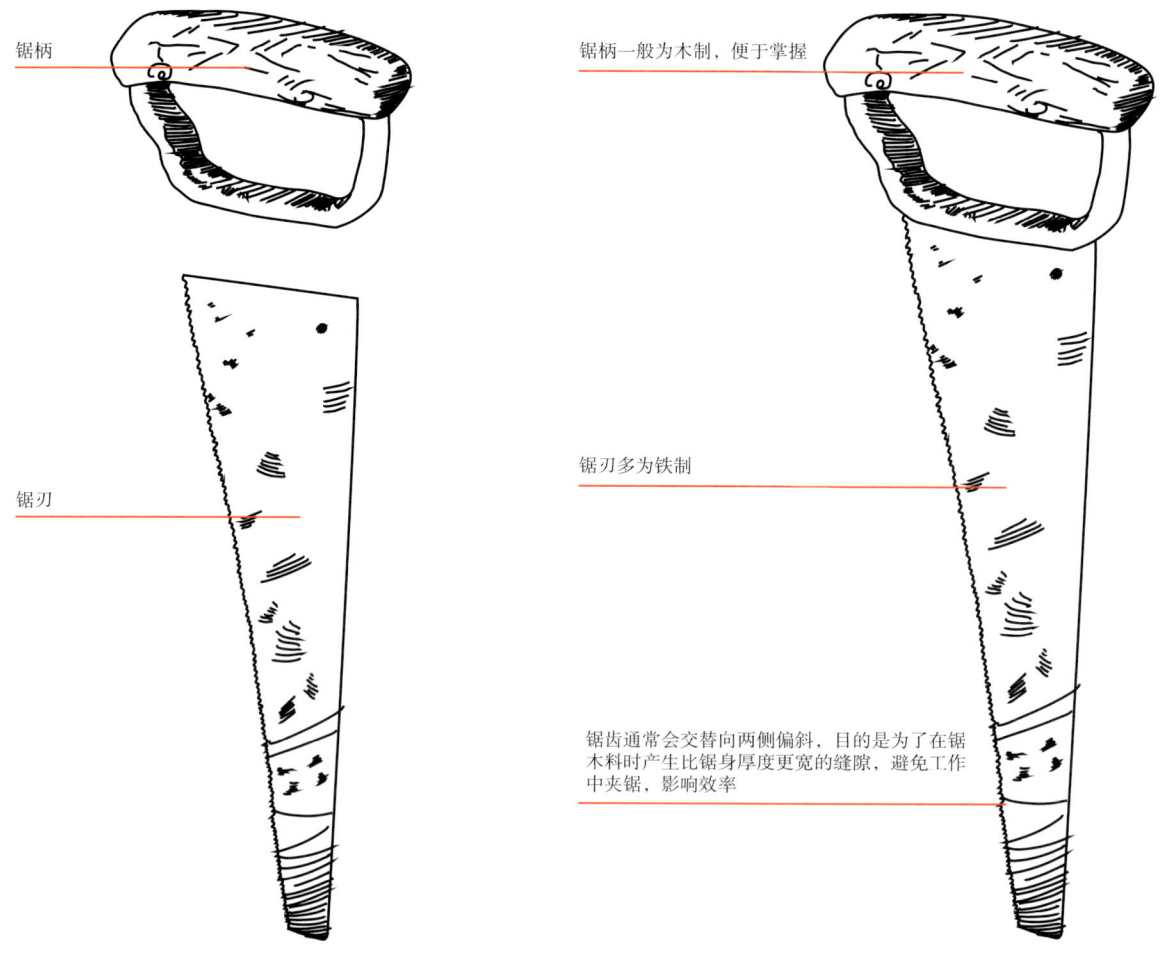

图三 蒙古族手锯解构图

图四 蒙古族手锯工艺分析图

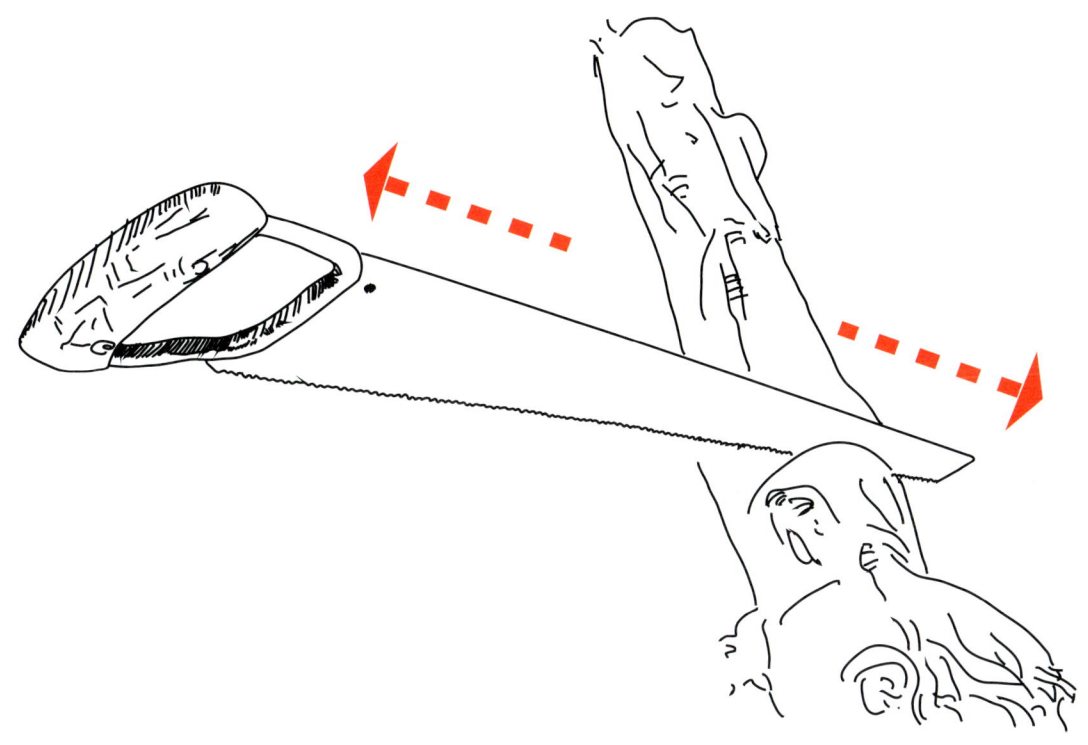

图五　蒙古族手锯操作示意图

图六　蒙古族手锯使用情境图

第五章　蒙古族传统生产工具

蒙古族手钻

图一　蒙古族手钻主图

手钻又称"手摇螺钻""螺丝锥""手锥""木钻"等，是一种传统木工工具，主要功能是在木料上钻孔，通体长度一般为50至80厘米。蒙古族手钻的基本形制与中原木工所用手钻非常相似，当是随中原木工工艺一同传入，不过因为没有明确的文献记载，故具体时期无法考证。经过多年的传承，蒙古族手钻在制作选材和局部结构设计上亦具有一定的地域和民族特征，值得探讨。

作为一种木工加工工具，手钻的基本功用即是钻孔，为木工构件预留孔洞。常见的蒙古族手钻包括钻头、钻杆、握柄、搓条和皮绳（3条）等几个主要构件。其中，钻杆的底端是钻头，木工通常可以根据钻孔的需要更换大小各异的钻头；钻杆的顶端装有可旋转的握柄，中间以金属轴连接；搓条和皮绳是整个手钻的动力源，其长度超过钻杆，顶端开孔，拴系两条皮绳，分别连接于钻杆的顶部和底部，搓条底端为木工手执部分，亦开有一孔，拴系一条皮绳固定于钻杆的中部或底部。木工工作时，将钻头对准所需钻孔的位置，以左手持握柄稳定整个手钻，用右手握紧搓条的末端，沿钻杆垂直方向迅速推拉搓条，牵引皮绳带动钻杆和钻头转动，在木料上钻孔。还有一种小型的手钻，体量较小，以两根皮绳首尾固定搓条，木工仅单手即可操作，不过这种小型手钻在蒙古族地区并不多见。蒙古族手钻的钻杆、握柄和搓条都是木制，一般就地取材使用优质的柳木和榆木等，而皮绳部分多用加工过的牛羊皮制成，相较于中原地区常用的麻绳麻线，浸油后牛羊皮绳更加坚韧而且富有弹性，能够提高钻孔效率。

手钻是一种传统木工钻孔工具，原理简单，但对于基本的木工活而言，其操作方便有效。蒙古族手钻在原有形制的基础上，就地取材，改良皮绳，提高了工作效率，亦从侧面记录了蒙古族生产技术的发展，成为其民族造物文化体系中不可或缺的组成因子。

图片来源
图一　周安涛　摄影
图二至图五　钱瑶　制图
图六　FOTOE 图片库

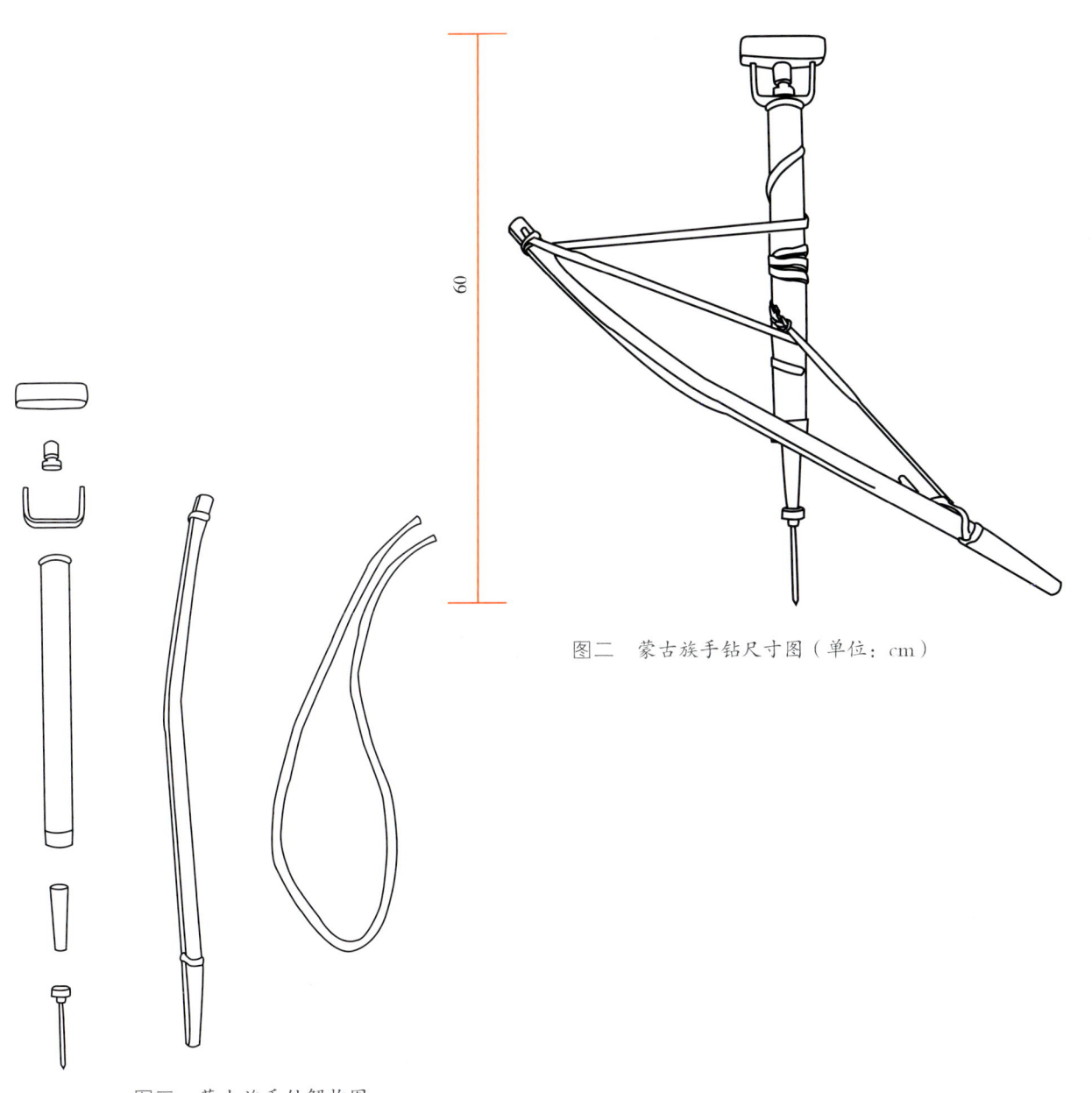

图二　蒙古族手钻尺寸图（单位：cm）

图三　蒙古族手钻解构图

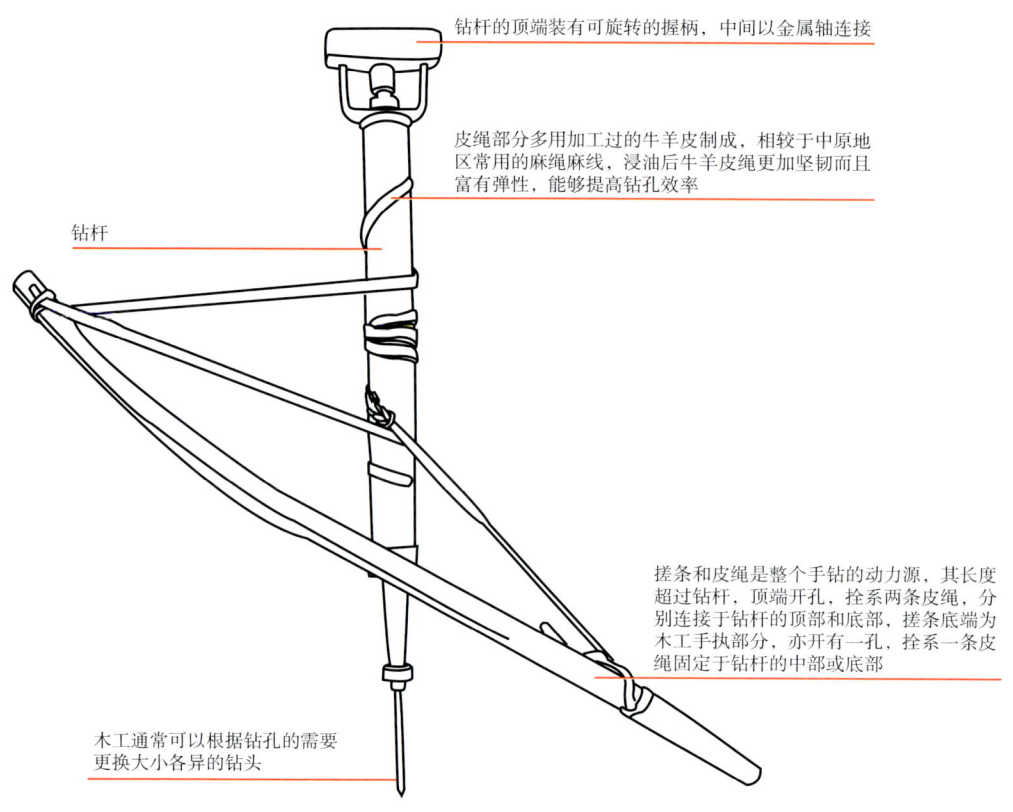

图四 蒙古族手钻工艺分析图

钻杆的顶端装有可旋转的握柄，中间以金属轴连接

皮绳部分多用加工过的牛羊皮制成，相较于中原地区常用的麻绳麻线，浸油后牛羊皮绳更加坚韧而且富有弹性，能够提高钻孔效率

钻杆

搓条和皮绳是整个手钻的动力源，其长度超过钻杆，顶端开孔，拴系两条皮绳，分别连接于钻杆的顶部和底部，搓条底端为木工手执部分，亦开有一孔，拴系一条皮绳固定于钻杆的中部或底部

木工通常可以根据钻孔的需要更换大小各异的钻头

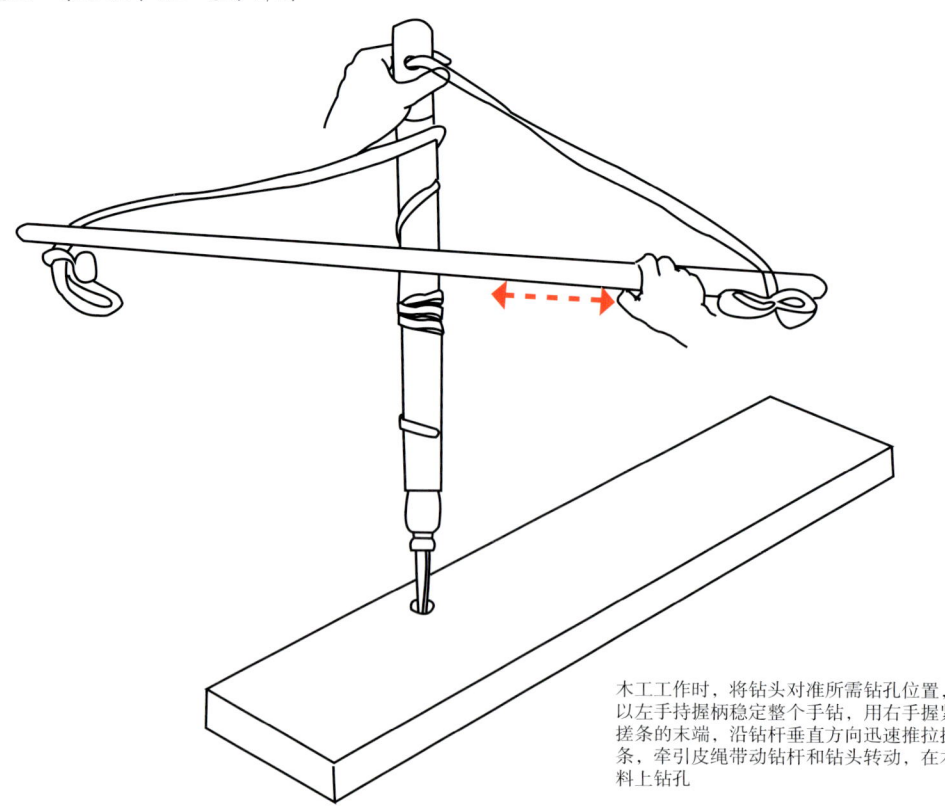

木工工作时，将钻头对准所需钻孔位置，以左手持握柄稳定整个手钻，用右手握紧搓条的末端，沿钻杆垂直方向迅速推拉搓条，牵引皮绳带动钻杆和钻头转动，在木料上钻孔

图五 蒙古族手钻操作示意图

图六　蒙古族手钻使用情境图

蒙古族铜权

图一　蒙古族铜权主图

所谓铜权即是"秤砣",又名"衡器",是一种悬挂在秤杆上的称量重量的器物,一般其自身重量即是当时的重量单位,或单位倍数。铜权从字面理解为铜制之权。权,是所有铜制秤砣或秤锤的古称。中国人使用权,最早的记载始于东周,而蒙古族地区使用铜权称重最初见于元代,当是袭自中原地区,所使铜权的重量因称量对象的差异,从几十克到数公斤不等,《汉书·律历志上》有载:"权者,铢、两、斤、钧、石也,所以称物平施,知轻重也。"出现在蒙古族地区的铜权形状大多呈两端粗、中间细的哑铃状,也有少量为下大上小的覆斗形。

铜权的主要功能即是作为衡器称重,一般使用合适重量单位的铜权悬挂于秤杆的一端,另一端钩挂所称之物,中间偏向称物端处系有悬绳,吊挂整个秤杆、称物和铜权,调节铜权在秤杆上的位置使得两端达至平衡后,即可从秤杆刻度上读出称物重量。因为使用铜权总是求至平衡,民间将之称为"公道老儿"。清李光庭在他的《乡言解颐》中写道:"市肆谓砝码为招财童子,谓秤锤为公道老儿。"在蒙古族地区,除用作衡器外,铜权亦是具有象征和祈福意义的吉祥物和镇压之物。权的制作材料众多,常见的有铜、铁、陶、瓷和石等,其中以铜居多。铜权顾名思义,即以泥巴制模范,浇铜水铸造而成,古时对其铸造规制有着严格的要求,防止克重偏差带来称量的失准。收藏在内蒙古博物院中的这三只铜权(见主图),都属元代产物,其中一只还是由元大都(今北京市)发掘而出。它们的形状基本都是哑铃状,顶端有方形穿鼻,上部是球形或六面体塔形,中部束腰,底部则呈圆形喇叭状或六边侈口形,高度为8到12厘米,底面直径约5厘米。

对于蒙古族而言,小小的铜权还是考证其民族历史、政治、经济和文化的珍贵实物，亦是研究我国古代度量衡和青铜器发展史的重要佐证。

图片来源
图一　周安涛　摄影
图二至图七　李淼　制图

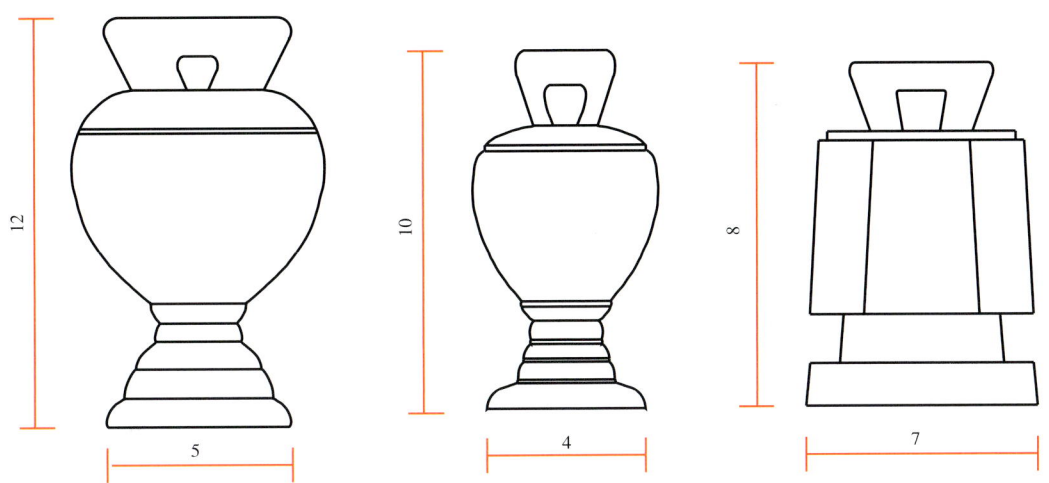

图二　蒙古族铜权尺寸图（单位：cm）

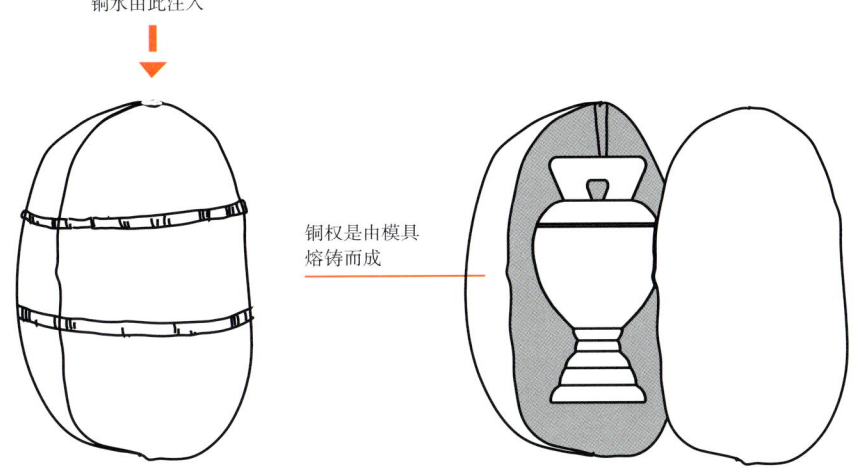

图三　蒙古族铜权铸造示意图

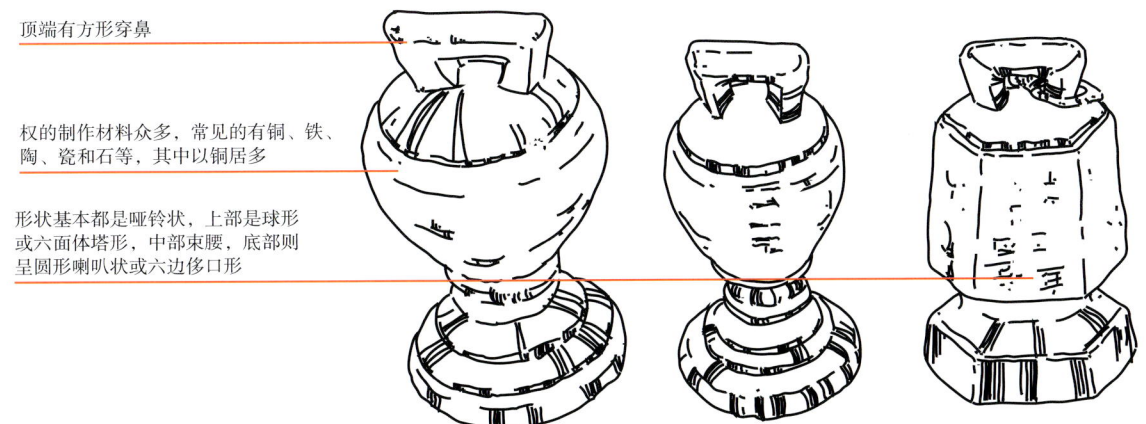

图四　蒙古族铜权工艺分析图

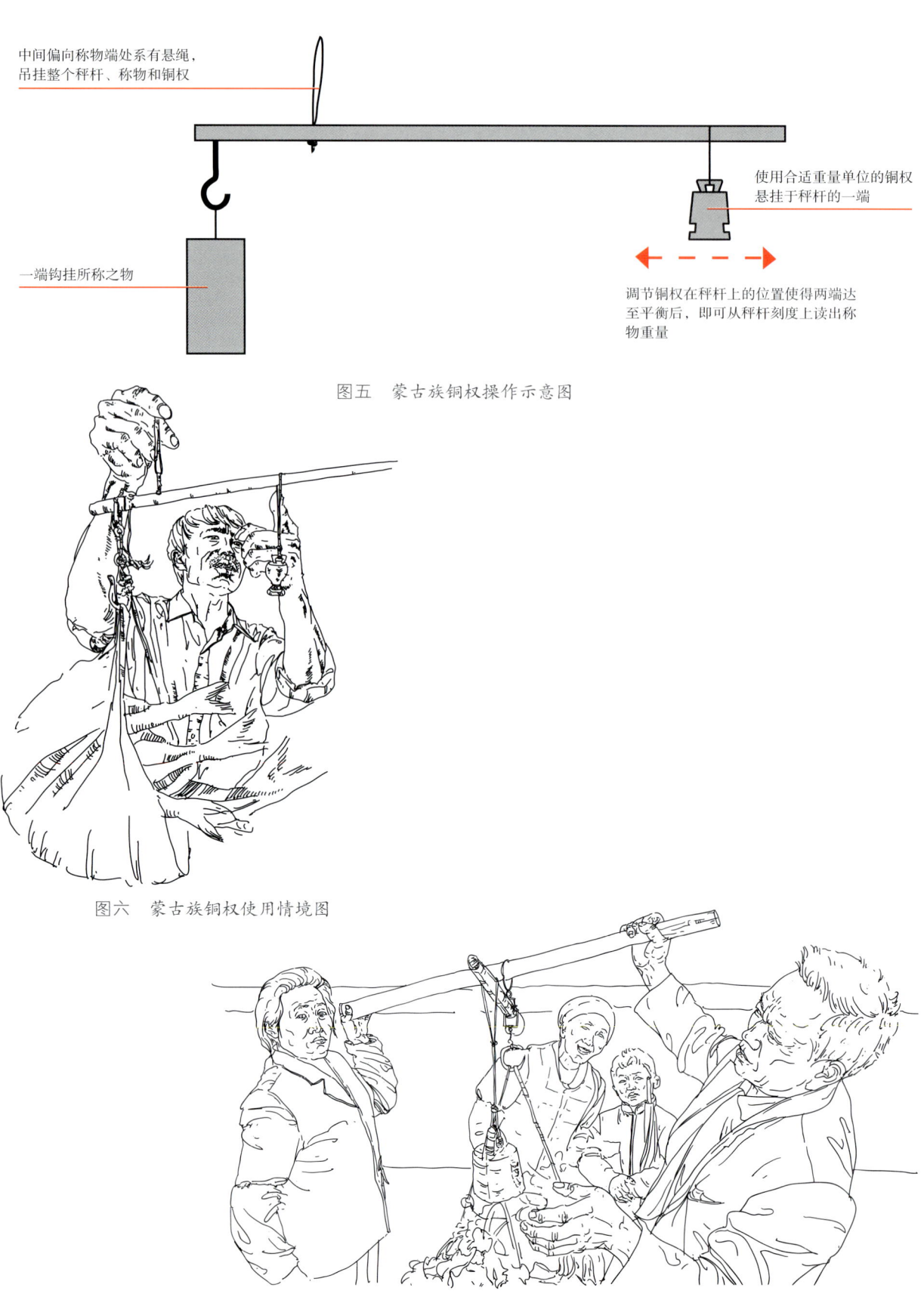

图五 蒙古族铜权操作示意图

图六 蒙古族铜权使用情境图

图七 蒙古族铜权使用情境图

蒙古族旋椎

图一 蒙古族旋椎主图·木旋椎

旋椎也被称为"纺锭",是一种相对原始的纺纱与制绳的工具。旋椎的基本形状类似一个倒置的"T"字形,因蒙古族使用的旋椎多以木棒或兽骨制成,体量通常较汉族旋椎更大,横向宽度大约为10至30厘米,长度则在20厘米左右。旋椎起源于新石器时代晚期,很早就为蒙古族先民所使用,元《王祯农书》中即有对旋椎的详细记述。

蒙古族使用旋椎主要用以加捻制绳,有时亦用此纺制粗纱。旋椎的结构简单,包括垂直的钩篗和横向的椎两个部分,其中钩篗多为木制或铁制,顶端有向下的倒钩,用以攀线挽麻;椎为木制或骨制,有平直形状的,也有两端稍大,腰部收细的形状,椎中部有孔,用以插接钩篗。使用旋椎的方法,元代王祯在他的《王祯农书》中有载:"以左手悬之,麻既成紧,就缠椎之上,余麻挽于钩内,复续之如前。"说明旋椎的基本操作是利用重力和旋转牵伸并加捻纤维;加捻后的纤维需缠绕在椎上,才能继续加捻其后的部分。

虽然在元代已经出现了更为高级的纺车,但旋椎依然广为使用,其原因在于:首先,旋椎没有纺车加捻均匀,质量相对粗糙，但其旋转加捻的拉伸强度更大，尤为适合制绳；其次，单个牧户家庭对线和绳的需求量不高，质量亦无特别标准，所以使用原始简便的旋椎制绳和纺纱并未被很快淘汰。

旋椎是一种古老而原始的制绳纺纱工具，宋元以降的蒙古族的普通牧户依然大量使用其制作细线或纺织粗纱，记载了蒙古族制绳工艺与纺织工艺的发展与演进，在民族造物文化体系中的研究价值不容小觑。

图片来源

图一、图二　周安涛　摄影

图三至图七　李森　制图

图二　蒙古族旋椎·铁旋椎

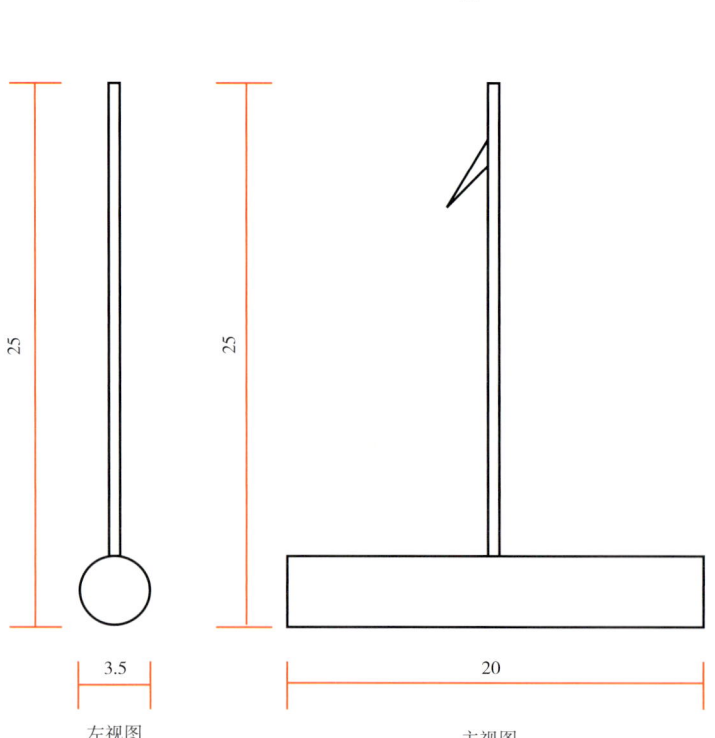

图三　蒙古族旋椎尺寸图（单位：cm）

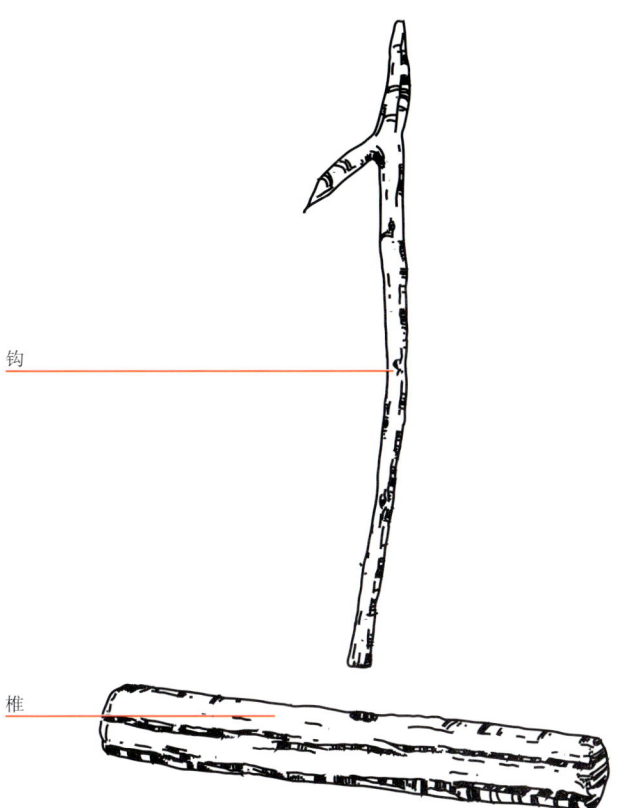

钩

椎

图四　蒙古族旋椎解构图

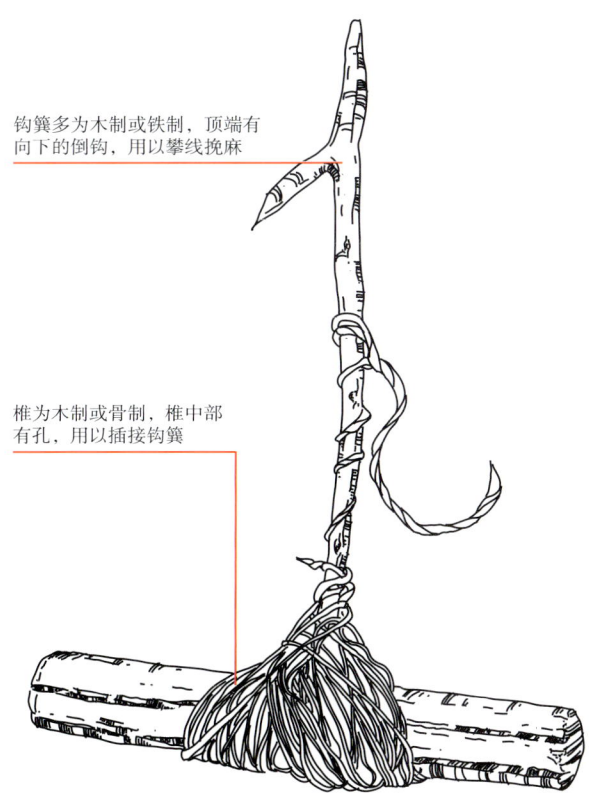

钩篾多为木制或铁制，顶端有向下的倒钩，用以攀线挽麻

椎为木制或骨制，椎中部有孔，用以插接钩篾

图五　蒙古族旋椎工艺分析图

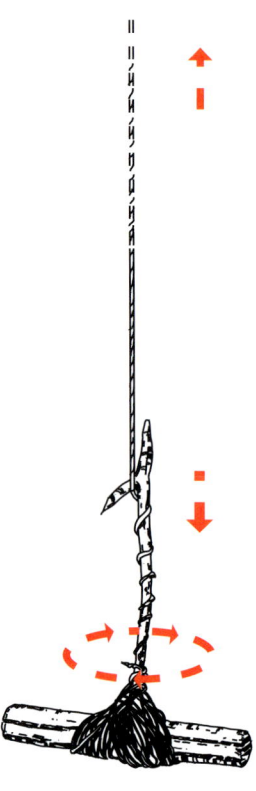

旋椎的基本操作是利用重力和旋转牵伸并加捻纤维，纺纱者需要将加捻好后的纤维缠绕在椎上，才能继续加捻其后的部分

图六　蒙古族旋椎操作示意图

图七　蒙古族旋椎使用情境图

蒙古族羊毛剪子

图一　蒙古族羊毛剪子主图

羊毛剪子通常也称"毛剪子"，是蒙古族用来采剪羊毛及其他畜毛的基本工具。蒙古族常用的羊毛剪子分老式羊毛剪子和新式弹簧羊毛剪子两种类型，其基本长度各异，但一般不超过40厘米。对于以狩猎和游牧为主要生产方式的北方民族而言，动物的皮毛是重要的生产资料，采剪羊毛及其他畜毛便是其中重要的一项工作。伴随着蒙古族畜牧业和纺毛、制毡业的历史演进，羊毛剪子从产生至今，亦在不断地发展和改良。

对于蒙古族而言，采剪羊毛的时间、次数及地点都有讲究。剪羊毛一般选在春季五、六月份和秋季的九、十月份，绵羊中的细毛羊、半细毛羊每年只在春季剪一次，而粗毛羊因生长较快，则在春秋两季各剪一次。剪毛的地点，可视羊群大小而定，一般大型牧场会有专门用以剪毛的房舍或圈围，室内需保持良好的光照和洁净、干燥的地板。小型的畜群可直接在露天剪羊毛，但同样要求场地干燥，采剪羊毛时最好能够在地面铺上苇席或木板，不要让被剪的羊只直接躺在地上。

蒙古族在剪毛之前，会设专门的羊圈，将待剪的羊只都驱赶进去，这样的好处是一来在剪毛时便于抓羊；二来羊挤在一起可增加热量，促使其增加体表油汗，以利于后面的剪毛工作。此外，剪毛前大约半天时间停止待剪羊只的放牧和饮水，促其空腹，这是一种对羊只的保护方法，防止羊在被剪毛翻转时因满腹而伤及肠胃。

用羊毛剪子剪毛亦有颇多讲究，蒙古族在常年的实践中总结了一套合理有效的剪毛工序。一般先让羊只左侧卧在苇席、地板或专门的剪毛台上，将羊背朝剪毛者，腹部向外。剪毛者通常一手撸毛或控制羊的肢体，另一只手持羊毛剪子，以剪刀头齐平毛根采剪。其具体步骤是首先从羊左后肋部开始，由尾至首方向剪腹部、胸部和右侧前后肢的羊毛。之后，翻转羊只使其右侧卧下，腹部朝向剪毛者，剪毛员用手提直羊的左后腿，从左后腿内侧剪到外侧，再从左后腿外侧至左侧臀部、背部、肩部，直至颈部，纵向长距离剪去羊体左侧羊毛。然后，抱着羊竖立坐起，靠在剪毛员两腿之间，从头顶向下，剪去羊只侧颈部及肩部的羊毛。最后用两腿夹住羊头，横向地由上到下剪去右侧羊毛。全部剪好后，需要检查全身，剪去遗漏的羊毛即告收工。对于一些喜动的羊只，则需要用绳索束缚其腿蹄，以防其在剪羊毛时蹬踢，被剪子误伤。

在剪羊毛时，需要注意的是：1. 以羊毛剪子采剪时，需尽量贴近羊只皮肤，均匀地把羊毛一次剪下，这样剪下的羊毛长，而留下的毛茬短。2. 使用羊毛剪子时需要小心操作，避免伤到羊只皮肤，如果剪破，要及时用药水处理伤口，防止感染。3. 剪毛环境需要尽量洁净，不让粪土、杂草等混入羊毛，给后期羊毛加工带来不便。4. 剪毛动作要快，而翻动羊只时则要轻缓，以免引起羊只的胃胀气、肠扭转等。5. 羊只被剪毛后，不可立即到草盛的地方放牧，因为之前已被禁食，放牧易导致羊的暴食，引起消化道疾病。6. 被雨淋湿的羊，不可剪羊毛，需要待羊毛晾干后再剪。

传统的蒙古族羊毛剪子分两种类型，一种类同于普通剪刀，属于老样式，剪刀头部略长，后部有左右圈状握手；另一种则在两握手中部装有一段弹簧，在使用时，剪刀闭合后，弹簧会提供一个弹力，节省剪毛者体力，增加采剪的效率。蒙古族的羊毛剪子通常用铁条锻打成形，磨好左右部分的剪刃，拼装扭结后即可使用。弹簧羊毛剪子通常会在一握手底端安装短皮圈，用来扣住另外一端，防止剪刃因弹簧弹力张开后伤人。

蒙古族的羊毛剪子以及一整套剪羊毛的方法与技巧，是蒙古族人在承袭先人经验的

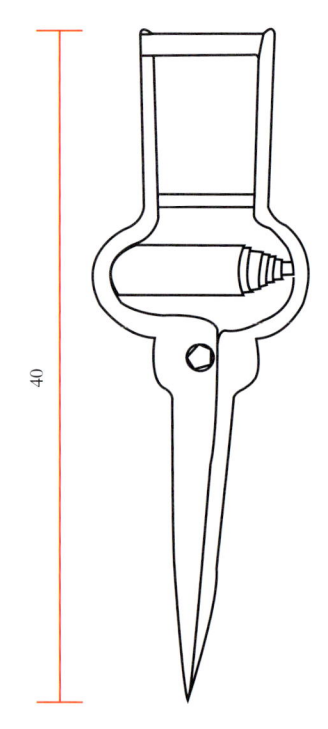

图二　蒙古族羊毛剪子尺寸图（单位：cm）

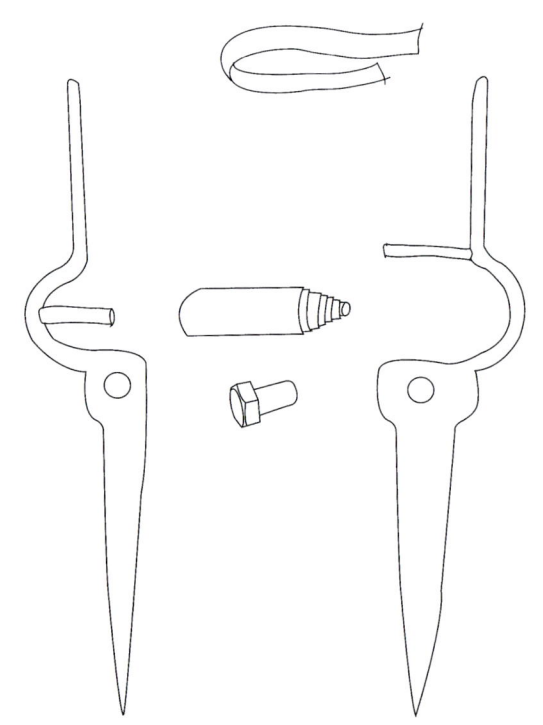

图三　蒙古族羊毛剪子解构图

基础上，在长期的生产实践中逐步总结与创制出来的。传统的羊毛剪子朴实无华，简单易操作，现在虽然已经被更加快捷高效的电动工具替代，但却记载了千百年来蒙古族乃至其他北方游牧先民们蓄养牲畜、采剪羊毛的传统生活与生产历程，是畜牧文化和游牧文化的外在物化象征，彰显了蒙古族的造物智慧与勤劳务实的劳作精神。

图片来源

图一　周安涛　摄影

图二至图六　李淼　制图

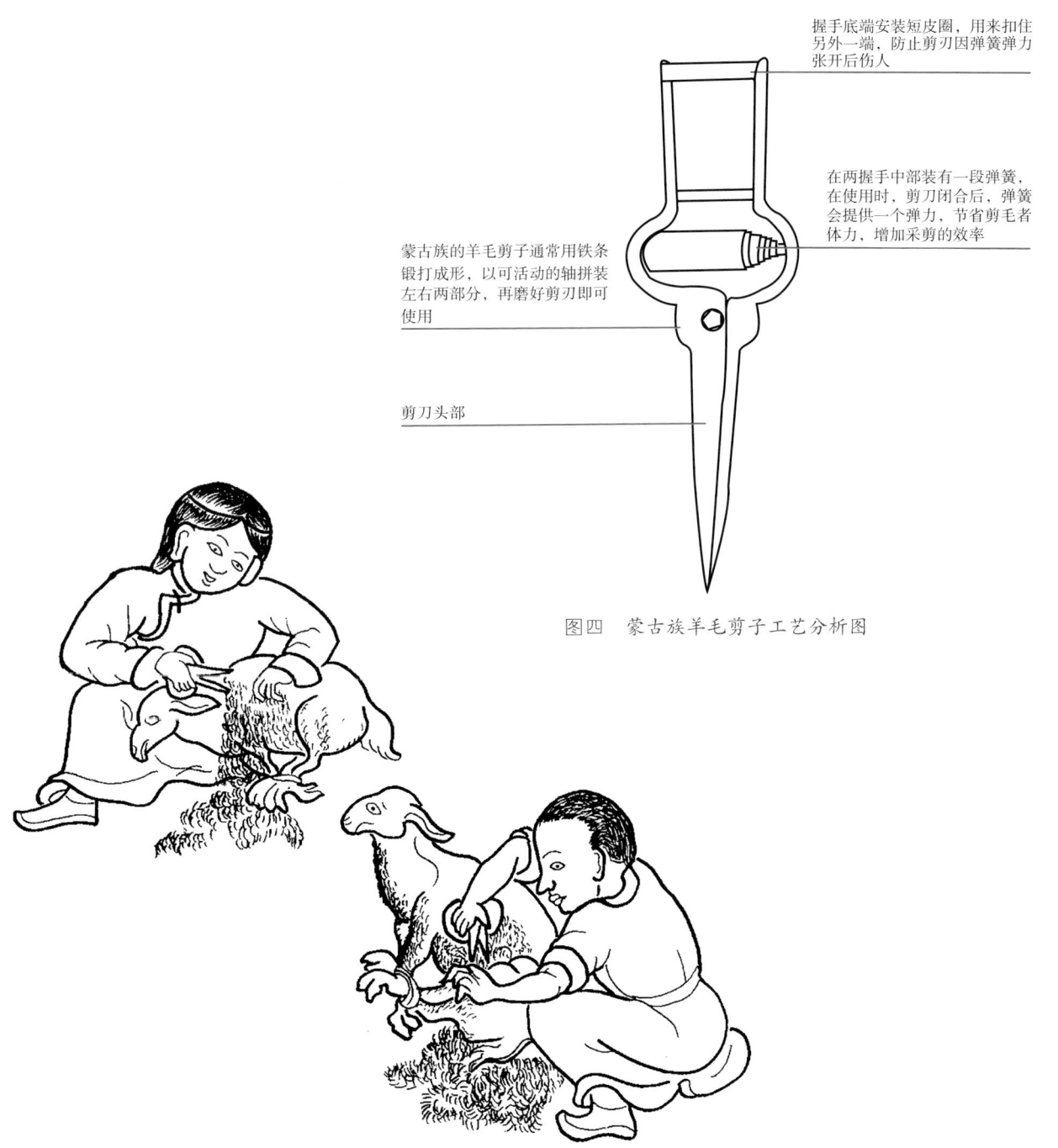

图四　蒙古族羊毛剪子工艺分析图

图五　蒙古族羊毛剪子使用情境图

图六　蒙古族羊毛剪子使用情境图

蒙古族羊毛挠子

图一　蒙古族羊毛挠子主图

羊毛挠子又称"毛挠子""羊毛梳子""钢丝梳子",或直接简称"挠子",是一种用来挠羊绒的简易工具。羊毛挠子的基本外形如同一小型耙子,长度一般为30至50厘米,宽度不超过20厘米。人类获取和使用羊绒的历史久远,早在原始社会时期,人们就开始使用山羊自然脱落或手工拔取的羊绒进行纺线,羊毛挠子则是在金属的普遍使用后逐步发展成形的。作为一种获取羊绒的生产工具,羊毛挠子在蒙古族传统畜牧业中不可或缺。

山羊绒是掩在山羊粗毛根部,长在山羊外表皮层的一层细绒,入冬后长出,用以抵御严寒,开春后在天气转暖时逐渐脱落,以适应自然气候,属特种稀有动物纤维,是羊绒加工业的重要生产资料,亦是蒙古族地区牧民的重要经济来源之一。在牧区,绵羊毛要靠羊毛剪子来剪取,而山羊绒则主要依靠羊毛挠子挠取。羊毛挠子在结构上包括挠子头、调节横档和把柄三个基本单元。其中,挠子头由若干根顶端弯曲成钩状的钢丝并列固定而成,钢丝的粗度通常在3毫米左右,

依钢丝数目的差异还可将羊毛挠子分为稀齿挠子和密齿挠子两种。稀齿挠子一般由8至10根钢丝构成,钢丝间距约为1至1.5厘米;密齿挠子由12至14根钢丝组成,钢丝间距更窄,一般不到1厘米。所谓的调节横档即是一根横向环绕挠子头的铁丝,在缝隙间以更细的铁丝穿引固定。这个横档可以平行滑动,在梳绒时保持钢丝间的固定间距。把柄是羊毛挠子手执的部分,一般为木制,用铁丝或皮条同前部挠子头绑定。

山羊不若绵羊温顺,所以在挠取羊绒时需要捆绑羊只,牧民选取相对整洁或干净的地方,先将山羊角用绳子拴住,防止其伤人,然后将山羊放倒,使之侧卧,将其贴地面的前肢和后肢绑住,挠绒的牧民以脚固定山羊肢体,这样亦可防止山羊在挠绒时乱翻身,导致肠捻转。牧民开始梳绒时,先用稀齿挠子顺羊毛方向自上而下地把羊只身上的碎草和粪块等污垢清理掉。然后用剪子将山羊毛体侧的粗毛剪短,便于挠绒。牧民挠绒时,先用挠子从羊只头部挠起,将左手轻轻地放在挠子上面,提供一个下压力,以右手

第五章　蒙古族传统生产工具

执把柄，控制挠子挠绒的方向。挠绒时手劲需要尽量保持均匀，一般将挠子与羊只皮肤保持30度左右的夹角，每次挠取的距离要短，顺羊毛生长方向沿颈、肩、背、腰、股、腹等部位依次挠毛。挠子头上的羊绒积存稍多，便要将羊绒捋下收集到干净的容器中保存。稀齿挠子挠取完一遍以后，再用密齿挠子逆毛抓梳一遍，直至山羊绒挠净为止。山羊的一侧梳好后，将羊只翻面，再依照上述步骤挠取另一侧的羊绒。因山羊体表羊绒的起浮程度不同，许多时候很难一次性挠取干净，需要间隔差不多一周以后再行挠毛。

羊毛挠子作为一种简单而实用的山羊绒获取工具，今天依然在蒙古族的牧场中广泛使用。蒙古族的羊毛挠子及一整套挠羊绒的方法技巧，是蒙古族人在长期的畜牧业生产中总结得出的宝贵财富。朴实无华的羊毛挠子见证了蒙古族及其他北方游牧先民们长久以来采集羊绒、纺纱织造的生产历程。

图片来源
图一　周安涛　摄影
图二至图五　李淼　制图

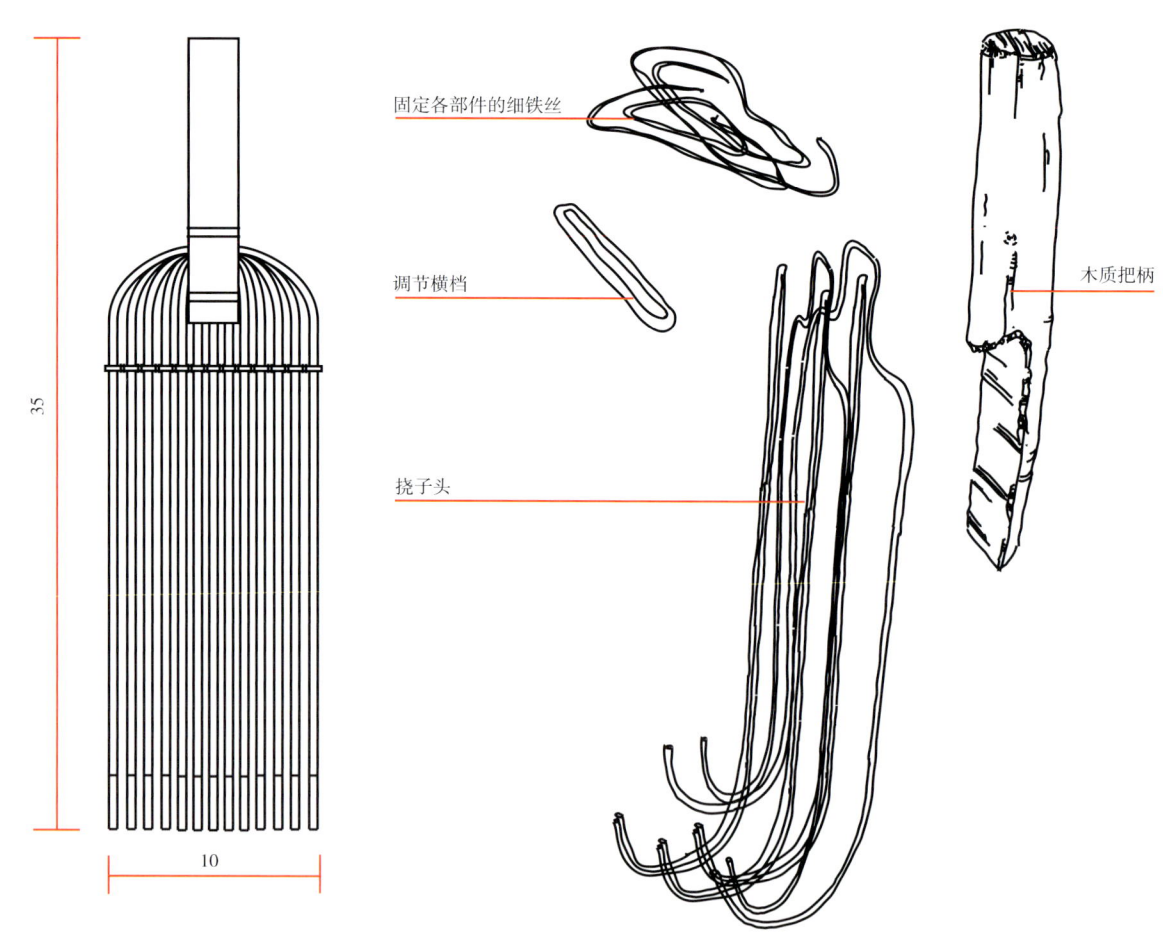

图二　蒙古族羊毛挠子尺寸图（单位：cm）

图三　蒙古族羊毛挠子解构图

把柄是羊毛挠子手执的部分，一般为木制，用铁丝或皮条同前部挠子头相固定

调节横档即是一根横向环绕挠子头的铁丝，在挠子头钢丝缝隙间以更细的铁丝穿引固定，横档可以平行滑动

挠子头由若干根顶端弯曲成钩状的钢丝并列固定而成，钢丝的粗度通常在3毫米左右

图四　蒙古族羊毛挠子工艺分析图

图五　蒙古族羊毛挠子使用情境图

蒙古族凿子

图一 蒙古族凿子主图

凿子又称"手工凿",是一种切削、挖槽或打孔的加工工具,主要用于木工和石工,蒙古族木工有时亦将之与木工铲子混称为"凿子"(严格意义上区分,凿子与木工铲有一定区别:凿子主要用于凿孔制卯,形状较铲粗壮,刃口角度通常铲子大,手柄短且粗,上端加箍,操作者用斧或锤敲击其末端作业;木工铲主要用于铲削木料局部平面,形状较凿子更为细薄,刃口角度较小,手柄偏细,操作者以手或肩部顶手柄施力,也可用锤轻敲作业)。常见的蒙古族凿子呈长条形,长度一般为10至30厘米,因功用差异,其顶端部分的形状多有不同。早在蒙古族汇聚的时期,凿子就已为蒙古工匠所广泛使用,是加工制作勒勒车和其他各式家具的必备工具。

凿子作为一种加工工具,一般由两部分组成,顶端是铁或钢制的锐刃和杆部,后端则是木制的柄,方便手握和受力。其中锐刃部分因加工对象和功能的差异也有通体金属质地的凿子,在石工中用以粗加工的石凿多是如此。在木工和石工的生产加工中,凿子的作用非常重要,从原料的切削、剔除,到部件修整、开槽、旋挖,乃至圆雕、浮雕和各类纹饰的雕刻都离不开大小各异、功能不同的凿子。以蒙古族马鞍加工为例,在制作裸鞍的过程中就需要用到平口凿子、圆口凿子和弯口凿子等三种口刃不同的木工凿子,分别用来切削、开孔和挖槽。使用凿子加工木料时,一般左手握住凿子的柄,右手持锤或斧敲击凿子尾端,敲击方向需同凿子指向保持同一,在凿刻木料时,每敲击一次,应将凿子头两边晃动,目的是为了不让木料夹紧凿刃。使用凿子挖槽沟或开榫眼,需及时将槽口中的木屑剔出,否则也会造成后续加工的不便。如果是透眼,则一般在木料一边凿入一半深度,再在另一边开凿,将其打通。

凿子是一种应用广泛的木工和石工加工工具,在蒙古族的各式木制家具、车辆、毡庐木构和其他木架构建筑中,以及各类石作工种中皆广为应用。凿子的形制朴素、制作简便,其功能多用,亦易于操作,直至今日依然为蒙古传统工匠所使用。

图片来源
图一 周安涛 摄影
图二至图七 张颖泉 制图

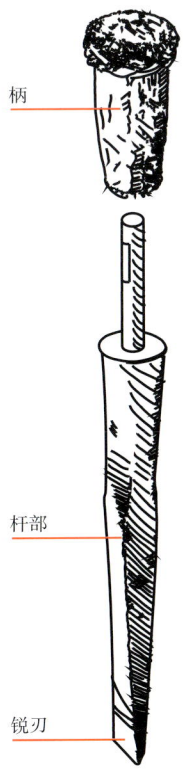

图二 蒙古族凿子尺寸图(单位:cm)

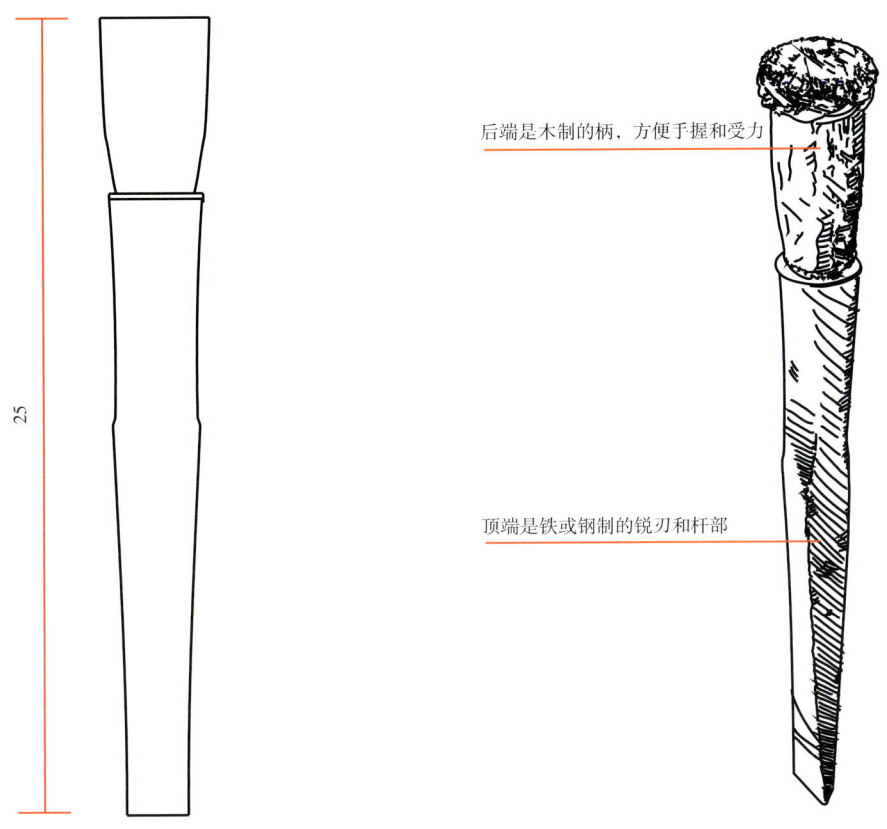

图三 蒙古族凿子工艺分析图

图四 蒙古族凿子解构图

图五 蒙古族凿子操作示意图　　　　图六 蒙古族凿子使用情境图

图七 蒙古族凿子使用情境图

蒙古族铡刀

图一　蒙古族铡刀主图

铡刀也称"闸刀"，是一种用以切草料或他物的生产工具，有时亦被作为刑具，其基本形态为一长方形木料，其上添加可闭合的有柄刀刃。元代以降，沿承前朝，蒙古族地区开始在牧业和农业中广泛使用铡刀，其大小不一，小者不及半米，大者可达一米有余。

铡刀的基本功能即是加工各类草料，包括牲畜饲料等，将原有过长的草叶草秆切断，便于整理，是蒙古族牧业及农业中重要的生产工具。而将铡刀当成刑具斩断犯人肢体，在蒙古族历史上鲜有记述。蒙古族使用的铡刀同其他民族基本相同，包括木铡板和铡刀刃两个部分，其中，木铡板是铡刀的底座，基本呈长方体形状，中部有槽口，稍长于铡刀刃，其深度可在刀刃落下时收纳刃口部分；铡刀刃通常由生铁锻打而成，其顶端以可活动的轴连接木铡板，末端有柄，供使用者手握，中段即是刀刃，宽度接近木铡板的高度，完全闭合后仅留刀背部分在外。使用铡刀时，通常需要两人合作，一人把草料垂直方向平铺到木铡板的槽口位置，另一人握住刀柄向下施力，闭合的刀刃便将草料整齐地切断。蒙古族铡刀的木铡板上有时会被添加铁片、铆钉等增加其耐久性，但绝少装饰。

铡刀作为一种古老的传统生产工具，其工作原理非常简单，制作工艺亦相对粗糙，但这种简陋的生产工具却大大提高了蒙古族牧业和农业的生产效率。

图片来源
图一　周安涛　摄影
图二　孙丹丹　制图
图三至图五　李淼　制图
图六　微图网

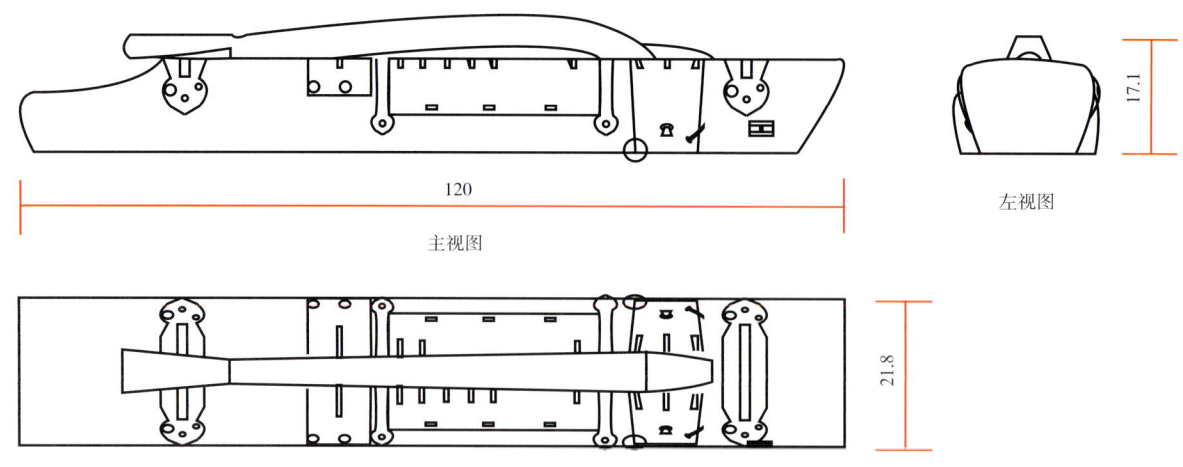

图二 蒙古族铡刀尺寸图（单位：cm）

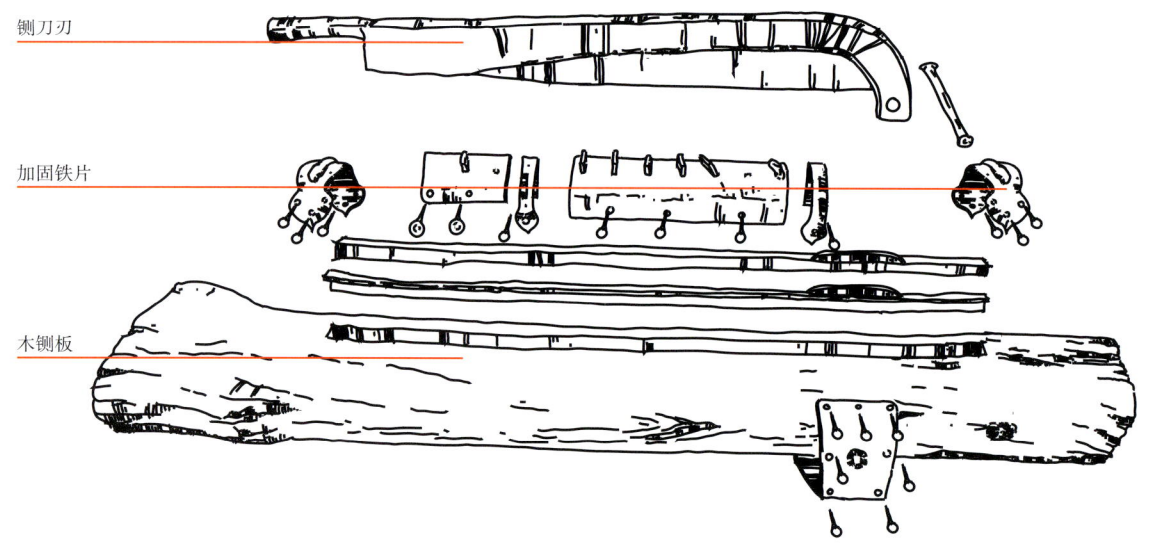

图三 蒙古族铡刀解构图

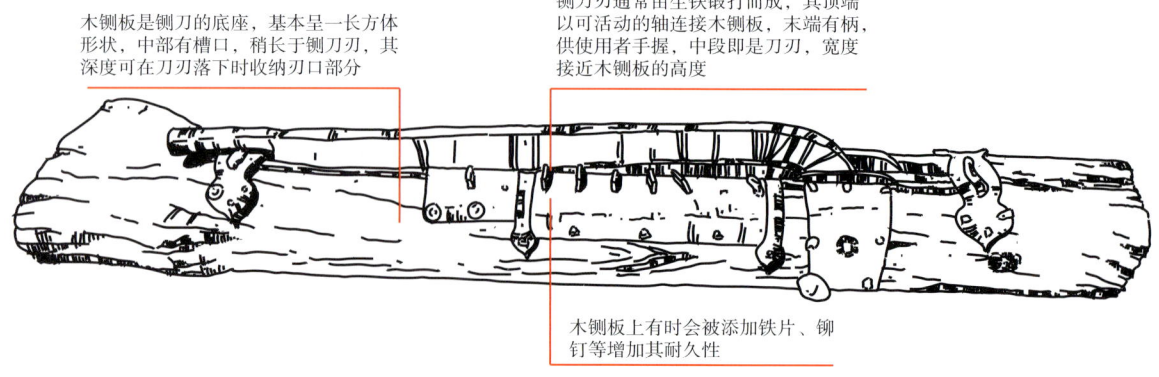

图四 蒙古族铡刀工艺分析图

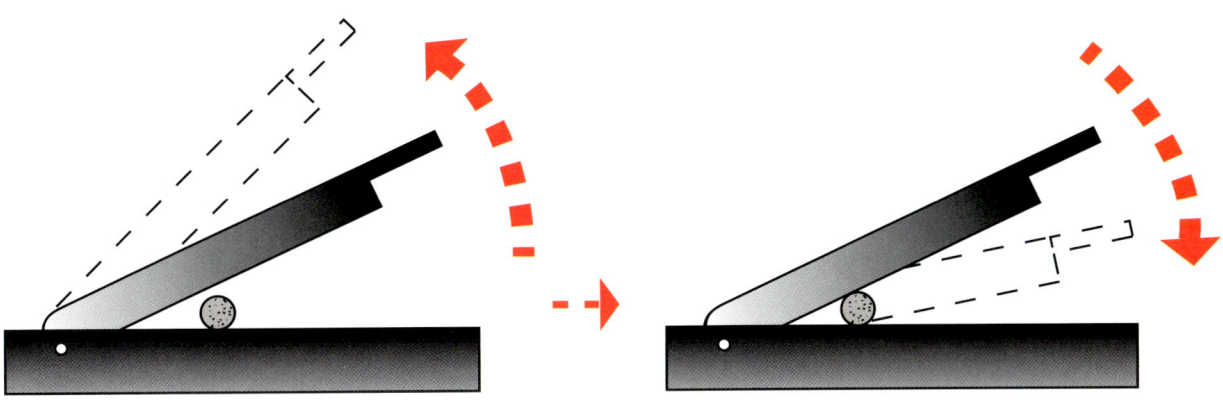

1. 把草料垂直方向平铺到木铡板的槽口位置
2. 握住刀柄向下施力，闭合的刀刃便将草料整齐地切断

图五　蒙古族铡刀操作示意图

图六　蒙古族铡刀摆放情境图

蒙古族制毡工艺

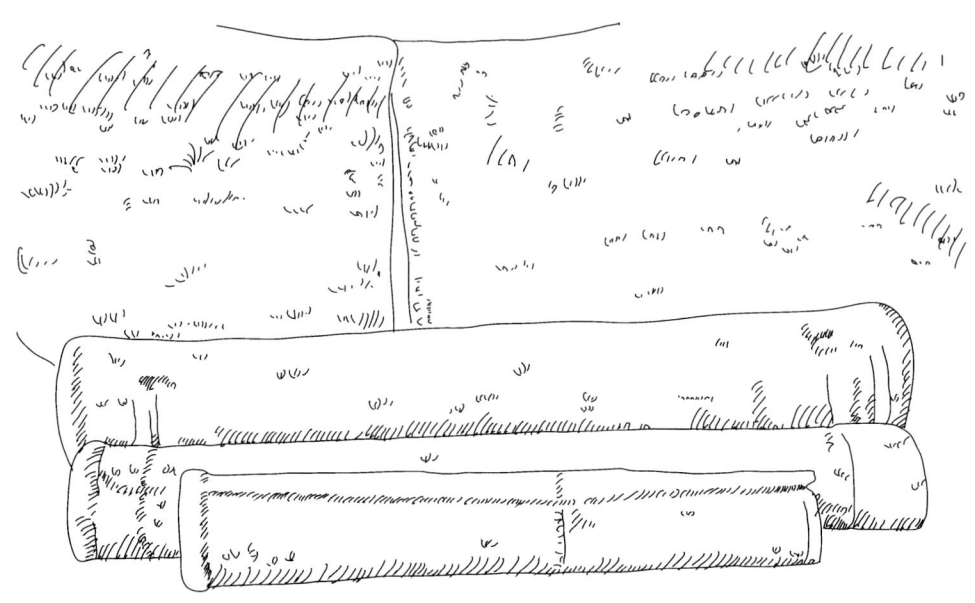

图一　蒙古族制毡工艺主图·毛毡

毛毡也称"毛旃",是一种无纺羊毛制品,具有密封性、高弹性和保温性等多种优点,其在历史中是北方民族广为运用的一种生活、生产材料,可以制成各类毡庐建筑构件、家居生活用品和多种服饰等。传统的羊毛毡一般呈乳白色,也有因杂质而呈土黄色。擀制好的毛毡为大块矩形,多卷成筒状后捆扎收纳。蒙古族擀毡、制毡的历史甚为久远,早在原始社会,当地的先民便在自己简陋的窝棚中以兽毛混合干草垫于地面,经过长时间反复踩踏和碾压,兽毛和干草的混合物就会形成彼此结合紧密的絮片,这即是原始形态的毛毡,也是北方游牧民族生产毛毡和使用毛毡的肇始。

毛毡在蒙古族生活与生产中的运用非常广泛,如传统蒙古包上覆盖的各种不同形状和功能的毛毡,包括盖毡、顶毡、围毡、地毡和门毡等。此外还有蒙古族的毡车、毛毡服饰、毛毡包袋及配饰、牲畜用毛毡制品和宗教毛毡用品等,可谓不胜枚举,涉及蒙古族生活的方方面面。在内蒙古,擀毡、制毡的主要原料是绵羊毛,也有少数区域会用骆驼毛或牛毛作为原料,擀制出来的毛毡色泽发黄,柔软度也要稍次于绵羊毛制的毛毡。从制作原理层面解析,擀制毛毡分两个层面:首先是缠绕阶段,当羊毛纤维混合在一起时,纵向的卷曲会使大量羊毛形成一个半结构化的宽松集合体,此过程被称为制毡的准备阶段;随后,在外力的催动下羊毛相互纠结,羊毛纤维上的鳞片发生位移相互扣合,纤维长度亦会随之缩短,产生所谓的毡缩,形成毛毡。

蒙古族传统制毡的过程包括祭祀、弹毛、铺毛、擀毡和晒毡等若干步骤。

1. 在制毡之前，按照传统应由一位长者念诵"擀毡祝词"，然后将手中的奶酒洒到蒙古包中央燃烧的火撑子里，用以祭火。之后，长者走出蒙古包，再用奶酒祭天。祭祀是感恩上天的赏赐，并祈愿整个制毡过程顺利圆满。

2. 弹毛是击打羊毛使之蓬松的过程，首先将一张生牛皮铺在地上，把用来制毡的羊毛散放在上面，用特制的打毛工具抽打，这种打毛工具一般以柳条、细木棍制成，从半米到一米多不等。弹毛通常需要若干人围成一圈，配合口号，分先后，有节奏地击打羊毛，通过弹打将杂质和尘土与羊毛分离，促使羊毛松软而富有弹性。

3. 铺毛是将弹好的羊毛通过勒勒车拉到近水的地方后，先把母毡（母毡也称"母亲毡"，蒙古语为"额吉安斯基"，是制毡过程中用以承载新毡的垫子。一些区域的蒙古族会同时擀制两块毛毡，其中一块就作为下一次制毡的母毡使用）铺在地上，然后在其上均匀洒水，制毡的男性需要采用拉、抖、踩等方法，将打湿的毛毡整理得厚薄均匀，之后由妇女在母毡上均匀地铺上一层就近采集的马莲草，防止擀毡过程中新羊毛和母毡纠结在一起。接下来把弹好的羊毛均匀地铺放在草上，由一位德高望重者用牛毛在表层拼出简单的文字或图案，以示祝愿。

4. 擀毡是制毡的核心环节，在铺好羊毛之后，在其上均匀洒水，再由几个身强力壮的男子将铺好的羊毛连同母毡一并卷成毡卷。毡卷必须非常紧实，之后还需要在毡卷上浇水。最后将浸湿的毡卷抬到潮牛皮上，用牛皮将其包好，并以绳索捆扎妥当。绳子两端分别由两个骑马的牧民牵着，策马奔跑，拖滚毡卷。毡卷在拖拉滚动中均匀受力，产生毡缩。往复拖动几个来回后，需要解开毡卷检查毡缩状况，不理想的重新浇水卷紧，反复滚动，直至毛毡擀好。

5. 晒毡可以视为制毡的最后一个步骤。确认毛毡擀好后，需要将潮湿的毛毡展开放到草地上晾晒。待到毛毡干燥后便可重新卷起，捆扎收放。

制好的毛毡可以通过二次加工制成各类生产和生活用具。大多数毛毡制品都会采用传统毡绣加以装饰，其毡绣纹样主要布局包括中心区域、边缘与角隅，一般添加背景图案作底。比较常见的有五畜、八宝、羊角、鱼腰、盘肠、犬牙等图案，刺绣图案注重形态轮廓线，并常常加饰复杂的边线，烘托主体。

毛毡作为蒙古族的一种常用生活及生产材料，在民族造物文化系统中居于重要的位置。经过各种工序步骤所制成的毛毡仅是一种生产资料，或者说是一种半成品，它的具体功用需要再经过二次加工来实现。蒙古族制毡重视仪式感和团结协作的精神，通常在一位核心人物的指挥下，所有参与的人分工明晰、作业有序。此外，蒙古族制毡原料就地取材、自产自足，整个生产加工过程基本在户外就可以完成，彰显了蒙古族生产劳动中的团结协作精神以及其重视适用性的造物观。

图片来源

图一、图五　张颖泉　制图

图二至图四　FOTOE 图片网

图六、图七　刘兆和主编：《蒙古民族文物图典·蒙古民族毡庐文化》，文物出版社，2008年，第107页

图八　周安涛　摄影

图二　蒙古族毛毡

图三　蒙古包前的毛毡

图四　蒙古族制毡工具

1. 祭祀

首先，在制毡之前，按照传统应由一位长者念诵"擀毡祝词"，然后将手中的奶酒洒进蒙古包中央燃烧的火撑子里，用以祭火。之后，长者走出蒙古包，再用奶酒祭天。祭祀是感恩上天的赏赐，并祈愿整个制毡过程顺利圆满

2. 弹毛

其次，弹毛是击打羊毛使之蓬松的过程，首先将一张生牛皮铺在地上，把用来制毡的羊毛散放在上面，用特制的打毛工具抽打，这种打毛工具一般以柳条、细木棍制成，从半米到一米多不等。弹毛通常需要若干人围成一圈，配合口号，分先后、有节奏地击打羊毛，通过弹打将杂质和尘土与羊毛分离，促使羊毛松软而富有弹性

3. 铺毛

铺毛是将弹好的羊毛通过勒勒车拉到近水的地方后，先把母毡铺在地上，然后在其上均匀洒水，制毡的男性需要采用拉、抖、踩等方法，将打湿的毛毡整理得厚薄均匀，之后由妇女在母毡上均匀地铺上一层新近采集的马莲草，防止擀毡过程中新羊毛和母毡纠结在一起。接下来把弹好的羊毛均匀地铺放在草上，末了通常由一位德高望重者用牛毛在表层拼出简单的文字或图案，以示祝愿

5. 晒毡

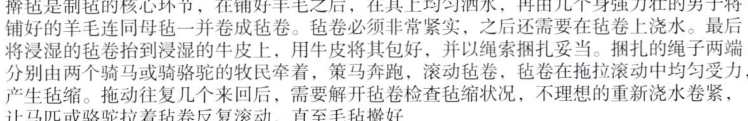

晒毡可以视为制毡的最后一个步骤。确认毛毡擀好后，需要将潮湿的毛毡展开晾晒。待到毛毡干燥后便可重新卷起，捆扎收放

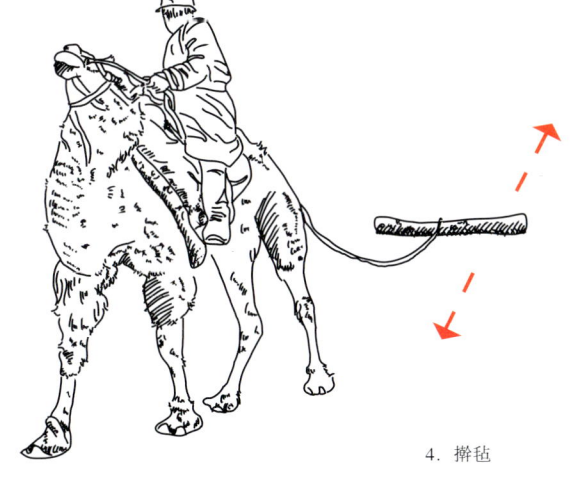

4. 擀毡

擀毡是制毡的核心环节，在铺好羊毛之后，在其上均匀洒水，再由几个身强力壮的男子将铺好的羊毛连同母毡一并卷成毡卷。毡卷必须非常紧实，之后还需要在毡卷上浇水。最后将浸湿的毡卷抬到浸湿的牛皮上，用牛皮将其包好，并以绳索捆扎妥当。捆扎的绳子两端分别由两个骑马或骑骆驼的牧民牵着，策马奔跑，滚动毡卷，毡卷在拖拉滚动中均匀受力，产生毡缩。拖动往复几个来回后，需要解开毡卷检查毡缩状况，不理想的重新浇水卷紧，让马匹或骆驼拉着毡卷反复滚动，直至毛毡擀好

图五 蒙古族毛毡制作步骤

图六　蒙古族毛毡加工场面

图七　蒙古族毛毡制作情境图

图八　蒙古族毛毡使用情境图

第六章 蒙古族传统手工艺

蒙古族拔丝器

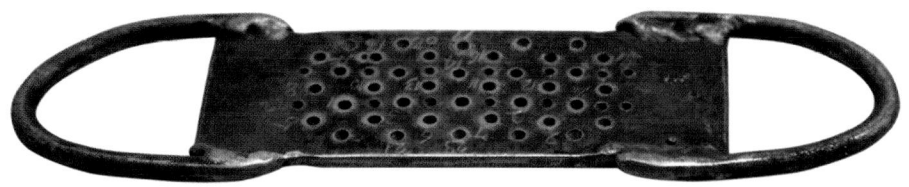

图一　蒙古族拔丝器主图

拔丝器也称"拉丝器"，是一种传统金属加工工艺的辅助用具，通常在银器加工中使用较多，主要用来将可延展金属拔拉成细丝。蒙古族银匠所使用的拔丝器一般呈长方形板条状，大小尺寸不等，一般长度为10至30厘米，其上开有大小各异的拔丝用孔洞，通常有几十个之多，有的拔丝器两边会加装环圈耳柄，在操作中帮助固定。蒙古族银匠使用拔丝器制作银丝的历史十分久远，可以追溯至元代以前，后世经过一定程度的改进，但其基本形制和使用方法变化不大。

在银器加工工艺中，按照制作需要，将毛坯银加热柔软后，用铁锤在砧上将其打成薄片叫"出叶"，将之搓成长条状叫"出条"，而用拔丝器把银条拔成细丝的工艺就叫"拔丝"。细银丝在银器加工中应用甚广，可用来做各种线状装饰和连接部件等。最初的银丝完全依靠手工敲制，所得银丝的粗细以及圆度都不可控制。后来有聪慧的工匠发明了钨钢所制的拔丝器，因为纯银有较强延展性，利用拔丝器上开留的孔眼，把敲打到一定程度的银条细端放入丝眼当中，用钳挟在拔丝器另一面夹住，靠人力或简单器械拔拉出银丝。根据制作加工的需要，可选择拔丝器上孔径不等的孔眼，拔拉出各种直径的细银丝来。蒙古族的拔丝器同其他民族并无明显差异，皆是以实用为准，为保证其硬度，通常以钨钢锻造，长方形的中部开有大小不等排列有序的孔洞，供拔拉不同粗细的金属丝线。

蒙古族的民间艺人用自己勤劳的双手，创作了各种极富民族魅力的银制工艺品。拔丝器是一种朴实无华的工艺生产辅助工具，对于传统金银铜器的加工和装饰而言不可或缺，在制作加工那些精美器物上的各式线形纹饰或结构连接部件时，拔丝器的应用大大提高了加工生产的效率和统一性。

图片来源
图一　周安涛　摄影
图二、图五、图六　张颖泉　制图
图三、图四　李淼　制图

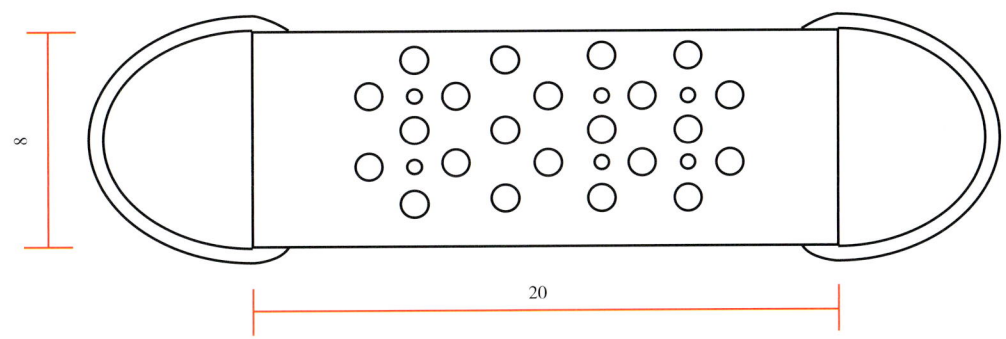

图二 蒙古族拔丝器尺寸图（单位：cm）

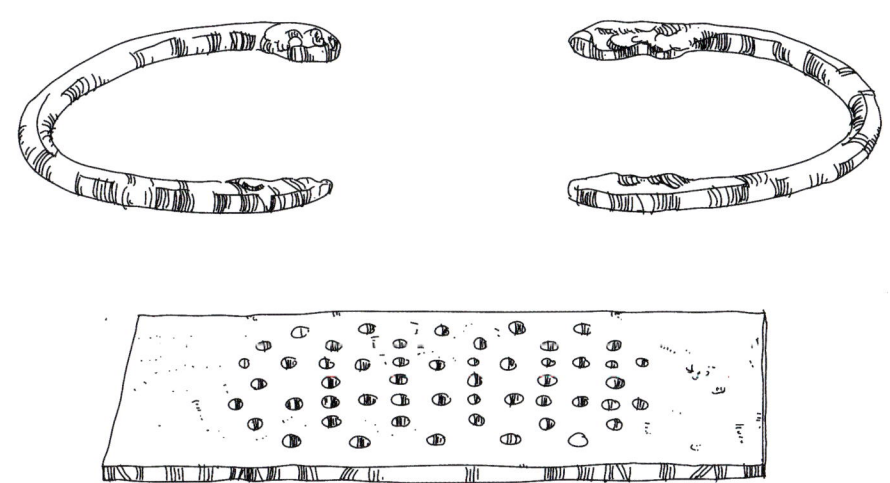

图三 蒙古族拔丝器解构图

有的拔丝器两边会加装环圈耳柄，助以固定

蒙古族银匠所使用的拔丝器通常以钨钢锻造，长方形的中部开有大小不等排列有序的孔洞

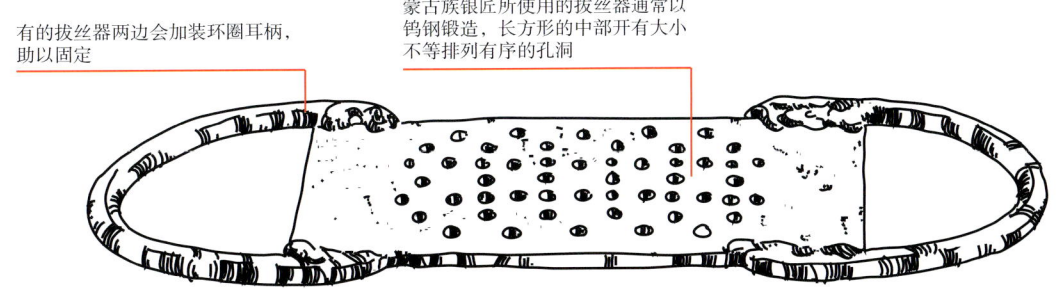

图四 蒙古族拔丝器工艺分析图

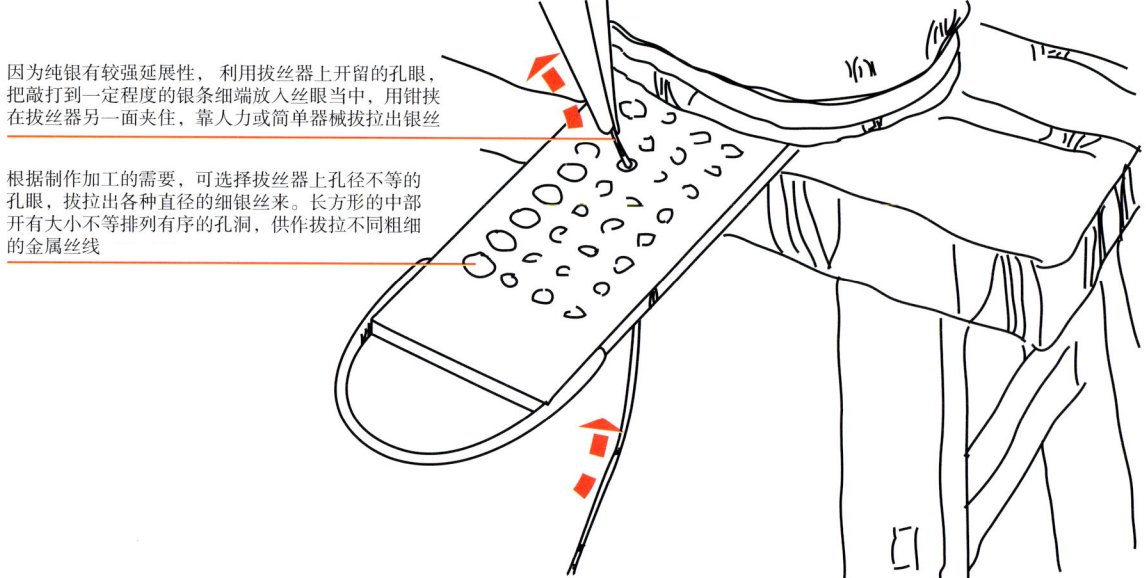

因为纯银有较强延展性，利用拔丝器上开留的孔眼，把敲打到一定程度的银条细端放入丝眼当中，用钳挟在拔丝器另一面夹住，靠人力或简单器械拔拉出银丝

根据制作加工的需要，可选择拔丝器上孔径不等的孔眼，拔拉出各种直径的细银丝来。长方形的中部开有大小不等排列有序的孔洞，供作拔拉不同粗细的金属丝线

图五　蒙古族拔丝器操作示意图

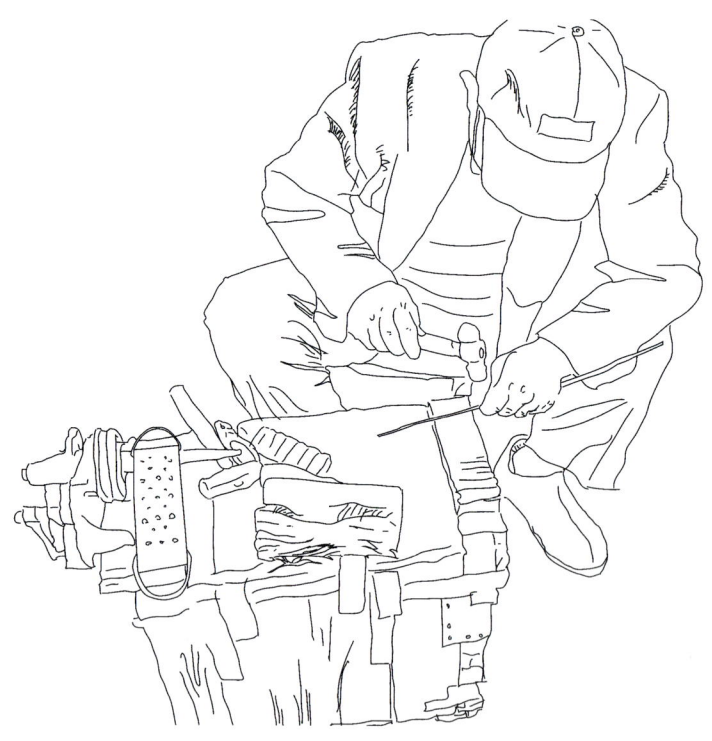

图六　蒙古族拔丝器使用情境图

蒙古族鼻烟壶

图一　蒙古族鼻烟壶主图·俏色玛瑙鼻烟壶

所谓鼻烟壶即是一种用以盛放鼻烟的容器，通常体量小巧，便于携带。蒙古族的鼻烟壶在不同区域称呼有一定的差异，比如在赤峰地区，鼻烟壶的蒙古语名称为"达麻根胡呼日"；而在阿拉善地区，鼻烟壶的蒙古语为"胡壶热"。原始鼻烟的发明者是印第安人，明末，鼻烟初入中国，后至清帝康熙开放海禁，欧洲商人及传教士为皇族呈送的贡品中，便包括大量盛放在玻璃瓶中的鼻烟。再往后，乾隆皇帝好以鼻烟赐赏包括蒙古王公在内的宫廷权贵，如此沿袭，吸鼻烟逐渐成为当时的一种社会风尚，鼻烟壶亦变成炙手可热的工艺品。除了宫廷行赏，普通蒙古族人吸食的鼻烟是由清代旅蒙商引入，很快得到广泛喜爱，盛装鼻烟的鼻烟壶也成为蒙古族人重要的随身器物。

随着吸食鼻烟融入蒙古族传统生活，鼻烟壶亦衍生出一系列礼仪功用。平日里蒙古族人相见需要行礼，供以鼻烟壶便是其主要的方式。清代徐珂所撰的《清稗类钞》中详细记载了蒙古族以鼻烟壶行礼的方式："蒙人喜鼻烟，凡男子，必具烟壶一枚。常日宾主相晤，接谈之初，平等则交相递送，彼此鞠躬，双手捧换，向鼻端一嗅，壁返一如递状。卑幼递于尊长，必一足跪献，长者欠身，以右手接之；长者递于卑幼，则反是。递于王公札萨克，必跪显，王不起坐，一嗅授还，不答礼。宾主初面，除递哈达请安、递鼻烟壶外，又有行装烟礼者。装烟，取客之烟筒。装主人之烟，而后以布拭烟嘴，双

第六章　蒙古族传统手工艺

手或右手递送于客，以等级而分其递之先后次序，亦以老少尊卑而定。平等则同时交递。"（清徐珂：《清稗类钞》第15册，中华书局，1986年，第33—34页）有鉴于此，蒙古族递送鼻烟壶的礼节随身份和年龄不同而大有差异。在蒙古族婚礼行序中，鼻烟壶亦不可或缺，例如呼伦贝尔地区的布里亚特蒙古族传统婚礼中，新郎来女方家接亲，进包之后需要给佛像点灯、叩头，并向长辈敬献鼻烟壶。进入男方家，新娘则需要给公婆和其他长辈们敬鼻烟壶，由伴娘或嫂子帮助传递。此外，鼻烟壶在蒙古族的寿辰礼和节庆中亦被用来致祝福：蒙古族老人一般从60岁起开始办寿辰礼，在祝寿的仪式中主家和客人通过互递鼻烟壶以示祈福；春节除夕期间，蒙古族相互拜年时，男子常以交换鼻烟壶的方式致以问候与祝愿。

常见的蒙古族鼻烟壶包括壶身、壶盖和壶勺三个组成部分，壶勺一般连接在壶盖之下，用来挑拨鼻烟，壶盖合上后，壶勺即插入鼻烟壶中。鼻烟壶的用料多样，制作工艺随材料的变化也各不相同。鼻烟壶身的常用料包括杏树根、冬青根、玻璃、陶瓷、玛瑙、和田玉、翡翠、牛角、象牙、叶腊、巴林石、水晶、陶瓷、琥珀、金、银和铜等；常见的壶盖材料有翡翠、珊瑚、水晶石、绿松石、金、银和铜等；壶勺用料有白铜、银、驼骨、象牙和牛角等。

以常见的石制鼻烟壶为例，其制作工序有选料、定样、制坯、刻花、抛光、开眼、掏膛7项。所谓选料即依据定制者的意象选择合适的制作材料，大体范围如上文所述。定样是确定壶体样式，需尽量保持石料的自然纹理，不做多余雕琢，符合蒙古族崇尚自然的审美倾向。制坯即按照事先定下的样式切割石料，通常将石料放在转盘上，用砂轮或拉丝线锯根据定样的位置和尺寸切割鼻烟壶的粗略形状。刻花是指按照定样在壶体上雕刻纹样和装饰。其后，便是对壶体表面进行抛光，使之温润光滑。然后是最复杂的两道工序，即在鼻烟壶口缘处打眼和掏膛，"凡玉器之宜有空膛者，应先钢錾筒以掏其膛，工完，玉之中比留玉挺一根，则遂用小椎击握，錾以振截之，此玉作内头等最巧之技也。至若玉器口小而膛宜大者，则再用有扁锥头有弯曲者，就水细石以掏其膛"（张临生：《清宫鼻烟壶制器考》，载《故宫学术季刊》，第8卷2期，第14页）。最后是使用合适的匹配材料制作壶盖和壶勺。

常见的蒙古族鼻烟壶造型有扁体圆形、圆角方形、圆柱瓶形、六角菱形等，此外还有许多拟态造型，比如山石、祥云、梨、茄、桃、柿和葫芦等等，不胜枚举。鼻烟壶的装饰方法更加丰富多彩，大体分为壶内装饰和壶外装饰两种，包括壶面雕花、镂空、宝石镶嵌、錾花、包金、包银、景泰蓝和壶内彩绘（玻璃材质）等，陶瓷材质的壶身还有青花、五彩、粉彩、斗彩、珐琅彩等区别。

鼻烟壶对于蒙古族而言属于舶来品，一经传入，便深得蒙古族人的喜爱，迅速融入蒙古族日常生活及礼俗行序，凸显了蒙古族造物文化的开放性与包容性。蒙古族鼻烟壶的精神内涵与礼仪属性体现出其在蒙古族文化体系中的重要价值。此外，鼻烟壶选料多样，做工精美，装饰丰富，可谓是功能与形式的和谐统一，技术与艺术的完美契合。

图片来源

图一、图二　周安涛　摄影
图三至图五　李淼　制图
图六　微图网
图七　FOTOE图片网

图二　蒙古族鼻烟壶

图三　蒙古族鼻烟壶尺寸图（单位：cm）

图四　蒙古族鼻烟壶解构图

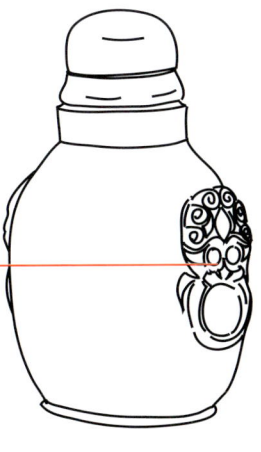 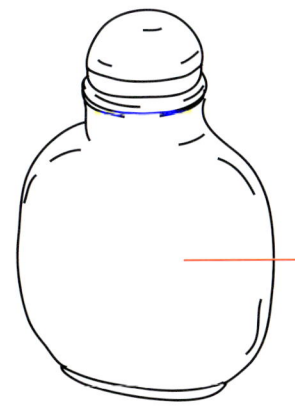 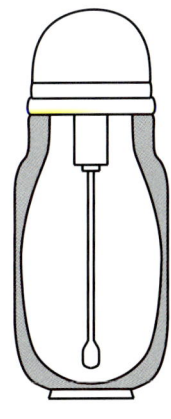

鼻烟壶的装饰方法更加丰富多彩，大体分为壶内装饰和壶外装饰两种，包括壶面雕花、镂空、宝石镶嵌、錾花、包金、包银、景泰蓝和壶内彩绘（玻璃材质）等

蒙古族鼻烟壶造型有扁体圆形、圆角方形、圆柱瓶形、六角菱形等

图五　蒙古族鼻烟壶工艺分析图

第六章　蒙古族传统手工艺

图六 蒙古族鼻烟壶制作情境图

图七 蒙古族鼻烟壶使用情境图

蒙古族顶针

图一　蒙古族顶针主图

顶针也称"顶铃子""顶箍子",是一种做针线活时戴在手指上的工具,通常呈圆环状,长度不超过5厘米,与食指一个指节的长度相当。顶针的历史久远,据推断早在使用骨针骨锥的原始时代,就已经有与之相配的兽皮顶针出现。

顶针的基本功能即是在缝纫刺绣时套在手指上,用来抵住针鼻儿,使针易于穿过活计而不至于在手指下压施力时弄伤手指。蒙古族的顶针使用方法同其他民族有一定差异,做针线时以食指套顶针,顶住针鼻施力,用拇指与中指捏住针尾保持发力方向,使得针尖向里缝扎。蒙古族使用的顶针主要有三种类型,一种是常见的皮制顶针,另一种则是金属顶针,还有以兽骨加工而成的顶针。其中,皮制顶针多会使用坚实的生牛皮制作,取一段矩形牛皮,将其圈成环状,结合的一侧以麻线或皮线缝纳,大小以套在使用者食指指尖上不至松动,并能弯曲自如为准。蒙古族的金属顶针较为特别,一般为铜或银铸造焊接而成,包括指环和顶针头儿两个部分。其中,指环用以套在食指的第一指节上,顶针头儿是同指环相垂直的一个小圆盘,底部设有多个凹槽,便于顶住针鼻。有的金属顶针还在指环一端留有小的孔环,便于穿引线绳,拴系带穗,连接针线盒等其他缝纫工具。精致的金属顶针会在外侧装饰少量纹饰,但并不复杂。最后的兽骨顶针一般用羊腿骨或驼骨打磨而成,外形亦为一小圆环状,外侧往往刻有简单的几何纹理,便于使用时顶住针鼻。

小小的顶针作为一种缝纫用具,在服饰生产与刺绣工艺中不可或缺。蒙古族的顶针就地取材以兽皮、兽骨或金属制成,而且在长久的生产实践中形成了一套与其他民族颇不相同的使用方法,凸显了蒙古族的心灵手巧与造物智慧。

图片来源
图一　周安涛　摄影
图一至图五　张颖泉　制图

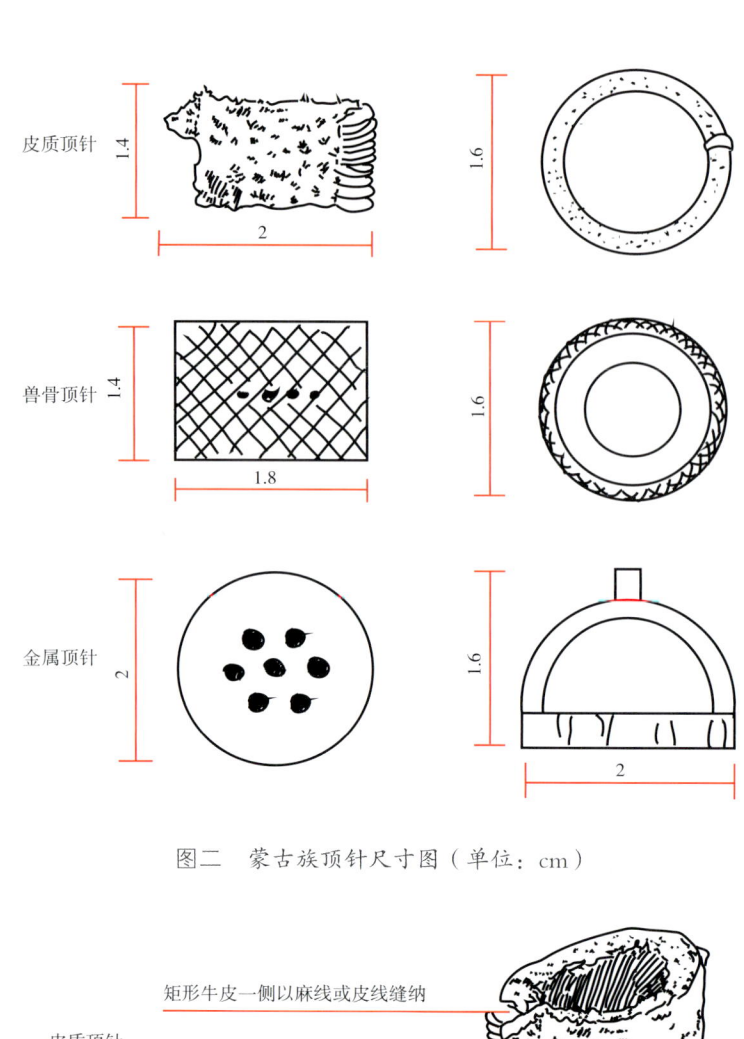

图二　蒙古族顶针尺寸图（单位：cm）

皮质顶针
- 矩形牛皮一侧以麻线或皮线缝纳
- 取一段矩形牛皮，将其圈成环状

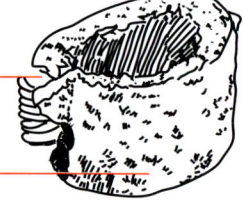

兽骨顶针
- 兽骨顶针一般用羊腿骨或驼骨打磨而成
- 外侧往往刻有简单的几何纹理，便于使用时顶住针鼻

金属顶针
- 有的金属顶针在指环一端留有小的孔环，便于穿引线绳，拴系带穗，连接针线盒等其他缝纫工具
- 指环用以套在食指的第一指节上
- 顶针头儿是同指环相垂直的一个小圆盘，底部设有多个凹槽，便于顶住针鼻

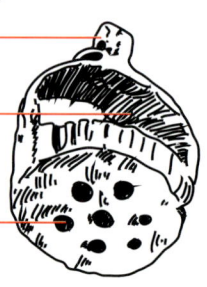

图三　蒙古族顶针工艺分析图

图四　蒙古族顶针使用情境图

图五　蒙古族顶针使用情境图

蒙古族荷包

图一　蒙古族荷包主图

荷包也称"荷囊""旁囊""茄袋"或"顺袋",是一种随身佩戴,可装放小件零星杂物的小包。常见的荷包一般体量不大,扁体有开口,上有系绳和带穗,轮廓被制成各种的几何形、花形或果实形,长度和宽度通常不会超过20厘米。荷包的起源甚早,最早的荷包实物见于春秋,后经汉唐的发展演化,兴起于宋元,在汉族及其他少数民族中都有存在,不过其制作材料、工艺和装饰多有差异。蒙古族荷包有广义和狭义之分:广义层面的荷包范畴较广,包括了置放杂物的小囊、填放香料的香囊和烟荷包等;狭义层面的荷包主要指妇女随身佩戴的可收纳杂物的小荷包。本文着重讨论的是后者。

蒙古族置物的荷包是指佩挂在妇女袍子右上襟扣袢上的一种空心开口的小囊。蒙古族的荷包一物多用,首先,它被系挂在女子身上可以置放一些零星的妇女用品,有的荷包内将浆过的硬布缝制成一舌头形,能向外伸出,其上可别上刺绣用的针线;其次荷包内亦可收纳各种熏香草药,使之具有香囊的功效;再次,荷包面儿上多刺绣精美的传统民族图案,色彩丰富,造像别致,具有极强的装饰美化功用;最后,蒙古族的荷包在礼俗传统和节庆祭典中亦具有重要地位。

蒙古族荷包的制作材料非常丰富,除去汉族常见的绸缎布料,还有以鞣制过的牛羊皮、鹿皮或驼皮制成的皮荷包,另有少量以金银铜锡等锤揲、錾刻而成的金属荷包。在开口处,有的荷包会镶嵌金银包边或玉石卡扣等部件儿,属于蒙古族荷包中的名贵品。此外,特别值得一提的是,蒙古族荷包用以缝纫和刺绣的丝线除了通常的棉麻丝线以外，聪慧的蒙古人就地取材，采用马尾、马鬃和驼毛等动物纤维加工而成的丝线刺绣图案纹样，更显草原风尚。不同的材料制作荷包，其制作工艺各有差异，但基本步骤都是先根据需要，剪出两片轮廓外形，常见的有菱形、方形、三角形、圆形、月牙形、贝壳形、宝瓶形和葫芦形等多种；之后以丝线、丝带缝制荷包边缘，将两片面儿结合起来，有的会用金属镶边，增加美观和耐用性，但上缘留有开口；最后为荷包口穿紧绳或镶金属扣边、扣袢，并缝合上端的系绳及下端的带穗，完成荷包的制作。

蒙古族荷包的一大特色即是荷包面儿上的蒙绣工艺。蒙绣的工具包括剪刀、绣花针、刺针、顶针和锥子等，其中绣针和顶针的形态、材料和使用方法皆与汉族存在差别。蒙绣工艺的针法包括汉式刺绣、贴花绣、盘花绣和抠花绣等。其中，汉式刺绣又包含内地常见的齐针法、参差针法、阶梯针法和散针针法等；贴花绣较为特别，是将不同颜色的绸缎布料及皮革的边角剩料，剪成所需图案的形态，通过巧妙拼接，缝制成不同装饰图案的一种蒙绣工艺；盘花绣是利用盘针缝纫法刺绣图案的绣花技法，有实心盘绣和空心盘绣两种；抠花绣亦称"镂花技法"，是将预先镂空剪制好的绸布或皮料图案缝制到绣品上的技法，类似剪皮贴皮工艺。蒙绣的色彩艳丽而淳朴，刺绣图案大胆夸张，多在红底、黑底和蓝底上直接以大红大绿或明黄绣花，多为纯色相配，少有推晕过渡，传达出北方游牧文化真挚而热烈的审美情趣。蒙绣的图案包罗万象，融合了包括草原民族和外来诸多文化的装饰题材，如各类几何符号图案，自然类的动植物、山峦河流及日月星辰等图案，还有以佛教为主的各类宗教图案、组合图案等等。

现收藏于科尔沁博物馆中的一枚清代镶翠绣花荷包，除系绳体长11.5厘米，宽14厘米，绸布面儿，满工绣花，开口镶金边，以两块翠玉作扣，甚为精美华贵，属清代蒙古族贵族妇女的随身配物。

蒙古族绣花荷包是一种妇女随身佩戴的置物小囊，既具有一定的实用功能，也是精巧别致的装饰工艺品，充分展现了马背上的蒙古族独具魅力的审美风尚。荷包的制作用料、工艺及绣花装饰等，记录了蒙古族传统文化的汇聚、发展与演进，体现了其中所蕴含的民族造物智慧，彰显了其在民族造物文化体系中的重要地位与价值。

图片来源
图一　李森　摄影
图二　那仁夫、杨劲主编：《蒙古族文化图鉴·蒙古族服饰图鉴》，内蒙古人民出版社，2007年，247页
图三至图五、图七、图八　孙丹丹　制图
图六　李森　制图
图九　那仁夫、杨劲主编：《蒙古族文化图鉴·蒙古族服饰图鉴》，内蒙古人民出版社，2007年，第247页

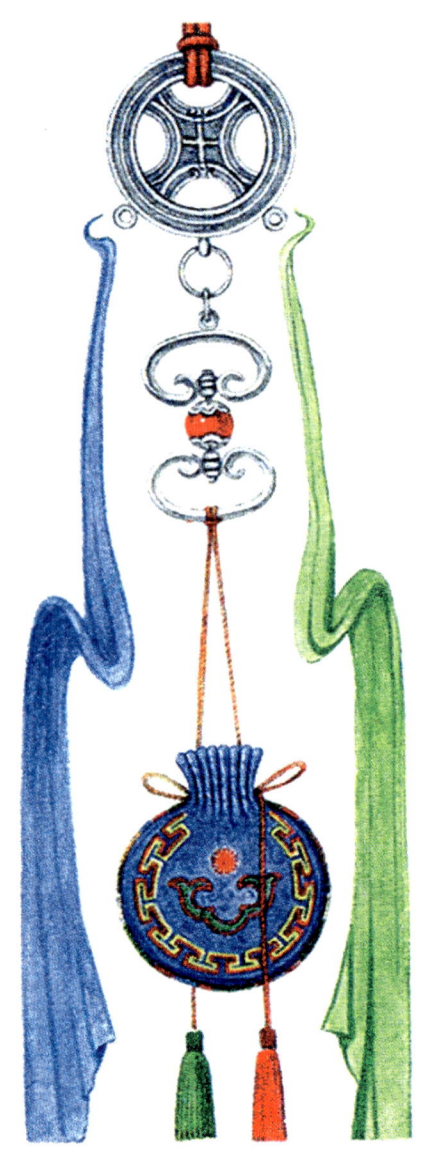

图二　蒙古族荷包

图三　蒙古族荷包尺寸图（单位：cm）

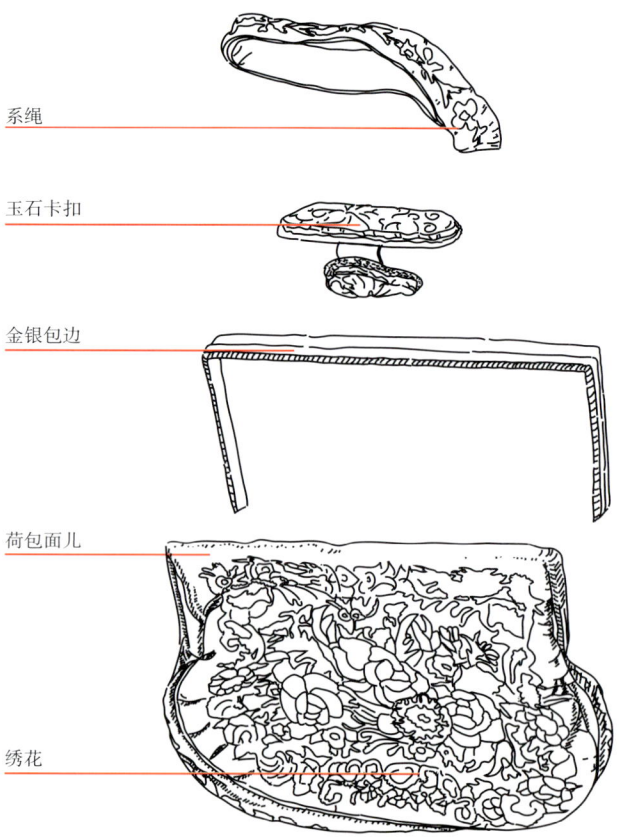

图四　蒙古族荷包结构分解图

蒙古族吉祥结

图一　蒙古族吉祥结主图

吉祥结又称"七圈结""十字结"，蒙古语称为"乌力吉江嘎"，其中"乌力吉"源于古蒙古语，早在13世纪的《蒙古秘史》中即有提及，意指美好和吉祥，江嘎为绳结之意。广义的蒙古族吉祥结泛指所有带有一定装饰意味的绳结，包括实用性的与纯装饰性的两大类，而狭义的则仅指类似于中国结的七圈结。从广义的角度看，蒙古族的吉祥结多种多样，大小尺寸根据编结者的需要从数厘米到几十厘米不等。以构型划分，吉祥结可分为完整型、半边型、单线型、双线型、封闭型和半封闭型等；以外形划分，又可分为蚂蚁结、耳环结、鲜花结、坠子结等；若以吉祥结使用的位置划分，又包括边角结与中心结等。作为游牧民族的蒙古族，绳结是日常生活中必不可少的事物，蒙古族人在长期的游牧生活中积累了一套复杂精致的编结工艺，装饰性颇强的吉祥结可以称作其中的典型。

蒙古族牧人用马鬃、马尾、羊皮条或牛皮条等各种动物鬃毛、皮革制成绳索，用以拴系牲畜、捆扎蒙古包、制作各类日常生活用品等，而绳索间的连接、交叉、分股等都会涉及编结。其中，拴系牲畜的结又称"乌日都伦""达其兰"和"陶木其兰"等，这种绳结即属于稍带装饰性的实用结，其特点是从拴系牲畜的一端无法扯开，而从结上预留的活头则可方便拆解。在搭建蒙古包时，蒙古人一般会用骆驼的长鬃毛编制紧绳，一端固定在蒙古包顶部的套瑙上，另一端延伸到哈那上缘同乌尼结合的位置，结成蚂蚁形吉祥结，这样的绳结既美观又便于牧人在天气变化时调节紧绳。吉祥结在各种马具中的应用尤为广泛，如马嚼子和马笼头中皮条的襻结，通常都会使用小巧精致的吉祥结来处理。此外，马鞭前端的编结部分，蒙古刀、火镰和烟荷包等的坠穗部分都会运用各色各样的吉祥结加以装点。在蒙古族传统服饰中，吉祥结的应用同样普遍，比如蒙古袍上的各式盘扣就是兼具实用与装饰功用的吉祥结的变体。以上所有吉祥结的运用不仅彰显了其实用和装饰的功用，其中所蕴含的吉祥如意、祈福安康的象征含义亦不可忽视。

蒙古吉祥结的编结因其形制种类的不同而各有差异，有碍于篇幅所限，本文仅就最为常见的七圈结编结方法加以记述。七圈结属装饰性坠子结，因其耳翼有七个圈而得名，蒙古族常以之作为器物坠穗的装饰。七圈结的基本编结法是首先将适度长短的绳索弯结成十字形，三端环闭，一端开口，然后以开口端为始向上翻卷，其他各端按逆时针方向依次向上翻卷，并穿插入下一端的下方，收紧四端后，再如此翻卷穿插，如此反复，最终得到所需的吉祥结形状。当然，在这种编结方法的基础上，稍加调整和组合又可衍生出一系列的变体，这种拓展性充分彰显了编结艺术的特质与魅力。

吉祥结源于蒙古族长久以来的游牧生活经验，精巧实用的各式吉祥结既美观又能胜任各种生产生活中的编结需求，充分体现了蒙古族造物文化中实用与审美的并重。此外，蒙古族吉祥结还具有深刻的寓意，它象征吉祥如意、平安康泰、团结友爱。蒙古族甚喜爱吉祥结，除去在日常生活中广泛运用，吉祥结还以平面图案的形式出现在各类建筑、家具彩绘以及诸多浮雕装饰中。小小的吉祥结承载了蒙古族的工艺技巧和美好祝愿，成为研究蒙古族造物文化和民族特质的宝贵实例。

图片来源
图一至图三、图五　许宏　制图
图四　李淼　制图
图六、图七　周安涛　摄影

图二　蒙古族吉祥结

图三　蒙古族吉祥结尺寸图（单位：cm）

七圈结属装饰性坠子结，因其耳翼有七个圈而得名

图四　蒙古族吉祥结工艺分析图

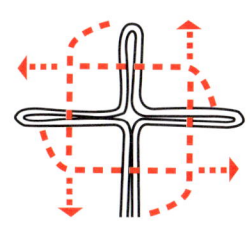
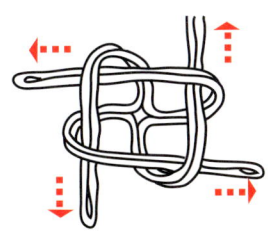
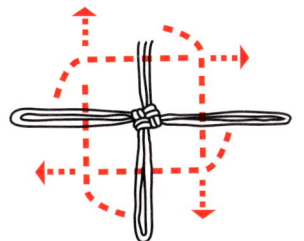
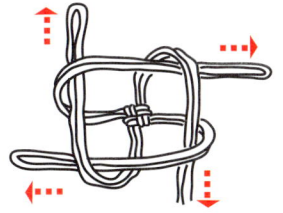

1. 将适度长短的绳索弯结成十字形，三端环闭，一端开口

2. 以开口端为始向上翻卷，其他各端按逆时针方向依次向上翻卷，并穿插入下一端的下方

3. 收紧四端后，再如此翻卷穿插

4. 如此反复，最终得到所需的吉祥结形状

图五　蒙古族吉祥结编制方法示意图

图六　蒙古族吉祥结使用情境图

图七　蒙古族吉祥结使用情境图

蒙古族净水瓶

图一　蒙古族净水瓶主图·铜鎏金净水瓶

净水瓶也称"事业瓶",蒙古语称"宝木巴",是一种佛教供奉用具,藏语中也称"本巴瓶"。常见的净水瓶似一无把的茶壶,顶端饰有孔雀羽,通体高度为15至25厘米(不含孔雀羽)。蒙古族净水瓶的形制源自藏族,多为金属质地,同内地汉族的瓷制花瓶式净水瓶差异较大。

净水瓶是供奉在佛台上的圣物,佛教徒在清晨净手后,在净水瓶中奉满洁净之水,以示虔诚与恭敬。而普通人时常用净水瓶供奉净水,有广招财源的寓意。蒙古族的净水瓶同藏族,以铜制或银制居多,局部鎏金,也有少量以纯金打造的,多为大型召庙或蒙古贵族王府使用,现存数量甚少。蒙古族的净水瓶由外侈圈足、瓶腹、侧流、碗形瓶盖和饰羽等部分构成。其中,外侈圈足一般为覆莲形状,底端半径小于瓶腹,同瓶盖下缘口径相呼应;圆形瓶腹多为素面,并无装饰,侧面的流则饰有錾花,造型也被设计成一龙嘴咬合流嘴的样貌;瓶盖部分被夸张地制成一倒扣的碗形，中间有孔眼通达瓶口，用以插饰羽，瓶盖上面饰有精美纹样，多为佛教八宝、祥云或是覆莲等；最上端的饰羽通常选择孔雀尾羽的末端，称为"孤沙草"或"吉祥草"，其长度同瓶高相当。瓶体中的圈足、瓶腹和侧流为单独打制成形，然后再焊接组装成一体。另，圈足、侧流和瓶盖通常会采用鎏金工艺处理，使得整个瓶子富丽华美，在佛灯的映衬下更是熠熠生辉。

净水瓶是随藏传佛教传入蒙古族的一种佛教供奉用具，其结构独特，做工精美，具有较强的宗教象征寓意和工艺审美特征。净水瓶对于探究藏传佛教在蒙古族宗教信仰中的影响与地位，以及梳理蒙古族手工艺的历史发展等都具有重要价值。

图片来源
图一、图二　周安涛　摄影
图三　许宏　制图
图四、图五　李淼　制图
图六　微图网

图二　蒙古族净水瓶

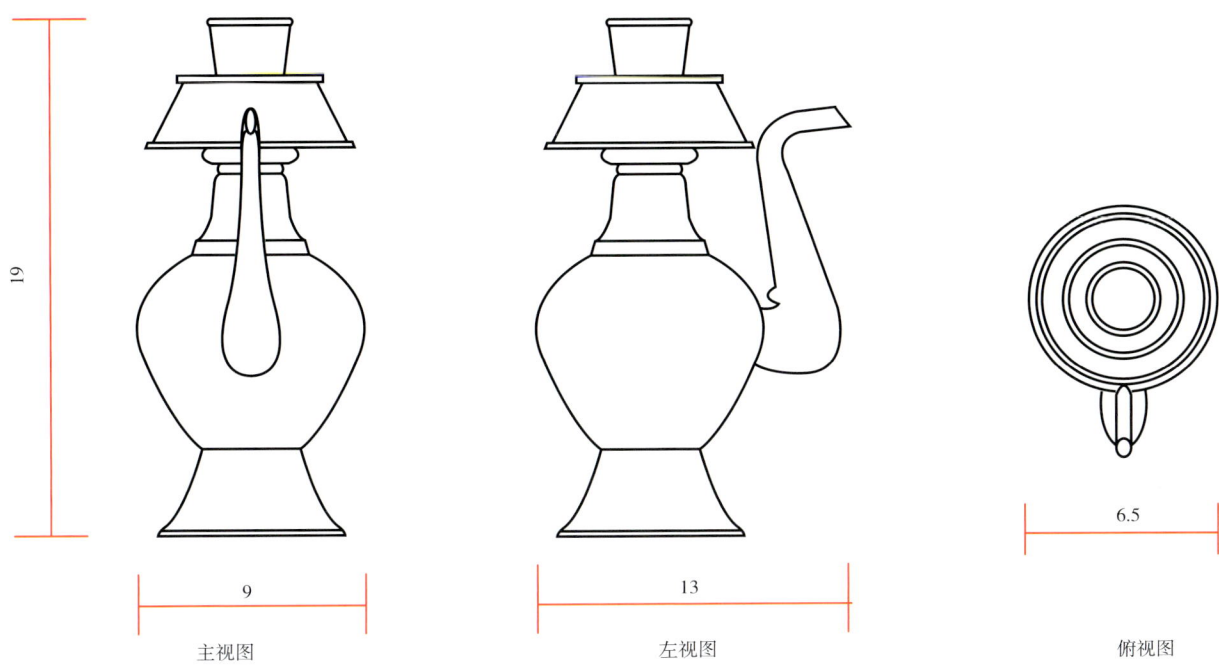

图三 蒙古族净水瓶尺寸图（单位：cm）

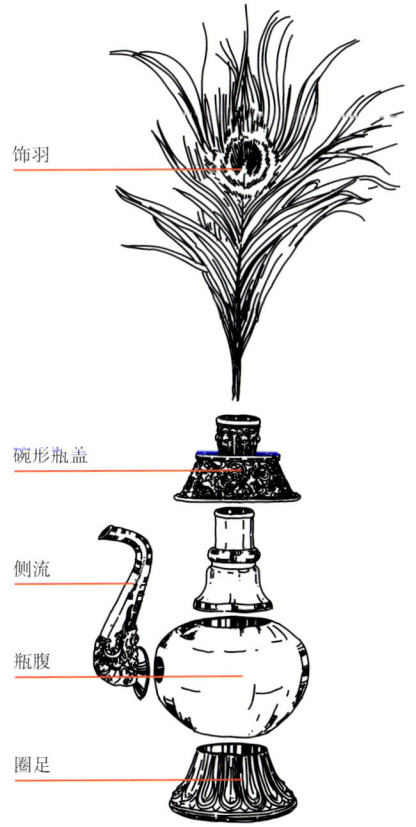

图四 蒙古族净水瓶结构分解图

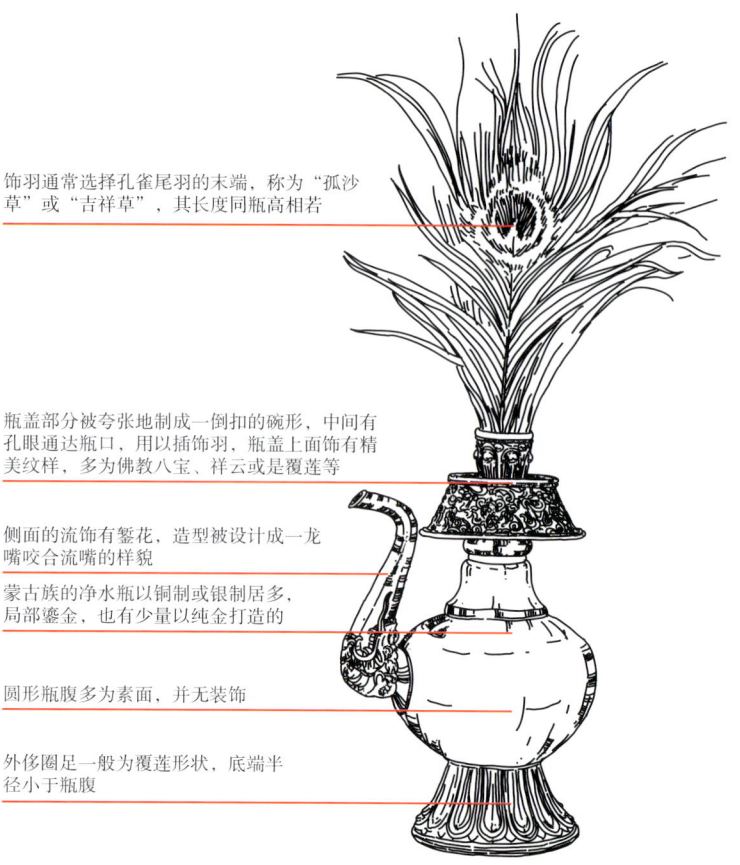

饰羽通常选择孔雀尾羽的末端，称为"孤沙草"或"吉祥草"，其长度同瓶高相若

瓶盖部分被夸张地制成一倒扣的碗形，中间有孔眼通达瓶口，用以插饰羽，瓶盖上面饰有精美纹样，多为佛教八宝、祥云或是覆莲等

侧面的流饰有錾花，造型被设计成一龙嘴咬合流嘴的样貌

蒙古族的净水瓶以铜制或银制居多，局部鎏金，也有少量以纯金打造的

圆形瓶腹多为素面，并无装饰

外侈圈足一般为覆莲形状，底端半径小于瓶腹

图五　蒙古族净水瓶工艺分析图

图六　蒙古族净水瓶使用情境图

蒙古族曼扎

图一　蒙古族曼扎主图·银鎏金珊瑚曼扎

曼扎也称"曼达""曼陀罗"或"曼扎盘",其名称为藏文音译,是一种藏传佛教中用以供养和修行的法器,为叠筑塔状。蒙古族曼扎的形制和供奉仪轨皆源于藏族,其通体高度(盛放资粮后)一般为10至40厘米,也有超过1米的大型曼扎,通常供于召庙,数量甚少。元朝时期,曼扎便随同藏传佛教一起传入蒙古族地区,成为蒙古族中修行佛法之人积聚福德与智慧的法器。

积累资粮是修行佛法的重要环节,而供养曼扎是在短时间内快速累积足够资粮的重要方法,这亦是曼扎的基本功用。及至晚清,随着蒙古族地区社会的动荡以及藏传佛教地位的下降,许多人开始将曼扎作为纯粹的工艺陈设品摆放于家中,仅供赏玩,不再供养。曼扎分为三身曼扎供、七堆曼扎供和三十七堆曼扎供等多种形制,其中三身曼扎供由四个叠层和一个顶端的法轮组成,三个叠层多为圆柱体容器,各自盛满资粮后,从上到下呈由小至大的同心圆式垒筑叠放。在蒙古族地区,除了常规形制以外,也有将上面的叠层替换成若干珊瑚珠圈的,亦有曼扎底下一至两层封口,形成台座,不在其内盛放资粮的类型。蒙古族曼扎的制作材料丰富,其中上品是金银打制,并嵌以宝石珍珠,中品以白铜或黄铜打造,也包括景泰蓝制品，下品以平整的石板或木板制成。曼扎表面的装饰多为佛教题材，如佛教八宝、佛像、佛教故事场景、莲花、卷草、火焰、祥云等等，这些纹样图案一般錾刻在曼扎盘的侧面，也有少量以掐丝或彩绘的形式呈现。曼扎内供养的资粮种类繁多，有各种名贵宝石、珊瑚、珍珠、诃子、青果、人参、大米、小麦、青稞乃至河沙、碎石等物，修供曼扎之人可根据自己的经济能力选用，并无规制。在修供曼扎时，需要依照既定的仪轨，配合特定的手势诵念经文。修供曼扎通常需要准备两套曼扎盘，其一用以修十万遍加行，另一作为皈依境供于佛台之上。

作为一种佛教法器，曼扎的宗教象征意义以及所属的一套修供仪轨，是研究藏传佛教在蒙古族地区传播的重要例证。而蒙古族曼扎的器表纹饰、材料和工艺等，亦彰显了蒙古族对于外族造物文化的沿袭与吸纳。

图片来源
图一、图二　周安涛　摄影
图三、图六至图八　孙丹丹　制图
图四、图五　李淼　制图

图二　蒙古族曼扎

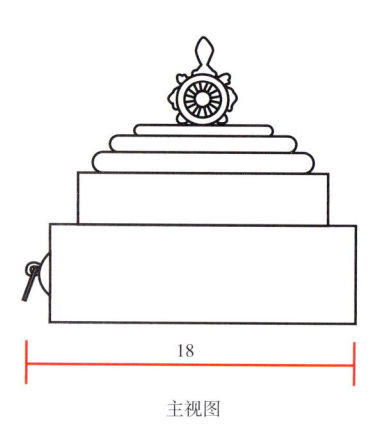 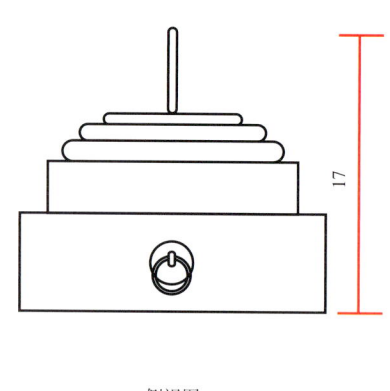 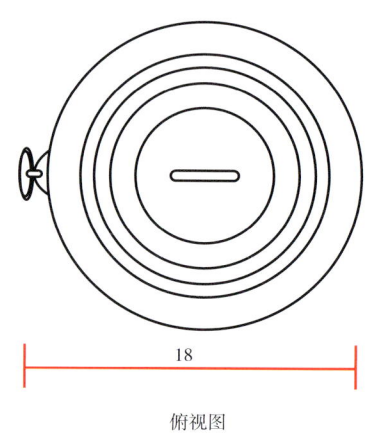

主视图　　　侧视图　　　俯视图

图三　蒙古族曼扎尺寸图（单位：cm）

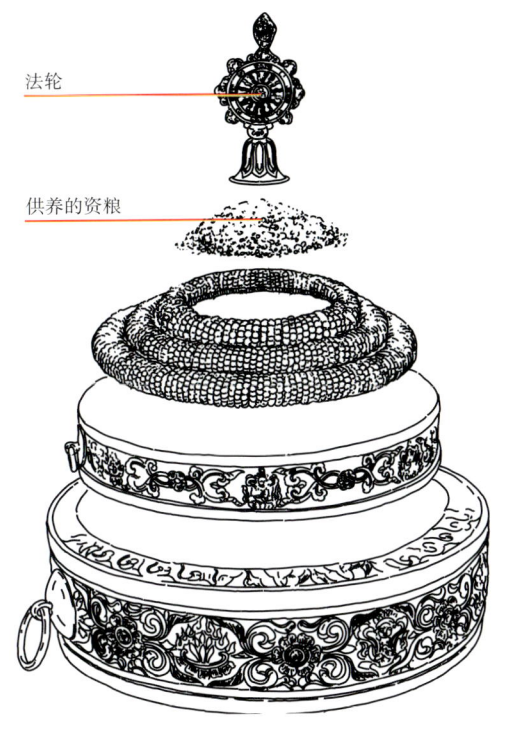

法轮

供养的资粮

图四　蒙古族曼扎结构分解图

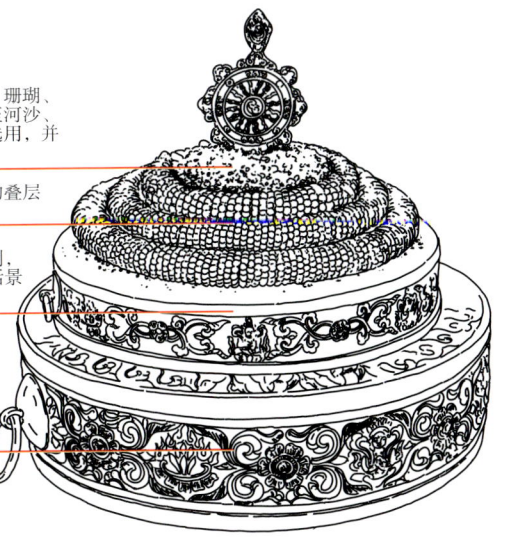

曼扎内里供养的资粮种类繁多，有各种名贵宝石、珊瑚、珍珠、诃子、青果、人参、大米、小麦、青稞乃至河沙、碎石等物，修供曼扎之人可根据自己的经济能力选用，并无规制

在蒙古族地区，除了常规形制以外，也有将上面的叠层替换成若干珊瑚珠圈的

蒙古族曼扎的制作材料丰富，其中上品是金银打制，并嵌以宝石珍珠，中品以白铜或黄铜打造，也包括景泰蓝制品，下品以平整的石板或木板制成

曼扎表面的装饰多为佛教题材，如佛教八宝、佛像、佛教故事场景、莲花、卷草、火焰、祥云等等，这些纹样图案一般錾刻在曼扎盘的侧面，也有少量以掐丝或彩绘的形式呈现

图五　蒙古族曼扎工艺分析图

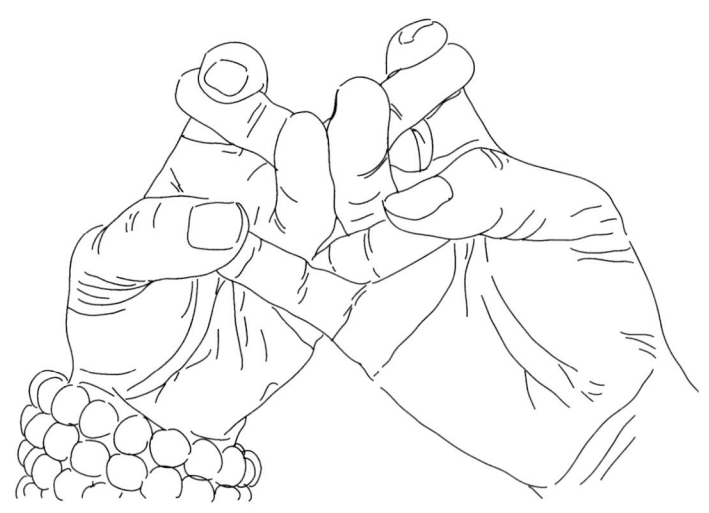

图六　蒙古族修供曼扎手印示意图

图七　蒙古族曼扎使用情境图

图八　蒙古族曼扎使用情境图

蒙古族帽筒

图一　蒙古族帽筒主图

帽筒又称"官帽筒"，是一种古时官员置放花翎顶戴用的器具，后逐步演变成观赏陈设品，一般为成对置办。常见的帽筒形状为直筒圆柱体，其高度通常为30厘米左右，直径约为高度的1/3，在10厘米上下。帽筒产生于清代，据考始创于嘉庆年间。在蒙地，帽筒初仅为蒙古族王爷或官员使用，用以临时搁置官帽，后及同治光绪时期，帽筒广泛进入寻常百姓家中。

古时，贵族官员将帽子扣在帽筒顶端，使得帽檐悬空，不至触碰桌案，既有一定保洁作用，亦寓"步步高升"之意。待到清朝末期，体制崩坏，帽筒流入普通人的居室。除了置放帽子，因帽筒表面多有装饰，更多时候成了案架桌几上的陈设欣赏物，有时甚至转换身份，变成花瓶、笔插等。蒙古族使用的帽筒有多种材质，常见的有瓷质、竹木和紫砂等，其中以瓷制帽筒居多，包括青花、釉里红、五彩、粉彩和珐琅彩等。现今蒙古族地区的帽筒多为各大博物馆所收藏，亦有不少流于私人收藏或在文物市场中交易，其主要为蒙古族地区瓷窑烧造，比较著名的有呼和浩特市清水河县黑矾沟明清古瓷窑和赤峰刚瓦窑等，也有不少是由内地汉族烧造后贩卖至当地。通辽市博物馆收藏了四对八只做工精美的瓷制帽筒，其中一对青花镂空六棱官帽筒颇具代表性。两只帽筒高27.5厘米，筒径10厘米，系为六棱柱体，筒侧6个面上下交错留有海棠花形镂孔。两帽筒系为满工青花，釉色纯正、均匀，其上缘一圈卷云纹带，下缘以植物花形呼应，中部6个面各绘花瓶桌几，与镂空海棠花相合，寓意"平平安安"。

帽筒最初的置帽功能在时代流变中异化，已逐步演变成一种工艺欣赏品，虽然其基本形态无太多变化，但作为陈设，帽筒器表的纹饰图案愈发重要，其中以彩釉或彩绘瓷器为甚。蒙古族的帽筒亦是如此，其记载了近代蒙古族瓷器烧造的历史，在民族造物文化体系中具有重要的研究价值。

图片来源
图一　李淼　摄影
图二、图三　许宏　制图
图四　FOTOE图片网

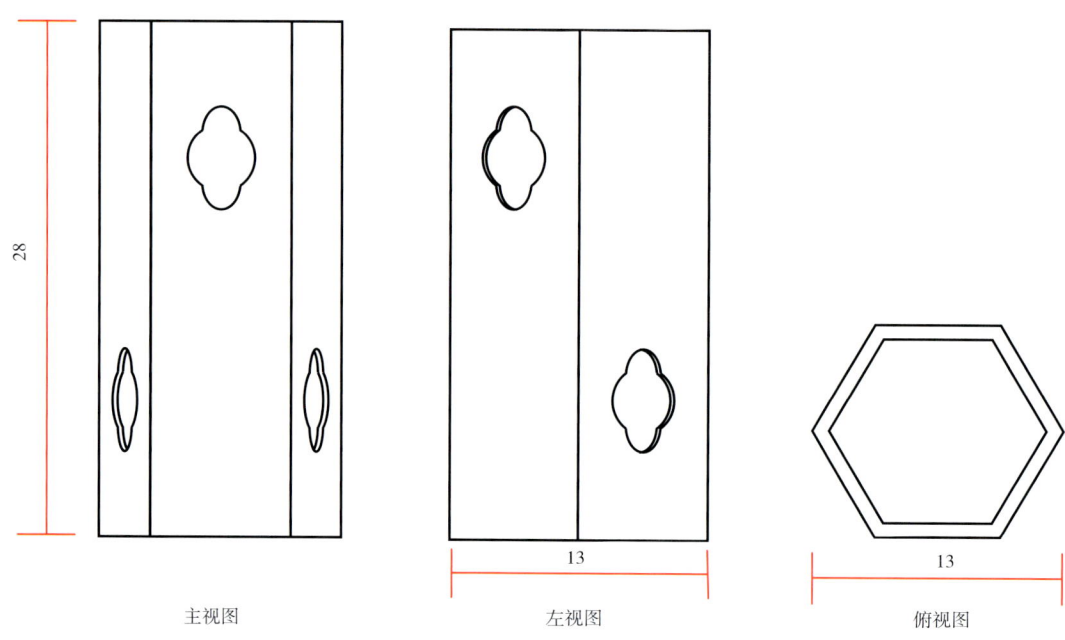

图二　蒙古族帽筒尺寸图（单位：cm）

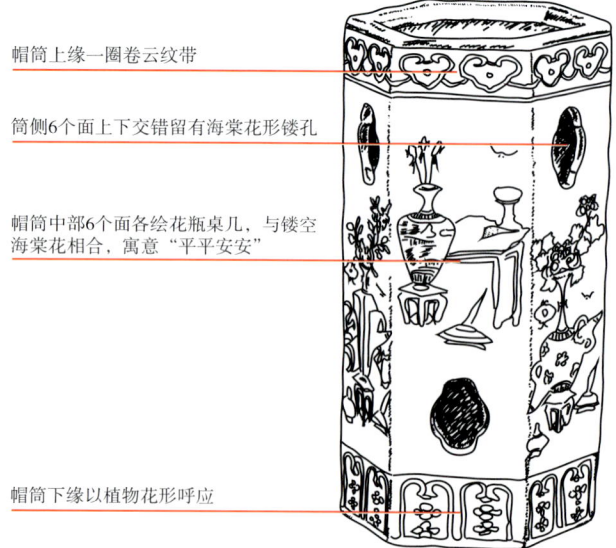

图三　蒙古族帽筒工艺分析图

图四　蒙古族帽筒使用情境图

蒙古族木雕动物

图一　蒙古族木雕动物主图

木雕动物也称"木刻动物"，是木雕工艺品的一种，蒙古族的木雕动物包括各种北方常见动物形象，大小不一，其中高度在40厘米以下的小件居多，历史上也有超过1米的实例，但没有存留至今。木雕动物的起源甚早，在新石器时代中晚期，红山文化遗址中即有木雕动物形象出现，其最早是做部族图腾象征或祭献崇拜之用。蒙古族木雕动物主要包括圆雕动物、根雕动物和浮雕动物等。

蒙古族的木雕动物从功能角度而言，主要包括祭献崇拜、兽型艺术类比（见铜兽案例注释）、建筑构件与家具装饰、游戏棋子、儿童玩具和工艺陈设等多种。其中祭献属早期功能类型，象征着生产丰收和族丁兴旺；以动物形象比赋英雄的观念，基本贯穿了蒙古族的崛起与繁盛，至清晚期才逐步减弱；建筑构件或家具中的动物形象多为浮雕，以装饰为主；游戏棋子和儿童玩具一直以来亦是小件木雕动物的重要功用之一；作为工艺陈设，则是近代蒙古族受汉族生活与审美方式影响渐深的结果。

蒙古族木雕动物的制作材料多为就地取材，杏木、榆木或柳木等较为常见，也有少量舶来木料，如紫檀和花梨等，不过数量甚少。雕刻工具主要是刻刀、木工铲、敲锤、木锉、斧子、凿子和锯子等,其中刻刀又包含圆口、平口和斜口等等,不同刀口适合雕凿不同造型,可谓种类繁多。木雕动物制作的基本工艺流程包含选材、整饬、墨稿、粗坯、细坯、修光、打磨和着色上光等多个步骤。选材即是根据欲雕凿的动物大小、形态以及主户的要求,选择合适的木料;整饬是对所选木料进行基本加工,主要是干燥和防腐等;墨稿是根据要求在木料上勾画基本形态轮廓;粗坯是按照墨稿,从上到下、由外及里,以简练的几何体块概括造型特征,需要兼顾层次和动势,并保证尺度比例的协调;细坯是在粗坯的基础上,调整比例和布局,将动物形态落实成形,并细雕动物五官和毛发等细节;修光即是修去细坯上的凿垢刀痕,使对象表面细致精美;打磨是锉子加工器表,使之光滑;最后着色上光是给木雕髹漆美化,有的还会添饰彩绘,更显精美。

现藏科尔沁博物馆的一尊根雕骆驼,高32厘米,长28厘米,属清晚期作品。骆驼双峰高耸,昂首眺望,眼神沉静,其雕凿工艺较为精湛,表面经过打磨和修光,光泽圆润。另有一木雕犍牛,高12厘米,长18厘米,为清早期造物。犍牛造型简练,憨态可掬,据推测是做来给孩子玩耍的玩具。

蒙古族的木雕动物历史悠久,功能多样,虽然其在雕琢技巧与精细程度上不及中原木雕工艺,但相对粗犷的蒙古族木雕动物却承载了更多的精神寓意,与北方游牧民族的特有文化因子。在其民族造物文化体系中扮演着重要的角色,有着宝贵的学术研究和考证价值。

图片来源

图一、图二　李淼　摄影
图三至图六　张颖泉　制图

图二　蒙古族木雕动物

图三 蒙古族木雕动物尺寸图（单位：cm）

蒙古族木雕动物的制作材料多为就地取材，杏木、榆木或柳木等较为常见，也有少量舶来木料，如紫檀和花梨等，不过数量甚少

雕刻工具主要是刻刀、木工铲、敲锤、木锉、斧子、凿子和锯子等，其中刻刀又包含圆口、平口和斜口等等，不同刀口适合雕凿不同造型，可谓种类繁多

图四 蒙古族木雕动物工艺分析图

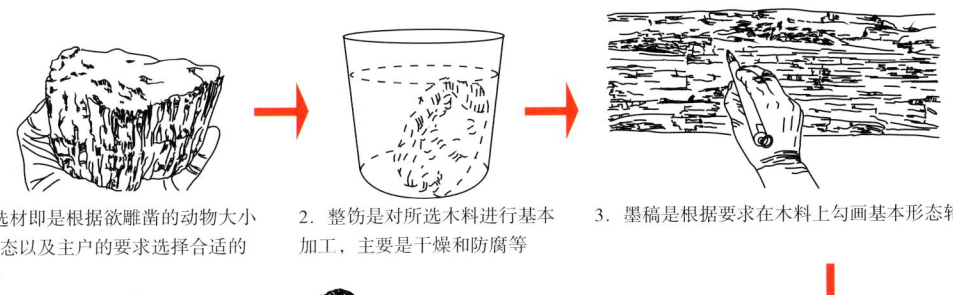

1. 选材即是根据欲雕凿的动物大小和形态以及主户的要求选择合适的木料

2. 整饬是对所选木料进行基本加工，主要是干燥和防腐等

3. 墨稿是根据要求在木料上勾画基本形态轮廓

5. 细坯是在粗坯的基础上，调整比例和布局，将动物形态落实成形，并细雕动物五官和毛发等细节

4. 粗坯是按照墨稿，从上到下、由外及里，以简练的几何体块概括造型特征，需要兼顾层次和动势，并保证尺度比例的协调

6. 修光即是修去细坯上的凿垢刀痕，使对象表面细致精美

7. 打磨是锉子加工器表，使之光滑

8. 最后着色上光是给木雕髹漆美化，有的还会添饰彩绘，更显精美

图五　蒙古族木雕动物工艺示意图

图六　蒙古族木雕动物使用情境图

619

蒙古族念珠

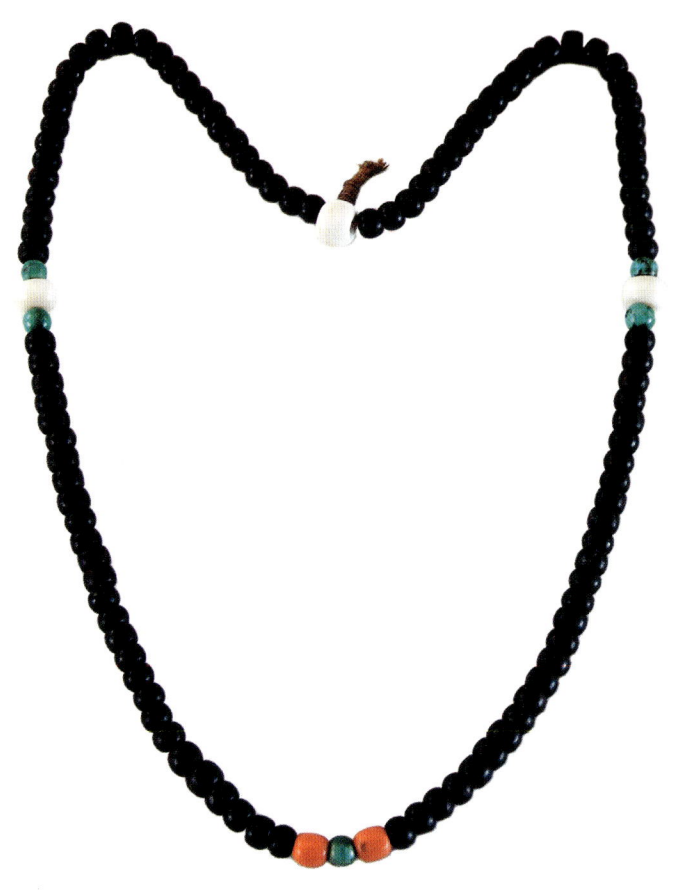

图一　蒙古族念珠主图·紫檀木念珠

念珠又名"数珠""咒珠""诵珠"，蒙古族地区的念珠多出自佛教，因此又称"佛珠"或"佛念珠"，常见的为108颗，因珠子大小各异，其周长从几十厘米到一米以上不等。佛教念珠主要是信徒念经时用以计数的法器。

念珠通常是圆球形的，寓意圆满和完美无缺的意思。佛教义理认为世人原本都具有圆满无缺的智慧和功德，只因为自己无谓的欲望和烦恼，而将原初的完满遮蔽，不得显现。通常，佛教念珠由一至两枚母珠、若干念珠和用来间隔一定数量念珠的数取以及穿绳4个基本单元组成。例如108颗的念珠，用3颗数取，加上母珠将整串念珠分成4段，每段27颗念珠。除此之外，有的念珠还有记子和记子留，所谓记子又名"弟子珠"，多为10颗或20颗，缀于母珠的末端，掐珠念佛满108遍时便可拨动一记子作为计数。记子留是指每串记子末尾所附的尾珠。根据念珠珠子数量的不同，各部分的解释亦会有一定的差异。在蒙古族地区常见的108颗念珠，其中的珠子就代表108种世间烦恼，只有虔诚诵经，一心向佛才可消除业障，恢复本有的智慧和功德。使用念珠修法之时，一般以右手四指下托展开的念珠，念佛经或持咒时，从母珠边上的第一珠起，拇指下捻掐念珠，一珠一句，回到母珠时，应立即反方向掐珠，而不从母珠上越过。据《金刚顶瑜伽念珠经》记述，诸珠象征观音，母珠代表无量寿或修行成满之佛果，故修行之人捻珠达至母珠时，不可逾越，须逆向返回，否则即犯越法罪。密宗修持时使用念珠，因教派不同，所使念珠的材质和手法亦多有不同。

蒙古族所使念珠的制作材料一般为木制、种实制和骨制，具体而言包括紫檀、菩提树子、人头骨、人指骨、兽骨、象牙和贝壳等等。清朝徐柯《清稗类钞》中记述："菩提珠，亦称佛珠，种类不一，有以古木制者，有以喜马拉雅山之树子制者。有以人头骨制者。有以兽骨及香质制者。相传诸佛菩萨，各因所好而佩之，故瞻拜观音，用贝壳所制之白珠。若为死者唪经忏悔，则必人头盖骨珠。"（清徐柯：《清稗类钞》第15册，中华书局，1986年，第20页）其中母珠和数取的材料较为丰富，有珊瑚、水晶、松石、白玉、硬木、种实或金银等。不同的制作材料，加工制作工艺亦会有所不同，但基本工序通常包括选材、切削和打磨念珠、钻孔和穿制解结等4个步骤。更为考究的，还会在母珠或念珠上雕刻佛像或铭文，不过这种类型在蒙古族地区较为少见。

念珠是一种随佛教传入的修行佛法的器具，佛教义理认为其念珠的数量、构造和质料皆是辅道的助缘，所以念珠的价值并不在于其本身，而是在于其在修行佛法中的价值和象征意义。蒙古族的念珠制作材料丰富，工艺考究而细腻，是藏传佛教在蒙古族地区盛行的标志之一，亦是当代研究蒙古族宗教源流嬗变以及蒙藏交融等课题的重要例证。

图片来源
图一、图二　周安涛　摄影
图三至图五　李淼　制图
图六　微图网

图二　蒙古族念珠

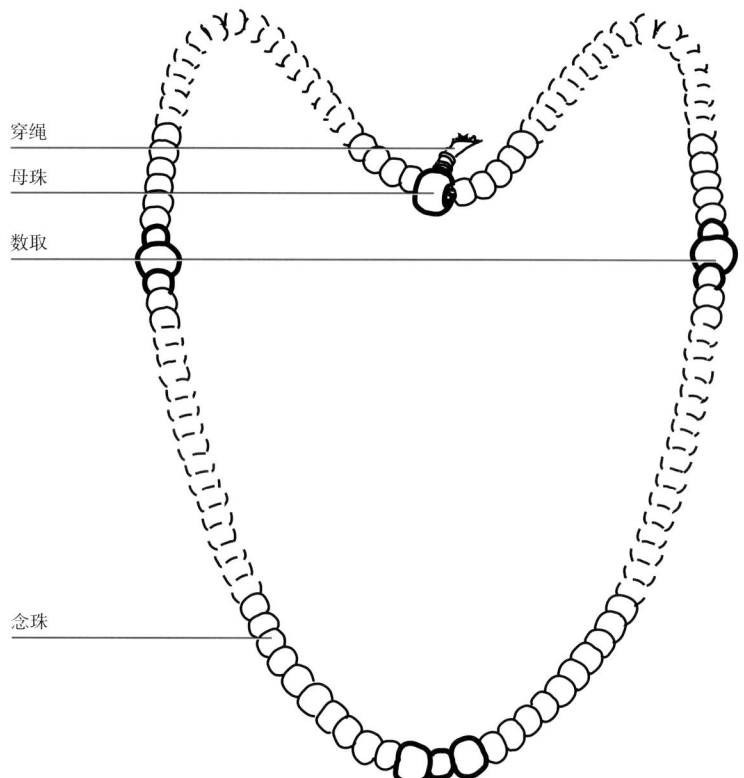

图三 蒙古族念珠部件名称图

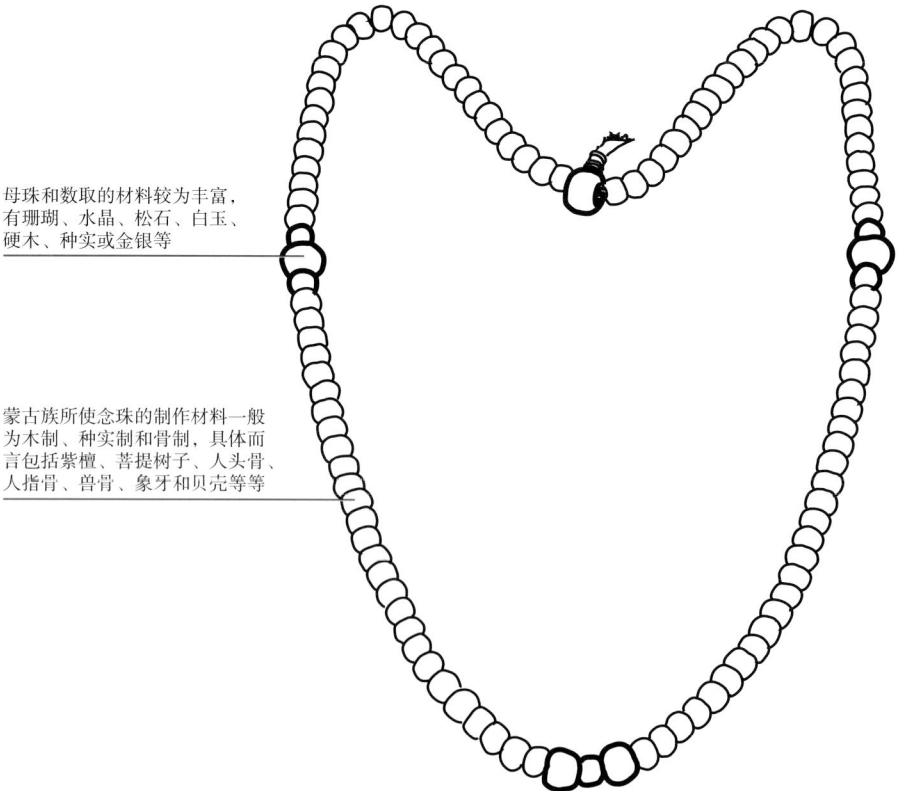

图四 蒙古族念珠工艺分析图

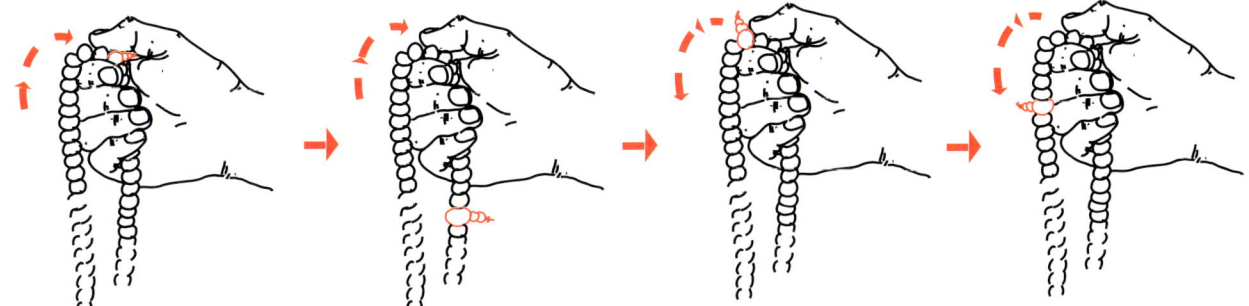

使用念珠修法之时，一般以右手四指下托展开的念珠，念佛经或持咒时，从母珠边上的第一珠起，拇指下捻掐念珠，一珠一句，回到母珠时，应立即反方向掐珠，而不从母珠上越过

图五　蒙古族念珠使用示意图

图六　蒙古族念珠使用情境图

蒙古族皮画

图一　蒙古族皮画主图

皮画也称"牛羊皮工艺画",广义的皮画可泛指所有皮制品皮面上的装饰绘画和装饰图案,相对狭义的皮画是一种以牛羊皮为基底的蒙古族特有工艺绘画。因题材和皮料的差异,其尺寸从十余厘米到1米以上不等。皮画在蒙古族地区的起源甚为久远,北方原始社会末期即有在兽皮上烙印图腾纹饰的做法,可以视为皮画的先声。元朝时,皮画工艺更是被应用于各类皮革制品,用以比赋象征和装饰美化。近代,蒙古族的皮画逐步蜕变成纯粹的装饰画。

传统蒙古族皮画的功能因内容不同而包含几个方面,大多皮画以图案化的神话、历史故事或自然动物、植物和风景为题材,它们主要用以装饰各类皮革制品,亦可制成画幅,悬挂装饰,装裱环境;另有不少皮画绘有神灵、祖先和英雄的肖像,主司供奉祭拜;还有一些皮画上绘有区域地图,可以卷起携带,具有重要的实用功能。

皮画就其制作材料和工艺而言,包括在皮面上以特制油彩直接作画,传统绘画风格是图案化的单线平涂,近代开始出现分层推晕的彩绘,丰富了画面表现效果。还有一种是剪皮画,即选择熟制的革,染色后剪出所需图案图形，再按预定布局以熬制好的动物凝胶粘贴到皮面上构成剪皮画，也有大块剪皮使用针线缝纳配合胶粘，这样更显草原粗犷豪放之气。另有皮面凹凸压花及烙烫工艺，可以使皮画产生类似于浅浮雕的立体效果，在其上着色作饰，凸显皮质特征，增强画面效果。蒙古皮画一般精选优质皮料，需要经过鞣制、层染、抛光和定型等多道工序。大块皮画一般采用整张羊皮或牛皮裁制或拼接，小幅皮画往往装有木制边框，皮料四缘以麻线或皮绳固定。

蒙古族皮画以皮作画，风格粗犷，应用广泛，具有浓郁的游牧民族特征，属典型的北方草原文化因子，在蒙古族造物文化体系中不可或缺，价值非凡。20世纪末，一批从事传统手工艺多年的蒙古族艺术家，将现代绘画艺术同传统皮画工艺相结合，大大拓展了皮画的生存空间和应用领域，可以视为蒙古族传统皮画工艺，在新时代背景下的一种延续和升华。

图片来源

图一　李淼　摄影
图二至图四　孙丹丹　制图
图五　周安涛　摄影

图二　蒙古族皮画造型分析图

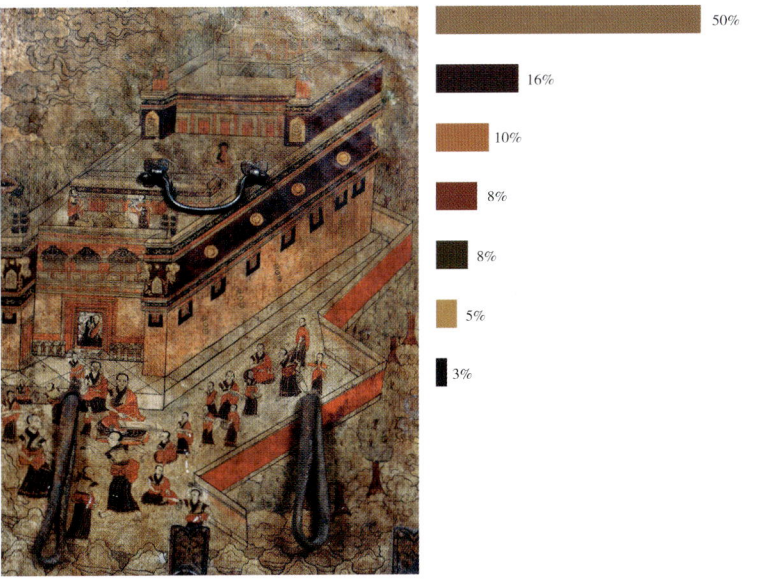

图三　蒙古族皮画设色分析图

蒙古族皮画一般精选优质皮料，需要经过鞣制、层染、抛光和定型等多道工序，大块皮画一般采用整张羊皮或牛皮裁制或拼接，小幅皮画往往装有木制边框，皮料四缘以麻线或皮绳固定

皮画就其制作材料和工艺而言，其包括以特制油彩直接在加工后的皮面上作画，传统绘画风格是图案化的单线平涂，近代开始出现分层推晕的彩绘，丰富了画面表现效果

图四　蒙古族皮画工艺分析图

图五　蒙古族皮画悬挂情境图

蒙古族莎力格

图一　蒙古族莎力格主图·主银鎏金五件配饰

莎力格又称"银事件儿"，汉语的意思为各不相关，是一种银制妇女随身饰品，兼具一定的实用功能。常见的莎力格通长一般为15至30厘米，根据其下挂饰件的数量，通常分为三件、五件和七件三种类型。莎力格作为一种蒙古族特有的配饰品，起源甚早，在元朝之前，北方游牧民族即有在腰间悬挂各类佩饰物件儿的习惯，同唐代官服中的蹀躞七事应当也有一定的沿承关系。

蒙古族的莎力格主要是一种配饰品，其基本功用是为妇女打理、清洁个人卫生所用，佩戴在腰间，亦兼有装饰美化的功能。莎力格常以银链子挂在侧腰的勃勒（勃勒是一种蒙古族妇女，多为新婚女子，挂于侧腰的配件饰品，通常为银制，圆形或六角形饼状居多，周缘有圈环，以带链上连敖吉长衫腋下特制的扣圈，下连各种饰品挂件儿，其中就包括莎力格）上，长者可及佩戴者的膝盖上缘，随着人的走动起伏摇摆，十分好看。莎力格的基本结构由银链、绶带板和分支配件等组成，银链用以连接绶带板和分支配件儿等构件；绶带板是分支配件的结合部，也是银链间的装饰部件，一般用錾刻法做成各式传统形制，如宝壶、蝙蝠、荷花、莲花、元宝、花篮和如意等等；分支配件儿各以银链连接绶带板，其中三分支的一般包括耳勺、牙签和镊子，五分支多出了指甲刀和弯刀，七分支的相较于五分支又多出了锉刀、斧戟等。这些分支配件有时因特定的需要亦会有替换和变化，并没有绝对的规制。

第六章　蒙古族传统手工艺

佩戴者需要使用这些配件时，可直接选择，亦可将其从勃勒上卸下使用，非常方便。

莎力格是一种蒙古族妇女佩戴的精美饰品，其上的诸多分支配件儿具有各种实用功能。莎力格连同勃勒缀于腰间，将女性腰肢的曲线延伸出来，极富装饰美感，此外还能够遮挡敖吉侧腰的开衩，可谓一物多用。莎力格的设计制作充分凸显了装饰审美与实用功能的兼顾。

图片来源

图一、图二、图六　周安涛　摄影

图三　许宏　制图

图四、图五、图七　李森　制图

图二　蒙古族莎力格银五件和银三件

图三　蒙古族莎力格·银鎏金五件配饰尺寸图
（单位：cm）

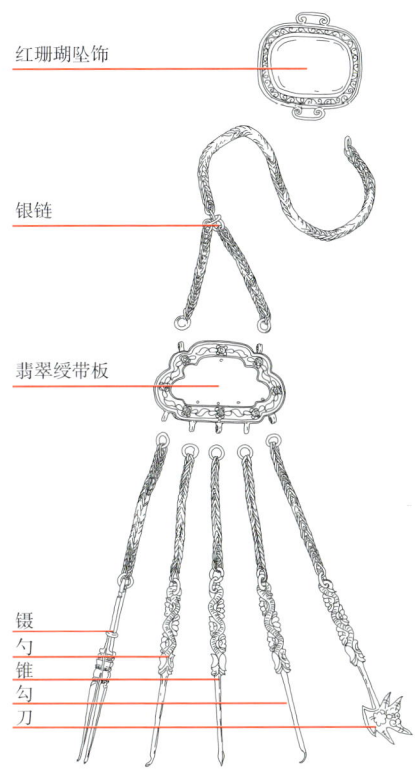
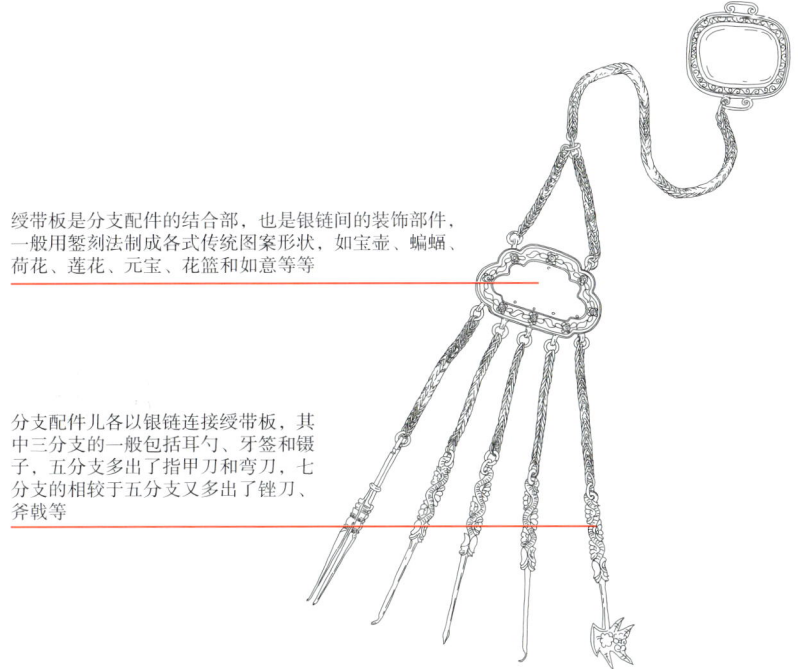

绶带板是分支配件的结合部，也是银链间的装饰部件，一般用錾刻法制成各式传统图案形状，如宝壶、蝙蝠、荷花、莲花、元宝、花篮和如意等等

分支配件儿各以银链连接绶带板，其中三分支的一般包括耳勺、牙签和镊子，五分支多出了指甲刀和弯刀，七分支的相较于五分支又多出了锉刀、斧戟等

图四　蒙古族莎力格·银鎏金五件配饰结构分解图

图五　蒙古族莎力格·银鎏金五件配饰工艺分析图

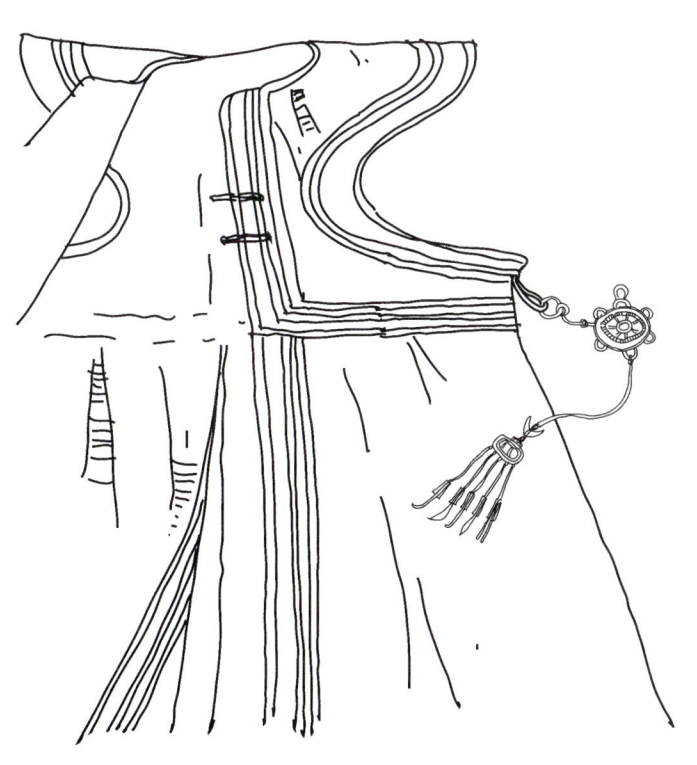

图六　蒙古族莎力格穿戴情境图

图七　蒙古族莎力格穿戴情境图

蒙古族铜兽

图一　蒙古族铜兽主图

铜兽即是以铜铸造的野兽动物形象，一般用来作为祭祀对象或装饰摆件。蒙古族的铜兽通常体量不大，高度20厘米以下的小件居多，元代亦铸造过不少大件铜兽，但大多在后世损毁遗失。早在原始社会，先民们就会利用木块、玉石雕刻或是陶土烧造各种野兽形状，用以类比英雄，敬畏崇拜，常见的种类有狮、虎、鹰、象、犀牛和一些神兽等。及至明清，蒙古族所制铜兽的象征性和精神性减弱，更多的仅仅是作为家中的装饰摆设。

蒙古族铜兽的本质意义是作为"兽型艺术类比"（满都夫：《蒙古族美学史》，辽宁民族出版社，2000年，第161页）而存在的，所谓兽型艺术类比，是指以兽类特性和形象比拟人物的艺术表现手法。兽型类比源于蒙古族先民的萨满文化，将猛兽作为氏族图腾，通过敬拜，使人获得其力量和威武。其间包括两个层面：其一，利用雄健的野兽形象来类比蒙古族人理想中的英雄形象，这种与蒙古族人游牧、狩猎和征战相契合的雄壮健美与勇敢无畏，代表着蒙古族人的核心力量。所制作的野兽形象多以浪漫主义手法，用充满力量的线条，彰显出健美和无畏相统一的野兽体态与动势，诠释了蒙古族人对于雄健美的赞誉。这些野兽形象是对其野性的赞美，也是对类比人类英雄的歌颂。其二，通过塑造一些可怖残忍的野兽形象，表现蒙古人观念中的邪恶力量。兽型类比发展到明清之际，随着蒙古族生产生活方式的转变，其类比象征的价值逐步式微，装饰审美上升为铜兽的主要功能。另外，也有不少小型铜兽被铸造出来，专门作为蒙古族传统游戏的棋子使用。

蒙古族铜兽有青铜、黄铜、白铜和紫铜等多种材料类型，其中青铜居多，所谓青铜即是一种铜锡合金，通常里面还含有少量铅，作为一种合金，青铜与纯铜相比，硬度高，熔点低，金属光泽和抗腐蚀性能好；黄铜是由铜和锌所组成的合金，色泽金黄；白铜是以镍为主要添加元素的铜镍合金，呈银白色，有银灰色光泽；紫铜一般为单质铜，有时里面也会添加一些脱氧元素改善其性质，呈淡紫红色。铜兽的铸造工艺因其形态的差异多有不同，相对简洁的造型一般采用浑铸法一次性浇铸；一些较为复杂的造型，其兽尾、兽耳或四肢则可能需要用分铸法二次铸造后焊接而成。蒙古族使用浑铸法铸造铜兽多以块范铸造为主，其基本工艺流程包括制模、制范、浇铸和修整4个步骤。其中，制模即是制作原型，原料可选用泥土、木、竹、骨和石等多种，具体需视铸件的几何形状而定，并要考虑器表花纹雕刻与焊接的便利；制范即是从模上翻范，一般以陶土制范，是块范铸造技术的核心环节。对于较简单的实心器物，只需由模型翻制两个外范即可，称为"二合范"，铜兽多由此法制范；浇铸是在制范后，将熔化的铜液注入事先预留的浇口，待铜液凝固冷却后，即可去范，取出铸件；最后是修整，铸件去范后需要通过锯挫、錾凿和打磨修型，并去除多余的冒口、毛刺和飞边等。一些精致的铜兽在铸好后还会使用鎏金或镶嵌工艺美化装饰，更显华美。

收藏于科尔沁博物馆的紫铜犀牛，长10厘米，高5厘米，属清代造物。犀牛前足弯曲，后足紧蹬，头颅低贴至地，两个犀牛角正对前方，呈蓄势冲锋状，整个犀牛雄壮威猛，充分展现了蒙古族对于雄壮美的赞颂。另一鎏金青铜虎藏品，系为清代造物，高3.2厘米，长6.5厘米，甚是精致，张嘴吐舌，怒目蹲坐，通体饰有虎纹。还有一个双色铜鹰，也为清代造物，鹰身为黄铜制成，鹰翅为紫铜所制，鹰首低探，双翅后展，呈飞落欲击之势，形象生动。概括而言，蒙古族的铜兽，通常造型雄壮矫健，动势强劲有力，侧重于展现野兽的神态气魄，而不注重造型细节的精雕细琢。

铜兽是蒙古族较为特殊的一种工艺造物，最初是作为崇拜祭祀的偶像，并演化为兽型艺术类比的对象，用以比赋民族英雄的强健与气魄，及至近代，铜兽逐步成为单纯的工艺摆件，供以装饰。蒙古族铜兽的造型特质与装饰风格充分展现了北方游牧文化的审美风尚，在民族造物文化体系中，铜兽的发生与发展同步于蒙古族兴衰，具有重要的学术研究价值。

图片来源
图一、图二　李淼　摄影
图三至图六　张颖泉　制图

图二　蒙古族铜兽

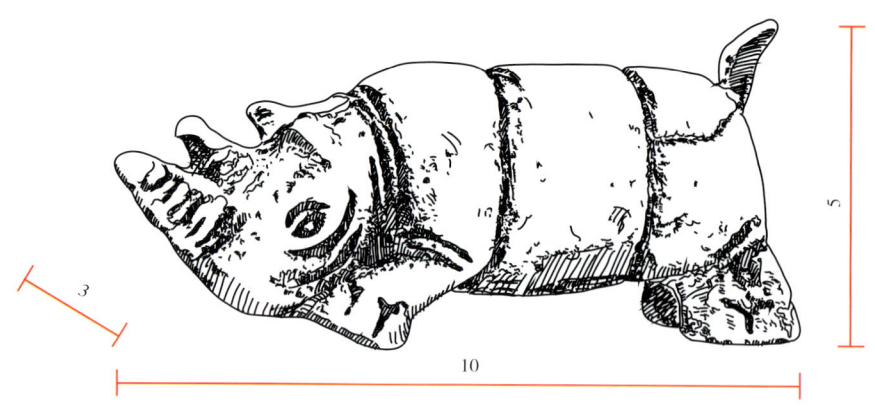

图三 蒙古族铜兽尺寸图（单位：cm）

这是一头紫铜犀牛，紫铜一般为单质铜，有时里面也会添加一些脱氧元素改善其性质，呈淡紫红色

铜兽的铸造工艺因其形态的差异多有不同，相对简洁的造型一般采用浑铸法一次性浇铸，一些较为复杂的造型，其兽尾、兽耳或四肢则可能需要用分铸法二次铸造后焊接而成

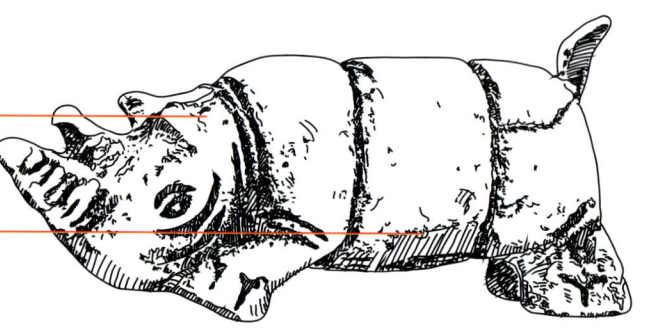

图四 蒙古族铜兽工艺分析图

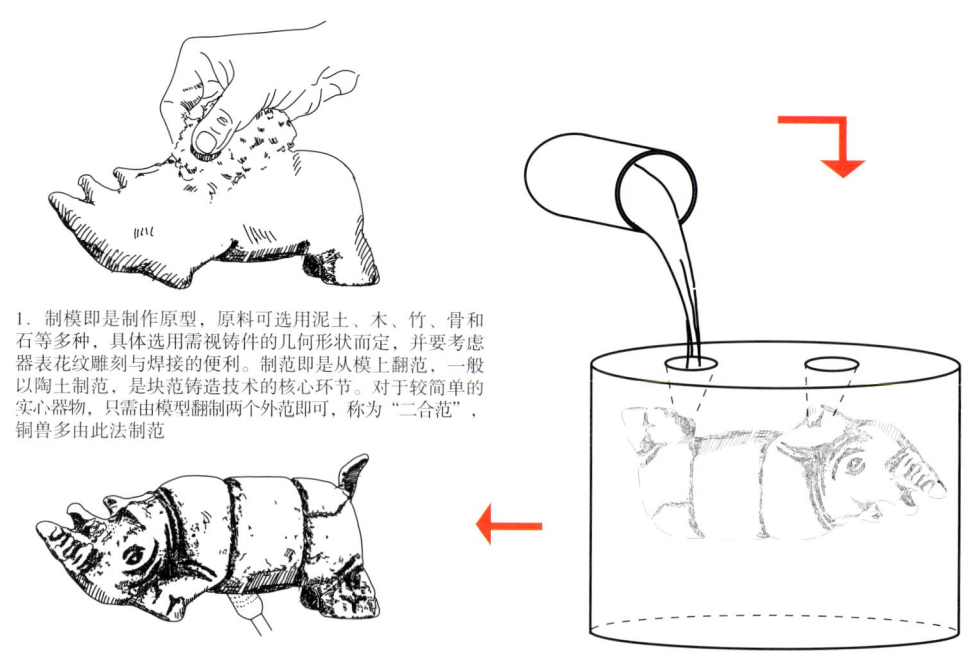

1. 制模即是制作原型，原料可选用泥土、木、竹、骨和石等多种，具体选用需视铸件的几何形状而定，并要考虑器表花纹雕刻与焊接的便利。制范即是从模上翻范，一般以陶土制范，是块范铸造技术的核心环节。对于较简单的实心器物，只需由模型翻制两个外范即可，称为"二合范"，铜兽多由此法制范

3. 最后是修整，铸件去范后需要通过锯挫、錾凿和打磨修型，并去除多余的冒口、毛刺和飞边等

2. 浇铸是在制范后，将熔化的铜液注入事先预留的浇口，待铜液凝固冷却后，即可去范，取出铸件

图五 蒙古族铜兽工艺示意图

图六　蒙古族铜兽使用情境图

蒙古族香炉

图一　蒙古族香炉主图·铜香炉

香炉也称"焚香炉""熏炉"或"香薰",是一种用以焚香供奉的器具,其中小型而精致的也常常被作为工艺陈设品,专供摆放赏玩。蒙古族使用的香炉从室外高达1米以上的大型焚香炉到置于佛像前不到10厘米的小型香薰,可谓种类繁多,其中以小体量的铜香炉数量较多,工艺水准亦较高。香炉的产生可以追溯至原始时期先人在祭祀中燔烧柴木和祭品,初步定型则至商周,多以铜鼎或铜簋为基本形态,及至后世,才逐步发展出各种材质和形状。

蒙古族香炉的基本功能包括三种:供佛祭祖、焚香熏衣和陈设赏玩,其中用以供奉佛祖和祖先的香炉较为常见,专司熏衣和陈设的香炉一般只能在蒙古族贵族的宅邸中才能见到。香炉的类型包括鼎炉、博山炉、卧炉、香斗、香筒等多种形制,并配有香盘、香盒、香匙、香插、香夹、香铲、香筒、香囊及熏球等各种配套附属器具。在蒙古族地区,香炉质料主要有铜、金银、珐琅、陶瓷、竹木及玉石等,现存最多的为铜制香炉。常见的香炉多为鼎形,有方有圆,方形香炉一般有四足,侧身供放;圆形香炉多为三足,放置时一足在前,两足在后。也有形似食簋的类型,以圈足或台座替代底足。蒙古族的香炉装饰丰富,如祥云、佛教八宝、卷草、飞禽走兽以及大量几何符号纹样等等,不胜枚举。特别是铜制香炉,侧面往往会饰有乳丁和各类镂空纹样,如铜钱、万字、方胜纹和云纹等,丰富了铜制香炉的视觉效果。而贵金属或景泰蓝的香炉则更显富丽堂皇,其陈设赏玩的意义已经大于供奉。现藏于科尔沁博物馆的一只清代黄铜香炉,高9.8厘米,口径14.5厘米,做工精细,其形似商周食簋，侈口圆腹，两侧配夔龙双耳，底部为圈足。香炉满工装饰，圈足与口缘环饰佛教八宝，腹部满饰祥云，其上一对双龙戏珠。该香炉采用分铸法铸造，先开模制炉腹，后加铸双耳与圈足完工。

蒙古族使用香炉的历史久远，元朝时多作供奉或熏香之用，明清以降，越来越多的小型香炉被作为工艺品收藏赏玩，渐渐失掉了原初的焚香功能。香炉在蒙古族造物文化体系中具有宝贵的考证价值，其不仅是宗教祭祀中的重要器具，也是日常生活中熏香或赏玩的工艺品。

图片来源

图一至图三　周安涛　摄影
图四　许宏　制图
图五、图六　李淼　制图
图七　邬新河　摄影

图二　蒙古族香炉·双龙戏珠纹三足香炉

图三　蒙古族香炉·庙宇形熏香炉

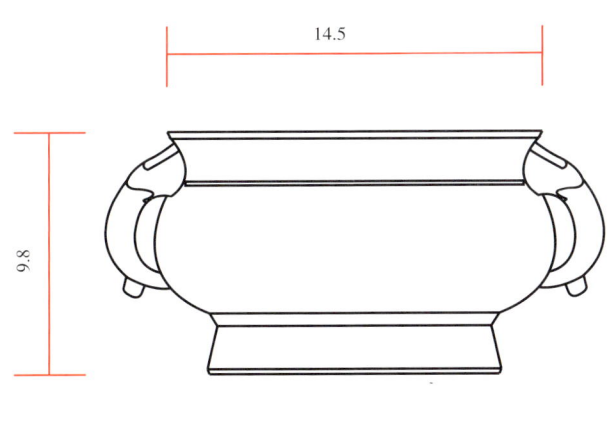

主视图

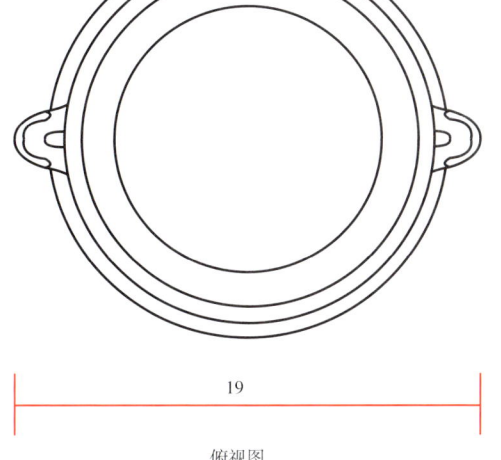

俯视图

图四　蒙古族铜香炉尺寸析图（单位：cm）

在蒙古族地区，香炉质料主要有铜、金银、珐琅、陶瓷、竹木及玉石等，现存最多的为铜制香炉

现藏科尔沁博物馆的这只清代黄铜香炉，形似商周食簋，侈口圆腹，两侧配夔龙双耳，底部为圈足。香炉满工装饰，圈足与口缘环饰佛教八宝，腹部满饰祥云，其上一对双龙戏珠

图五　蒙古族铜香炉工艺分析图

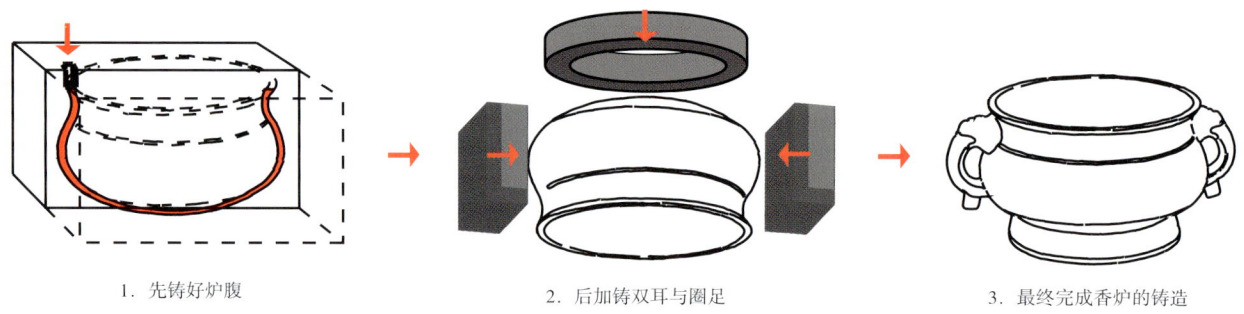

1. 先铸好炉腹　　　　2. 后加铸双耳与圈足　　　　3. 最终完成香炉的铸造

图六　蒙古族铜香炉分铸法示意图

图七　蒙古族香炉使用情境图

蒙古族香囊

图一　蒙古族香囊主图

香囊又称"花囊""香袋"和"香荷包"，属于广义荷包的一种，是古代劳动妇女所创造的一种别具特色的民间刺绣工艺品。香囊一般不大，小者数厘米见方，大者亦很少有超过20厘米的，内盛香料，封口系穗儿，便于携带。香囊的起源甚早，历史上最早的荷包实物见于长沙马王堆汉墓，属随葬饰品之一。在中国，包括蒙古族在内，还有汉、满、布依、苗、回、彝、鄂温克和达斡尔等民族有制作和佩戴香囊的风俗。蒙古族佩戴香囊始于其游牧社会的变革期，具体时间无从考证。蒙古族香囊在形制、制作材料、装饰题材及工艺上都较其他民族香囊有一定的区别，带有浓郁的草原及游牧特质。

蒙古族香囊的功用多样，首先，其内纳香料，因而将之随身携带，具有熏香、除臭及提神醒脑的功效；其次，香囊形制多样，其上往往绣有五色图案，做工精美，具有装饰美化的配饰功能；此外，蒙古族香囊还是重要的礼仪用品，是婚庆礼俗中重要的信物和爱情象征，在平日里，香囊也是亲友间互相赠送的精美礼品。蒙古族香囊的制作选材颇具特色，香囊面儿除去汉族常用的锦缎绸布，还有用鞣制好的牛羊皮或骆驼皮做的皮香囊，以及用金、银、紫铜或黄铜等锤錾、镂空而成的金属香囊等等。香囊内收纳的香料多种多样，常见的有薄荷、艾叶、冰片、辛夷、白芷、菖蒲、藿香、佩兰、川芎、香附和香橼等。制作香囊，首先是制香囊面儿，不论材质，一般分前后两片，缝纳或扣紧两片的边缘，留上部开口，在其中填放适量预先置办好的香料，之后封口，再在首尾穿系上精美的绳穗，即可告成。

论到蒙古族香囊的制作工艺，不得不提的是香囊面儿上的蒙绣工艺。蒙绣是蒙古族的典型传统手工艺，作为装饰及缝制工艺的重要组成部分，是随着蒙古纺织业及民族服饰的发展演进而逐渐兴起的，有着悠久的历史。蒙绣所用彩线，除了汉族常用的蚕丝和棉麻线，还以动物纤维，如马鬃、马尾和驼毛等结成的染色丝线刺绣图案，针脚细腻，线束粗放，具有典型的草原风尚。蒙绣的工具包括剪刀、绣花针、刺针、顶针和锥子等，其中绣针和顶针的形态、材料和使用方法都较汉族有一定差别。蒙绣工艺的针法包括汉式刺绣、贴花绣、盘花绣和抠花绣等不同绣法，各有特色，充分展现出蒙绣色彩艳丽、图案造型大胆夸张、情感热烈的民族特征。香囊面儿通常不大，有各种外形，如菱形、贝壳形、莲花形和葫芦形等等，其底色以红色、黄色或蓝色居多，其上以蒙绣装点各式传统图案纹样，几何类、自然类、宗教类和组合类，另包括各种外来装饰纹样，可谓琳琅满目。

现存科尔沁博物馆中的一枚葫芦形绣花香囊，属清代造物，除顶部系绳，长11.2厘米，宽6.3厘米，红绸面儿镶黑线裹边，中间绣有两朵盛开的菊花，简练精致，设色工整，针法齐匀，属于蒙绣中的上品。另有一对石榴形绣花香囊，亦是清代绣品，除系绳长8.2厘米，宽9.1厘米，红绸面儿上绣有荷花图案，小巧玲珑。

蒙古族香囊充分展现了蒙古族独具魅力的审美风尚。小小的香囊凝聚着草原民族的美好祝愿和造物智慧，积淀了蒙古族世代相传的宝贵精神资源和丰富的艺术遗产。因此，对蒙古族香囊的文化溯源和工艺考察，无疑是研究蒙古族造物文化的重要补充。传统香囊内置的诸种香料通常有一定的中药保健功效，因而，对于现代医学保健的相关研究亦具有宝贵的参考与借鉴价值。

图片来源
图一、图二　周安涛　摄影
图三至图八　李淼　制图
图九　FOTOE图片库

图二　蒙古族香囊

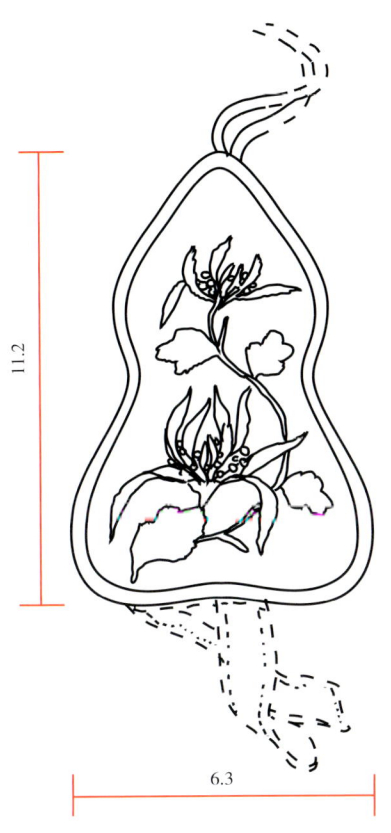

图三　蒙古族香囊尺寸图（单位：cm）

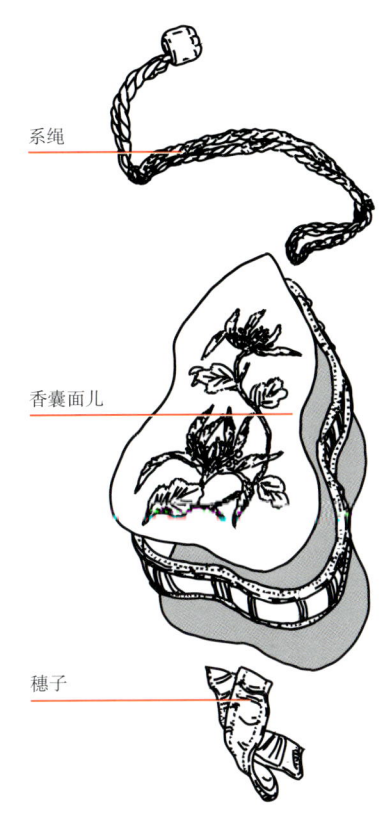

图四　蒙古族香囊结构分解图

系绳

香囊面儿

穗子

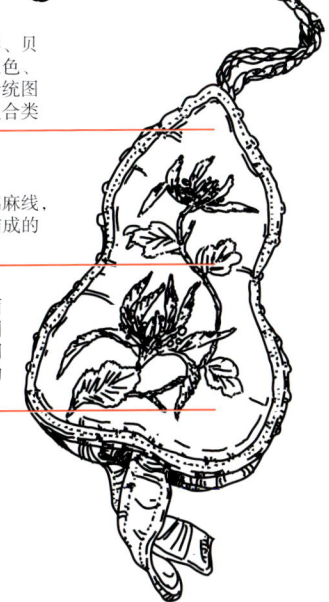

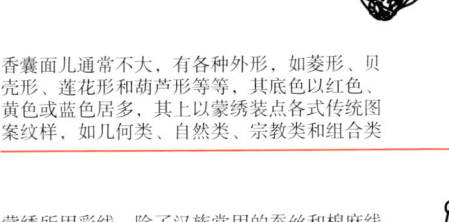

香囊面儿通常不大，有各种外形，如菱形、贝壳形、莲花形和葫芦形等等，其底色以红色、黄色或蓝色居多，其上以蒙绣装点各式传统图案纹样，如几何类、自然类、宗教类和组合类

蒙绣所用彩线，除了汉族常用的蚕丝和棉麻线，还以动物纤维，如马鬃、马尾和驼毛等结成的染色丝线刺绣图案

蒙古族香囊的制作选材颇具特色，香囊面儿除去汉族常用的锦缎绸布，还有用鞣制好的牛羊皮或骆驼皮做的皮香囊，以及用金、银、紫铜或黄铜等锤錾、镂空而成的金属香囊等等

图五　蒙古族香囊工艺分析图

第六章　蒙古族传统手工艺

639

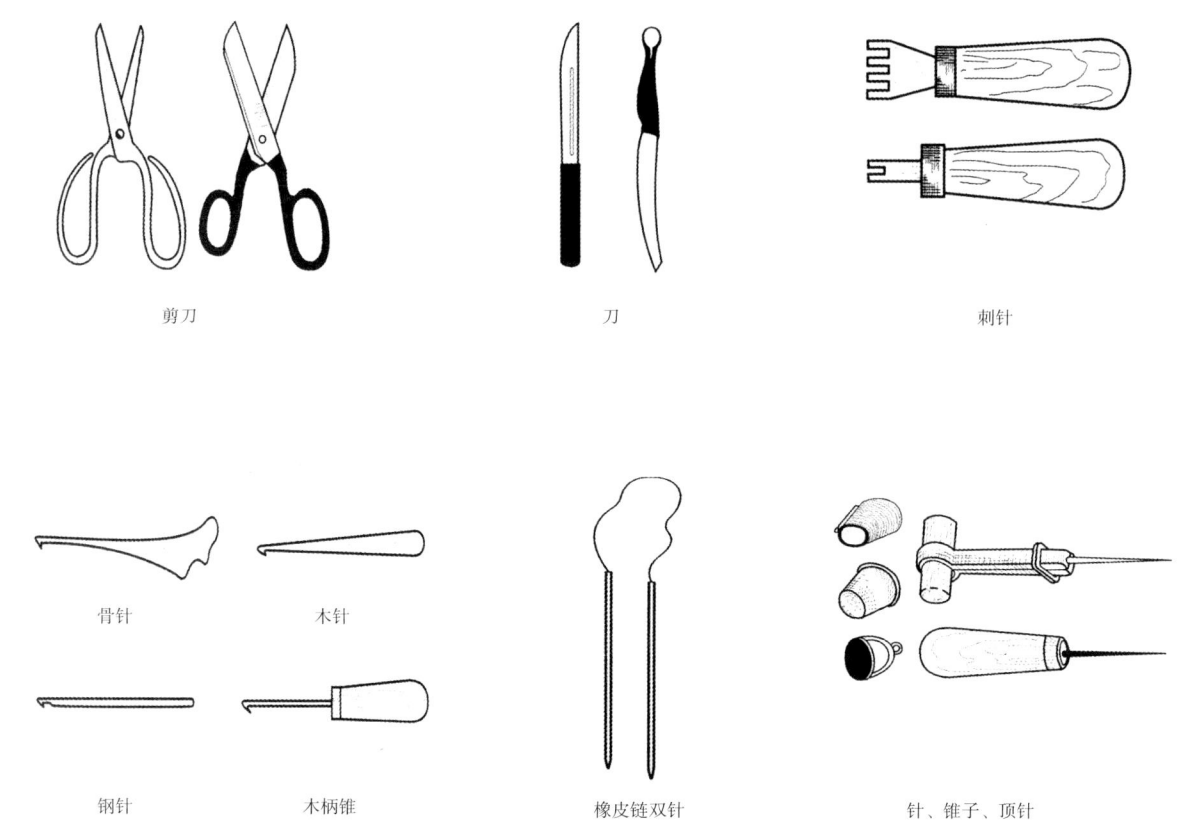

图六 蒙古族香囊制作工具

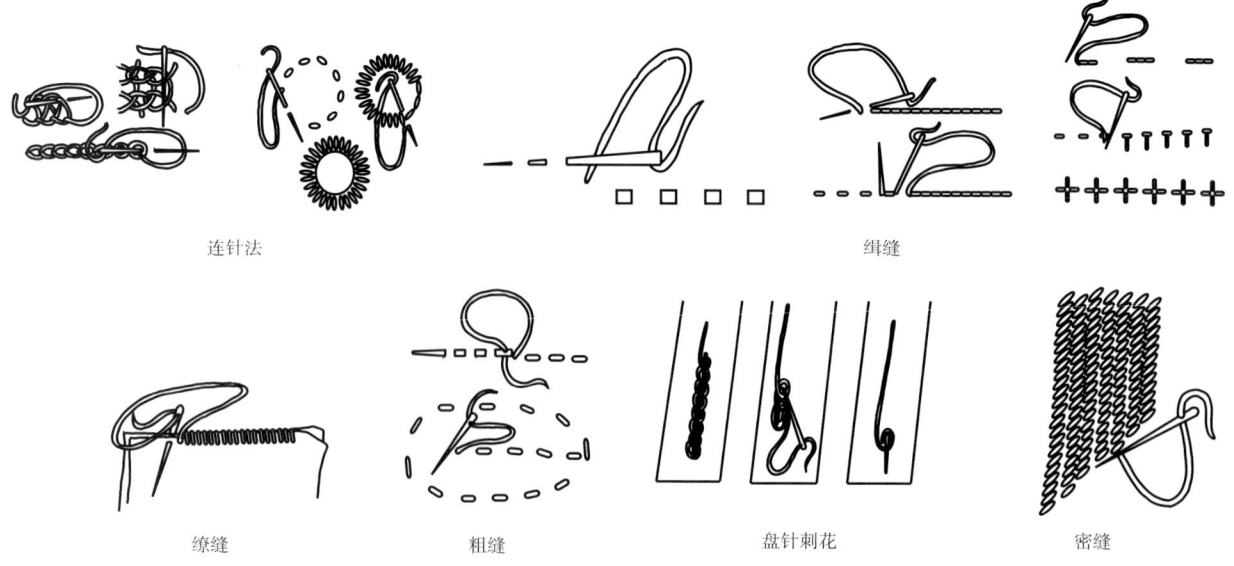

图七 蒙绣工艺针法示意图

图八 蒙古族香囊制作情境图

图九 蒙古族香囊佩戴情境图

蒙古族烟荷包

图一　蒙古族烟荷包主图

烟荷包在蒙古语中称为"哈布塔盖"，是一种用以装烟袋的传统绣品。烟荷包与烟袋大小相若，基本呈一小口袋状，款式多样，装饰精美。烟荷包随吸烟风俗的需求而产生，其在游牧民族中使用与流传的历史甚早，元朝时期即在蒙古族中广泛使用，既属于烟袋的配具，又是寄物传情、礼尚往来的上好工艺品。蒙古族的烟荷包颇具民族特色，其用料、形制与装饰无不彰显出浓郁的蒙古族文化风貌。

顾名思义，烟荷包的主要功能即是用以盛放烟具，包括烟袋、烟袋锅和烟草等。蒙古族的烟荷包亦是男女婚嫁前的重要定情物，由女方精心缝制，并刺绣吉祥纹样，赠予男方以表心意。在蒙古族的传统婚礼中，烟荷包更是不可或缺：首先，男方前往女方家定亲时，未来的岳父需要将女儿亲手制作的烟荷包赠送给新婿，并为之佩戴在腰间；待到婚礼时，男方在包括接亲、婚宴等整个婚俗行序中，需要着崭新蒙古袍，佩戴上女方赠送的烟荷包及其他配饰以示敬爱。此外，在蒙古族老人的寿礼中，烟荷包也是晚辈用以呈送祝福的代表性礼品。

蒙古族烟荷包基本由一小型口袋配以飘带、长穗等配件组成，其口袋的造型包括长条形、椭圆形、菱形、心形、荷叶形、葫芦形、石榴形、桃形等等，可谓丰富多样。制作材料一般为大绒、绸缎或熟皮，其中布制的烟荷包多以锦缎纳边，并镶有绸缎绦子，在荷包中央与四角部位刺绣各类吉祥图案花纹，寓意祝福，荷包口缘部位通常缀有彩色飘带，多为偶数，2至8根不等。较为华贵的烟荷包会在套口处镶嵌绿松石、珊瑚、玛瑙和翡翠等，以增美观。烟荷包通常一头收口折叠，包口部分引丝线，拴系银质小锅、挖烟钩、防火罩和耳勺等小件配物。蒙古族的皮质烟荷包多用较软的羊皮或熟牛皮制成，其顶端的扎口处常连有多条皮质长穗，基本形状与汉族的烟荷包差异较大。

烟荷包是蒙古族生活中的必需品，既具有收纳烟具的实用功能，亦是重要的礼仪用品。蒙古族的烟荷包一般是族中女性就地取材，利用简单的缝纫工具与镶饰工艺便可独立完成，其造型与装饰并无成规，为蒙古族女性的手工艺创作提供了施展空间。这种小巧精美的民间手工艺品，承载着蒙古族的独特的审美情趣与造物智慧。

图片来源
图一、图二　周安涛　摄影
图三至图六　王智慧　制图

图二　蒙古族烟荷包

图三　蒙古族烟荷包尺寸图（单位：cm）

图四 蒙古族烟荷包结构分解图

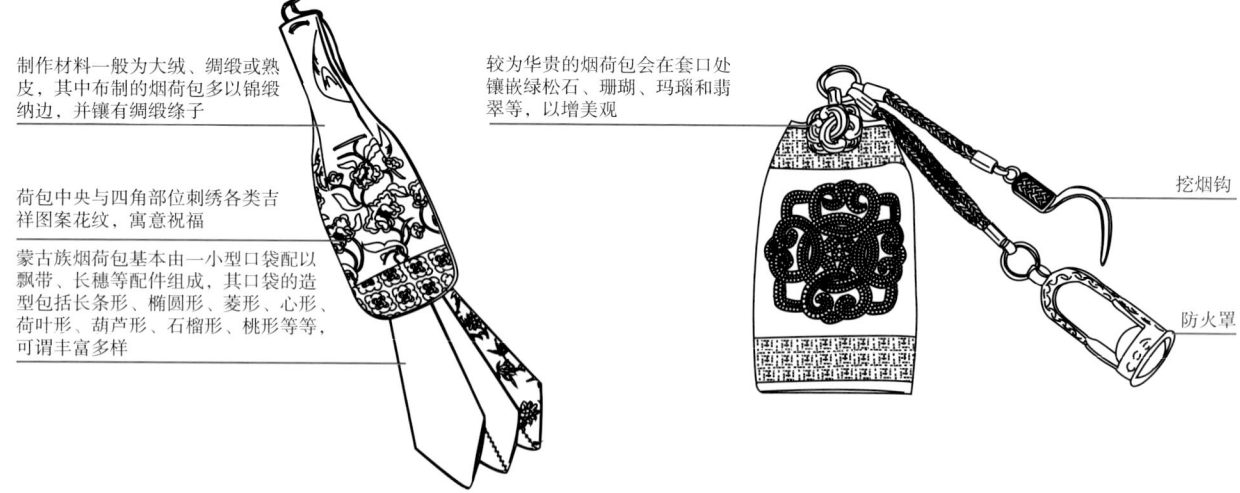

制作材料一般为大绒、绸缎或熟皮，其中布制的烟荷包多以锦缎纳边，并镶有绸缎绦子

较为华贵的烟荷包会在套口处镶嵌绿松石、珊瑚、玛瑙和翡翠等，以增美观

荷包中央与四角部位刺绣各类吉祥图案花纹，寓意祝福

蒙古族烟荷包基本由一小型口袋配以飘带、长穗等配件组成，其口袋的造型包括长条形、椭圆形、菱形、心形、荷叶形、葫芦形、石榴形、桃形等等，可谓丰富多样

挖烟钩

防火罩

图五 蒙古族烟荷包工艺分析图

图六　蒙古族烟荷包佩戴情境图

蒙古族银铸牲畜

图一　蒙古族银铸牲畜主图

银铸牲畜即是指以银铸造的牲畜形象工艺品，在蒙古族地区多是五畜，包括马、牛、骆驼、山羊和绵羊，也有骡子和驴子等形象出现。作为贵金属工艺品的银铸牲畜通常体量不大，一般长度和高度不超过15厘米。早在原始社会，蒙古族先民就会利用木块、玉石雕刻或是陶土烧造各种牲畜形态，用来象征畜群兴旺、部族繁荣、祭祀崇拜。元朝时期开始流行以贵金属银铸造牲畜形象，寓意畜群兴旺，部族强盛，明代以降，所制银铸牲畜的象征性和精神性减弱，许多时候变成了纯粹的欣赏摆设。

从原始蒙古部族掌握了驯化圈养各类牲畜的方法技巧为始，供以骑乘和肉食的畜群让先民们生活富足、族丁强盛，牧养牲畜彻底改变了北方游牧民族的生产和生活方式，促进了整个草原文明的形成和发展。银铸牲畜的基本功能即用以象征畜群兴旺繁盛，为蒙古族人提供源源不断的生产力和生活资料，而其材料贵金属——银更是强化了这一象征意义，在许多传统祭祀和庆典中，银铸牲畜都是重要的偶像。近代，许多银铸牲畜在农耕定居的蒙古族人家中成为单纯的摆件儿，逐渐失去了原有的功用。还有不少小件的银铸牲畜是蒙古象棋的棋子，其功用自然另当别论。

蒙古族银铸牲畜的铸造工艺类似于青铜器浇铸，通常包括制模、制范、浇铸和修整等几个环节。制模是以易塑材料制作原始模型，原料有陶土、竹木和石料等，具体选用需视铸件的形态特征而定；制范即是从模上翻范，以陶土制范，是块范铸造的核心环节。对于较简单器型，只需由模型翻制两个外范即可，称为"二合范"，而一些造型相对复杂的则需要多块泥范拼合，甚至是采用分铸法焊接；浇铸是在制范后，将熔化的银液通过浇口注入泥范，待银液凝固冷却后，即可去范，取出铸件；银铸牲畜的修整环节同青铜铸造差别较大，除去铸件去范后通常的打磨修型，去除多余的冒口、毛刺和飞边等，因为银的可塑性，还可以采用锤揲法、切削法、抛光法、焊缀法、铆接法和錾刻法等银器加工工艺，对铸件进行二次加工，使得银铸牲畜更加精致细腻。

收藏于科尔沁博物馆的一对银铸犍牛，一牡一牝，属清中期造物，二牛壮硕肥美，体表光泽圆润，皆呈昂首前行状，张嘴吼叫，神采奕奕。牡牛体长11厘米、高7.5厘米，牝牛体长9厘米、高5厘米，二牛躯干和四肢为合范浇铸，首尾采用分铸焊接，做工精细，当属王府中的摆件。

蒙古族银铸牲畜的造型充分展现了北方游牧文化中崇尚强健雄美的审美风尚。在民族造物文化体系中，银铸牲畜的发生与发展昭显了蒙古族作为游牧民族崛起、发展与壮大的进程，具有重要的学术研究价值。

图片来源

图一、图二　李森　摄影

图三、图五　张颖泉　制图

图四、图六　许宏　制图

图二　蒙古族银铸牲畜

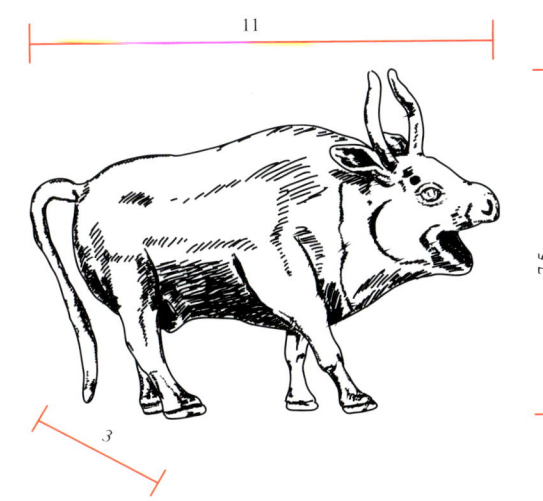

图三　蒙古族银铸牲畜尺寸图（单位：cm）

银铸牲畜的基本功能即是用以象征畜群兴旺繁盛，为蒙古族人提供源源不断的生产力和生活资料

在许多传统祭祀和庆典中，银铸牲畜都是重要的偶像

图四　蒙古族银铸牲畜工艺分析图

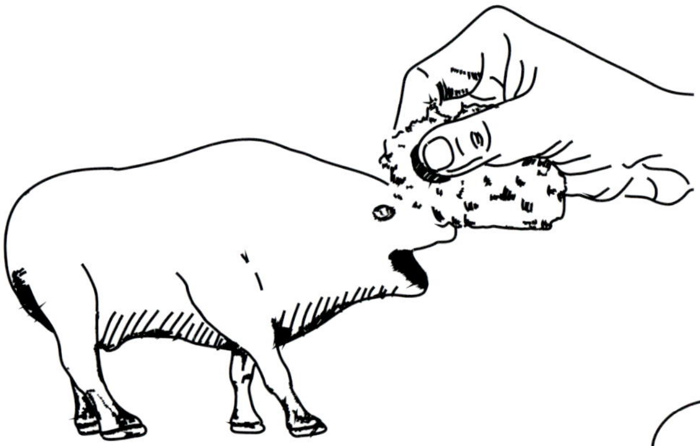

制模是以易塑材料制作原始模型，原料有陶土、竹木和石料等，具体选用需视铸件的形态特征而定。制范即是从模上翻范，以陶土制范，是块范铸造的核心环节。对于较简单器型，只需由模型翻制两个外范即可，称为"二合范"，而一些造型相对复杂的则需要多块泥范拼合，甚至是采用分铸法焊接

浇铸是在制范后，将熔化的银液通过浇口注入泥范，待银液凝固冷却后，即可去范，取出铸件

银铸牲畜的修整环节同青铜铸造差别较大，除去铸件去范后通常的打磨修型，去除多余的冒口、毛刺和飞边等，因为银的可塑性，还可以采用锤揲法、切削法、抛光法、焊缀法、铆接法和錾刻法等银器加工工艺对铸件进行二次加工，使得银铸牲畜更加精致细腻

图五　蒙古族银铸牲畜工艺示意图

图六　蒙古族银铸牲畜使用情境图

蒙古族玉佩

图一　蒙古族玉佩主图

玉佩也称"德佩"或"玉腰佩"，是一种经过雕琢，可悬系佩戴在腰间或颈间的小型玉器，具有表征与比赋的意义。玉佩通常不大，常见的长和宽皆在10厘米以下，历史上也有大件玉佩存留，但数量甚少。另，还有一种组玉佩，即是由环璧、璜珩为主体，杂以珠管和琚等，按一定规律组合玉佩，又称"全佩""大佩"和"玉组"。蒙古族玉佩的起源可以追溯至红山文化时期，各类动物形态玉佩即已大量出土。至元朝时期，随着琢玉技术的提高，各种形态和工艺的玉佩应运而生，装饰多为浮雕或透雕镂空，题材多样，做工精美，成为蒙古族人表征身份和装饰美化的重要配饰品。

玉佩的功能多样，首先，在一定的历史时期，玉佩是贵族官员用以表征自己身份和等级的标志；其次，玉佩还具有吉祥如意、祈福祝愿的意义，这多体现在玉佩轮廓及其中雕琢图案的题材内容上，如在蒙古族地区常见的福佩、双喜佩、"天下太平"佩、福喜佩和蝶恋花佩等等，另有一些宗教题材的纹样，如佛像玉佩、佛字梵文佩和七星佩等，成为象征宗教礼拜和坚定信仰的载体；再次，玉佩还是蒙古族传统礼俗中的重要器物，寓意吉祥如意、长久平安；最后，玉佩本质上还具有美化、装饰服饰的功用，以系绳或绶带结于腰间左右，或穿绳坠于颈项，亦有串以玉石或珊瑚珠的，更显名贵。

蒙古族玉佩的玉料多种多样，有和田羊脂玉、岫玉、蓝田玉和翡翠等，也有以玛瑙、珊瑚、绿松石和水晶等雕饰制成的"玉"佩。玉佩的加工工艺虽因玉石特性不同会有一定的差异，但大体相似，主要包括切、磋、琢和磨四个环节，其中，切即解料，解玉需用解玉砂加无齿锯合力完成，将玉料分开；磋是用圆锯浸砂浆修治玉料边缘；琢是用专用玉钻和玉锥等工具雕琢玉佩花纹，钻孔镂空；磨是用牛皮、木片或葫芦皮等浸珍珠砂浆，打磨玉佩表面，加以抛光，使得玉佩产生凝脂般的光泽。

蒙古族玉佩的形态多样，外轮廓包括圆形、椭圆形、方形和菱形等几何形状，以及各种果实、花形、草叶及动物等自然形态，另有文字、五件乃至佛像人物等特殊形态。玉佩上的雕刻图案更是丰富异常，各类几何文字、动物、植物、人物及宗教题材等，不胜枚举。

玉佩是蒙古族一种重要的配饰，悬系于腰间或颈项，既是身份的象征也寄托了吉祥如意的美好祈愿，同时，雕琢精巧、材质名贵的玉佩作为一种工艺美术品，也起到了美化装饰的功用。方寸大小的玉佩成为蒙古族造物文化体系中的重要组成单元，也是联系蒙古族以及汉族为首的周边民族的文化载体与纽带。

图片来源
图一　李淼　摄影
图二　周安涛　摄影
图三至图六　许宏　制图

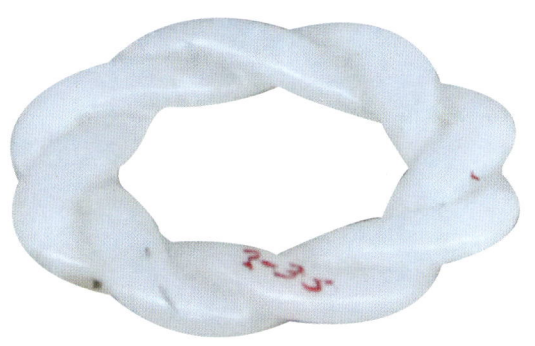

图二　蒙古族玉佩

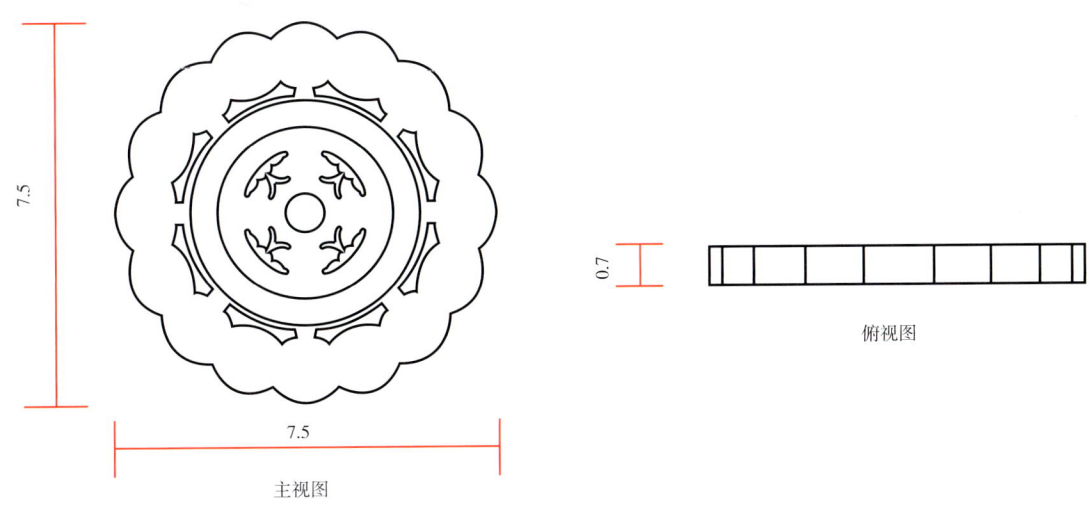

图三　蒙古族玉佩尺寸图（单位：cm）

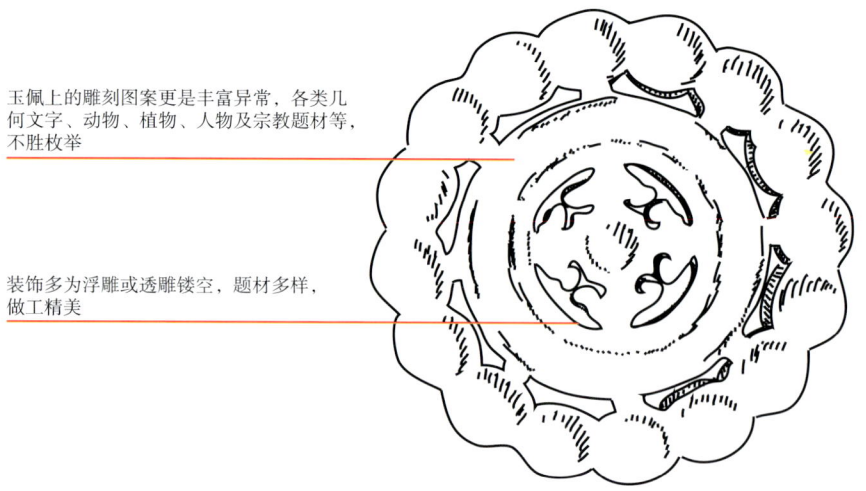

玉佩上的雕刻图案更是丰富异常，各类几何文字、动物、植物、人物及宗教题材等，不胜枚举

装饰多为浮雕或透雕镂空，题材多样，做工精美

图四 蒙古族玉佩工艺分析图

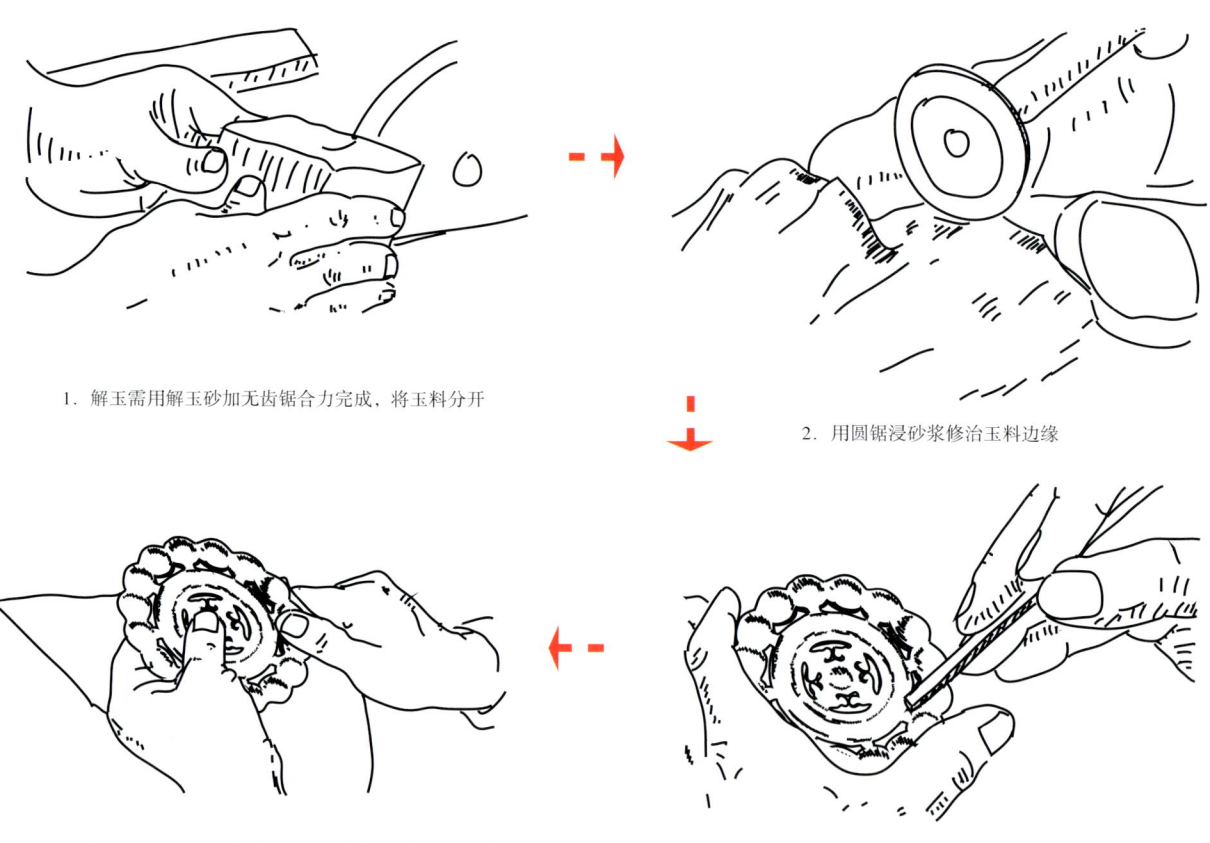

1. 解玉需用解玉砂加无齿锯合力完成，将玉料分开

2. 用圆锯浸砂浆修治玉料边缘

3. 用专用玉钻和玉锥等工具雕琢玉佩花纹，钻孔镂空

4. 用牛皮、木片或葫芦皮等浸珍珠砂浆，打磨玉佩表面，加以抛光，使得玉佩产生凝脂般的光泽

图五 蒙古族玉佩制作步骤图

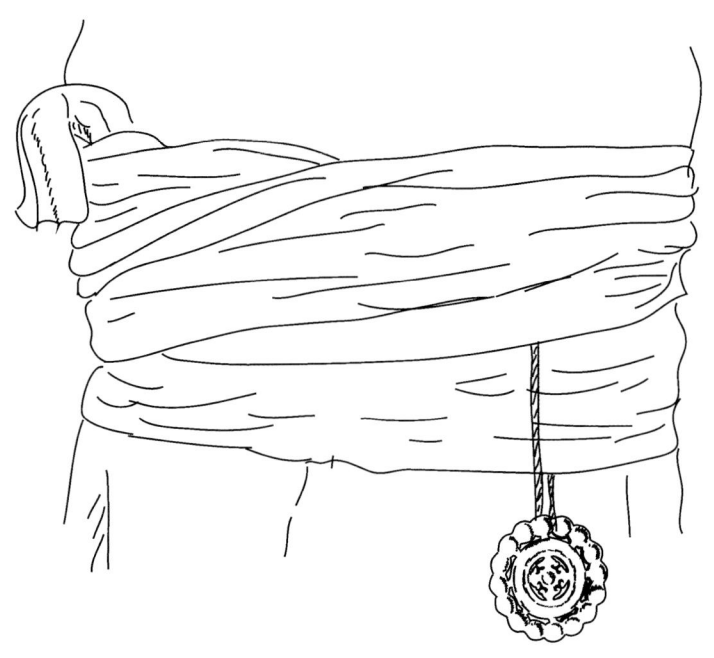

图六　蒙古族玉佩佩戴情境图

蒙古族玉石赏件

图一　蒙古族玉石赏件主图

玉石赏件亦称为"玉石陈设""玉石摆件"和"玉雕欣赏品"等,是一种以玉石为材料雕琢加工而成的工艺陈设品,通常不具有实用功能。早在1万年前,华夏土地上即出现了玉器。其后,红山文化和良渚文化遗址中各有大量代表性玉器出土,其中用以祭祀崇拜和陪葬的居多。在蒙古族地区,真正观赏的玉石赏件是在汉代匈奴时代才初步出现,及至元朝时逐步增多,至明清臻于鼎盛。蒙古族的玉石赏件种类繁多,包括玉石动物、人物、植物、场景、玉牌、玉屏风、玉山子和玉如意等等,这些玉石赏件大小各异,大者可逾1米,小者不盈10厘米。

顾名思义,玉石赏件的功能即是陈设欣赏,多用以置放在宅中橱柜几案之上,也有大件如屏风或大型玉山子直接置于室内地面。对于蒙古族而言,普通民众拥有玉石赏件的数量甚少,大多为王公贵族所有。许多陈设赏件儿具有一定的吉祥寓意和宗教象征含义,寄托供物者的祈福祝愿。蒙古族玉石赏件的制作原料涵盖较广,除去最为名贵和典型的和田玉,数量较多的还有岫岩玉、南阳玉、玛瑙和绿松石等,及至明代,开始出现翡翠赏件,弥足珍贵。

玉石赏件的制作加工基本包括选料、墨稿、粗雕、细雕和抛光等5个环节,其中选料是初始环节,尤为重要,不同的造型需要选择不同的玉料;墨稿阶段其实就是雕刻的设计阶段,根据所选玉料的大小、色泽、瑕疵和纹理特征设计合适的造型,剔脏去绺、化瑕为瑜;粗雕是在勾画好的墨稿基础上,雕刻出赏件的大体造型结构;细雕是将粗雕坯体通过精雕细琢，修整并完成造型细节；抛光属收尾环节，打磨赏件表面，使之产生光泽，完成雕琢工作。玉石赏件的主要加工工具是陀，类似砂轮，泛指安装在水凳转轴上可以旋转打磨的各种工具。

现收藏于科尔沁博物馆内的一对圆雕玛瑙象，高5.2厘米、长5.6厘米，属清代造物。玛瑙象的象鼻微卷，四腿如柱，配有红木底座，象背上各驮一睡童，憨态可掬。另有一长9.5厘米、宽5.9厘米的长方形清代翡翠牌，白地翠质料，中央位置浮雕如意石榴纹，寓意"事事如意"。该玉牌没有钻孔，不用于佩戴，应为仅供陈设之用。

玉石赏件除基本的陈设欣赏功用以外，还具有较强的祈福祝愿之意。蒙古族的玉石赏件数量繁多、形态各异，不仅彰显了蒙古族玉石工艺的发展与演进，同时亦记录着蒙古族在造物装饰审美、工艺技巧等层面，同其他民族间的文化交融与渗透。玉石赏件专供赏玩，不具实用功能，在民族造物文化体系中代表了欣赏工艺品的发展与崛起，值得相关设计学领域的研究与参考。

图片来源
图一、图二　李淼　摄影
图三至图五　孙丹丹　制图
图六　张颖泉　制图
图七　周安涛　摄影

图二　蒙古族玉石赏件

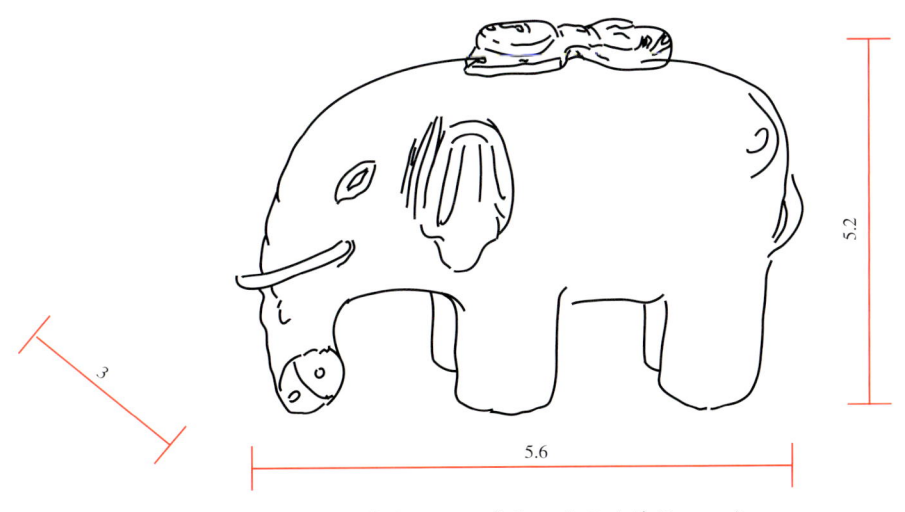

图三　蒙古族玉石赏件尺寸图（单位：cm）

0.3
主视图
5.9
侧视图
9.5
俯视图

图四　蒙古族玉石赏件尺寸图（单位：cm）

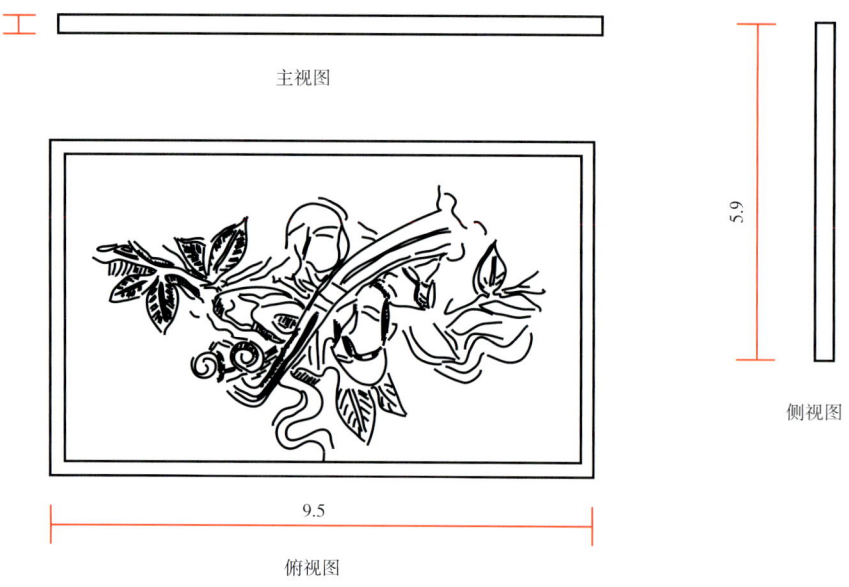

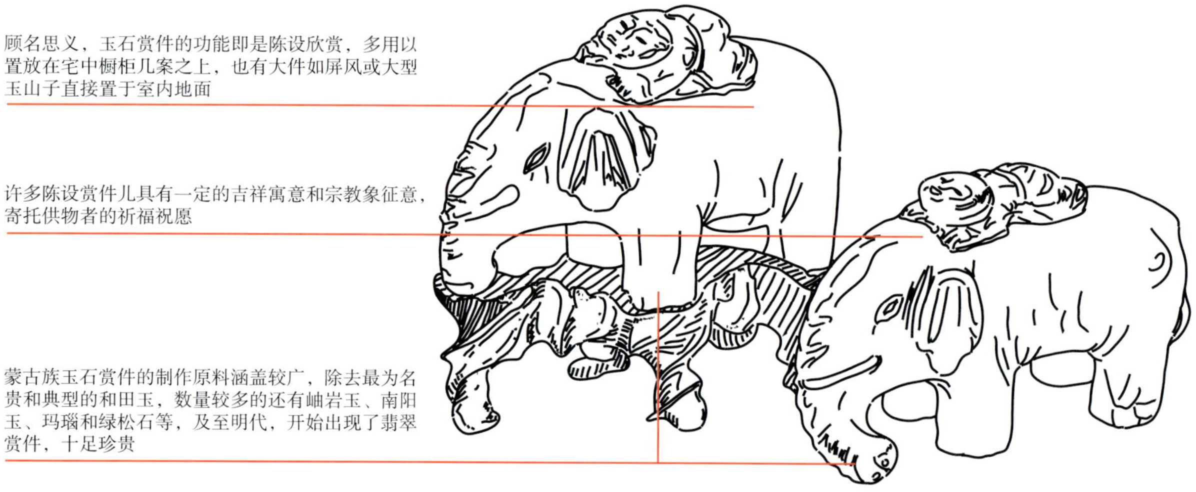

顾名思义，玉石赏件的功能即是陈设欣赏，多用以置放在宅中橱柜几案之上，也有大件如屏风或大型玉山子直接置于室内地面
许多陈设赏件儿具有一定的吉祥寓意和宗教象征意，寄托供物者的祈福祝愿
蒙古族玉石赏件的制作原料涵盖较广，除去最为名贵和典型的和田玉，数量较多的还有岫岩玉、南阳玉、玛瑙和绿松石等，及至明代，开始出现了翡翠赏件，十足珍贵

图五　蒙古族玉石赏件工艺分析图

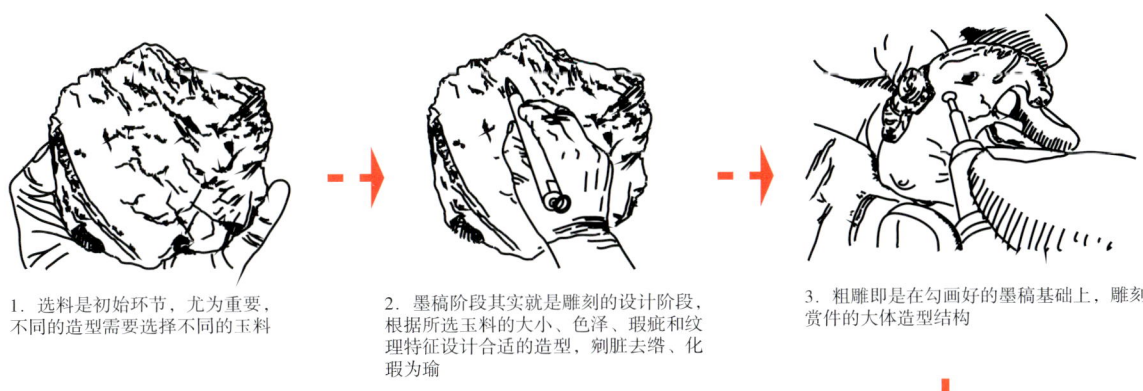

1. 选料是初始环节，尤为重要，不同的造型需要选择不同的玉料

2. 墨稿阶段其实就是雕刻的设计阶段，根据所选玉料的大小、色泽、瑕疵和纹理特征设计合适的造型，剜脏去绺、化瑕为瑜

3. 粗雕即是在勾画好的墨稿基础上，雕刻出赏件的大体造型结构

5. 抛光属首尾环节，打磨赏件表面，使之产生光泽，完成雕琢工作

4. 细雕是将粗雕坯体通过精雕细琢，修整并完成造型细节

图六　蒙古族玉石赏件制作步骤图

图七　蒙古族玉石赏件陈设情境图

蒙古族栽绒毯

图一　蒙古族栽绒毯主图

栽绒毯也称"栽毛褥子",是指一种两组纬线交织一组经线,再以绒纬在经线上系结的立绒毛织毯。蒙古族制作的栽绒毯因功能需求不同,形状各异、大小不一,从一平方米以下到几十平方米不等。蒙古族常以之铺地,所以在当地多将栽绒毯混称为"地毯"。蒙古族地区的游牧民族在2000年前已学会用羊毛、驼毛等动物毛发捻线,并以之编织出各类毛毯。聪慧的草原先民模仿牲畜毛发,尝试将捻好的毛线系在毛织物的经纬线上,增加了织物厚度,使之可以更好地抵御寒冷,亦使织物得以加固,更加结实、耐用。

元代以降,栽绒毯因其卓越的耐用性和装饰性,满足了固定式宫殿建筑内部装潢的需要,故而被大量使用。若以具体功能为分类标准,蒙古族的栽绒毯包括地毯、挂毯、垫毯、鞍毯、禅毯、柱毯等。其中,地毯用以铺地,挂毯用来悬挂装饰墙壁,垫毯是指常用的小尺寸活动衬垫,鞍毯主要包括鞍屉和鞍鞯,禅毯专指僧人诵经打坐时使用的坐垫,柱毯则用来包饰宫殿或寺庙立柱。

《张北县志》中记述了蒙古栽绒毯的具体制作步骤:"栽绒毯——制法:先将毛捡去土渣,以弓弹之,弹好捻为毛绳浸入冷水缸内用水淘洗,使毛绳纯净,以日晒干,用沸水和颜料入锅煮之,可染成各色毛绳,再以日晒干。用之时,将棉线按码数直竖排列,拴于木机两头,其码数约分八十码者、一百码者、一百二十码者,棉线按码排列完毕,再以各色毛绳照花样图分别栽毛,随栽随割,由下而上。栽成后再用剪修饰之,即为制成,手续颇繁琐。"(陈继淹修、许闻诗纂:《张北县志》卷五,1935年,第72

页）

手工制作栽绒毯的编织工具主要包括耙子、砍刀和剪刀。其中，耙子用来将纬线打进织口，使其达到合适的纺织密度。早期蒙古族织毯用的耙子为木质，后来以铁齿替代木齿，及至近代才使用全铁制的耙子。砍刀的功用是在拴系立绒的时候，将相连的绒线切断，使其成为独立的绒头。剪刀是用来将织好的绒头剪平，使其长度一致。

蒙古族栽绒毯的传统图案布局通常呈现出多种规律图案的组合，由大小各式花边构成多层边框和角隅，围合中央主题图案（多为适合纹样）构成。以常见规制的手织栽绒地毯为例，其组成部分包含奎龙、大地、角隅、大边、二三边、外边和穗等，其中，奎龙即是中央的主题图案，大地是主图案的背景衬底，角隅是矩形大地的四个角饰，大边是地毯的主要边框，二三边是大边内部的小边，外边是大边外部的边框，穗是地毯四缘的穗饰。栽绒毯边框面积一般占总面积的20%以上。边框层数与栽绒毯的规格形制与图案结构相配，少则3层，多达5层甚至更多，这些边框中通常有一大边，其他小边为其陪衬。某层边框的设色和纹样，同样需要与其他边框及中央的主题适合纹样协调、呼应。常见的边框纹样图案包括回纹边、珠边、云纹、卷草、各类花卉和几何纹饰等等。中央主题图案的内容更是包罗万象，如山水、人物、飞禽走兽、花卉盆景、几何纹饰、宗教图案和蒙文等等。这些图案纹样有着各自的吉祥寓意与象征意义。

自古以来，内蒙古地区是栽绒毯的主要产区，历经明清两朝，蒙古族民间传统栽绒毯的图案、规格和用料受到朝廷规制的束缚，民族传统纹样的应用因此多有遗失。发展到20世纪末，内蒙古手工栽绒毯行业在相关政策的扶植下出现了一定程度的复兴。

内蒙古地区的栽绒毯是一种极富民族特色的毛绒编织品，同北方相对寒冷的气候相适合，渗透到了蒙古族生活的方方面面。栽绒毯独特的织造方法与织造工具，代表了蒙古族纺织编造工艺的特色与水准，记录了其民族纺织造物的历史发展进程，其图案纹样积极融合草原文化、中原文化等文化之精华，构成了多元复合的装饰特征，彰显了蒙古族造物文化体系的包容性与适应性。

图片来源
图一、图四、图六　张颖泉　制图
图二、图三、图五　孙丹丹　制图
图七　邰新河　摄影

图二　蒙古族栽绒毯

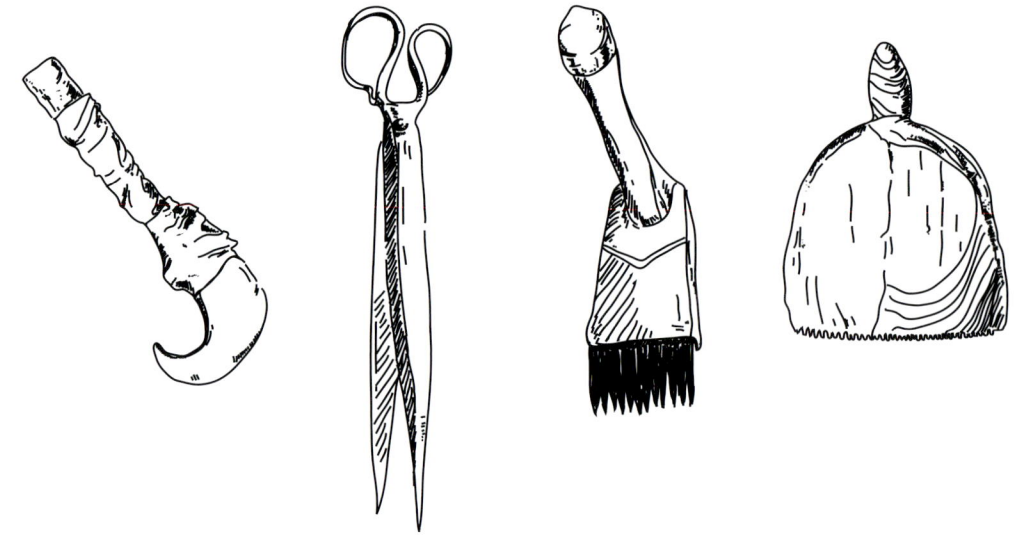

图三　蒙古族栽绒毯制作工具

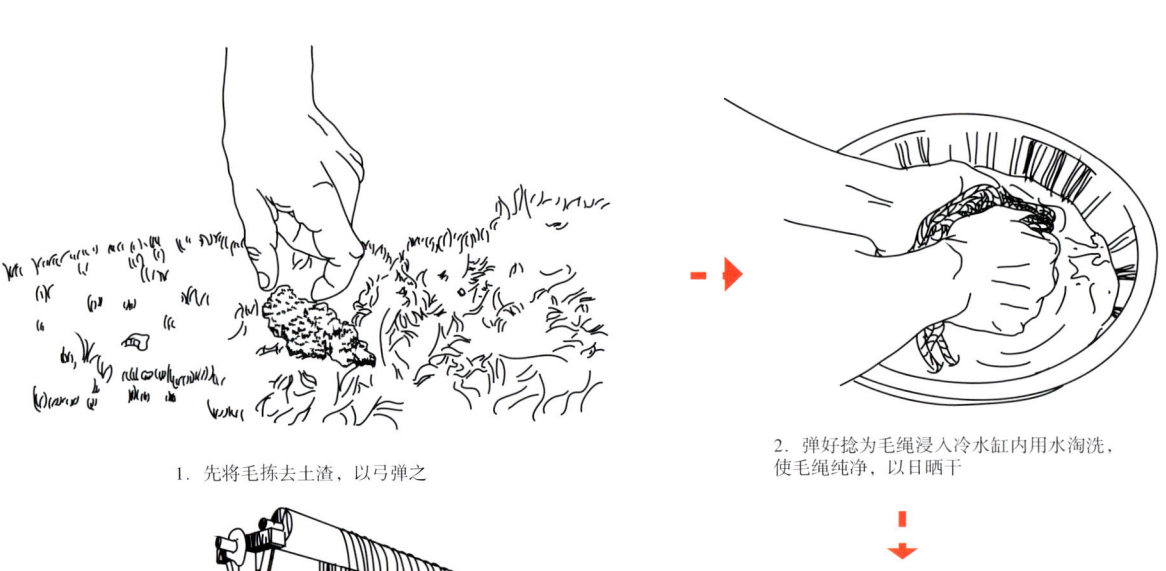

1. 先将毛拣去土渣，以弓弹之

2. 弹好捻为毛绳浸入冷水缸内用水淘洗，使毛绳纯净，以日晒干

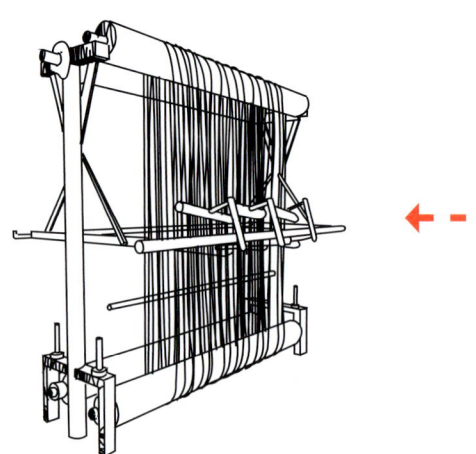

4. 用之时，将棉线按码数直竖排列，拴于木机两头，其码数约分八十码者、一百码者、一百二十码者，棉线按码排列完毕，再以各色毛绳照花样图分别栽毛，随栽随割，由下而上

3. 用沸水和颜料入锅煮之，可染成各色毛绳，再以日晒干

图四　蒙古族栽绒毯制作步骤

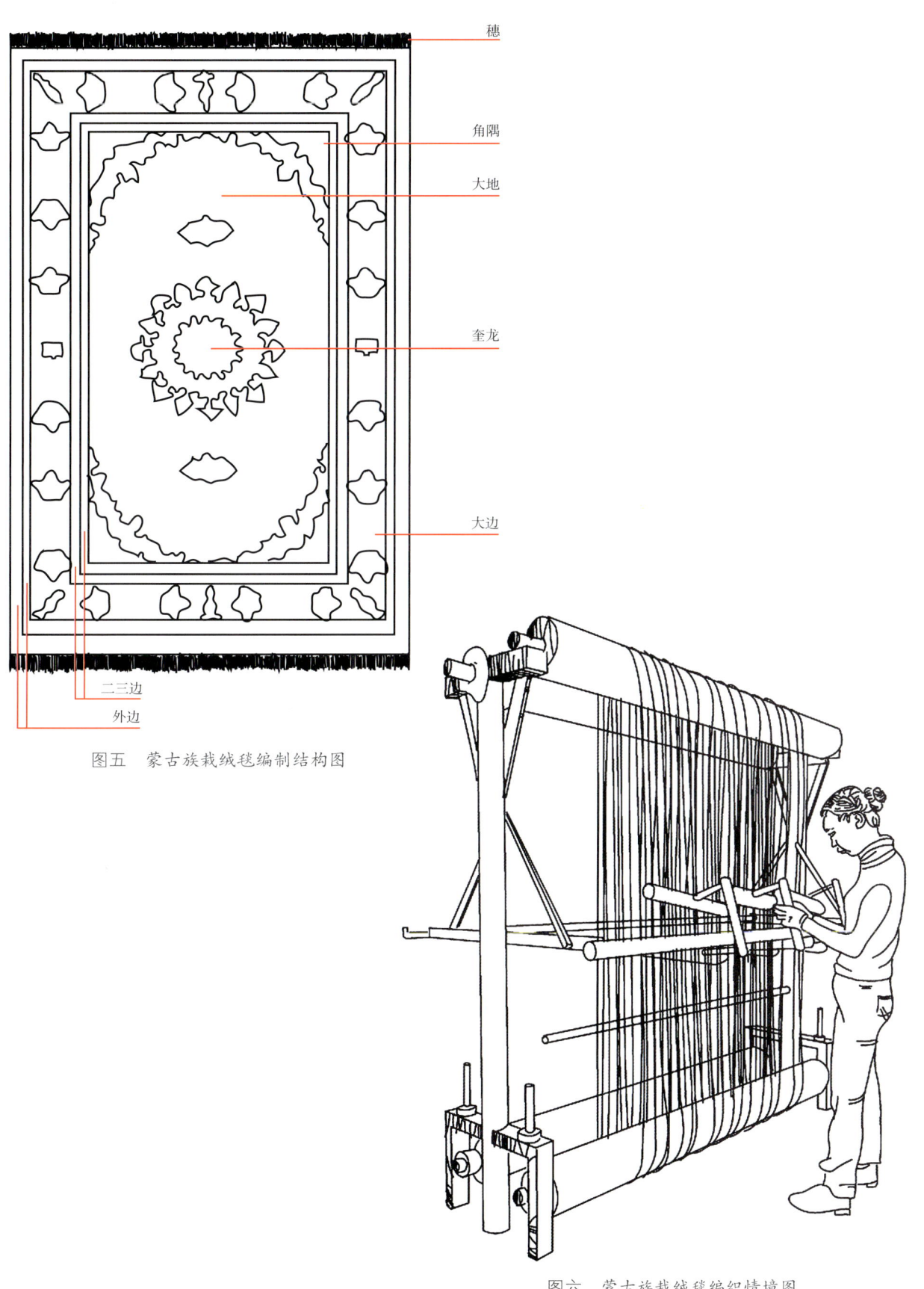

图五　蒙古族栽绒毯编制结构图

图六　蒙古族栽绒毯编织情境图

图七　蒙古族栽绒毯使用情境图

蒙古族錾子

图一　蒙古族錾子主图

錾子也称"錾刀""花錾"，亦可简称"錾"，是一种用来加工金属的小型工具，整体形状类似凿子，不过尺寸通常较小，一般为5至20厘米。使用錾子的錾刻工艺，是在金属器物表面造型与加饰的常用加工工艺，始于春秋晚期，盛行于战国，对于蒙古族而言，錾子在元朝时期即已广为各类金工所使用。

錾子的基本功能即是錾刻，亦称"錾花"，其加工方法通常先将金、银或铜原料，通过锤打使之贴于器物表面。之后再用小锤敲击各种大小、形状不同的金属錾子，按照事先设计好的纹样造型，在金属表面錾出下凹凸，形成各种不同的造型或纹饰，使金属表面产生多层次的浮雕装饰效果。在錾刻的过程中需多次过火烘烤，保持金属的韧性，便于精细加工。具体而言，錾刻的加工手法包括阳錾、阴錾、平錾、镂空和戗錾等五种类型，其中，阳錾即是用以突出饰物表面的图纹工艺；阴錾是凹进饰物表面的工艺；平錾较为简单，是在饰物表面刻线的工艺；镂空则是把平刻花纹的背景脱口透空的工艺；戗錾是用特制的戗刀刻出多层花纹，使得被加工物透显出多层次视觉效果。蒙古族各类金银铜器，除了极富民族魅力的造型，其上精致古雅的装饰亦是其精华所在。这些金属器物上装饰的云纹、犄纹、龙凤纹、卷草纹、八宝纹以及各种几何形纹饰等，大多都由心灵手巧的工匠们以錾刻工艺配合焊接、镶嵌加工而成。錾子本身为一金属杆，一端有錾子头，形状不同，种类繁多。根据錾子头的形制和功能，常见的錾子大体有直口錾、弯钩錾、沙錾、采錾、硬錾等几大类。对于传统錾刻匠人而言，身边备

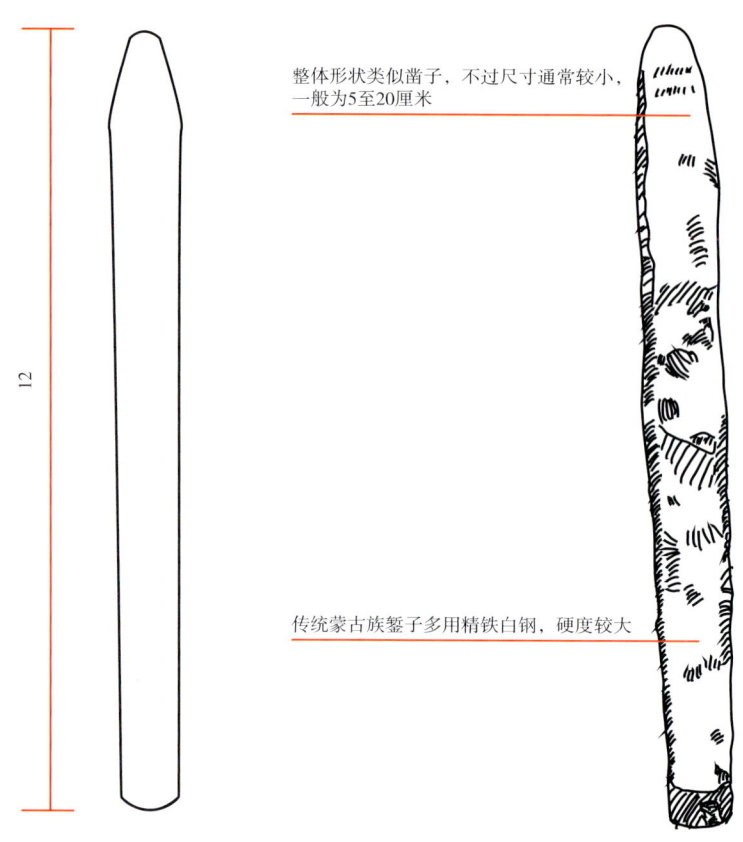

图二　蒙古族錾子尺寸图（单位：cm）　　图三　蒙古族錾子工艺分析图

有几百甚至上千种不同形状、不同功用的錾子很寻常。制作錾子的材料，传统蒙古族多用精铁白钢，硬度较大，能够胜任对其他金属的加工工作。对于蒙古族，錾刻的应用范围甚为广泛，如各类马具的金属边饰、各式生活用品和餐饮具的器表装饰等等，都能见到蒙古族能工巧匠錾刻工艺的身影。

錾子是蒙古族金属加工工艺的核心器具之一，那些或繁复、或洗练、或精致、或粗犷的金属纹样，多来自錾子的一锤一凿。这些錾刻纹样的金属器具凝聚了蒙古族人的炙热情感和民族信仰，记录了蒙古族在广袤草原的繁衍生息，彰显其耀眼的民族造物文化。

图片来源
图一、图五　周安涛　摄影
图二至图四、图六　张颖泉　制图

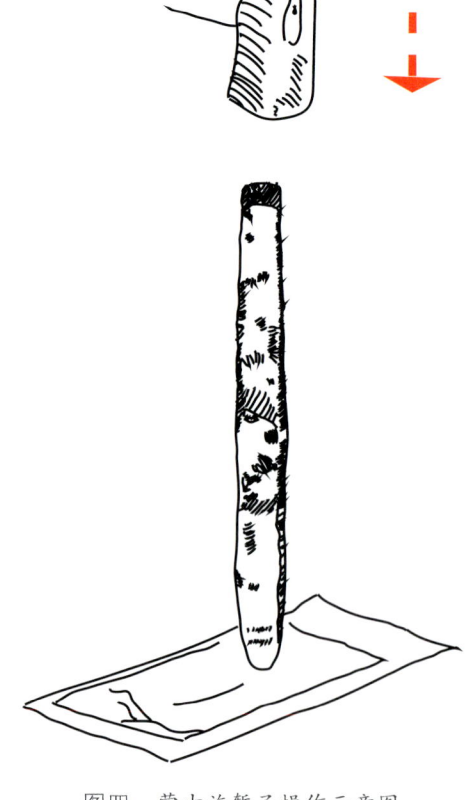

图四　蒙古族錾子操作示意图

图五　蒙古族錾子使用情境图

图六　蒙古族錾子使用情境图

蒙古族几何类装饰图案

图一　蒙古族几何类彩绘装饰主图·方胜图案

图案在蒙语中统称为"贺乌嘎拉吉"，蒙古族几何类装饰图案也称"抽象图案"，是由文字符号以及自然图形等逐渐演化出来的装饰图案类型。几何类装饰图案属蒙古族传统装饰中的重要组成部分，常见的有回纹图案，蒙语为"阿鲁汗贺"；方胜图案，蒙语称"哈顿缓贺"；万寿图案，蒙语为"图门那斯图贺"，也称"哈斯塔木"；盘肠图案或吉祥结，蒙语为"乌力吉章嘎""乌力吉乌塔"；交叉图案，蒙语为"苏勒吉木乐贺"。

蒙古族的几何类装饰图案应用广泛，从器物彩绘、金属錾刻锤蹀、木雕石刻以及服饰刺绣等不一而足。在鳞次栉比的蒙古族传统造物中，几何类装饰因对象载体的差异，采用多种技法装饰器表，美化造物，寄寓祈福祝愿，彰显民族审美风尚。从图案布局角度分析，几何类装饰图案通常作为边框和角隅纹样使用，配合中央的主题纹样，烘托气氛，美化布局。二方连续与四方连续图案结构中，几何类图案所见最多。

蒙古族的几何类装饰图案通常具有一定的吉祥寓意，例如方胜纹便是一种典型的几何吉祥图案，两个菱形横向叠角构成图案主体，两个菱形的八个角隅各配一圆点作饰。方胜纹有一个变体，亦称"圆胜纹"，蒙语称"汗宝古"，是将两个菱形替换成两个相交的圆形。方胜纹既有公正、优胜，又有同心、相合寓意，表达生生不息、相生相合的哲学思想，凸显出蒙古族积极向上、追求幸福生活的精神寄托。蒙古族的盘肠图案，构形源于蒙古包围壁哈那的交错结构，也是一种颇具代表性的传统几何形吉祥图案，寓意幸福美好、万事胜意。蒙古盘肠纹的变体达150余种之多，被誉为幸福美好之图案。交叉图案是指将若干股线条错综交叉后形成的

图三　蒙古族自然类装饰图案造型分析图

■ 70%

■ 10%

■ 6%

■ 5%

■ 5%

■ 4%

图四　蒙古族自然类装饰图案设色分析图

蒙古族传统自然类彩绘装饰所使用的颜料及配料通常就地取材，将各种矿物质颜料和山羊生脑髓、羊血、鹿茸、酸奶浆等动物配料混合使用，不但能够防潮、抗磨，而且能够有效隐藏某些木制器物的粗糙表面，使其表面光洁如新、色彩艳丽

图五　蒙古族自然类装饰图案工艺分析图

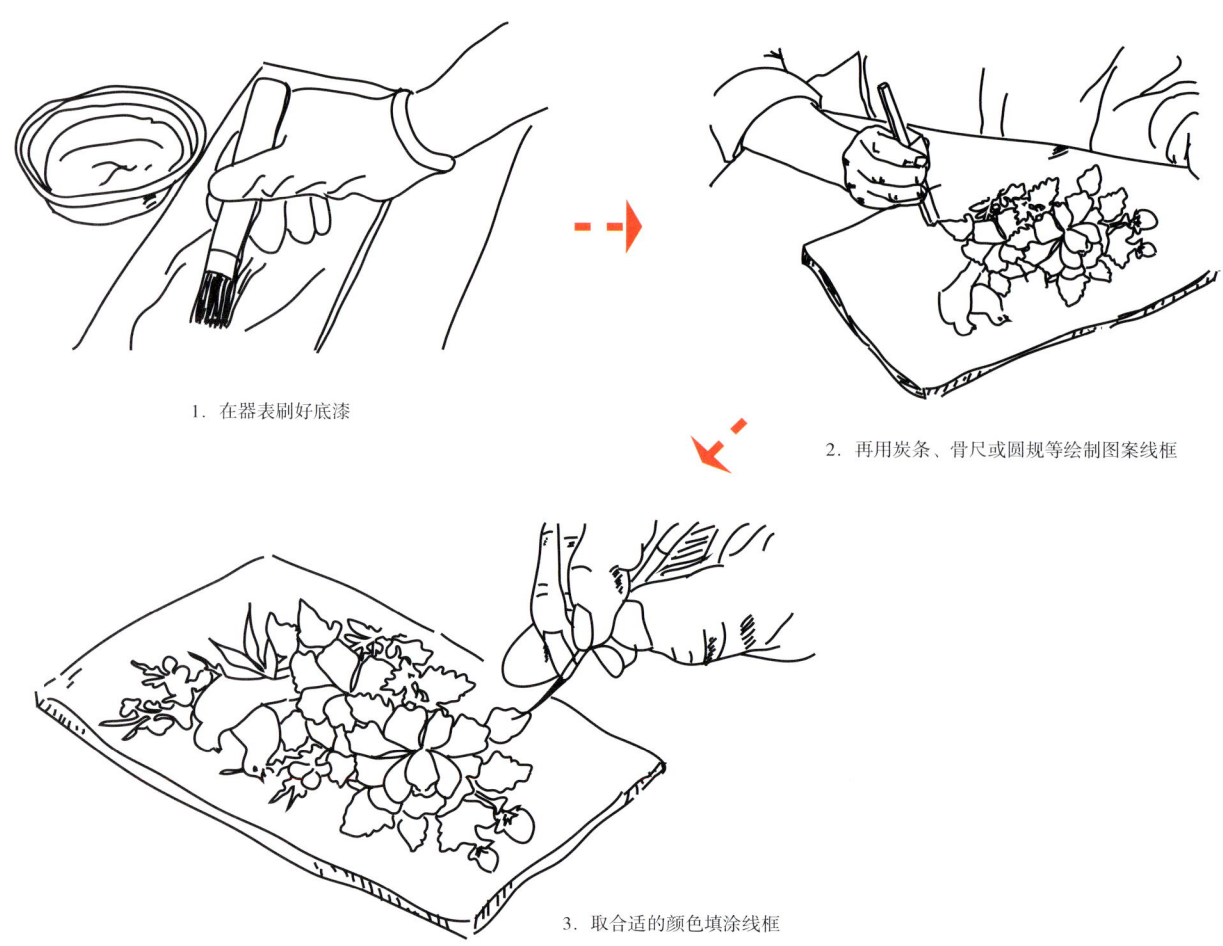

1. 在器表刷好底漆
2. 再用炭条、骨尺或圆规等绘制图案线框
3. 取合适的颜色填涂线框

图六 蒙古族自然类装饰图案制作步骤图

图七 蒙古族自然类装饰图案使用情境图

图八 蒙古族自然类装饰图案使用情境图

蒙古族宗教类装饰图案

图一　蒙古族宗教类装饰图案主图·佛八宝錾刻

宗教类装饰图案是蒙古族传统装饰图案中极为重要的组成部分。宗教类装饰图案是指以各种工艺技法，将图案纹饰装饰于宗教相关的建筑、家具、器具等表面的图案装饰形式。蒙古族从最初的原始自然崇拜到萨满教，再逐步融合、吸纳外来宗教思想，特别是藏传佛教的影响，形成了包含萨满、佛教、伊斯兰教、基督教等多种宗教源流的包容性宗教格局，伴随着这些宗教教义的传播，其各自的宗教图案亦逐渐在蒙古族地区流传开来。蒙古族的宗教类图案种类繁多，大小、色彩和形状亦随装饰对象的不同而各有变化，从内容属性上划分，其包括佛教符号图案、佛教法器图案、佛教故事图案和其他宗教图案等。

究其根本，宗教图案即是宗教形象和教义的符号化，其特点是将抽象深刻的宗教义理或富含寓意的宗教形象，经过概括和简化，使之以符号的形式附着于造物表面。被符号化了的宗教图案，连同其所装饰的造物，共同升格为一种精神象征，成为传播宗教教义的物化载体和精神媒介，这即是宗教类图案的基本功能所在。蒙古族的宗教类图案可应用于中央、角隅和边框等多个布局位置，其中成组的图案一般为并列连续的成边框或环带。

由于藏传佛教在蒙古族地区的盛行，宗教类装饰图案中佛教类图案数量众多，被广泛以彩绘、錾刻和浮雕等工艺应用于各类建筑、佛教器具和生活用物之上，其中最具代表性的当属佛八宝图案。佛八宝源于藏族，也称"吉祥八宝""八瑞相"或"八瑞吉祥"等，分别是宝伞、宝鱼、宝瓶、莲花、白海螺、吉祥结、胜利幢和金法轮。宝伞图案通常为一撑开的伞盖，下缘多饰有经幡绶带等，象征佛陀教诲的权威。宝鱼图案为一对腹部相对的雌雄金鱼，象征自在与解脱，也象征慧眼与再生。宝瓶图案是一只甘露净水瓶，瓶中插有孔雀翎或如意树，象征阿弥陀佛也象征灵魂永生。莲花图案多为一坐莲形状，也有被绘成牡丹花形的，周边绶带围绕，象征出污泥不染的品质及修成正果。白海螺图案是一只竖立的白色右旋海螺，其上系扎绶带，象征佛法音闻四方。吉祥结图案为一菱形盘绕形状，通常有六个盘结，交织成网状，象征着跟随佛陀，在生存之海洋中打捞起觉悟珍宝和智慧珍珠。胜利幢为一华美伞幡形状，原是一种军旗，饰以绶带，象征修成正果的胜利。金法轮图案即是一佛教法轮形状，中间为法源，外径八辐，象征佛陀教义的传播永不停息。佛八宝的彩绘装饰多为红色漆底，以金色配蓝色、绿色、白色或橙色等描绘八宝。除此之外，宗教类图案常见的还有佛像、十字金刚杵、法号、法铃、如意宝、经书、法源、万字符、道家八宝（也称"暗八仙"）和十字架等。

蒙古族宗教类装饰图案的应用领域广泛，工艺多样，常见的包括錾刻、彩绘、雕镂和刺绣等等。各类金属器皿及工艺品上的装饰图案通常采用錾刻法，所得图案凸凹有致，具有浮雕效果。所谓錾刻工艺是以手工操作錾刻器具，利用金属的延展特性，在金属器皿表面依预先设计的纹饰采用平面雕刻、镌刻或镂刻等技法，使金属表面突出花纹，呈浮雕状，从而产生层次丰富的艺术效果。錾刻的工具包括锤子、錾子（錾刀）和垫子三大类，每类又因具体操作方法和功用的差异而细分为若干类型，如錾子就包括平錾、镌錾、圆弧錾、一字錾、弯錾、定型錾、珠点錾、麻点錾和冲子錾等等。基本操作流程主要是图稿、錾刻和修整三个阶段，其中图稿是錾刻内容的准备阶段，器物每个部分需要錾刻的地方都要绘制相应的图稿备用；錾刻即是将图稿裱贴到金属器物表面，然后依据图案需求，选择不同的錾子、锤子和垫子进行錾刻；修整是最后的环节，主要是整体调节錾刻图案，并抛光表面，使之产生光泽。

彩绘的颜料种类多样，有昂贵的金粉，也有就地取材，所制成的颜料耐磨防潮、色彩艳丽。在木雕和石刻造物中，工匠们根据具体装饰需求，采用刻画、浮雕和透雕等多种手法展现纹饰，有的还需要配合彩绘，强化图案装饰效果。服饰上的几何类装饰图案亦很常见，多采用各色丝线搭配刺绣图案，也有印染的纹饰。

蒙古族的工艺美术受到宗教思想的深刻影响，宗教类装饰图案及各种造物载体即是其中的典型代表，当地种类繁多的宗教类装饰图案包含了多种宗教源流类型，反映了民族信仰的多样性与精神崇拜的包容性，图案的装饰工艺则凸显出民族造物文化同宗教文化的交融，也是其民族装饰图案和装饰工艺发生、发展及演变的重要组成因子。

图片来源

图一、图三至图五　许宏　制图

图二　刘兆和主编：《蒙古民族文物图典·蒙古民族宗教文化》，文物出版社，2008年，第177页

图六　刘兆和主编：《蒙古民族文物图典·蒙古民族宗教文化》，文物出版社，2008年，第186页

图七、图八　周安涛　摄影

图二 蒙古族宗教类装饰图案·佛八宝图案

图三 蒙古族宗教类装饰图案造型分析图

装饰图案通常采用錾刻法，所得图案凹凸有致，具有浮雕效果

在錾刻的过程中需多次过火烘烤，保持金属的韧性，便于精细加工

采用平面雕刻、镌刻或镂刻等技法使金属表面突出花纹，呈浮雕状，从而产生层次丰富的艺术效果

图四 蒙古族宗教类装饰图案工艺分析图

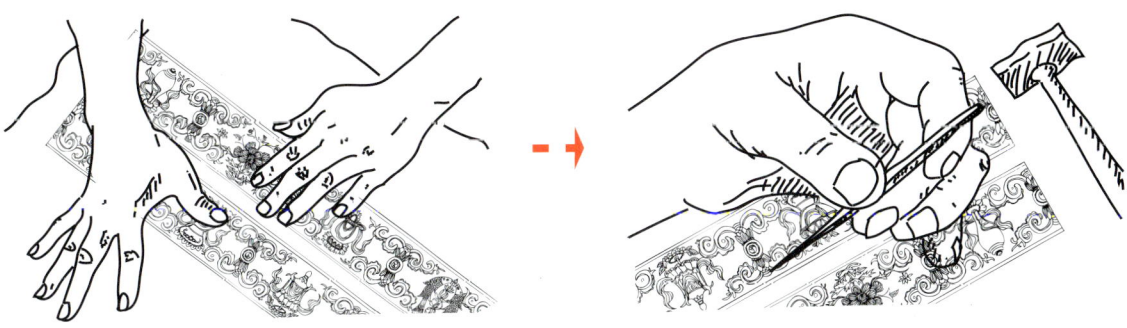

1. 将图稿裱贴到金属器物表面

2. 依据图案需求，选择不同的錾子、锤子和垫子进行錾刻

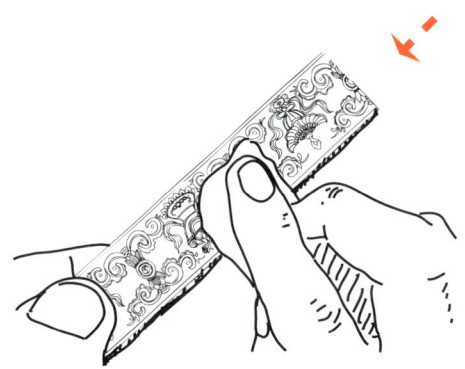

3. 整体调节錾刻图案，并抛光表面，使之产生光泽

图五 蒙古族宗教类装饰图案制作步骤图

图六 蒙古族宗教类装饰图案使用情境图

图七　蒙古族宗教类装饰图案使用情境图

图八　蒙古族宗教类装饰图案使用情境图

蒙古族组合类装饰图案

图一　蒙古族组合类装饰图案主图

图案，在蒙语中统称为"贺乌嘎拉吉"，其中，条框形图案通常被称为"贺"，而对称居中的盘形图案被称为"乌嘎拉吉"。所谓组合类装饰图案是由两种或两种以上不同种类的图案或形象组合而成的图案形式，通常这类图案具有较强的象征性、关联性和灵活性。组合类装饰图案是按不同的材料及工艺需求，将图案以各种工艺技巧装饰于造物之上，属蒙古族传统装饰中的重要组成部分，常见的类型有几何类与自然类的组合图案、自然类与宗教类组合图案、宗教类与几何类组合图案和混合类组合图案等几种。此外，因受汉族影响，各种博古物件儿及建筑、风景等绘画类图案亦可归属此类。

蒙古族的组合类装饰图案灵活多变，应用丰富，如服饰刺绣、金属工艺和器物彩绘等，其中彩绘装饰是组合类图案运用最多的一种装饰形式，多在日常家居中采用彩绘或描金的技法装饰器表，装饰对象从各种箱柜类家具、盒匣、桌面以及毡庐木门到召庙建筑的梁柱、门扇以及各类髹漆家具和法器等。从图案结构分析，组合类图案大多用于中央主题纹样，也有少量简易组合图案被用于边角。

在蒙古族的传统组合类装饰图案中，多种吉祥意味的图案混合组织较为常见。在绘制图案时画工有许多创造性的发挥，并无绝对规制，因而这些组合图案往往具有独一性，精彩纷呈。例如由内蒙古自治区包头市私人收藏的红底彩绘纹木箱，其上的四艺宝瓶图案就是一种典型的混合类组合图案，整体绘制在浅黄色勾边矩形图框中，内里图案以红色、绿色和深褐色绘制，其中四艺（琴棋书画）分列宝瓶周围，宝瓶上盛放蟠桃、人参和石榴，图案外围还有方胜纹、汗宝古纹、宝珠纹和火焰纹等。这些图案都有着各自的吉祥寓意，如四艺纹象征多才多艺，宝瓶象征平安，蟠桃、人参和石榴分别象征长寿与多子。它们混同在一个图案组织中，吉祥寓意叠加，传达了装饰者对于美好生活的祝愿。

喜鹊与杏花的组合图案亦较为常见，喜鹊图案通常为侧身，有栖身收羽状，也有展翅飞翔状，同汉族一样，象征喜庆。杏花图案多为五瓣花形，在彩绘装饰中象征美好春天的来临，也寓意快乐、长寿、幸福、顺利与和平，即五福。喜鹊同杏花的组合有喜报早春的含义，比喻生命的肇始，万物复苏，温暖喜庆战胜了严寒的冬季。各类几何类图案如回纹、盘肠纹和编结纹样等，常常作为自然类或宗教类图案的底纹或边框角隅图案，构成复杂灵动的图案组织层次。还有诸多受汉族绘画性装饰影响的主题与场景性装饰图案类型，囊括了人物、动物、植物、建筑、自然风景，乃至故事情节等多种形象元素，丰富了蒙古族组合类图案的内容和形式。

蒙古族传统组合类彩绘装饰多为髹漆彩绘，即先在器表髹底漆，干后在其上彩绘图案，也有配合器表浮雕錾刻彩绘的，不过较为少见。彩绘的颜料及配料多为就地取材，巧妙搭配，他们将取自各种矿物的色料和鹿茸、羊血、羊脑髓、奶浆等有机配料混合调制，所得颜料不仅能够防止器物受潮变形，而且可以有效隐藏底漆下的粗糙表面，保持彩绘图案的光洁、鲜丽。绘制组合类彩绘装饰，通常先以炭条、骨尺或圆规等绘制图案轮廓和框架，之后再取合适的颜色由内向外逐层填涂线框，完成图案彩绘。此外，蒙古族传统彩绘中，喜好采用金粉装饰，用以增加图案的富丽华美效果。各类金属器皿及工艺品上的装饰图案通常采用錾刻法和锤揲法，所得图案凸凹有致，具有浮雕效果，景泰蓝则利用掐丝配合珐琅彩展现图案纹饰。在木雕和石刻造物中，工匠们根据具体装饰需求，采用刻画、浮雕和透雕等多种手法展现纹饰，有的还需要配合彩绘，强化图案装饰效果。服饰上的几何类装饰图案亦很常见，多采用各色丝线搭配刺绣图案，也有印染的纹饰。

蒙古族的组合类装饰图案是融合了几何类、自然类和宗教类等多种图案的组合类型，图案来源、取材、形式和装饰工艺亦受到早先北方游牧民族文化、佛教文化、伊斯兰教文化和汉族文化等多重文化因子的影响，进而形成的一种集包容性、民族性与适应性于一体的特殊图案样式，在蒙古族造物文化体系中具有宝贵的研究价值。

图片来源

图一　刘兆和主编：《蒙古民族文物图典·蒙古民族宗教文化》，文物出版社，2008年，第137页

图二　刘兆和主编：《蒙古民族文物图典·蒙古民族宗教文化》，文物出版社，2008年，第144页

图三至图六　张颖泉　制图

图七　周安涛　摄影

图二 蒙古族组合类装饰图案

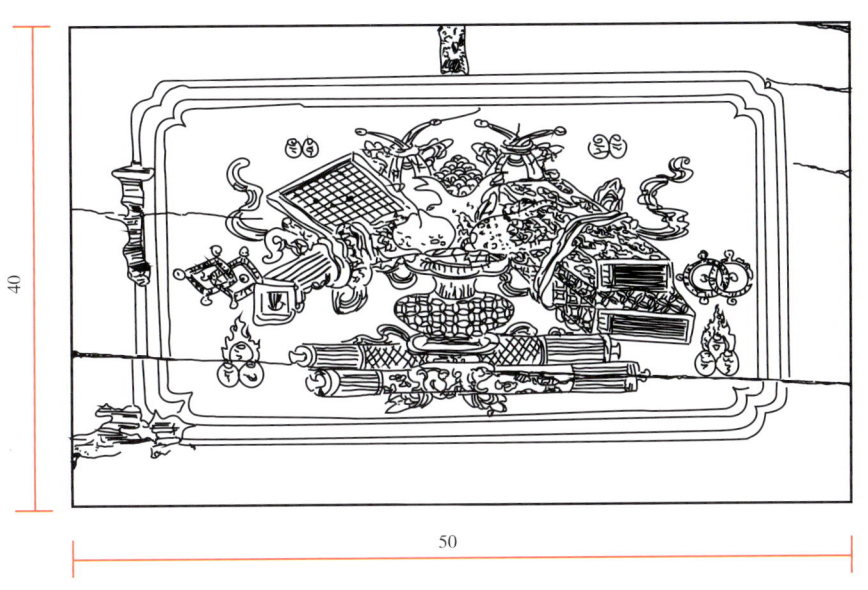

图三 蒙古族组合类装饰图案尺寸图（单位：cm）

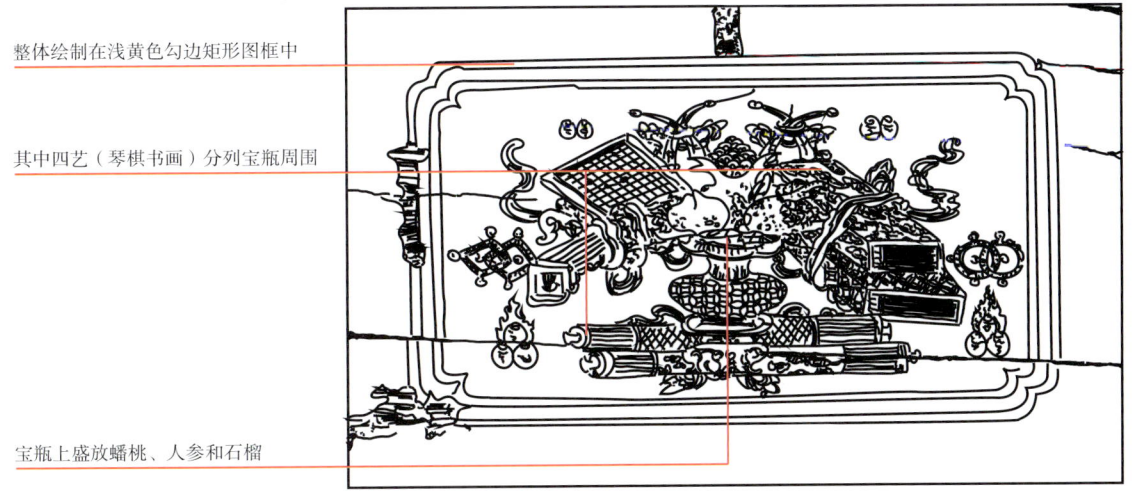

整体绘制在浅黄色勾边矩形图框中

其中四艺（琴棋书画）分列宝瓶周围

宝瓶上盛放蟠桃、人参和石榴

图四 蒙古族组合类装饰图案工艺分析图

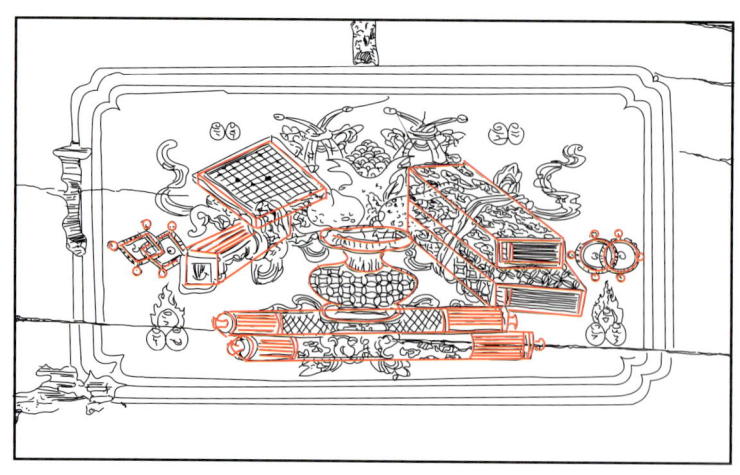

图五　蒙古族组合类装饰图案造型分析图

1. 先在器表髹底漆

2. 尔后以炭条、骨尺或圆规等彩绘图案轮廓和框架，也有配合器表浮雕錾刻彩绘的，不过较为少见

3. 之后再取合适的颜色由底向外得逐层填涂线框，完成图案彩绘

图六　蒙古族组合类装饰图案工艺示意图

图七　蒙古族组合类装饰图案使用情境图

第七章 蒙古族传统民俗和宗教

蒙古族敖包祭祀

图一　蒙古族敖包祭祀主图·举火燔柴

　　敖包是蒙古语，也称"脑包"或"鄂博"，意为石头或土木堆子，旧时遍布蒙古各地，既是在草原上道路和境界的地标，也是蒙古人祭山神、祖先，祈祷牧畜兴旺，族人平安的对象。敖包不仅为蒙古族所有，许多更早的阿尔泰语系和汉藏语系的游牧民族都有垒筑敖包和祭敖包的习俗。有学者认为，敖包与敖包祭祀起源于北方先民的祖先崇拜和自然崇拜，其前身即是原始祭坛，大约在新石器中晚期就已经出现，亦有人认为敖包祭祀源于较晚的丧葬礼仪，目前尚无确论。最初的蒙古族敖包较为简陋，多用石头、沙土或树枝在山顶或丘陵上垒筑而成，呈半球体形制，后世随着多种外来文化的融合，特别是藏传佛教的影响，蒙古族敖包越来越精致，并呈现出各种各样的造型特点，许多敖包顶部被插上树枝、木杆或长矛等，并向四周牵引出悬挂彩色布条的绳索，被称为"禄马风旗"。明清以降，有些地方用砖石建造敖包，外面用琉璃瓷瓦为饰，甚至会在敖包上嵌入佛龛，前面摆香炉供桌供奉，并在敖包处建庙堂和佛塔，使之几乎完全脱离了原始敖包的形态。敖包的数量在后世也有变化，有多个敖包并列的，也有以4个、6个或12个小敖包围绕一个主敖包的。

蒙古族的敖包祭祀分为不定时的个人祭祀与固定时间的公祭两种类型。个人祭祀比较灵活，可因事随时而祭。当牧人路过敖包，便可下马祭祀，首先需要在敖包边拾取石块、沙土或树枝等添加在敖包上，之后在敖包前供献钱财、食物等，后剪下马鬃、马尾，系于敖包边的木杆或绳索上，最后跪拜敖包，祈求赐福。所谓公祭是区域性的群体祭祀活动，最初由萨满巫师主持，后来由于蒙古族地区佛教兴盛，敖包祭祀多改由喇嘛主持举办。祭祀的时间多为春夏之交，一般会择选阴历五月，也有在四月、六月或七月举行的。近代敖包祭祀一般由喇嘛诵经、煨桑、祭献、撒龙达、转敖包、拜敖包和分享祭品等环节组成。

1. 喇嘛诵经是敖包祭祀的开端，通常由一位着深紫色喇嘛服的喇嘛朝西方吹响白色的海螺，这是沟通敖包神灵的重要仪式。明朝以降，藏传佛教在蒙古族地区盛行，喇嘛在敖包祭祀中的作用越发显著，基本替代了原初萨满的位置。海螺吹毕，鼓锣齐鸣，喇嘛开始诵读经文，有《纳木达格桑》《阿润桑》《山水之桑》和《阿拉腾格日勒》等。还有专门祭祀敖包的文献，如《敖包祭辞》《敖包传记》《敖包桑》《敖包颂赞》和《伊金苏力德桑》等。

2. 煨桑也称"举火燔柴"，是在诵经结束后，在敖包前以点燃的柏树枝熏祭。藏传佛教称为"煨桑"，燃烧的柏树叶升起浓烟，预示与神相通。此祭仪也称为"燔祭""火祭"。在煨桑过程中，参与祭祀的人还会把名为布呼玛哈的羊肉丸子以及其他食物一并投到火里，焚烧祭神。

3. 祭献是敖包祭祀的核心。敖包祭献可分为四种，分别是血祭、酒祭、火祭和玉祭。其中，血祭即是祭献牲畜，在蒙古族传统观念中，部族所养的牲畜皆为天神所赐，为了报答诸神而在祭祀中宰杀牲畜，供奉于敖包前。酒祭是在祭祀时把马奶酒洒在敖包祭台前或敖包上，以敬孝天神。火祭是一种焚烧祭品的祭祀方式，祭时人们走到焚烧的火堆旁，口念祭辞，将事先准备好的祭品投于火中焚烧，以此祭献神灵。玉祭现在已很少见到，古代蒙古贵族以玉为供品祭献敖包神，现今多用宝珠、硬币或炒米等代替。现代的敖包祭祀已经没有明确的祭献内容区别。参与祭祀的人在献上祭品前，每人都要为敖包添加石头或者树枝。之后，祭献者恭敬地把白色或蓝色的哈达压在敖包石块下，或系在敖包顶端的树枝上，以示虔诚，最后在敖包前的祭台或地面摆放自己事先备好的各类祭品。

4. 撒龙达亦是敖包祭祀中非常重要的环节。所谓龙达是一种约方形的薄纸片，纸片中间通常是一匹驮摩尼宝珠的骏马，上端有日月图形，四角印有龙、鹏、虎和狮子纹样，四缘还印有"八字真言"经文。祭祀敖包活动中，人们在祭献结束后抛撒这种龙达，这一习俗源于藏传佛教密宗的宗教礼仪。

5. 转敖包，按照古老的敖包祭祀传统，祭献之后，参与祭祀的人要围绕着敖包顺时针绕行三圈，以此祈求敖包为他们带来祝福与好运。

6. 拜敖包即是叩拜敖包，通常在转过敖包之后，包含多种肢体语言：较为简单的有双手合十，鞠躬低首敬拜敖包；也有跪拜叩头的，双手合十，五体投地叩拜，重复三次。在叩拜过程中，有单人拜，也有夫妻双人拜，也有一个家庭同时敬拜。

7. 分享祭品通常是敖包祭祀的最后环节，内容是众人分食羊背子。同汉族祭祀不同，蒙古族对于祭祀中的祭品往往在仪式结束，都将之分食，象征分享福分和神灵的祝福。

从敖包祭祀的功能角度而言，祭祀活动增强了家族、部族或区域凝聚力，传承了群体的历史记忆，同时为参与的个体提供了诸多的社会功能。蒙古族在明代全面接受佛教以后，敖包祭祀也和其他民间宗教风俗一样受到佛教的影响，敖包的外形特征以及祭祀的主祭人、祭祀礼仪、祭辞和祭品等都有了相应的变化，蒙上了浓厚的佛教色彩，同时促进了新敖包种类的产生，如寺庙敖包和喇嘛敖包等，这是原始萨满文化与佛教文化互渗的结果。有鉴于此，蒙古族敖包祭祀既具有典型的群体精神性和原始宗教文化的传承性，亦体现出蒙古族祭祀文化的适应性。

图片来源
图一、图七至图十二　许宏　制图
图二、图四至图六　FOTOE 图片库
图三　王柯　制图

图二　蒙古族敖包祭祀现场·祭献

装饰图块，这类几何图案讲究繁复交织。

蒙古族传统几何类装饰图案的装饰工艺多种多样，其中，彩绘装饰的髹漆颜料及配料多为就地取材，将各种矿物质颜料和山羊生脑髓、羊血、鹿茸、酸奶浆等动物配料混合使用，不但能够防潮、抗磨，而且能够有效隐藏某些木制器物的粗糙表面，使其表面光洁如新、色彩艳丽。绘制几何类彩绘装饰，一般需要在器表刷好底漆，再用炭条、骨尺或圆规等绘制图案线框，之后再取合适的颜色填涂线框，完成图案彩绘。早先的几何类图案皆为单线平涂，发展到近当代，开始出现推晕渐变的着色方式，以及利用阴影和体面关系表现三维空间的处理手法。彩绘装饰的对象繁多，包括日常家居中的各种箱柜类家具、盒匣、桌面以及毡庐木门等等。在召庙中，几何类图案多作为宗教图案的底纹或配饰，装饰于建筑梁柱、门扇以及各类髹漆家具和法器之上。各类金属器皿及工艺品上的装饰图案通常采用錾刻法和锤鍱法，所得图案凹凸有致，具有浮雕效果，景泰蓝则是利用掐丝配合珐琅彩展现图案纹饰。在木雕和石刻造物中，工匠们根据具体装饰需求，采用刻画、浮雕和透雕等多种手法展现纹饰，有的还需要配合彩绘，强化图案装饰效果。服饰上的几何类装饰图案亦很常见，多采用各色丝线搭配刺绣图案，也有印染的纹饰。

几何类装饰图案是蒙古族传统装饰图案的一种代表性形制，其装饰应用甚为广泛，常见于建筑结构、家具和其他各类生活用具乃至工艺品。这类图案纹样种类繁多、形制多变，结合彩绘装饰的传统用料及工艺特征，一同见证了蒙古族工艺美术和造物文化的发生、发展和流变。在现代蒙古族工艺美术生产中，几何类装饰图案结合现代设计语言，产生了不少充满创意的新变化，预示着传统民族文化的升华与演进。

图片来源
图一至图三、图七、图八　许宏　制图
图四、图五　张颖泉　制图
图六　许宏、张颖泉　制图
图九　周安涛　摄影

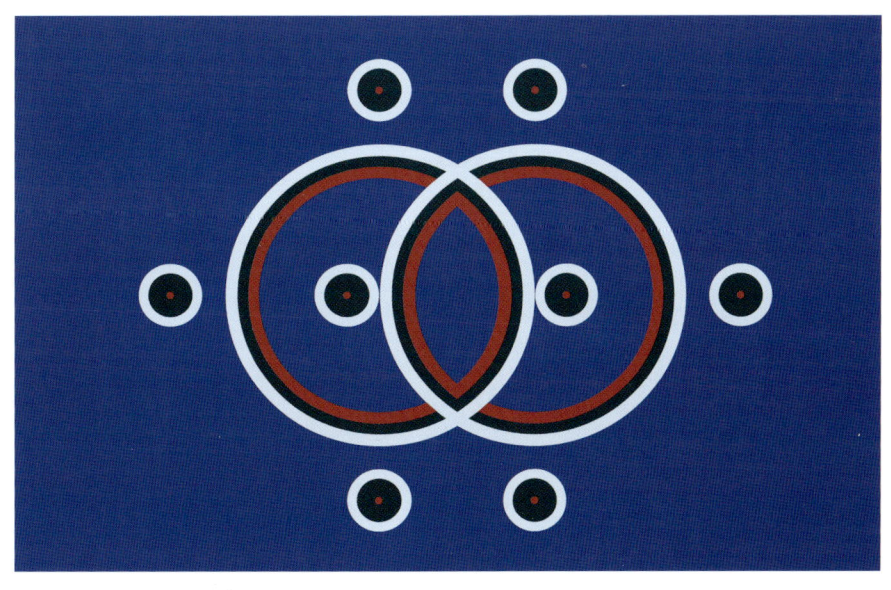

图二　蒙古族几何类彩绘装饰·汗宝古图案

图三　蒙古族几何类彩绘装饰·盘肠图案

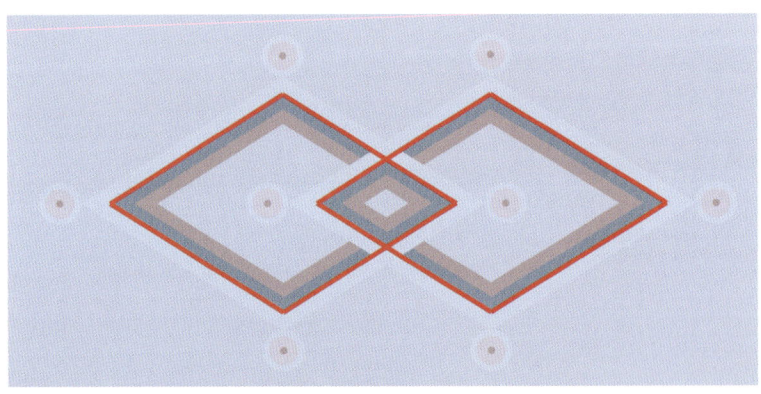

图四　蒙古族几何类装饰图案造型分析图

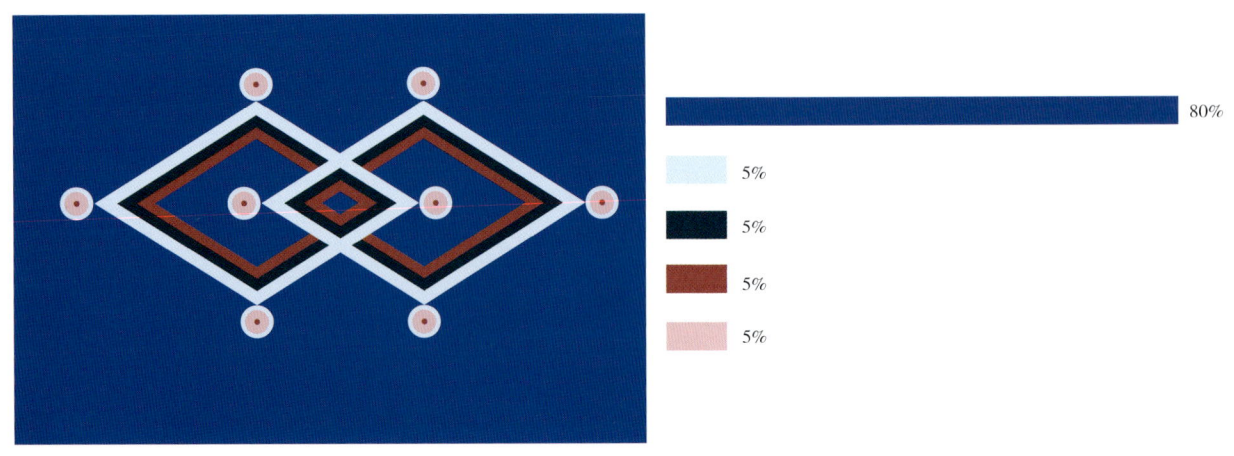

图五　蒙古族几何类装饰图案设色分析图

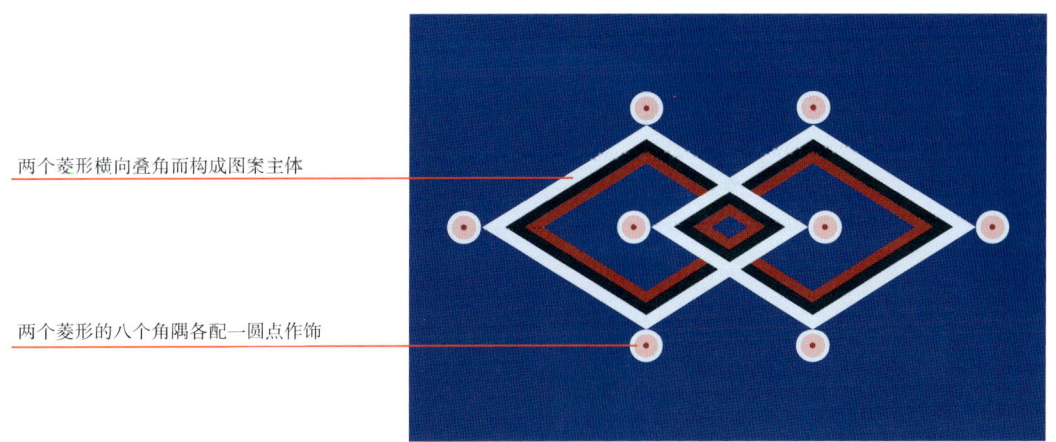

图六 蒙古族几何类装饰图案结构分析图

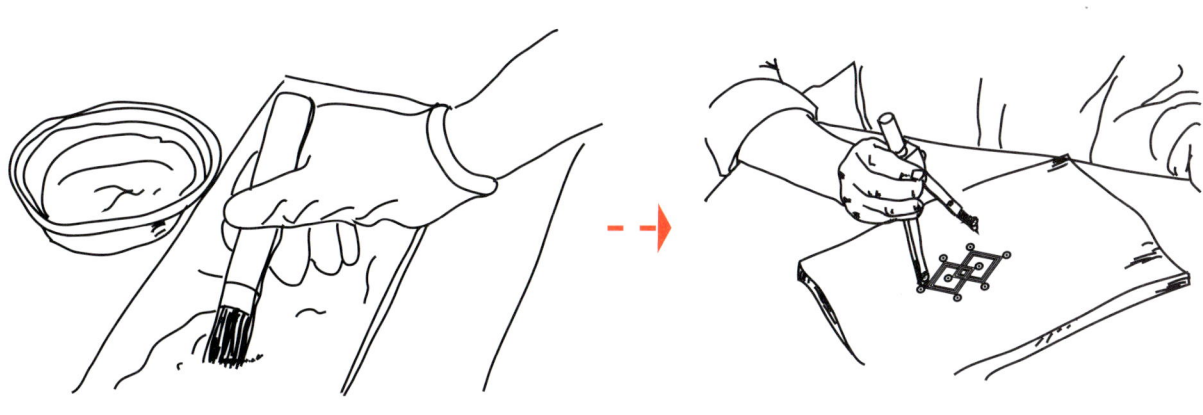

1. 在器表刷好底漆　　　　　　　　　　2. 再用炭条、骨尺或圆规等绘制图案线框

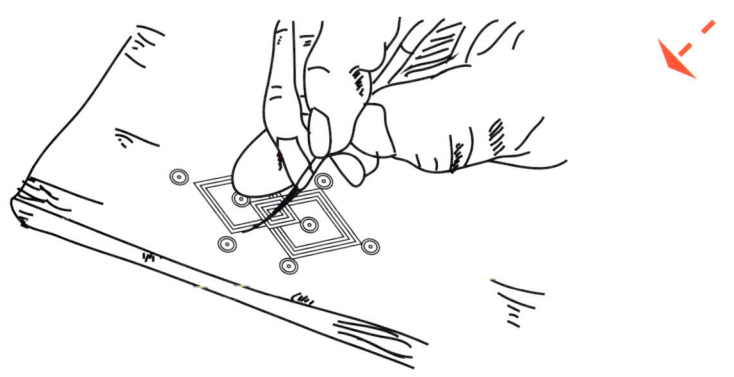

3. 取合适的颜色填涂线框

图七 蒙古族几何类装饰图案工艺示意图

图八　蒙古族几何类装饰图案使用情境图

图九　蒙古族几何类装饰图案使用情境图

蒙古族自然类装饰图案

图一　蒙古族自然类装饰图案主图·动物类

　　蒙古族将图案统称为"贺乌嘎拉吉"，自然类装饰图案是其民族传统装饰图案中的重要组成部分，在图案类型和数量上远远超过几何类图案和宗教类图案。自然类装饰图案来源于蒙古族对于大自然中的各种动植物、自然现象和景观的概括模拟，是蒙古族崇尚自然、热爱自然的具体体现。自然类装饰图案的应用是指将图案以各种工艺方法装饰于各类造物的表面。常见的蒙古族自然类装饰图案可以分为动物类、植物类和自然天体类。元代以降，受汉族装饰文化影响，蒙古族地区的装饰图案中出现了汉式绘画人物形象，此人物类形象应当也归属为自然类装饰图案。

　　自然类装饰图案包容甚广，其装饰应用亦最为广泛，从日常生活中的各类马具、餐具、家具、服饰、建筑构件，乃至宗教法器、庙宇建筑等等，自然类图案无不涉及。其中，常见的动物类图案包括五畜、狼、鹿、犬、蝴蝶、野鸡、喜鹊、蝙蝠、鹤、狮子、龙纹和凤凰等等；植物类图案包括各类果纹、花纹、草纹、树纹、虫纹等等；自然天体类图案有日、月、北斗七星、山、水、火、云等等；人物类图案除去历史典籍中著名的圣人、王侯和英雄等，还包括仕女、婴孩、老者等等各类普通百姓形象。自然类图案往往配合几何类图案或宗教类图案共同使用，构建有机生动的装饰布局。自然类彩绘在装饰应用中较为常见，多指以彩绘髹漆或描金的形式在器表描绘图案纹样，增进美观、祈福祝愿。

　　五畜图是蒙古族自然类装饰图案中颇具代表性的图案，蒙古族人将马、牛、骆驼、山羊和绵羊合称为五畜，五畜图即是以这五种牲畜为原型的装饰图案。五畜图案形象皆是展示牲畜侧面，具体图案细节，因地域和时代的不同有较大差异。其中，马的图案一般为无鞍骏马形象，是蒙古族最为重要的牲畜，象征着万事如意、福寿祥瑞。牛的图案一般为侧身牡牛形象，其奶、皮、肉、骨、角等都是蒙古族不可或缺的生产与生活资料，象征着天意、兴旺和富足。骆驼图案中多为侧身双驼峰骆驼形象，象征吃苦耐劳和民族富裕。羊亦是蒙古族生活中的重要牲畜，提供羊毛和羊肉，山羊图案为侧身牡羊形象，同绵羊图案一同象征着吉祥如意、幸福富足。各类传统祭祀庆典和宗教活动中，五畜图往往在其中扮演了重要的角色。自从原始蒙古部族掌握了如何驯化圈养五畜开始，肥美成群的五畜让他们变得生活富足、民族强盛。牧养五畜改变了蒙古族先民的生产和生活方式，促进了整个草原文明的演进。植物类图案种类繁多，融合了中原汉族、伊斯兰教和藏传佛教的诸多纹饰，形成了融合汇聚的蒙古族植物图案。此外，在自然类图案中，各类自然天体图案亦较为常见。自然天体图案也称"赞斯尔贞图案"，通常用以象征吉祥昌盛和长寿安康。

蒙古族传统自然类彩绘装饰所使用的颜料及配料通常就地取材，将各种矿物质颜料和山羊生脑髓、羊血、鹿茸、酸奶浆等动物配料混合使用，不但能够防潮、抗磨，而且能够有效隐藏某些木制器物的粗糙表面，使其表面光洁如新、色彩艳丽。绘制自然类彩绘装饰，一般需要在器表刷好底漆，再用炭条配合骨尺或圆规等绘制图案线框，也可将在纸上画好的图案轮廓拓印上去，之后取合适的颜色填涂线框，完成图案彩绘。比较考究的家具彩绘装饰会在浅浮雕图案的基础上描绘色彩，使得器表装饰更显华美。彩绘装饰的对象繁多，日常家居中的各种箱柜类家具、盒匣、桌面以及毡庐木门等等。在召庙中，几何类图案多作为宗教图案的底纹或配饰，装饰于建筑梁柱、门扇以及各类髹漆家具和法器之上。各类金属器皿及工艺品上的装饰图案通常采用錾刻法和锤揲法，所得图案凸凹有致，具有浮雕效果。而景泰蓝则利用掐丝配合珐琅彩展现图案纹饰。在木雕和石刻造物中，工匠们根据具体装饰需求，采用刻画、浮雕和透雕等多种手法展现纹饰，有的还需要配合彩绘，强化图案装饰效果。服饰上的几何类装饰图案亦很常见，多采用各色丝线搭配刺绣图案，也有印染的纹饰。

蒙古族崇拜自然、感恩自然，同时也敬畏自然，他们将包容万象的动植物、山川河流和气象天体等概括成众多形制简练、色彩纷呈的装饰图案。并以不同的工艺方式将这些图案装饰于他们的民族造物之上，既能装点美化器物，也寓意民族昌盛、吉祥富足，折射出蒙古族特有的审美风尚。不同的装饰工艺及其装饰对象亦是蒙古族宝贵的文化载体，在民族造物文化体系中具有重要的价值和地位。

图片来源

图一　刘兆和主编：《蒙古民族文物图典·蒙古民族毡庐文化》，文物出版社，2008年，第152页

图二、图七　刘兆和主编：《蒙古民族文物图典·蒙古民族毡庐文化》，文物出版社，2008年，第195页

图三至图六　孙丹丹　制图

图八　刘兆和主编：《蒙古民族文物图典·蒙古民族毡庐文化》，文物出版社，2008年，第192页

图二　蒙古族自然类装饰图案·植物类

图三 蒙古族敖包祭祀现场·撒龙达

图四 蒙古族敖包祭祀现场·转敖包

图五　蒙古族敖包祭祀现场·拜敖包

图六　蒙古族敖包祭祀现场·分享祭品

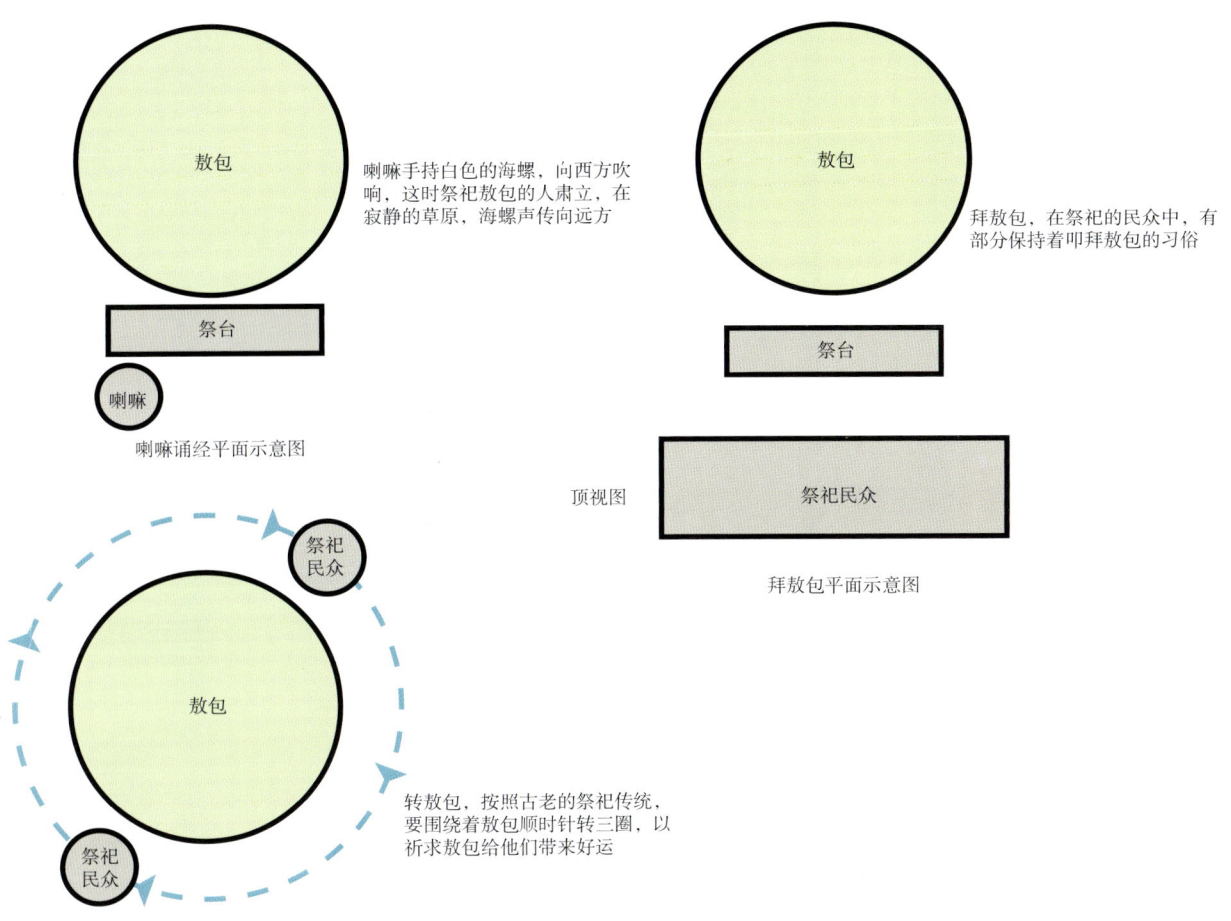

图七　蒙古族敖包祭祀会场平面示意图

图八　蒙古族敖包祭祀礼俗用器·禄马风旗

第七章　蒙古族传统民俗和宗教

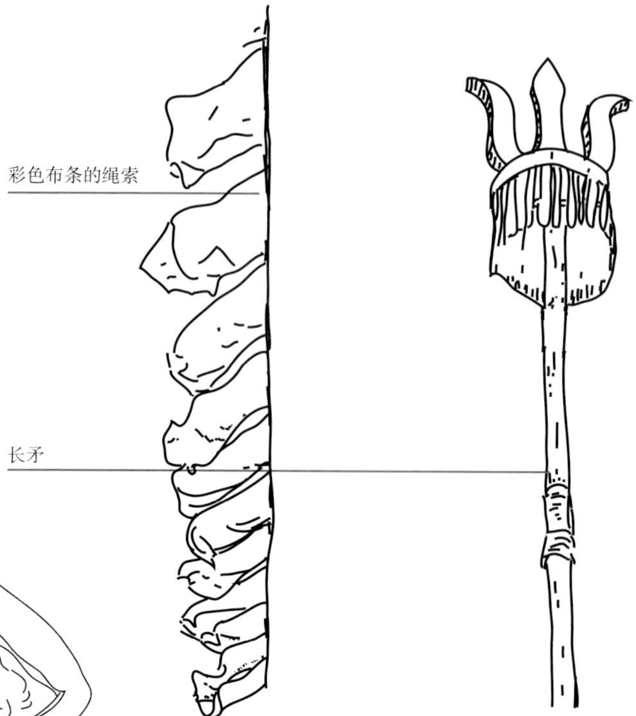

彩色布条的绳索

长矛

图九　禄马风旗工艺分析图

图十　蒙古族敖包祭祀礼俗用品·龙达

上方是日月，四角印龙、鹏、虎、狮，经文印"八字真言"

在6厘米见方的方形薄纸上，印着图案和经文，中间是一匹驮摩尼宝珠的骏马

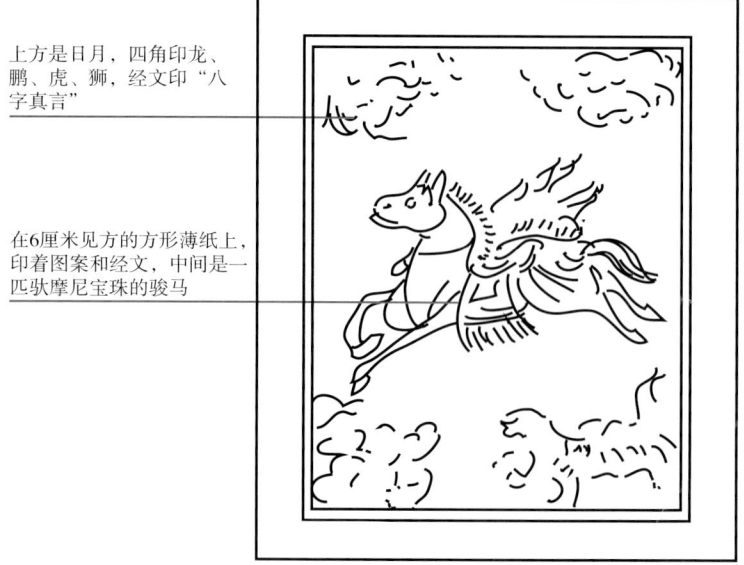

图十一　龙达工艺分析图

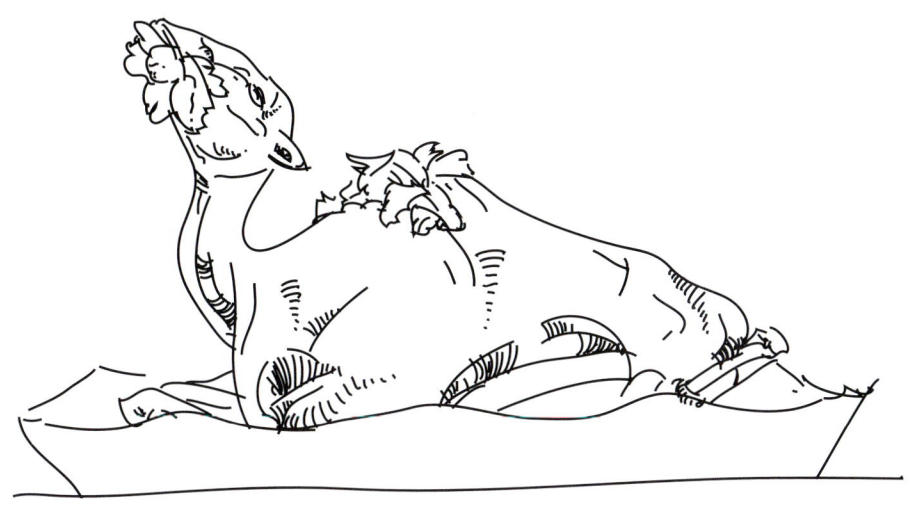

烤全羊，不仅是蒙古族人用以招待尊贵客人的一种传统菜肴，同时也是传统祭祀活动中不可或缺的贡品

图九　蒙古族查干苏鲁克大祭礼俗用品·烤全羊

图十　蒙古族查干苏鲁克大祭现场情境图

宝日温都尔，查干苏鲁克大祭中使用的圣奶桶

图六　蒙古族查干苏鲁克大祭礼俗用器·宝日温都尔

净水瓶，蒙古语称"宝木巴"，是一种佛教供奉用具，藏语中也称本巴瓶。多为大型召庙或蒙古贵族王府使用

图七　蒙古族查干苏鲁克大祭礼俗用器·净水瓶

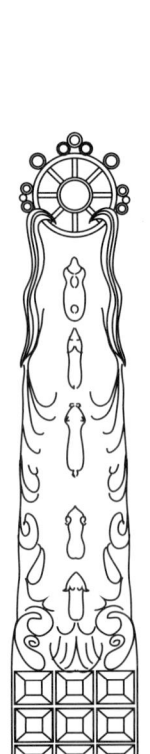

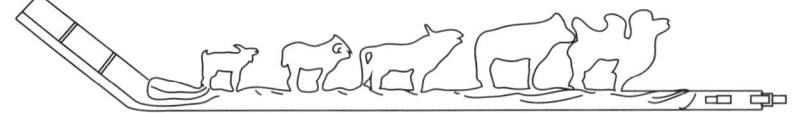

鲜奶祭中使用的扬奶器

图八　蒙古族查干苏鲁克大祭礼俗用器·扬奶器

草原蒙古袍，夏季的单袍和冬季的皮袍和棉袍。毛、毡、皮、革、棉、帛和绸缎等都是制作蒙古袍的常用材料。冬季穿着的皮袍往往以羊裘、驼裘为里，以绸缎或棉布作面，夏季则穿布、绢、绸、缎等面料的袍子

图四 蒙古族查干苏鲁克大祭礼俗服饰·草原蒙古袍

查干苏鲁克大祭中运送八白宫的车帐

图五 蒙古族查干苏鲁克大祭礼俗用具·勒勒车

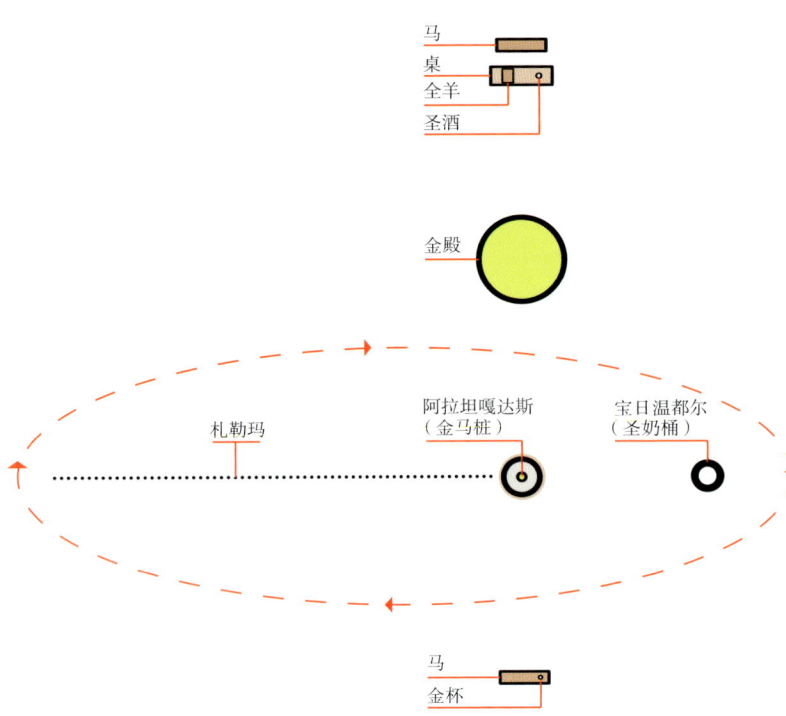

三月二十一日是查干苏鲁克大祭的主祭之日，亦称"祭天"，其由金殿小祭与祭天仪式组成。金殿小祭是在二十一日辰时，由济农率领的黄金家族的王公台吉们，在圣主八大亚门特的引导下，先到溜圆白骏跟前，将一只全羊、一尊圣酒摆在桌子上，进行祭祀

亚门特再将27条，每条一指宽的白缎布条分开戴上，领着全体参祭者步入在吉格上的成吉思汗金殿。在金殿内献哈达、献神灯、献香、献圣酒三回，芦苇浸酒，然后到外边举行祭天仪式

济农和台吉们在金殿内举行完小祭出来后，走到系马的练绳"吉勒"跟前，向"宝日温都尔"圣奶桶献一只全羊、一尊圣酒。在距圣奶桶27步远的地方，竖起阿拉坦嘎达斯（金马桩）。在其西北81步远的距离上，栽着81个"札勒玛"，每步一个。祭天仪式开始，济农手持楚楚格（扬奶器），从圣奶桶中将鲜奶三舀三祭。奔跑着祭洒鲜奶亦称为"跑场"。跑场时，一只楚楚格由三人跟跑

审看金杯与巴图吉勒祭两个仪式为祭天仪式的结尾。济农走到溜圆白骏跟前，将桌子上的金杯置于白骏臀部，任其自由落地，然后审看金杯落地的情况。如杯口朝上，说明苍天保佑，是好兆头。连卜三次，才能定结论。济农在观察金杯之后，便来到巴图吉勒跟前，将酸奶斟在银盅里，在巴图吉勒和马驹身上涂抹点祭。这时，亚门特吟诵《巴图吉勒赞》，祭天仪式结束

图二　蒙古族查干苏鲁克大祭平面示意图

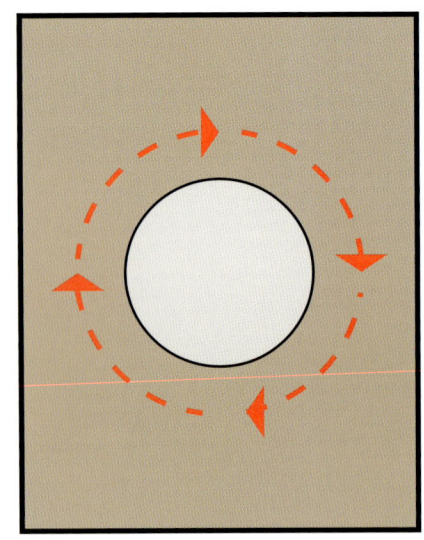

焚物祭祖的主要程序是先献哈达、献神灯、献香、献酸奶圣酒三巡、祭洒鲜奶、锁闭圣主宫帐之门、绕宫27圈，复开宫门进内献神灯、献香

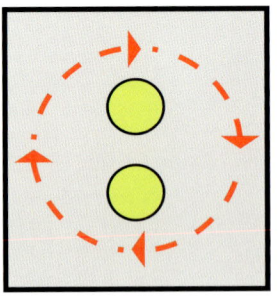

点燃火炬去嘎日利祭祀地，用火炬将三堆嘎日利之火点燃，在嘎日利之火中焚烧9只哈图全羊。绕嘎日利的香火转三圈，手执燃剩之火炬唱着嘎日利之歌返回

图三　蒙古族查干苏鲁克大祭焚物祭祖平面示意图

大珠玛，由他们继续祭酒。祭酒鲜奶的楚楚格一共有9只，皆为银制，由济农和鄂尔多斯各旗王爷提供。祭酒跑场简称"跑场"，通常一只楚楚格由三人跟跑。跑场祭酒时须围绕着圣奶桶、金马桩和溜圆白骏，在插有"札勒玛"的区域进行。

审看金杯和巴图吉勒祭两个仪式为整个祭天仪式的结尾。济农来到溜圆白骏前，将金杯置于白骏臀部，任其自由落地，然后审看金杯落地的情况。如杯口朝上，说明苍天保佑，是为吉兆。济农需连卜三次，给出占卜的结论。济农在观卜金杯情况之后，来到巴图吉勒前，将银盅中的酸奶涂抹在巴图吉勒和马驹身上。此时，亚门特吟诵《巴图吉勒赞》，宣告祭天仪式结束。

4. 金殿大祭。吉格上的成吉思汗宫帐被简称为"金殿"。济农在祭酒鲜奶之后，便进入金殿举行金殿大祭仪式。与此同时，祭酒完鲜奶的继位台吉们会分头到别的宫帐中举行祭奠。济农入金殿，先宰杀祭祀的牲羊，然后开始祭香火仪式。祭香火用的祭品，由亚门特事先准备齐全。济农领着众人祭香火时，由亚门特念诵《金殿香火大祭文》，济农领头献哈达、神灯和全羊。之后，济农来到金殿门前，由亚门特将桌上的两瓶圣酒倒入祭献酒壶，再由酒壶倒入名为查古的托盘双杯内。济农双手捧着查古，返回金殿。济农将查古献到圣主灵柩前的时候，亚门特接过去再回酒，如此重复三次后，由台吉们献圣酒六轮。在亚门特唱完12首祭歌之时，献酒次数需要达到9次。经过后继一系列的献酒与吟唱，祝颂结束。最后，便开始分发殿内祭祀祭品作为"福份"，完成金殿大祭。

5. 招福仪式。三月二十一日晚在成吉思汗金殿内举行的招福仪式以及二十三日祭祀黄车、二十四日八白宫起程祭等等活动，皆属于查干苏鲁克大祭的收尾仪式。招福仪式是在成吉思汗金殿中举行珠太渗酒、抹画呼图克和招福致祥等仪式。黄车祭是在三月二十三日，亚门特用4只全羊和4尊圣酒供奉黄车，准备将成吉思汗灵帐运回原地。八白宫返回祭是在三月二十四日的辰时，八白宫将要离开吉格之前，各用一只全羊和一尊圣酒供奉白宫。成吉思汗与孛儿帖格勒真哈屯的灵柩需要从吉格上的金殿中请出，先入弓箭宫帐安置，再抬到黄车上迁徙，此黄车通常由两至三只白色神驼牵拉，如同三月十八日请至吉格时的礼仪一样，由仪仗护送，请回大伊金霍洛的宫帐中安放。至此，延续半月有余的查干苏鲁克大祭结束。

查干苏鲁克大祭是蒙古族重要的传统祭祀活动，从成吉思汗时代一直流传至今，现代每年春季的这一祭祀大典，聚集了内蒙古各个部族及外族观者可达十余万人次。查干苏鲁克大祭既延续了经典的民族文化传统，拓展了民族文化的影响力，同时祭典中附带的会场集市成为蒙古族内部各部落以及同其他外民族进行商贸活动、交流造物文化的重要途径。基于此，蒙古族查干苏鲁克大祭成为蒙古族祭祀文化、宗教文化、民俗文化，乃至服饰文化和饮食文化等多种民族文化分支的集合体，是现代民族学、宗教学和设计学中相关课题研究与考证的宝贵实例。

图片来源
图一　周安涛　摄影
图二、图三　张颖泉　制图
图四、图八　许宏　制图
图五、图七、图九　李淼　制图
图六　孙丹丹　制图
图十、图十一　范嵘出品：《探秘·最后的成吉思汗》（DVD），济南：齐鲁电子音像出版社，2007年

农和各旗札萨克都将赶来参与祭典，加之各地涌来参与的族众，使得查干苏鲁克大祭成为蒙古民族一年一度最为盛大的祭典大会之一。查干苏鲁克大祭中所举行的各种祭祀仪式按时间顺便排布，包括八白宫汇聚仪式、焚物祭祖、祭天仪式、金殿大祭和招福仪式等若干主要环节。

1. 八白宫汇聚仪式。八白宫也称"八白室"，是成吉思汗陵寝的原型，亦是成吉思汗灵魂与精神的象征。查干苏鲁克大祭通常从三月十日即展开诸多准备工作，为了使散布于鄂尔多斯各地的八白宫按时抵达"吉格"（原意是蒙古可汗、济农宫室坐落的地方，或是祭奠旗幡徽号的祭坛），筹办祭祀的达尔扈特人首先将在巴音昌霍格河上架一座木桥。三月十五日，人们将珍藏的宫帐木架取出，运到巴音昌霍格草滩的"吉格"位置架设起来。至三月十七日，筹办者在白宫木架盖上大毡，外套棕黄色的布或绸缎做面，四缘多缀有青色或绿色饰穗。这即是在八白宫聚集后，用以安置成吉思汗和孛儿帖格勒真哈屯灵柩的宫帐。三月十七日，八白宫需要全部汇聚于大伊金霍洛的草滩营地。至三月十八日，八白宫中供奉的各神物都要在草滩营地的吉格聚齐。

2. 焚物祭祖。焚物祭祖是大祭前的小祭，达尔扈特人将之称为"嘎日利祭"或"嘎利利祭"，在查干苏鲁克大典期间于三月二十日晚举行。主持焚物祭祖的人通常是成吉思汗奉祀之神的守护者。焚物祭祖所用的诸类祭品，原本是由蒙古各地贡献，及至近代，一般由鄂尔多斯各旗供奉。祭祖的祭品包括全马和全牛各一匹，绵羊数十只，另有哈达和黄炒米等。其主要仪轨是先由主持向成吉思汗宫帐献哈达和神灯，焚香敬献酸奶和圣酒三轮，并以扬奶器祭洒鲜奶。之后，闭锁圣主宫帐，参祭者绕宫帐27圈，再开宫门入内献香和神灯。事毕，参祭者在主持的带领下点燃火炬去焚物祭祀之地，用火炬将三堆嘎日利火堆点燃，并在火中焚烧哈图全羊，敬献圣酒，吟诵《嘎日利金册》。主持会将全羊的左前腿、羊尾和肚肠等置入奶桶，绕嘎日利火堆转三圈，完成祭祀。

3. 祭天仪式。三月二十一日是查干苏鲁克大祭的主祭日，亦称"祭天"，其由金殿小祭与祭天仪式组成。金殿小祭是在二十一日的辰时，由济农率领黄金家族的各王公台吉，跟随圣主达尔扈特八大亚门特（太师、太保、宰相、洪晋、芒乃、格赫庆、哈萨嘎和彻尔彼，达尔扈特亚门特属达尔扈特人中的贵族，他们的职称为世袭，但必须通过济农认可）的引导，先至溜圆白骏前，将全羊和圣酒摆在祭桌上，进行祭祀。亚门特们需要分别戴上27条约一指宽的白缎条儿，领参祭者步入布置好的成吉思汗金殿。在金殿内举行献哈达、献神灯、献香、献圣酒三回，芦苇浸酒，然后到外边举行祭天仪式。

济农和台吉完成金殿小祭后，行至系马用的练绳"吉勒"前，向名为"宝日温都尔"的圣奶桶祭献一只全羊和一尊圣酒，并将来自99匹白骒马的几百斤鲜奶倒满圣奶桶。在离圣奶桶西北约27步远的位置，竖起名为阿拉坦嘎达斯的金马桩，并在其西北方向约81步长的跨度中，栽置81个"札勒玛"（亦称"翁嘎日勒"，象征"天马桩"和"天座"，即将33厘米长的枳芨棍儿划分9节，用白绵羊毛缠绕起来后垂直插在地上）。此后，祭天仪式正式开始，济农手持专门祭洒马奶的楚楚格（扬奶器），在圣奶桶里三咠三祭，为祭洒跑场拉开帷幕，之后将楚楚格交给祭洒鲜奶仪式的主持者和各旗

图十一　蒙古族查干苏鲁克大祭现场情境图

蒙古族查玛舞仪

图一　蒙古族查玛舞仪主图

查玛又称"萨姆""查穆"和"查木"等，是藏语"羌姆"的音译，意为跳舞。查玛舞仪是蒙古族藏传佛教昭显本尊和护法神加持众生、驱邪避害的宗教仪轨，通常是由召庙喇嘛表演的一种仪式性的乐舞。查玛舞俗称"跳神"或"跳鬼"，源于西藏的羌姆舞仪。"羌姆是一种由僧人表演的宗教仪式性乐舞，以驱魔镇邪为表演的主旨，通过简明的情节、多种神怪角色以及独特的舞蹈动作，展示佛教与异教的斗争与胜利"（田联韬：《北京雍和宫〈金刚驱魔舞〉音乐考察》，载《民族艺术》1997年第3期）。羌姆于16世纪传入蒙古族地区，同蒙古萨满教、其他神话传说及民俗仪式等融合，逐步形成了颇具蒙古族特色的查玛舞仪。查玛舞的特点是整个过程没有吟唱和道白，是一种仅在乐队伴奏下的纯舞蹈形式，凭借舞蹈者的各种动作、所戴面具、穿着的服饰以及手持道具等展现舞蹈仪轨，诠释宗教义理。查玛舞仪包含仪式场所、舞仪程式、面具服饰、配乐和宗教象征等5个层面。

1. 查玛舞仪的仪式场所称为"查玛呼热"或"查玛城堡"，一般选择在召庙殿堂前的广场，也有大型召庙如准格尔召会在殿堂内举办。仪式场所的地面通常绘有供舞仪进行的轨迹与线格，常见的有两种：其一，以呼和浩特大召内殿前的"查玛呼热"为代表，其由18个大小各异的圆圈构成一个直径约为10米的开口圆环，南北两端分别留有1米左右宽度的缺口，圆环中间由9个大小相同的圆圈，呈九宫格排布，内里左右间隔两个稍小的圆圈组成一个边长约为4米的正方形；其二，准格尔召寺庙前广场上的"查玛呼热"类型，其外围是直径分别为15米和14米的两个同心圆，圆内有4个大小相同的小圈，分列东北、东南、西北和西南4个方位，正中则是一个略大的小圈。整个查玛舞仪基本都要依照这些"查玛呼热"指引舞步，此外，这些轨迹和线格亦有一定的宗教象征意义。

2. 舞仪程式是指查玛舞仪的仪式内容、形式和流程，主要有小查玛、大查玛和"米勒日"查玛三种。其中，小查玛是在密宗殿内，配合喇嘛吟诵经典，由查玛中的主要角色表演的祭奠式的小型查玛舞仪，一般不供外人观览；大查玛是在寺庙广场上举行的大型查玛舞仪，可供众人观看；"米勒日"查玛是根据经书《米勒日巴转》改编的集戏剧与歌舞为一体的小型舞蹈，具有较强的民俗表演性质。每年七月初八的准格尔召查玛舞仪即属于大查玛，表演场地是在寺庙前的广场，由8个程式环节构成。仪式随着三声号响正式开始，其先后顺序如下："泡冒"查玛、"陶德格莫"查玛、"都德玛"查玛、"巴特尔"查玛、"沙纳格"查玛、"阿孜日"查玛、"古日东巴"查玛、"该榜"查玛。

"泡冒"查玛先登场的是头戴硕大面具的白发老翁和老妪，白发老翁的蒙语称"冒"，象征土地爷，民间也称"白头翁"，老妪的蒙语称"泡"，象征土地婆，亦称"白头奶"。他们的舞仪动作融入了许多日常生活体态，包括绕手、踩踏、叉腰、转身、捋胡子和竖大拇指等，体现了一定的嬉戏成分。"泡冒"查玛的舞姿缓慢，动作相对简单亦不失趣味，和蔼亲切且兼带调皮的舞姿，为庄重的查玛舞仪营造了愉快轻松的气氛。

"陶德格莫"查玛中的"陶德格莫"意为骷髅鬼，而"都德玛"的意思则是恶鬼女妖，民间俗称"大奶人鬼"，它们皆是面相丑陋、凶恶狰狞，属于顺从佛教的皈依神。"陶德格莫"手持竹制棍杖，裹有彩色绸布，伴随着轻快的音乐挥舞手杖起舞，其舞步较"泡冒"查玛激烈，以跳跃颠跑、单腿跳加旋转为主，其舞仪主旨是讲述骷髅鬼被阴间阎王派往民间巡查的故事。

"巴特尔"象征英雄，手持勇士宝刀与盾牌，通过模仿两个武士的各种格斗姿态展现其神威英勇。"沙纳格"与"阿孜日"都是神灵的化身，他们手执巫师布巾，通过挥舞布巾祈福，一定程度上流露着安代舞的特征。此外，他们使用"踏跳步"在呼热中顺时针环绕舞蹈，表述的是四季之神在时轮上洒宝，普度众生的情节。"阿如亚博勒"的化身"该榜"是两位头戴金帽、手捧哈达和金钵求经布道的僧人，舞蹈多是简单的两人交换站位。"古日东巴"在民间被称为"五道爷",也是初八"查玛"舞仪的主要角色之一,他以诸多引弓射箭的舞姿体现出其掌管世人生死的神灵位格。

3. 面具和服饰是查玛舞仪重要的组成元素,成为整个查玛舞仪视觉效果的主体。"查玛"的面具种类繁多,形态各异,包括佛、神、僧人、金刚、鸟兽和恶鬼等。表演者中除了饰演僧人的喇嘛之外,其余的皆需头戴纸浆或泥塑而成的面具,代表各种不同角色的身份地位、性格特征和年龄性别等状况。面具的相貌和表情,通常分为静善型和忿怒型两种,静善型多为和蔼可亲、端庄文静,彰显佛法追求宁静平和、无欲无求;而忿怒型则多为凶狠怒目、獠牙毕露,体现其镇压邪恶的职能,警示世人。查玛舞仪面具的色彩丰富,主要有红色、黄色、绿色、蓝色、黑色和白色等,亦分别具有不同的象征意义。舞仪表演者头戴面具便转变成主神、差役神以及鸟兽神的化身,具有典型的宗教象征意义。

查玛服饰是用以搭配面具塑造神灵形象的重要道具,其服饰样式通常依照神灵的尊卑身份差异而各不相同。主神所着服饰一般配色鲜亮、肃穆端庄,相应地,其做工亦更加考究,用料和质地也比较精美。比主神位格低的差役神,他们的服饰以黑色与白色为主,形制多为短襟和长裤,凸显了他们机灵活泼的性格。鸟兽神的服饰色彩丰富,形式夸张,很好地呼应了其面具样貌,鸟兽神舞蹈动作的技艺性颇强,其服饰形制更加适合大幅度的舞蹈动作。蒙古族多数的查玛服饰皆以蒙古袍为基础,按照所塑造神灵形象的特征加以修饰与调整。在查玛舞仪,除了面具与服饰外,其他各种仪式道具也十分重要,这些道具亦称"法器",主要包括巫师布巾、花棍、手杖、香筒和短剑等。法器的功能不仅可以更好地体现神灵的威严,镇压邪魔,此外也是供观者识别查玛舞仪中诸多角色的重要标志物。

4. 查玛舞仪配乐的主旨并不是为了强调曲乐的旋律性,其主要功能是为舞蹈动作击打节拍,营造氛围。查玛舞仪的音律与节奏较为程式化,乐队演奏中音乐强弱均匀,节奏鲜明而规律,成为查玛舞仪中不可或缺的组成成分。舞仪常用的配乐乐器通常包括立鼓(亨格日格)、大号(布热)、羊角号(丙令)、唢呐(毕西古尔)、大钹(宪)、海螺号(吟)、谬(哈扔格)等。

整个查玛舞仪具有浓烈的宗教象征含义,属于宗教仪式中的一种表现形式。查玛舞仪与请神、送神、祈福、送祟、抗旱、求雨、驱鬼和除疫等人类精神生活密切相关。查玛舞仪以宗教义理为核心,运用舞蹈仪式的表现形式和相关视觉及听觉语汇,诠释了人与神之间的奇妙关系,凸显神灵的威严。蒙古族的查玛舞仪融汇了包括蒙古族、藏族和汉族等不同民族、不同文化圈以及不同时代人们的宗教观念与审美意识,彰显出典型的仪式性、宗教性、民族性、地域性、群体性、象征性、神秘性和传承性等文化内核特质。查玛舞仪的这种复合性与融合性,体现出蒙古族宗教礼仪与民俗文化的包容性与适应性。查玛舞仪以其丰富的外在表现形式及其深邃的文化内涵,成为当今研究蒙古族宗教信仰、民俗文化、民族融合及相关造物文化的活化石。

图片来源
图一　王柯　制图
图二、图三、图五至图九　李淼　制图
图四　李淼　摄影

图二 蒙古族查玛舞现场

图三 蒙古族查玛舞现场

图四 蒙古族查玛面具

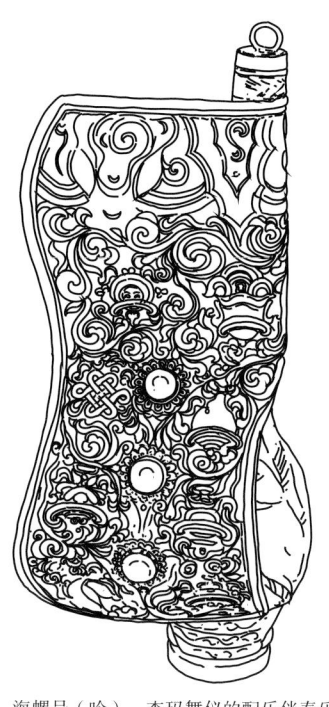

海螺号（吟），查玛舞仪的配乐伴奏乐器之一

图七　蒙古族查玛舞仪礼俗用器·海螺号

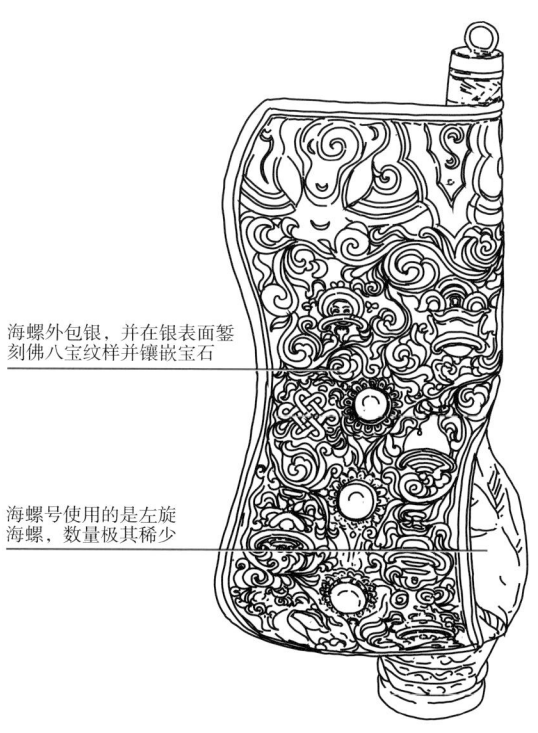

海螺外包银，并在银表面錾刻佛八宝纹样并镶嵌宝石

海螺号使用的是左旋海螺，数量极其稀少

图八　蒙古族海螺号工艺分析图

尸陀林主面具，尸陀林主，司天葬，骷髅面，三只血红眼眶，龇牙咧嘴，头戴三股璎珞五骷髅冠，冠顶饰伞盖

忿怒金刚面具，头戴五骷髅冠，火焰发，颧骨突出，三目怒睁，獠牙卷舌

图五　蒙古族查玛舞仪礼俗用器·面具

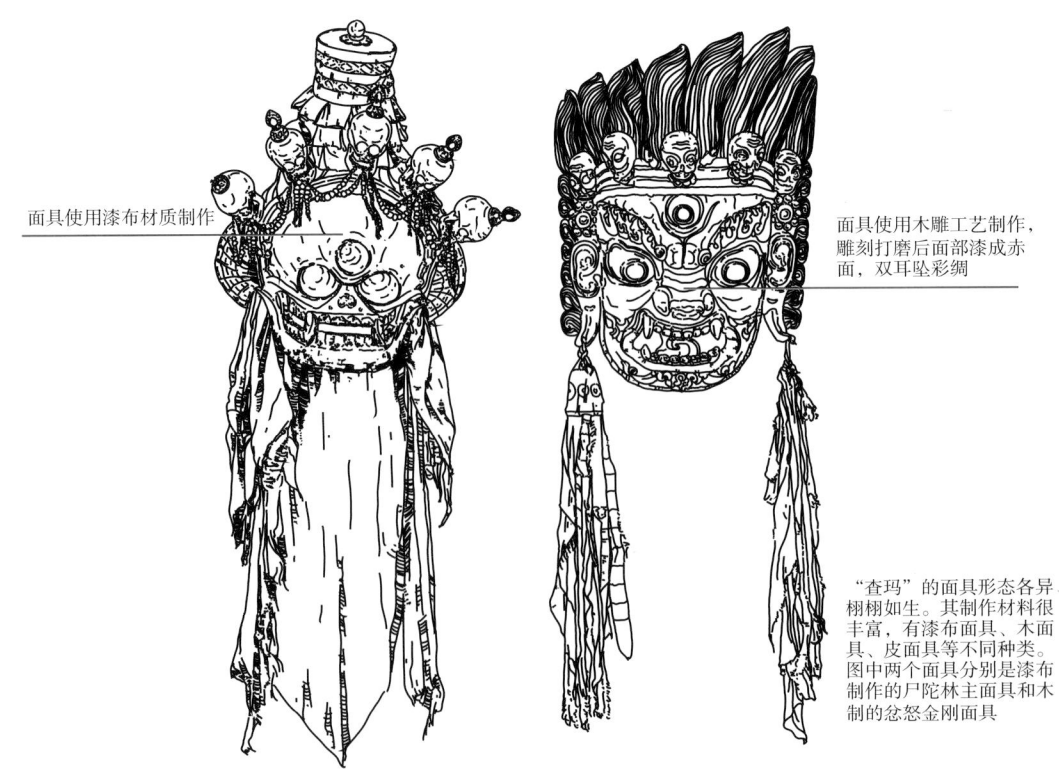

面具使用漆布材质制作

面具使用木雕工艺制作，雕刻打磨后面部漆成赤面，双耳坠彩绸

"查玛"的面具形态各异、栩栩如生。其制作材料很丰富，有漆布面具、木面具、皮面具等不同种类。图中两个面具分别是漆布制作的尸陀林主面具和木制的忿怒金刚面具

图六　蒙古族查玛舞仪面具工艺分析图

第七章　蒙古族传统民俗和宗教

蒙古族婚礼

图一　蒙古族婚礼主图

蒙古族的婚礼是最典型的民族文化结晶，是蒙古族礼仪文化和民俗文化的代表与精髓。蒙古族婚礼的历史渊源同该民族先民长期逐水草而居的游牧生产和生活方式密不可分，其礼俗仪轨、服饰规制、用器道具等皆彰显出浓郁的北方游牧文化特质。蒙古族地区地域辽阔，部族众多，各区域的婚礼习俗多少有所差异，但其基本环节大体相近，通常包括求亲、定亲、婚前准备、迎娶、送亲、迎亲和结亲等部分。

1. 求亲也称"提亲"，是指由男方部族的长者选择吉日，清晨带着哈达来到女方家中，首先向女方毡庐中的佛桌神位磕头请安，并接受女方家的敬茶致谢；之后，男方需要在佛桌前说明求亲意图，即要将女方家的哪个女儿聘为男方谁家的儿媳等；最后，待表述清楚后，男方将哈达献在佛桌上。若女方家同意这求亲，就接受对方敬献的哈达，若不同意，则向求亲者讲明，或是稍过一段时间，再回献哈达，婉转地表示回绝。

2. 所谓定亲是指在男方求亲获许后，由男方提亲的长者陪同男方父母及亲属，携带哈达和礼品来到女方家中，先互相行礼祝好，再由男方给女方每位在场的人递送礼

图九 蒙古族查玛舞仪现场情境图

物，以示亲好。之后女方将男方一行引入家中，以羊背子款待客人，这称为"定亲宴"或"订婚宴"。双方长者和新人父母需要在宴席上商定婚礼具体的日期以及聘礼等事项。

3. 婚前准备主要是在定亲之后，男方筹办聘礼和婚礼，女方置办嫁妆等。聘礼也称"彩礼"，是男方需要送给女方家人作为迎娶的礼品，农区的蒙古族喜用珠宝首饰等物件儿为礼，而牧区的则多在珠宝首饰的基础上配以牛羊牲畜，数量上喜用"九"字，以示长久与吉祥。嫁妆是女方嫁女时一同带到男方家去的出嫁礼物，多为贵重的珠宝首饰和未来家庭所用的服饰细软等。蒙古族的嫁妆通常要比男方聘礼多，所以便有了"娶得起媳妇，嫁不起姑娘"的俗语。蒙古族地区各处的聘礼和嫁妆内容以及赠送方式多有差异，其主要依男女双方的经济情况及各地的文化习俗而定。阿拉善区域的聘礼重视数量，不在乎价值，多为牲畜配以首饰、服饰和家具等；在赤峰地区，聘礼被称为"阿门阿日黑"，意为口应酒，一般包括首饰珠宝和香盒等手工艺品；在锡林郭勒盟，女方家会在女儿出嫁前一天送以首饰配饰等礼品作为嫁妆；呼伦贝尔的巴尔虎蒙古族常常以精美的彩绘家具作为聘礼。

4. 所谓迎娶即是由新郎为主的男方接亲队伍前去女方家接新娘的过程，由于蒙古族居住间隔遥远，迎娶队伍一般天不亮就得启程，需要在婚日前一天的日暮前抵达女方家，不早不晚为佳。男方队伍被女方迎入家中后，首先需要向佛桌神位跪拜磕头，点燃佛灯，有的还需要敬献哈达以示恭敬。之后是敬烟环节，男方长者持鼻烟壶向大家问候后，新郎和新娘还需要分别向对方长辈敬送鼻烟，并一一问候请安。之后由男方长者言明来意，向女方宾朋递上礼品，一同饮茶进餐，往往欢歌庆祝到深夜。马具在迎娶过程中非常重要，新郎骑乘的马匹需要配齐漂亮干净的马具，未来岳父母在见到新郎后往往还要赠送金马鞍以示祝福和疼爱。此外，新郎迎娶时的服装配饰亦十分讲究。当日，新郎要穿戴崭新的蒙古袍和蒙古靴，身披红绸，头戴缨帽，并要整齐佩戴蒙古刀、火镰、烟荷包和弓箭等，这些配饰多为女方赠礼。弓箭在迎娶中也是重要的道具，许多蒙古族地区的婚俗中，女方家人会抢走新郎的弓箭，而新郎须用饮酒、歌唱和哈达赎回。在次日新娘离开父母前往男方家前，巴尔虎、厄鲁特和察哈尔等蒙古族的新郎需向新娘乘坐的毡车上方射出箭羽，寓意驱邪祈福。新娘在迎娶活动中戴华美头饰，穿着亮丽精美的袍服，佩戴勃勒、莎力格、戒指、耳饰、手镯等首饰。

5. 送亲是女方在迎娶活动的次日送女儿出嫁的过程。迎娶翌日，女方待到新娘穿戴整齐，蒙上头纱，一般由嫂子领着进设宴房，同新郎一道拜见父母。女方父母此时会赠送给女儿、女婿礼物，然后便是女儿告别父母、亲戚和朋友，整个过程通常伴有相关的民族歌曲。新娘骑马或乘车前往男方家，在启程前，新娘需要由伴娘或姑母搀扶，同新郎一起向众人敬酒。前往男方家送亲的队伍携带女方备好的嫁妆细软及陪嫁牧畜等，绕女方家的蒙古包一周，然后送亲队伍先行，男方迎娶的队伍后行。

6. 迎亲亦称"接亲"，是男方家在送亲及迎娶队伍的路途上迎接的过程，有直接在迎亲地摆设酒席供归来的队伍就餐，也有将之迎回男方家后，在专门的地点设宴欢迎。新郎与新娘拉着驮有嫁妆的牧畜和勒勒车来到新房门口，通常需要绕行毡庐三圈，并跨过预先准备好的炭火，接受火神的洗礼与祝福。

7. 结亲，也称"新房礼"，是整个婚礼的高潮，即是新郎新娘正式结为夫妇的仪式，通常包括敬拜、换装和婚宴等步骤。其中，敬拜是新人跪拜天地和父母，新郎新娘进入新房后，首先跪拜见父母，敬献哈达。新娘由新郎揭开蒙头纱后，为父母斟茶献酒，并同时更改称呼。之后，父母给新娘新婚赠礼，婆婆可以给新娘起一个新的名字，并祝福新人。换装是指新郎新娘在婚宴前换掉迎娶时穿着的服饰，穿上婚礼正装，男子穿崭新蒙古袍和蒙古靴，袍外常常配上精致镶边的短襟坎肩，戴上礼帽，佩戴由女方赠送的诸多配饰，女子穿上事先备好的蒙古女袍，通常色彩艳丽，刺绣华美，不系腰带，以示对丈夫的顺从，同时戴上完整的民族头饰和诸种首饰配饰等，珠光宝气，华彩熠熠。婚宴一般是全羊席，是最高规格的蒙餐，婚宴开始前有主婚人道诵祝福，并由父母赠给新娘首饰作为礼物。此后，新人们在宴席上向父母、长辈和宾朋一一敬酒并接受祝福，席间歌声不断、热闹非凡。在婚宴后的第二日早晨，由女方长者宣读嫁妆明细，并交于男方父母。女方送亲队伍在吃过谢宴后，便可启程返回，整个婚礼结束。在蒙古族地区的不少区域，结亲环节中还有男方与女方家人"抢枕头"的活动，其源起是早先的抢婚制。

蒙古族传统婚礼凝聚了其民族礼仪风俗的精粹，整个婚礼以男方娶亲为主线，以结亲为高潮，串联求亲、定亲、送亲、迎亲等环节，集民俗文化、礼仪行序以及相关歌曲、诵辞、舞蹈、服饰和手工艺等多种蒙古族文化因子于一身，喜庆热烈，凸显了蒙古族豪爽热情、重视礼仪的民族性格及其极富民族特色的造物文化。蒙古族传统婚礼是研究民族演进与变迁的重要例证，是整个蒙古族历史文化的沉淀和民族审美风尚的标志。

图片来源
图一、图九至图十二　FOTOE 图片库
图二、图三、图五　孙丹丹　制图
图四　李淼、许宏　制图
图六　李淼　制图
图七　微图网
图八　FOTOE 图片库、微图网

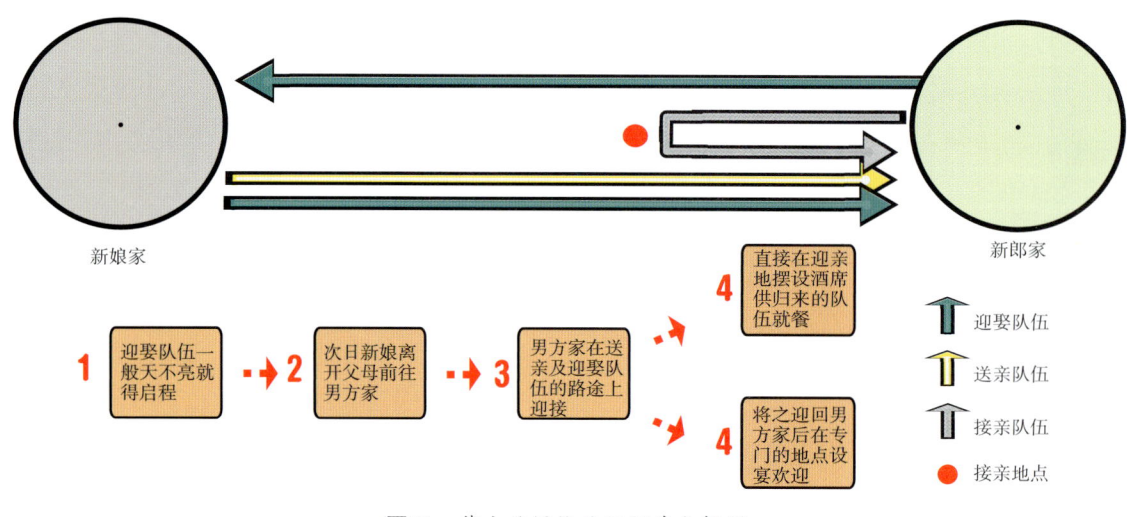

图二　蒙古族婚礼平面行序分析图

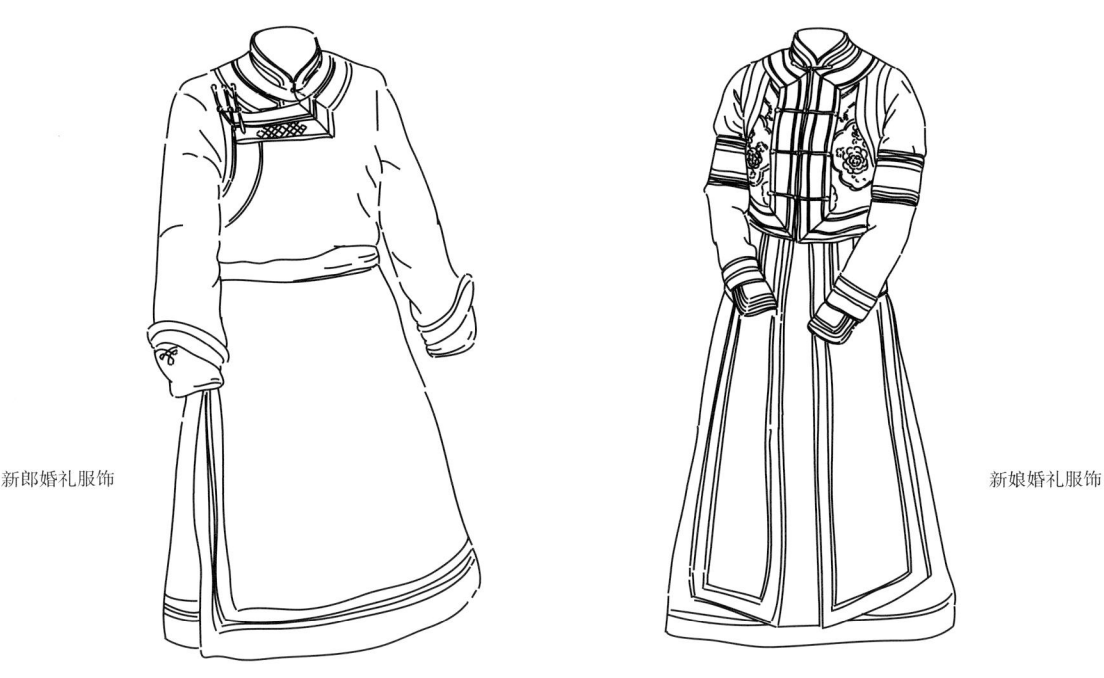

图三　蒙古族婚礼礼俗服饰

新郎婚礼服饰　　新娘婚礼服饰

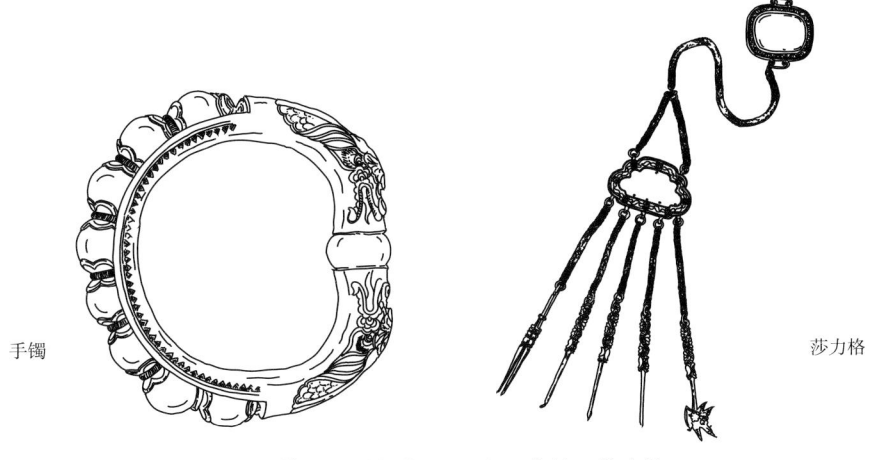

手镯　　莎力格

图四　蒙古族婚礼礼俗用具·手镯、莎力格

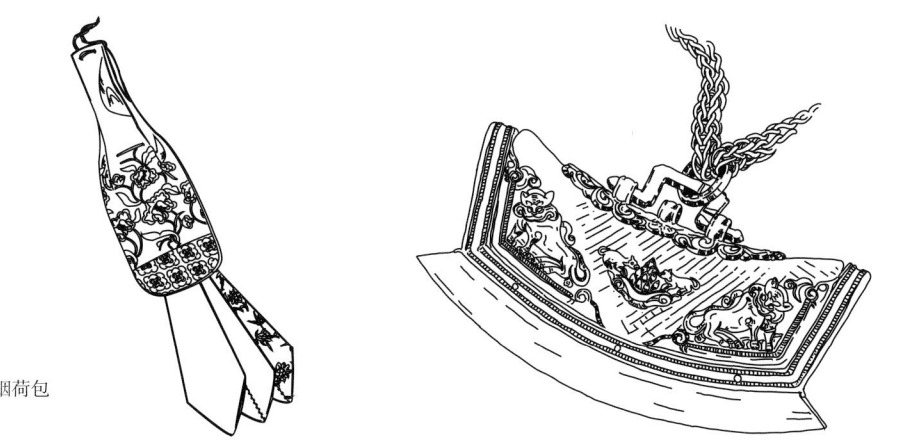

烟荷包　　火镰

图五　蒙古族婚礼礼俗用具·烟荷包、火镰

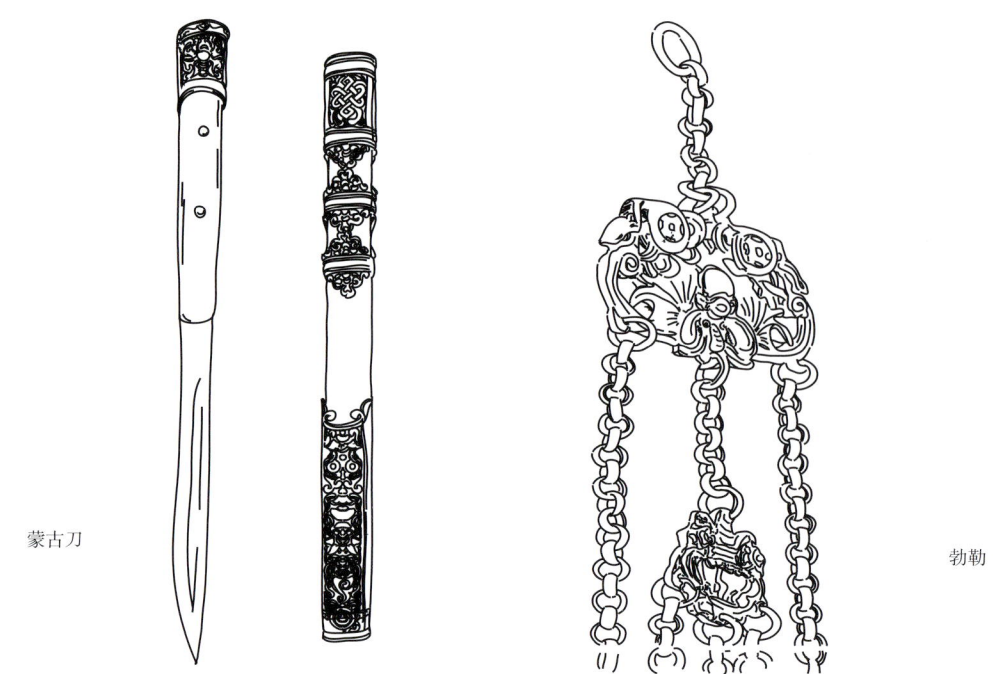

图六　蒙古族婚礼礼俗用具·蒙古刀、勃勒

图七　蒙古族婚礼·定亲

图八　蒙古族婚礼·婚前准备

图九　蒙古族婚礼·迎娶

图十　蒙古族婚礼·送亲

图十一　蒙古族婚礼·迎亲（接亲）

图十二　蒙古族婚礼·结亲

蒙古族祭火

图一　蒙古族祭火主图·祭火祈祷

蒙古族祭火是萨满教中对火神的祭祀活动，蒙古族的火神为女性，名为"嘎勒嘎勒罕额赫"，意即火神母或火母神。祭火仪式寄托着蒙古族对于部族和家庭兴旺富足的期望，也是对于家族延续后代，繁衍不息的祝福。此外，在蒙古族人看来，火亦具有驱邪避害、洁净污秽的力量，因而，祭火对于蒙古族人亦是镇压邪恶、护佑家族平安的重要活动。据考证，蒙古族的祭火礼俗沿袭自契丹人的拜火，更早的源头是其北方民族对于母性崇拜和火崇拜的融合。蒙古族祭火礼俗发展至清代，受满汉文化影响，许多农耕区域已经将祭祀灶王爷同传统祭火混合成了一体。现代蒙古族祭火礼仪基本分为两类，一种是在固定日期的祭祀活动，通常是每年的农历腊月二十三，即是蒙古族的小年，古代贵族则要晚一天，在二十四日；另一种则是随婚庆、乔迁或祭陵等活动的因事而祭，日期不定。不同区域不同部族的蒙古族祭火仪式在祭祀内容和程序等细节层面会有所差异，但基本仪轨相差不大，以鄂尔多斯地区为例，其祭火仪式主要包括祭前准备、祭火祈祷、祭献和分食祭火饭等环节。

祭前准备主要是指祭祀用的祭品、场

地和相关用品的准备和摆放。祭品主要是母羊胸叉骨和"阿毕惕"，其中，母羊的胸叉骨底端需保留一块带毛的羊皮，代表全羊；"阿毕惕"即是以羊结肠灌制的肥肠。作为祭品，羊胸叉骨还要进行必要的装饰，由男主人剔除胸骨上残留的羊肉，再以多条彩色绒线绕系装点。之后，将装饰好的羊胸叉覆盖油脂，置入托盘，其上摆放九炷梵香、九根茅针和若干绸缎布条，再配以少许红枣、奶食等，最后在上面覆盖蓝色的哈达。将从胸叉骨上剔除的羊肉与"阿毕惕"置入另一木盘或木桶，与胸叉骨摆在祭案上。此外，祭品还包括祭火饭和"哈里木"，祭火饭是一种在煮过羊胸叉的肉汤中放大米、糜米，配适量奶酪、红枣和葡萄干等煮成的干饭，蒙语称为"嘎林—布达"；哈里木则是先期煮羊胸叉骨的汤和奶酒等的混合物。祭品备妥之后，在火撑子前方摆设祭案，将上述各种祭品依次置于桌上。祭桌前需铺上洁白的新毡，供参与祭火的家人跪拜之用。也有在室外平整处设火撑子摆祭案的，一般是规模相对较大的祭火仪式，参与人员众多。

祭火祈祷是祭祀主持（一般由家族长者担当）致以祭祀祝词的过程。参与祭祀的族人成员身穿礼服新衣，在长者的带领下依照长幼辈分跪于祭案前，女性成员通常跪于最后面。祭祀主持以火镰为火撑子生火，然后致以祝词："火神即将升上天界，他将领受上天赐予我家的丰收和幸福。祈求火神将上天赐给我的丰收与幸福悉数带回来！"之后由专人吟诵《火颂》祈祷。

祭献是在祭火祈祷后，由祭祀主持将羊胸叉骨和其他祭品投入熊熊燃烧的火撑子里作为祭品。其后，由主持携族人向火神行9次叩拜之礼。接着户主再次带领全家人，将煮胸骨汤和奶酒等混合成的名为"哈里木"的祭品洒入火中，每洒一次亦需行九叩首之礼。献毕，祭案上的佛灯油盏全部被点燃，由祭祀主持将剩余的祭品分给众人，并带领人们将各自手中的祭品举至齐眉或头顶，高呼祝词："呼列！呼列！"祭献完毕，祭祀主持起身，将祭火饭抹在家中各种器具上，包括火撑子的腿脚、毡庐墙壁、各式家具、门框、拴马桩、勒勒车、各式马具、牲口棚和牛羊圈等等，为了传递祝福，往往还会将之涂在家中孩童的脑门上。

分食祭火饭通常是祭火仪式的最后一个环节。参与祭火的晚辈请长辈入席上坐，分食祭火剩余的祭品，晚辈需要给长辈敬酒，并行磕头礼，此时，长辈亦会致以诚挚的祝愿。

蒙古族祭火源于原始社会中的自然崇拜和母性崇拜，后世历经社会、宗教和民族生产、生活方式的演化，蒙古族祭火仪式受到包括藏传佛教和满族、汉族民俗文化的多重影响与渗透，展现出多民族和多宗教的文化特征。蒙古族祭火的礼俗仪轨是重要的民族性非物质文化遗产，此外，祭祀中的祭品和祭器等亦是研究蒙古族造物文化与祭祀文化相契合的宝贵实例。

图片来源

图一　微图网
图二　FOTOE图片库
图三　FOTOE图片库、微图网
图四　微图网
图五、图七、图九、图十　张颖泉　制图
图六、图八　李淼　制图

图二　蒙古族祭火现场·祭前

图三　蒙古族祭火现场·祭火祈祷

图四　蒙古族祭火现场·祭献

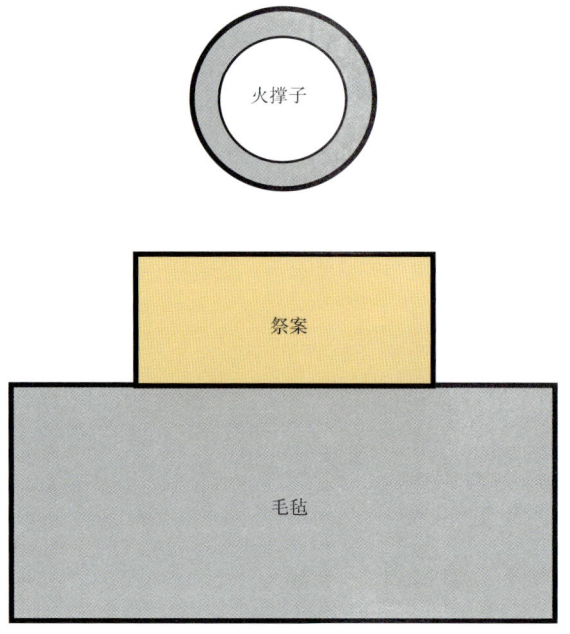

火撑子前方摆设祭案，将上述各种祭品依次置于桌上。祭桌前需铺上洁白的新毡，供参与祭火的家人跪拜之用。也有在室外平整处设火撑子摆祭案的，一般是规模相对较大的祭火仪式，参与人员众多

图五　蒙古族祭火现场平面示意图

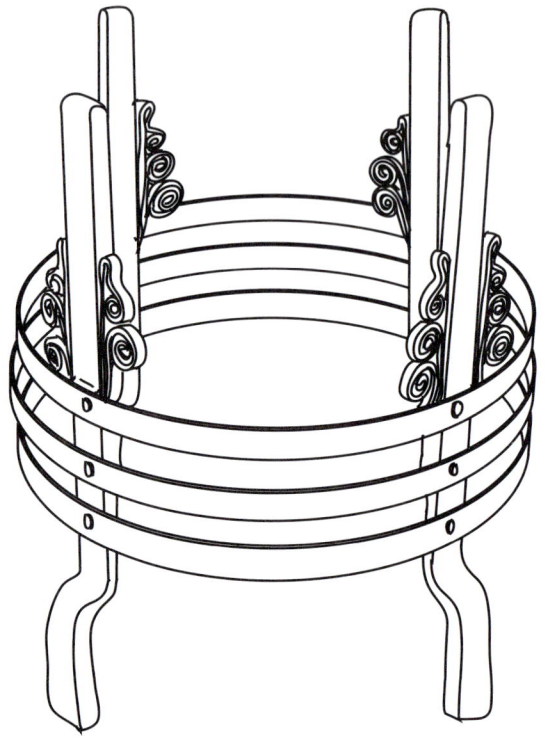

火撑子又称"火撑""铁锅架"，是蒙古族用于生火架锅的重要工具

图六　蒙古族祭火礼俗用器·火撑子

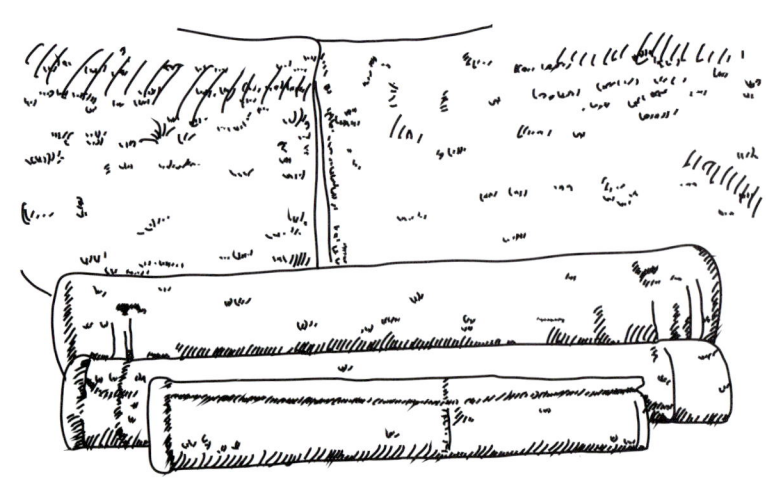

毛毡也称"毛肭"，是一种无纺羊毛制品，具有密封性、高弹性和保温性等多种优点，其在历史中是北方民族广为运用的一种生活、生产材料

图七　蒙古族祭火礼俗用具·毛毡

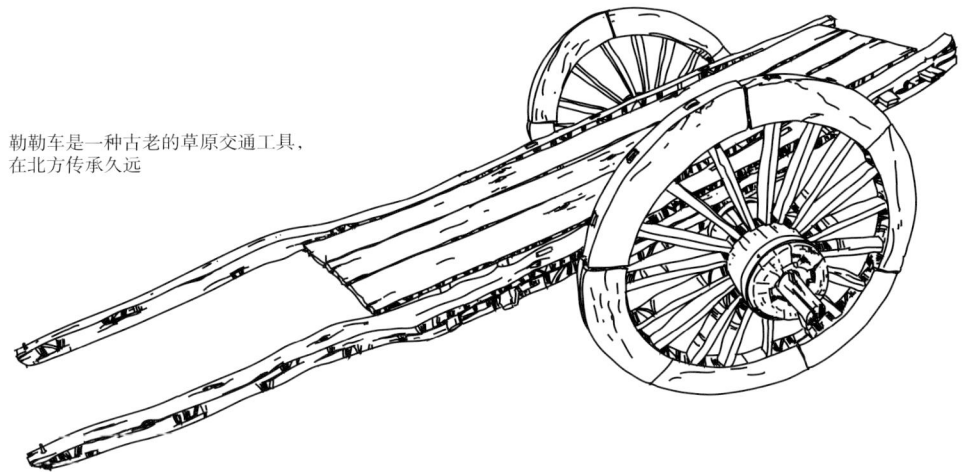

勒勒车是一种古老的草原交通工具，在北方传承久远

图八　蒙古族祭火礼俗用具·勒勒车

图九　蒙古族祭火现场情境图·祭献

图十　蒙古族祭火现场情境图·祭献

蒙古族祭天

图一 蒙古族祭天主图

蒙古族的祭天仪式被称为"主格黎",是蒙古人对于众神之主——天的祭祀活动。祭天活动是人类原始社会中自然崇拜的沿袭,天的变化如气候、气象等皆同人们的生产生活息息相关,从而促使人们产生敬天和畏天的崇拜心理,天被赋予神格,随后便有了祭天活动,并逐渐延续成俗。早在公元6世纪时,蒙古族先民就已经将天视为主宰万物的主神,将之名为"腾格里",至13世纪的元朝时代祭天成为蒙古族各部最为重要的祭祀活动之一。在《元史》卷72中有载:"元兴朔漠,代有拜天之礼。"元朝凡遇大典礼,必先至都城南郊祭天。元灭金之后,受女真的习俗影响,其祭天仪式主要在每年的正月或五月举行。

最初的祭天仪式都是由萨满巫师主持,后及16世纪,藏传佛教在蒙古族地区广泛传播,祭天仪式的主持者逐步为喇嘛所替代,念经诵佛亦取代了萨满教的跳神与念咒。受藏传佛教的影响,天神原初至高无上的地位被弱化,祭天仪式也因信仰和社会的流变而多有简化,不过祭天因其千百年来的民族心理惯性,并未消亡,一直延续至今。而且直至今日,在某些区域,人们在祭天活动中依旧排斥佛教的介入。

相较于元朝帝王的大型祭天仪式，现代蒙古族民间的祭天活动显然要简陋许多，但其仪式活动依然具有一定的仪轨，透显出蒙古族对于天神和自然的崇敬心理。现代蒙古族祭天仪式分为两种，一种是公祭，多在五月初九举行，也有因事而祭，如婚庆、丧葬等礼俗中的祭天活动，其可随事择日举行。仪式的主持一般由当地召庙的喇嘛担当，有的区域则拒绝喇嘛参与，依旧请当地萨满巫师主持祭天，相对保留了祭天的原初样貌。祭天的场所各有不同，一般是在敖包处，或是朝南的山坡。在祭祀场地的南面，设有一石块垒起来的圆形台子，作为祭台，其高度在1米左右，直径因祭祀大小亦多有差异。传统祭天仪式通常不允许女性和小孩参加，只能是本部族中的男性参与，现在由于文化的交融与异化，祭天仪式对于参与者的限制已经没有那么严格了。祭天仪式的具体流程仪轨，即便在当今，蒙古族各部和各区域亦有所差别，本文以察哈尔地区巴尔虎人的祭天仪式为例。

首先，参与祭天的主持与民众在上午抵达祭祀场所，在祭台北边以3根一米有余的等长木杆搭建一个三角锥形，象征天界。

然后，由主持在祭台上铺设一张带头蹄的羊皮，毛面朝下，头朝西北。再将祭品按照一定规制摆放在祭台上，祭品主要包括全羊秀斯、各种奶食和糕点等。之后，把蓝、白、红三种颜色的方布叠在一起，一头折角，朝北平放在秀斯的西侧，这三块布蒙语称"哈布其古日格"，分别象征天、地和火。

之后，主持人在3个银碗或铜盅里，分别倒入茶水、羊奶和白酒。一边口念祭辞，一边从秀斯上切下几块羊肉，按顺时针方向抛向四方，围着祭品转一圈；将带来的奶食和糕点等按同样的方法，边走边抛向四方，共转三圈。然后，主持手执一小勺，倒入茶水，按顺时针方向绕祭台边走边扬向四方，共转3圈。再以同样的方式，分别扬洒羊奶和白酒。以上两种仪式，即是向苍天敬献祭品。

主持完成上述仪式后，前来祭祀的人们分别依照先前主持的步骤，绕行祭台3圈，边走边将自带的奶酒洒向四方。众人绕行完3圈后，点燃"千里香"草，在主持的引领下，跪于祭台的南侧，向着西北方磕头3次。

最后，仪式告毕，众人围合起来，分食剩下的祭品，亦即是分享苍天的恩赐和福分。

另外，除了集体性的公祭以外，还有因事祭天，一般属于个人祭祀，求长生天的保佑，无固定时日，可随时随地进行。祭祀时先将洁净的羊肉挑在一种名为苏里德的高杆上，之后祭者登高，面向太阳，脱帽并解下腰带挂于颈项，以手捶胸，九跪九叩首，最后向天上或自家屋顶洒马奶酒、奶食等为祭。

祭天仪式是蒙古族传统祭祀活动中颇为重要的一项，虽然经历了明清时期藏传佛教对于萨满教及祭天活动的挤压与影响，"腾格里"天神在蒙古族人的心目中仍然不可替代，依然具主宰的力量，这亦是祭天仪式可以延续至今的原因所在。当代蒙古族的祭天仪式较元朝时已大为简化，但其仪式仪轨、祭品祭辞等内容对于研究蒙古族的宗教文化、礼仪文化和造物文化等皆有着重要价值。

图片来源
图一、图四至图七　李淼　制图
图二、图三　微图网

图二 蒙古族祭天现场

图三 蒙古族祭天现场

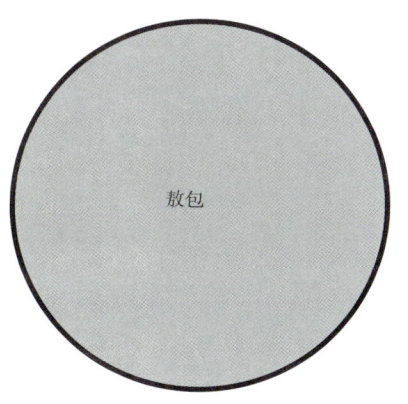

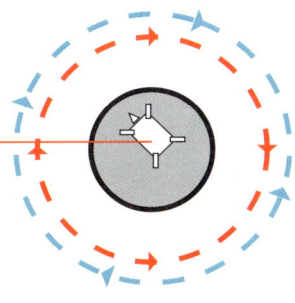

主持人在3个银碗或铜盅里，分别倒入茶水、羊奶和白酒。一边口念祭辞，一边从秀斯上切下几块羊肉，按顺时针方向抛向四方，围着祭品转一圈；将带来的奶食和糕点等按同样的方法，边走边抛向四方，共转3圈。然后，主持手执一小勺，倒入茶水，按顺时针方向绕祭台边走边扬向四方，共转3圈。再以同样的方式，分别扬洒羊奶和白酒

前来祭祀的人们分别依照着先前主持的步骤，绕行祭台3圈，边走边将自带的奶酒洒向四方

主持在祭台上铺设一张带头蹄的羊皮，毛面朝下，头朝西北。再将祭品按照一定规制摆放在祭台上

图四 蒙古族祭天仪式现场平面示意图

银碗,一般在祭天仪式中盛放茶水、羊奶和白酒时使用

图五 蒙古族祭天礼俗用器·银碗

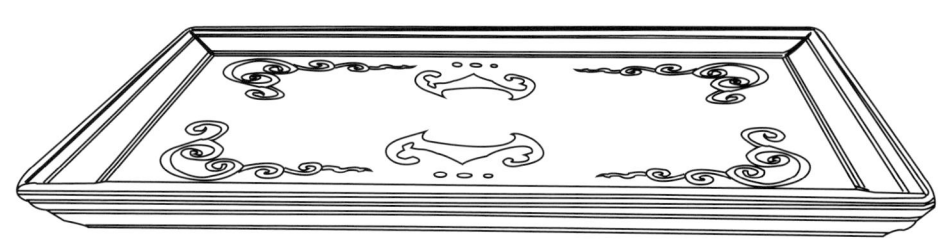

盘即是一种敞口扁浅的盛物器皿,形状似碟但口径更大。在祭天活动中,盘一般是作为盛放贡品的器物出现

图六 蒙古族祭天礼俗用器·盘

图七 蒙古族祭天现场情境图

蒙古族剪发礼

图一　蒙古族剪发礼主图

剪发礼可以视为蒙古族的诞生礼，蒙语为"敖尔波礼"，是一种在一定年龄时择日将其胎毛剪下的隆重仪式，是蒙古族人生三大礼仪（剪发礼、婚礼、葬礼）之一。剪发礼是蒙古人人生中的第一个重要礼仪活动，彰显了蒙古族对于人生肇始的信仰观念和价值取向。剪发礼一般取孩童3岁、5岁或7岁时举办，也有仅男孩取单数岁数剪发，而女孩则取偶数岁数剪发的。蒙古族剪发礼在不同的部族和地域会有一定的细节差异，但其仪式的基本流程趋同，通常包括择日、敬献、祝酒、剪发和飨宴5个环节。

1. 择日也称"择吉"，即是为剪发礼选择合适的举办日期。一般是由孩童的父母去本部落的召庙，请喇嘛根据藏经占卜拟定吉日，若是居住地附近没有召庙，则请本部族中的长者代为择日。通常会选择一年中的头四个月里的日子，一般不超过夏至。孩童父母领受吉日后，便开始着手置办剪发礼，并提前通告亲朋好友前来参加，其中，特别需邀请到孩童父方的叔伯亲和母方的姑舅亲。

2. 敬献环节是剪发礼的先端，待到所选择的剪发吉日，孩童父母准备好丰盛的宴席，备好"布克勒熟斯"，即一种煮熟的整羊，还有马奶酒、青稞酒、各类奶食和油饼小吃等，事先摆放在蒙古包内的桌上。客人们陆续抵达，宴席主人需在蒙古包门外双手捧哈达，上端银碗，内盛鲜奶（也有使用酸奶的），先敬给宾客中尊贵年长的老人。长者双手接过鲜奶，口诵祝词，并以右手中指沾鲜奶弹向四方，以敬神灵，之后在剪发礼的孩童前额上涂抹一点以示祝福。最后，长者自己品尝一口鲜奶，将银碗递还主人。此后，主人依其他宾客辈分和年龄的大小再一一敬送鲜奶。之后，主人将宾客引入毡庐品尝一种叫"薛木尔"的特制礼仪食品。"薛木尔"由炒面制成，经压实后堆成锥形，以之比喻须弥山，其四缘放置四块长方形酥油糕点或奶皮块，顶端各置一小块酥油或一颗红枣，象征人界四洲。整个"薛木尔"由一圆形彩漆木盘盛放，寓意为大海。一般由男主人向宾客们敬献"薛木尔"，其着节日盛装，配饰整齐。在青海蒙古族，男子需要将羊皮袄右袖褪掉，搭在肘部，再以双手捧"薛木尔"按宾客长幼尊卑依次敬献，供其品尝。被敬者在取食前，先以右手大拇指点自己额头一下，再伸手在盘中捏一撮炒面，或入口或洒向空中，然后手心向上抬起双手，向敬献者点头表示谢意。而敬者则左腿弯曲，右脚点地并躬身点头还礼。

3. 祝酒仪式在蒙语中称"孟德音艾日哩"。主人家通常会在酒瓶上缠绕哈达，并在瓶口贴一块酥油，与敬"薛木尔"相似，首先敬酒者左手持酒瓶朝向宾客，受敬宾客以右手（也有区域以左手）的无名指轻触瓶口的酥油，然后向空中弹指或以手指触唇，随后抬起双手向敬酒者点头受礼。宾客依次受礼完毕后，主人以镶银小木碗斟酒敬献客人，客人接酒后以无名指蘸酒向空中弹抛三次，表示敬天、敬佛和敬祖先，最后将剩下的酒饮尽。

4. 剪发是整个剪发礼的核心步骤，由参与的众人推请一位德高望重的长者执第一剪，这位长者的生辰属相切不能与受剪发礼孩子的属相相克。长者手执裹着哈达的剪刀，接过受剪孩童，口中诵念祝词，其内容大意是祝福孩子如雄狮一样勇猛，如骏马一样矫健，似菩提树一般常青，幸福无涯。在周围宾客的祝福声中，长者将剪下的一绺头发塞在剪刀把上的哈达结扣里，然后赠送自己事先备好的礼物，并将哈达披到受剪孩子的脖颈上。之后，长者把孩子递给第二位客人，众人轮流剪发，送出祝福和赠礼。其中，比较讲究的是各宾客的祝词需要各不相同。说不好祝词的人，亦可请别人代述。主人就会将客人的赠礼挂在蒙古包东北方位预先备好的绳索之上。赠礼通常为各式绸缎、布匹、工艺配饰和茶叶等，若是孩子的重要亲属，一般会赠以马、牛和羊等牲畜。所有宾客轮流剪发完毕，剪发仪式即告结束。

5. 剪发礼的最后是飨宴环节，即是大家围坐进餐，共同庆贺。首先，主人会将一羊头放到餐桌上的大盘中，一般会在羊额头上放一小块酥油，按年龄长幼顺序让客人品尝。宾客以右手无名指抹一下羊头上的酥油，然后轻触自己嘴唇，以示受礼。之后，主人留下羊头，将整羊除羊背以外的部分均切割成小块，下锅煮熟，再端至客人面前。众人进食前，主人需用蒙古刀把羊背两侧的羊肉削下数十条在羊背上搭成若干"十"字。之后，主人将羊背放置盘中端起，按照长幼顺序一一敬食。至此，宾客们才可以开始各自用膳。期间，主人会不断地向宾客敬酒，众人开怀畅饮。席间的男女老幼，会相继献上祝福歌曲，使得宴席热闹非凡。待到将要散席时，主人会再次端起"薛木尔"向客人敬献，客人依次品尝，为飨宴画上句号。在宾客离去时，主人还会向其敬献"上马酒"，致以辞别，表示感谢，并祝福宾客离行平安。

作为一种颇具特色的民族礼仪活动，蒙古族的剪发礼具有重要的社会学意义。首先，剪发礼对于被剪发的孩童而言，是其成为社会成员的标志；其次，剪发礼汇聚孩童父母的亲朋好友，举行一系列的礼仪活动，成为受剪孩童正式参与的第一次社会性群体活动。剪发礼体现了蒙古族的民族信仰及其淳朴的人生价值趋向，融合了诸多民俗、礼仪和相关造物文化，兼得民族习俗的考证、研究价值。

图片来源
图一至图六　张颖泉　制图
图七至图九　李淼　制图
图十　FOTOE图片库

图二　蒙古族剪发礼现场·敬献

图三　蒙古族剪发礼现场·飨宴

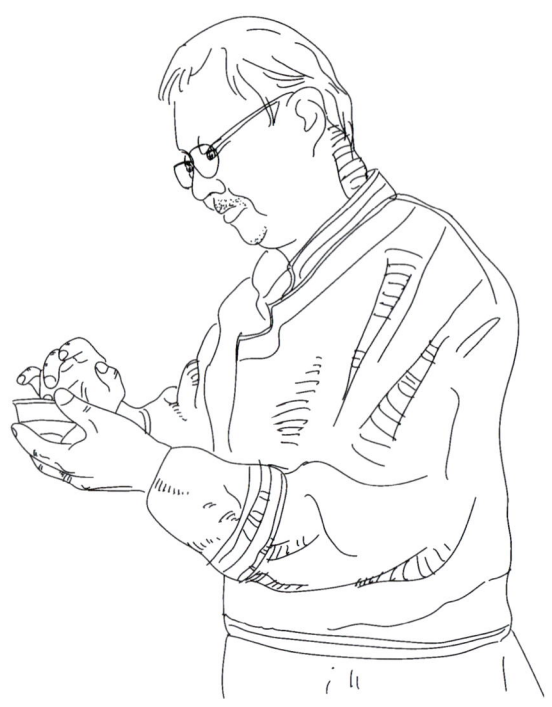

图四　蒙古族剪发礼现场·祝酒

召庙
择日

→

蒙古包
敬献、祝酒、剪发、飨宴

蒙古包外
敬献——主人双手捧哈达
飨宴——主人给已经即将离去的客人敬献"上马酒"

| 1. 择日也称"择吉"，即是为剪发礼选择合适的举办日期。一般是由孩童的父母去本部落的召庙，请喇嘛根据藏经占卜拟定吉日。通常会选择一年中的头四个月里的日子。孩童父母领受吉日后，便开始着手置办剪发礼，并提前通告亲朋好友前来参加 | 2. 敬献环节是剪发礼的先端，待到所选择的剪发吉日，孩童父母准备好丰盛的宴席，备好"布克勒熟斯"。客人们陆续抵达，宴席主人需在蒙古包门外双手捧哈达，上端银碗，内盛鲜奶先敬给宾客中尊贵年长的老人。长者双手接过鲜奶，口诵祝词，并以右手中指沾鲜奶弹向四方，以敬神灵，之后在剪发礼的孩童前额上涂抹一点以示祝福，最后，长者自己品尝一口鲜奶，将银碗递还主人。此后，主人依其他宾客辈分和年龄的大小再一一敬送鲜奶 | 3. 祝酒，蒙语称"孟德音艾日哩"。在酒瓶上缚以哈达，瓶口贴酥油一块，敬酒人左手持酒瓶，动作与敬"薛木尔"相同。受敬者以右手无名指（有些地方用左手无名指）轻触瓶口酥油，向空中弹指或触唇，随之抬双手点头表示受礼。宾客依次受礼毕。主人以镶银小木碗或小瓷龙碗盛酒敬客人，客人接酒以无名指蘸酒向空中弹抛。如此三次。表示敬天敬佛敬祖先，而后饮之 | 4. 剪发是整个剪发礼的核心与高潮，由大家推请一位在场宾客中年长德高者开第一剪。但这长者的生年属相不能与受剪孩子的属相相克，如果属相相克，则另行推请。开剪时，手执裹着哈达的剪刀，抱过受剪幼儿，并朗诵祝词。在祝福声中，老人剪下一绺头发塞在剪刀把上的哈达结中，然后拿出自己所备的礼物和哈达披搭在受剪孩子的脖颈上。接着把孩子递给第二位客人，一一轮流剪发、祝福、赠礼。所有宾客轮剪完毕，剪发仪式结束 | 5. 最后的飨宴环节，即是大家共同赴宴进餐，主人拿起羊头放置盘中端起，依年龄长幼让客人品尝。然后主人留下羊头，把整羊端出去；除羊背至尾的部分以外均切割成小块，全部下锅煮熟，再端回到客人面前。首先主人把羊背放置盘中端起，由老而少每人敬一块，再放回，客人们才开始随意用羊肉。而后，主人频频敬酒，开怀畅饮。待到散席时，主人端起"薛木尔"再次向客人敬献，客人依次品尝。然后，在蒙古包外，主人端起酒杯给已经上马即将离去的客人敬献"上马酒"，至告辞词，祝客人们平安 |

图五　蒙古族剪发礼平面行序分析图

酒壶的功能顾名思义，即是用来盛酒备饮

图六　蒙古族剪发礼礼俗用器·酒壶

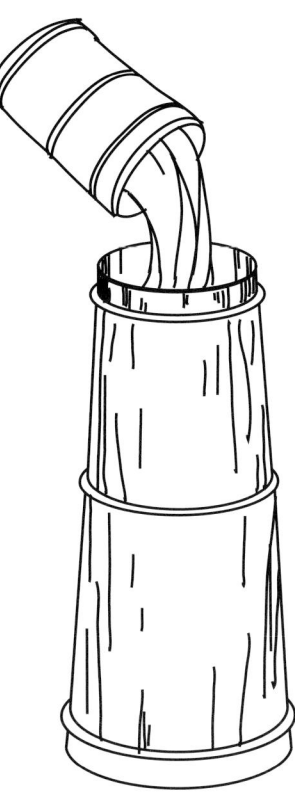

马奶酒，又称作"马酒""马酪""马湩""湩酪""马妳子""乳酪""匕噶""马酮""酸马奶"等等，蒙古语中名为"忽迷思"或"额速克"，意思是"熟马奶子"

图七　蒙古族剪发礼礼俗用品·马奶酒

蒙古族的酸奶又称"酸奶子"，蒙古语中称为"艾日格"，属于白食，是蒙古族尤为喜爱的一种传统饮料

图八　蒙古族剪发礼礼俗用品·酸奶

蒙古族所使用的碗腹大而体圆，银碗多有侈口，而木碗往往是简约的立沿，其尺寸因功能、形态的差异多有不同，口沿直径一般在10至20厘米，高度大多不超过10厘米

图九　蒙古族剪发礼礼俗用器·碗

图十　蒙古族剪发礼现场情境图

那达慕

图一　那达慕主图

"那达慕"为蒙古语，字面上是游艺或联欢的意思，因音译的差异，也称"乃日""那雅尔"或"耐亦日"，现代有些地方俗称其为赛马节。那达慕大会是历史悠久的蒙古族传统节日，同时也是蒙古族人喜爱的一种传统体育竞技形式，是草原文化的精粹之一。那达慕大会一般在每年的七月或八月举行，分为大、中、小三种类型，以旗盟、苏木（区乡）或嘎查（村屯）为单位举行。"那达慕"起源于敖包祭祀活动，最初出现在元代，13世纪初的成吉思汗石碑碑文中记述了蒙古人为庆祝战争胜利而举办了那达慕。随着历史的演进，那达慕至清代基本形成以"男儿三艺"为主的民众性庆祝集会活动，及至解放初期，进一步演化为约定俗成的民族性民俗节日。在传统那达慕大会举行之前通常要祭祀敖包，其大会主要内容是搏克、赛马和射箭，后来亦增加了蒙古象棋、各种马术、投掷布鲁和歌舞表演等。

大型那达慕还会吸引大量的旅蒙商贾，携布料、工艺品和食品点心等众多商品前来贸易。

现代那达慕大会许多时候已经不祭祀敖包，其大会仪轨通常包括：1.大会主持用蒙汉双语宣布那达慕大会开始，各界领导致辞；2.国旗和会旗的护卫队、仪仗队和各区或单位代表队、参赛选手等依次入场；3.奏国歌、升国旗、会旗，歌舞文艺表演；4.老搏克手的退役仪式，为年轻搏克手授予将嘎的仪式；5.大会高潮部分，搏克、赛马和射箭比赛同时展开；6.蒙古象棋、马术表演、投掷布鲁和其他一系列传统游戏项目的开展。7.各项比赛接近尾声时，皆有颁奖仪式。8.所有竞技比赛结束，由主持或相关领导作大会总结并宣布闭幕。

整个那达慕的礼俗仪轨和大会内容在历史发展中发生了巨大的变更，唯独没有改变的是其核心竞技——男儿三艺，即搏克、赛马和射箭，可以视为草原那达慕的核心价值符号。

"搏克"系为蒙古语，意思就是摔跤，摔跤手被称为"搏克沁"。搏克比赛因为其激烈的对抗性，是大会中人们参与最广也最爱观看的群体性活动。参加比赛的搏克沁都是所在旗或苏木的搏克好手，代表着自己家乡的名誉。比赛开始，首先由赛事主持人播报将要出场的搏克沁名单，并让下一场的选手做好准备工作。之后，搏克沁个个穿戴着传统搏克服饰，在裁判的指导下进场，到达既定位置后站成两排，通常从大会主席台左边出场的是普通搏克沁，而从右侧出场的是带有将嘎的著名搏克沁。此后，主持人再次确认选手，按事先编排好的名单将两名搏克沁安排在一起比赛。选手双方见面后一般先握手，在裁判发出口令后即开始角力摔跤。搏克讲究一跤定胜负，胜者到主席台登记，准备下一轮出场，而败者则在领取纪念品后直接退场。那达慕的搏克比赛参与人数必须是2的2次方数，以4、8、16、32、64、128、256、512、1024……的规律递增。

赛马也是那达慕大会中的核心项目，蒙古族被称为"马背上的民族"，养护与使用马匹是其日常生活的组成部分。蒙古族赛马源于围猎，具有浓厚的民族和地域特色，与草原民俗生活密切相关。在参加那达慕赛马比赛前，所有的参赛马匹都要有一段时间的作息、喂食和奔跑等方面的训练和调整，这个过程在牧区被称为"吊马"。现代那达慕中的赛马一般包括远程马赛、鞍马赛、走马赛、儿马赛和马驹赛等多种，它们的里程各不相同，骑者也有差别，远程马赛和马驹赛一般由10岁左右的孩童骑乘，减少马匹负荷；鞍马赛多为妇女骑手参与；走马赛与儿马赛则由有经验的男骑手参加，因为走马与儿马多暴烈。赛马场就是天然的广阔草原，其终点有一定数量的名次牌发放人，每人持4个名次牌，原来上面刻有蒙文数字，表示名次，现在多被阿拉伯数字取代。当参赛马跑到终点时，名次牌发放人按顺序把刻有相应数字的牌号送给骑手，代表其所获得的名次。

射箭比赛在蒙古语中称为"苏日哈尔布胡"，意为射悬挂的皮条。射箭是北方游牧民族在其特殊的自然环境中所熟练掌握的重要生存技能。在部族的围猎与战争中，射箭的技巧显得尤为重要。传统那达慕中的射箭比赛分为静射和骑射两种。所谓静射即是在40至50米开外立一个五色毡片靶，靶中绘有10个圆圈，从外到内依次罗列分数。参赛者分成若干小组，在既定位置轮流立射，以射中靶中的分数多少决定最终名次。骑射是蒙古族既往征战中的强项，即骑在马上张弓射箭，一般规定每人分三轮共射9支箭，射毕以中靶的箭数多少确定前三名。但现代那达慕中因传统骑射技能的衰落，射箭比赛有逐步与现代体育中的弓箭比赛趋同的倾向。

那达慕是以蒙古族为代表的北方游牧民族的重要民族性盛会，是蒙古族民众精神生活的重要寄托方式与展现途径。在大会期间，竞技与表演等群体性活动使得族人之间得到有益的交流与互动，从而增强其民族的自我认同，实现人与人、人与自然之间的和谐共存。有鉴于其在蒙古族地区的重要地位以及所蕴含的民族、民俗文化价值，2006年，经国务院批准，那达慕已经列入第一批国家级非物质文化遗产名录。但现代那达慕亦面临着现代文化冲击以及传统生产生活方式巨变等多方面的挑战，如何传承与保护是当下值得思考的重要课题。

图片来源

图一、图二 邰新河 摄影

图三 李淼 制图

图四、图五 许宏 制图

图六 李淼、孙丹丹 制图

图七 微图网

图八、图八 FOTOE 图片库

图二 那达慕现场

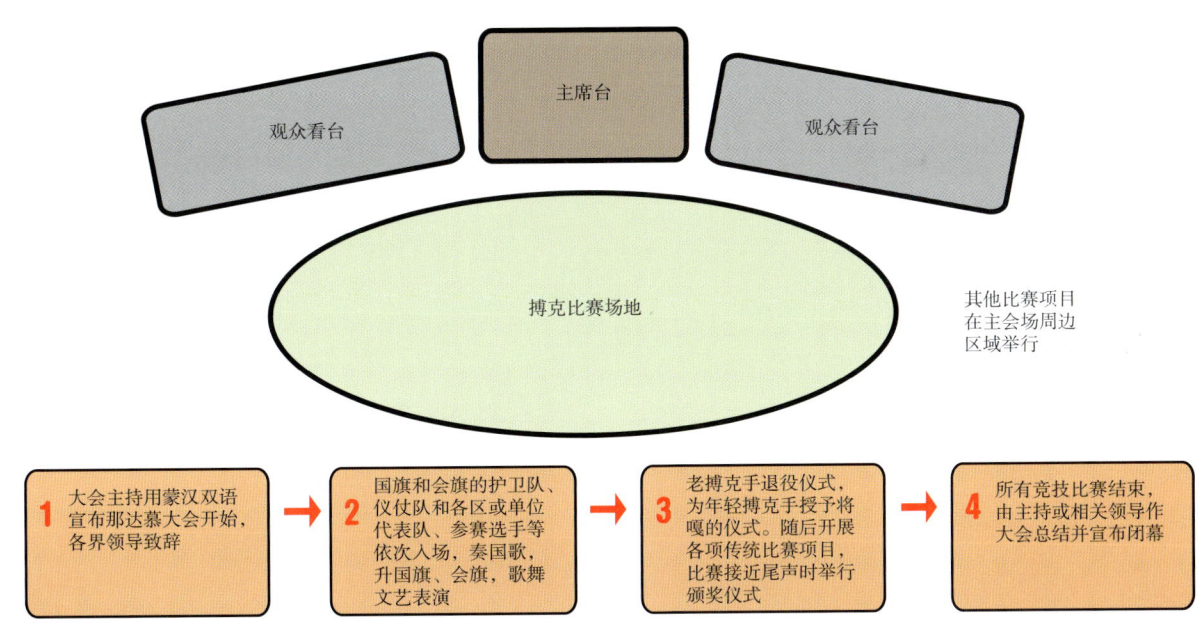

图三 那达慕大会主会场平面示意图及大会仪轨

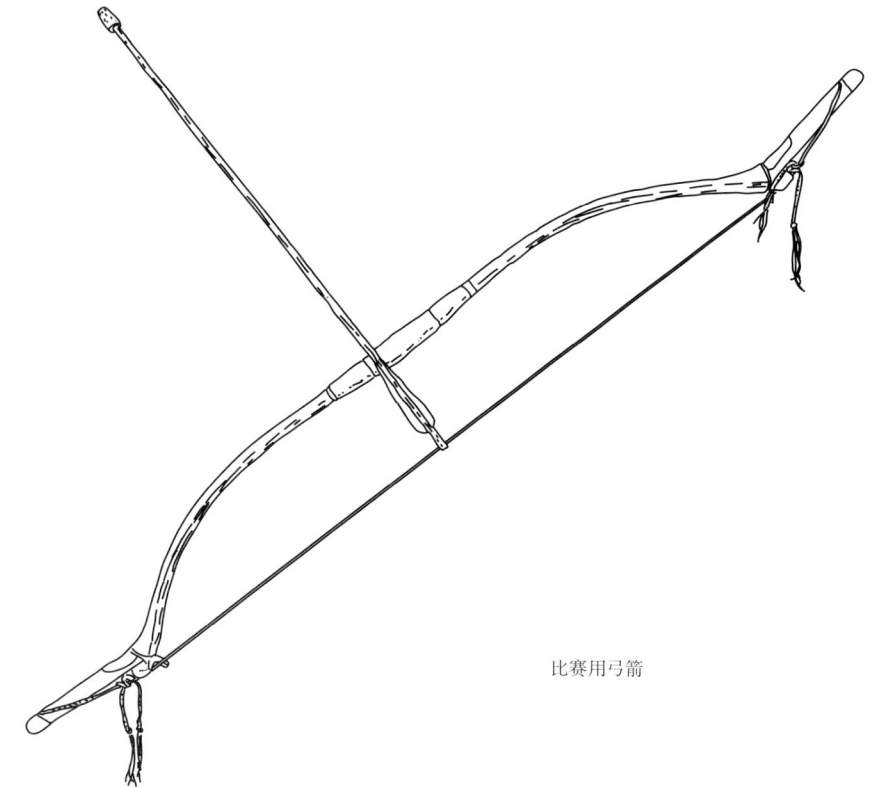

比赛用弓箭

图四 那达慕礼俗用具·弓箭

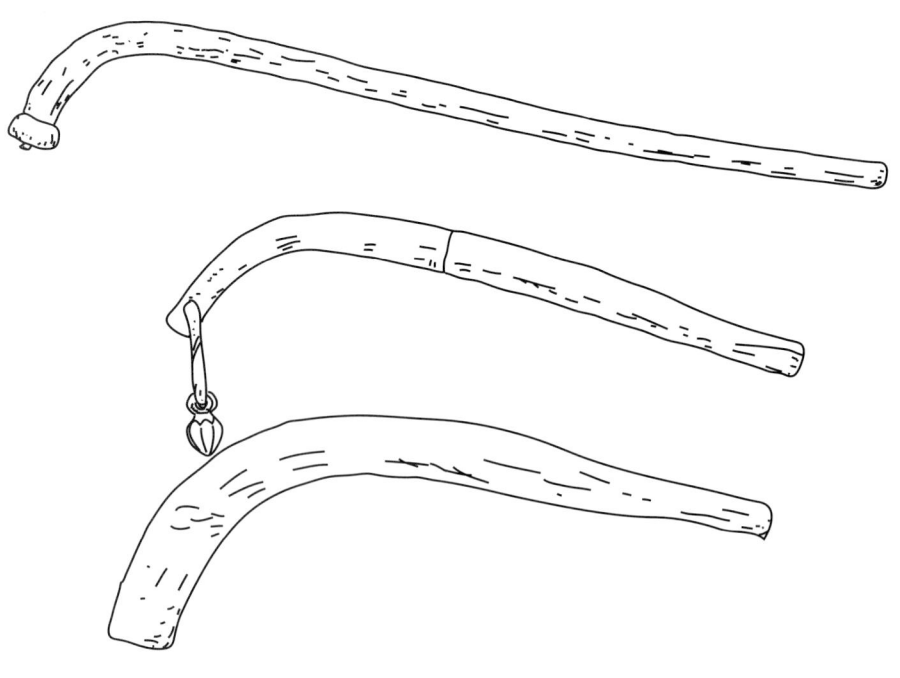

图五 那达慕礼俗用具·布鲁

图六 那达慕礼俗用具·蒙古象棋

图七 那达慕搏克比赛

图八 那达慕赛马比赛

图九　那达慕射箭比赛

蒙古族寿礼

图一 蒙古族寿礼主图

蒙古族的寿礼也称"祝寿礼",是为部族长者所举办的祝寿仪式。作为传统蒙古族礼仪之一,寿礼不仅体现了蒙古族对于长辈老者的尊重,也表达了部族晚辈对长者的感恩之心。蒙古族通常选择老人在一个甲子后的第一年,亦即其本命年的第一个大轮回的头年为之举办盛大的民族祝寿仪式。此后,每轮至老人的本命年再行举办,即是由61岁开始祝寿礼,之后,73和85岁再办,后面以此类推。蒙古族寿礼在不同的区域稍有不同,其基本流程大致包括择日、祝寿、寿宴和回礼等环节。

择日是为寿礼选择合适的举办日期。传统蒙古族祝寿仪式通常都在正月举行,一般是子女们在征得老人同意后,到当地召庙请喇嘛或找巫师给其选择具体吉日。在寿礼日期确定后,晚辈们便要及时给亲朋好友和邻里乡亲传递信息,通知他们前来为老者祝寿。

祝寿即是在寿礼举办当天,各处前来祝寿的客人向过寿的老人敬献礼物和祝福的过程。祝寿仪式并不复杂,大多直接在宴席场所举办,也有另设地点的。主人家需要在毡庐外举奶茶迎接宾客,然后将之引入老人所在的地方。宾客见到老人会念诵祝词，并呈送礼物。通常亲朋好友给老人祝寿的礼品包括活的牲畜，如马、牛和羊只等，或是做好的美味羊乌查和茶砖等食物，也有各类服饰和手工艺品等，如皮袍、棉袍、坎肩、蒙古靴、烟袋和荷包等，还有直接包钱为礼的。

寿宴是寿礼的核心环节，寿礼的举办方为前来祝寿的宾客们摆设酒宴以示感谢，在许多地方，寿宴同前面的祝寿是同时进行的。寿宴都是标准的蒙餐，以全羊秀斯为多，也有稍微简化的，分量与规格依邀请的宾朋数而定。席间，祝寿礼的老人端坐上位，平辈长者分列两旁，晚辈依次排开，来宾们逐个前来为老人献哈达，念祝寿词和敬酒。然后叩拜主人，表示感谢主家招待。整个寿宴，献歌敬酒，欢声笑语，热闹非凡。

回礼，也是祝寿礼仪的结束。宴席上，过寿的老人会用银碗向客人赏酒，并递给一些小吃食品等为礼。寿宴完毕后，主人不会让前来祝寿的客人空手而归，会一一回赠事先备好的烟荷包、褡裢等作为回礼。对方有孩子的，还得多赠零食糖果或零用钱等。

蒙古族寿礼是一项典型的传统民族民俗活动，充分体现了蒙古族对于长者的敬重和对于老人的爱护。寿礼的礼俗行序，蒙餐寿宴的规制，乃至贺寿的各类礼品等，皆彰显出蒙古族特有的礼俗文化和造物特质，是现代民俗学、民族学，以及传统服饰和手工艺等研究领域中的精彩实例，亦是现代蒙古族宝贵的非物质文化遗产。

图片来源
图一、图二、图七至图九　张颖泉　制图
图三、图四　李淼　制图
图五　许宏　制图
图六　孙丹丹　制图

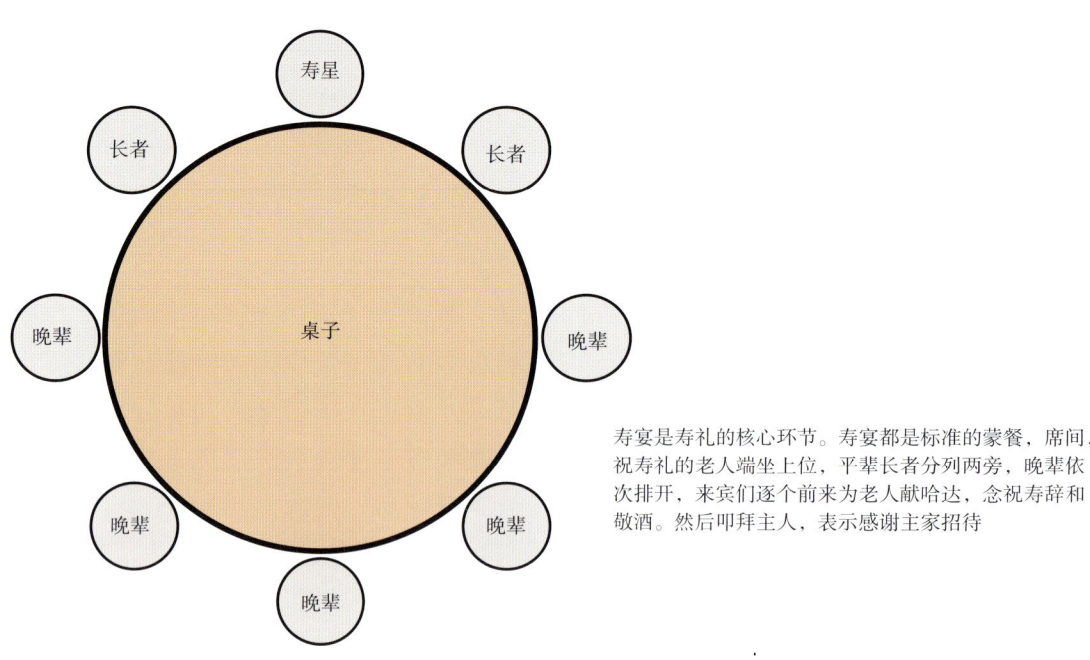

寿宴是寿礼的核心环节。寿宴都是标准的蒙餐，席间，祝寿礼的老人端坐上位，平辈长者分列两旁，晚辈依次排开，来宾们逐个前来为老人献哈达，念祝寿辞和敬酒。然后叩拜主人，表示感谢主家招待

图二　蒙古族寿礼平面行序分析图

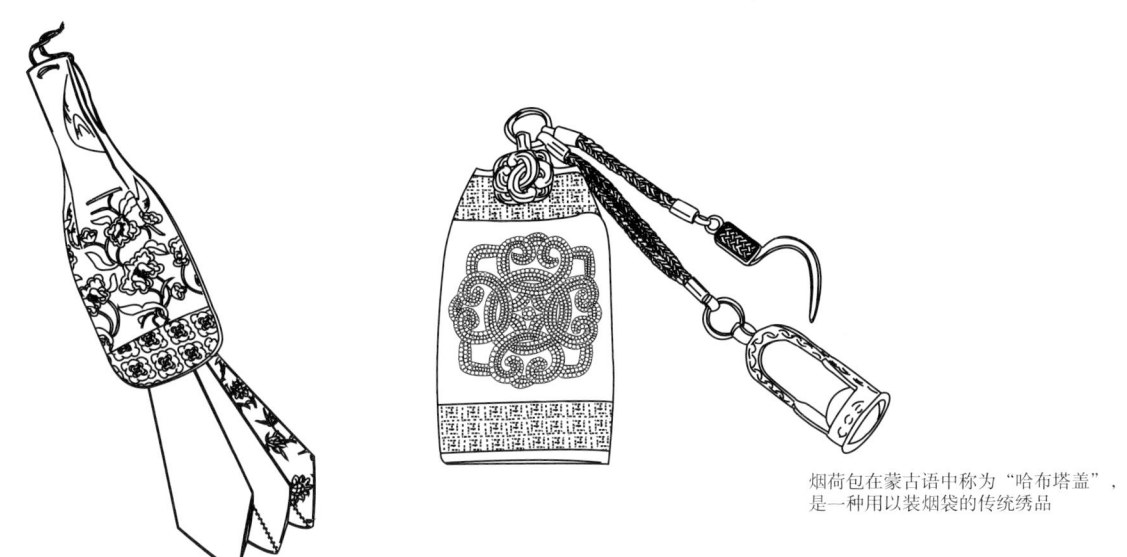

烟荷包在蒙古语中称为"哈布塔盖",是一种用以装烟袋的传统绣品

图三　蒙古族寿礼礼俗用具·烟荷包

所谓砖茶,是一种被压制如砖形的茶叶块,属紧压茶的一种,通常以茶叶、茶茎或茶末压制而成

图四　蒙古族寿礼礼俗用品·砖茶

短襟坎肩又称"短坎肩""紧身坎肩",蒙古语称"敖吉木格",是一种套在长袍外面的无袖短衣

图五　蒙古族寿礼礼俗服饰·短襟坎肩

靴子，蒙古人称之为"古图勒"，其中最具代表性的即是蒙古皮靴。皮靴也称"革靴"，是一种以牲畜或野兽皮革制成的高筒靴子

图六 蒙古族寿礼礼俗服饰·蒙古皮靴

图七 蒙古族寿礼现场情境图

图八　蒙古族寿礼现场情境图

图九　蒙古族寿礼现场情境图

蒙古族葬礼

图一　蒙古族葬礼主图·火葬

蒙古族的葬礼是子嗣及部族亲属、邻里朋友安葬亡故者的仪式，也称为"葬制"。蒙古族的葬制礼仪源于其游牧先民——乌桓、鲜卑和契丹等。蒙古族人最初的葬礼同先民基本无异，不垒坟头，将亡故者的尸体葬于地下，后以马践踏，夷为平地即可。及至元代，若蒙古贵族去世，需取两块长椿木，凿出尸体大小的空槽，将亡故者遗体置于其内，合而为棺椁，外髹漆，并通常镶黄金三圈封存。出殡至荒野中入土埋葬，待到丧事完结，以马队踏平埋葬之地，之后杀一骆驼羔于其上，并以将士驻扎守护。待到来年春草丰满，便可启帐归去。贵族后辈若要祭祀逝者，就以之前所杀骆驼羔的母驼作为向导引路，待其找到盘桓不去、踯躅悲鸣之处，便是尸体所安葬之地。蒙古族历经元代、明代、清代、民国而至今日，因宗教信仰及生产生活方式的演变，其丧葬理念及形式规制皆产生了诸多变化，在原初游牧文化的基础上，逐渐引入并借鉴了周边民族的葬制，形成了三种主要的葬礼形式，即天葬、火葬和土葬。

天葬又称"明葬"或"野葬"，是一种源于藏族的丧葬方式，体现了典型的藏传佛教思想，即人死后灵魂脱离肉身，应当将这无用的肉体作为最后的奉献，利悦禽兽，还给自然。

火葬亦是喇嘛教传入蒙古族地区后出现的一种丧葬方式。火葬是以火焚尸，但这种葬法并不是普通百姓去世后都可使用，它一般是王公贵族、官吏和大喇嘛等人逝去后所采用的葬法。蒙古族人的传统观念认为，将逝者的尸体火葬后，其亡灵可直接升天。普通百姓去世，按照仪规，一般不可焚尸火葬，只有身患传染病的病人或是死于分娩的产妇，才能破格火葬，可以利用神圣的火焰驱除尸体上的病魔与晦气。蒙古族火葬的具体细节通常按照死者的遗愿，但基本步骤大体相同。首先，逝者家属将尸体擦洗干净，再用白布仔细缠裹，如果逝者是喇嘛则需要穿上神衣。之后，需要用一块方形红布将死者的面部盖住，入殓棺木，停放在逝者正房西面的屋檐下，并在其灵前摆设各类祭品食物、佛灯和香火，恭请喇嘛为之诵经。一般停尸三至五天，期间由晚辈昼夜守灵和举哀。待到预定的吉日，便可举棺起灵，由多人抬举或是车载棺木抵达预定之地准备火葬。先由喇嘛诵经，祈求神灵原谅逝者生前的罪过，之后用羚羊角在地上扎一个洞眼，将棺木置于洞上，架设木柴将之火化。如果死者是大喇嘛，则将其尸体置于特制的大锅中，内设铁箅，下有油脂，点燃焚化，待到火焰熄灭，遂用银筷拣出骨灰，以特制木盒收纳，葬于藏式佛塔之下。也有的地区在喇嘛火葬完之后，将所得骨灰和上泥土，塑成佛像，供奉于召庙之中，为信徒所祭拜。一般身份的人，在火葬之后，隔三至七日，由其家属收敛骨灰，装在瓶罐中或是盒子里，就地深埋，并尽量恢复地面平整，不留坟头。某些地区也有在逝者火葬之后将骨灰撒入河流或抛撒在山峦中的做法。

土葬是农垦区以及半农半牧地区蒙古族通常采用的一种葬式，是在同汉族长期交流与融合的基础上所形成的丧葬礼俗，和汉族的土葬较为类似，亦具有其独特之处。首先，蒙古族土葬坟墓的形状与汉族不同，汉族多为锥形土堆，而蒙古族则是有棱边的塔形。土葬中用来安放尸体的棺木，通常分为卧棺和坐棺两种。近代以来，普通蒙古族人的土葬一般使用卧棺，其棺形呈长方形，多用整块木料挖空制成。某些地区的土葬会用白布裹住洁净后的尸体，将逝者尸体在棺木中面朝上安放；有的区域则给逝者换一身新衣，入殓细节也多有差异。卧棺的棺盖需用木钉固定，不可使用铁钉。蒙古族坐棺的形状类似建筑，逝者被安坐在内，多为古代蒙古王宫贵族所使用，在卫拉特和阿拉善地区，这种坐棺被称为"萨木德格"，其外观倾斜，背面高，前面矮。蒙古族的土葬在尸体入殓时，要将逝者生前的衣物、鞋帽、蒙古刀、鼻烟壶、茶碗、酒壶、火镰和旱烟袋等物件儿置入棺内一同埋葬。在内蒙古西部的农业区，逝者去世，家人即刻为之更换新衣，将尸体安放在一块木板上，以哈达罩面，等待入殓。尸体入殓之时，不可暴露于阳光下，通常选择在黄昏时刻，将尸体从窗户抬到屋外入棺，停放在院内。蒙古族地区西部和中部一般在逝者去世后的三至七天内出殡，东部地区则一般在当天出殡。死者长子在出殡时扛棺材前端，其余子孙抬后端，距离墓葬地点较远的会用灵车运载棺木，较近的直接抬到墓地。送葬队伍抵达墓地后，用吊绳将棺木沉入预先挖好的墓穴。掩埋棺木时，逝者的儿孙与近亲，需围绕墓穴正时针与反时针各绕行三圈，并要以手捧土撒向墓穴，以示送葬，最后众人一起铲土埋棺，用多的土垒起塔形坟堆。

深葬是承袭了元朝时蒙古族传统葬制的一种古老葬法，亦可归属于土葬，但其不同之处是蒙古族深葬有墓无冢，即地表没有任何标记。深葬的墓穴较深，通常可达到3米以上。在掘土挖墓时，尽量不破坏表面的草皮，将之铲起后放在一边。待到把逝者掩埋完毕，以马匹踏平地面，再用草皮覆盖墓地。这样做的目的便是隐藏墓地位置。为了让逝者亲属记住墓葬的地点，送葬者会在埋葬逝者的时候，在一只母驼面前，将其羔崽杀掉。以后，当需要吊唁，寻找逝者墓地的时候，就可以靠这只母驼找到其驼羔被杀之地，亦即墓地位置。也有在坟地的一边垒筑几块石头作为标志，便于找寻墓葬之地，巴尔虎部至今仍沿用这种方法。

此外，蒙古族还有石葬、树葬和风葬等葬礼形式，不过数量较少，在历史长河中已逐步消殒了。

从古至今，因民族宗教信仰的流变以及民族生产和生活方式的演进，蒙古族丧葬理念和葬制仪轨皆产生了诸多变化和分支。不同的葬礼，体现了蒙古族对于不同的宗教教义及民俗礼仪的包容性，葬礼中所体现的宗教信仰和礼俗仪轨，成为研究蒙古族宗教文化和民俗文化的重要依据，是不可多得的民族非物质文化遗产。此外，这些葬礼中所涉及的葬器及相关造物等，亦是考察蒙古族造物文化中关于丧葬规制与设计的宝贵实例。

图片来源
图一、图三至图六　李淼　制图
图二　王柯　制图

图二　蒙古族葬礼现场·土葬

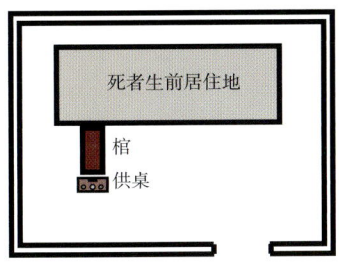

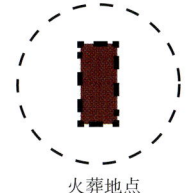

选择吉时起灵,一般棺木是由人抬或者是车载到预定的地点;由喇嘛诵经,祈求神谅解死者生前所犯罪过;用羚羊角在地上扎个洞,将灵柩置于洞上,再架柴将其火化

火葬地点

将死者殓入棺木,停放于正房西侧的屋檐下,灵前摆上供祭食物,点燃佛灯、香火,请喇嘛诵经,一般尸体要停放三至五天;由晚辈昼夜守灵

火葬过程平面示意图

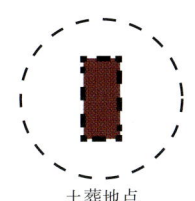

出殡时死者的长子扛棺材前端,其余子孙抬后端,有的拉在灵车上,有的一直抬到墓地。到达坟地后,用吊绳将棺材放入墓穴

土葬地点

入殓时,尸体不能见太阳,一般在黄昏时刻,将尸体从窗户抬出去入棺。停放在院内,一般三至七天内出殡,东部地区蒙古族一般都当天出殡

土葬过程平面示意图

埋葬时,死者的子孙和近亲,围绕墓穴正反各转三圈,并用手抓捧土向墓穴撒去,然后大家一起铲土埋棺

图三　蒙古族葬礼平面分析图

图四　蒙古族葬礼礼俗服饰·萨满服

第七章　蒙古族传统民俗和宗教

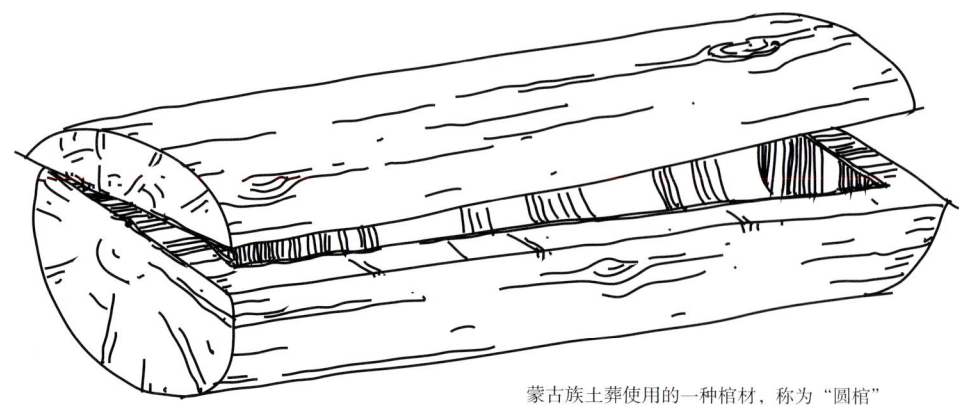

蒙古族土葬使用的一种棺材，称为"圆棺"

图五　蒙古族葬礼礼俗用器·卧棺

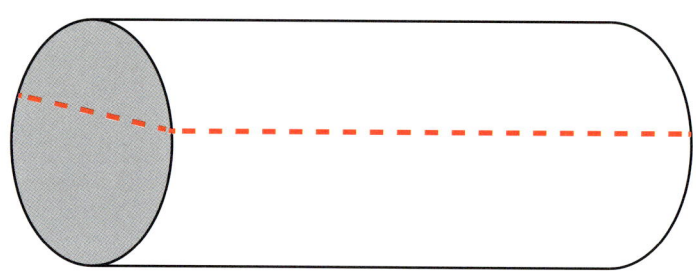

1. 比照死者高矮大小，横断一截圆木

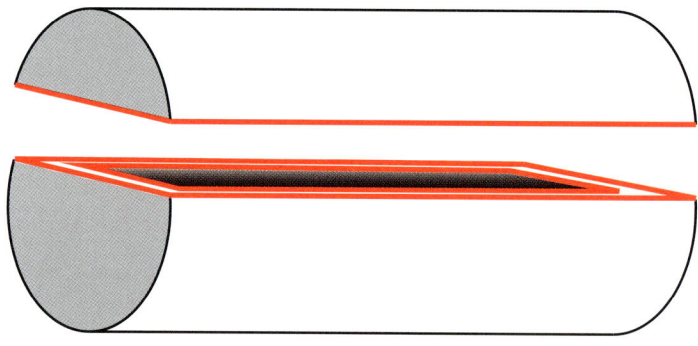

2. 从中一劈两半，各个掏空

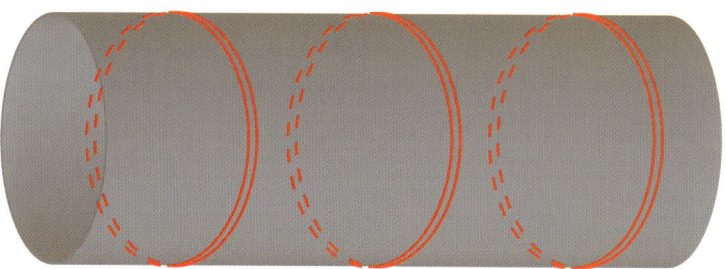

3. 将死者装入，两片对合如初，再用三道箍束之

图六　蒙古族卧棺工艺分析图

蒙古族大威德怖畏金刚造像

图一 蒙古族大威德怖畏金刚造像主图

大威德怖畏金刚,与红雅曼达嘎和黑雅曼达嘎并属大威德金刚,梵名阎曼达嘎,藏语称"吉几",意为降阎魔尊,又有"怖畏金刚""六足尊明王""阎罗敌""牛明王"等别称,是格鲁派(黄教)密宗所修本尊之一,因其能降服恶魔,故称"大威",又有护善之法,所以又称"大德",按密宗记述,大威德怖畏金刚是文殊菩萨的忿怒相。大威德怖畏金刚造像随藏传佛教在元朝时期即进入蒙古族地区,常见的大威德怖畏金刚的造像主要有两种,其一是没有拥明妃的单身像,名曰"吉几巴卧",另一种是拥妃的双身像,名曰"吉几哈松"。藏传佛教的造像皆是根据经典所述的仪轨而制作。在梵文和藏文的典籍中便有专门规范造像的典章,如《造像量度经》《佛说量度经疏》和《绘画量度》等。这些典章对佛像造像制作有详尽的描述与规范,对佛、菩萨和护法诸神等造像的结构和比例有明确而严格的要求。然而,在具体制作时,因材料、工匠技艺以及体量的不同,造像的差异在所难免。在蒙古族地区的大威德怖畏金刚造像众多,大小不一,形象在细节上亦存在一定差异,造像材料主要有铜鎏金、木雕、泥塑、石雕和唐卡等，其中以铜铸鎏金较为典型。

大威德怖畏金刚曾降伏死神阎魔天，其名有"死亡的征服者"之意，能够护善众生。大威德怖畏金刚造像被置于召庙和家庭佛龛中供奉礼拜，有镇压邪鬼、护法祈福的功用。大威德怖畏金刚像分为单身和双身两种基本形，其中双身像更为常见，形象甚为威猛凌厉，有九首，三层叠筑，通常底层为七首，上层和中层为一首，金刚全身裸露呈蓝色，九首底部的正面是牛头，生二尖锐犄角，面目凶狠狰狞，呈忿怒像，牛鼻上翻，血盆大口，满嘴獠牙，吐露卷舌，怒目圆睁，须眉如火，头戴五首骷髅冠，赤发竖立如火。九首三层之顶是文殊菩萨慈悲相，象征金刚由其化显。除牛首与文殊菩萨慈悲相以外，其余各面造型、色彩、表情各异，多呈忿怒或勇猛之势。大威德怖畏金刚的身躯强壮精悍，以50颗鲜人首为项饰，黑蛇为络腋，以骨轮骨饰等为庄严。金刚拥有34只手臂，各手持有刀、剑、弓、箭、钩、棒、铃、杵等法器，成扇形列于身体两侧，分别象征勇猛、智慧、慈悲、精进等不同佛教教理内涵。金刚身前的主臂拥明妃，右手捧盈血颅骨嘎巴拉碗，左手执钺。大威德怖畏金刚有16腿，呈右屈左伸之势，一侧足踏象征着八天王的走兽，包括牛、犬、羊、狐等；另一侧足踏象征着八位明妃的禽鸟，分别是鹰、鹫、枭、鹦鹉等。金刚像背饰为一圈红色火焰纹光，更彰显了大威德怖畏金刚的法力威猛无敌。金刚怀中的明妃面向金刚，亦呈愤怒貌。明妃身躯朝向金刚，呈迎合状，双手所执同于金刚，分别是嘎巴拉碗和钺。铜鎏金的大威德造像，因材料特性，金刚与明妃通体鎏金，呈金黄色，仅在头发等局部添饰红色，如果是唐卡，则会严格按照上述内容着色描绘。

蒙古族地区的诸多召庙中都供奉有大威德怖畏金刚造像，有铜鎏金、泥塑彩绘和木雕彩绘等多种类型，其中以铜铸鎏金最为华美。铜铸鎏金造像中又分大型中空造像和小型实心造像，小型召庙和牧民家佛龛中所供奉的多为小型造像，本文主要针对这种相对常见的造像形制与制作工艺加以记述。现藏通辽市科尔沁博物馆的铜鎏金大威德怖畏金刚造像属清代造物，高14.5厘米，底座高4.2厘米，宽14厘米，做工精致细腻，体量虽小，但金刚形象生动、气势威严。

此类小型铜鎏金造像一般使用失蜡法铸造：首先按照需铸造神像造型塑造一石蜡制原型，然后在原型上涂泥制范，并加以烘干。在烘烤过程中泥范中心的石蜡受热熔化，从预先留好的孔洞中排出，剩下留有金刚造型的中空空间。接下来便是在中空空间中注入高温熔化的铜，待铜水冷却之后，即可破除泥范取出铜像，并打磨修缮铜像表面的冒口（冒口是在金属铸造工艺中存贮液态金属的预留空腔，一般设计在铸件的上方或侧面，在铸件形成时能够补给铸件液态金属量，有防止缩孔、缩松、排气和集渣的功能）和毛刺等，使之光滑圆润，至此，一个铜制金刚造像便基本成形。

对于大威德怖畏金刚造像而言，其背光和底座一般都采用分铸法各自完成，然后再将各部件焊接成整体。对于大型的中空铜造像，在铸造时则需分成更多部件，分别用失蜡法铸造完成后，再彼此焊接成形。传统失蜡法和分铸焊接等方法的综合运用，既便利了铸造过程，也进一步丰富了神像的造型，提升了整体的艺术效果。铜鎏金金刚造像的最后工序便是鎏金，通常按照煞金、抹金、开金和压光4种工序依次完成：

1. 煞金即是将金箔剪碎，置于坩埚内

加热至熔化，然后倒入水银，搅动两种液态物使金和汞充分混合，倒入冷水中使之冷却，成为银白色泥膏状的金汞混合物，这种液态物即是俗称的金泥。

2．抹金是用涂金棍（铜制圆管，是鎏金中不可或缺的抹金工具，其一端被加工成扁形，用酸梅汤涂抹后浸入汞内浸泡，反复多次，使之表面固着一层汞，再晾干即可使用）沾金泥与盐、矾混合液均匀地涂抹在铜像的表面，边抹边推压，以保证金属组织致密，与器物黏附牢固。

3．开金是将抹金后的铜像以炭火温烤，使金泥中的水银蒸发，留下的黄金则固着于铜像表面，初始色为灰白，后逐渐沉淀为金黄色。如要求鎏金较厚，则将上述过程反复操作多次。

4．压光即是对开金后的铜像表面再加工的工序。首先用毛刷沾酸梅水刷洗，并用玉石或玛瑙制成的压子依器物表面进行磨压，使镀金层更加致密，与其下的铜像结合牢固。压光工序使得铜像表面的鎏金层光泽闪亮。

一般鎏金铜像表面不再做其他装饰，主要是为了彰显鎏金的辉煌效果，收藏于科尔沁博物馆的大威德怖畏金刚铜鎏金像仅在金刚和明妃的头发处饰染红色，其他皆是鎏金本色。铜鎏金造像完成后还需要履行装脏和开光等仪轨才可供奉，其中，装脏在蒙古语中称为"阿弥欧系古鲁乎"，一般是指为佛像请入五脏六腑之意，多以置入舍利、佛经或金玉等作为象征；开光蒙古语称"尼顿纳格乎"，即是由高僧为之开光明之意，经过开光的佛像或神像才具有宗教意义上的神圣性。

内蒙古的佛教造像工艺精细复杂，其中金铜造像多为清顺治至乾隆时期的作品。造像的产地包括呼和浩特、多伦、乌兰巴托以及北京与承德等地，国外学者所称的内蒙古察哈尔式，指流布于呼和浩特、包头、张家口、集宁和乌兰巴托等地，乃至甘肃和青海一带的造像样式。

大威德怖畏金刚在藏传佛教中居重要地位，是格鲁派密宗所修本尊之一。由于历代蒙古可汗的大力扶植，空前推动了藏传佛教在蒙古族地区广泛而深入的传播。藏传佛教的造像艺术作为宗教浸染的重要一环，各种藏密造像大量涌入蒙古族地区，其中大威德怖畏金刚造像便是其中颇具代表性的一尊。现存蒙古族地区的大威德怖畏金刚造像种类多样，形态亦不尽相同，见证了藏传佛教对于蒙古族的巨大影响以及蒙藏两族的文化交融。金刚造像的工艺技巧与审美格调亦彰显出蒙古族宗教造像艺术的精湛与高超，成为研究蒙藏两族宗教造物文化的重要例证。

图片来源
图一、图二　李淼　摄影
图三至图七、图九　李淼　制图
图八　李淼　摄影
　　　微图网

图二　蒙古族大威德怖畏金刚造像局部

图三　蒙古族大威德怖畏金刚造像尺寸图（单位：cm）

图四　蒙古族大威德怖畏金刚造像造型分析图

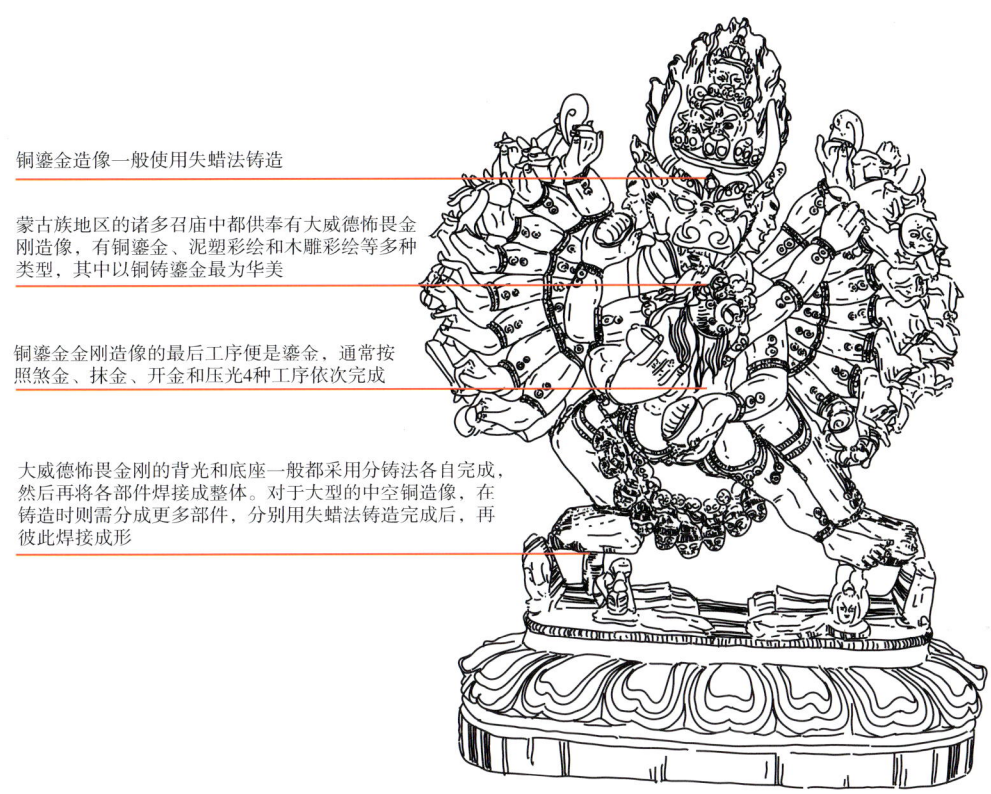

铜鎏金造像一般使用失蜡法铸造

蒙古族地区的诸多召庙中都供奉有大威德怖畏金刚造像，有铜鎏金、泥塑彩绘和木雕彩绘等多种类型，其中以铜铸鎏金最为华美

铜鎏金金刚造像的最后工序便是鎏金，通常按照煞金、抹金、开金和压光4种工序依次完成

大威德怖畏金刚的背光和底座一般都采用分铸法各自完成，然后再将各部件焊接成整体。对于大型的中空铜造像，在铸造时则需分成更多部件，分别用失蜡法铸造完成后，再彼此焊接成形

图五　蒙古族大威德怖畏金刚造像工艺分析图

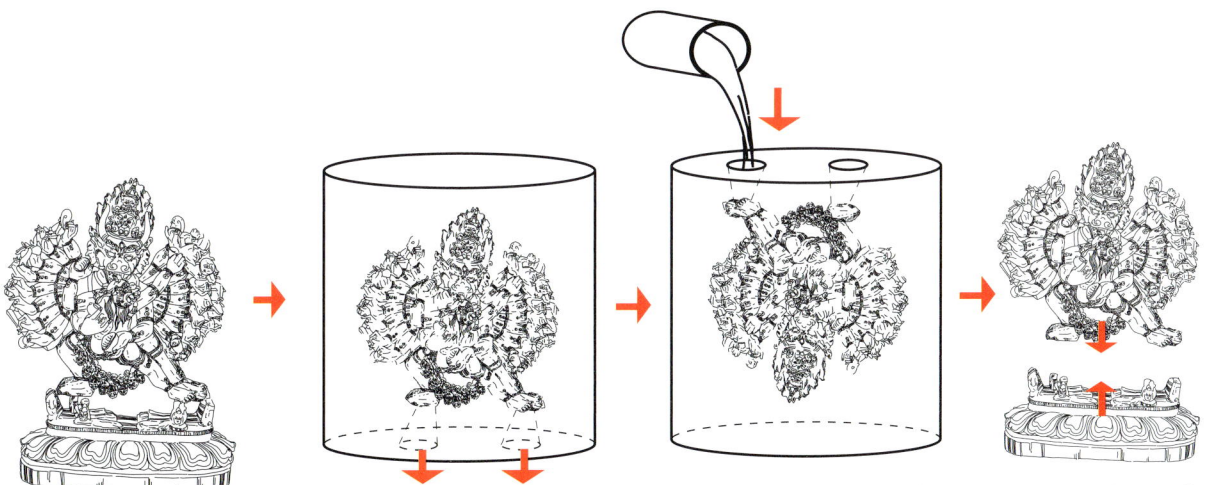

首先按照需铸造神像造型塑造一石蜡制原型

然后在原型上涂泥制范，并加以烘干。在烘烤过程中泥范中心的石蜡受热熔化，从预先留好的孔洞中排出，剩下留有金刚造型的中空空间

接下来便是在中空空间中注入高温熔化的铜，待铜水冷却之后，即可破除泥范取出铜像

背光和底座一般都采用分铸法各自完成，然后再将各部件焊接成整体，打磨修缮铜像表面的冒口和毛刺等，使之光滑圆润

图六　蒙古族大威德怖畏金刚造像失蜡法铸造示意图

煞金即是将金箔剪碎，置于坩埚内加热至熔化，然后倒入水银，搅动两种液态物使金和汞充分混合，倒入冷水中使之冷却，成为银白色泥膏状的金汞混合物，这种液态物即是俗称的金泥

抹金是用涂金棍沾金泥与盐、矾混合液均匀地涂抹在铜像的表面，边抹边推压，以保证金属组织致密，与器物黏附牢固

压光即是对开金后的铜像表面再加工的工序。首先用毛刷沾酸梅水刷洗，并用玉石或玛瑙制成的压子依器物表面进行磨压，使镀金层更加致密，与其下的铜像结合牢固

开金是将抹金后的铜像以炭火温烤，使金泥中的水银蒸发，留下的黄金则固着于铜像表面，初始其色为灰白，后逐渐沉淀为金黄色，如要求鎏金较厚，则将上述过程反复操作多次

图七 蒙古族大威德怖畏金刚造像铜鎏金工艺示意图

蒙古族地区大威德怖畏金刚　　　　藏族地区大威德怖畏金刚

图八 蒙藏两地大威德怖畏金刚造像比较分析图

图九　蒙古族大威德怖畏金刚造像陈设情境图

蒙古族地区地母神

图一　蒙古族地区地母神主图

地母神又称"母神"或"地之母"，是指主管繁殖生育及象征大地恩惠的女神，存在于世界各地的原始宗教中。归属为地母神的各类神祇，在各自的神话体系中皆是母权的象征，其大小和形象虽然千差万别，但其形态特征都有一个共同的指向——丰腴的女性形象。处于早期新石器文化类型的兴隆洼文化（兴隆洼文化是中国北方的新石器时代文化类型，得名于1982年发现的内蒙古自治区赤峰市敖汉旗兴隆洼遗址。主要分布在内蒙古东部，辽宁西部的西辽河、大凌河流域。距今约8000年，早于红山文化）遗址中即有多尊地母神石雕出土，高度从35厘米到65厘米不等，皆为成熟女性形象，属蒙古族地区地母神造像较早的类型。地母神也是蒙古族萨满教万神殿中的一尊主要神灵。

兴隆洼地母神出土时，底部半截栽立于遗址室内的土中，位于火塘旁边，通常认为她不仅是地母神，同时应当还具有火神和家族保护神等多重神格，是孕育万物生长、保佑家族生育繁殖的重要祖神，也是兴隆洼文化先民共同的母亲。因地母神被立置于火塘旁，受到子孙们日常烟火的祭祀，使得供奉地母神的居室变成了最早的神庙。这种母性崇拜，被后来的红山文化女神庙继承。案例中的兴隆洼地母神神像，1989年出土于林西县白音长汗遗址。神像以黑灰色硬质基岩为原料，通过其他石制工具打磨成形，因技术和材料的限制，神像造型简略古朴。地母神造像高35.5厘米，颅顶尖凸，前额高隆，双眼深陷，宽鼻翼，颧骨较高，唇部前伸，双臂下垂，呈蹲踞躬身状。另，其微微隆起的腹部具有孕妇特征。神像下端加工打磨成楔形，可栽立入泥土。

地母神是原始母神崇拜中的重要神灵，主司生育繁衍以及大地物产，在蒙古族地区先民的精神信仰中居于重要地位。及至后世，地母神的神格及形象在其他宗教信仰中依然顽强地沿袭流传，渗透于蒙古族笃信的萨满教乃至蒙古族佛教之中，并影响到其相关的神灵特性与形象。

图片来源

图一至图七　李森　制图

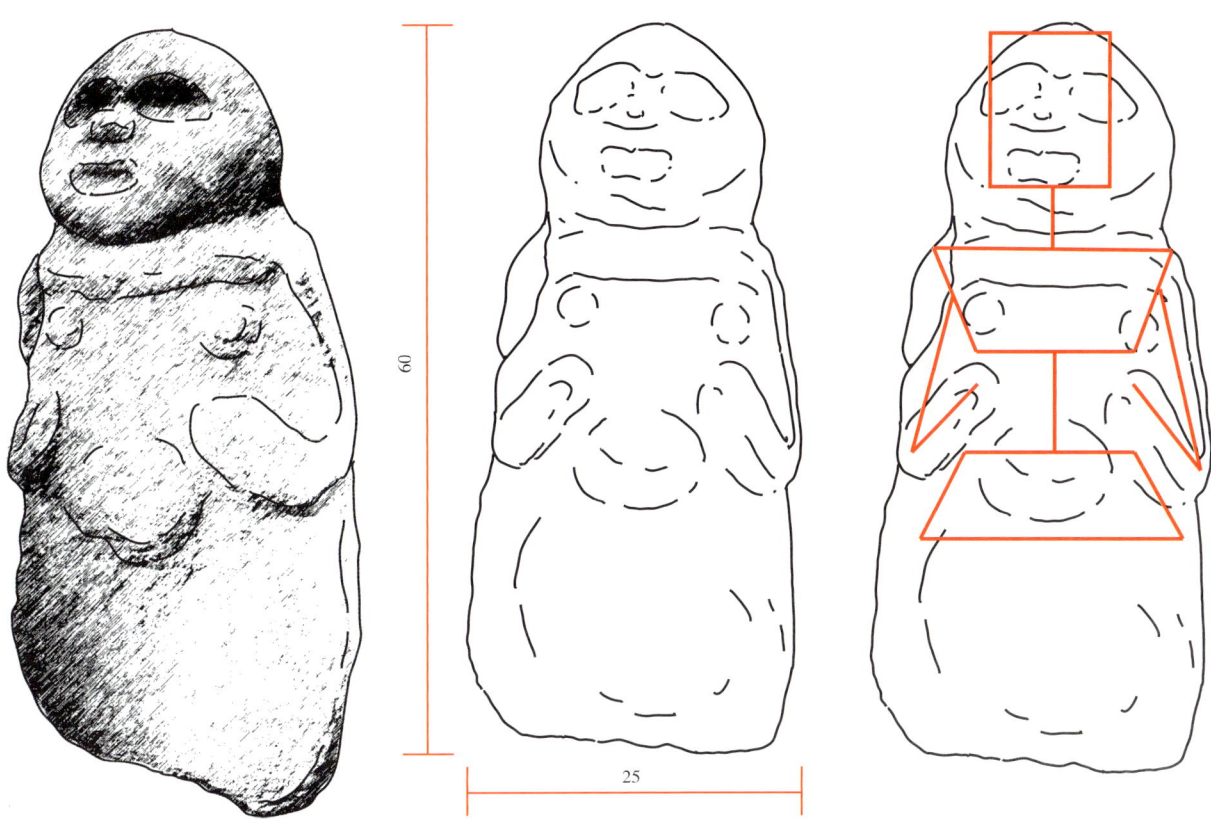

图二　蒙古族地区地母神　　　图三　蒙古族地区地母神尺寸图（单位：cm）　　　图四　蒙古族地区地母神造型分析图

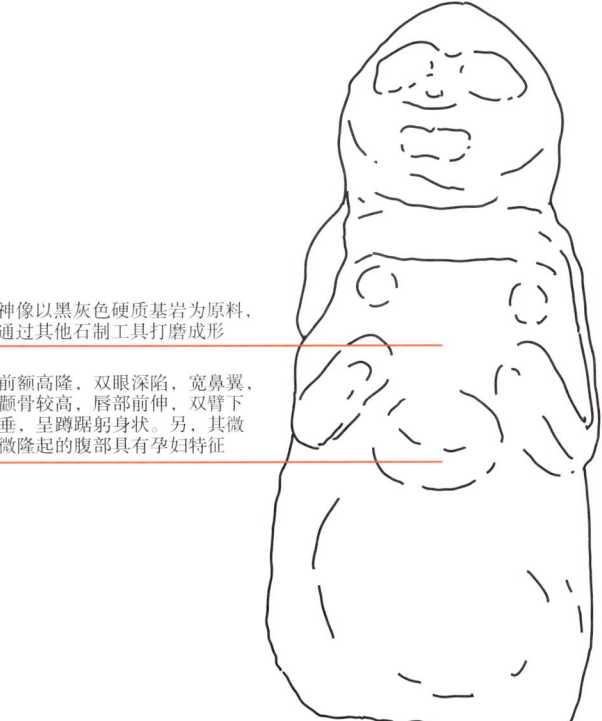

神像以黑灰色硬质基岩为原料，通过其他石制工具打磨成形

前额高隆，双眼深陷，宽鼻翼，颧骨较高，唇部前伸，双臂下垂，呈蹲踞躬身状。另，其微微隆起的腹部具有孕妇特征

图五　蒙古族地区地母神工艺分析图

第七章　蒙古族传统民俗和宗教

757

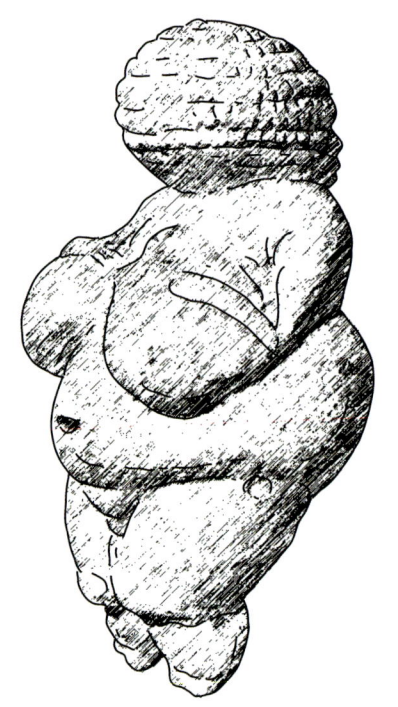

蒙古族地区地母神　　　　　　　　奥地利维林多夫母神

图六　各地区地母神比较分析图

图七　蒙古族地区地母神陈设情境图

蒙古族吉祥天母造像

图一　蒙古族吉祥天母造像主图

吉祥天母又称"吉祥天女""骡子天王"，藏语称"班达拉姆"，是藏传佛教密宗中的重要护法神之一。吉祥天母的原型是古印度神话中的人物，后婆罗门教和印度教将其塑造成女神，取名为"功德天女"，亦称"吉祥天女"，位列毗湿奴之妃、毗沙门之妹，主管世人的命运和财富。待到后期佛教兴盛之时，吉祥天母成为佛教护法神，宗教职能是护法施福德，因此又被称为"功德天"。吉祥天母有两种相貌，分别是文静相和忿怒相，其中文静相的被称为"白拉母"，相貌端庄和善，而忿怒相的吉祥天母侧身坐于骡子背，肤色青蓝，一副凶神样貌。受到佛教造像典籍所述的仪轨约束，佛、菩萨和护法诸神等造像的结构和比例有明确而严格的要求。实际制作中，因材料、工艺以及体量的不同，造像的差异客观存在。受到藏传佛教格鲁派在蒙古族地区盛行的影响，吉祥天母作为保护神在蒙古族地区的声望甚高。当地的吉祥天母造像众多，大小不一，细节上有一定差异，但基本样貌趋于一致。其中，文静相的白拉母造像较为少见，而忿怒相的吉祥天母造像更加威严，在蒙古族地区较为常见。

吉祥天母是藏传佛教诸多流派共同信奉的护法神：在萨迦派最崇拜的喜金刚礼拜仪式中，有三位最重要的伴神，即萨迦三护法，三护法的第一位便是吉祥天母；在噶举派所举行的金刚舞中，直贡噶举派的主要护法神是贡布和阿吉曲珍，其中阿吉曲珍即是吉祥天母的一个化身；而在格鲁派中，吉祥天母是达赖和班禅的重要保护神，受到二世达赖喇嘛根敦嘉措和五世阿旺罗桑嘉措的大力推崇。

忿怒相吉祥天母的造像形态威严而凌厉，其满头红发竖立如火，戴着饰有五只骷髅的华冠，头顶半月并插饰孔雀毛。吉祥天母的面容狰狞，三目圆睁，满嘴獠牙毕露，右耳以狮子形为饰，左耳挂蛇形。吉祥天母胸挂佛珠，肚脐外凸，饰有象征太阳之物。她背披亲生儿子的人皮，象征大义灭亲，腰间系一账簿，记载人们的恶行。吉祥天母造像通常右手高举，执一骷髅短棒，用以责打恶鬼阿修罗，左手则端一盛满鲜血的嘎布拉碗。吉祥天母侧坐于一黄骡之上，鞍子亦是人皮，在鞍子前端有红白两只骰子，红色主杀，白色主教化。鞍后有一个荷包，里面盛着疫病毒菌，亦象征着她是主生死、病瘟、善恶的神。在骡子的左臀上有一天眼，为吉祥天母父亲所射的箭伤所化。

现藏通辽市科尔沁博物馆的铜鎏金吉祥天母造像有两尊，均无底座，属清代造物，一尊高16厘米，以黄骡计，其宽13.5厘米；另一尊高23.9厘米，宽20厘米。两尊造型基本统一，只在细节尺度上有所差异，它们做工精湛，体量虽然较小，但造像刻画生动入微，彰显威严。铜鎏金的吉祥天母造像，因材料特性，其通体鎏金，呈金黄色，仅在头发和骡子身体等局部添饰红色或蓝色，而如果是唐卡，则会严格按照上述内容着色描绘。科尔沁博物馆的两尊造像皆略有瑕疵，一是吉祥天母右手的短棒都已缺失，二是其中一尊造像的骡子耳部有缺损，当然这并不足以掩盖两尊造像的华美。

小型铜鎏金造像一般使用失蜡法铸造，其传统制作工序包括蜡制原型、涂泥制范、加热熔蜡、空腔注铜和修整器表等几步骤。传统失蜡法既便利了铸造过程，也进一步丰富了神像的造型，提升了整体的艺术效果。吉祥天母造像的形态复杂，唯有使用失蜡法才可形象地塑造，其手执的骷髅短棒一般为后期添加。在造型部分完工后便进入鎏金工艺程序，通常按照煞金、抹金、开金和压光等4种工序依次完成。（具体方法参见本书《蒙古族大威德怖畏金刚造像》相关内容）完成后的造像还需要施行装脏和开光等仪轨方可在寺庙或小型佛龛中供奉使用。

如同大威德怖畏金刚一样，吉祥天母在藏密教义中地位显要，是诸多宗教流派共同推崇的保护神。在多代蒙古可汗的大力扶植和推动下，加之后来清政府以"藏传佛教柔化蒙古族"的政策，使得藏传佛教在蒙古地区空前繁荣。造像艺术是宗教传播的重要载体，元代以降，各种藏密造像艺术大量传入蒙古族地区，其中有少量舶来，而大多为蒙古族本地铸造，吉祥天母造像便是其中颇具代表性的一尊。蒙古族地区现有的吉祥天母造像形态基本保持统一，沿袭了藏地造像特征，见证了藏传佛教对于蒙古族的巨大影响以及蒙藏两族的宗教文化交融。

图片来源

图一、图二、图八　周安涛　摄影

图三至图七　张颖泉　制图

图九　刘兆和主编：《蒙古民族文物图典·蒙古民族服饰文化》，文物出版社，2008年，第250页

图二　蒙古族吉祥天母造像

图三　蒙古族吉祥天母造像尺寸图（单位：cm）

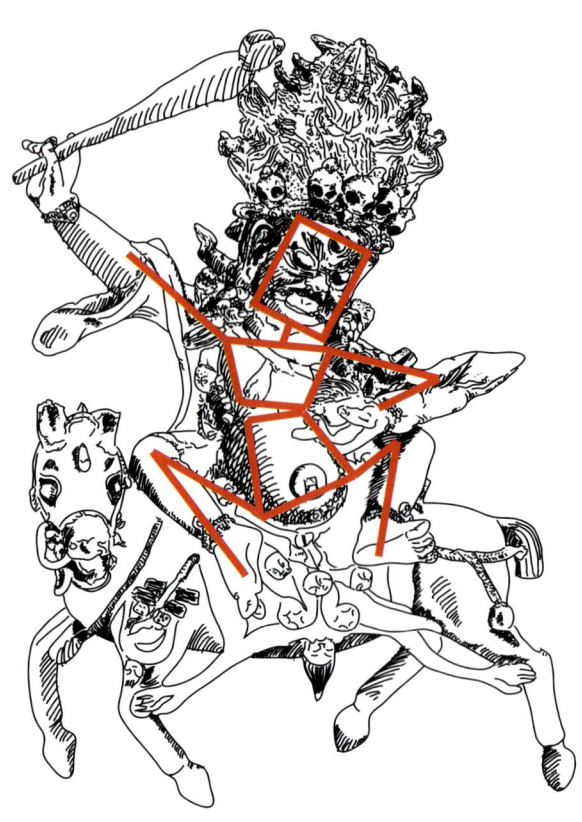

图四 蒙古族吉祥天母造像造型分析图

铜鎏金的吉祥天母造像，仅在头发和骡子身体等局部添饰红色或蓝色

科尔沁博物馆的两尊造像皆略有瑕疵，原像的吉祥天母右手的短棒已缺失

铜鎏金的吉祥天母造像，因材料特性，其通体鎏金，呈金黄色

图五 蒙古族吉祥天母造像工艺分析图

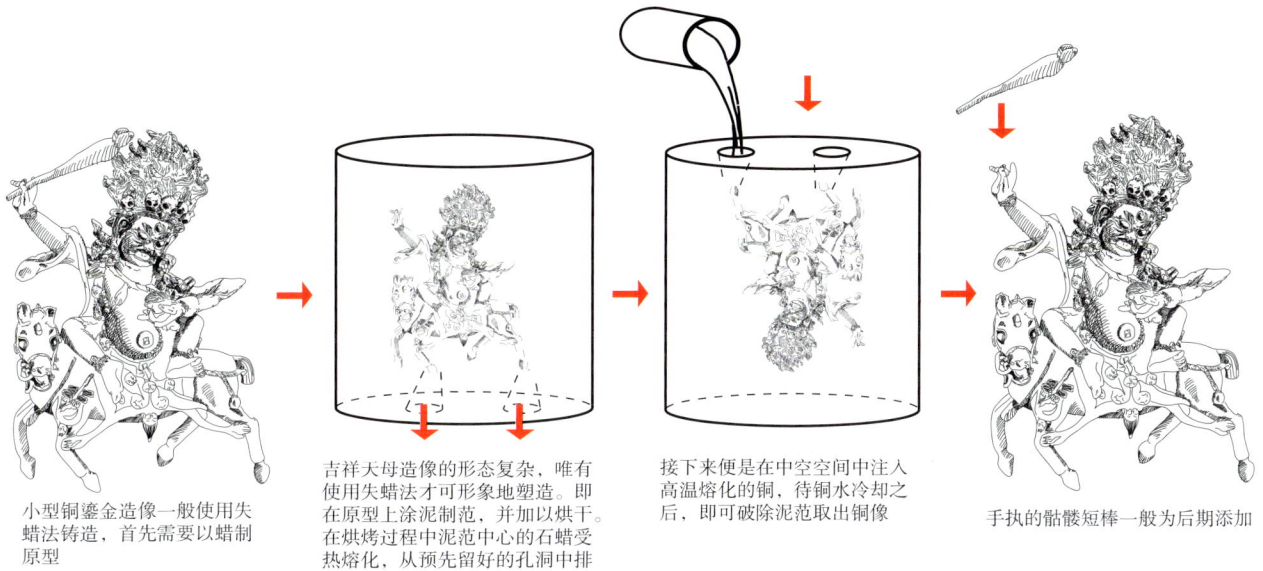

图六　蒙古族吉祥天母造像失蜡法铸造示意图

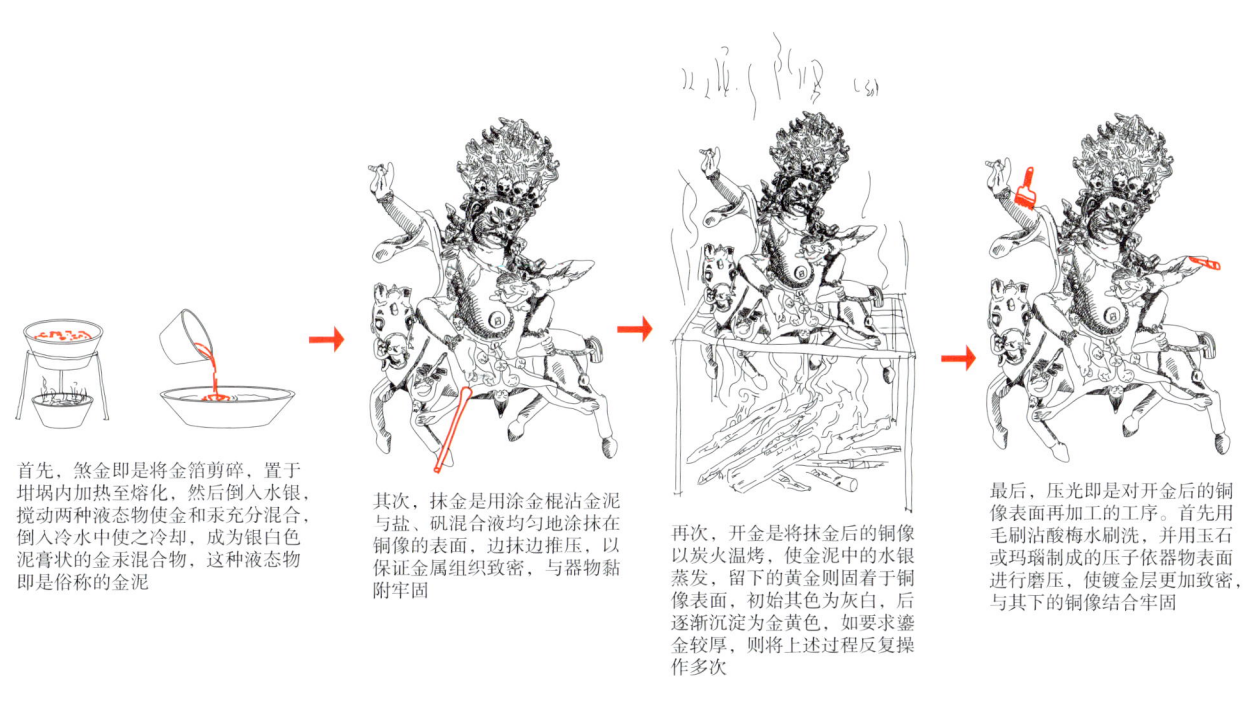

图七　蒙古族吉祥天母造像铜鎏金工艺示意图

蒙古族地区吉祥天母　　　　　　　　藏族地区吉祥天母

图八　蒙藏两族吉祥天母造像比较分析图

图九　蒙古族吉祥天母造像陈设效果图

蒙古族萨满服饰

图一 蒙古族萨满服饰主图

　　萨满服饰是一种萨满教巫师在作法时所穿着的一整套法衣及配饰。萨满教是原始社会中大多数民族的早期宗教形式。其信仰基础是万物有灵论和灵魂不灭，他们相信萨满能与神灵相通。萨满的巫术形式、神灵观念以及萨满职业化程度等，在每个民族中不尽相同。蒙古族萨满教是融合了蒙古族古代自然崇拜、祖先崇拜和图腾崇拜等多种精神信仰的产物，早在蒙古汗国之前，萨满教便在蒙古诸部中盛行，萨满所穿的萨满服饰亦很早便形成一定的特征与规制。蒙古族不同区域，其萨满服装、配饰及法器的形制皆有一定差异，但总体特征趋同，主要包括法帽、法衣、法裙和神靴等，另有一系列用以配合作法的法器等。

　　蒙古族萨满教是一种相对松散的原始宗教，并没有宗教教典，亦没有统一的宗教组织和固定的宗教场所，其核心是拥有相同或相似宗教观念的神职人员——萨满巫师。萨满巫师可以通神，其职能主要是沟通神人，作法驱邪等，他们集通灵者、占卜和医师等于一身，在信仰者中颇具威望。萨满巫师要完成作法仪式，实现上述职能，他们所穿的萨满服饰以及相配的法器尤为重要，不可或缺。穿着萨满服饰的巫师作法时口念咒语，高歌狂舞，锣鼓锵锵，法衣上的彩条和铃铛因旋转和舞动而飞扬作响，现场颇具精神感染力。

萨满服饰中的法帽也叫"神帽"，蒙古语称"奥日贵"，蒙古族地区东部的法帽是在圆顶帽子上套一指宽箍环及十字圆顶制成。这种法帽的前檐多饰有翁衮图案，帽缘缀挂丝线长穗，帽顶上通常有鹿角或鹰爪造型，其周边吊挂铜铃和五色彩带。西部的萨满法帽相对简便小巧，而漠北的法帽则更加高大华丽，在帽顶往往添加高高的锦羽。及至明清，萨满法帽出现了五佛冠形制，体现出佛教对于萨满教的渗透与影响。法衣也称"法袍"，是一种挂有很多不同颜色布条及配饰的后开襟式长袍，长度一般过膝。萨满法衣最典型的特征是其上缝缀的众多彩色飘带，这些彩条一般由族部各户敬献，其来源地越多越好，能够增添穿着法衣巫师的法力。此外，法衣的不同部位通常佩挂大小铜铃或贝壳，前后心和围腰处多钉挂大小各式铜镜，象征日月星光，其上多纹有四大猛禽图案，用来增加巫师作法的威力。法裙即是巫师穿着法衣后在腰间围系的彩条裙摆，分条裙和火焰裙两种，皆是由彩条围合腰带缝制而成，其中火焰裙条带少而宽，多为红黄相间，并刺绣火焰图案。也有的萨满服饰仅有法衣，不配法裙。萨满神靴是帮助巫师在通灵作法时上达天堂、下及地府的重要用品，其用料上乘，多以牛皮、鹿皮或耐磨粗布制成，保证巫师在跳神时不至破损。

除此之外，与萨满服饰相配的还有一系列法器，主要包括萨满法鼓、神杖、铜镜、宝剑和神鞭等。其中，用于萨满仪式的萨满法鼓，一般用铜、铁圈蒙牛皮或山羊皮制成，多为圆形，有外侧配柄，也有在鼓背后藏横柄的，是萨满太阳崇拜的象征物。法鼓侧面或把柄上多系挂铁环、铜铃，鼓面上常饰有双鱼、火焰、祥云和一些传统几何图案等。神杖也称"法杖"，常见的有两种，一种是两端各雕马头与马蹄形状，象征萨满巫师的坐骑，可藉此抵达神界，与魂灵沟通；另一种由蛇皮包裹，柄上带有多条飘带的法杖，名为"斑蛇腿"，其功用是祛邪治病。萨满服饰所配的铜镜有多枚，一般缝缀于法衣的胸背及腰围，数量几枚至十余枚不等，用以驱邪避害，增加巫师法力。宝剑是巫师驱邪致病的法器，用以斩除病害，一般配两把，一长一短。萨满神鞭有三种，为鸢鞭、铃鞭和布条鞭，在作法中各具不同功用。

蒙古族萨满服饰形制特殊、构造复杂，其服饰造型、装饰及配色多具有典型的宗教象征意义，凸显了蒙古族萨满教服饰及法器的造物特质。此外，明清以降，随着藏传佛教在蒙古族地区的兴盛，萨满服饰及法器上大量出现佛教造型及纹饰，揭示了蒙古族萨满教对佛教的妥协与融合，此点在相关蒙古族造物文化及宗教演化历史等领域的研究中皆具有重要的实证意义与考察价值。

图片来源
图一　那仁夫、杨劲主编：《蒙古族文化图鉴·蒙古族服饰图鉴》，内蒙古人民出版社，2007年，第325页
图二、图五、图六　李淼　摄影
图三　周安涛　摄影
图四　刘兆和主编：《蒙古民族文物图典·蒙古民族宗教文化》，文物出版社，2008年，第64页
图七、图十五　神杖：刘兆和主编：《蒙古民族文物图典·蒙古民族宗教文化》，文物出版社，2008年，第60页；宝剑、神鞭：李淼　制图
图八　孙丹丹　制图
图九至图十四　李淼　制图
图十六　微图网
图十七　FOTOE图片库

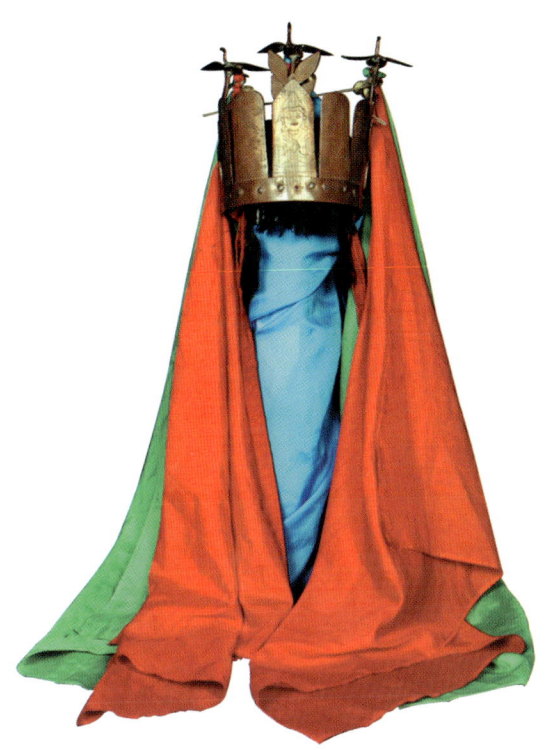

图二 蒙古族萨满法冠

图三 蒙古族萨满法袍

图四 蒙古族鸟羽式萨满服

图五 蒙古族萨满法裙及神靴

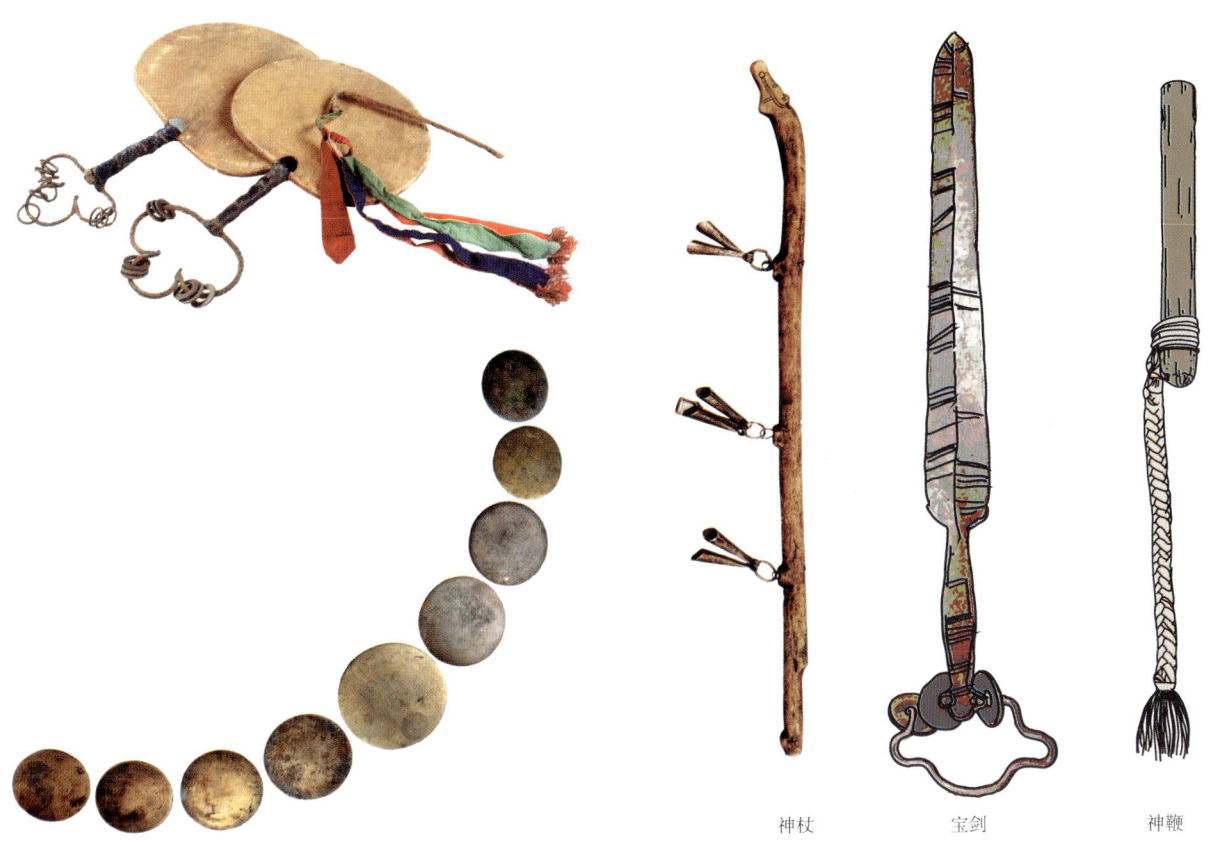

图六 蒙古族萨满法鼓、铜镜

神杖　宝剑　神鞭

图七 蒙古族萨满神杖、宝剑及神鞭

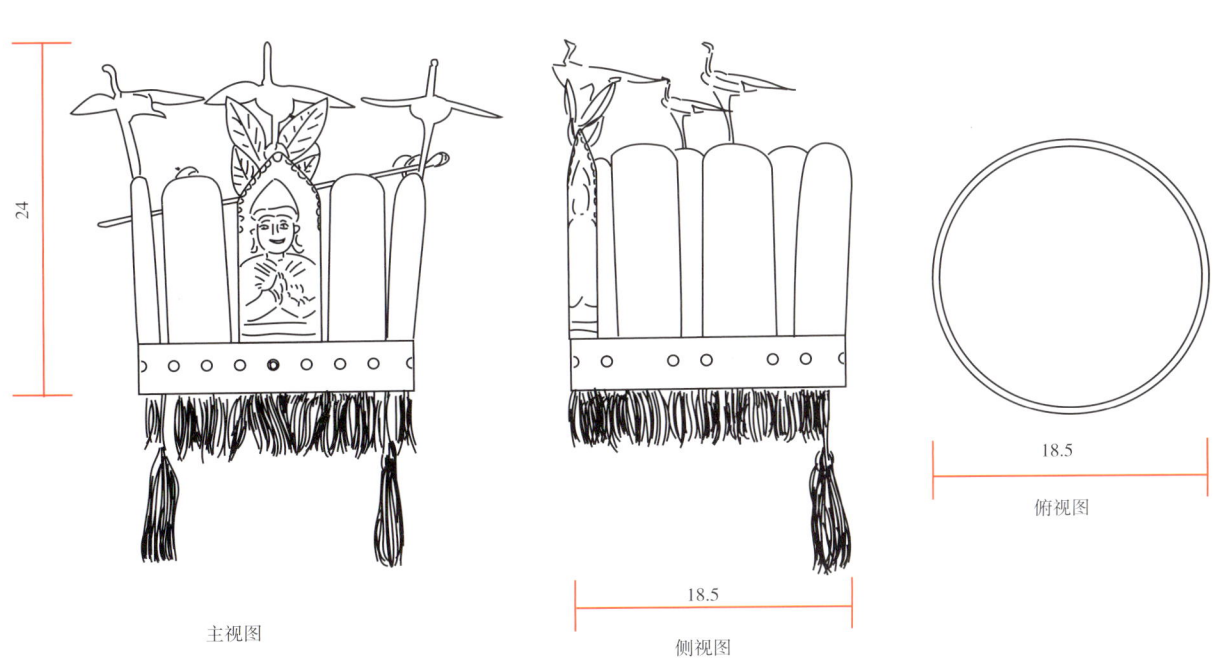

主视图　侧视图　俯视图

图八 蒙古族萨满法冠尺寸图（单位：cm）

第七章 蒙古族传统民俗和宗教

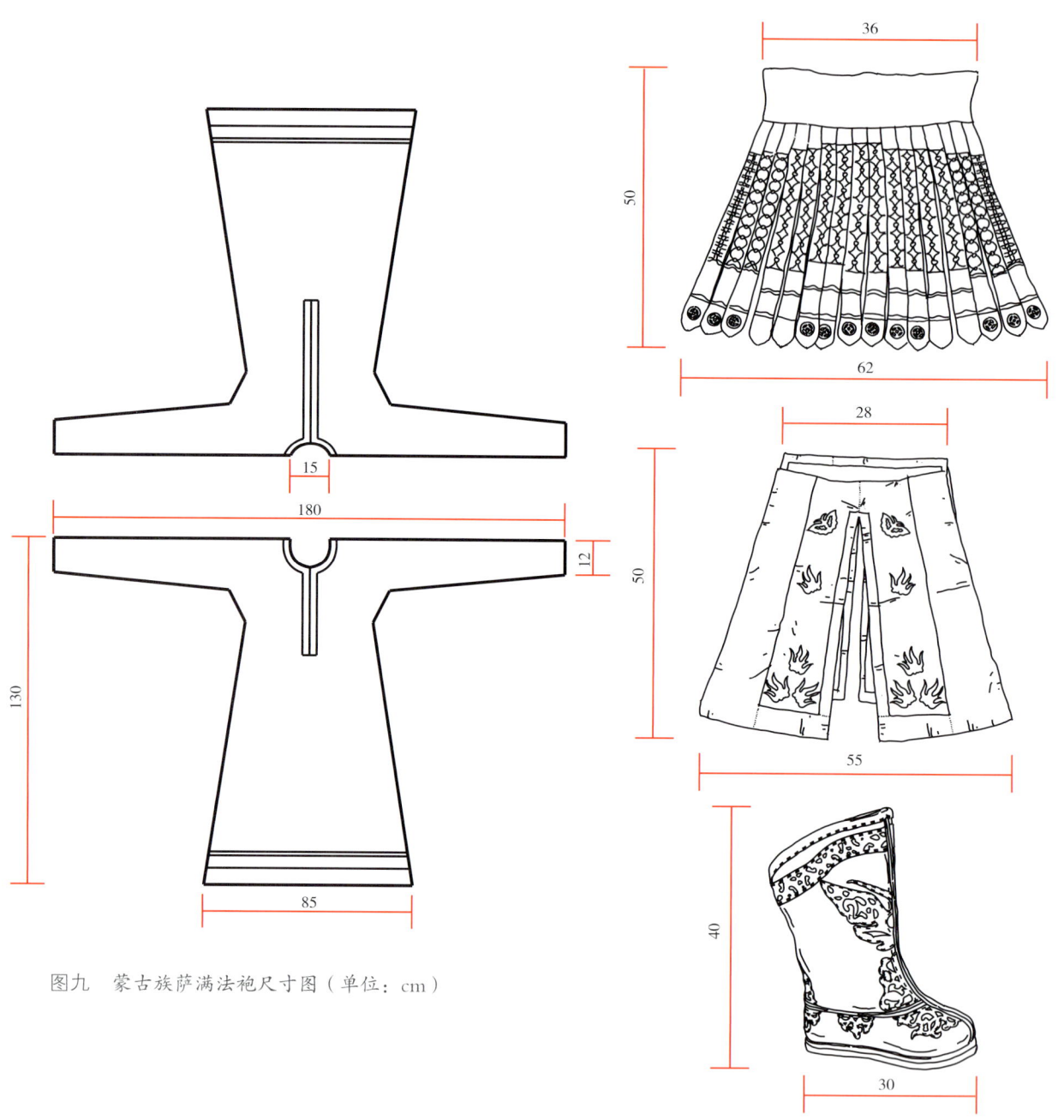

图九　蒙古族萨满法袍尺寸图（单位：cm）

图十　蒙古族萨满法裙、神靴尺寸图（单位：cm）

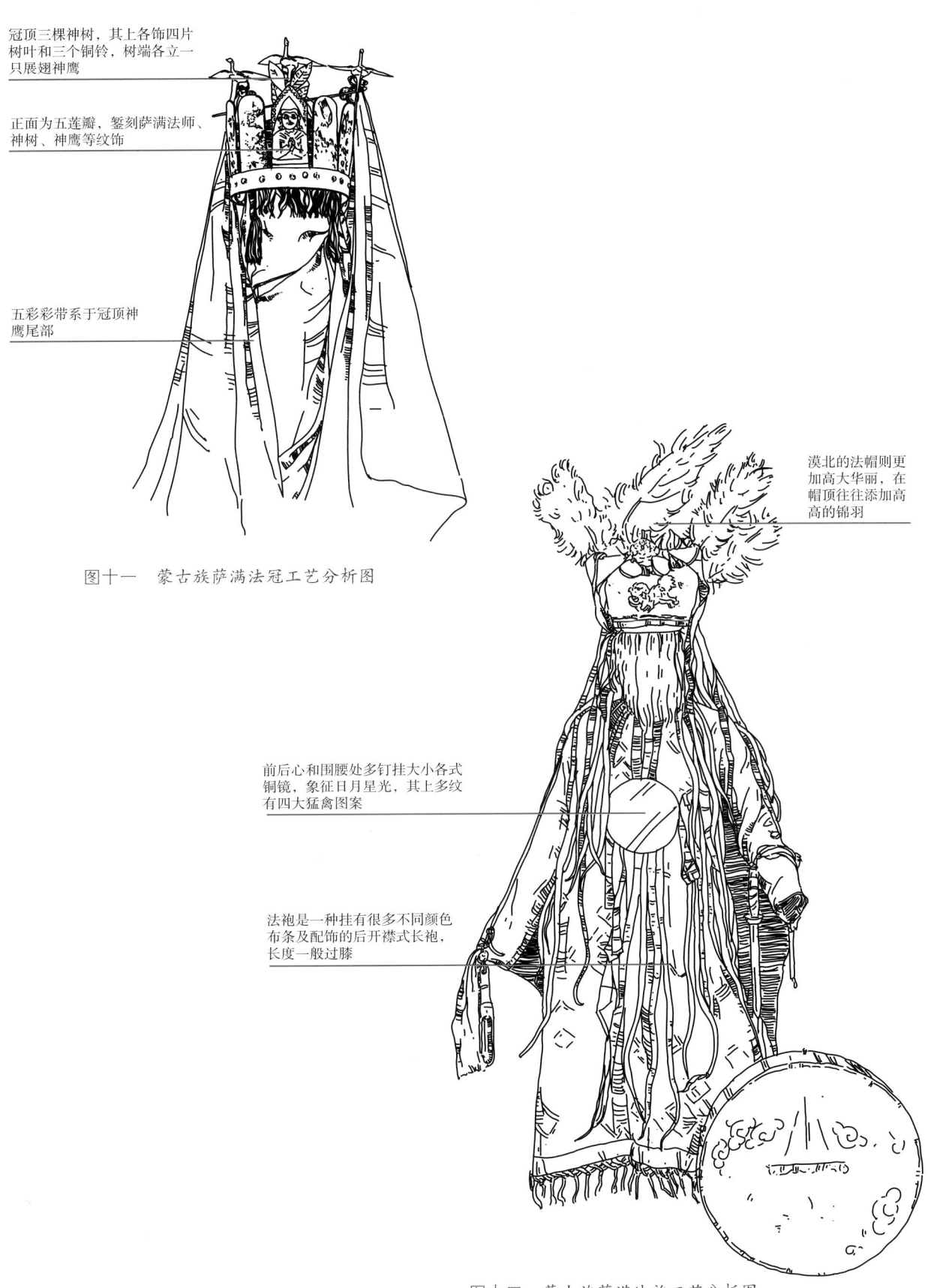

图十一　蒙古族萨满法冠工艺分析图

图十二　蒙古族萨满法袍工艺分析图

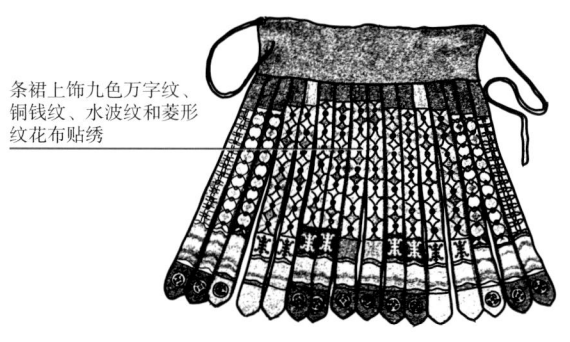
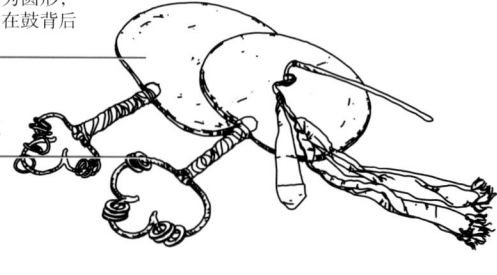

条裙上饰九色万字纹、铜钱纹、水波纹和菱形纹花布贴绣

法鼓一般用铜、铁圈蒙牛皮或山羊皮制成，多为圆形，有外侧配柄，也有在鼓背后藏横柄的

法鼓侧面或把柄上多系挂铁环、铜铃

火焰裙，红布地，黄布贴，上饰火焰纹贴绣

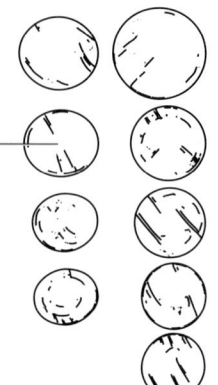

铜镜象征日月星光，其上空白无图案或纹有四大猛禽图案

法靴多以牛皮、鹿皮或耐磨粗布制成

图十四　蒙古族萨满法鼓、铜镜工艺分析图

图十三　蒙古族萨满法裙、法靴工艺分析图

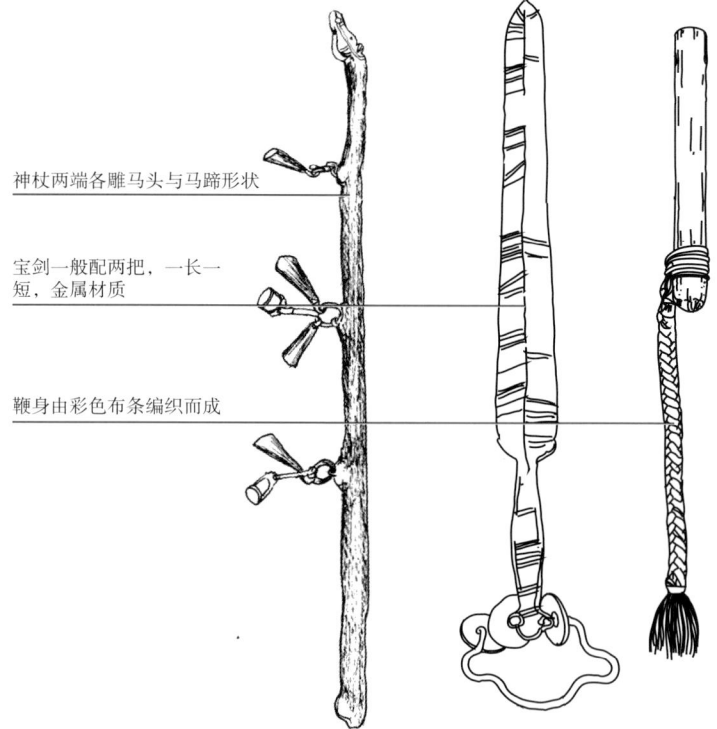

神杖两端各雕马头与马蹄形状

宝剑一般配两把，一长一短，金属材质

鞭身由彩色布条编织而成

图十五　蒙古族萨满神杖、宝剑、神鞭工艺分析图

图十六 蒙古族萨满服饰穿戴效果图

图十七 蒙古族萨满服饰穿戴效果图

蒙古族湿婆造像

图一　蒙古族湿婆造像主图

湿婆，印度教三主神之一，亦称"湿婆天""荒神""毁灭之神""苦行之神"和"舞蹈之神"。在古印度婆罗门教圣典《梨俱吠陀》的卷首即有湿婆的记述，可见其地位显赫。湿婆拥有两极神格，兼具恐怖破坏与恩惠救济。湿婆有无上降魔之能，额头第三只眼的神火可烧毁一切，曾将妖魔三城及爱神燃为灰烬。相传诸神和阿修罗搅乳海时，他吞下能毁灭世界的毒药，因颈部被烧成青黑色，故而得"青颈"之称。湿婆终年在喜马拉雅山上修苦行，亦善于跳舞，因而被称为"苦行之神"和"舞蹈之神"。

湿婆被佛教收纳后，神格大为降低，从印度教的三主神之一变为众多佛教护法神之一，在显宗中被称作"大自在天"。佛教称湿婆住在色界十八层天的最高天，为三千界之主。湿婆降格为大自在天后，其两极神格中的毁灭本性不复存在，专职护卫。湿婆在佛教密宗中则转化为玛哈噶位，即大黑天，虽然与大自在天一同为教内护法神，但大黑天要比大自在天的地位高许多，其有自己独立的庙宇和殿堂，可以专享香火，而大自在天只能和二十诸天凑在一起，护卫佛祖。湿婆形象随藏传佛教传入蒙古族地区，其形象并不统一，有忿怒相的大黑天或大自在天的形象，也有较为贴近原印度教的湿婆形象，这也从侧面显示出其造像来源的多样性。

蒙古族地区的湿婆造像数量并不多，常见的多为木雕或铜铸小件，而作为大自在天的形象，多同二十诸天一同出现在唐卡上，形象亦不醒目。而今科尔沁博物馆中收藏的湿婆造像可谓其中的另类，本尊湿婆造像属于清代中期作品，虽见于召庙护法，但形象较为贴近印度教主神形象，其高度含须弥座达到140厘米，宽度68厘米，厚度为25厘米，属佛教湿婆造像中的大件。其中，湿婆侧坐在他的坐骑——大白牛背之上，神态严肃而端庄，有胡须，第三只眼以符号象征，其发饰高耸复杂，似流水状，脖子上缠绕一条眼镜蛇。湿婆右腿上坐其子——象头神伽内什，左腿在坐榻上盘曲，其上坐雪山女神，而女神腿上是湿婆的另一子——战神塞犍陀。湿婆四臂或持法器，或捏法印。湿婆背后有一圈雕饰精细的背光，顶端栖一神鸟。湿婆所坐的白牛形象温和而敦实，同最下方的须弥座构成整尊造像的支撑。该尊湿婆木刻造像，除须弥座和背光上的神鸟外，为整块楠木雕饰而成，雕工精致细腻，层次错落有致，形态端庄，虽然造像包括多个角色形象，但构图严谨合理，凸显了较强的整体协调感。表面涂白，不过随着历史长河的洗涤，现已逐渐褪色。

这种木刻造像一般取合适木料，考虑好木纹走向以及造像构图，以墨笔勾画轮廓，再以斧头削出大的体块，之后，工匠需结合造像的具体形态特点，选择合适斧凿在大轮廓的基础上一点点雕刻出所需的形象。随雕刻的逐步深入，刀法的要求亦愈发细腻，木雕的工具也逐渐精致多样起来。民间艺人们制造了各种用途、规格的刀具和辅助工具，这些工具在雕刻造像中的用途步骤皆不相同。造像雕刻完毕还得整体修缮，之后便是磨光和髹漆。有的造像形态复杂，需要分部件雕刻，完成以榫卯、卡口或木工胶结合成整体。当然，佛教造像在供奉之前，尚需要装脏和开光。

湿婆造像在蒙古族地区所见不多，主要原因是其在佛教中所处地位不高，而藏于科尔沁博物馆的这尊楠木湿婆造像体量较大，雕工细腻精致，形象丰富而生动，属于此类造像中的精品。据推测，这尊造像的源起不仅仅是藏传佛教的护法，应当还有印度教主神形象和地位的影响，其对于探究藏传佛教在蒙古族宗教信仰中的影响与地位以及其他宗教源流在蒙古族造物文化中的显现与异变都具有重要价值。

图片来源

图一、图六　李淼　摄影

图二至图五　李淼　制图

图二　蒙古族湿婆造像尺寸图（单位：cm）

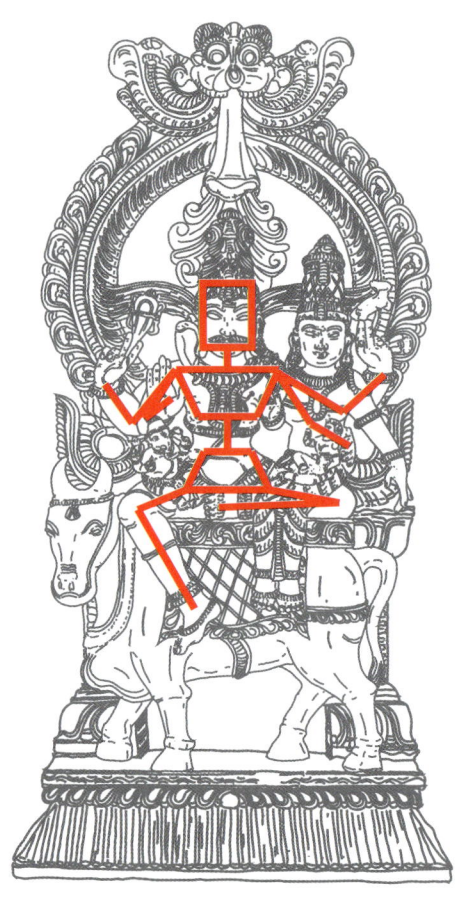

图三　蒙古族湿婆造像造型分析图

蒙古族地区湿婆造像常见的多为木雕或铜铸小件

该尊湿婆木刻造像，除须弥座和背光上的神鸟外，为整块楠木雕饰而成，表面涂白，不过随着历史长河的洗涤，现已逐渐褪色

图四　蒙古族湿婆造像工艺分析图

1. 取合适木料，考虑好木纹走向以及造像构图，以墨笔勾画轮廓

2. 再以斧头和较大的凿子削出大的体块

3. 之后，工匠需结合造像的具体形态特点，选择合适斧凿在大轮廓的基础上一点点雕刻出所需的形象来。随雕刻的逐步深入，刀法的要求亦愈发细腻

图五　蒙古族湿婆造像木雕工艺示意图

蒙古族地区湿婆神像

印度地区湿婆神像

图六　各地区湿婆造像比较分析图

蒙古族释迦牟尼佛造像

图一　蒙古族释迦牟尼佛造像主图

释迦牟尼佛全名乔达摩·悉达多,释迦牟尼是世人对其的尊称,又称"佛陀"或"佛祖"。其中,释迦意指"能"和"勇",牟尼意为"文""仁"和"寂默",所以释迦牟尼合起来具有"能仁""能忍""能寂"等意,故从其称谓上翻译,又可作"能仁寂默""释迦文佛"等。

蒙古族地区的诸多召庙中都供奉有释迦牟尼佛的造像,有铜鎏金、泥塑彩绘和木雕彩绘等多种类型,其中以铜铸鎏金最为华美。铜铸鎏金造像中又分大型中空造像和小型造像,较小的庙宇和家庭佛龛中所供奉的多为小型造像,本文主要针对这种相对常见的造像形制与制作工艺加以记述。现藏通辽市科尔沁博物馆的铜鎏金释迦牟尼佛成道像系清代造物,含底座通高35.1厘米,底座高7.8厘米,横向长23.5厘米,宽17厘米,做工精细华美,佛像螺发肉髻,面容慈祥,耳垂至肩,眉间有白毫,身着袒右肩袈裟,跏趺坐于莲花座之上,体式端庄,左手置于右脚之上，施禅定印，右手指尖触地，呈触地印。由此可见，该尊佛像形制严格遵从成道像造像规制。

此类铜鎏金小型造像，因结构复杂，形态精细，通常需以失蜡法铸造。

对于铜鎏金金刚造像而言，最后的工序便是鎏金，通常按照煞金、抹金、开金和压光4种工序依次完成。

一般鎏金铜像表面不再做其他装饰，主要是为了彰显鎏金的辉煌效果。收藏于科尔沁博物馆的释迦牟尼佛铜鎏金像在佛陀面部以及臂膀袒露的皮肤部位均无鎏金，较为特别。铜鎏金造像完成后还需要履行装脏和开光等仪轨才可供奉，其中，装脏在蒙古语中称为"阿弥欧系古鲁乎"，一般是指为佛像请入五脏六腑之意，多以置入舍利、佛经或金玉等作为象征，此尊造像的装脏开口位于其背部；开光蒙古语称"尼顿纳格乎"，即是由高僧为之开光明之意，经过开光的佛像或神像才具有宗教意义上的神圣性。

释迦牟尼佛在藏传佛教中居有首要地位，随着佛教在蒙古族地区的流传而广为建造。现存蒙古族地区诸多的释迦牟尼佛造像形制多样，制作材料和工艺亦多有差别，见证了藏传佛教对于蒙古族的巨大影响以及蒙藏两族的文化交融。内蒙古的佛教造像工艺精细复杂，但大多缺乏隽秀之气，其中金铜造像多为清顺治至乾隆时期的作品。释迦牟尼佛造像的工艺技巧与审美格调亦彰显出蒙古族宗教造像艺术的精湛与高超，成为研究蒙藏两族宗教造物文化的重要例证。

图片来源
图一、图七、图八　李淼　摄影
图二至图六　张颖泉　制图

图二　蒙古族释迦牟尼佛造像尺寸图（单位：cm）

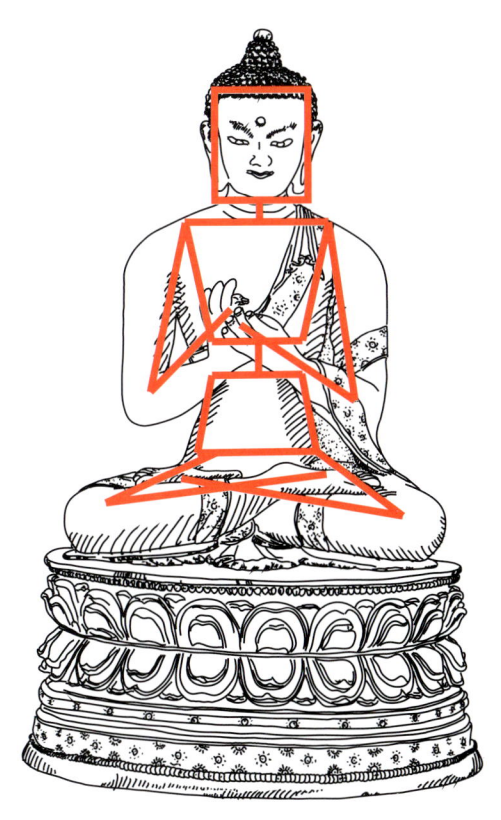
图三　蒙古族释迦牟尼佛造像造型分析图

图四 蒙古族释迦牟尼佛造像工艺分析图

释迦牟尼佛跏趺坐，面容为调息入定状

着袒露右肩的袈裟

双手置于胸前，拇指和食指扣成环状，作"说法印"，象征说法的姿势

坐像造像一般都配有莲花座或是须弥座为底座

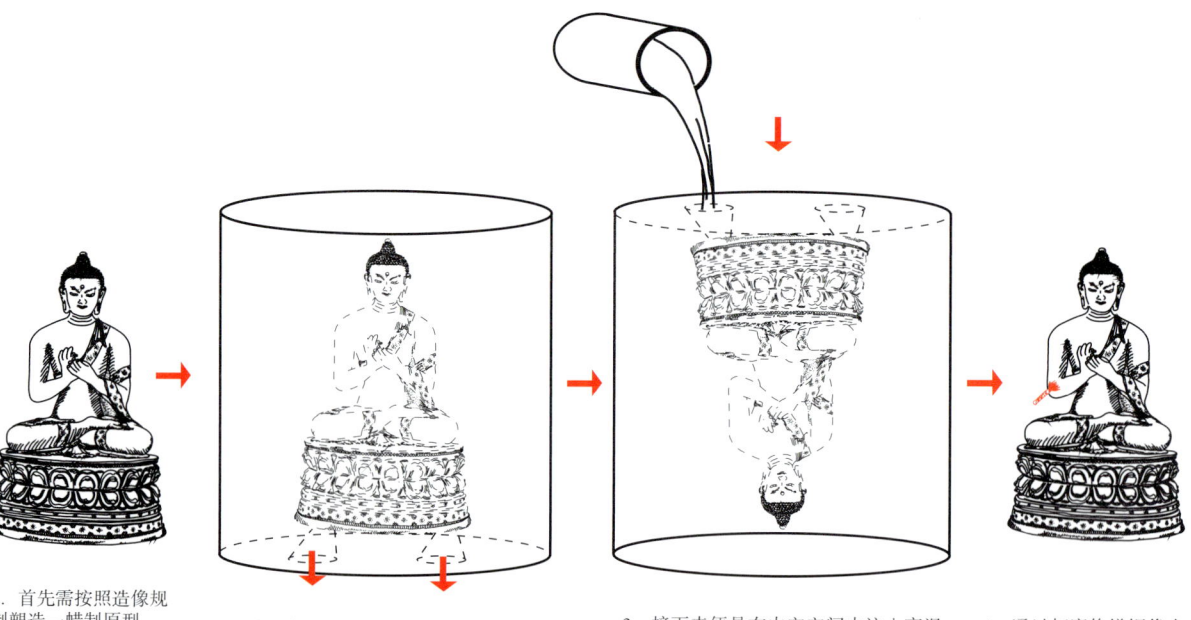

1. 首先需按照造像规制塑造一蜡制原型

2. 然后在原型上涂泥制范，并加以烘干。在烘烤过程中泥范中心的石蜡受热熔化，从预先留好的孔洞中排出，剩下留有金刚造型的中空空间

3. 接下来便是在中空空间中注入高温熔化的铜，待铜水冷却之后，即可破除泥范，取出铜像

4. 通过打磨修缮铜像表面的冒口和毛刺等，使之光滑圆润，完成佛陀造像的铸造步骤

图五 蒙古族释迦牟尼佛造像失蜡法铸造示意图

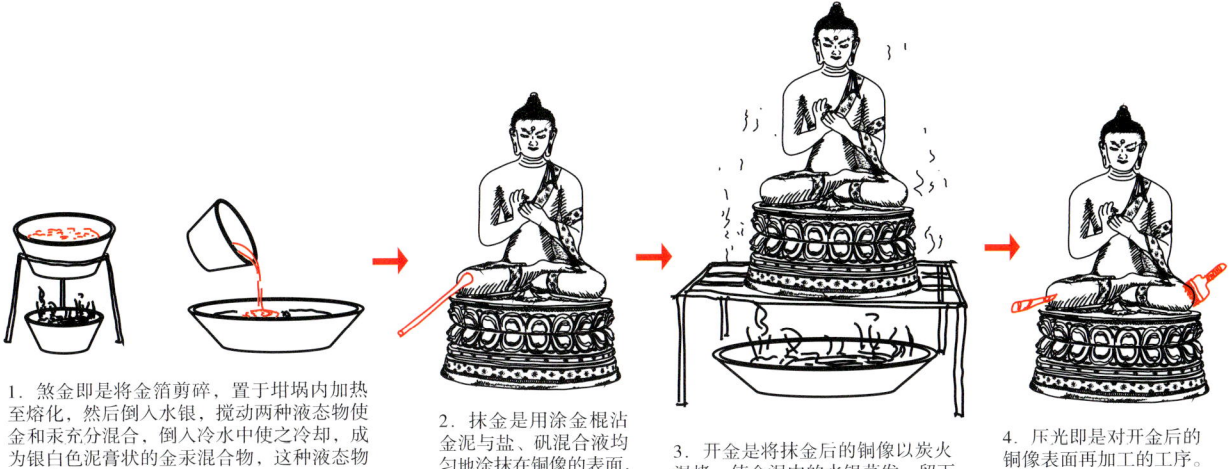

1. 煞金即是将金箔剪碎，置于坩埚内加热至熔化，然后倒入水银，搅动两种液态物使金和汞充分混合，倒入冷水中使之冷却，成为银白色泥膏状的金汞混合物，这种液态物即是俗称的金泥

2. 抹金是用涂金棍沾金泥与盐、矾混合液均匀地涂抹在铜像的表面，边抹边推压，以保证金属组织致密，与器物黏附牢固

3. 开金是将抹金后的铜像以炭火温烤，使金泥中的水银蒸发，留下的黄金则固着于铜像表面，初始其色为灰白，后逐渐沉淀为金黄色，如要求鎏金较厚，则将上述过程反复操作多次

4. 压光即是对开金后的铜像表面再加工的工序。首先用毛刷沾酸梅水刷洗，并用玉石或玛瑙制成的压子依器物表面进行磨压，使镀金层更加致密，与其下的铜像结合牢固。压光工序使得铜像表面的鎏金层光泽闪亮

图六　蒙古族释迦牟尼佛造像铜鎏金工艺示意图

蒙古族地区释迦牟尼佛

汉族地区释迦牟尼佛

图七　蒙汉两地释迦牟尼佛造像比较分析图

图八　蒙古族释迦牟尼佛造像陈设效果图

蒙古族四大天王造像

东方持国天王造像　　　南方增长天王造像　　　西方广目天王造像　　　北方多闻天王造像

图一　蒙古族四大天王造像主图

四大天王又称"四大金刚""护世四天王",原系印度教中的天王,后被佛教吸纳,成为著名的护法神,是二十诸天中的四位天神,位居第一重天,因此第一重天又被称为"四天王天"。四大天王的形象随着佛教传入中国后逐步被中国化,形象多有变化,其中,蒙古族地区的四大天王形象多源自藏族地区,但也有明显的汉文化烙印。

四大天王的本职即是保护及维持正法,他们各自的形象与职能各不相同:

1. 东方持国天王,名中的"持国"意指慈悲为怀,护持众生,保护国土。持国天王居于须弥山白银埵,身着白色甲胄,手持琵琶。琵琶有两层含义:其一,乐弦松紧有度,过紧则易断,太松则声不正,寓意行中道之法;其二,表明其为主乐之神,用音乐劝服众生皈依佛教。

2. 南方增长天王,名中的"增长"意指传令众生,护持佛法,增长善根。增长天王住须弥山琉璃埵,身为青色甲胄,手执剑刃。剑刃有两义:其一,剑象征智慧,慧剑斩烦恼;其二,剑刃寓意保护佛法不可亵渎。

3. 西方广目天王,名中的"广目"意指以净天眼观察世界,护持人民。广目天王住须弥山水晶埵,身着红色甲胄,右手缠一蛇(也有的造像为龙的形象),喻指世间多变,左手上执宝珠,表内心不变之意。

4. 北方多闻天王,又名"毗沙门",名中的"多闻"意指精通佛法,以福德普于四方。多闻天王住须弥山黄金埵,身着绿色甲胄,左手握银鼠,右手持宝伞(亦有执宝幡的),法器有两义:其一,伞盖(或宝幡)代表护持内心不受外面染污;其二,伞盖（或宝幡）用以制服魔众，守护世人财富，故又名"施财天"，本源是古印度的财神。

在中国，四大天王一般被合称为"风调雨顺"，其中，南方增长天王执剑，象征"风"；东方持国天王执琵琶，寓意"调"；北方多闻天王掌伞，表示"雨"；西方广目天王执蛇和明珠，代表"顺"。他们的神像一般分列在净土宗禅宗佛寺的第一重殿（也被称为"天王殿"）两侧。在内蒙古呼和浩特市的五塔寺（位于呼和浩特市旧城东南部，原名"金刚座舍利宝塔"，始建于清雍正年间，因塔座上有五座方形舍利塔，故得名）中，四大天王造像以高浮雕的形式列于金刚座舍利宝塔正面拱门的两侧。这4尊高浮雕天王造像在形制上基本符合佛教典籍，但甲胄形式及天王面容依然有着浓郁的中国元素特征，4尊高浮雕高约50厘米，单体宽约25厘米，以青石雕凿而成，雕工细腻娴熟，层次布局错落有致，天王衣褶及绶带线条流畅飘逸，显示了高超的工艺技巧。

四大天王作为重要的护法神，在蒙古族佛教寺庙中多有出现，根据佛教经典记叙，供奉佛教天王护法可得福德，恒常供祈可得龙天善神护佑及增长顺缘，振兴事业、财运及权势，并可遣除修法中外内诸障，饶益一切善法之功德，所以他们深得蒙古族人的敬爱，许多召庙中都会在寺庙南部中轴上建有专门的天王殿。蒙古族地区的四大天王造像通常精致细腻、气韵生动，在蒙古族佛教造像文化中有着不可替代的研究价值。

图片来源

图一、图五　周安涛　摄影
图二至图四　李淼　制图
图六、图七　FOTOE 图片库

图二　蒙古族四大天王造像尺寸图（单位：cm）

图三 蒙古族四大天王造像造型分析图

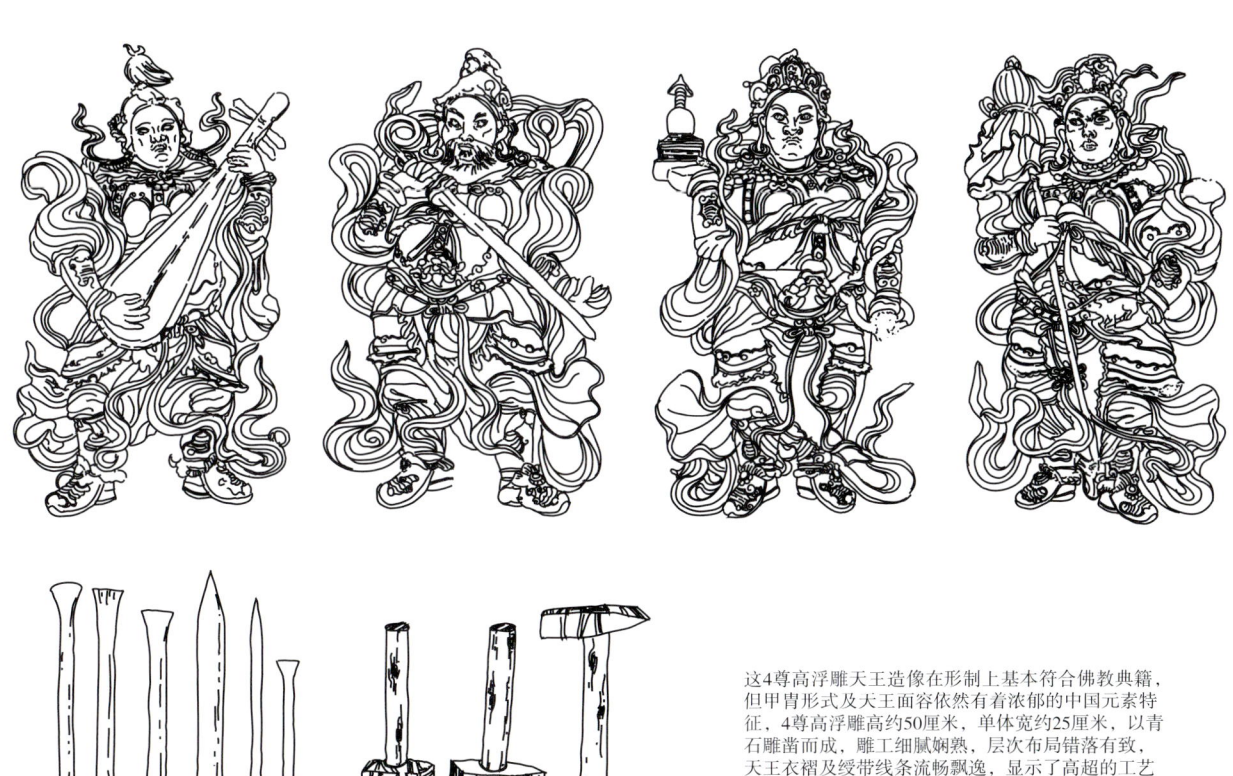

各种石雕工具

这4尊高浮雕天王造像在形制上基本符合佛教典籍，但甲胄形式及天王面容依然有着浓郁的中国元素特征。4尊高浮雕高约50厘米，单体宽约25厘米，以青石雕凿而成，雕工细腻娴熟，层次布局错落有致，天王衣裙及绶带线条流畅飘逸，显示了高超的工艺技巧

图四 蒙古族四大天王造像工艺分析图

| 东方持国天王 | 南方增长天王 | 西方广目天王 | 北方多闻天王 |

蒙古族地区四大天王

| 东方持国天王 | 南方增长天王 | 西方广目天王 | 北方多闻天王 |

汉族地区四大天王

图五　蒙汉两地四大天王造像比较分析图

图六 蒙古族四大天王造像陈设情境图

图七 蒙古族四大天王造像陈设情境图

蒙古族太阳神形象

图一　蒙古族太阳神形象主图

太阳神在世界各地、各个历史时期以及众多民族的神话及宗教信仰中都有存在。就蒙古族而言，受自然宗教意识的驱使，其对于各种天体的崇拜盛行，而其中对于太阳的崇拜最为普遍。这是因为太阳能够给人和牲畜带来光明和温暖，使草原充满生机，让生命得以繁衍，满足了北方牧业及农业等生产和生活的基本需要。位于内蒙古自治区临河区乌拉特后旗格尔敖包沟一带的拜日岩画，即充分展现了太阳崇拜的图景。太阳神是人们赋予这种原始自然崇拜以神格，是对太阳敬拜、祭祀等心理及行为的凝结。蒙古族太阳神的形象，在漫长的历史长河中多有变化，从北方先民的原始岩画形象到萨满教的天神崇拜体系中的演化，以及其抽象化、图案化的演进，可谓纷繁复杂。

太阳在早晨升起，为大地带来光明和温暖，人类开始一天的生产与生活，而当太阳落山，黑暗与寒冷便笼罩大地，人亦容易受到食肉动物的伤害。此外，在原始宗教中，人们认为尽管太阳每天在日落时死去，但每天早晨，太阳又会复活，周而复始，直至恒远。出于此，蒙古族的太阳神即是光明之神、生命之神、温暖之神和复活之神。先民们在族人死后一律头向着太阳升起的东方置放尸体，其目的就是为了祈祷太阳神给予逝者死而复生的能力。本案例中的太阳神形象来自内蒙古自治区乌海市召烧沟岩画，属新石器时代晚期。岩画中的太阳神基本为圆形，圆周上有23根向外的放射线，形象地概括了太阳的光芒，圆形内部为一长者面相，圆形双目之上有三道"眉毛"，两颊有八字胡形状，嘴巴微张，端庄温和的面容中亦显露尊严。该岩画多用凿刻法，以磨刻配合敲凿密点形成神像，形象虽然粗陋，但具有古朴概括的特点，神像整体概括简练，无透视感。此外，同样著名的还有阴山岩画中的太阳神，其形象众多，其中时代较近的是一组由头戴光冠的太阳神组成的几何图案，整体如同庙宇。神像表现较为图案化，也是凿刻而成，据推测为元明时期蒙古人的作品。

太阳神在蒙古族先民的自然崇拜中凝练升华，象征着光明、温暖和生命，后与萨满教乃至藏传佛教都有不同程度的融合，凸显了其在蒙古族宗教信仰中顽强的生命力和影响力。太阳神没有后世宗教中的规范造像，其形象多被记录于神话故事，以岩画为载体。太阳神崇拜的源起与演化，特别是同后世其他宗教的结合，在蒙古族宗教文化体系中具有重要的研究价值。

图片来源

图一　刘兆和主编：《蒙古民族文物图典·蒙古民族宗教文化》，文物出版社，2008年

图二至图四　张颖泉　制图

图五　（左）张颖泉　制图

　　　（右）FOTOE图片网

图二　蒙古族太阳神形象

图三　蒙古族太阳神形象尺寸图（单位：cm）

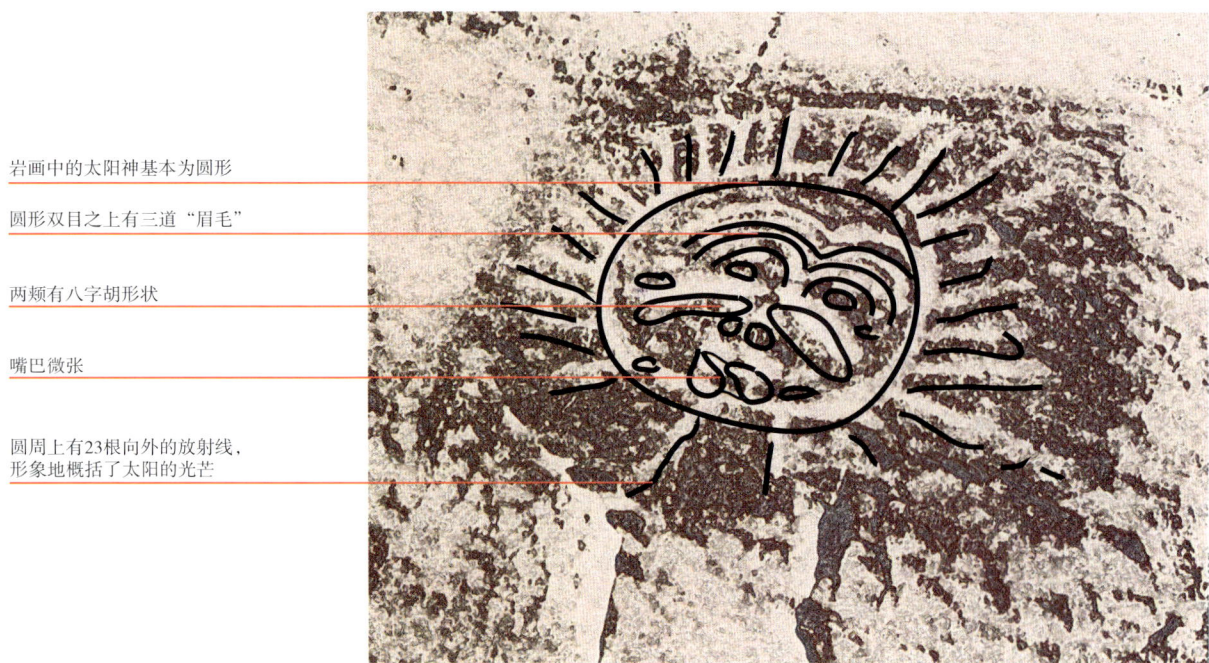

- 岩画中的太阳神基本为圆形
- 圆形双目之上有三道"眉毛"
- 两颊有八字胡形状
- 嘴巴微张
- 圆周上有23根向外的放射线，形象地概括了太阳的光芒

图四　蒙古族太阳神形象工艺分析图

内蒙古自治区乌海市岩画中的太阳神　　　　古埃及的太阳神

图五　世界各地太阳神形象比较分析图

蒙古族翁衮偶像

图一　蒙古族翁衮偶像主图·青铜翁衮

翁衮又称"翁古德"或"翁贡",另有"翁昆""汪昆""汪浑"等别称,皆是根据蒙古语音译而来,在蒙古语中的释义为"神灵"。蒙古族的翁衮形态多样,随崇拜对象的不同而异,天、地、太阳、月亮、山峦、树木、祖先和牲畜等都有翁衮偶像,它们的尺寸较小,长度通常在4至5厘米,大者一般也不超过10厘米。翁衮属于蒙古族萨满教中的偶像神,其起源早于蒙古族的形成,最开始阶段人们将自己认为凶恶的事物用木头或兽皮制作出来,加以敬拜。"其名曰翁衮,悬于帐壁,对之礼拜。"([瑞典]多桑:《多桑蒙古史》上册,冯承钧译,上海人民出版社,2001年,第30页)可见,翁衮的基本作用是庇佑和祈福,是蒙古族祭祀时的重要对象。

翁衮可以被悬置于蒙古族民居门户的两边或勒勒车上,提供护卫,祭祀时则被悬于杆头或布置于祭祀场所中的既定位置。古时,每年的农历七月初九和九月初九,蒙古族都要举行专门祭祀翁衮的仪式,萨满需要呼请相应的翁衮附身施法,依据附身的翁衮不同,萨满会模仿相应的姿态进行舞蹈。蒙古族的翁衮多用毛毡、皮革、丝绸、麻布和木头等制作,也有少量青铜和银制的翁衮。翁衮的制作工艺因其所使用的材质而各不相同,布、丝绸、毛毡和皮革类型的翁衮制作工艺有两种,一种是直接剪出所需外形,有的会绣出面孔、装饰等细节,通常会将其做成一组,贴在麻布上,配以日、月、火和龙等图案形成布贴翁衮;第二种稍稍复杂,需要在两层材料中间填充物料,再捆扎缝合其边缘。木制的翁衮是在合适的木块上雕刻成形,有时会配上少量金属装饰物。金属的翁衮则是由模具熔铸而成。目前在蒙古族各地所能见到的翁衮,除了一般在顶部有便于悬系的孔环,具体形态多有不同,可见其形制并无严谨统一的规范,制作时具有较大的随意性。

16世纪,喇嘛教格鲁派(黄教)传入蒙古族地区,致当地原生的萨满教遭受排挤和镇压,蒙古族民众祭祀、崇拜翁衮不再被允许。但萨满教千百年来已经融入蒙古族人的血液,翁衮崇拜在蒙古族民间依然存在,只是不再有大规模的祭祀活动。蒙古族翁衮是萨满教万物有灵论的集中体现，其形态随崇拜对象不同而变化各异，民众可以依据需要自己动手制作，具有很强的原创性和随意性。现在遗留下来的诸多翁衮，成为学者研究、考证萨满教对于蒙古族生产生活、艺术、信仰等诸多文化层面影响的重要实物。

图片来源

图一　周安涛　摄影
图二、图七、图九　李淼　制图
图八　周安涛　摄影
　　　FOTOE 图片库

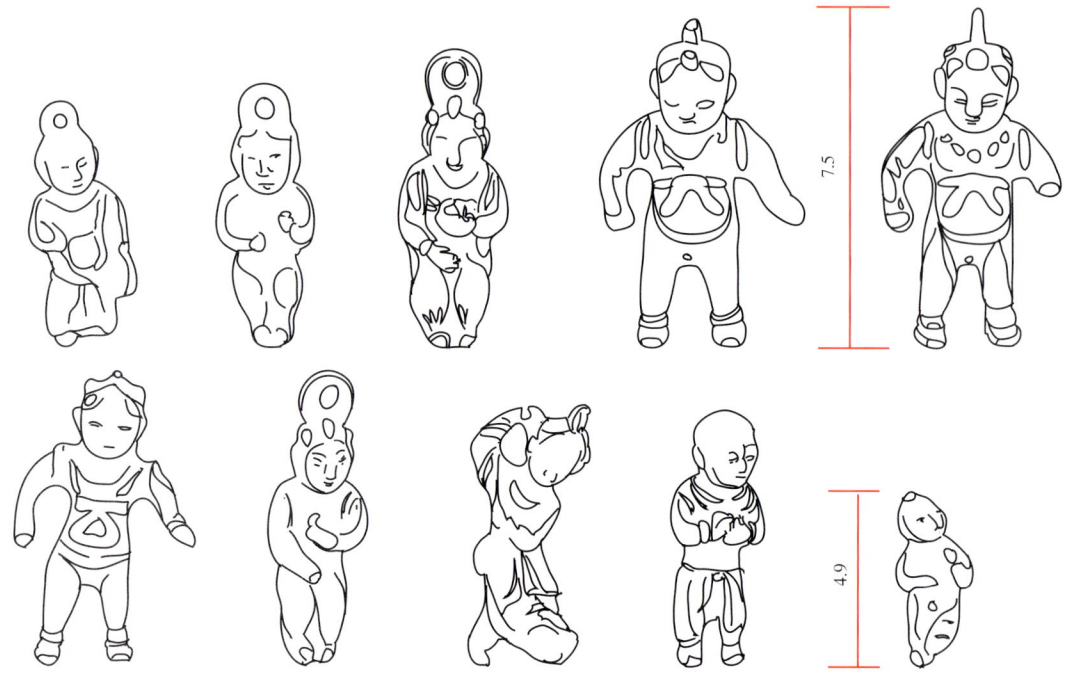

图二　蒙古族翁衮偶像尺寸图（单位：cm）

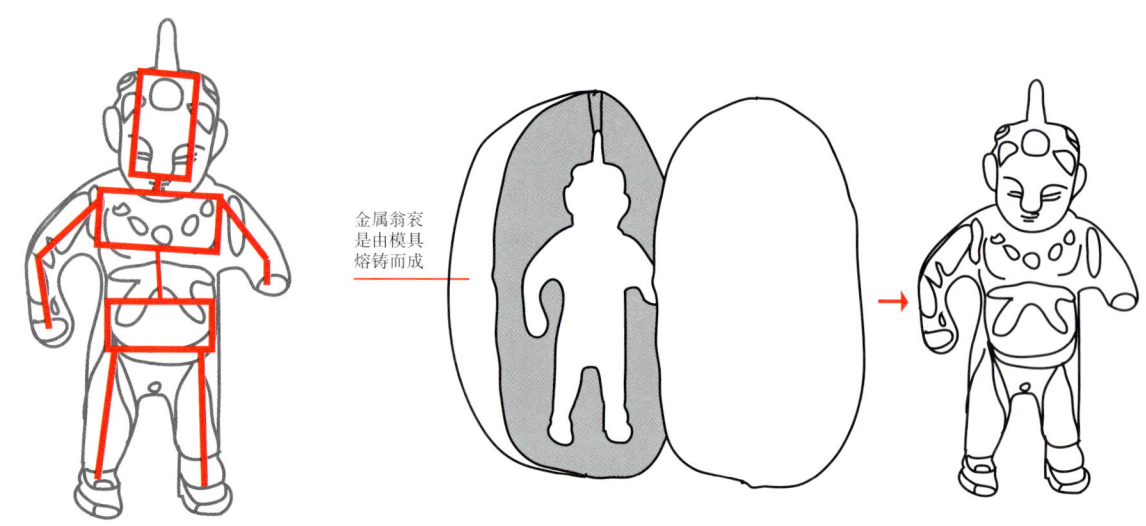

图三　蒙古族翁衮偶像造型分析图　　　图四　蒙古族青铜翁衮偶像工艺分析图

布翁衮是直接剪出所需外形，有的会绣出面孔、装饰等细节，通常会将其做成一组，贴在麻布上，配以日、月、火和龙等图案形成布贴翁衮

图五　蒙古族布翁衮偶像工艺分析图

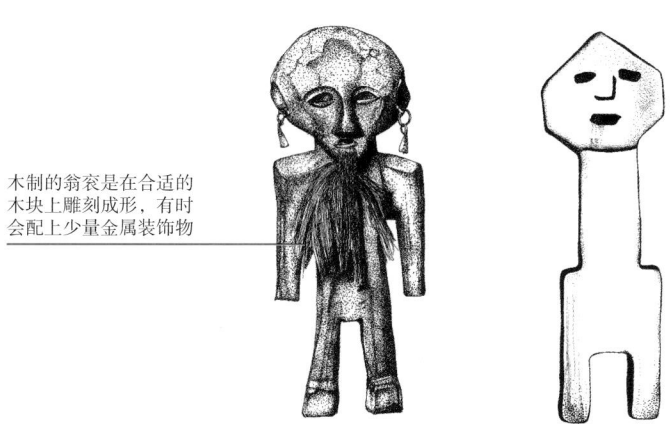

木制的翁衮是在合适的木块上雕刻成形，有时会配上少量金属装饰物

图六　蒙古族木翁衮偶像工艺分析图

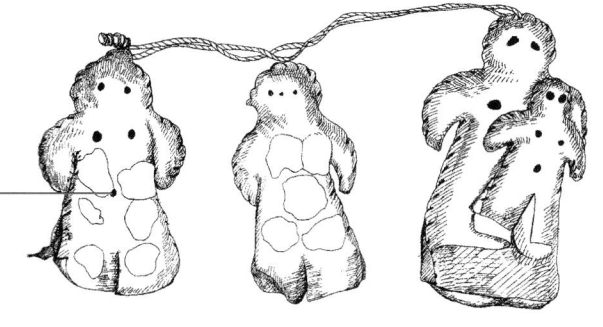

皮制的翁衮是在两层材料中间填充物料，再捆扎缝合其边缘

图七　蒙古族皮翁衮偶像工艺分析图

蒙古族地区翁衮

鄂温克旗翁衮

图八　蒙古族不同地区翁衮偶像比较分析图

图九　蒙古族翁衮偶像使用情境图

蒙古族扬奶器

图一　蒙古族扬奶器主图

扬奶器又称"洒奶器""九眼勺"等，蒙古语称为"苏日其乐"，是一种蒙古族传统祭祀及礼仪活动中的用具。扬奶器的形状类似于一柄大勺子，勺头部多为方形，其长度因场合大小及地域差异而各不相同，有十几厘米的，亦有超过1米的案例。蒙古族扬奶器源于蒙古汗国时期的祭器，主要用以祭天。

在每年三月二十一日的查干苏鲁克大祭（属于成吉思汗的春季祭祀，又称"祥群祭"或"白马祭"，在所有季祭中规格最高）中，第一个环节即是洒奶祭天，一般由盟长担任的济农主持。扬奶器即是这项祭祀活动中的重要祭器，王公台吉们用以在特制大奶桶——宝日温都尔里舀奶，一边围绕大奶桶和芨芨草棍儿绕圈，一边向天上撒奶水，目的是祭祀99尊天神腾格里。扬奶器上多有九眼，同其所祭祀的天神数相关。除了在大型祭祀中使用扬奶器，蒙古族普通民众亦会在家人饯行等场合使用，长者用扬奶器扬鲜奶于家人远行的方向，并口念祝辞，祈福其路途平安顺利。

扬奶器的整体形状类似一柄木勺，主要由舀勺和柄把两部分组成。其中，舀勺多为方形，其上有9个凹眼，呈九宫格排布，或圆或方，深度较浅，也有单眼的形制，不过相对较为少见。扬奶器柄把部分的差异较大，以金属铸造的多为圆杆柄把，上面錾花鎏金作饰，而木雕的则多为方形柄把，其上雕镂五畜或盘龙祥云等浮雕造型。在元朝时期，作为一种重大祭祀的祭器，扬奶器一般用金银等贵金属打造，并有着一定的尺度规制，后来随着这种祭器的普及，百姓亦开始使用木制扬奶器祭天，尺寸越来越小巧精致。扬奶器上丰富的雕镂图案是其一大装饰特色，先期的装饰题材多以猛兽、五畜等自然类纹样为多，自明代以降，随着喇嘛教对蒙古族各项祭祀活动影响的增加，在扬奶器上逐渐出现了如金刚杵、法轮和莲花等佛教主题纹饰。

现收藏于科尔沁博物馆中的一柄木制扬奶器，属清代造物，体型短小，长度为18.2厘米，宽度4.5厘米，舀勺部分为正方形，有9个菱格凹眼，柄把通体雕饰祥云浮雕，其上立有五畜圆雕，由舀勺方向，排布顺序是山羊、绵羊、牛、马和骆驼，在柄把顶端有一法轮浮雕。

作为一种典型的蒙古族传统祭祀及礼仪用器，扬奶器具有重要的宗教象征意义与民族精神文化的承载价值。此外，扬奶器器表的装饰题材易变，充分揭示了藏传佛教对于蒙古族传统祭祀文化的渗透和影响，是研究佛教在蒙古族地区传播及同当地原生宗教融合的重要例证。结合扬奶器的功能性、精神性、形态设计、制作和装饰工艺等多个层面分析，其在蒙古族传统造物文化体系中的地位独特，是为宗教类造物的典型与代表。

图片来源
图一、图二、图四　周安涛　摄影
图三　刘兆和主编：《蒙古民族文物图典·蒙古民族宗教文化》，文物出版社，2008年，第45页
图五至图七　许宏　制图
图八　王柯　制图

图二　蒙古族扬奶器

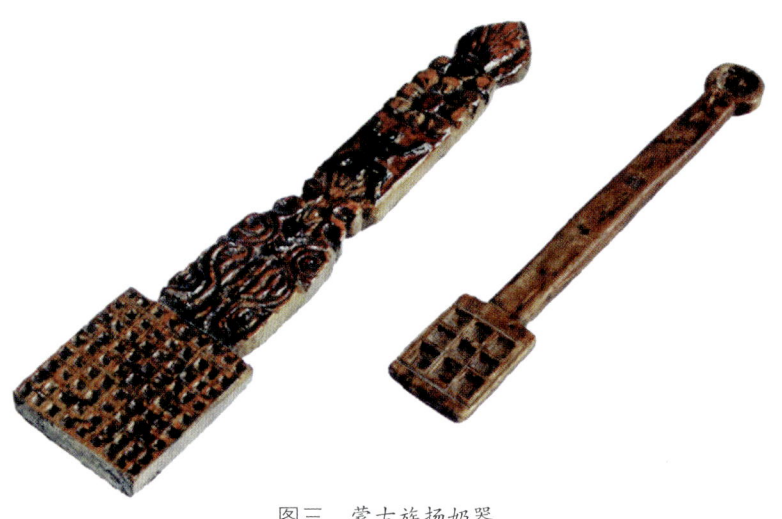

图三　蒙古族扬奶器

图四 蒙古族扬奶器

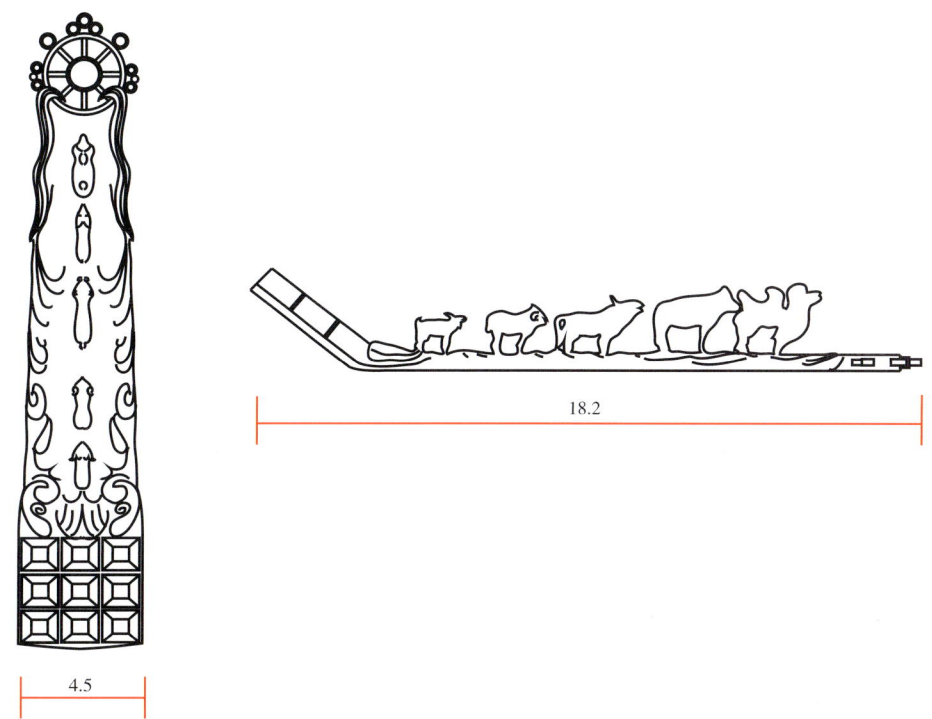

图五 蒙古族扬奶器尺寸图（单位：cm）

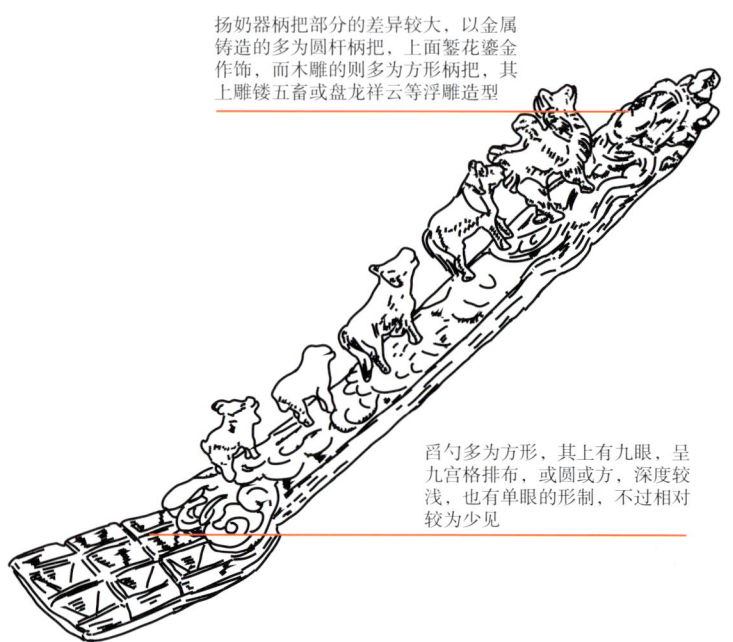

扬奶器柄把部分的差异较大，以金属铸造的多为圆杆柄把，上面錾花鎏金作饰，而木雕的则多为方形柄把，其上雕镂五畜或盘龙祥云等浮雕造型

舀勺多为方形，其上有九眼，呈九宫格排布，或圆或方，深度较浅，也有单眼的形制，不过相对较为少见

图六　蒙古族扬奶器工艺分析图

图七　蒙古族扬奶器使用情境图

图八　蒙古族扬奶器使用情境图

声　明

　　本书编写时收入的个别图片，因条件所限，未能同相关著作权人取得联系，获得授权，敬请谅解。请相关著作权人及时与编者联系，以便奉上稿酬。谢谢！